2017-2018年中国工业和信息化发展系列蓝皮书

The Blue Book on the Development of Industry in China (2017-2018)

2017-2018年 中国工业发展 蓝皮书

中国电子信息产业发展研究院　编著

主　编／卢　山

副主编／宋显珠　王　鹏

人民出版社

责任编辑：邵永忠
封面设计：黄桂月
责任校对：吕　飞

图书在版编目（CIP）数据

2017－2018年中国工业发展蓝皮书／中国电子信息产业发展研究院编著；卢山 主编．—北京：人民出版社，2018.9
ISBN 978－7－01－019812－5

Ⅰ.①2… Ⅱ.①中… ②卢… Ⅲ.①工业发展—研究报告—中国—2017－2018 Ⅳ.①F424

中国版本图书馆CIP数据核字（2018）第217550号

2017－2018年中国工业发展蓝皮书
2017－2018 NIAN ZHONGGUO GONGYE FAZHAN LANPISHU

中国电子信息产业发展研究院 编著
卢　山 主编

人民出版社出版发行
（100706　北京市东城区隆福寺街99号）

北京市燕鑫印刷有限公司印刷　新华书店经销

2018年9月第1版　2018年9月北京第1次印刷
开本：710毫米×1000毫米 1/16　印张：40.5
字数：655千字　印数：0,001—2,000

ISBN 978－7－01－019812－5　定价：165.00元

邮购地址　100706　北京市东城区隆福寺街99号
人民东方图书销售中心　电话（010）65250042　65289539

前　言

工业是实体经济的主体，现代化工业体系是现代化经济体系的重要组成部分。近年来，我国工业运行稳中向好，新旧动能转换成效初显，工业生产超预期回升，结构转型持续加快，创新能力显著增强，企业效益明显改善。当前，我国经济已从高速增长阶段转向高质量发展阶段，正处于转变经济发展方式、优化经济结构、转换增长动力的关键时期。在新时代的历史方位下，深入推进《中国制造2025》，加快建设制造强国，夯实产业根基，推动工业发展的质量变革、效率变革、动力变革，实现工业转型升级和高质量发展，是增强我国经济质量优势和国际竞争力的关键，对提升我国综合国力、保障国家安全、建设世界强国，对决胜全面建成小康社会、实现“两个一百年”奋斗目标具有十分重大的现实意义。

一

2017年，我国工业和信息化领域攻坚克难、创新进取，全面实施《中国制造2025》，深入推进供给侧结构性改革，制造强国、网络强国建设迈出重大步伐，制造业和互联网融合发展向纵深推进，供给侧结构性改革重点任务成效明显，工业运行稳步缓增的态势进一步巩固，呈现质量效益同步提升趋势。我国规模以上工业增加值增速达到6.6%，比2016年提高0.6个百分点，达到三年以来最高水平；软件和信息技术服务业收入增长14%，电信业务总量增长69%，互联网行业收入增长40%。有序破除低端产能，超额完成全年5000万吨钢铁去产能任务。绿色发展取得积极成效，单位工业增加值能耗下降约4%，全年新能源汽车应用推广超过70万辆，保有量超过170万辆，连续三年位居全球第一。动车组、人工智能、大飞机、集成电路、新材料等重点工业制造领域成绩斐然，为我国经济发展提供了重要支撑。世界第一制造大国、网络大国地位进一步巩固，产业创新已步入从跟跑为主转向跟跑和并跑、领跑并存的新阶段。

展望2018年，全球经济有望开启新一轮复苏和增长周期，全球经济增速普遍改善，新兴经济体活力增强，但表象之下暗流显现，正反两面力量积聚涌动，不确定性迅速攀升。我国经济在新常态下保持稳中向好发展态势，增长动力持续增强。与此同时，长期积累的深层次矛盾与问题亦日渐显现。为此，需要从多个方面进行研判。

从国际形势看，全球宏观经济呈现弱复苏态势，虽发达经济体和新兴经济体都表现出显著复苏迹象，但国际金融危机以来续存的长期性问题还未得到根本性解决，稳定增长的基础仍然未见稳固。需要警惕2017年世界经济超预期增长的可持续性后劲不足、发达国家政策调整的负溢出效应、全球结构性改革效率不及预期及国际金融市场风险集聚等问题。同时，国际间贸易摩擦急遽升级、"逆全球化"思潮和单边保护主义持续发展并发挥作用，我国遭遇的阻截甚至遏制越发明显，为我国工业发展的外部环境笼罩上不确定性阴霾。

从国内形势看，我国已经从高速增长阶段转向高质量发展阶段，经济增长转为投资与消费双驱动、出口与进口双支撑，结构调整、优化升级进程加快，新旧动能加速转换，提质增效的阶段性变化特征日渐显现。与此同时，也面临着终端需求增长动力放缓，仍未根本性扭转脱实向虚态势等问题。工业发展方面，结构性供需失衡加剧，供给体系质量与消费升级需求错位，工业领域民间投资吸引力和活力仍显不足，新技术对传统产业的融合渗透力不足，升级改造效应难以充分释放等问题续存或显现。

从宏观政策看，政策改革与宏观治理持续优化工业发展环境。近年来，国家持续推进简政放权、放管结合、优化服务改革，共取消和下放国务院部门行政审批事项618项，三次修订政府核准的投资项目目录，中央层面核准的投资项目数量累计减少90%。清理规范涉企收费切实减轻实体经济企业负担，技术改造、兼并重组、质量品牌、绿色转型、示范基地促进产业链整体升级，网络环境治理护航数字经济大发展，脱贫攻坚力度持续加大，军民融合扶持政策加快推动融合由初步向深度融合转变。

从创新趋势看，新一轮科技革命和工业革命正在全球孕育和兴起。这轮技术产业革命以信息技术、生物技术、制造技术、新材料技术、新能源技术等领域重大颠覆性创新技术为主导力量，以技术加速创新与渗透融合为突出特征，带动了以绿色、智能、融合为主要形态的群体性重大技术变革。诸种创新的联合推动下，制造业加速向数字化、网络化、智能化方向延伸拓展，新产品、新模式、新业态、新产业层出不穷，围绕工业互联网平台的竞争日趋加剧，需把握变革趋势和时间机遇，努力构筑先发优势高地，抢占新一轮产业竞争制高点。

从应用空间看，科技实力整体提升、数字经济加速发展、融合领域的拓展、消费水平的迅速升级为传统产业效率升级和优化结构提供新动力，也为新兴产业孕育厚植了沃土与新空间。我国已形成较为完备的产业体系和坚实的制造基础，同时具备吸纳新技术、新业态和新产品的广阔需求空间。要充分发挥我国工业既有利好条件，打造国际竞争新优势。

二

2018 年是贯彻党的十九大精神开局之年，是改革开放四十周年，也是决胜全面建成小康社会、实施“十三五”规划承上启下十分关键的一年，要抓住发展机遇，着眼建设现代化经济体系，坚定贯彻新发展理念，坚持质量第一、效益优先，以供给侧结构性改革为主线，以提高供给体系质量作为主攻方向，继续加快推进制造强国、网络强国建设，深入实施“中国制造 2025”，解决深层次矛盾和问题，推动工业加快实现提质增效、结构优化、发展方式转变、新旧动能加速转换。为此，要把握好以下几个方面的问题。

一是着力加强关键核心技术攻关。以强化重点核心技术突破，促进传统产业转型升级与供给侧结构性改革，加快新旧动能转换步伐，降低对外依赖度。着力加强自主创新与原始创新能力，突破战略性、前瞻性领域关键核心技术。以高端装备、短板装备和智能装备为切入点，推动关键核心技术攻关。继续实施“核高基”、高档数控机床与基础制造装备、大飞机、“两机”等国家科技重大专项，深入实施增强制造业核心竞争力三年行动计划，开展实施智能制造与机器人等科技创新重大项目。

二是扎实推进“中国制造 2025”实施。培育壮大新兴产业，推动重点领域率先突破，密切跟踪国际科技、产业发展的较新变化，超前谋划、部署、行动，统筹科技研发及产业化、标准制定和应用示范，推动互联网、大数据、人工智能和实体经济深度融合，加快形成一批新兴产业集群和龙头企业。优化升级传统产业，促进全产业链整体跃升，坚决打好去产能攻坚战，更多运用市场机制和经济手段去除无效低效产能，促进先进产能发展。加快发展现代服务业，促进制造与服务协同发展，充分激发和释放市场主体活力，切实提高生产性服务业专业化水平。大力推进智能制造，促进信息化与工业化深度融合，大力实施智能制造工程，培育智能制造生态体系。把实施区域协调发展战略与培育重要先进制造业集群结合起来，培育世界级先进制造业集群。

三是着重优化实体经济发展新环境。切实降低实体经济企业成本，全面推进依法行政，深化“放管服”改革，强化涉企收费目录清单管理，较大限度降低制度性交易成本和企业税费负担。强化财税金融支持实体经济发展，实行有利于工业转型升级的财政税收政策，建立完善支持企业技术改造的长效机制和政策体系。加快建设多层次制造业人才队伍，深入实施人才强国战略，培养一大批具有创新精神和国际视野的企业家人才、各行业各领域技术创新的专家型人才和高级经营管理人才，建设知识型、技能型、创新型人才大军。开拓新一轮制造业对外开放新格局，深化“中国制造 2025”国际对接合作，坚持引进来和走出去并重，推进重点产业领域国际化布局。

三

赛迪智库研究编撰的《2017—2018 年中国工业发展蓝皮书》，从工业经济发展和结构调整亟待解决的深层次矛盾和重大问题出发，系统分析了 2017 年我国工业发展在产业结构调整、工业技术创新、两化融合、智能制造、节能减排等方面取得的成绩及存在的问题，对重点行业企业的发展情况进行了系统阐述，总结了全球主要发达国家与部分区域的工业转型经验和创新发展经验，在系统分析内外部发展新形势基础上对 2018 年工业发展趋势进行展望，并就我国工业转型升级与提质增效的有效路径进行深入探讨。全书分为综合篇、行业篇、企业篇、产业篇、国际篇共 5 个部分。

综合篇，对工业经济运行情况、工业发展质量走势、产业结构调整、工业技术创新、两化融合、智能制造、工业节能减排等领域在2017年取得的进展与成就进行阐述分析，并展望了2018年将面临的形势及趋势。

行业篇，对装备工业、原材料工业、消费品工业、电子信息制造业和软件产业、互联网产业、大数据产业、安全产业、北斗导航产业等产业领域在2017年的发展概况、重点政策、细分行业发展情况、区域发展情况、重点企业发展情况等方面进行阐述分析，并展望了产业2018年发展趋势。

企业篇，以中小企业为主要着眼点，分析阐述了2017年企业发展的状况、存在的问题与重点政策，对2018年企业面临的形势和趋势进行了展望。

产业篇，以战略性新兴产业为重点，对2017年发展的情况、存在的问题与重点政策进行分析阐述，对2018年产业面临的形势和发展趋势进行了展望。

国际篇，从全球视角出发，对世界工业发展的总体现状、2017年全球主要经济体的工业发展动态进行分析阐述，并展望了2018年世界工业发展的趋势。

2018年是深入实施“十三五”规划的关键一年。我国工业和信息化领域应深入研判国内外发展形势，紧抓战略窗口期，遵循产业发展内在规律，正视问题化解矛盾，正确处理好稳与进、供与需、新与旧、内与外、市场与政府的关系，让改革红利和市场活力充分释放，将工业和信息化事业不断推向前进。要更加紧密地团结在以习近平同志为核心的党中央周围，深入贯彻习近平新时代中国特色社会主义思想和党的十九大精神，树牢“四个意识”，坚定“四个自信”，恪守“四个服从”，坚信我们有能力有条件战胜任何艰难险阻、应对各种风险挑战，中国特色新型工业化道路一定会越走越宽广，制造强国和网络强国建设新华章一定会越谱越壮阔！

目　　录

行　业　篇

企 业 篇

产 业 篇

世界主要经济体篇

综 合 篇

第一章　工业经济运行

第一节　2017 年工业经济运行情况分析

2017 年，是我国经济由高速增长阶段向高质量发展阶段转变的标志性一年，工业系统坚持稳增长调结构的总要求，积极推进新旧动能平稳接续转换，全面落实“中国制造 2025”战略。稳步推进工业领域供给侧结构性改革，推动工业高质量发展成为我国经济优化升级的重要抓手，培育实体经济增长新动能工作顺利进行。我国工业总体上呈现出“稳中向好、稳中有升”的基本态势。

一、工业增速稳中有进

从统计局口径来看，2017 年 GDP 初步核算达到 82.7 万亿元，比上年增长 6.9%。在供给侧结构性改革及其他重大政策措施发力下，经济运行保持在合理区间，稳中有进，稳中向好。2017 年，规上工业增加值同比增长 6.6%，较 2016 年提升 0.6 个百分点，回升幅度远超年初预期；二是增速季末回升特征明显，工业增加值 3 月、6 月和 9 月的当月增速分别为 7.6%、7.6% 和 6.6%，普遍高于其他非季末月份；三是新兴产业快速发展，2017 年，高技术产业、装备制造业增加值同比分别增长 13.4%、11.3%，增速领先规上工业增加值增速 6.8、4.7 个百分点。

二、企业效益改善

2017 年我国工业企业效益明显改善，规模以上工业企业实现利润总额

75187.1亿元，同比增长21%，增速较2016年大幅提高12.5个百分点；主营业务收入利润率6.46%，较2016年提高0.54个百分点。工业发展质量稳步提升：一是宏观经济保持稳中有进，市场需求回暖对工业生产形成稳定的带动作用；二是“放管服”改革持续推进、降成本政策继续落实、新旧动能转换将加速推进等都有助于提升市场活力、增强企业创新动力、提高企业生产效率，为企业效益改善奠定坚实基础；三是随着去产能的深入推进，产品供需将达到新的均衡，工业品价格涨幅将回落调整，企业利润增速也会小幅调整。

三、工业出口增速显著回升

外需回暖、贸易结构优化、出口信心增强，拉动出口增速创近五年最高点。2017年，我国规模以上工业企业实现出口交货值12.3万亿元，同比增长10.7%，增速较上年提高10.3个百分点。其中，计算机、通信和其他电子设备制造业增长14.2%，扭转上年的下降趋势；化学原料和化学制品制造业增长14.1%，较上年加快10.2个百分点。工业品出口结构持续优化，计算机、通信和其他电子设备制造业出口交货值占比继续保持在40%以上，比2012年提高2.2个百分点；纺织业出口交货值占比降至2.8%，比2012年下降0.8个百分点。

四、工业投资增速持续波动

2017年我国工业投资增速高开低走、行业分化明显、结构持续优化。一是工业投资增速持续波动，2017年，工业投资同比增长3.6%，增速较年内高点回落1.3个百分点，与2016年持平。二是工业投资行业分化明显，2017年，装备制造业投资增长8.6%，高出工业投资5.0个百分点，五大高耗能制造业投资下降1.8%，不同行业投资增速之间的分化愈加明显。三是工业投资结构持续优化，2017年，装备制造业占全部制造业投资的比重为41.6%，比上年提高1.5个百分点；五大高耗能制造业占全部制造业投资的比重为21.9%，比上年下降1.4个百分点。

五、工业新旧动能转换加速向纵深推进

2017 年我国工业新旧动能转换成效初显。一是新兴产业持续快速发展，2017 年，高技术产业和装备制造业增加值同比分别增长 13.4% 和 11.3%，比 2016 年提高 2.6 和 1.8 个百分点；增速相对规模以上工业的领先幅度也由 2016 年的 4.8 和 3.5 个百分点提高到 6.8 和 4.7 个百分点。二是传统产业改造提升步伐显著加快，2017 年，制造业技改投资 93973 亿元，同比增长 16%，增速比 2016 年加快 4.5 个百分点，占全部制造业投资比重达到 48.5%。

六、"中国制造 2025"扎实进行

2017 年是实施"中国制造 2025"的关键一年，统筹推动国家制造业创新中心建设、智能制造、工业强基、绿色制造、高端装备创新等五大工程实施，促进制造业与互联网、军民深度融合，加快推动制造业"双创"，实施服务型制造和装备制造品牌提升行动，坚持多措并举促进制造业结构升级，加强政策创新，完善制造业发展环境。扎实开展"中国制造 2025"城市（群）试点示范，推进"中国制造 2025"国家级示范区创建工作。修订印发《"中国制造 2025"分省市指南（2017 年度）》，引导区域特色化、差异化发展。

第二节　2018 年工业经济运行趋势展望

2018 年是全面贯彻党的十九大精神的第一年，各项工作将逐步落实，同时迎来改革开放四十周年，改革理念更加深入人心，各项改革也将深入推进，将为实体经济发展创造良好的国内环境。针对影响工业经济平衡充分发展的一些突出问题，我们还需要贯彻新发展理念，建设现代化经济体系，坚持改革创新，提高供给体系质量；坚持深度融合，改造提升传统产业；坚持多措并举，激发企业投资活力；坚持错位布局，推进区域协同发展；同时也要把握住战略机遇，实质性推动自贸区谈判进程，提高国际话语权，提升产品竞争力，保障工业经济稳中有进。

一、切实提高供给体系质量，推动经济发展质量变革

贯彻新发展理念，建设现代化经济体系，以提高供给体系质量为主攻方向，推动经济发展质量变革，培育供给新动能。一是强化企业质量创新意识。深化企业与时俱进、开拓创新的发展理念，鼓励企业快速适应和引导消费升级新趋势，支持提升生产技术、工艺装备、能效环保、质量安全等水平。二是支持开展质量品牌提升行动。定期制修订产品质量监管法律和标准，加强质量政策引导和质量环境建设，支持企业做大做强品牌质量和营销业务，大力培育自主品牌，打造更多“百年老店”，努力提升品种的多样性、品质的可靠性、品牌的高端性。三是实施和推广智能制造模式，满足多样化消费需求。要鼓励制造业企业引入互联网、大数据、人工智能等新技术，推进制造过程、制造装备和终端产品的智能化水平，不断满足用户个性化、定制化需求。

二、打造智能制造产业生态系统，提高传统产业竞争力

一是鼓励地方政府通过咨询服务、交流合作、技术培训等方式加强对企业信息化、智能化、自动化改造的指导和引导，切实提升生产效率，探索产业发展新模式。建议资金雄厚的大型企业紧密结合自身需求，放弃盲目攀比，步步为营，深化应用，树立行业技术标准与发展模式典范；建议中小企业量力而行，从相对成熟的技术开始，从急待升级改造的部位入手，逐步推进信息化与智能化改造。二是大力培育一批既掌握核心技术，又具备丰富行业经验和实战能力的第三方系统解决方案商，为传统制造企业提供战略咨询、实施方案、关键装备、核心软件、数据集成等一站式服务，打造智能制造产业生态系统，提高传统产业与新兴产业融合度。

三、发挥政策合力，激发企业投资活力

一是推进产融合作。发挥工业转型升级（“中国制造2025”）资金和各类产业发展基金作用，合理引导社会资本向制造业关键领域的产业倾斜，深入推进落实投融资体制改革，创新金融支持产业发展模式，助推实体经

济与金融业良性互动。二是形成政策合力。综合运用财政补贴、税收优惠、贷款增量奖励、PPP项目以奖代补等手段，支持实体经济发展，打出政策“组合拳”。三是关注中小企业发展。聚焦工业企业尤其是中小企业发展需求，通过多元化的金融产品和服务，为企业提供较低成本的信贷支持，鼓励中小企业通过股权交易中心融资。四是加强国际合作，吸引外商投资。随着市场准入负面清单制度全面推广，制造业开放力度空前扩大，应把握时机，进一步创新外商投资管理体制，加强国际间工业领域合作，吸引外商来华投资。

四、抓住国际国内产业转移机遇，推进区域协同发展

一是贯彻落实区域协调发展战略，充分释放“一带一路”“京津冀协同发展”和“长江经济带发展”三大战略的政策红利，稳步推动区域间协同发展。二是抓住国际国内产业转移机遇，重点推进中西部地区制造业转型升级，在抢先布局发展战略性新兴产业的同时，错位发展新兴产业的配套产业链环节，逐步形成全产业链的聚集，提高制造业整体水平，缩小与东部地区先进制造业之间的差距。三是构建区域产业创新体系，培育世界级先进制造业集群，通过政府、企业、大学、科研院所和创新中介服务机构的配合，建立产业创新生态系统，促进资源在区域内、区域间的有效流动，实现发达地区带动欠发达地区、先进制造业带动传统制造业、大型龙头企业带动中小企业协同发展。

五、抓住“一带一路”机遇，提高外贸竞争新优势

首先，抓住“一带一路”机遇，明确重点发展领域，加快培育产业新优势。鼓励我国具有优势的装备制造业企业“走出去”，利用全球资源合理布局产业，培育产业新优势；推动钢铁、水泥等行业跨境投资，加强国际产能合作。其次，实质性推动自贸区谈判进程。美国退出TPP，短期内将有助于减缓我国面临的区域竞争压力，我们应以此为契机，加紧推动RCEP、FTAAP、中日韩、中斯、中格、中马等自贸协定达成，梳理与各国之间的谈判清单，明确不同框架下的敏感行业和敏感产品，提升谈判的精细化程度。另外，还

要预研与加拿大、墨西哥建立贸易伙伴关系的可能性。作为美国货物贸易主要的进口国，中国、墨西哥和加拿大三国几乎占到美国货物贸易进口比重的50%，未来可抓紧与加拿大、墨西哥建立贸易伙伴关系，并紧跟NAFTA谈判新动向，借助加拿大或墨西哥巩固我国在北美市场的地位。

第二章　工业发展质量

第一节　工业发展质量基本理论

一、研究背景和文献综述

改革开放已近40年，我国经济建设取得了显著成绩。自2010年至今稳居世界第二经济大国，2017年GDP初步核算达到82.7万亿元，比上年增长6.9%。在长期经济高速增长过程中，我国工业经济取得迅猛发展：从工业门类看，拥有全球门类最齐全的产业体系和配套网络，其中220多种工业品产量居世界第一；从总量看，2017年全部工业增加值达到28万亿元，是1990年工业增加值的近41倍；从增速看，1991—2012年间均保持在8%以上的高增速，2017年工业增加值同比增长6.4%。近几年增速有所放缓，但从全球角度来看增速依然处于高位：从贡献率看，工业对经济增长的贡献率长期处于较高水平，20世纪90年代始终保持在60%左右，2010年后贡献率逐年下降，2017年有所回升，贡献率为30.9%，比上年提高0.2个百分点。虽然，我国工业经济增速有所放缓，但产业结构持续优化。主要表现在：一是传统产业高端化、智能化改造步伐加快，效益持续改善，2017年制造业技改投资93973亿元，同比增长16%，比全国固定资产投资快8.8个百分点；2017年全国规模以上工业企业实现利润总额75187.1亿元，同比增长21%，较上年加快12.5个百分点；二是中高端产业发展迅速，对GDP增长的贡献率提高，2017年高技术产业和装备制造业增加值分别比上年增长13.4%和11.3%，增速分别比规模以上工业快6.8和4.7个百分点；三是高耗能行业增速低位回落，2017 年六大高耗能行业规模以上工业增加值同比增长 3.0%，较上年回落 2.2 个百分点，显示高耗能、高污染行业结构调整进程有所加快；四是新业态、新模式发展迅速，2017 年全国网上零售额 71751 亿元，比上年增长 32.2%。近几年来，通过全面深化改革、实施“创新驱动发展”《中国制造 2025》等战略和政策，我国工业经济实现了从高速到中高速的平稳换挡，规模速度型粗放增长开始转向质量效益型发展。

党的十九大报告从党和国家事业发展全局出发，描绘了新时代全面建设社会主义现代化国家的宏伟蓝图，作出了我国经济已由高速增长阶段转向高质量发展阶段的重大战略判断。报告指出，我国经济正处在转变发展方式、优化经济结构、转换增长动力的攻关期，建设现代化经济体系是跨越关口的迫切要求和我国发展的战略目标。建设现代化经济体系，必须把发展经济的着力点放在实体经济上，把提高供给体系质量作为主攻方向，显著增强我国经济质量优势。工业是立国之本，是振兴实体经济的主战场，是稳增长、转方式、调结构的主心骨。从 2017 年情况看，“三去一降一补”工作成效初显：钢铁、煤炭等传统产能过剩行业圆满完成全年去产能任务，全国工业产能利用率为 77.0%，创 5 年新高。工业企业杠杆率不断降低，规模以上工业企业资产负债率为 55.5%，比上年降低 0.6 个百分点。企业成本继续下降，规模以上工业企业每百元主营业务收入中的成本为 84.92 元，比上年减少 0.25 元。短板领域投资加快，全年生态保护和环境治理业、水利管理业、农业投资分别比上年增长 23.9%、16.4% 和 16.4%，分别快于全部投资 16.7、9.2 和 9.2 个百分点。

深化供给侧结构性改革，还要继续加快落实“中国制造 2025”战略，变制造业大国为制造业强国，实现中国制造向中国创造转变，中国速度向中国质量转变，中国产品向中国品牌转变。2017 年是实施“中国制造 2025”的关键一年，统筹推动国家制造业创新中心建设、智能制造、工业强基、绿色制造、高端装备创新等五大工程实施，促进制造业与互联网、军民深度融合，加快推动制造业“双创”，实施服务型制造和装备制造品牌提升行动，坚持多措并举促进制造业结构升级，加强政策创新，完善制造业发展环境。扎实开展“中国制造 2025”城市（群）试点示范，推进“中国制造 2025”国家级示范区创建工作。修订印发《“中国制造 2025”分省市指南（2017 年度）》，引导区域特色化、差异化发展。2018 年将全面深入实施“中国制造 2025”。研究制定重点工作任务考核管理办法，推进新一代信息技术和制造业深度融合，加快构建工业互联网，持续优化制造业发展环境。加强世界产业集群发展趋势和我国产业集群发展现状的研究，制订出台《关于培育发展世界级先进制造业集群的意见》，推进国家新型工业化产业示范基地发展质量提升，促进集群发展。

2018 年，我国将着力振兴实体经济，工业发展将更加注重质量和效益，更加注重质量变革、效率变革、动力变革，更加注重质量发展的体系建设。《中华人民共和国国民经济和社会发展第十三个五年规划纲要》明确指出要实现经济保持中高速增长，投资效率和企业效率明显上升，工业化和信息化融合发展水平进一步提高，产业迈向中高端水平，先进制造业加快发展，新产业新业态不断成长，坚持创新发展，着力提高发展质量和效益。2017 年 12 月，中央经济工作会议指出，推动高质量发展是当前和今后一个时期确定发展思路、制定经济政策、实施宏观调控的根本要求，必须加快形成推动高质量发展的指标体系、政策体系、标准体系、统计体系、绩效评价、政绩考核，创建和完善制度环境，推动我国经济在实现高质量发展上不断取得新进展。会议指出，要围绕推动高质量发展，做好八项重点工作：一是深化供给侧结构性改革；二是激发各类市场主体活力；三是实施乡村振兴战略；四是实施区域协调发展战略；五是推动形成全面开放新格局；六是提高保障和改善民生水平；七是加快建立多主体供应、多渠道保障、租购并举的住房制度；八是加快推进生态文明建设。

我国专家、学者围绕供给侧结构性改革，针对如何推进“中国制造 2025”，实现新旧动能转换展开了深入探讨。李伟（2017）认为培育的新动能一定要有质量要求，不仅应是经济增长的动力，也应成为优化经济结构和化解各类风险的动力。刘世锦（2017）认为，如何使“老经济”释放出新动能，关键是要让“老经济”加上新体制、新机制、新技术、新商业模式。释放新动能，应着眼以下五个领域：一是聚焦基础产业，进一步打破行政性垄断；二是助力优势企业，用好供给侧竞争机制；三是促进服务业增长，进一步扩大开放；四是提升实体经济效率，加强与互联网技术融合；五是转变增长方式，激发创新带来的增长动能。张军扩（2017）认为，新形势下增强我国经济发展新动能需要处理好三个方面的关系，要处理好发展新技术、新产业、新业态与促进传统产业转型升级之间的关系；要处理好供给侧动能与需求侧动能之间的关系；要通过改革创造好的制度环境，核心是处理好政府和市场的关系。李伟（2016）认为，经济新常态的核心是实现动力转换，我国过去依靠廉价优质劳动力等支撑经济增长的基本动力已经发生转折性变化，经济发展动力要从大规模要素投入驱动增长转向创新驱动增长。

党的十九大提出，我国经济已由高速增长阶段转向高质量发展阶段的重大战略判断，部分专家和学者对此进行了解读。李伟（2018）认为，社会主要矛盾的变化决定了经济工作的方向和重点，要求我国经济发展切实转向高质量发展，过去四十年的高速增长，成功解决了“有没有”的问题，现在强调高质量发展，根本在于解决“好不好”的问题。陈昌盛（2017）认为，中国经济速度将继续出现走稳态势，在相对低的速度下中国加快迈向高质量增长。刘世锦（2017）认为，建设现代化经济体系要解决一个关键性的问题，就是提高全要素生产率。聚焦到工业领域，学者的研究主要集中在工业运行质量和工业全要素生产率两方面。在工业运行质量方面，王必香（2015）、陈卫灵（2010）等学者通过构建相应的工业运行质量评价体系，分别对云南省、广东省工业增长质量进行了总体测度。研究表明，工业发展注重的方向逐步由数量向质量转变，但还存在一些问题，如：资源利用效率不高、科技进步水平较低、创新意识不强等。在工业生产效率方面，丁黄艳（2014）、吴海民（2008）等学者采用数据包络分析方法、Malmquist 指数法等计量方法对我国工业经济运行效率进行了测度和研究，研究表明，我国工业运行效率呈现不断提高的趋势，发达地区的工业运行效率通过技术进步实现，而欠发达地区更多的是通过提高组织管理水平来实现。同时，净莉（2014）、李玲（2012）、时春红（2011）等学者对我国工业全要素生产率进行了研究。研究表明，技术进步已经成为全要素生产率增长的核心动力，必须大力促进工业技术进步，有效提高生产要素组合质量与使用效率，由此提高我国工业全要素生产率，进一步实现我国工业经济向集约型增长方式转变。

党中央、国务院和各级地方党委政府高度重视绿色发展。习近平总书记围绕绿色发展，发表一系列重要讲话，指出要像保护眼睛一样保护生态环境，推动形成绿色低碳循环发展新方式，并从中创造新的增长点，强调绿色发展是最有前途的发展领域，加快构建绿色循环低碳发展的产业体系，决不以牺牲环境换取一时的经济增长，形成了既要金山银山、又要绿水青山的鲜明导向。2017 年 12 月，国家统计局发布《2016 年生态文明建设年度评价结果公报》，首次公布了 2016 年度各省份绿色发展指数，排名前 5 位的地区分别为北京、福建、浙江、上海、重庆。开展年度评价，对于完善经济社会发展评价体系，引导各地方各部门深入贯彻新发展理念、加快推进绿色发展和生态文明建设，具有重要的指导作用。2017 年 12 月，工业和信息化部发布了《中国工业绿色发展报告（2017）》，系统总结了我国推进工业节能与绿色发展的主要工作及进展，是我国工业领域第一部全面梳理总结工业绿色发展进程的重要资料，集中展示了我国推进工业绿色发展的实践经验和积极成效，是社会各界把握绿色发展国内外形势的重要指引。我国学者和研究机构针对经济可持续发展也进行了大量研究，如中国社会科学院工业经济研究所课题组（2011）从剖析工业绿色转型升级面临的体制机制障碍入手，绘制了我国工业绿色转型升级的路线图，通过详细分析工业绿色转型的成本收益，提出了促进工业绿色转型升级的机制创新和政策支撑体系的相关对策建议。此外，王永瑜和郭立平（2010）、向书坚和郑瑞坤（2013）、王军和耿建（2014）、钱争鸣和刘晓晨（2014）等学者围绕绿色经济发展指数、绿色经济效率等问题进行了研究。

创新是引领发展的第一动力，是建设现代化经济体系的战略支撑。党的十九大指出，加快建设创新型国家，要瞄准世界科技前沿，强化基础研究，实现前瞻性基础研究、引领性原创成果重大突破。2017 年 12 月，国家统计局构建了中国创新指数（China Innovation Index，CII），2016 年中国创新指数为 181.2，比上年增长 5.7%。分领域看，创新环境指数、创新投入指数、创新产出指数和创新成效指数分别为 172.0、172.2、223.3 和 157.3，分别比上年增长 4.9%、4.8%、7.2% 和 5.2%。2016 年我国创新环境继续优化，创新投入力度加大，创新产出能力稳步提升，创新成效进一步显现，创新型国家建设持续推进。在政策层面，2017 年 9 月，国务院办公厅发布《关于推广支持创新相关改革举措的通知》，确定在京津冀、上海、广东（珠三角）、安徽（合芜蚌）、四川（成德绵）、湖北武汉、陕西西安、辽宁沈阳等 8 个区域开展全面创新改革试验，推进相关改革举措先行先试，着力破除制约创新发展的体制机制障碍。2017 年 10 月，国务院办公厅发布《关于积极推进供应链创新与应用的指导意见》，以提高发展质量和效益为中心，以供应链与互联网、物联网深度融合为路径，创新发展供应链新理念、新技术、新模式，高效整合各类资源和要素，打造大数据支撑、网络化共享、智能化协作的智慧供应链体系，推进供给侧结构性改革，提升我国经济全球竞争力。

综上所述，当前以及未来相当长的一段时期内，我国工业经济发展更加关注工业发展质量和效益，更加注重工业发展质量变革、效率变革、动力变革。推动工业经济高质量发展，是保持工业经济持续健康发展的必然要求，是遵循经济规律发展的必然要求。就当前国内外复杂形势看，亟须构建一套合理、完善的评价体系，来客观、科学反映和评价我国新时代工业发展质量，引导和推动工业产业结构向更加合理的方向调整。

二、工业发展质量的概念及研究意义

（一）概念及内涵

工业发展质量的衡量是多维度的，涉及生态效益、经济结构、创新能力、民生水平等多个方面。赛迪智库工业经济研究所认为，广义上，工业发展质量是指一定时期内一个国家或地区工业发展的优劣状态；狭义上，工业发展质量是在保持合理增长速度的前提下，更加重视增长的效益，不仅包括规模扩张，还包括结构优化、技术创新、资源节约、环境改善、两化融合、惠及民生等诸多方面。现阶段其内涵主要体现在以下六个方面。

第一，速度和效益有机统一。工业发展质量的提高是以稳定的发展速度为基础，目前我国工业经济运行呈现“稳中有进”的特点，“稳”主要体现在工业增速保持在一定的水平，“进”更多地体现在质量和效益的提高。忽视效益和质量的盲目扩张很可能以资源高消耗、环境高污染为代价，并可能引致产业结构失衡等一系列严重问题，将影响到工业的良性循环和健康发展。提升工业发展质量的关键在于实现速度和效益的有机统一。

第二，结构持续调整和优化。工业结构反映了生产要素在产业间、地区间、企业间的资源配置情况，是工业总体发展水平的重要评价维度。工业结构的优化升级有助于提高工业发展质量，是工业发展质量提升的重要表现。

必须要统筹处理好传统产业和新兴产业、劳动密集型产业和资本技术密集型产业、重化工业与轻工业、东部地区与中西部地区、大集团大企业与中小企业、国有企业与非国有企业等重要关系，优化生产要素配置。

第三，技术创新能力不断提高。技术创新是工业经济发展质量提高的源泉，提高产业技术创新能力，有助于实现内涵式发展，推动工业转型升级。在新一轮科技革命的背景下，必须转变经济发展方式，建立健全工业化的创新驱动机制，实现工业化动力从投资驱动向创新驱动转变，进而形成创新驱动的现代化经济体系。提高工业发展质量，要求完善创新生态体系，实现创新链、产业链与资金链的有机统一，保障科研经费投入，促进科技成果的转化。

第四，资源节约和环境友好。实现工业经济与资源环境的和谐发展，是缓解资源约束矛盾的根本出路，是提高工业发展质量的前提。绿色发展是工业发展质量的重要要求，也是工业经济效益的具体表现方面之一。实践证明，粗放利用资源的发展模式只会加剧资源约束矛盾，而以损害环境为代价的工业发展具有极强的社会负外部性。提升工业发展质量，必须提高资源利用效率，发展循环经济，有效控制污染排放。

第五，两化融合不断深化。随着新兴信息技术的产生和应用，互联网、大数据、人工智能和实体经济深度融合，信息技术、信息产品、信息资源、信息化标准等信息化要素，在工业技术、工业产品、工业装备、工业管理、工业基础设施、市场环境等各个层面的渗透与融合，是推动工业转型升级的重要科技助力，也是优化工业系统管理水平的重要手段。

第六，人力资源结构优化和待遇提升。随着我国人口老龄化的加剧，劳动力成本上升，以廉价劳动力为特征的人口红利在不断消失。但随着改革开放后我国人均受教育水平的提高，劳动力质量呈现明显改善，成为我国人口红利的新特征。提高工业发展的质量，既要充分依托我国在人才和劳动力资源方面的巨大优势，特别是要关注人均受教育水平的提高。同时还要着眼于解决广大人民群众的就业与收入问题，实现发展成果人民共享的同时，扩大内需，增强国内购买力。

（二）评价意义

党的十九大明确提出，必须坚持质量第一、效益优先，以供给侧结构性改革为主线，推动经济发展质量变革、效率变革、动力变革，提高全要素生产率，着力加快建设实体经济、科技创新、现代金融、人力资源协同发展的产业体系，着力构建市场机制有效、微观主体有活力、宏观调控有度的经济体制，不断增强我国经济创新力和竞争力。结合实际情况，我们认为，未来我国工业发展质量的评价，应综合考虑产业结构优化、协调发展、绿色发展、工业创新能力等多个维度，着力提高工业发展的质量和效益。加强对工业发展质量的评价和研究，是推进工业转型升级的重要基础性工作之一，也是深入贯彻落实党的十九大和中央经济工作会议相关精神、实现“中国制造2025”战略的重要实践性工作之一，对我国新时代工业经济实现健康平稳增长具有重要意义。

第一，研究和评价工业发展质量是科学衡量工业转型升级效果的迫切需要。加快工业转型升级已成为推进我国经济结构调整和发展方式转变的重大举措。工业转型升级主要体现在自主创新、结构优化、两化深度融合、绿色低碳、对外开放等诸多方面，其核心目标就是要实现工业发展质量的不断提升。工业转型升级是一个系统性工程，单一指标难以准确客观衡量转型升级的效果，当前亟须构建一套能够全面准确衡量工业发展质量的指标体系，引导地方政府和企业走内生增长、集约高效的发展道路。

第二，研究和评价工业发展质量是正确引导地方工业实现科学发展的有效手段。长期以来，片面追求规模、增速的指标扭曲了行业或地区工业发展的经济行为，一方面在推动工业规模高速扩张的同时，另一方面也造成了资源浪费、环境污染、产能过剩、产品附加值低、竞争力不强等深层次问题。加强对工业发展质量的评价，有利于引导各级政府实现工业增速与效益的统一，通过加大创新投入、优化产业结构、推进节能减排等措施改善工业整体素质，引导地方将工作重心转移到发展方式转变上来。

第三，研究和评价工业发展质量是准确把握工业经济运行规律的内在要求。通过对工业发展质量的长期持续跟踪评价，有利于全面分析工业经济运行的中长期特点、趋势及影响因素，深刻剖析工业经济发展中的深层次问题和矛盾，准确把握工业经济运行的客观规律。进而在把握规律的基础上指导实践，提高政府决策的科学性与合理性。

因此，了解和掌握2017年我国工业相关政策，构建我国工业发展质量的评价体系，分析全国及地方省区市的工业发展质量水平和工业细分行业的发展质量情况，探讨工业发展质量的热点和面临的问题，展望工业发展存在的机遇与挑战，对促进我国新时代工业经济更高质量、更有效率、更可持续地发展具有重要意义。

三、研究思路

党的十八届三中全会指出，要完善发展成果考核评价体系，纠正单纯以经济增长速度评定政绩的偏向，加大资源消耗、环境损害、生态效益、产能过剩、科技创新、安全生产、新增债务等指标的权重。《国民经济和社会发展第十二个五年规划纲要》明确提出，要“弱化对经济增长速度的评价考核，强化对结构优化、民生改善、资源节约、环境保护、基本公共服务和社会管理等目标任务完成情况的综合评价考核”。《中国制造 2025》将质量为先与创新驱动、绿色发展、结构优化和人才为本并列为其五大基本方针之一，提出实现制造强国的战略目标，必须加快制造业转型升级，全面提高发展质量和核心竞争力。党的十八届五中全会再次明确提出“十三五”时期仍要坚持发展是第一要务，以提高发展质量和效益为中心，加快形成引领经济发展新常态的体制机制和发展方式。《国民经济和社会发展第十三个五年规划纲要》提出要“切实转变发展方式，提高发展质量和效益，努力跨越‘中等收入陷阱’，不断开拓发展新境界”。要“坚持发展是第一要务，牢固树立和贯彻落实创新、协调、绿色、开放、共享的发展理念，以提高发展质量和效益为中心，以供给侧结构性改革为主线，扩大有效供给，满足有效需求，加快形成引领经济发展新常态的体制机制和发展方式”。党的十九大报告作出了“我国经济已由高速增长阶段转向高质量发展阶段”的重大战略判断，2017 年底召开的中央经济工作会议又明确指出，“推动高质量发展是当前和今后一个时期确定发展思路、制定经济政策、实施宏观调控的根本要求”，并要求“必须加快形成推动高质量发展的指标体系、政策体系、标准体系、统计体系、绩效评价、政绩考核，创建和完善制度环境，推动我国经济在实现高质量发展上不断取得新进展”。为全面落实党的十九大精神，更好实现《中国制造 2025》发展规划的战略目标，我们以构建工业发展质量评价指标体系为途径，以科学监测我国工业经济的发展质量，准确分析工业经济运行实力与潜力为目标，实现工业发展方式转变，工业结构整体优化提升。

评价体系的构建需要认真研究、不断尝试和逐步完善，必须在明确工业发展质量内涵的基础上，选取能够反映现阶段我国工业发展水平和能力的指标，对数据进行处理，并对初步测算结果进行分析与验证，然后根据验证结果再对指标体系进行必要的修改和调整，确立适合我国国情和工业化发展阶段的评价指标体系，最终用于全国及地方省市的工业发展质量评价（见图2－1）。

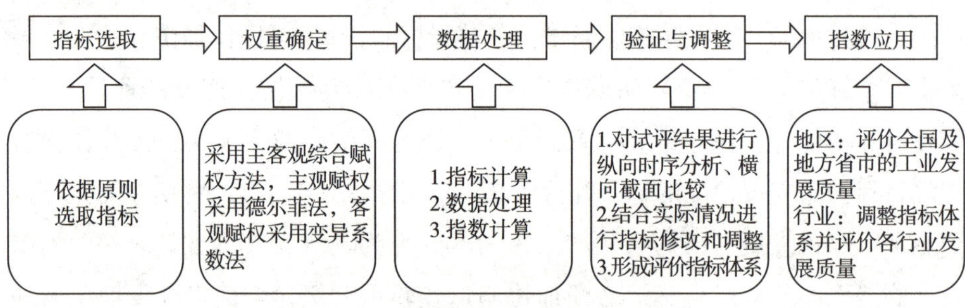

图2－1　中国工业发展质量研究思路

资料来源：赛迪智库整理，2018年1月。

指标选取。首先应根据工业发展质量的基本内涵，确定评价指标体系的基本框架和主要内容，并按内在逻辑要求选择重要而有代表性的指标组成初步的指标框架体系。在确立指标框架体系的基础上，按照系统性、可比性、可测度、可扩展的原则，选取具体指标。为保证评价结果的准确性和客观性，本书所需数据全部来源于国家统计局等权威机构发布的统计年鉴和研究报告。

权重确定。采用主客观综合赋权法，主观赋权法选用德尔菲法，客观赋权法选用变异系数法，这样不仅能够充分挖掘数据本身的统计意义，也能够充分利用数据指标的经济意义。主客观综合赋权法，能够客观、公正、科学地反映各指标所占权重，具有较高的可信度。为便于逐年之间的比较，采用2012—2016年主客观权重的平均值作为统一权重。

数据处理。首先计算无法直接获取的二级指标，如R&D经费投入强度、主要污染物排放强度、就业人员平均受教育年限等。对于截面指数，将所有指标进行无量纲化处理，利用无量纲化数据和确定的权重，得到地方省市的工业发展质量截面指数；对于时序指数，将所有指标换算为以 2012 年为基期的增长率指标，然后进行加权，得到全国及地方省市工业发展质量时序指数。

验证与调整。指标体系确定后，对全国及地方省市的工业发展质量进行试评。利用试评结果对工业发展质量进行纵向时序分析和横向截面比较，并结合全国及地方省市的实际情况，发现指标体系存在的问题，对指标体系进行修改和调试，直至形成科学、全面、准确的评价指标体系。

指数应用。利用调整后的指标体系，对全国及地方省市的工业发展质量进行评价。通过分析评价结果，发现我国及各省市工业发展过程中存在的问题，并据此提出促进工业发展质量提升的对策建议。针对行业的实际情况，对部分不适合指标和不可获得指标进行剔除，得到适用于行业之间比较的评价指标体系，并利用实际数据评价行业发展质量。

四、基本原则

（一）研究的指导原则

以创新、协调、绿色、开放、共享的发展理念为指导，以提高发展质量和效益为中心，以推进供给侧结构性改革为主线，坚定不移地走好中国特色新型工业化道路。紧紧围绕新型工业化道路和供给侧结构性改革的内涵，聚焦《中国制造 2025》规划主要目标，在保证一定增长速度的前提下，工业应实现更具效益的增长，结构不断调整和优化，技术创新能力不断提升，资源环境不断改善，信息化与工业化融合不断加深，人力资源优势得到更充分发挥。

（二）指标的选取原则

指标的选择，首先应根据工业发展质量的基本内涵，确定评价指标体系的基本框架和主要内容，并按内在逻辑要求选择具有代表性的指标。同时，以指标数据的可获得性为前提并保证评价结果的客观性，指标数据应全部来源于统计年鉴或权威机构发布的研究报告。

（三）体系的构建原则

构建评价指标体系是开展工业发展质量评价工作的关键环节。针对工业发展质量的内涵和特征，在构建评价指标体系的过程中，要遵循以下四个原则。

第一，系统性原则。工业发展质量涉及经济、社会、生态等诸多方面，但评价指标体系不可能无所不包，只有那些真正能够直接反映工业发展质量内在要求的要素才能被纳入到指标体系之中。同时，评价指标体系不应是一些指标和数据的简单堆砌与组合，而应当是一个安排科学、结构合理、逻辑严谨的有机整体。

第二，可比性原则。指标的选择必须充分考虑到不同地区在产业结构、自然条件等方面的差异，尽可能选取具有共性的综合指标，并且代表不同经济含义、不同量纲的指标，在经过无量纲化处理后，可以相互比较。考虑到总量指标不具备可比性，指标选择尽量采用均量指标，兼顾采用总量指标；尽量采用普适性指标，兼顾采用特殊指标。

第三，可测度原则。要求所选择的指标应充分考虑到数据的可获得性和指标量化的难易程度，定量与定性相结合，既能全面反映工业发展质量的各种内涵，又能最大限度地利用统计资料和有关规范标准，采取各种直接的或间接的计算方法能够加以量化，否则就会失去指标本身的含义和使用价值。

第四，可扩展原则。指标的选取要突出现阶段工业发展的战略导向，构建出符合工业转型升级、两化深度融合等新形势新要求的指标体系。同时，由于受统计指标、数据来源等多种因素制约，建立评价指标体系不宜过分强调它的完备性。对于暂时无法纳入本评价体系的指标，要根据实际需要和可能，逐渐补充和完善。

五、指标体系

（一）概念

工业发展质量评价指标，是指能够反映工业经济发展质量和效益等多方面的各项具体数据。这些数据按照一定的目的和方式进行组织而形成的指标集合，构成了工业发展质量评价指标体系，它能够比较科学、全面、客观地向人们提供工业发展质量的相关信息。

（二）作用

工业发展质量评价体系，能够反映我国工业经济与社会发展的健康程度，能够指导我国走好新型工业化道路，有利于我国国民经济的持续稳定增长。

工业发展质量评价体系具有三大作用：

第一，描述与评价的功能，可以将工业经济的发展质量利用相关的指标进行具体描述，使工业经济可持续发展的现状一目了然。

第二，监测和预警的功能，可以监测战略目标的完成情况和政策实施的效果，为防止经济、社会和资源环境危害的产生，提供预警信息。

第三，引导和约束的功能，对于各地区的工业发展具有一定的导向作用，可以与周边类似省份互设标杆进行比较。

总之，工业发展质量评价体系提供了评价工业经济与社会、资源、环境等之间关系的量化工具。为了实现工业经济可持续发展的目标，我国有必要利用好这一工具，对工业发展的过程进行监测和评价、指导和监督、规范和约束。当然，工业发展阶段和水平是动态变化的，其评判标准并非一成不变，工业发展质量评价体系的内容也将与时俱进。

（三）框架设计

评价指标体系的框架设计，必须建立在准确理解和把握工业发展质量内涵的基础上。根据对工业发展质量内涵的理解和指标选取的基本原则，本书初步建立了由速度效益、结构调整、技术创新、资源环境、两化融合、人力资源共六大类22项具体指标组成的评价指标体系（见表2－1）。

表2－1　中国工业发展质量评价指标体系

总指标	一级指标	二级指标
工业发展质量	速度效益	工业增加值增速
		资产负债率
		工业成本费用利润率
		工业主营业务收入利润率
	结构调整	高技术产业占比
		500强企业占比
		规模以上工业小企业主营业务收入增速
		工业制成品出口占比

续表

总指标	一级指标	二级指标
工业发展质量	技术创新	工业企业 R&D 经费投入强度
		工业企业 R&D 人员投入强度
		工业企业单位 R&D 经费支出发明专利数
		工业企业新产品占比
	资源环境	单位工业增加值能耗
		工业主要污染物排放强度
		工业固体废物综合利用率
		工业污染治理投资强度
	两化融合	工业应用信息化水平
		电子信息产业占比
		互联网普及率
	人力资源	工业职工平均工资增速
		第二产业全员劳动生产率
		就业人员平均受教育年限

资料来源：赛迪智库整理，2018 年 1 月。

需要说明的是，由于工业发展质量的内涵十分丰富，涉及领域较多，并且关于工业发展质量的研究尚处在探索阶段，目前社会各界对如何评价工业发展质量也还没有形成统一的认识。因此，构建评价指标体系是一项需要不断探索和长期实践，且极富挑战性的工作。经过近几年的摸索和调整，目前指标体系已相对稳定，本版在上一版的评价指标体系的基础上，根据数据可获取情况对部分指标进行了微调，主要是技术创新类指标的统计口径统一调整为规模以上工业企业口径（以前年份用的是大中型工业企业口径），速度效益类指标用资产负债率替换了之前的总资产贡献率，未来仍会根据经济发展需要和数据获取情况进行微调。

六、评价方法

统计指数是综合反映由多种因素组成的经济现象在不同时间和空间条件

下平均变动的相对数（徐国祥，2005）。从不同的角度，可以对统计指数进行不同的分类：按照所反映现象的特征不同，可以分为质量指标指数和数量指标指数；按照所反映现象的范围不同，可分为个体指数和总指数，按照所反映对象的对比性质不同，可分为动态指数和静态指数。

本书通过构建工业发展质量时序指数来反映全国及地方省市工业发展质量历年的时序变化情况，旨在进行自我评价；通过构建工业发展质量截面指数来反映地方省市工业发展质量在某一时点上的截面比较情况，旨在进行对比评价。在评价各行业时，我们拟采用截面指数来衡量各产业的发展质量，待数据库补充完整之后再构建时序指数。按照统计指数的分类，工业发展质量时序指数即为动态指数中的定基指数，工业发展质量截面指数即为静态指数，并在上述过程中计算了速度效益、结构调整等六个方面的分类指数，即个体指数。

1. 时序指数的构建

首先，计算2012—2016年30个省（区、市）各项指标的增速（已经是增速的指标不再计算）；然后，将增速调整为以2012年为基期；最后，加权求和得到各地区工业发展质量时序指数及分类指数。

2. 截面指数的构建

首先，按照公式（1）将2012—2016年30个省（区、市）的原始指标进行无量纲化处理；然后，按照公式（2）和（3）进行加权求和，分别得到各地区工业发展质量截面指数和分类指数。

$$X'_{ijt} = \frac{X_{ijt} - \min\{X_{jt}\}}{\max\{X_{jt}\} - \min\{X_{jt}\}} \tag{1}$$

$$IDQI_{it} = \frac{\sum_{j=1}^{22} X'_{ijt} W_j}{\sum_{j=1}^{22} W_j} \tag{2}$$

$$I_{it} = \frac{\sum X'_{ijt} W_j}{\sum W_j} \tag{3}$$

公式（1）至（3）中，i代表30个省（区、市），j代表22项三级指标，X_{ijt}代表t年i省j指标，$\max\{X_{jt}\}$和$\min\{X_{jt}\}$分别代表t年j指标的最大值和最小值，X'_{ijt}代表t年i省j指标的无量纲化指标值，I_{it}代表t年i省的分类指数，$IDQI_{it}$代表 t 年 i 省的工业发展质量截面指数，W_j 代表 j 指标的权重。

需要说明的是，因为全国工业发展质量无须做截面比较，因此全国工业发展质量指数是时序指数。

3. 权重确定方法

在指标体系的评价过程中，权重的确定是一项十分重要的内容，因为权重直接关系到评价结果的准确性与可靠性。从统计学上来看，权重确定一般分为主观赋权法和客观赋权法，前者一般包括德尔菲法（Delphi Method）、层次分析法（The Analytic Hierarchy Process，AHP）等，后者一般包括主成分分析法、变异系数法、离差及均方差法等。主观赋权法的优点在于能够充分利用专家对于各指标的内涵及其相互之间关系的经验判断，并且简便易行，但存在因评价主体偏好不同有时会有较大差异这一缺陷；客观赋权法的优点在于不受人的主观因素的影响，能够充分挖掘指标数据本身所蕴含的信息，但存在有时会弱化指标的内涵及其现实意义这一缺陷。为避免主观赋权法的经验性较强以及客观赋权法的数据依赖性较强，本书利用德尔菲法和变异系数法进行主客观综合赋权的方法。选择变异系数法的原因在于，从评价体系中的各项指标来看，差异越大的指标越重要，因为它更能反映出各地区工业发展质量的差异，如果全国各省市的某个指标没有多大差别，则没有必要再将其作为一项衡量的指标，所以对差异越大的指标要赋予更大的权重（曾五一和庄赟，2003）。

权重的测算过程如下，首先按照公式（4）计算各项指标的变异系数，然后按照公式（5）和（6）计算各项指标的客观权重，最后利用由德尔菲法得到的主观权重和由变异系数法得到的客观权重进行平均，得到各项指标的最终权重。

$$V_{jt} = \frac{\sigma_{jt}}{X_{jt}} \tag{4}$$

$$W_{jt} = \frac{V_{jt}}{\sum_{j=1}^{22} V_{jt}} \tag{5}$$

$$W_j = \sum_{t=2012}^{2016} W_{jt}/5 \tag{6}$$

V_{jt}代表 t 年 j 指标的变异系数，σ_{jt}代表 t 年 j 指标的标准差，$\overline{X}_{jt}$代表 t 年 j 指标的均值，W_{jt}代表 t 年 j 指标的权重，W_j代表 j 指标的最终权重。

七、数据来源

（一）数据来源

本书所使用的数据主要来源于国家统计局发布的历年《中国统计年鉴》《中国科技统计年鉴》《中国高技术产业统计年鉴》《中国工业统计年鉴》(2013 年以前为《中国工业经济统计年鉴》)、《工业企业科技活动统计年鉴》(2012 年以前为《工业企业科技活动统计资料》)、《中国劳动统计年鉴》《中国环境年鉴》，各省市统计局发布的历年地方省市统计年鉴，工信部发布的《中国电子信息产业统计年鉴》，工信部赛迪研究院发布的《中国信息化与工业化融合发展水平评估报告》和中国互联网络信息中心（CNNIC）定期发布的《中国互联网络发展状况调查统计报告》。

（二）数据说明

1. 研究对象

由于西藏缺失指标较多，故不参与本评价；加之港澳台地区的数据来源有限；因此，本书的最终研究对象为全国及 30 个省（区、市）。

2. 指标说明

由于历年统计年鉴没有直接公布全国及各地区 2012—2016 年的单位工业增加值能耗数据，为保证工业发展质量时序指数在时间维度上的可比性，我们利用各地历年统计年鉴中的工业增加值、工业增加值指数和工业能耗数据，计算得到 2012—2016 年 30 个省（区、市）以 2010 年为不变价的单位工业增加值能耗。

本书在计算第二产业全员劳动生产率和工业主要污染物排放强度这 2 项指标时，第二产业增加值和工业增加值数据都调整为 2010 年不变价，以保证时序指数能够真实反映走势情况；单位工业 R&D 经费支出采用 R&D 价格指数进行平减，该指数由固定资产投资价格指数和消费者价格指数等权合成。500 强企业占比这一指标，在衡量全国工业发展质量时是指世界 500 强企业中的中国企业数量所占比重，在衡量地方省市工业发展质量时是指中国企业联合会和中国企业家协会联合发布的历年中国制造业企业500强各省份数量所占比重。

此外，由于单位工业增加值能耗和工业主要污染物排放强度均为逆向指标，在计算过程中我们对其进行取倒数处理以便于统一分析。

需要补充说明的是，本版在评估工业发展质量时将数据的基期调整为2012年，主要考虑是党的十八大以来我国工业发展速度、产业结构、增长动力等都发生较大变化，以2012年为基期，能够更好地反映这些年出现的一些新情况、新变化和新趋势。

第二节　我国工业发展质量指数走势分析

一、全国工业发展质量指数走势分析

利用本书所构建的评价体系，根据主客观综合赋权法，按照时序指数计算方法，得到2012—2016年全国工业发展质量指数及分类指数，结果见表2－2。根据表2－2中最后一行绘制全国工业发展质量指数走势图，结果见图2－2。需要说明的是，由于全国工业发展质量无须作截面比较，因此该指数即为时序指数。

结合表2－2和图2－2，2012—2016年，全国工业发展质量指数呈逐年提升趋势，从2012年的100.0提高至2016年的123.1，年均增速为5.3%。表明自2012年以来，我国工业发展质量稳步提升。

表2－2　2012—2016年全国工业发展质量指数及分类指数

	2012	2013	2014	2015	2016	2012—2016年年均增速（%）
速度效益	100.0	101.7	101.4	102.4	106.6	1.6
结构调整	100.0	111.0	117.2	125.8	128.4	6.5
技术创新	100.0	104.4	109.2	112.8	121.0	4.9
资源环境	100.0	116.3	126.2	125.6	135.6	7.9

续表

	2012	2013	2014	2015	2016	2012—2016 年年均增速（%）
两化融合	100.0	108.2	113.0	119.4	126.1	6.0
人力资源	100.0	107.2	114.3	121.1	127.6	6.3
工业发展质量指数	100.0	107.6	112.7	116.9	123.1	5.3

资料来源：赛迪智库整理，2018 年 1 月。

从增速看，2012 年以来我国工业发展速度明显回落，全口径工业增加值增速和规模以上工业增加值增速分别从 2012 年的 8.1% 和 10% 持续回落至 2016 年的 6.0%，规上工业增速相对全口径工业增速的领先幅度也从 2012 年的 1.9 个百分点收窄至 0。2017 年，我国全口径工业增加值增速和规模以上工业增加值增速分别为 6.4% 和 6.6%，增速都较上年小幅回升，为整个宏观经济稳中向好奠定坚实基础。同时，作为世界上制造业规模最大的国家，我国工业生产的稳定增长，对提振世界实体经济起着举足轻重的作用。

从结构看，2012 年以来我国产业结构不断优化，产业新动能加速释放。2017 年我国高技术制造业增加值较上年增长 13.4%，高出规模以上工业 6.8 个百分点，增速较上年加快 2.6 个百分点；装备制造业增加值较上年增长 11.3%，高出规模以上工业 4.7 个百分点，增速较上年加快 1.8 个百分点。主要工业行业中，电子、仪器仪表、汽车、医药、专用设备、通用设备、电气机械等均保持两位数增长。

从国际看，2012 年以来我国工业产品的国际竞争力显著增强。在我国制造业产出规模稳居世界第一的同时，工业产品出口结构不断优化，中高端工业品的国际竞争力持续增强。2016 年我国工业制成品出口占全球出口比重达到 12.5%，比 2012 年提高 1.9 个百分点。由于我国工业制成品物美价廉，有助于降低全球生产成本、推动技术进步、改善各国人民生活。2017 年，我国规模以上工业企业实现出口交货值 12.3 万亿元，较上年增长 10.7%，增速明显加快。其中，计算机、通信和其他电子设备制造业增长 14.2%，扭转上年的下降趋势；化学原料和化学制品制造业增长 14.1%，较上年加快 10.2 个百分点。工业品出口结构持续优化，2017 年计算机、通信和其他电子设备制造业出口交货值占比继续保持在40%以上，比2012年提高2.2个百分点；纺织业出口交货值占比降至2.8%，比2012年下降0.8个百分点。

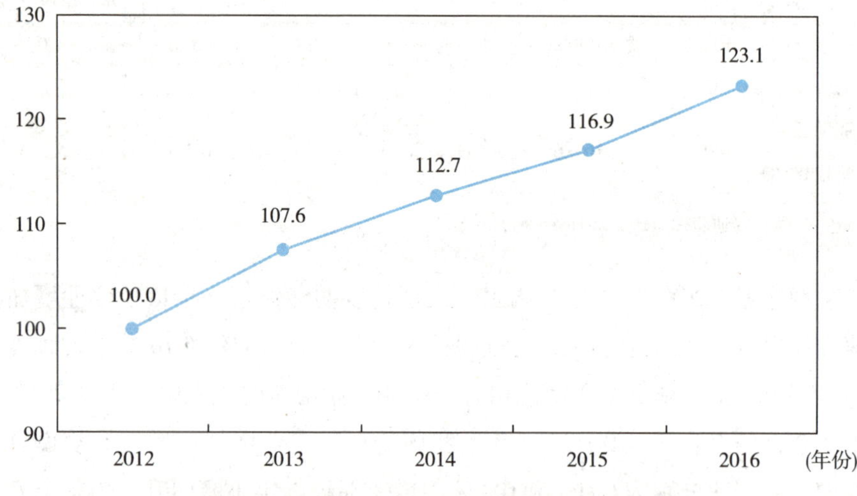

图2-2 2012—2016年全国工业发展质量指数

资料来源：赛迪智库整理，2018年1月。

综合来看，2012年至今，我国工业经济继续保持中高速增长，但企业效益仍需改善；产业结构调整取得积极成效，技术创新能力不断提升，两化融合水平继续提高，资源环境有所改善，人力资源水平明显改善。整体看，工业发展质量稳步提高。

二、全国工业发展质量分类指数分析

上面分析了2012—2016年全国工业发展质量总指数走势，下面着重分析各分类指数的走势及其影响因素。

（一）分类指数走势及其对总指数的影响

1. 评价结果分析

2012—2016年，全国工业发展质量的六个分类指数整体呈上升趋势，其中，资源环境、结构调整、人力资源、两化融合水平提升较快，年均增速分别为7.9%、6.5%、6.3%、6.0%，快于总指数年均增速；技术创新、速度效益提升较慢，年均增速分别为4.9%、1.6%，低于总指数年均增速。

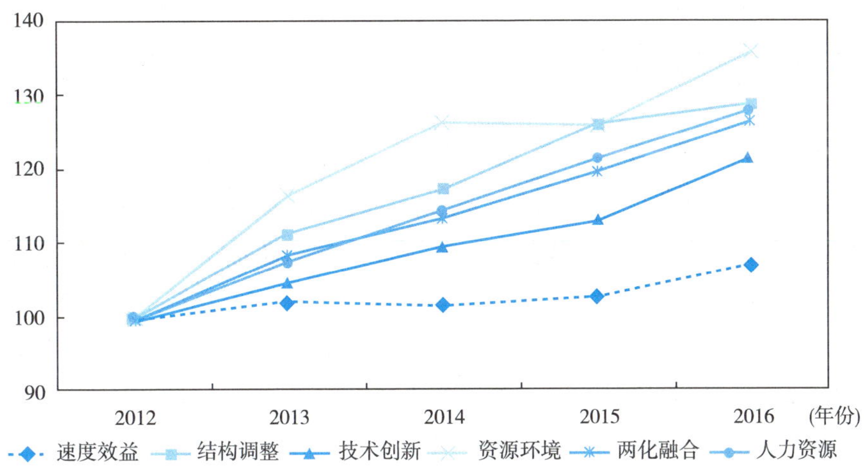

图 2－3　2012—2016 年全国工业发展质量分类指数

资料来源：赛迪智库整理，2018 年 1 月。

从分类指数对总指数的影响看，与 2012 年相比，2016 年六个分类指数对工业发展质量指数增长的贡献率和拉动作用差异较大（见表 2－3）。其中，结构调整和资源环境对总指数增长的贡献率较高，均超过 20%，分别拉动工业发展质量指数增长 1.2 个百分点；技术创新、人力资源、两化融合的贡献率也都在 15% 以上，分别拉动工业发展质量指数增长 1.0、0.9 和 0.8 个百分点；速度效益的贡献率最低，拉动工业发展质量指数增长 0.3 个百分点。

表 2－3　六个分类指数对总指数增长的贡献率和拉动

	速度效益指数	结构调整指数	技术创新指数	资源环境指数	两化融合指数	人力资源指数	合计
贡献率（%）	5.7	22.1	18.1	21.6	15.8	16.7	100
拉动（百分点）	0.3	1.2	1.0	1.2	0.8	0.9	5.3

资料来源：赛迪智库整理，2018 年 1 月。

2. 原因分析

（1）结构调整

2012 年以来，我国工业在结构调整方面取得显著成效。首先，高技术制造业规模不断扩大。2016 年我国高技术制造业主营业务收入突破 15 万亿元，占规模以上工业企业主营业务收入的13.3%，比2012年提高2.3个百分点。2016年，我国高技术制造业增加值占规模以上工业比重为12.4%，比2012年提高3个百分点。

其次，装备制造业整体实力明显增强。近几年，通过深入实施《中国制造2025》，持续推进“核高基”、宽带移动通信、高档数控机床、大飞机、“两机”等重大科技专项，装备制造业综合实力显著提升。2016年，装备制造业增加值占规模以上工业比重为32.9%，比2012年提高4.7个百分点，对工业经济的支撑力度显著提高。2017年，我国高档数控系统打破国外技术垄断，高端装备创新成果丰硕，“蓝鲸1号”在南海成功试采可燃冰，C919大型客机、AG600水陆两栖飞机成功首飞，世界上最长的跨海大桥港珠澳大桥全线贯通，“复兴号”高铁成功投入运营。这些都将进一步推动我国装备制造向高端攀升。

最后，工业企业组织结构不断优化。自2012年以来，国家大力推进兼并重组，鼓励企业之间实现强强联合，有条件的地区正加快实现上下游一体化经营。从央企兼并重组情况来看，截至2017年底，国资委监管中央企业减至98家。这有助于调整优化产业结构，加快产业转型升级，提高国有资本配置效率，打造世界一流企业。从企业数量和就业来看，2016年末，我国规模以上小型企业316287家，平均吸纳就业3424.01万人，在规模以上工业企业占比分别为83.5%和36.1%。当前，中小企业已经成为支撑我国国民经济和社会发展的重要力量，在促进经济增长、保障就业稳定等方面发挥着不可替代的重要作用。可以预见，随着我国经济发展环境的逐步完善，大众创业、万众创新将成为我国经济增长的新引擎，中小企业特别是小微企业的发展活力将对宏观经济增长起到重要作用。

（2）两化融合

近几年，我国在两化融合方面取得较大进展，互联网基础设施、电子信息产业等都有明显突破。第一，从互联网基础设施方面来看，截至2017年底，我国IPv4地址数量为3.39亿个，拥有IPv6地址23430块/32。我国域名总数为3848万个，减少9%；其中“.CN”域名总数增长1.2%，达到2085万个，在中国域名总数中占比达54.2%。国际出口带宽为7320180Mbps，年增长10.2%。从网民规模来看，2008年我国网民规模已跃升全球第一，到2017年末，我国网民规模达7.72亿，全年共计新增网民4074万人；互联网普及率也逐年提高，2017年达55.8%，较2016年底提升了2.6个百分点。

第二，从电子信息产业的发展来看，2017年，我国规模以上电子信息制造业增加值同比增长13.8%，高出工业平均水平7.2个百分点；电子信息制造业主营业务收入同比增长13.2%；电子信息产品出口交货值同比增长14.2%，高出工业平均水平3.5个百分点；软件和信息技术服务业完成软件业务收入5.5万亿元，同比增长13.9%；软件业实现出口538亿美元，同比增长3.4%。

（3）技术创新

第一，从创新投入来看，2016年，我国规模以上工业企业研究与试验发展（R&D）经费支出10944.66亿元，与主营业务收入之比达到0.94%，比2012年提升了0.17个百分点。从技术获取和技术改造情况来看，2016年，规模以上工业企业的引进技术经费支出、消化吸收经费支出、购买国内技术经费支出和技术改造经费支出分别为475.4亿元、109.2亿元、208亿元和3016.6亿元。

第二，从创新产出来看，近些年来我国工业企业专利数量不断攀升，2016年，规模以上工业企业专利申请数达到715397件，其中发明专利数286987件，规模以上工业企业有效发明专利数为769847件。专利数量的持续增长，反映出我国工业自主创新能力和水平日益提高。目前，我国在载人航天、探月工程、载人深潜、新支线飞机、大型液化天然气船（LNG）、高速轨道交通等领域取得突破性进展并进入世界先进行列。信息通信行业中，TD-LTE技术、产品、组网性能和产业链服务支撑能力等均得到提升，涵盖系统、终端、芯片、仪表的完整产业链已基本完成。

（4）人力资源

近些年来，我国工业在科技人力资源方面保持稳定增长，科技人力投入不断增加，科技队伍进一步壮大。2016年，我国规模以上工业企业R&D人员全时当量为270.2万人/年，比2012年增加了45.6万人/年；占工业平均用工人数的比重为2.85%，比2012年提高了0.5个百分点。

（5）资源环境

自2012年以来，我国主要工业行业能耗显著下降，污染物排放明显下降，环境明显改善；但工业固体废物综合利用率和环境污染治理投资力度有所放缓。首先，单位增加值能耗明显下降。2012年以来，我国单位GDP能耗（2010年不变价）持续下降，2012—2016年我国单位GDP能耗分别比上年下降4.7%、3.7%、5.1%、5.0%和5.0%。从工业来看，2016年，工业能源消费总量预计将达到296480万吨标准煤，以2010年为不变价的单位工业增加值能耗为1.16吨标准煤/万元。其次，主要污染物排放总量得到控制。2016年单位工业废水中化学需氧量排放强度10.76吨/亿元、氨氮排放强度为0.79吨/亿元，工业废气中二氧化硫排放强度为54.05吨/亿元、氮氧化物排放强度为39.16吨/亿元。再次，工业废物综合利用率有所下降。2016年工业固体废物综合利用率为49.5%，比2012年下降2.6个百分点。最后，环境污染治理投资增速有所放缓。2016年，工业污染治理完成投资819亿元，占工业增加值的比重为0.33%，比重与上年基本持平。

（6）速度效益

速度效益方面，从规模和速度来看，2017年，全部工业增加值279997亿元，比上年增长6.4%；规模以上工业增加值增长6.6%，整体仍处于中高速增长水平。从经济效益来看，2017年，我国规模以上工业企业资产负债率55.5%、主营业务收入利润率6.46%，每百元主营业务收入中的成本84.92元，每百元资产实现的主营业务收入108.4元，人均主营业务收入131.5万元，产成品存货周转天数14.4天，应收账款平均回收期39.1天。

综合来看，近些年来，我国工业发展取得了较大成绩，结构持续调整和优化，两化融合不断深化，技术创新能力明显提升，人力资源素质和待遇明显改善，资源环境束缚压力有所缓解，速度回落至中高速，企业效益有待提升。

（二）分类指数影响因素分析

为清楚地看到影响全国工业发展质量分类指数的内部因素，本书计算了22项指标对各自所属分类指数的贡献率和拉动，计算结果见表2-4。

2012—2016年，全国工业发展质量的六个分类中，资源环境指数、结构调整指数、人力资源指数、两化融合指数增长较快。其中，资源环境指数增长主要是由工业主要污染物排放强度下降推动的，贡献率高达71.9%；工业污染治理投资强度提高、单位工业增加值能耗下降的贡献率分别为22.8%和8.2%，工业固体废物综合利用率呈下降趋势，其贡献率为负。结构调整指数增长主要是由500强企业占比持续提高、规模以上工业小型企业主营业务收入持续增长、高技术制造业主营业务收入占比提高联合推动的，贡献率分别为35.6%、26.3%和20.1%，分别拉动结构调整指数增长2.3、1.7和1.3个百分点。人力资源指数主要是由工业职工平均工资增长以及第二产业全员劳动生产率提高共同带动的，贡献率分别为49%和46.4%。两化融合指数主要是由工业应用信息化水平、互联网普及率和电子信息产业占比联合拉动的，贡献率分别为43%、28.9%和28.1%，分别拉动2.6、1.7和1.7个百分点。

技术创新指数平稳增长，主要是由规模以上工业企业新产品销售收入占比提高和R&D经费投入强度以及R&D人员投入强度联合驱动的，贡献率分别为38.1%、31.3%和20.5%。

速度效益指数缓慢增长，虽然工业增加值继续保持中高速增长，但资产负债改善有限，而工业成本费用利润率和工业主营业务收入利润率都出现下降，拖累速度效益指数的增长。

表2-4　22项指标对分类指数的贡献率和拉动

二级指标	三级指标	贡献率（%）	拉动（百分点）
速度效益	工业增加值增速	134.9	2.2
	资产负债率	14.3	0.2
	工业成本费用利润率	-23.1	-0.4
	工业主营业务收入利润率	-26.1	-0.4
	合计	100	1.6
结构调整	高技术产业占比	20.1	1.3
	500强企业占比	35.6	2.3
	规模以上工业小企业主营业务收入增速	26.3	1.7
	工业制成品出口占比	17.9	1.2
	合计	100	6.5

续表

二级指标	三级指标	贡献率（%）	拉动（百分点）
技术创新	工业 R&D 经费投入强度	31.3	1.5
	工业 R&D 人员投入强度	20.5	1.0
	单位工业 R&D 经费支出的发明专利数	10.2	0.5
	工业新产品销售收入占比	38.1	1.9
	合计	100	4.9
资源环境	单位工业增加值能耗	8.2	0.7
	工业主要污染物排放强度	71.9	5.7
	工业固体废物综合利用率	-3.0	-0.2
	工业污染治理投资强度	22.8	1.8
	合计	100	7.9
两化融合	工业应用信息化水平	43.0	2.6
	电子信息产业占比	28.1	1.7
	互联网普及率	28.9	1.7
	合计	100	6.0
人力资源	工业职工平均工资增速	49.0	3.1
	第二产业全员劳动生产率	46.4	2.9
	就业人员平均受教育年限	4.6	0.3
	合计	100	6.3

资料来源：赛迪智库整理，2018 年 1 月。

第三节　我国重点行业发展质量分析

一、指标体系的构建与指标选取

行业和地区是衡量我国工业发展质量的两个维度。构建行业评价指标体系要遵循可获取性、可比性等原则。而在地区工业发展质量评价指标体系中，有部分指标不适用于对行业进行评价，如结构调整类指标。资源环境、两化融合和人力资源的大部分行业数据较难搜集，且由于行业自身特点，这三类指标行业间比较意义不大。因此，为体现行业之间的差异和特色，以下构建速度效益和技术创新两大类共计八项指标的体系，对2016年我国38个工业行业发展质量进行评价。根据国家统计局最新国民经济行业分类，我国工业行业为41个，但由于开采辅助活动、其他采矿业和废弃资源综合利用业3个行业的部分指标数据缺失，因此最终选取参与评价的行业为38个。具体评价指标如表2－5所示。

表2－5 2016年38个工业行业速度效益类、技术创新类共计八项指标

	速度效益类				技术创新类			
	规上工业增加值增速（%）	工业资产负债率（%）	工业成本费用利润率（%）	工业主营业务收入利润率（%）	工业R&D经费投入强度（%）	工业R&D人员投入强度（%）	单位工业R&D经费发明专利数（件/亿元）	工业新产品销售收入占比（%）
总计	6.00	55.87	6.70	6.21	0.94	2.85	26.22	15.07
煤炭开采和洗选业	－1.50	69.53	5.60	5.19	0.59	1.01	5.15	2.23
石油和天然气开采业	－0.10	46.03	－8.74	－8.76	0.99	3.47	17.78	1.47
黑色金属矿采选业	－2.60	56.52	7.32	6.75	0.17	0.70	36.55	0.56
有色金属矿采选业	2.50	53.38	8.14	7.43	0.44	1.04	6.79	3.72
非金属矿采选业	4.30	47.10	8.23	7.46	0.21	0.62	19.29	1.81
农副食品加工业	6.10	49.15	5.60	5.26	0.36	1.18	18.23	4.84
食品制造业	8.80	44.08	9.54	8.70	0.64	1.60	20.12	6.70
酒、饮料和精制茶制造业	8.00	43.92	11.75	10.30	0.54	1.35	13.09	6.11
烟草制品业	－8.30	25.71	33.53	11.95	0.25	2.20	65.10	20.43
纺织业	5.50	51.71	5.94	5.60	0.54	1.46	17.30	12.67
纺织服装、服饰业	3.80	46.08	6.42	6.02	0.45	0.80	15.71	9.24
皮革、毛皮、羽毛及其制品和制鞋业	3.40	44.99	7.03	6.52	0.39	0.71	13.93	7.16
木材加工和木、竹、藤、棕、草制品业	6.80	40.51	6.58	6.12	0.36	0.97	18.76	4.12
家具制造业	6.60	49.02	7.03	6.54	0.49	1.22	37.75	10.78
造纸及纸制品业	5.90	54.79	6.29	5.93	0.84	1.91	13.56	14.31

续表

	速度效益类				技术创新类			
	规上工业增加值增速（%）	工业资产负债率（%）	工业成本费用利润率（%）	工业主营业务收入利润率（%）	工业 R&D 经费投入强度（%）	工业 R&D 人员投入强度（%）	单位工业 R&D 经费发明专利数（件/亿元）	工业新产品销售收入占比（%）
印刷和记录媒介复制业	6.10	42.97	7.70	7.14	0.58	1.62	23.44	8.05
文教、工美、体育和娱乐用品制造业	3.20	49.99	6.40	6.00	0.54	1.32	26.16	8.02
石油加工、炼焦和核燃料加工业	6.70	65.25	6.66	5.46	0.35	1.62	7.86	7.74
化学原料和化学制品制造业	7.70	55.43	6.36	5.93	0.96	3.72	22.83	13.47
医药制造业	10.80	40.31	12.40	11.04	1.73	5.53	21.46	19.23
化学纤维制造业	6.10	56.98	5.24	5.00	1.08	3.74	10.27	23.71
橡胶和塑料制品业	7.60	46.84	6.88	6.41	0.86	2.34	23.67	11.55
非金属矿物制品业	6.50	50.97	7.39	6.84	0.52	1.46	19.60	5.48
黑色金属冶炼和压延加工业	-1.70	66.38	2.97	2.86	0.87	2.80	10.77	11.49
有色金属冶炼和压延加工业	6.20	63.38	3.91	3.73	0.76	3.34	10.62	13.07
金属制品业	8.20	49.87	6.41	5.99	0.82	2.60	24.11	9.93
通用设备制造业	5.90	51.88	7.08	6.59	1.38	4.64	29.81	18.57
专用设备制造业	6.70	52.17	6.53	6.09	1.54	5.09	36.34	17.19
汽车制造业	15.50	58.34	9.22	8.43	1.29	4.74	14.65	31.32
铁路、船舶、航空航天和其他运输设备制造业	3.20	63.20	6.53	6.08	2.38	5.62	21.82	33.35
电气机械和器材制造业	8.50	55.59	7.52	6.99	1.50	4.49	37.54	26.36
计算机、通信和其他电子设备制造业	10.00	57.56	5.34	5.09	1.82	4.84	39.14	34.97
仪器仪表制造业	9.40	43.88	9.36	8.61	1.95	6.65	39.04	22.47
其他制造业	5.40	54.19	6.74	6.31	1.00	2.47	33.57	10.37

续表

	速度效益类				技术创新类			
	规上工业增加值增速（%）	工业资产负债率（%）	工业成本费用利润率（%）	工业主营业务收入利润率（%）	工业 R&D 经费投入强度（%）	工业 R&D 人员投入强度（%）	单位工业 R&D 经费发明专利数（件/亿元）	工业新产品销售收入占比（%）
金属制品、机械和设备修理业	6.50	66.25	1.22	1.2	1.51	3.76	22.48	22.60
电力、热力生产和供应业	4.80	62.12	8.01	7.5	0.15	0.78	114.26	0.51
燃气生产和供应业	14.30	55.78	8.85	8.32	0.13	0.76	9.14	0.84
水的生产和供应业	7.00	55.94	10.02	9.72	0.35	0.52	16.35	1.20

资料来源：国家统计局，赛迪智库整理，2018 年 1 月。

二、38 个行业发展质量评价

为体现我国 38 个工业行业自身特性，八项评价指标的权重不应有明显差距，因此在确定指标权重时，对八个指标取相等权重，计算截面指数，综合判断 38 个行业的速度效益类和技术创新类指标的得分和排名。

有两点需要说明：第一，由于行业自身特点不同，部分评价指标并不具有绝对可比性。第二，对行业发展质量进行排名旨在找出相对差距。基于行业发展质量的评价指标体系，采用相等权重，计算得出 2016 年我国 38 个行业发展质量指数及分类指数，得到结果见表 2－6。

表 2－6　2016 年 38 个工业行业发展质量截面指数、分类指数及排名

	指数			排名		
	速度效益	技术创新	发展质量	速度效益	技术创新	发展质量
煤炭开采和洗选业	28.73	4.20	32.94	22	34	30
石油和天然气开采业	10.10	12.59	22.70	38	20	38
黑色金属矿采选业	25.89	4.22	30.11	32	33	37
有色金属矿采选业	28.33	4.14	32.47	24	35	32

续表

	指数			排名		
	速度效益	技术创新	发展质量	速度效益	技术创新	发展质量
非金属矿采选业	27.53	2.73	30.26	28	37	36
农副食品加工业	26.95	5.73	32.68	29	30	31
食品制造业	30.17	9.00	39.17	13	25	20
酒、饮料和精制茶制造业	31.32	6.94	38.26	8	27	23
烟草制品业	25.00	18.18	43.18	37	11	15
纺织业	27.67	10.00	37.67	27	22	24
纺织服装、服饰业	25.57	6.74	32.31	34	28	33
皮革、毛皮、羽毛及其制品和制鞋业	25.53	5.25	30.78	36	31	34
木材加工和木、竹、藤、棕、草制品业	25.66	5.06	30.73	33	32	35
家具制造业	28.37	10.89	39.26	23	21	19
造纸及纸制品业	29.06	12.75	41.81	16	19	18
印刷和记录媒介复制业	26.95	9.59	36.54	30	23	27
文教、工美、体育和娱乐用品制造业	26.35	9.05	35.41	31	24	29
石油加工、炼焦和核燃料加工业	32.29	6.39	38.69	5	29	22
化学原料和化学制品制造业	30.21	17.90	48.11	11	12	11
医药制造业	32.40	27.79	60.19	4	5	6
化学纤维制造业	28.92	20.84	49.76	19	10	10
橡胶和塑料制品业	28.15	13.90	42.06	26	15	17
非金属矿物制品业	29.16	7.56	36.73	15	26	26
黑色金属冶炼和压延加工业	25.54	13.39	38.94	35	17	21
有色金属冶炼和压延加工业	29.64	14.46	44.10	14	14	14
金属制品业	28.94	13.66	42.60	18	16	16
通用设备制造业	28.87	24.74	53.61	21	8	8
专用设备制造业	28.91	26.80	55.70	20	7	7
汽车制造业	37.50	27.33	64.83	1	6	3
铁路、船舶、航空航天和其他运输设备制造业	30.21	36.71	66.92	12	1	1

续表

	指数			排名		
	速度效益	技术创新	发展质量	速度效益	技术创新	发展质量
电气机械和器材制造业	31.66	28.79	60.45	7	4	5
计算机、通信和其他电子设备制造业	31.22	34.58	65.81	9	2	2
仪器仪表制造业	30.32	34.46	64.77	10	3	4
其他制造业	28.99	15.68	44.67	17	13	13
金属制品、机械和设备修理业	28.30	24.27	52.57	25	9	9
电力、热力生产和供应业	32.03	13.14	45.17	6	18	12
燃气生产和供应业	35.96	1.06	37.02	2	38	25
水的生产和供应业	33.36	2.75	36.11	3	36	28

资料来源：国家统计局，赛迪智库整理，2018年1月。

2016年，全国38个工业行业中，工业发展质量排在前六位的分别是铁路船舶、航空航天和其他运输设备制造业，计算机、通信和其他电子设备制造业，汽车制造业，仪器仪表制造业，电气机械和器材制造业，医药制造业，发展质量指数分别为66.92、65.81、64.83、64.77、60.45、60.19。铁路、船舶、航空航天和其他运输设备制造业，计算机、通信和其他电子设备制造业，仪器仪表制造业，电气机械和器材制造业，医药制造业发展质量指数高，主要得益于技术创新指数高，位居全国前五位，这也印证了其高技术产业的战略地位。汽车制造业速度效益指数排名由上年第4位升至第1位，同时该行业技术创新指数排名第6位，因此发展质量指数位列第三。而烟草制品业以往年度由于速度效益指数高，其发展质量指数也相对较高，但伴随烟草制品业速度效益指数下滑到第37位，其发展质量指数也下滑到第15位。

发展质量位于38个行业后五位的分别是石油和天然气开采业，黑色金属矿采选业，非金属矿采选业，木材加工及木、竹、藤、棕、草制品业，皮革、毛皮、羽毛及其制品和制鞋业，工业发展质量指数分别为22.70、30.11、30.26、30.73、30.78。石油和天然气开采业得分明显低于其他四个行业。从该五个行业的分类指数来看，除石油和天然气开采业技术创新指数排第20

位，五个行业的速度效益和技术创新指数均位于第28位以外。此外，燃气生产和供应业、水的生产和供应业虽然速度效益指数分别排名第二和第三，但技术创新指数分别排名第38位和第36位。

综合来看，运输设备、计算机、仪器仪表、电器机械、医药等高端制造业的发展质量水平较高，而石化、矿采选、部分轻工行业发展质量水平较低，表明传统高耗能行业和劳动密集型行业下行压力较大，速度效益和技术创新水平均亟待提升。

第四节　提高我国工业发展质量的政策建议

2018年是全面贯彻党的十九大精神的开局之年，是改革开放四十周年，也是决胜全面建成小康社会、实施“十三五”规划承上启下的关键一年。在过去的2017年里，我国宏观经济稳中向好，好于预期，GDP增速6.9%，实现7年来GDP首次提速；经济增长的质量和效益显著提升，经济结构出现重大变革，实体经济回暖，工业经济呈现稳中向好势头，经济活力和韧性不断优化；对外开放深入发展，“一带一路”倡议进一步吸引全球关注，各领域不断签署推进重大项目。展望2018年，我国的产业转型升级正处于关键阶段，制造业仍然是振兴实体经济的主战场，预期“中国制造2025”将继续深入实施，制造强国与网络强国建设全面推进；我国将以供给侧结构性改革为主线，优化供给体系，打好防范化解重大风险、精准脱贫、污染防治三大攻坚战；将进一步加快改革开放，加强财政、货币、产业、区域等经济政策的协调配合，推动建设实体经济、科技创新、现代金融、人力资源协同发展的产业体系，实现经济高质量发展。

一、推动制造强国与网络强国建设，迈向高质量发展阶段

随着互联网技术的快速发展，工业面临着信息化融合下的深刻变革，美国、德国等发达国家分别出台“先进制造业”“工业4.0”等国家层面战略规划，谋求抢占制造业制高点，在新一轮制造业竞争中稳固优势。而我国劳动

力等生产要素成本提高，国际加工、代工业务面临其他发展中国家的竞争压力，产业转型升级迫切。鉴于此，“中国制造 2025”重磅出台，力图扭转中国制造大而不强的局面，推动制造强国建设。抢占制造业国际竞争的尖端，需要借助互联网信息技术的东风，根据 2018 年全国工业和信息化工作会议内容，拟开展网络强国建设三年行动，数字经济将成为制造强国与网络强国全面推进所迸发的新亮点。

（一）示范引领，制造强国建设稳步前行

目前《中国制造 2025》“1 + X”规划体系已全部发布，未来重点将是五大工程、专项行动、规划及相关配套政策的深入实施。一方面，突出重点，加强制造强国关键领域突破攻坚。2017 年 10 月，工信部发布《产业关键共性技术发展指南（2017 年）》，11 月，十二部门联合发布《增材制造产业发展行动计划（2017—2020 年）》，在重点关键领域布局突破。根据 2018 年全国工业和信息化工作会议要求，工业强基、高端装备创新等工程项目进展应予密切关注，动力电池系统等 50 项左右的关键瓶颈领域是突破重点。新材料产业发展对于推动技术创新、产业转型升级具有重要战略意义，也是制造强国的主攻方向之一。另一方面，“中国制造 2025”出台至今，已取得较好成效，下一步工作将加大对优秀产品的推广力度，并以点带面，通过树立标杆强化先行地区的示范引领作用，可预期未来将加大对高档数控机床、基础制造装备、关键系统部件等产品的应用推广力度，加强对地区经验的总结推广，高标准创建“中国制造 2025”国家级示范区，增强标杆效应。此外，相关产业政策也有序推进，产融结合将进一步加深，推动设立“中国制造 2025”产业发展基金。

（二）创新驱动，网络强国建设全面推进

信息网络建设是我国发展互联网经济，发展壮大数字经济，推动制造业转型升级的重要基础条件。目前我国信息网络建设打下良好基础，光网城市全面建成，网络提速降费政策惠及全民。预期未来网络强国建设将着力从技术、设施、安全三个维度构建强国基础“铁三角”。5G 标准确定和商用产品研发将是 2018 年的一大亮点，5G 推广将带来相关技术、硬件产品的新一轮换代升级市场机遇。设施方面，随着光网城市的建成，下一步将一方面推进百兆带宽普及与千兆城市建设，另一方面促进高速光纤带宽网络的城乡全面

覆盖，加大服务普惠力度。随着网络技术与设施的推进，互联网将在社会经济生活中发挥更为重要的作用，网络安全的重要性越发凸显。2017 年 8 月，《公共互联网网络安全威胁监测与处置办法》出台，进一步健全公共互联网网络安全威胁监测与处置机制，11 月，《公共互联网网络安全突发事件应急预案》发布，通过健全应急机制，提升公共互联网网络安全突发事件的应对能力。2018 年 1 月，中央深改组审议通过《科学数据管理办法》，强化了大数据发展过程中的数据安全。预期未来网络信息安全建设力度将进一步加大。

（三）信息网络技术与制造业深度融合，发展壮大数字经济

新一代信息技术的发展为工业转型升级提供了契机。一方面可以促进制造业的生产智能化，发展智能制造，另一方面可以促进制造业服务能力的提高，发展服务型制造。为推动制造业与互联网融合，加快新旧发展动能和生产体系转换，政府出台系列政策持续推动两化融合，2017 年 11 月，国务院印发《关于深化“互联网 + 先进制造业”发展工业互联网的指导意见》，提出到本世纪中叶，工业互联网创新发展能力、技术产业体系以及融合应用等全面达到国际先进水平，综合实力进入世界前列。同年 12 月，工信部制定《促进新一代人工智能产业发展三年行动计划（2018—2020）》，加快人工智能产业发展，推动人工智能和实体经济深度融合。预期未来将以激发制造企业创新活力、发展潜力和转型动力为主线，通过构建基于互联网的大型制造企业“双创”平台与为中小企业服务的第三方“双创”服务平台，培育壮大新业态新模式。在生产方面，深入实施智能制造工程，持续推进智能制造专项；在服务方面，利用互联网、物联网等信息技术，加强生产厂商与消费者的互动，针对消费端需求提供个性化定制型服务，推进服务型制造发展。

二、以供给侧结构性改革为主线，打好三大攻坚战

根据党的十九大精神，为保障宏观经济运行保持在合理区间，实现由高速度增长向高质量发展转变，未来我国宏观政策取向将继续以供给侧结构性改革为主线。立足我国现实情况判断，未来需求侧管理的政策空间有限。从财政支出政策看，经过前期多轮刺激，地方政府债务风险凸显，财政投资拉动的政策空间压缩；从货币政策看，近年来货币乘数快速提升，呈现经济货

币化趋势，货币总量刺激政策的负面效果日渐凸显。根据中央经济工作会议，未来将继续以供给侧结构性改革为主线，并着重补齐短板，打好风险防范、脱贫攻坚、污染防治三大攻坚战。

（一）全面提升供给体系的适应性与创新性

2017 年供给侧结构性改革取得显著成效，钢铁去产能超额完成全年 5000 万吨目标任务，“地条钢”产能得到全面清理，减税降费举措切实减轻企业负担，工业经济呈现稳中向好势头，国民经济全年完成一份良好的答卷。根据中央经济工作会议要求，未来将继续围绕“三去一降一补”五大任务，继续破除低端无效产能，建立防范“地条钢”等低端产能死灰复燃的长效机制，稳步推进重点行业的产能置换进程，加快传统产业优化升级。在供给主体方面，要激发多元主体的投资活力，2017 年 10 月，工信部等十六部门联合发布《关于发挥民间投资作用推进实施制造强国战略的指导意见》，旨在应对制造业民间投资增速放缓的局面，促进民营企业转型升级、激发民间投资活力，加快制造强国建设步伐。

（二）突出重点，打好经济高质量发展的攻坚战

根据中央经济工作会议要求，2018 年乃至未来三年将重点围绕发展短板打好三大攻坚战。一是防范化解重大风险，增强现代金融服务实体经济能力。当前我国地方政府债务与企业债务的双重高企，警示金融风险问题的解决已刻不容缓，预期未来三年左右时间将对宏观杠杆率进行有效控制，防范系统性金融风险。二是打好精准脱贫攻坚战，补齐发展短板。该举措一方面将有助于提振内需，也是保障民生的重要任务，另一方面也意味着政府财政将面临较大的刚性支出，财政收支压力偏重。三是打好污染防治攻坚战，推动绿色低碳发展。近年我国环保产业发展前景利好，政府支持力度加大。2017 年 10 月，工信部出台《关于加快推进环保装备制造业发展的指导意见》，提升环保装备制造业水平，实现有效供给，11 月，工信部出台《高端智能再制造行动计划（2018—2020 年）》，促进机电产品资源化循环利用。预期在污染防治攻坚战需求推动下，绿色制造工程将继续扎实推进。

三、深化改革，优化经济政策协调机制

中国工业的转型升级，既要有效发挥市场机制的作用，同时也离不开政府产业政策的支持，其中财税、货币政策是政府宏观调控的有力工具。必要的财税扶持政策与金融体制的完善，将有助于减轻企业在转型升级中的负担，振兴实体经济，提高经济发展质量。而政策变动必然对原有政策体系下形成的均衡带来冲击，而由于部门间、区域间政策衔接协调不足，将导致政策效果偏离预期，或引发新的问题。党的十九大提出，要健全财政、货币、产业、区域等经济政策协调机制，着力推动建设实体经济、科技创新、现代金融、人力资源协同发展的产业体系，对相关政策的协调推动提出了更高的要求。

（一）深化“放管服”改革，营造产业发展良好环境

根据 2017 年 6 月全国深化简政放权放管结合优化服务改革电视电话会议，深化“放管服”改革，实质上是要改革政府传统管理体制与政府越位权力，是要改革政府权力衍生出的寻租权力与不当利益，是要改革政府履行职能的方式与作风。2018 年 1 月，中央深改组二次会议将浙江省“最多跑一次”改革作为典型，指出各地区要结合实际，加大体制机制创新，增强群众对改革的获得感。预期成功经验将刺激各地推进以优化审批流程为代表的“放管服”改革进程，政府将继续加大“放管服”改革督察力度，推动政府开展刀刃向内的自我改革，降低企业营商的体制机制成本，营造产业发展良好环境。

（二）推进结构性减税，切实降低实体经济负担

近年来国际国内环境合力影响下，实体经济发展困境凸显，企业压力增大，税负感增强，甚至出现“死亡税率”的舆论观点并引发广泛关注。以“六税一法”为主要内容的税制改革旨在推进结构性减税，其中“营改增”是涉及范围最为广泛的关键举措。2017 年是全面推行“营改增”试点后的第一个完整年度，为实现“营改增”涉及行业的全面减负，考虑服务业存量资产税收抵扣等问题，对制造业与服务业实行差异较大的税率，从政策执行效果看，存在高缴低扣、低缴高扣等不公平现象，将对产业链造成扭曲。预期增值税税率优化问题将成为“营改增”全面试点后的下一步工作，制造业增

值税适用税率将逐步下调，确保实体经济的良好发展环境。此外，环境保护税于2018年1月1日起正式开征，该税种税收全部划为地方收入。考量到环境保护税征税力度与企业招商引资可能存在的反向关系，地方政府应树立高质量发展的政绩观，警惕因经济利益考量而放松税收执法力度。

（三）提高产业从业人员待遇，强化人才供给保障

为实现建设知识型、技能型、创新型劳动者大军的目标要求，教育与人才待遇将成为打造产业人才队伍的重要抓手。根据党的十九大精神，未来将以新发展理念统筹各级各类教育事业发展，完善职业教育和培训体系，深化产教融合、校企合作，健全优化创新性、复合型、应用型和技术技能型人才的培育机制，强化人才供给与产业发展需求的契合。中央深改组二次会议强调，要提高技术工人待遇，发挥政府、企业、社会协同作用，完善技术工人培养、评价、使用、激励、保障等措施，实现技高者多得、多劳者多得，增强技术工人职业荣誉感、自豪感、获得感，激发技术工人积极性、主动性、创造性。

四、扩大开放，积极应对国际经济环境变化

近年全球经济周期性提振，主要经济体实现自国际金融危机以来的首次同步增长，国际贸易与投资走势利好。但世界经济仍面临较大的不确定性，“逆全球化”思潮和贸易保护主义倾向有所抬头，引致我国的国际经贸环境依然存在较大变数。同时，随着中国国际影响力的日益提升，“中国威胁论”依然久唱不衰，对中国的封堵性举措也将对我国的“一带一路”等国际战略带来挑战，需要做好相应预案。

（一）跟踪国际经贸环境变化，进行政策相机调整

近年来美国、欧盟等主要经济体对华贸易摩擦加剧，贸易保护主义抬头，日本、欧盟和美国等主要经济体基于自身利益的考虑，相继宣布不承认中国“市场经济地位”，延续“替代国”做法，拒绝履行《中国加入世界贸易组织议定书》中规定的义务，预期该类举措将导致贸易争端激化，我国的出口贸易环境不容乐观。此外，美国、欧盟等出台的旨在促进制造业回流的政策，将对已形成的全球供应链造成冲击，对我国国际产业链布局带来新的机遇和

挑战。未来我国应跟踪美欧等贸易政策变化，为国内产业发展和对外经贸关系做好准备。对于美欧日等国对华发起的贸易调查，做好诉诸 WTO 争端解决机构的准备，维护自身权益。

（二）继续推进“一带一路”建设，构建人类命运共同体

2017 年 11 月，在美国退出 TPP 的情况下，由启动 TPP 谈判的 11 个亚太国家达成框架协议，并更名为 CPTPP，预计将于 2018 年 3 月发布协定最终版本。预期美国重新加入该协定的可能性较小，但美国不会放弃对亚太地区的战略布局，将通过双边谈判维系其影响。我国“一带一路”倡议现已取得较好的反馈，机制日趋成熟，2018 年 1 月，中央深改小组二次会议通过《关于建立“一带一路”争端解决机制和机构的意见》，预期争端解决机制的建立将促进“一带一路”商贸和投资争端的依法妥善化解，营造稳定、公平、透明的法治化营商环境。我国将继续推进“一带一路”建设，扩大“一带一路”的“朋友圈”，以政策沟通、设施联通、贸易畅通、资金融通、民心相通，不断增加世界各国的共同安全和共同利益，推动构建人类命运共同体。

第三章　产业结构调整

2017年，党的十九大胜利召开，对我国经济社会发展具有里程碑意义。在这一年中，确立了习近平新时代中国特色社会主义思想的历史地位，各地区各部门认真贯彻落实新理念、新思想、新战略，坚持以提高发展质量效益为中心，深入推进供给侧结构性改革，加快新兴产业的培育和发展，全面深入实施《中国制造2025》，全面实现了我国经济社会发展预期目标，不断推动我国产业结构迈向中高端，开启了高质量发展时代新征程。

第一节　2017年我国产业结构调整取得的主要进展

一、供给侧结构性改革取得显著成效

2017年，供给侧结构性改革全面深入实施，改革成效显著。一是“去产能”任务圆满完成，产能利用率显著提升。煤炭、钢铁行业圆满完成全年化解过剩产能目标，全国工业产能利用率为77.0%，比上年提高3.7个百分点，创5年新高。[①] 其中，煤炭开采和洗选业产能利用率为68.2%，比上年提高8.7个百分点；黑色金属冶炼和压延加工业产能利用率为75.8%，比上年提高4.1个百分点。重点过剩产品产量增速有所减缓，2017年全国水泥产量231625万吨，比上年下降0.2%，增速回落2.7个百分点；平板玻璃产量79024万重量箱，同比增长3.5%，增速回落2.3个百分点。[②] 二是主要产品价格回升，市场主体信心进一步增强。2017年工业生产者出厂价格比上年上

---

① 数据来源于国家统计局。

② 数据来源于国家发展改革委。

涨6.3%，结束了自2012年以来连续5年下降的态势。受钢铁“去产能”工作深入推进、“地条钢”全面取缔、采暖季错峰生产和市场需求回升等因素影响，2017年钢材价格大幅上涨，2017年12月底，中国钢材价格指数为121.8点，比年初上升22.3点，涨幅22.4%，水泥、平板玻璃价格均走出上涨态势，P.O42.5散装水泥和平板玻璃（原片）平均价格同比上涨43.1%和6.8%。三是重点省份在“三去一降一补”方面持续发力。全国大部分省份都将“去产能”作为近两年的工作重点。河北省全年共压减炼钢产能2555万吨、炼铁产能2066万吨、煤炭产能1125万吨、水泥产能261万吨、平板玻璃产能500万重量箱、焦炭产能808万吨、火电产能68.4万千瓦，全面取缔“地条钢”，“6643”工程超额完成。① 山东全年压减粗钢产能527万吨、生铁产能175万吨、煤炭产能351万吨，超额完成国家下达的目标任务，妥善分流安置去产能企业职工4.12万人。②

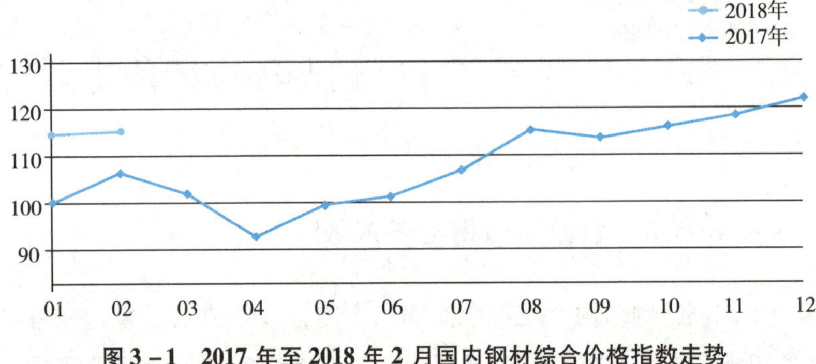

图3－1　2017年至2018年2月国内钢材综合价格指数走势

资料来源：中国钢铁工业协会，2018年3月。

二、工业发展的质量和效益得到改善

党的十九大报告指出，我国经济已由高速增长阶段转向高质量发展阶段，正处在转变发展方式、优化经济结构、转换增长动力的攻关期。2017年，我国工业运行稳中向好的格局进一步巩固，工业发展的质量效益得到进一步提升。在经历连续两年弱景气区间之后，2017年中经工业景气指数明显回升，4

① 数据来源于河北省2018年政府工作报告。

② 数据来源于山东省2018年政府工作报告。

个季度均位于120以上的正常景气区间。[①] 具体表现：一是企业综合成本有所下降。2017年末规模以上工业企业资产负债率为55.5%，比上年末下降0.6个百分点。全年规模以上工业企业每百元主营业务收入中的成本为84.92元，比上年下降0.25元。全员劳动生产率（以2015年价格计算）比上年提高6.7%。二是企业盈利能力得到改善。2017年规模以上工业企业实现利润75187亿元，比上年增长21.0%，增速比上年加快12.5个百分点。分门类看，采矿业实现利润4587亿元，比上年增长2.6倍；制造业66511亿元，同比增长18.2%；电力、热力、燃气及水生产和供应业4089亿元，同比下降10.7%。全年全员劳动生产率为101231元/人，比上年提高6.7%。三是工业产品质量持续提升。根据国家质检总局数据，2017年全年制造业产品质量合格率为93.71%。通过对全国130个种类、198种重点产品开展质量攻关，主要日用消费品国家监督抽查合格率达到91.9%，出口工业产品国外退货批次同比下降9.36%。例如，浙江台州马桶盖产品监督抽查合格率大幅提升75个百分点，2017年总产值同比增长55%，产品出口欧美、东南亚等10多个国家和地区。

三、高技术产业拉动结构升级作用增强

随着高技术产业规模的不断扩大，其对产业结构调整的引领、带动作用不断增强，经济增长新动能加快形成。2017年，高技术制造业和装备制造业增加值分别比上年增长13.4%和11.3%，占规模以上工业的比重分别达到12.7%和32.7%。制造业投资结构不断优化，高技术投资、技改投资增长加快。2017年高技术产业投资比上年增长15.9%，工业技术改造投资增长16.3%，增速分别比固定资产投资（不含农户）快8.7和9.1个百分点；高耗能行业投资低速增长，石化、冶金、建材等分别增长－2.3%、0.1%和1.6%，增速较2016年下降了1.3、0.8和0.5个百分点。[②] 从行业大类看，汽车制造，计算机、通信和其他电子设备制造业，专用设备制造业，通用设

① 中经工业景气指数由经济日报社中国经济趋势研究院、国家统计局中国经济景气监测中心、中国社科院数量经济与技术经济研究所共同发布。

② 数据来源于国家发展改革委。

备制造业，医药制造业，仪器仪表制造业，电气机械和器材制造业为代表的先进制造业加快发展，2017 年底以上行业制造业增加值累计增速分别达到 12.2%、13.8、11.8%、10.5%、12.4%、12.5% 和 10.6%，分别高出工业增加值增速 5.6、7.2、5.2、3.9、5.8、5.9 和 4.0 个百分点，成为拉动工业结构升级的重要增长极。尤其是计算机、通信和其他电子设备制造业，2017 年固定资产投资增速达到 25.30%，高于工业投资 20 个百分点以上，显示出新型智能化、自动化设备和高端信息电子产品等新兴工业产品增长潜力的逐渐释放，成为引领产业结构升级的新引擎。

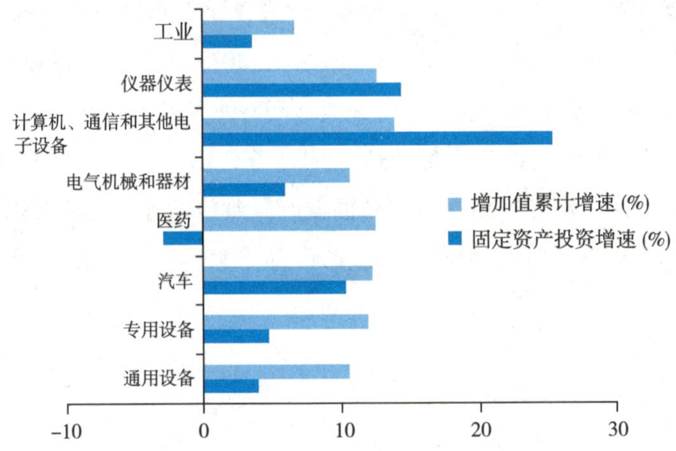

图 3-2　2017 年主要大类行业累计增加值和固定资产投资增速

资料来源：国家统计局，2018 年 3 月。

四、创新成为结构升级的主要驱动力

党的十九大报告明确指出，创新是引领发展的第一动力，是建设现代化经济体系的战略支撑。随着创新驱动发展战略的落实，2017 年发布《国家技术转移体系建设方案》，促进科技成果资本化产业化、提升国家创新体系整体效能、激发全社会创新创业活力、促进科技与经济紧密结合。2017 年 7 月，工信部发布《省级制造业创新中心升级为国家制造业创新中心条件》，在高档数控机床、集成电路先进工艺、数字化设计与制造等前沿科技领域推进国家级制造业创新中心建设。2017 年 6 月 15 日，“2017 年全球创新指数”在瑞士日内瓦发布，中国继 2016 年首次跻身 25 强之后，又提升 3 名，排名第 22 位。

在创新质量上，中国排名第16位，已连续5年成为中等收入国家创新排行的“领头羊”，与高收入经济体的差距进一步缩小，并且正在向世界领先水平迈进。

一是企业作为最重要的创新主体，研发投入持续提升。2017年，1276家国家企业技术中心共投入研发经费5096.8亿元，比上年增长9%；其中，制造业技术中心投入研发经费3978.8亿元，占全部技术中心研发经费的比重为78.1%；对技术中心研发经费增长的贡献率达到71%，比上年提高10个百分点。二是新产品开发成效显著。2017年，技术中心所在企业的新产品开发经费支出为4316.9亿元，比上年增长9.6%，增速比上年回落0.5个百分点。全年实现新产品销售收入79042亿元，比上年增长11%；占主营业务收入比重为34%，比上年提高0.4个百分点。2017年新产品销售收入超百亿元的企业达到156家，比上年增加16家；近一半企业的新产品销售收入占主营业务收入比重超过60%。三是工业诸多领域尤其是高端装备领域，创新带来了行业的突破性进展。如国产大飞机C919成功首飞，世界最大的散货船40万吨超大型矿砂船（VLOC）顺利出坞，“墨子号”量子卫星在国际上率先成功实现千公里级星地双向两字纠缠分发。一方面国内制造业转型升级和国产化替代加快推进，一批重大装备得到工程化、产业化应用；另一方面国外对中国

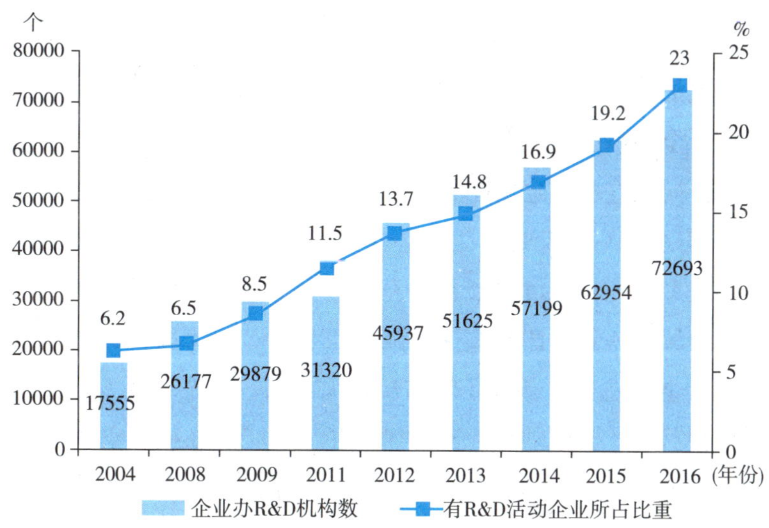

图3－3　规模以上工业企业有研发机构企业与有研发活动占比情况

资料来源：2017年中国统计年鉴，2018年3月。

装备和品牌的认同度不断提高。高端装备制造所面临的市场需求进一步释放，高铁、核电、卫星应用等高端装备逐渐成为中国装备制造的“新名片”享誉世界。工业技术创新助推从数量扩张向质量提升转变，成为实现新旧动能转换、产业迈向价值链中高端水平的强大动力。

五、区域协同发展格局进一步优化

2017年，“京津冀协同发展”“长江经济带”“一带一路”以及东北地区振兴等战略继续深入实施，极大促进了我国国内外区域产业合作，拓展了产业发展新空间，“中国制造2025”国家级示范区的建设推动优质资源要素集聚，为我国产业结构调整和产业升级注入了新活力。

西部地区承接产业转移加快。2017年，全国固定资产投资（不含农户）631684亿元，比上年增长7.2%。其中，西部地区投资166571亿元，增长8.5%，高于全国1.3个百分点；东部地区投资同比增长8.3%，中部地区同比增长6.9%。东北地区振兴战略深入实施，工业经济增速回升企稳。2017年东北地区固定资产投资结束2016年23.5%的负增长，实现了2.8%的增幅，达到30655亿元。2017年12月，辽宁、吉林、黑龙江工业增加值累计增速达到4.4%、5.5%、2.7%，而在2016年分别为-15.2%、6.3%、2.0%，回稳向好态势更加明显，特别是辽宁省主要经济指标均由负转正，经济增速结束了连续两年全国垫底的局面，筑底回升趋势明显。

京津冀协同发展取得阶段性成效。2017年京津冀三地全面落实《京津冀协同发展规划纲要》，在交通、生态环保、产业三个重点领域实现率先突破，京津冀协同发展116项年度重点任务基本完成，一批产业项目建成投产。交通方面，京唐城际铁路、津石高速公路开工建设，国家高速公路网7条首都放射线北京段全部建成，新机场航站楼封顶封围；生态环保方面，新增京冀生态水源保护林50万亩，实现区域空气重污染联防联控，空气质量明显改善；产业方面，2015年以来三地技术合同成交额近470亿元，构建起产业转移承接重点平台。2017年4月1日，中共中央、国务院决定设立雄安新区，目前雄安新区规划建设在稳步推进，雄安新区与北京城市副中心共同构筑首都发展的两翼。

长江经济带推动产业梯度转移。长江经济带覆盖了11个省市，人口在全国的占比接近43%，地区生产总值占全国的44%。面对目前经济带上产业结构和布局不合理的问题，2017年7月，工业和信息化部联合国家发展改革委、科技部、财政部、环境保护部共同发布了《关于加强长江经济带工业绿色发展的指导意见》，并一同发布了《长江经济带产业转移指南》，重点打造长江三角洲、长江中游、成渝、黔中和滇中等五大城市群产业发展圈，依托长江这一黄金水道，重点培育电子信息产业、高端装备产业、汽车产业、家电产业和纺织服装产业等五大世界级产业集群，进而承建覆盖长江经济带全域的产业链，并促进产业逆长江而上梯度发展。

共建“一带一路”取得积极成效。2017年，“一带一路”建设进入全面务实合作新阶段。贸易往来持续扩大，全年我国与“一带一路”沿线国家进出口总额73745亿元，比上年增长17.8%。双向合作不断深化，全年我国企业对沿线国家承包工程业务完成营业额855亿美元，比上年增长12.6%，占对外承包工程业务完成营业额比重为50.7%；沿线国家对华直接投资新设立企业3857家，同比增长32.8%。货物贸易总额创历史新高，我国货物进出口总额277923亿元，比上年增长14.2%，进出口规模有望重回世界首位。吸收外资规模较快增长，全年实际使用外商直接投资金额增长7.9%，增速比上年加快3.8个百分点。“一带一路”成为中国带动整个欧亚地区发展的重要引擎。

六、国内优势企业助推产业结构升级

制造业是国家经济的支柱，制造业企业是工业经济发展的重要支撑。2017年，以我国大型制造业企业为代表的“中国制造”的实力不断提升，为我国制造业升级提供了坚实基础。2017年9月，中国企业联合会、中国企业家协会发布“2017中国企业500强”，其中有245家制造业企业，企业数量占49%。245家企业合计营业收入24.07万亿元，较上年500强中的制造业企业营业收入总额提高了5.25%；实现净利润5493.10亿元，占500强净利润总额的19.42%，较上年提高了近2.34个百分点，一改过去5年净利润占比连续下降态势。从近4年500强榜单变化来看，共有118家企业进出榜单。退榜企业基本上都是黑色冶金、建筑业、煤炭采选业等传统产业，新进榜单企业不少是国家鼓励加快发展的战略新兴产业和现代服务业的企业，像互联网服务、电力电气设备制造、多元化投资等。同时，新产业发展后劲十足。以互联网企业为代表的企业发展势头依然强劲，也成为中国经济近10年来发展的亮点。京东、阿里巴巴、腾讯经过2016年的超高速成长（50%左右的营业收入增长率），全部进入2017企业500强。另外，从中国制造企业协会公布的“2017中国装备制造业100强”来看，整体趋稳向好，轨道交通装备、增材制造、通用航空等将成为新增长亮点，大型优势企业正在引领我国的制造业结构升级。

七、新业态新模式加快成长为新动能

2017年，两化融合进入发展快车道，带来了新业态新模式的快速成长，助推制造业转型升级。党的十九大报告中明确，两化融合的总体要求是促进工业化、信息化同步发展，总目标是建设制造强国，发展方向是加快先进制造业，发展路径是推动互联网、大数据、人工智能和实体经济深度融合。国务院发布《关于深化制造业与互联网融合发展指导意见》，使我国两化融合站在新的起点上，制造业与互联网融合发展迈进新技术驱动、新体系构建、新范式形成、新模式涌现的新阶段。

互联网推动制造业“双创”资源加速集聚，制造业骨干企业“双创”平台普及率已达60%以上，海尔、航天云网等企业“双创”平台在制造资源汇聚、专业能力输出、模式创新等方面取得积极进展，促进了制造业生产和服务资源在更大范围内实现更高效率和更加精准的优化配置。互联网加速向零售渗透，阿里巴巴、京东等众多线上企业加快布局实体零售店，推出了盒马鲜生、京东之家等新型零售方式，通过应用人脸识别、自动结账、手机付款等技术，重构传统零售环节。物联网进入新一轮大规模部署和应用期。2017年我国车联网、智能硬件、M2M（机器到机器）、智能电网等领域接入物联网平台的设备爆炸式增长，目前我国已部署的M2M终端数量突破1亿，成为全球最大的M2M市场。2017年互联网龙头企业加快通过布局人工智能提升自身主营业务供给能力，有实力的互联网企业纷纷加快研究院和实验室建设，百度、腾讯、阿里巴巴先后推出了 Duer OS、Apollo、AI in Car、EI 等开放平台，围绕智能家居、无人驾驶、城市管理、医疗服务、工业生产等领域打造产业生态圈。工业企业加大上云步伐。2017 年，越来越多的企业开始将研发设计类工具、核心业务系统、底层的设备和产品向云端迁移，从而降低企业的运营成本，提高企业运行效率和制造能力。中国商飞构建了基于工业云的飞机研制系统平台，推动遍布全球的包括集体结构供应商、系统供应商、零件及材料供应商等近 150 个一级供应商之间进行数据交互，基于单一数据源实现协同设计、协同制造。智能化产品加快市场化布局。2017 年全年新能源汽车产量 69 万辆，比上年增长 51.2%；智能电视产量 9666 万台，同比增长 3.8%；工业机器人产量 13 万台（套），同比增长 81.0%；民用无人机产量 290 万架，同比增长 67.0%。①

工业互联网平台、工业大数据、人工智能、工业云等新型工业基础设施加快构建，制造业数字化、网络化、智能化水平稳步提升，推动制造业转型升级。同时，“互联网＋”带来的共享经济、平台经济、数字经济广泛渗透，正在深刻改变社会生产生活方式，也加速形成产业发展的新动能。

第二节　2017 年我国产业结构调整重点政策解析

一、促进产业技术升级政策

2017 年，围绕贯彻落实《中国制造 2025》《国务院关于深化制造业与互联网融合发展的指导意见》《产业技术创新能力发展规划（2016—2020 年）》（工信部规〔2016〕344 号）、《制造业创新中心建设工程实施指南（2016—2020 年）》等，我国产业技术升级政策重点集中发力。推进供给侧结构性改革，围绕重点产业，从解决产业创新能力不强、关键核心技术受制于人、产业共性技术供给不足、创新成果产业化不畅等问题的角度出发，进一步制定

① 数据来源于国家统计局。

出台了一系列配套政策，积极发挥产业技术研发应用对创新驱动的引领和支撑作用，增强关键环节和重点领域的创新能力，实现中国制造向中国创造转变。

（一）实施科技创新专项和技术创新工程

2017 年 4 月，科技部分别印发《“十三五”先进制造技术领域科技创新专项规划》（国科发高〔2017〕89 号）、《“十三五”国家技术创新工程规划》（国科发创〔2017〕104 号），推动落实《国家创新驱动发展战略纲要》等任务要求。其中，先进制造技术领域科技创新专项规划以推进智能制造为方向，目的在于在增材制造、激光制造、智能机器人、智能成套装备、新型电子制造装备等领强化制造核心基础件和智能制造关键基础技术，形成信息技术与制造业深度融合的创新发展模式；国家技术创新工程规划目的在于进一步完善产学研相结合的技术创新体系，大幅度提升企业创新能力，培育发展一批创新型领军企业、科技型中小企业“隐形冠军”等，逐步构建形成对产业发展辐射和带动作用强的技术创新网络。

《“十三五”先进制造技术领域科技创新专项规划》中，先进制造领域重点从“系统集成、智能装备、制造基础和先进制造科技创新示范工程”四个层面，围绕增材制造、激光制造、智能机器人、极大规模集成电路制造装备及成套工艺、新型电子制造关键装备、高档数控机床与基础制造装备、高档数控机床与基础制造装备、制造基础技术与关键部件、工业传感器、智能工厂、网络协同制造、绿色制造、先进制造科技创新示范工程等 13 个主要方向开展重点任务部署。《“十三五”国家技术创新工程规划》主要从七个方面实施主要任务，分别为实施创新型领军企业培育行动，引领企业创新能力提升；完善技术创新体系建设，提升重点产业核心竞争力；发展产业技术创新战略联盟，促进产学研协同创新；实施科技型创新创业行动，激发中小微企业创新活力；实施促进科技成果转移转化行动，强化企业在成果转化中的主体作用；加大技术创新支持力度，促进创新资源向企业集聚；加强国际创新合作，推动企业充分利用全球创新资源。

（二）加速技术转移，促进科技成果资本化产业化

2017 年 9 月，国务院印发《国家技术转移体系建设方案》（国发〔2017〕

44 号)，加快建设和完善国家技术转移体系。加快建设和完善国家技术转移体系，主要从技术转移的全过程、全链条、全要素出发，从基础架构、转移通道、支撑保障三个方面进行系统布局。争取到 2025 年，全面建成结构合理、功能完善、体制健全、运行高效的国家技术转移体系。其中，优化国家技术转移体系基础架构，主要包括激发创新主体技术转移活力、建设统一开放的技术市场、发展技术转移机构、壮大专业化技术转移人才队伍等任务；拓宽技术转移通道，主要包括依托创新创业促进技术转移、深化军民科技成果双向转化、推动科技成果跨区域转移扩散、拓展国际技术转移空间等任务；完善政策环境和支撑保障，主要包括加强组织领导、抓好政策落实、加大资金投入、开展监督评估等任务。

（三）加快突破产业关键共性技术

2017 年 10 月，工业和信息化部印发《产业关键共性技术发展指南（2017 年)》(工信部科〔2017〕251 号)。通过研判国内外产业发展现状和趋势，围绕制造业创新发展的重大需求，组织研究了对行业有重要影响和瓶颈制约、短期内亟待解决并能够取得突破的产业关键共性技术。《产业关键共性技术发展指南（2017 年)》共提出优先发展的产业关键共性技术 174 项，其中，原材料工业 53 项、装备制造业 33 项、电子信息与通信业 36 项、消费品工业 27 项、节能环保与资源综合利用 25 项，目的在于进一步增强关键环节和重点领域的创新能力。

二、化解产能过剩政策

2017 年是钢铁等重点行业化解过剩产能的攻坚年，国家多措并举化解过剩产能。《关于做好 2017 年钢铁煤炭行业化解过剩产能实现脱困发展工作的意见》提出上半年重点是依法取缔“地条钢”产能，探索建立化解和防范产能过剩的长效机制。《2017 年钢铁去产能实施方案》提出的目标有，2017 年 6 月 30 日前，“地条钢”产能依法彻底退出，2017 年退出粗钢产能 5000 万吨左右；钢铁去产能的重点是坚决依法彻底取缔“地条钢”违法违规产能，依法彻底拆除生产“地条钢”用的中（工）频炉主体设备、变压器、除尘罩、操作平台及轨道等设施；坚决淘汰落后产能，全面关停并拆除 400 立方米以下炼铁高炉（符合《铸造用生铁企业认定规范条件》的铸造高炉除外）、30吨及以下炼钢转炉、30吨及以下炼钢电炉（高合金电弧炉除外）等落后生产设备；加快退出长期停工停产的“僵尸企业”，关停出清已停产半停产、连年亏损、资不抵债的，以及没有自我发展能力且难以正常退出的企业；依法依规退出达不到强制性标准的产能，执法的重点是不符合钢铁行业规范条件的企业。《关于进一步落实有保有压政策促进钢材市场平衡运行的通知》强调，要严厉打击违法生产和销售“地条钢”行为，在2017年6月底前依法全面取缔生产建筑用钢的工频炉、中频炉产能。立即关停并拆除400立方米以下炼铁高炉（符合《铸造用生铁企业认定规范条件》的铸造高炉除外）、30吨及以下炼钢转炉、30吨及以下炼钢电炉（高合金电弧炉除外）等落后生产设备。《关于加强生产许可证管理淘汰“地条钢”落后产能加快推动钢铁行业化解过剩产能工作的通知》要求坚决查处违法违规生产“地条钢”。《京津冀及周边地区2017年大气污染防治工作方案》提出“2+26”城市要提前完成化解钢铁过剩产能任务。其中，对“地条钢”取缔的措施更加严厉、坚决，并且要求要彻底出清。

三、优化产业布局政策

2017年国家发展和改革委员会和工业和信息化部等相关部门继续围绕国家区域发展总体战略和“一带一路”建设、京津冀协同发展、长江经济带发展战略实施，引导产业有序转移，持续优化产业布局。

2017年1月11日，国家发改委发布《西部大开发“十三五”规划》（国函〔2017〕1号）。按照主体功能定位、现有发展基础和资源环境承载能力，以“一带一路”建设、京津冀协同发展、长江经济带发展为引领，以重要交通走廊和中心城市为依托，着力培育若干带动区域协调协同发展的增长极，构建以陆桥通道西段、京藏通道西段、长江—川藏通道西段、沪昆通道西段、珠江—西江通道西段为五条横轴，以包昆通道、呼（和浩特）南（宁）通道为两条纵轴，以沿边重点地区为一环的“五横两纵一环”西部开发总体空间格局。2017年2月10日，国家发改委发布《北部湾城市群发展规划》（国函〔2017〕6号），强调合理承接产业转移，打造双向承接产业转移平台。

2017年，工业和信息化部落实国家区域协调发展战略，推动产业合理有序转移和布局优化调整。一是印发《长江经济带产业转移指南》，编制《长江经济带市场准入负面清单（产业发展部分）》，修订《产业转移指导目录（2012年本）》，印发《关于修订〈产业转移指导目录（2012年本）〉甘肃省部分条款的决定》，加强对产业发展的引导和规范，着力促进区域协调发展。推动跨区域产业共建合作，遴选产业转移合作示范园区。二是支持京津冀开展产业转移对接，指导举办京津冀产业协同发展招商推介专项活动，现场签署10个重点项目意向框架协议，意向投资额311.7亿元。指导和推动雄安新区做好产业门槛设置、疏解和转型升级工作。《2017年长江经济带五大产业集群及产业转移指南》的总体导向是重点打造电子信息、高端装备、汽车、家电、纺织服装等世界级制造业集群，构建“一轴一带、五圈五群”产业发展格局。

四、重点行业相关政策

（一）钢铁行业结构调整政策

2017年，钢铁产业持续推进供给侧结构性改革。我国先后出台了针对钢铁产业的价格政策、化解过剩产能、淘汰落后产能、防治大气污染等方面的政策，进一步推动了钢铁产业结构调整，对促进钢铁产业健康发展起到积极的作用。

2017年是钢铁化解过剩产能的攻坚年。所以，在所出台的政策中，依然较为重视过剩产能的化解。《关于做好2017年钢铁煤炭行业化解过剩产能实现脱困发展工作的意见》提出上半年重点是依法取缔“地条钢”产能，探索建立化解和防范产能过剩的长效机制。《2017年钢铁去产能实施方案》提出的目标有，2017年6月30日前，“地条钢”产能依法彻底退出，2017年退出粗钢产能5000万吨左右。《京津冀及周边地区2017年大气污染防治工作方案》提出“2+26”城市要提前完成化解钢铁过剩产能任务。其中，对“地条钢”取缔的措施更加严厉、坚决，并且要求要彻底出清。

加大对环境的保护力度。为改善空气质量，通过设置限制排放值、错峰生产等措施，减少污染物的排放。《京津冀及周边地区2017—2018年秋冬季大气污染综合治理攻坚行动方案》明确钢铁行业是系统排查无组织排放的重点之一。要求钢铁企业应安装自动监控设施，加强自动监控设施运营维护，数据传输有效率达到90%。对钢铁行业排污许可技术规范要求必须安装烟气自动监控设施的环节。“2+26”城的钢铁行业要进行分类管理，实施错峰生产。

切实做好去产能过程中职工的安置。2017年，钢铁产业去产能的任务量依然较大，在此过程中，由于要处置“僵尸企业”，关停落后设备，一部分人员就需要重新安置。《关于做好2017年化解钢铁煤炭行业过剩产能中职工安置工作的通知》提出要拓宽安置渠道。

（二）有色金属行业结构调整政策

2017年，我国推动有色金属产业去产能的工作已大体完成，但铝冶炼的产能还需进一步调整优化。工业和信息化部印发了《关于企业集团内部电解铝产能跨省置换工作的通知》和《关于电解铝企业通过兼并重组等方式实施产能置换有关事项的通知》，推动电解铝产能的优化配置。

2017年，有色金属产业结构调整的重点转向矿物原料的集约利用、新型金属材料产业的发展。国务院先后印发《全国国土规划纲要（2016—2030年）》《关于全民所有自然资源资产有偿使用制度改革的指导意见》，进一步规范了金属矿产资源的开发利用机制。最高人民法院发布了《关于审理矿业权纠纷案件适用法律若干问题的解释》，加大对违规审批、违法开采行为的打击力度。国税总局、国土资源部制定了《关于落实资源税改革优惠政策若干事项的公告》《矿业权交易规则》，优化了金属矿产开采税费和交易规则。工业和信息化部则发布了《关于推进黄金行业转型升级的指导意见》。在节能环保和循环利用方面，国务院印发《生产者责任延伸制度推行方案》，对铅蓄电池生产者的回收利用责任作出规定。工业和信息化部印发了《关于征集涉重金属重点行业清洁生产先进适用技术的通知》，征集聚氯乙烯、铬盐、无机颜料、铜冶炼、铅锌冶炼、锡锑冶炼、电池、皮革八个重点行业涉重金属清洁生产技术、工艺和装备。为了更好地发展新型金属材料，工业和信息化部制定了《重点新材料首批次应用示范指导目录（2017年版）》，并与财政部、保监会共同发布了《关于开展重点新材料首批次应用保险补偿机制试点工作的通知》，大力支持企业研发应用新型金属材料。

（三）汽车行业结构调整政策

2017年，我国汽车产业结构调整进一步趋向智能化、绿色化、环保化，突出汽车产业链的整合。一是优化汽车行业环境，规范产业良性发展。2017年6月，国家发展改革委和工业和信息化部共同发布《关于完善汽车投资项目管理的意见》，指出推动汽车产业结构调整，鼓励汽车产能利用率低的地区和企业加大兼并重组力度，不断完善新能源汽车投资项目技术要求和生产准入规范条件，完善汽车投资项目管理，明确跨细分类等投资项目核准条件。2017年3月，交通运输部颁布《城市公共汽车和电车客运管理规定》，其中明确规定实行规模化、集约化经营，鼓励推广新技术、新能源、新装备等。加强城市公共交通智能化建设，推进物联网、大数据、移动互联网等现代信息技术的应用。保监会发布《关于整治机动车辆保险市场乱象的通知》。

二是继续鼓励新能源汽车，推动产品智能化发展。2016年1月，财政部、科技部、工业和信息化部、国家发改委、国家能源局五部门联合发布《关于"十三五"新能源汽车充电基础设施奖励政策及加强新能源汽车推广应用的通知》，加快推动新能源汽车充电基础设施建设，培育良好的新能源汽车应用环境。2017年2月，工业和信息化部会同国家发展改革委、科技部、财政部等有关部门出台《促进汽车动力电池产业发展行动方案》。2017年12月，工业和信息化部等四部门发布《关于免征新能源汽车车辆购置税的公告》，宣布对若干新能源汽车免征车辆购置税。国家能源局等三部门联合发布《关于加快单位内部电动汽车充电基础设施的通知》（国能电力〔2017〕19号），扶持配套产业。

（四）电子信息行业结构调整政策

一是抢占人工智能战略制高点。自2016年以来，我国陆续出台了鼓励发展人工智能、智能化产品、智能化应用的相关政策。2016年5月，国家发展改革委、科技部、工业和信息化部、中央网信办制定了《"互联网+"人工智能三年行动实施方案》。计划到2018年，基本建立人工智能的产业、服务和标准化体系，实现核心技术突破，培育若干全球领先的人工智能骨干企业，形成千亿级的人工智能市场应用规模。2017 年 7 月，国务院从国家战略的高度研究制定了《新一代人工智能发展规划》（国发〔2017〕35 号），从国家全面和长远发展的方面进行前瞻性谋划。为落实“中国制造 2025”和《新一代人工智能发展规划》部署，工业和信息化部于 2017 年 12 月印发了《促进新一代人工智能产业发展三年行动计划（2018—2020 年）》，以信息技术与制造技术深度融合为主线，以新一代人工智能技术的产业化和集成应用为重点，推进人工智能和制造业深度融合，加快制造强国和网络强国建设。一些发达省市地区也纷纷落实国家人工智能发展战略，福建省人民政府于 2018 年 3 月发布了《关于推动新一代人工智能加快发展的实施意见》；广东省发布了《新一代人工智能发展规划（2018—2030 年）（征求意见稿）》；多省高校纷纷成立大数据和人工智能等新增专业，大力培养科技人才。全国范围内正在尽快推动对人工智能核心技术、顶尖人才、标准规范的强化和部署。

二是进步推进互联网向工业领域的深度融合。新一代信息技术与制造业深度融合形成的载体称为工业互联网，日益成为“互联网 + 先进制造业”的重要基石。2017 年 11 月，国务院出台了《国务院关于深化“互联网 + 先进制造业”发展工业互联网的指导意见》，聚焦发展智能、绿色的先进制造业，构建网络、平台、安全三大功能体系，增强工业互联网产业供给能力，持续提升我国工业互联网发展水平。2017 年 9 月，工信部发布《工业电子商务发展三年行动计划》（工信部信软〔2017〕227 号），推动个性化定制、网络化协同和服务型制造等新型生产模式的发展，促进工业领域的电子商务的广泛应用。

（五）工业设计行业相关政策

2017 年是推动工业设计产业向纵深方向发展的一年。在本年度中，从党中央、国务院层面，到行业部门层面，再到各省市主管部门层面，所出台政策多为落实、细化和执行性政策及举措，从扩大认知、应用推广、注入资金、财税支持、引智育智、对外交流等各个层面发力，全力支持工业设计产业发展。

为全面支撑制造强国和网络强国建设，推动互联网和实体经济深度融合，2017 年 11 月 28 日，国务院印发了《关于深化“互联网 + 先进制造业”发展工业互联网的指导意见》。在工业设计发展方面，《意见》提出，要“强化工业互联网平台的资源集聚能力，有效整合产品设计、生产工艺、设备运行、运营管理等数据资源，汇聚共享设计能力、生产能力、软件资源、知识模型等制造资源”。“鼓励企业通过工业互联网平台整合资源，构建设计、生产与供应链资源有效组织的协同制造体系，开展用户个性需求与产品设计、生产制造精准对接的规模化定制，推动面向质量追溯、设备健康管理、产品增值服务的服务化转型”。2017 年 10 月 13 日，国务院办公厅印发了《关于积极推进供应链创新与应用的指导意见》，加快供应链创新与应用，促进产业组织方式、商业模式和政府治理方式创新，推进供给侧结构性改革。为贯彻落实《中国制造 2025》，推进我国增材制造产业快速可持续发展，加快培育制造业发展新动能，工业和信息化部、国家发展改革委、教育部、公安部、财政部、商务部、文化部、卫生计生委、海关总署、国家质检总局、知识产权局联合制定了《增材制造产业发展行动计划（2017—2020 年）》（工信部联装〔2017〕311 号）。在提升设计水平和能力方面，《行动计划》提出了健全设计、材料、装备、工艺、应用等环节核心技术体系，推动技术成果转化和推广应用的原则，推动增材制造在重点制造、医疗、文化创意、创新教育等领域规模化应用。

第三节 2018 年我国产业结构调整面临的挑战

一、企业创新能力薄弱，原始创新动力依然不足

当前，适应产业变革要求的新型产业创新体系还未形成，对企业技术创新的源头支持不足，创新链条和体系不完整，市场在产业技术创新中的基础性作用有待进一步发挥，国家层面的创新支撑服务体系尚不完善，产业各方对于产业共性关键技术的研发积极性不足，各类创新平台对于技术创新的支撑服务作用尚不明显。关键共性技术需进一步突破，在构建现代产业技术体系、加快转变发展方式、培育和发展战略性新兴产业、促进产业结构优化升

级、增强自主创新能力和核心竞争力等关键环节中，产业关键共性技术具有应用基础性、关联性、系统性、开放性等特点，因其研究难度大、周期长，已成为制约我国产业健康持续发展和提升产业核心竞争力的瓶颈问题。同时，我国多数制造企业在国际产业链分工中仍处于“制造—加工—组装”低技术含量和低附加值环节，我国创新上重集成创新、引进消化吸收再创新，造成我国在一系列核心关键技术上受制于人。创新体系技术创新能力与发达国家相比依然存在较大差距，部分关键核心技术及装备主要依赖进口，核心领域自主创新能力仍然需要进一步加强，尤其在高端产品创新设计方面，设计工具软件受制于人，设计方法和理念不够先进，创新设计能力较为薄弱。

二、“逆全球化”思维和贸易保护主义对我国承接国际产业转移产生负面影响

国际金融危机以来，西方发达国家经济复苏缓慢，反映了其内部经济、政治等矛盾突出，部分国家对 WTO 主导规则下的全球化信心开始不足。“逆全球化”问题凸显，美国为首的西方发达国家呼吁制造业回流。许多国家制定了多种多样的隐性和显性的贸易保护壁垒，都为未来以信息技术为主要特征的新技术革命和国际产业转移带来新的不确定性。这种挑战和我国提出的“一带一路”倡议的主旨也是相违背的。东西方经济发展的不平衡，无论是我国承接国际产业转移，还是向国外进行产业转移都要比以前面临更多的困难。

三、世界级制造业企业培育不足

中国制造业和通信业上榜公司数量少、规模小、盈利弱、比重低、排名靠后。2017 年，虽然我国在世界 500 强上榜公司数量上仅次于美国，且差距相对上年缩小，但在主营业务规模和盈利能力上，我国上榜公司仍远低于美国。汽车行业上榜公司排名不高，家电排名靠后，互联网服务领域上榜公司数量与美国相同，但排名基本倒数。我国上榜公司数量虽远超日本（51 家，第三位），但日本上榜主体是来自具备优势创新能力的电子和通信行业（10 家）和汽车制造业（10 家），这两个行业就占了日本上榜总数的 39%，而我国的制造业上榜情况很不理想。我国国有工业企业平均规模最大、扩张最快，

但国有工业企业经济效益低于平均水平，国有控股工业企业经济效益接近平均水平，未能充分发挥引领经济转型升级、带动高质量发展的核心作用。大中型工业企业和大中型国有控股工业企业规模和扩张速度远高于平均水平，但大中型国有控股工业企业经济效益总体略低于平均水平，同样未能起到优化经济格局、提升产业整体竞争力的骨干支撑作用。

四、高端技术人才队伍供给短缺

随着高技术产业的快速增长，特别是围绕移动互联网的新一代信息技术产业等拉动产值增长，企业发展所需要的高层次专业技术人才严重短缺。同时，传统电子信息产业要实现智能化转型，也需要更多复合型人才和技能劳动者。与科技强国对比来看，我国科技人才匮乏仍然是制约行业发展的短板，尤其是缺乏顶尖基础研究人才和团队，能够心无旁骛、长期稳定深耕基础理论的基地和队伍。

第四节　2018 年我国产业结构调整趋势展望

一、产业技术水平有望迈上新台阶

我国经济进入高质量发展阶段，产业技术升级政策也在向统筹产学研，发展高技术，促进产业化，突破行业关键共性技术，推动科技创新能力转变为产业实力方向努力，这将推动产业整体技术水平得到较大提升。一是有关部门以提高制造业创新能力、提升产业核心竞争力为目标，围绕关键共性技术集聚创新资源，聚焦战略性、引领性、重大基础共性需求，建设 3 家左右国家制造业创新中心。二是有关部门继续强化制造业知识产权创造、保护、运用，构建完善制造业知识产权协同推进体系，组织实施产业知识产权协同运用推进行动和行业知识产权服务能力提升行动，开展工业企业知识产权标杆遴选。三是有关部门组织开展工业产品质量提升行动，加强产业集群区域品牌建设。

二、产业载体功能完善推动产业布局进一步优化

近几年内我国各地区积极建设自己的经济开发区（不同层级的高新区、经济技术开发区、示范区、示范基地等），其中的产业园区建设是一大亮点，产业园区是承接产业转移的主要载体。产业园区的集聚形成特色鲜明的大型产业集聚区，未来需要健全和完善园区各方面配套设施，使产业园区的服务功能得到升级，逐渐增加产业集聚区的吸引力。国家发展改革委印发了多个“城市群发展规划”，工信部颁布了多项“产业转移指南”等政策文件，将产业集聚区作为重要的产业布局载体，不再以单独的地区来看待经济和产业，以市场为主导，进行资源优化配置，从而使得几个城市或多个城市之间的产业共同发展，逐步从原先的加工制造环节，逐步向微笑曲线的两端延伸，积极利用新技术、新模式、新业态，完善和延长产业链，进而提升价值链，逐步提高制造业的利润水平。

三、互联网和工业融合步伐加快推动产业升级

2018 年，两化深度融合将进入发展的快车道。国务院发布《关于深化制造业与互联网融合发展指导意见》，使我国两化融合站在新的起点上，制造业与互联网融合发展迈进新技术驱动、新体系构建、新范式形成、新模式涌现的新阶段。工业互联网在诸多制造业企业已经得到成熟运用，越来越多的企业开始将研发设计类工具、核心业务系统、底层的设备和产品向云端迁移，从而降低企业的运营成本，提高企业运行效率和制造能力。例如，海尔、航天云网等企业“双创”平台在制造资源汇聚、专业能力输出、模式创新等方面取得积极进展；中石油将企业 40 个业务系统迁移到云端，打通“信息孤岛”，促进制造资源、数据等集成共享，全面提升了企业效益；iSESOL 平台将上万台 i5 机床接入云端，采用租赁方式，按使用时间、价值或按工件数量计费，大大降低了企业的一次性成本，也提高了机床的使用效率。互联网与工业的深度融合促进了制造业生产和服务资源在更大范围内实现更高效率和更加精准的优化配置，促进生产方式、生产设备和生产产品的优化升级。

第四章　工业技术创新

第一节　2017 年我国工业技术创新取得的主要进展

一、中国工业技术创新情况

在国际竞争加剧和国内经济增速放缓的背景下，工业技术创新成为我国转变产业发展方式、实现工业转型升级的重要支撑。党的十九大报告指出，要加快建设创新型国家，首次明确指出创新是引领发展的第一动力，是建设现代化经济体系的战略支撑。2017 年我国工业技术创新成效显著，创新驱动发展形成合力，企业的创新主体地位得到加强。创新要素总量持续增加，创新基础更加扎实稳固，工业技术创新能力持续提升，创新市场活跃度提升。在质量品牌的发展层面，质量品牌的环境不断优化，工业质量品牌不断提升。此外，战略性新兴产业专利持续增长，行业标准的制定进一步完善。

（一）全国形成创新驱动发展合力，企业创新主体地位得到加强

2017 年 10 月 18 日，习近平总书记作了题为《决胜全面建成小康社会夺取新时代中国特色社会主义伟大胜利》的报告。报告指出要加快建设创新型国家，创新是引领发展的第一动力，是建设现代化经济体系的战略支撑。并对应用基础研究、共性技术和颠覆性技术创新方面提出许多具体要求。报告还指出，要加强国家创新体系建设，强化战略科技力量。深化科技体制改革，建立以企业为主体、市场为导向、产学研深度融合的技术创新体系，加强对中小企业创新的支持，促进科技成果转化，并且对营造创新文化、知识产权的保护和人才积累方面提出了更高的要求。

企业为主导的产学研合作机制更加完善，鼓励行业骨干企业与高等院校、科研院所、上下游企业、行业协会等共建技术创新联盟，以多种形式促进产学研紧密融合。在2017年国务院发布的《关于强化实施创新驱动发展战略进一步推进大众创业万众创新深入发展的意见》中，进一步确认企业是“双创”的重要载体，要拓展企业融资渠道促进实体经济转型升级等六条意见。在中小企业创新方面，2017年工业和信息化部认定188个国家中小企业公共服务示范平台。2017年9月，新修订的《中华人民共和国中小企业促进法》正式颁布，这对于坚持发挥市场决定性作用、加大政府支持力度、促进中小企业持续健康发展具有十分重要的意义。

（二）技术创新要素总量持续增加，企业技术创新基础更加扎实

从研究与试验发展（R&D）经费投入情况来看，2016年，全国共投入R&D经费15676.7亿元，比上年增加1506.9亿元，同比增长10.6%；R&D经费投入强度（与国内生产总值之比）为2.11%，比上年提高0.05个百分点①。

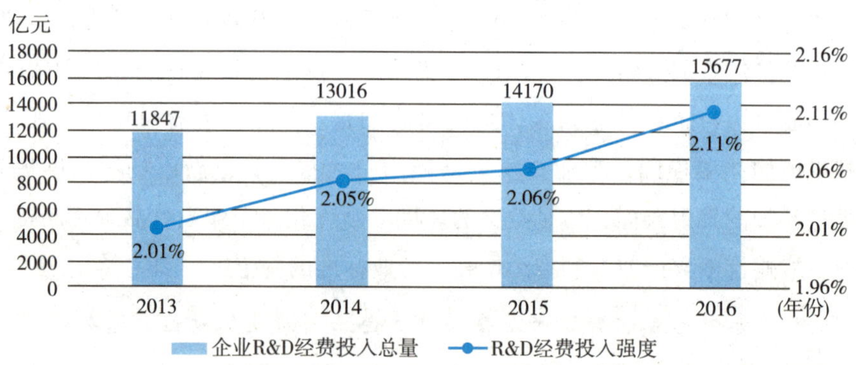

图4－1　2013—2016年我国R&D经费投入总量及研发投入强度情况

资料来源：《2013—2016年全国科技经费投入统计公报》，2017年10月。

从活动主体看，企业作为研发投入的主体地位进一步得到巩固。2016年，各类企业经费支出12144亿元，比上年增长11.6%，企业经费占全国经费总量的比重为77.5%。

① 根据国家统计局2015年国内生产总值最终核实结果，2015年研究与试验发展（R&D）经费投入强度调整为2.06%。

从产业部门看①，R&D 经费投入超过 500 亿元的行业大类有 7 个，这 7 个行业的 R&D 经费占全部规模以上工业企业 R&D 经费的比重为 60.2%，较上年下降了 0.9 个百分点；R&D 经费在 100 亿元以上且投入强度超过规模以上工业企业平均水平的行业大类有 9 个，比上年减少 1 个（见表 4－1）。

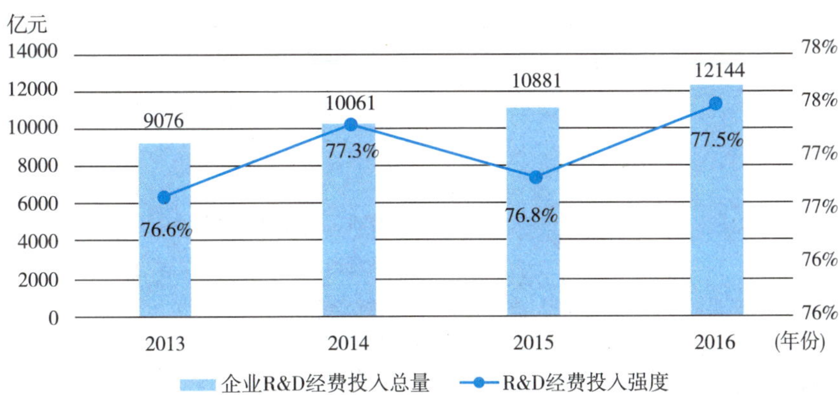

图 4－2　2013—2016 年我国企业 R&D 经费投入总量情况

资料来源：《2013—2016 年全国科技经费投入统计公报》，2017 年 10 月。

表 4－1　2016 年分行业规模以上工业企业研究与试验发展（R&D）经费情况

行业	R&D 经费（亿元）	投入强度（%）	行业	R&D 经费（亿元）	投入强度（%）
合计	10944.7	0.9	化学原料和化学制品制造业	840.7	1.0
采矿业	267.8	0.6	医药制造业	488.5	1.7
煤炭开采和洗选业	132.1	0.6	化学纤维制造业	83.8	1.1
石油和天然气开采业	63.9	1.0	橡胶和塑料制品业	278.8	0.9
黑色金属矿采选业	10.4	0.2	非金属矿物制品业	323.1	0.5
有色金属矿采选业	27.1	0.4	黑色金属冶炼和压延加工业	537.7	0.9
非金属矿采选业	11.1	0.2	有色金属冶炼和压延加工业	406.8	0.8
开采辅助活动	23.1	1.5	金属制品业	326.3	0.8
制造业	10580.3	1.0	通用设备制造业	665.7	1.4

① 产业部门仅包括规模以上工业企业，即年主营业务收入 2000 万元及以上的工业法人单位。

续表

行业	R&D 经费（亿元）	投入强度（%）	行业	R&D 经费（亿元）	投入强度（%）
农副食品加工业	249.7	0.4	专用设备制造业	577.1	1.5
食品制造业	152.8	0.6	汽车制造业	1048.7	1.3
酒、饮料和精制茶制造业	100.6	0.5	铁路、船舶、航空航天和其他运输设备制造业	459.6	2.4
烟草制品业	21.4	0.3	电气机械和器材制造业	1102.4	1.5
纺织业	219.9	0.5	计算机、通信和其他电子设备制造业	1811	1.82
纺织服装、服饰业	107	0.5	仪器仪表制造业	185.7	1.9
皮革、毛皮、羽毛及其制品和制鞋业	59	0.4	其他制造业	28.1	1.0
木材加工和木、竹、藤、棕、草制品业	52.9	0.4	废弃资源综合利用业	11	0.3
家具制造业	42.9	0.5	金属制品、机械和设备修理业	17.8	1.5
造纸及纸制品业	122.8	0.8	电力、热力、燃气及水生产和供应业	96.6	0.2
印刷和记录媒介复制业	46.8	0.6	电力、热力生产和供应业	81.6	0.2
文教、工美、体育和娱乐用品制造业	91.9	0.5	燃气生产和供应业	7.7	0.1
石油加工、炼焦和核燃料加工业	119.6	0.4	水的生产和供应业	7.4	0.4

资料来源：《2016 年全国科技经费投入统计公报》，2017 年 10 月。

从地区看，广东、江苏的 R&D 经费在全国范围内领先，均达到了 2000 亿元以上，较上一年的 1600 亿元有大幅上升；北京地区的研究与试验发展（R&D）经费投入强度（与地区生产总值之比）最大，为 5.96%（见表 4－2）。

表 4－2　2016 年各地区研究与试验发展（R&D）经费情况

地区	R&D 经费支出（亿元）	R&D 经费投入强度（%）
全国	15676. 7	2. 1
北京	1484. 6	5. 9
天津	537. 3	3. 0
河北	383. 4	1. 2
山西	132. 6	1. 0
内蒙古	147. 5	0. 8
辽宁	372. 7	1. 7
吉林	139. 7	0. 9
黑龙江	152. 5	0. 9
上海	1049. 3	3. 8
江苏	2026. 9	2. 7
浙江	1130. 6	2. 4
安徽	475. 1	1. 9
福建	454. 3	1. 6
江西	207. 3	1. 1
山东	1566. 1	2. 3
河南	494. 2	1. 2
湖北	600. 0	1. 9
湖南	468. 8	1. 5
广东	2035. 1	2. 6
广西	117. 7	0. 6
海南	21. 7	0. 5
重庆	302. 2	1. 7
四川	561. 4	1. 7
贵州	73. 4	0. 6
云南	132. 8	0. 9
西藏	2. 2	0. 2
陕西	419. 6	2. 2
甘肃	87. 0	1. 2
青海	14. 0	0. 5
宁夏	29. 9	0. 9
新疆	56. 6	0. 6

资料来源：《2016 年全国科技经费投入统计公报》，2017 年 10 月。

（三）工业技术创新能力持续提升，创新市场交易活跃

世界知识产权组织、美国康奈尔大学和英士国际商学院共同发布的《2017 年全球创新指数》报告显示，中国排名居第 22 位，比 2016 年上升 3 位。这是我国继 2016 年成为首个进入全球创新指数前 25 强的中等收入经济体之后，又一明显进步。

2017 年 12 月，国家统计局发布了 2016 年中国创新指数测算结果，从结果看，2016 年中国创新指数为 181.2（以 2005 年为 100），比上年增长 5.7%，呈现稳步提升态势。这表明我国落实创新驱动发展战略和“大众创业、万众创新”取得显著成效，创新能力和创新质量稳步提升，创新体系不断完善，创新型国家建设持续推进。

在全国技术市场的交易情况方面，从图 4－3 可以看出，自 2013 年以来，我国技术市场成交额一直保持稳步增长态势，每年增长速度一直保持在 14% 以上。2016 年，我国技术市场贯彻落实《国家创新驱动发展战略纲要》和《“十三五”国家科技创新规划》，深入实施《促进科技成果转移转化行动方案》，科技成果转移转化成效明显，全国技术市场交易规模得到大幅提升，达到 11407 亿元。

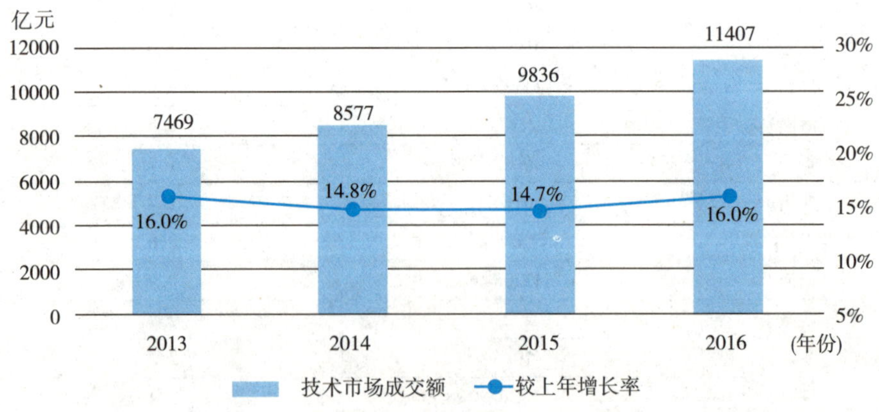

图 4－3　2013—2016 年全国技术市场成交额

资料来源：《2016 年中国统计年鉴》，2017 年 10 月。

在新产品销售方面，2016 年，我国大中型工业企业实现新产品销售收入 14.7 万亿元，比上年增长 14.2%；与主营业务收入之比为 20.4%，比上年提

高 1.8 个百分点，比重达近年来新高。企业各类新产品层出不穷，供给创新成效显著。

二、中国工业质量品牌情况

纵观德国、日本等国家的工业化发展历程，均经历了从初级产品的低质低量到高质高量，再到之后的高端产品创新制造能力提升的过程。质量品牌是国家综合实力的反映，随着我国制造业发展到工业化中后期，要进一步推进工业转型升级从制造业大国转变为制造业强国，推动工业产品解除低端锁定、脱胎换骨，就要依靠质量品牌这个有力武器。国务院印发的《中国制造2025》中指出，我国制造业企业要“树立品牌消费理念，提升品牌附加值和软实力”。目前我国高技术产业发展仍然处于“爬坡过坎”的关键时刻，产业“大而不强”，全球制造业发展格局和经济发展环境发生重大变化，必须紧紧抓住难得的历史机遇，努力实现中国制造向中国创造转变、中国速度向中国质量转变、中国产品向中国品牌转变。

（一）发挥政策合力，营造质量品牌新环境

质量和品牌是制造业综合实力的集中反映，是制造强国的核心竞争力。近年来，我国广泛开展质量品牌提升行动，加强全面质量管理，健全优胜劣汰的质量竞争机制。2017 年是实施《中国制造 2025》的关键一年，也是装备制造业转型升级、提质增效发展、提高供给质量和水平的关键时期。

2017 年 5 月，国务院同意将每年 5 月 10 日设立为“中国品牌日”，这对于推进我国自主品牌建设，讲好中国品牌故事具有重要意义。随后，中国机械工业联合会和中国机械工业品牌战略推进委员会决定 2017 年在全行业开展质量品牌提升行动年活动：引导企业落实质量安全的主体责任；试点建立产品质量分级制度，健全优质优价的市场机制；推进重点领域质量提升和品牌培育；质量技术基础体系建设；加强质量品牌人才培养，开展各类学习培训活动；推进重点领域质量品牌提升；通过质量品牌提升行动年活动，打造中国制造品牌。

2017 年 9 月，中共中央、国务院出台《关于开展质量提升行动的指导意见》：全面提升产品、工程和服务质量；破除质量提升瓶颈；夯实国家质量基

础设施；改革完善质量发展政策和制度；切实加强组织领导。

2017 年 11 月，“中国工业质量品牌建设论坛”在北京召开。论坛重点强调，质量是制造强国建设的基石，品牌是制造强国建设的名片。在质量管理中，论坛提出，无论是建设现代化经济体系，还是深化供给侧结构性改革，都必须把提高供给体系质量作为主攻方向，扩大优质增量供给。在品牌建设上，论坛呼吁要努力建设中国特色质量品牌文化，弘扬企业家精神和工匠精神，形成“中国产品向中国品牌的转变”。

2017 年 11 月，为推动工业企业增强品牌培育能力，提升品牌竞争力，中国质量协会继续开展工业企业质量标杆示范工作，并公布了 33 家工业企业质量标杆名单。12 月，工业和信息化部也确定了 44 家企业为 2017 年工业品牌培育示范企业。

（二）扎实推进工作，助力工业质量品牌提升

2017 年 2 月，工业和信息化部、国家质量监督检验检疫总局（简称国家质检总局）、国家国防科技工业局（简称国防科工局）印发了《促进装备制造业质量品牌提升专项行动指南》，主要目标是在实施制造强国战略的第一个十年，力争通过三个阶段的努力，实现我国装备制造业质量和品牌水平大幅提升。第一阶段，力争用三年时间，夯实装备制造业质量和品牌发展的基础，在重点领域取得突破。到 2018 年，装备制造业产品质量国家监督抽查合格率达到 90% 以上，新产品销售比重、成本费用利润率等指标水平得到提高。第二阶段，用三年时间，推动装备制造业质量和品牌整体提升，国产装备国内市场满足率、自主品牌市场占有率等指标得到显著提高。第三阶段，用四年时间，推动装备制造业质量和品牌达到世界制造强国水平，以中国装备树立中国制造的质量和品牌新形象。

2017 年 3 月，工业和信息化部办公厅提出 2017 年工业质量品牌重点工作是提升全员质量品牌素质，推广先进质量管理方法，促进提升产品实物质量，深化企业品牌培育与区域品牌建设，扩大中国工业品牌的社会影响。

2017 年 5 月，工业和信息化部、国家质检总局通知开展 2017 年工业质量品牌行动，主要内容为做好质量宣传动员，提升重点装备质量可靠性；保障

产品质量安全，维护国家质量安全；实施质量技术基础提升工程，提升中国工业品牌形象；加强全面质量管理；帮扶小型微型企业质量改进；夯实质量文化建设。

（三）我国质量品牌面临的问题与挑战

近年来，我国工业产品质量虽有一定提高，但必须看到我国工业产品技术水平基本上还处于国际中等水平，产品质量与先进国家相比还有很大差距。一是在性能、质量上落后于发达国家，二是一致性、稳定性、可靠性、安全性仍然是国产工业产品质量不高的主要方面，三是共性技术研发落后问题仍未得到根本解决，严重影响了我国工业产品的国际竞争力。

产生上述问题的深层次原因，主要可以归结为以下几个方面：①质量基础建设能力投入不足，关键技术研发落后，大部分工业核心技术仍以进口为主，严重制约了自主研发能力，难以达到工业产品在可靠性、寿命及加工精度等方面的高质量水平要求。②产品标准体系不健全，行业监管力度不足，存在部分标准缺失、检测技术落后；不分行业监管缺失、不完善；质量安全保障体系发挥作用不够。③企业建设品牌能力弱，附加值较低；部分中小企业质量意识淡薄，重速度，轻质量，质量管理流于形式，导致其产品质量不稳定。

三、中国部分工业领域知识产权和标准情况

随着国家创新驱动发展战略的深入推进，以及“大众创业、万众创新”工作的进一步开展，科技创新作为引领我国经济社会发展的第一动力的共识进一步凝聚，科技创新活动活跃度空前，科技成果层出不穷，体现为各类知识产权申请与授权量逐年创下新高，保持了持续快速发展态势。世界知识产权组织 2017 年 11 月 20 日在日内瓦发布的《2017 世界知识产权指标》报告显示，2016 年，全球专利、商标和工业品外观设计申请量再创新高，中国在这三个领域的申请量均居全球首位。中国受理的专利申请量超过了美国、日本、韩国和欧洲专利局的总和。在专利申请领域，2016 年，中国共受理专利申请 130 万件，但从人均计算，中国的专利申请量位居德国、日本、韩国和美国之后。

（一）战略性新兴产业专利发展持续增长

《国务院关于加快培育和发展战略性新兴产业的决定》中明确战略性新兴产业由节能环保、新一代信息技术、生物、高端装备制造、新能源、新材料和新能源汽车七大产业组成。2012—2016 年，我国在战略性新兴产业的专利申请数量庞大，在中国受理并公开的数据，国家知识产权局公布的数量为 138.4 万件，占同期发明专利总量的 35%，2016 年中国在战略新兴产业的专利数量是 2012 年的 1.7 倍之多。从 2012 开始，战略性新兴产业的中国发明专利申请公开量持续增长，到 2016 年已经到达到 35.2 万件，年均增长速度为 14.8%。从战略性新兴产业的全球发明专利申请的七大战略领域来看，生物产业从 2012 年到 2016 年的发明专利申请总量位居首位，申请总量达到 126.1 万件，达到产业申请总量的 32.26%，新一代信息技术和节能环保产业的五年申请量累计达到 85.7 万件和 81.3 万件，这三个产业在七大产业中是发展最强势的产业。

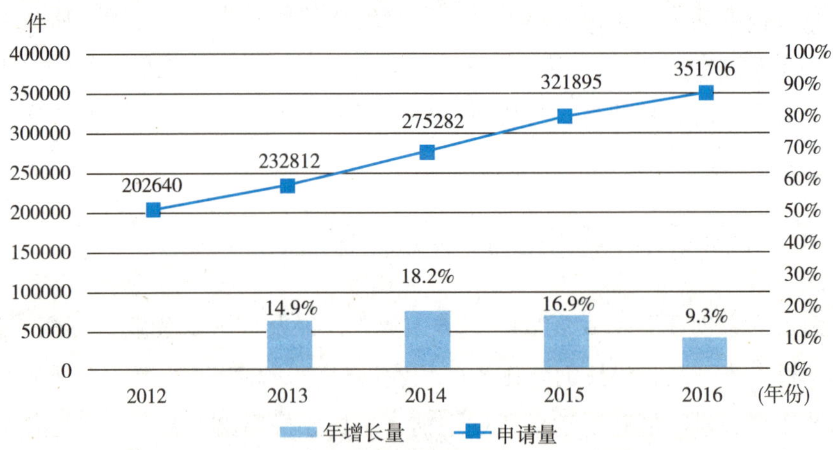

图 4－4　2012—2016 年我国战略性新兴产业发明专利申请走势

资料来源：国家知识产权局，2017 年 12 月。

2012—2016 年，战略新兴行业国内地区（包含港、澳、台地区）专利申请占比增幅 14.4%，战略性新兴产业的中国发明专利授权量持续增长，专利授权量从 2012 年的 92269 件增长到 2016 年的 157629 件，2016 年我国战略新兴产业发明授权数量是 2012 年的 1.7 倍，2012—2016 年战略性新兴产业中国发明专利授权量年均增加速度为 14.3%，2016 年的同比增速达到 23.8%。

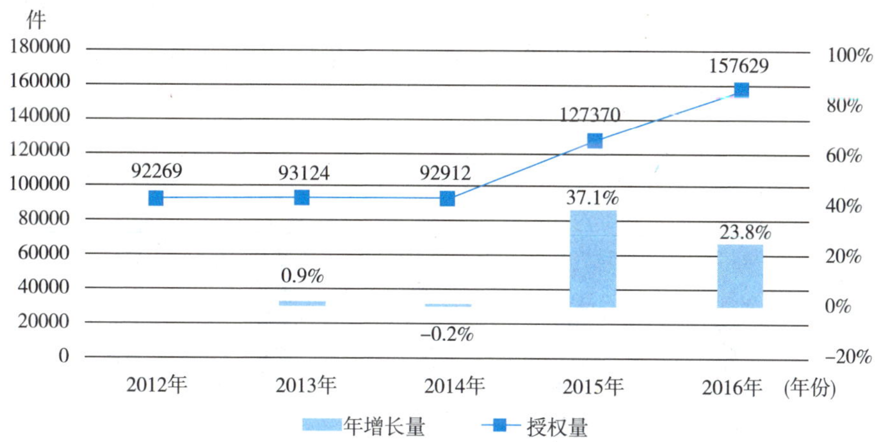

图 4－5　2012—2016 年我国战略性新兴产业发明专利授权走势

资料来源：国家知识产权局，2017 年 12 月。

（二）我国战略性新兴产业创新强势增长

截至 2016 年底，我国战略性新兴产业发明拥有量达 71.9 万件，数量接近全国发明总量的一半，说明我国在战略新兴行业的布局已成规模，创新投入的产出效果明显。在“十三五”的开局阶段，我国战略性新兴行业的创新优势开始凸显，在授权数量上已经达到产业授权新高，同比增长 23.8%，增速高出我国授权的平均标准，表明我国在战略新兴行业的布局与规划取得了突破性的成效，战略性新兴产业的技术推动效果显著，战略性新兴产业的增长趋势明显。战略性新兴产业的创新发展将引领我国产业的创新升级，推动我国智能制造发展，以技术推动我国的制造升级。国家在保持新兴性战略行业稳定发展的基础上，推动战略性新兴产业的技术辐射作用，为我国智能制造的广泛推广提供支撑。

（三）战略性新兴产业创新主体规模不断扩展

2016 年战略性新兴产业发明专利申请人达到 8.5 万户，并以 12% 的年平均增速稳步增长，形成了规模庞大的战略性新兴产业专利活动的创新主体。战略性新兴产业的研究人员不断扩充，2016 年战略性新兴产业国内发明人规模达 32 万人，是 2012 年的 1.6 倍，五年年均增速为 12.6%，为我国战略性新兴产业的专利活动提供坚实的人才支持，节能环保、生物、新一代信息技术产业发明人规模分别为12.1万人、11.5万人、8.3万人，位居七大产业前三。2012—2016年高端装备制造业的发明人数增幅显著，超越了其他六个产业的发展。

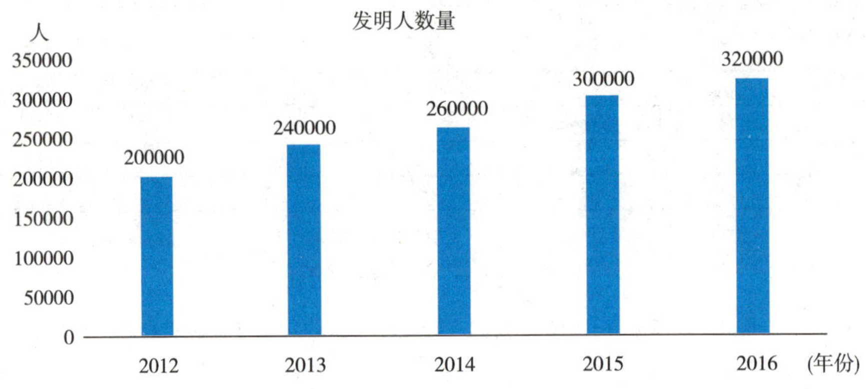

图4-6　2012—2016年我国战略性新兴产业发明人走势

资料来源：国家知识产权局，2017年12月。

（四）我国战略性新兴产业发展的匹配问题有待进一步解决

我国战略性新兴产业发展受到各方阻力的作用，出现了发展不均衡以及发展不充分的问题，产业间的分化活动程度较高，对于不同行业的战略分布出现了明显差距。例如，在新一代信息技术产业和新能源汽车产业的投入较高，而在生物方向的创新发展则处于起步阶段。对于研究主体来说，高校与研究所的发明专利较多，知识产权的拥有量较多，而企业作为市场主体，知识产权比较优势不显著。我国知识产权在国际化发展的过程中面临的问题较多，知识产权的国际化发展道路尚处于起步发展阶段。我国的国家品牌，仅有国家电网公司（国家电网）、京东方科技集团股份有限公司（京东方）、华为技术有限公司（华为）、中兴通讯股份有限公司（中兴）、中国石油化工集团公司（中石化）、深圳市华星光电技术有限公司（华星光电）6家企业进入了战略性新兴产业全球发明专利申请前50的行列。节能环保、新一代信息技术、高端装备制造、新能源、新材料、新能源汽车产业2016年全球发明专利申请公开量前20申请人中，入围企业的数量相对较少，我国在生物领域的布局明显不足，生物产业全球发明专利申请公开量前20的申请人全部为国外企业。截至2016年底，我国战略性新兴产业发明专利拥有量排名前100专利权人中，国内企业共19家，而国外企业为50家。①

（五）标准的制定与完善促进产业发展

标准对于促进国家现代化发展具有积极的作用，支撑了我国经济与社会发展的战略需求，随着我国产业发展的国际化发展，标准化建设也日趋完善。

1. 标准化法重新修订

近年来，标准化已被置于国家战略高度，“标准决定质量，有什么样的标准就有什么样的质量，只有高标准才有高质量”。2017年11月4日，在1988年通过的《中华人民共和国标准化法》迎来了29年来首次修订，《中华人民共和国标准化法》（2017年修订本）（以下简称《新标准化法》）的颁布，为我国的标准化发展提出了新的要求，提出了标准化的未来发展方向；对标准化发展的若干问题进行了法制化的规范，表明我国标准化的发展进入了一个新的发展阶段。《新标准化法》制定国家级强制标准与推荐标准，以推动国家行业与产业的质量提升。为了推动国家标准化体系的制定与发展，国家鼓励社会团体、企业制定高于推荐性标准相关技术要求的团体标准、企业标准，并支持团体与企业在重要行业与领域进行标准制定。《新标准化法》的制定，将有效提升标准制定执行的效率，为质量强国目标提供制度保障。要提升标准化的质量，就要对行业标准的制定进行科学的论证，以保证标准化工作的科学性、规范性与时效性。在《新标准化法》中，国务院将建立标准化协调机制，对跨部门的重大标准化工作进行协同管理，鼓励企业、团体等参与国家标准的制定。《新标准化法》将推动我国标准化的国际化进程，鼓励各组织参与国际标准化的制定，并根据我国经济发展的情况进行国际标准的推广。在国家标准方面，《新标准化法》将制定强制化国家标准，推行统计分析报告制度，对标准化的执行进行反馈，并进行相关标准的推广反馈，对影响经济发展的标准进行废除。为推动地方经济发展，《新标准化法》针对地方自然条件、风俗习惯，将组织制定具有地方特色的特殊要求的标准。

2. 团体标准不断加强

《新标准化法》最重大的调整是标准的分类，除原有的国家标准、行业

① 国家知识产权局：《战略性新兴产业专利统计分析报告（2017年）》，《专利统计简报》第11期。

标准、地方标准、企业标准外，增加了团体标准。团体标准指由团体按照自己（团体）确立的制定程序，自主制定、发布、采纳，并由社会自愿采用的标准。团体标准制定主体是社会团体。国家鼓励学会、协会、商会、联合会、产业技术联盟等社会团体协调相关市场主体共同制定满足市场和创新需要的团体标准，并由国务院标准化行政主管部门会同国务院有关行政主管对团体标准的制定进行规范、引导和监督。因其制定主体的多样性和主体内部利益的复杂化，决定了团体标准内容的多样化和质量的异质化。而《新标准化法》给出了它们各自的位阶，顺序是：国家标准、行业标准、地方标准、团体标准、企业标准。2017 年 12 月，依据《新标准化法》，国家质检总局、国家标准化管理委员会（国家标准委）、民政部制定了《团体标准管理规定（试行）》（以下简称《规定》），从团体标准的制定、实施和监督等方面提出对《新标准化法》有关规定的细化落实措施。《规定》的出台将会促进《新标准化法》的贯彻实施，为规范、引导和监督我国团体标准化工作提供有力支撑。

3. 强化标准的监督管理与国际化进程

《新标准化法》相对于原标准化法（1988 版），新增加了第四章监督管理。《新标准化法》加大了对标准化制定部门的监督力度，对于标准化工作中出现的冲突，可以提交国务院的协调机制进行处理，对违反标准化的企业及单位进行监督惩罚。《新标准化法》在监督管理方面的新要求将进一步规范标准化的推行与实施，标准化的监督与管理工作的法治化进程会极大推动国家的标准化建设。2017 年，我国继续推进实施“一带一路”国家战略，切实发挥了标准化对“一带一路”建设的基础支撑作用。我国企事业单位牵头开展 343 项国际标准制定，《智慧可持续发展城市总体规划》等 197 项我国工业通信业标准成为国际标准，进一步提升了我国的国际标准话语权，对我国标准的海外推广应用以及以标准化促进政策沟通、设施联通、贸易畅通，支撑互联互通有着重要意义。

第二节 2017 年我国工业技术创新重点政策解析

一、主要政策分析

2017 年，为推动国家的创新发展建设，国务院及工信部、国家发展改革委、科技部等陆续发布了《促进新一代人工智能产业发展三年行动计划（2018—2020 年）》《关于积极推进供应链创新与应用的指导意见》《关于推动国防科技工业军民融合深度发展的意见》《关于强化实施创新驱动发展战略进一步推进大众创业万众创新深入发展的意见》等创新政策（详情见表 4 -3），涉及科技政策的体制机制改革、新兴产业发展、军民产业融合、地区创新发展、创新创业发展等多个方面，为创新驱动发展搭建平台，拓展产业发展与融合的路径，制定科技成果转移转化战略性发展纲要，促进地区间、行业间的资源共享，完善产业间的资源配置，有效开展跨学科跨领域的协同创新。2017 年的技术创新政策，加大了政策的监管与实施力度，制定针对性的建议与对策，切实将创新政策落到实处，鼓励更多的个体、单位、组织深入参与创新创业项目，推动民间资本对创新的驱动作用，扩大了创新战略实施的广度与深度。

表 4 -3 2017 年我国重点技术创新政策

时间	颁布部门	政策
2017 年 2 月 6 日	国务院办公厅	《关于促进开发区改革和创新发展的若干意见》（国办发〔2017〕7 号）
2017 年 5 月 24 日	国务院办公厅	《关于县域创新驱动发展的若干意见》（国办发〔2017〕43 号）
2017 年 7 月 20 日	国务院	《新一代人工智能发展规划》（国发〔2017〕35 号）
2017 年 7 月 27 日	国务院	《关于强化实施创新驱动发展战略进一步推进大众创业万众创新深入发展的意见》（国发〔2017〕37 号）

续表

时间	颁布部门	政策
2017年9月14日	国务院办公厅	《关于推广支持创新相关改革举措的通知》（国办发〔2017〕80号）
2017年9月26日	国务院	《国家技术转移体系建设方案》（国发〔2017〕44号）
2017年10月13日	国务院办公厅	《关于积极推进供应链创新与应用的指导意见》（国办发〔2017〕84号）
2017年11月27日	国务院	《关于深化“互联网+先进制造业”发展工业互联网的指导意见》
2017年10月27日	工业和信息化部、国家发展和改革委员会、科学技术部、财政部、环境保护部、商务部、中国人民银行、国家工商行政管理总局、国家质量监督检验检疫总局、国家知识产权局、中国工程院、中国银行业监督管理委员会、中国证券监督管理委员会、中国保险监督管理委员会、国家国防科技工业局、中华全国工商业联合会	《关于发挥民间投资作用 推进实施制造强国战略的指导意见》（工信部联规〔2017〕243号）
2017年12月4日	国务院办公厅	《关于推动国防科技工业军民融合深度发展的意见》（国办发〔2017〕91号）
2017年12月14日	工业和信息化部	《促进新一代人工智能产业发展三年行动计划（2018—2020年）》（工信部科〔2017〕315号）

资料来源：赛迪智库整理，2018年1月。

（一）国务院关于强化实施创新驱动发展战略进一步推进大众创业万众创新深入发展的意见

2017年7月27日，为进一步完善和优化创新创业的宏观环境，拓展大众创业、万众创新的广度和深度，国务院颁布了《关于强化实施创新驱动发展战略进一步推进大众创业万众创新深入发展的意见》，提出要以“大众创业、万众创新”为平台，通过“双创”的改革发展，进一步推动我国创新驱动发展战略的实施。在成果专化、融资、实体经济转型、人才以及政府管理方面提出了实操性较强的政策与管理办法，致力于建立高水平、开放融合、共享交流的创新创业发展环境。通过建立完善的知识产权制度，促进科技成果的转移转化，并加大资源设备共享与财政专项支持力度。对于不涉密的战略性新兴产业，实施成果限时转化制度，对于逾时未完成的项目，由国务院强制执行。

（二）国家技术转移体系建设方案

为积极推进我国科技成果转化进程，提升国家整体创新水平，党中央、国务院高度重视科技成果的转移转化，2017 年 9 月 26 日推出了《国家技术转移体系建设方案》（以下简称《技术转移体系方案》），旨在提升我国的科技成果转移转化成效，构建完善合理的国家技术转移体系。《技术转移体系方案》从三个方面来构建国家技术转移体系，一是为科技成果转移提供坚实的物质基础；二是疏通科技成果转移转化路径；三是加大成果转化政策的落实力度。《技术转移体系方案》的预期发展目标为到 2020 年，适应新形势的国家技术转移体系基本建成，到 2025 年，形成互联互通的技术市场，使得人力物力资本等各要素实现最优配置。国家技术转移体系涉及的主体较多，需要各主体不断协同合作，打通科技成果转移转化的路径，为科技成果转化提供政策、资金等方面的支持。

（三）国务院办公厅关于积极推进供应链创新与应用的指导意见

为加快供应链的协同发展，深化供应链与互联网、物联网的融合发展，国务院办公厅于 2017 年 10 月 13 号印发了《关于积极推进供应链创新与应用的指导意见》（以下简称《供应链创新指导意见》），旨在提升我国供应链的质量与效率，实现供应链整体全过程的协同发展。《供应链创新指导意见》确立了供应链的指导思想与预期发展目标，预期在 2020 年建成符合我国发展的智慧型供应链发展体系。在供应链的发展中，《供应链创新指导意见》提出六个方面的重点任务，涉及农业的产业对接、协同智能发展、绿色发展、金融发展、全球化发展等多项内容。

（四）国务院关于深化“互联网+先进制造业”发展工业互联网的指导意见

工业互联网集信息与制造一体化发展，成为全球新科技革命竞争的关键。为推进我国智能化的新型网络发展，助力我国制造强国与网络强国的建设，为我国工业互联网的发展提出规范性建设意见与发展方向，国务院于2017年11月27日颁布了《关于深化“互联网+先进制造业”发展工业互联网的指导意见》（以下简称《发展工业互联网指导意见》）。《发展工业互联网指导意见》开展七大领域七项重点工程建设，涵盖了从工业互联网基础建设到平台以及产业建设等多个方面，特别强调了生态体系、安全保障以及开发合作等方面的合作。从法律法规、市场环境、税收支持、金融支持、人才支持与实施保障六个方面提出了推动我国工业互联网发展的指导意见。

（五）关于发挥民间投资作用 推进实施制造强国战略的指导意见

科技与产业的转型升级，使得制造业对国家经济发展与战略实施发挥着关键性作用。由于民间投资在制造业领域占据近85%的投资比重，为了激发民间对于制造业的投资活力，落实《中国制造2025》战略方针，推动制造业的高端化、智能化发展，打造绿色制造产业以及制造服务产业的升级。2017年11月23日，工业与信息化部联合15个相关部门发布了《关于发挥民间投资作用 推进实施制造强国战略的指导意见》（以下简称《指导意见》）。《指导意见》制定了“发挥民间投资作用 推进实施制造强国战略”的指导思想，确立了以市场为主导、以问题导向的原则，以协同推进、公平共享理念推动政策的实施。

二、主要特点分析

（一）加快《中国制造2025》重点领域产业链与创新链融合发展

《中国制造2025》确立了新一代信息技术产业、高档数控机床和机器人、航空航天装备、海洋工程装备及高技术船舶、先进轨道交通装备、节能与新能源汽车、电力装备、农机装备、新材料、生物医药及高性能医疗器械十大重点领域，2017年的技术创新产业政策围绕新一代信息技术产业，相继印发了《新一代人工智能发展规划》《促进新一代人工智能产业发展三年行动计划（2018—2020年）》《国务院关于深化“互联网＋先进制造业”发展工业互联网的指导意见》等一些支持工业转型重点领域的政策举措。针对人工智能领域，国家连续发布了两项重要的政策举措，即《新一代人工智能发展规划》《促进新一代人工智能产业发展三年行动计划（2018—2020年）》，旨在抢占人工智能发展领域的国际制高点，以技术拉动产业升级，切实推动我国的人工智能理论、技术以及产业的综合发展这些政策制定了国家在人工智能领域的未来发展目标以及“三步走”的战略规划，以逐步推进我国在人工智能领域的产业链与创新链的融合发展，跻身于人工智能领域的世界前列。

（二）推进创新驱动发展战略的重点区域深入发展

为促进《国家创新驱动发展战略纲要》的实施，国家陆续又出台了一系列的辅助支持政策，《国务院办公厅关于促进开发区改革和创新发展的若干意见》《国务院办公厅关于县域创新驱动发展的若干意见》以及《国务院关于强化实施创新驱动发展战略进一步推进大众创业万众创新深入发展的意见》等一些针对性较强的战略方针。创新驱动发展的政策从国家整体向地方过渡，深入推动县域以及开发区的创新驱动发展建设，促进大众创业与万众创新的进一步升级，加大创新驱动发展战略的实施力度。在促进开发区的创新发展过程中，《国务院办公厅关于促进开发区改革和创新发展的若干意见》指出要加快开发区的转型升级，利用开发区精简高效的管理特色，深入贯彻实施创新发展战略，优化开发区在科技创新、制度创新等方面的工作。在发展县域创新方面，《国务院办公厅关于县域创新驱动发展的若干意见》对未来县域的创新发展制定了战略规划，逐步推进县域创新发展水平的提升。《国务院关于强化实施创新驱动发展战略进一步推进大众创业万众创新深入发展的意见》则从创新成果转化、融资渠道、经济转型升级、人才流动等方面提出了深入推动“大众创业、万众创新”的政策，特别强调要创新政府职能，提供优质的创新创业环境。

（三）推动创新关键环节的协同发展

随着我国创新创业体制机制的日趋完善，产业间的协同合作不断加强，创新资源在创新主体间的融合不断深入，产业间的协同与互补关系得到加强。

在《国务院办公厅关于促进开发区改革和创新发展的若干意见》中，从开发区建设方面，指出要推动区域间的开发区合作，鼓励东西部地区产业不断融合，合作共建开发区。《国务院关于强化实施创新驱动发展战略进一步推进大众创业万众创新深入发展的意见》指出要加强创新主体间的协同，促进企业间、城乡间的优势互补，形成多元主体资源共享合作共赢的良好局面。《国务院办公厅关于推动国防科技工业军民融合深度发展的意见》则从军民资源共享角度，提供了军民协同创新机制，围绕重大项目开展产学研协同创新合作，推动技术基础资源的军民共享，实现军民资源互通共享、相互支撑、有效转化。《新一代人工智能发展规划》与《促进新一代人工智能产业发展三年行动计划（2018—2020年）》都强调了协同创新对于人工智能产业发展的重要性，提出要通过平台建设与开源开放促进人工智能产业与其他产业的融合发展。《国家技术转移体系建设方案》指出要引导各类创新主体组建产业联盟，强化信息合作与资源共享，为技术转移活动提供服务支持。《国务院办公厅关于积极推进供应链创新与应用的指导意见》则从供应链协同发展的视角提出了产业融合发展的目标。《国务院关于深化“互联网＋先进制造业”发展工业互联网的指导意见》鼓励企业通过工业互联网平台进行资源整合，建设工业互联网创新中心，提升工业互联网协同管理能力。

（四）打造绿色和谐的技术创新发展产业链

为巩固与推进“五位一体”总体布局，协调推进“四个全面”战略布局，将创新、协调、绿色、开放、共享的发展理念贯彻落实到产业的发展中，国家陆续出台政策推动技术升级，发展绿色制造产业。在绿色发展理念的带动下，国家颁布了推进行业、产业绿色发展的政策措施。《关于发挥民间投资作用 推进实施制造强国战略的指导意见》特别强调了制造业的绿色发展理念，提出要推动绿色制造升级。《国务院办公厅关于促进开发区改革和创新发展的若干意见》则在开发区建设中，提出要推动开发区实现绿色发展，积极推行低碳化、循环化、集约化在产业发展中的运用。《国务院办公厅关于积极推进供应链创新与应用的指导意见》提出了供应链的绿色发展理念，在绿色制造与流通方面提出了发展要求，建立逆向物流体系，提高产业的回收与再制造。

第三节　2018 年我国工业技术创新面临的形势

近年来，世界各国积极发展工业技术创新，积极完善自身的质量与品牌建设，加强了知识产权综合利用，为工业技术创新的发展营造了良好的外部环境。在国际竞争加剧和国内经济放缓的背景下，工业技术创新成为我国转变产业发展方式、实现工业转型升级的重要支撑。虽然，近年来我国工业技术创新成效显著，工业技术创新能力持续提升，但是也出现了一些新情况，新问题。2018 年，国内外创新形势将更加复杂多变，我国不仅要面对来自全球各国的严峻挑战，更要破解自身发展中在产业技术创新、质量品牌建设、知识产权保护等领域制约创新能力整体提升的困境，未来创新之路依然任重而道远。

一、各国积极布局前瞻性技术，全球科技创新竞争压力不断增大

在新一轮工业技术革命和产业变革中，各国加强布局人工智能、云计算、新能源、新材料、健康医药、航天技术等领域，在无人驾驶、超级计算机等前沿领域取得诸多突破性进展。工业技术创新对各国经济结构调整和持续健康发展的重要性日益凸显，以美国、英国、德国、日本、中国等为代表的更多国家将创新上升到国家战略的高度，在战略层面加强部署，利用创新进一步刺激增长和增强国家竞争力。2018 年，各国必将进一步加大科技创新投入力度，全球竞争将更加激烈。

美国政府在超级计算机和航空航天领域再度发力。能源部设立“百亿亿次计算项目”对六大科技公司投资 2. 58 亿美元资金，以加快部署全美首个百亿亿次超级计算机。同时，美国正式宣布将重启登月计划，NASA（美国国家航空航天局）以及各家航天企业都开始了针对月球的布局，NASA 与波音公司、洛克希德·马丁空间系统公司等公司作为载人深空探索的“国家队”在持续推进。2018 年，“美国制造”项目下 14 个创新中心将瞄准先进制造业的 3D 打印、人工智能等多个热点领域继续发力，在未来制造业创新能力提升中

发挥更加重要的作用。

目前，英国商业、能源与产业战略部已宣布投入2800万英镑资助新一轮的能源创新项目，涉及智慧能源系统、工业能效和海上风能领域。同时，英国政府宣布将设立产业战略挑战基金（ISCF），在未来4年投入10亿英镑用于支持前沿领域发展，以创造更多就业岗位和提升生活品质。2018年，英国将继续支持的领域包括：健康医药、机器人和人工智能、清洁能源电池和储能技术、无人驾驶汽车、制造和未来材料、卫星和空间技术。

近年来，德国政府为自动驾驶汽车上路扫除障碍，引入了该国历史上首部自动驾驶汽车法案，允许自动驾驶汽车上路测试，还为此设立了诸多准入规定。德国为应对未来新挑战，提高航空航天中心（DLR）的核心竞争能力，充分利用其协同创新的潜力发布了德国航空航天2030战略（DLR 2030）。2018年，该战略将通过10个新的横向项目和一个新的横向领域——数字化来实施。同时，德国宣布2018年将开发量子通信计划，建立高度安全的量子通信网络。

2018年，日本将加快落实《第五期科学技术基本计划（2016—2020）》，下一步将重点布局信息空间基础技术（人工智能、物联网以及大数据）、物理空间基础技术（传感器、驱动器、处理设备、机器人以及光/量子）、创新型建设/基础设置维护管理技术和创新型防灾/减灾技术等。

二、质量品牌建设相对滞后，成为制约我国产业创新进一步提升的关键因素

在国际竞争中，质量品牌的发展是创新成果的综合体现，也是造成发达国家与发展中国家差距的主要因素。因此，好的品牌不仅可以占据产业链的高附加值，也是国家综合实力的表现。近年来，德国、美国等经济强国都相继颁布了一系列的政策举措来积极推动制造业的品牌发展，以保持产品的品牌竞争优势，推动各国的经济增长。2018年，这些国家将把品牌质量建设作为未来制造业发展的重点，以继续保持产业创新的优势。例如，德国一是严抓质量管理，实施了“以质量推动品牌建设，以品牌助推产品出口”的政策；二是在品牌建设上，营造公平竞争的市场环境，积极推动企业研发创新，德

国政府主要颁布了《反对限制竞争法》和《反不正当竞争法》以保障自由竞争。美国利用其成熟的知识产权保护机制，有力帮助企业打造和维护品牌。在知识产权保护方面，陆续颁布了《商标法》《专利法》《反不正当竞争法》和《软件专利》等一系列法律来构建完善的知识产权保护体系。在支持创新方面，政府制定《国家出口战略》和一系列辅助性财税政策，推动专利、商标许可等无形资产交易量飙升。在科技成果转化方面，美国政府颁布了《贝多尔法案》等，对构建产学研创新体系和研究成果的商业化转化方面意义巨大，带动品牌在全球市场上获取竞争优势。

近年来，我国同样广泛开展质量品牌提升行动，加强全面质量管理，健全优胜劣汰的质量竞争机制。国务院批准将每年 5 月 10 日设立为“中国品牌日”。随后，中国机械工业联合会和中国机械工业品牌战略推进委员会决定在全行业开展质量品牌提升行动年活动。同时，工业和信息化部、国家质量监督检验检疫总局、国家国防科技工业局印发了《促进装备制造业质量品牌提升专项行动指南》，主要目标是在实施制造强国战略的第一个十年，力争通过三个阶段的努力，实现我国装备制造业质量和品牌水平大幅提升。

三、战略性新兴产业创新强势增长，产业发展匹配困难有待解决

近年来，我国在战略性新兴产业的专利申请数量庞大，创新产出取得了骄人的成绩。2018 年，战略性新兴产业仍然是我国发展的重点领域，在整个工业创新中继续发挥重要的作用。根据国家知识产权局公布的数据，2012—2016 年，我国战略性新兴产业的专利申请数为 138. 4 万件，占同期发明专利总量的 35%，2016 年中国在战略新兴产业的专利数量是 2012 年的 1. 7 倍之多。从 2012 开始，战略性新兴产业的中国发明专利申请公开量持续增长，到 2016 年已经到达到 35. 2 万件，年均增长速度为 14. 8%。

虽然我国战略性新兴产业发展取得了一系列引人瞩目的创新成果，但是其发展目前受到各方阻力的作用，出现了发展不均衡以及发展不充分的问题。因此 2018 年，我国亟待瞄准产业链关键环节，破解战略性新兴产业发展匹配困境，促进我国整体产业创新能力进一步提升。

四、与发达国家创新能力相比，我国仍将面临日益严峻国际挑战

2017 年 6 月 15 日，由英士国际商学院（INSEAD，前译欧洲工商管理学院）、美国康奈尔大学（Cornell University）和世界知识产权组织（World Intellectual Property Organization，WIPO）共同研制发布了 2017 年全球创新指数排名。其中，瑞士高居榜首，这也是瑞士连续第 7 年夺冠。欧洲国家的创新能力整体发展位居全球前列，在全球创新指数排行榜的前 10 名中占据 7 位，排名前 25 位的全球经济体中有 15 个位于欧洲。在前 25 名中，东南亚和大洋洲国家仅有 7 个，北美洲国家有 2 个，北非西亚国家仅有 1 个，北美洲有美国和加拿大上榜，北非和西亚只有以色列上榜，位于第 17 名。与上年相比，前 10 名的国家排名重新排布，但也保持了创新发展高位。纵观创新指数排名，虽然我国再次成为创新排名前 25 名中唯一的中等收入国家，但是在具体创新分值上与欧美等发达国家差距明显。2018 年，我国创新能力建设任重而道远。

2018 年，从全球创新发展的整体趋势看，欧洲与北美经济体的各项创新发展指数将继续保持较高水平。需要强调的是，印度正在成为亚洲新兴的创新中心，撒哈拉以南非洲表现更为突出，而拉丁美洲和加勒比地区的创新能力则有待提高。与中国、日本和韩国等创新强国一起发展的国家，还有印度尼西亚、马来西亚等一些国家，都将建设创新生态系统，在研发、生产率等方面努力追赶。目前，中低收入经济体在创新方面表现突出，“创新成就者”的数量同比略有增加，来自撒哈拉以南非洲地区的有 9 个，包括肯尼亚和卢旺达，来自东欧的经济体仅有 3 个。瑞士、瑞典、荷兰、美国和英国依旧是全球最具创新能力的国家；印度、肯尼亚、越南等国家的发展水平正在超过同等收入水平的国家[①]。因此 2018 年，我国创新建设不仅将要面对欧美国家的直接竞争，而且还要警惕印度等新兴国家的后发追赶，未来国际挑战形势十分严峻。

---

① 许海云等:《从全球创新指数（GII）报告看中国创新崛起态势》，《世界科技研究与发展》2017 年第 5 期。

表 4 – 4 2017 年全球创新指数前 25 名

经济体	得分	排名	收入	排名	地区	排名	效率比	排名
瑞士	67.69	1	高	1	欧洲	1	0.95	2
瑞典	63.82	2	高	2	欧洲	2	0.83	12
荷兰	63.36	3	高	3	欧洲	3	0.93	4
美国	61.4	4	高	4	北美	1	0.78	21
英国	60.89	5	高	5	欧洲	4	0.78	20
丹麦	58.7	6	高	6	欧洲	5	0.71	34
新加坡	58.69	7	高	7	东南亚、东亚和大洋洲	1	0.62	63
芬兰	58.49	8	高	8	欧洲	6	0.7	37
德国	58.39	9	高	9	欧洲	7	0.84	7
爱尔兰	58.13	10	高	10	欧洲	8	0.85	6
韩国	57.7	11	高	11	东南亚、东亚和大洋洲	2	0.82	14
卢森堡	56.4	12	高	12	欧洲	9	0.97	1
冰岛	55.76	13	高	13	欧洲	10	0.86	5
日本	54.72	14	高	14	东南亚、东亚和大洋洲	3	0.67	49
法国	54.18	15	高	15	欧洲	11	0.71	35
中国香港	53.88	16	高	16	东南亚、东亚和大洋洲	4	0.61	73
以色列	53.88	17	高	17	北非、西亚	1	0.77	23
加拿大	53.65	18	高	18	北美	2	0.64	59
挪威	53.14	19	高	19	欧洲	12	0.66	51
奥地利	53.1	20	高	20	欧洲	13	0.69	41
新西兰	52.87	21	高	21	东南亚、东亚和大洋洲	5	0.65	56
中国	52.54	22	中高	1	东南亚、东亚和大洋洲	6	0.94	3
澳大利亚	51.83	23	高	22	东南亚、东亚和大洋洲	7	0.6	76
捷克	50.98	24	高	23	欧洲	14	0.83	13
爱沙尼亚	50.93	25	高	24	欧洲	15	0.79	19

资料来源：《2017 年全球创新指数报告》，2018 年 1 月。

与此同时，《2017 年全球创新指数报告》深入研究了涵盖 12 个国家（中国、美国、英国、法国、德国、俄罗斯、日本、韩国、印度、加拿大、澳大利亚、以色列）和 7 个技术领域（信息、能源、生物、航空、航天、新材料、先进制造）的各个国家的创新综合现状。美国在综合评估中占据显著优势，位列首位；中国、日本、英国与德国位列在创新发展的第二梯队；而其余7国的创新指数水平低于均值。在细分的技术领域，世界各国的创新建设不断深入，科技的影响力不断扩大，基于信息技术的高新技术产业的技术领域蓬勃发展。在当年全球技术创新指数的研究领域中，先进制造、信息和能源的创新表现最为显著。对比国家的技术领域创新差异，日本在各技术领域的表现最为均衡，但在航空航天领域的表现稍弱。印度在各技术创新领域的创新能力相近，表现出较大的创新发展潜力。从创新领域的整体发展来看，欧美国家对生物领域的创新布局较多。在学术研究领域方面，澳大利亚、美国、英国等国家在生物领域的研究论文占到全面论文发表总量的近半数，而中国在该领域相对落后。而在制造领域，中、日、韩等亚洲国家的创新侧重更多。对比中、日、德三国论文和专利发布情况，日、德两国材料和制造领域专利发明数量较多，达到该国专利50%以上。2018年，我国在这7个技术领域将仍然面临来自各国的严峻挑战。一方面，我国需要继续保持信息、能源、航空航天等领域的优势，努力缩小与美国之间的差距。另一方面，我国需要在生物领域奋起直追，补齐短板，以继续巩固创新发展的第二梯队的位置。

表4-5　2017年各国在各技术领域的创新指数排名

国别	指标	信息	能源	生物	航空	航天	新材料	先进制造
美国	创新指数	89.8	93.9	86.3	84.4	85.7	80.7	87.6
	排名	1	1	1	1	1	1	1
中国	创新指数	73.8	62.1	56.2	63.7	67.3	60.0	62.7
	排名	2	2	5	2	2	4	4
日本	创新指数	63.1	61.0	59.2	41.3	53.4	65.0	68.8
	排名	3	3	4	11	5	2	3
英国	创新指数	53.9	55.6	62.9	54.5	55.9	59.3	50.4
	排名	5	4	2	3	4	5	7
德国	创新指数	48.5	55.4	59.6	52.1	42.4	61.5	72.9
	排名	6	5	3	4	9	3	2
法国	创新指数	44.5	48.9	47.5	49.8	57.5	36.2	43.5
	排名	7	7	6	5	3	10	8
韩国	创新指数	54.9	43.4	34.4	39.4	36.4	49.4	52.9
	排名	4	10	10	12	11	6	5

续表

国别	指标	信息	能源	生物	航空	航天	新材料	先进制造
加拿大	创新指数	39.5	49.1	42.4	42.5	47.7	42.7	40.8
	排名	11	6	8	10	6	8	9
印度	创新指数	43.7	45.4	38.6	42.9	43.2	39.3	50.9
	排名	9	8	9	9	8	9	6
澳大利亚	创新指数	35.9	44.2	43.3	47.9	41.0	35.0	37.6
	排名	12	9	7	6	10	11	11
俄罗斯	创新指数	39.9	35.2	26.2	47.4	47.5	43.3	40.6
	排名	10	11	12	7	7	7	10
以色列	创新指数	44.4	33.5	33.6	46.1	29.8	29.9	35.3
	排名	8	12	11	8	12	12	12

资料来源：《2017年全球技术创新指数报告》，2018年1月。

第四节　2018年我国工业技术创新趋势展望

展望2018年，新一轮技术和产业变革引发的国际竞争将日益加剧，各国将进一步加强工业技术创新战略部署，加快基础研究和应用研究进程，力图引领全球创新经济。国内随着科技体制改革的深化，创新驱动发展战略将进一步深入落实，以创新为主要引领和支撑的经济体系和发展模式将逐步形成，工业技术创新环境将进一步改善，制造强国战略将逐步贯彻落实。

一、进一步落实创新发展战略，系统性推动科技成果转移扩散

2018年，世界经济面临上行阻力和处于下行趋势之中，新工业革命孕育兴起，主要发达国家将加大实施“制造业回归”和“创新驱动”战略，纷纷加快创新战略部署，试图在新工业革命中抢夺制高点。当前我国工业技术创新处于关键窗口期，产业技术创新体系建设，尤其是产业科技成果转移扩散至关重要。2018年，我国将加快落实《国家创新驱动发展战略纲要》，建设和完善产业技术创新体系和产业科技成果转移扩散机制。一是围绕《中国制

造2025》十大重点领域和其他先进制造业转型升级的重大需求，加强原始创新，组织实施重大科技项目和工程，壮大创新主体，优化区域创新布局和深化军民融合，加快建设企业为主体、政产学研用相结合的产业技术创新体系，全面推动先进制造业转型升级；二是通过加快落实《中华人民共和国促进科技成果转化法》《促进科技成果转移转化行动方案》《国家技术转移体系建设方案》，建设科技成果中试与产业化载体，探索多元化资金投入模式，建设科技成果转移转化人才队伍，深入开展产学研协同，促进科技成果转移转化。

二、进一步加强创新载体建设，确定制造业关键技术研发方向

国家制造业创新中心工程是《中国制造2025》规划纲要中的五大工程之一，加快国家制造业创新中心建设是落实制造强国战略的重要实践。2018年，我国需要瞄准制造业创新中心建设工程中的关键环节，着力做好以下几点工作：一是落实《省级制造业创新中心升级为国家制造业创新中心条件》，在更多关键领域布局建设国家制造业创新中心；二是研究国家动力电池创新中心等五家创新中心的建设和运行情况，分析总结有益经验，探索新机制、新模式和多样化的资金投入方式，为建设新的国家级创新中心提供参考；三是继续研究制定《国家制造业创新中心考核管理办法》《国家制造业创新中心考核指标体系》，规范和加强制造业创新中心的建设与管理。2018年，我国将加快创新中心布局建设速度，争取2020年前在关键领域继续建设10家创新中心。下一步将继续围绕《省级制造业创新中心升级为国家制造业创新中心条件》中提出的22个重点领域，加快布局建设省级制造业创新中心。《〈中国制造2025〉重点领域技术创新绿皮书——技术路线图（2017）》中提出并沿用了2015年版技术路线图确定的十大重点领域及23个优先发展方向。2018年，我国将继续执行“技术路线图”每两年滚动修订一次的要求，由国家制造强国建设战略咨询委员会组织，积极吸引社会各方广泛参与、共同努力，充分反映技术发展和市场变化情况，指引创新中心在关键技术方向上创新发展。

三、强化关键核心技术知识产权保护，突出知识产权支撑作用

党的十九大报告指出，要强化知识产权创造、保护、运用，在工业和信

息化领域，围绕“中国制造2025”实施，通过知识产权协同运用推进行动和知识产权服务能力提升行动，工业企业知识产权保护运用能力不断提升。在我国知识产权战略实施的大背景下，2018年，我国知识产权将围绕重点领域，通过部省合作、上下联动，不断提升知识产权能力，营造良好的营商环境。自我国印发《促进科技成果转移转化行动方案》，修订《中华人民共和国促进科技成果转化法》，出台《实施〈中华人民共和国促进科技成果转法〉若干规定》，形成部署实施科技成果转移转化工作“三部曲”后，国务院又印发了《国家技术转移体系建设方案》，致力于推动我国知识产权等科技成果扩散、流动、共享、应用，各部委、地方、行业协会、科研院所正在密集研究具体落实措施。2018年，各地方和行业主管部门将大力推进科技成果转移转化与本地产业发展实际对接，强化以需求为导向的产学研用合作。我国技术创新和知识产权保护相结合，促进知识产权等科技成果转移转化水平将迈上一个新的台阶，进一步支撑我国经济发展。

围绕“中国制造2025”重点领域，2018年，我国将加快深化知识产权保护与运用，推进制造业创新驱动发展。在国家和省级制造业创新中心建设过程中，着力打造知识产权能力建设体系，引导实施《制造业创新中心知识产权指南》，开展制造业重点领域的知识产权战略布局，实施知识产权协同运用推进行动和知识产权服务能力提升行动，建立健全适合我国制造业发展的知识产权保护和运用服务体系。围绕《中国制造2025》重点领域技术创新路线图（2017年版），加强政策、资金、人才等多方面的统筹协调，积极做好关键核心技术的攻关和知识产权布局保护工作。从消费者的角度来看，知名品牌的价值、良好的用户体验和精致的外观设计等无形资产，形成了产品对用户的整体吸引力，决定了产品在市场竞争中的成功率。从企业竞争角度来看，活化运用知识产权抢占产业竞争制高点，是企业维持竞争优势的重要手段。未来，我国将继续活化知识产权在市场竞争、并购许可、交易转让中的作用，可有效助力制造业迈向价值链的中高端，服务制造业转型升级。

四、制定质量提升专项行动，营造质量品牌建设环境

传统产业是结构调整的重点，要通过引入新技术、新管理、新模式，使

之焕发巨大生机和活力。为进一步推动2018年质量品牌建设，设立质量提升的专项行动，提升产品的质量效益。2018年，要深入推进“增品种、提品质、创品牌”战略，在我国的关键行业与领域，瞄准国际标准，推进各行业的质量提升规划建设，保证行业质量品牌的提升落到实处，切实推动我国的质量强国建设。积极推动技术创新对质量品牌发挥作用，推进我国智能制造的发展与建设。要推广先进制造业的精益生产的经验，促进先进制造业的质量提升。为企业提供全面质量管理培训，提升企业的品牌意识。推动质量标杆的建设，完善质量标杆的申请审核制度，积极发挥质量标杆企业的影响力。积极推进区域的品牌建设，打造区域品牌的高端转型，完成从传统制造业到智能制造的转化，实现技术创新对质量品牌建设的推动作用。针对产业集群，建立品牌培育试点，进行品牌与质量建设问题诊断，有针对性地开展企业的品牌与质量建设服务，联合专家解决企业在质量品牌建设过程中出现的关键障碍。开展专项行动计划，探索我国产品的质量与国际的差距，推动企业的供给侧改革，实现标杆企业对我国“一带一路”建设、制造强国建设的战略支持。

质量品牌的发展是我国质量强国建设的关键，为推动质量品牌建设，要积极营造质量品牌发展的环境，推进各项服务平台建设。2018年要发挥中小企业的核心力量，政府应充分关注我国的弱势行业，拓展质量标杆活动开展的行业范围，设立服务中小企业发展的质量标杆申报条件，建立全生命周期的质量品牌发展体系，为企业的质量品牌发展提供阶段性的指导，推动企业的质量品牌建设。积极发挥行业协会的力量，组织开展质量品牌发展规划与培训，把握国际质量品牌的发展方向，做好企业的行业引导。推动企业建立“以质取胜”的发展理念，为企业积极营造质量形象，开展产品质量建设指明方向。建立客户反馈平台，对产品质量进行及时有效地反馈，企业可以通过平台进行产品满意度调查，以进一步优化产品的生产工艺，完善产品的生产流程，为质量品牌建设提供助力。进一步转变政府职能，为企业的质量品牌建设提供更多的咨询服务，加强对产品质量的监管，提升我国在产品检验、检测方面的技术水平，参与国际标准的制定，为我国企业的质量品牌发展提供有力的支持。

第五章　两化融合

第一节　2017年我国两化融合取得的主要进展

一、两化融合度显著提升

2017年，我国两化融合加速向全面普及、深度集成发展，成为制造业提质增效升级的重要力量。以互联网为代表的信息技术与生产制造全过程、产业链各环节和产品全生命周期全方位深层次融合，制造业数字化、网络化、智能化水平不断提高，企业研发、生产、管理和服务模式正在发生深刻变革；人工智能、区块链等新兴技术在制造业关键场景应用走向深化；智能工厂建设步伐加快，网络化协同制造、个性化定制、服务型制造等网络化生产新模式迅速在重点行业推广；制造业“双创”平台蓬勃发展，有力支撑大中小企业融合融通发展；一些有实力的大型企业纷纷抢先布局面向行业的工业互联网平台，平台成为制造业生态竞争新焦点。

根据中国电子信息产业发展研究院发布的《中国信息化与工业化融合发展水平评估报告》，我国两化融合总指数及各项分指数每年均有不同幅度增长。一是全国两化融合水平稳步提升，2016年，全国两化融合发展总指数是75.75，同比增长4.22%。二是宽带基础设施建设成效明显。2016年固定宽带端口平均速率指数、城（省）域网出口带宽和固定宽带普及率指数分别是99.65、90.18和124.36，相比上年均有大幅增长，这主要是因为我国加快实施“宽带中国”专项行动，持续推进全光网城市建设，狠抓网络提速降费。三是区域间两化融合发展水平差距仍然较大。2016年东部两化融合平均指数是89.17，中部是75.36，西部是63.72，东中、中西、东西部差值分别扩大为13.81、11.64和25.45，我国东中部两化融合发展水平差距继续扩大，西部省份两化融合发展水平普遍落后于东部省份2011年的水平。

二、制造业与互联网全面融合步伐加快

2017年，工信部立足制造业与互联网融合重点领域，以试点示范为抓手，开展部省协同合作，指导行业联盟建设，引导制造业与互联网融合向更高层次迈进。一方面，组织开展了制造业与互联网融合试点示范，围绕工业云平台试点示范、工业大数据服务平台试点示范、工业电子商务平台试点示范、信息物理系统（CPS）试点示范、行业系统解决方案试点示范等五大类别，遴选出70个制造业与互联网融合发展试点示范项目，大力培育可复制、可推广的制造业与互联网融合新业态和新模式；另一方面，与广东省签订合作框架协议，共同开展珠三角制造业与互联网融合发展示范城市带建设。同时，上海、陕西等地工业和信息化主管部门加紧推动出台具体的贯彻实施措施，探寻符合地方产业特色的融合发展新手段。此外，“中国制造企业双创发展联盟”“中国个性化定制联盟”和“网络化协同制造联盟”相继成立，汇聚了上千家企业和科研资源，为制造业与互联网融合全面发展提供有力支撑。

制造业与互联网企业跨界融合亮点频现。2017年，越来越多的制造企业、互联网企业、信息服务企业开展多种形式的跨界合作，积极推动制造业与互联网融合发展，引领融合发展生态体系良性建设。联想、戴尔先后和哈工大大数据集团签署战略合作协议，共同致力于大数据发展。百度分别与大陆集团、博世开展战略合作，发力自动驾驶、智能网联汽车和智能交通等领域。华为进一步扩大与库卡的合作，加强各自的领先技术和行业优势互补。宝信和阿里云达成合作，将在企业云、工业云领域探索全方位、多形式的合作模式和机制。此外，战略投资、建立经营共同体也成为制造企业植入互联网基因的重要手段，东方网力拟以4.05亿元收购立芯科技，快速切入物联网领域，新时达拟以4.05亿元收购之山智控，加强机器人与运动控制系统产业链布局。

三、制造业“双创”步入全面实施、百花齐放阶段

2017年，各级政府部门加强制造业“双创”发展的顶层指导和政策支

持，“双创”发展环境持续优化。7 月，国务院出台《关于强化实施创新驱动发展战略进一步推进大众创业万众创新深入发展的意见》，明确提出“鼓励大型企业全面推进‘双创’，建设‘双创’服务平台与网络”。工业和信息化部组织开展了全国制造业“双创”电视电话会，提出要在机制、平台、新业态新模式、技术支撑等方面从更大范围、更高层次、更深程度推进制造业“双创”。8 月，工业和信息化部发布《制造业“双创”平台培育三年行动计划》，进一步明确了“双创”平台发展思路，聚焦要素汇聚、能力开放、模式创新、区域合作等领域，为“双创”平台建设发展指明方向；开展了制造业“双创”平台试点示范，遴选了 70 家重点行业骨干企业试点示范项目，树立了一批行业特色鲜明、品牌影响力强、带动作用显著的行业实践典型。中国制造企业“双创”发展联盟 3 月成立，7 月发布《制造业“双创”平台发展白皮书》，系统梳理了制造业“双创”平台的本质内涵、基本特征、体系架构、功能层次、运营模式和应用场景，绘制了制造业“双创”平台发展路线图

在政府和企业的合力推动下，一批“双创”建设新模式层出不穷。广州科学城探索“产业链、创新链、资金链”三链融合模式，引导大企业自建众创孵化平台，努力实践以一家龙头企业带动一个行业的“1 + N”集群发展路径。郑州航空港以富士康工厂为核心，通过集群式引进，构建形成涵盖研发、检测、信息、融资等服务内容的“双创”平台体系。大中制造企业结合行业特点和业务需求，积极搭建各类“双创”平台，涌现出航天云网、中航工业、青岛海尔、中信重工等一批全球性、跨行业的开放式“双创”平台。同时，中央企业通过“双创”顶层设计和机制创新，积极打造各类创新创业平台、孵化器和产业园区，激发企业员工活力，营造互动共赢的“双创生态圈”，带动全社会创新创业。

四、高端智能装备制造自主创新取得重大突破

2017 年，我国航天航空、数控机床、海洋工程等重大装备制造在自主研发、技术融合创新等方面取得标志性成果，大幅增强了我国高端装备制造的核心竞争力。国产 C919 大型客机的成功试飞，实现了我国大型客机制造发展史上零的突破。高精度数控齿轮磨床、多轴精密重型机床、数控冲压生产线

等产品跻身世界先进行列，实现了航空航天、船舶、汽车、发电设备制造等领域的自主装备供给。由我国承建的深海半潜式智能养殖场“超级渔场”于正式交付挪威用户，通过配备融合物联网、大数据等新兴技术实现监测、喂养、清洁全过程智能化作业，成为全球海上养殖产业发展的重要里程碑。“墨子号”量子卫星在国际上率先成功实现千公里级星地双向量子纠缠分发。世界最大的散货船40万吨超大型矿砂船（VLOC）在青岛顺利出坞，标志中国在建造超大型船舶上技术再次突破，在世界造船业内赢得了话语权。

政府部门重视对重大装备制造业的顶层指导和政策支持，重大装备制造业发展环境持续优化。工业和信息化部联合国家发展改革委、财政部、中国人民银行、银监会、国防科工局等五部委发布《船舶工业深化结构调整加快转型升级行动计划（2016—2020年）》，深化船舶工业结构调整，指导我国船舶工业健康发展。2017年11月，工业和信息化部联合国家发展改革委、科技部、财政部、中国人民银行、国资委、银监会和国家海洋局编制印发了《海洋工程装备制造业持续健康发展行动计划（2017—2020年）》，指导我国海洋工程装备制造业发展。2018年1月，国家标准委办公室、工业和信息化部组织开展了2018年国家高端装备制造业标准化试点，形成一批高端装备制造业标准化示范的典型企业和园区。

五、示范引领性智能工厂建设进展突出

智能制造的建设重点正在从网络化数字化改造的1.0阶段向智能化协同化的2.0阶段加速演进，生产方式变革成效初步显现。九江石化引进实时优化（RTO）系统，推动核磁共振分析仪在线改造、先进控制系统（APC）性能优化、实时优化模型开发和实时优化平台建设，促进了生产过程精细管理、动态优化、集约高效。海尔郑州空调互联工厂全面建成“装配智能机器人群”生产线，通过RFID识别、数据集成、模块设计等先进技术，提升产品与机器人、机器人与机器人之间的自组织、自交互、自适应能力，促进自动化生产、柔性生产、单元定制生产三种方式的兼容并行。

自智能制造试点示范专项行动启动以来，智能制造推进体系基本形成，智能制造核心技术不断取得突破，一批智能制造装备研制成功。先后共遴选

确定了206个智能制造试点示范项目，其中工业互联网创新应用项目28个，试点示范的行业和区域逐步扩大，目前已覆盖30个省（自治区、直辖市）82个行业，在企业提质增效、降本减耗、提高核心竞争力等方面发挥了积极作用，有力支撑并推动了制造业转型升级。大族激光突破了三维五轴联动光纤激光切割机床，宁夏共享研制出大尺寸高效砂型3D打印机，秦川机床、苏州绿的突破了高精密RV减速器、谐波减速器等机器人关键零部件。青岛四方突破了高铁转向架智能化焊接及检测组装成套装备，埃夫特、奇瑞汽车合作研制的汽车焊接自动化生产线打破了国外长达30年的垄断。

六、工业互联网平台建设热度高企

我国工业互联网平台发展方兴未艾，呈现空间布局相对集中的趋势，初步形成以北京、南京、上海、杭州、苏州、济南、青岛、深圳等重点城市为核心的环渤海、长三角、珠三角三大区域集中发展的格局。这三大区域具有地方政府积性较高，先进制造业集聚区相对密集，制造业与互联网融合基础相对较好的特点。

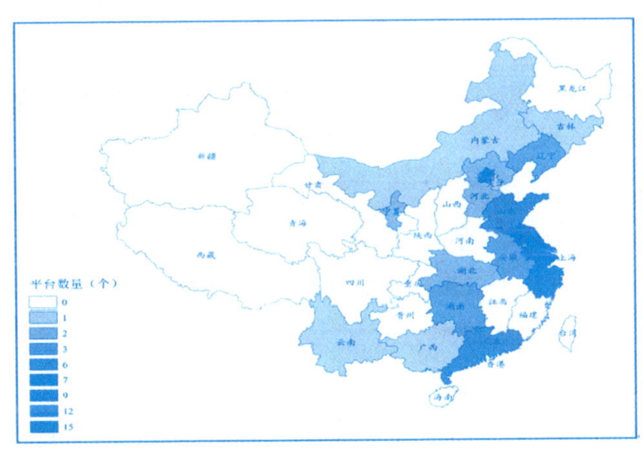

图5－1 全国工业互联网平台区域分布情况

资料来源：赛迪智库整理，2018年1月。

2017年，制造业领军企业、ICT领先企业、互联网主导企业基于各自优势，抢先布局制造领域平台生态建设，成为制造业与互联网融合发展的重要支撑。一是以航天云网为代表的协同制造工业互联网平台，通过将设计、制造、服务等资源和知识封装固化为各类软件和服务，打造信息互通、资源共享、能力协同、开放合作的产业生态。目前，注册用户已突破61万家，开放126款大型高端工业软件、3000余项设备设施及数万项技术标准、知识产权及专家库等资源。二是以树根互联为代表的产品全生命周期管理服务工业互联网平台，通过采用“微服务+开放接口”的PaaS平台架构，面向复杂产品全生命周期管理提供物联监控、设备共享、资产管理、智能维护、金融保险等服务，“根云”平台目前已接入近30万台各类机器设备，实时采集数千种参数，为十余家企业提供技术验证和示范性服务。三是以海尔为代表的用户定制化生产工业互联网平台，通过打通需求、设计、生产、配送、服务等各环节的数据流，构建需求实时响应、用户深度参与、全程实时可视、资源无缝对接的制造云化解决方案。目前，平台上聚集了上亿用户资源、280万设计资源，为近百家公司提供创新设计服务。

第二节　2017年我国两化融合重点政策解析

一、关于深化“互联网+先进制造业”发展工业互联网的指导意见

该意见指出，要深入贯彻落实党的十九大精神，以全面支撑制造强国和网络强国建设为目标，围绕推动互联网和实体经济深度融合，聚焦发展智能、绿色的先进制造业，构建网络、平台、安全三大功能体系，增强工业互联网产业供给能力，持续提升我国工业互联网发展水平，深入推进“互联网+”，形成实体经济与网络相互促进、同步提升的良好格局，有力推动现代化经济体系建设。

该意见提出三个阶段发展目标：到2025年，覆盖各地区、各行业的工业互联网网络基础设施基本建成，工业互联网标识解析体系不断健全并规模化推广，基本形成具备国际竞争力的基础设施和产业体系；到2035年，建成国际领先的工业互联网网络基础设施和平台，工业互联网全面深度应用并在优

势行业形成创新引领能力，重点领域实现国际领先；到本世纪中叶，工业互联网创新发展能力、技术产业体系以及融合应用等全面达到国际先进水平，综合实力进入世界前列。

该意见明确了建设和发展工业互联网的主要任务：一是夯实网络基础，推动网络改造升级提速降费，推进标识解析体系建设。二是打造平台体系，通过分类施策、同步推进、动态调整，形成多层次、系统化的平台发展体系，提升平台运营能力。三是加强产业支撑，加大关键共性技术攻关力度，加快建立统一、综合、开放的工业互联网标准体系，提升产品与解决方案供给能力。四是促进融合应用，提升大型企业工业互联网创新和应用水平，加快中小企业工业互联网应用普及。五是完善生态体系，建设工业互联网创新中心，有效整合高校、科研院所、企业创新资源，开展工业互联网产学研协同创新，构建企业协同发展体系，形成中央地方联动、区域互补的协同发展机制。六是提升安全防护能力，建立数据安全保护体系，推动安全技术手段建设。七是推动开放合作，鼓励国内外企业跨领域、全产业链紧密协作。

该意见还部署了 7 项重点工程：工业互联网基础设施升级改造工程，工业互联网平台建设及推广工程，标准研制及试验验证工程，关键技术产业化工程，工业互联网集成创新应用工程，区域创新示范建设工程，安全保障能力提升工程。其中，工业互联网平台建设及推广工程提出，要从工业互联网平台供给侧和需求侧两端发力，开展四个方面建设和推广：一是工业互联网平台培育。通过企业主导、市场选择、动态调整的方式，形成跨行业、跨领域平台，实现多平台互联互通，承担资源汇聚共享、技术标准测试验证等功能，开展工业数据流转、业务资源管理、产业运行监测等服务。推动龙头企业积极发展企业级平台，开发满足企业数字化、网络化、智能化发展需求的多种解决方案。建立健全工业互联网平台技术体系。二是工业互联网平台试验验证。支持产业联盟、企业与科研机构合作共建测试验证平台，开展技术验证与测试评估。三是百万家企业上云。鼓励工业互联网平台在产业集聚区落地，推动地方通过财税支持、政府购买服务等方式鼓励中小企业业务系统向云端迁移。四是百万工业 APP 培育。支持软件企业、工业企业、科研院所等开展合作，培育一批面向特定行业、特定场景的工业 APP。

二、制造业“双创”平台培育三年行动计划

该行动计划是深入贯彻落实《中国制造2025》和《关于深化制造业与互联网融合发展的指导意见》的重要举措，在系统研究制约我国制造业由大到强的基础性、系统性问题的基础上，提出了未来三年培育制造业“双创”平台的总体要求、主要行动和保障措施，明确了未来三年制造业“双创”平台的发展路径。

该行动计划采用了总体目标和细化目标相结合、定性目标和定量目标相结合的方式，提出了2020年制造业“双创”平台的发展目标。在总体目标方面，力争到2020年底，围绕“双创”平台要素汇聚、能力开放、模式创新、区域合作等四个领域分别培育一批试点示范项目，重点行业骨干企业互联网“双创”平台普及率由目前的60%提高到85%。在细化指标方面，从新生态、新模式、新动能、新环境四个方面提出了相应的发展目标，具体包括：制造业“双创”新生态基本形成、制造业“双创”新模式广泛普及、制造业“双创”新动能快速成长、制造业“双创”新环境日趋完善。

围绕制造业“双创”平台建设路径，聚焦要素汇聚、能力开放、模式创新、区域合作等四大关键环节，《制造业“双创”平台培育三年行动计划》提出“双创”平台+要素汇聚行动、“双创”平台+能力开放行动、“双创”平台+模式创新行动、“双创”平台+区域合作行动四大行动，其中，要素汇聚是基础，能力开放是核心，模式创新是重点，区域合作是落脚点。

一是“双创”平台+要素汇聚行动。无论是建设面向制造企业内部的“双创”平台，还是面向社会的“双创”平台，都需要有效聚合技术、设备、人才、资本、市场等创业创新要素，通过创业创新要素数字化、系统集成化，形成一个在线化、共享化、市场化的“双创”资源池。该行动的主要任务是，支持建设面向企业内部和产业链上下游的“双创”要素汇聚平台，促进面向生产制造全过程、全产业链、产品全生命周期的信息交互和集成协作。例如海尔基于平台整合了3600家创业创新孵化资源、1333家风险投资机构、120亿元创投基金，为200多个创业小微、3800多个节点小微和上百万个微店提供服务，创造超过160万个就业机会。

二是“双创”平台 + 能力开放行动。制造业“双创”平台在资源汇聚的基础上，通过将研发设计、生产制造、创业孵化等制造能力封装为可计量、可协同、可交易的服务，实现制造资源和能力的全社会开放共享，推动制造范式的迁移和制造体系的重建。该行动的主要任务是，以基于“双创”平台推动全社会研发、生产、孵化等制造能力的在线化、开放化和市场化为重点，实现大企业创业创新要素和能力与中小微企业需求精准对接，降低中小微企业创业创新门槛。例如航天云网围绕生产制造、试验验证、计量检测整合了17 大类 2600 余项专业能力，面向全社会开放 126 款大型高端工业软件、1.3 万余项设备设施。

三是“双创”平台 + 模式创新行动。制造业“双创”平台作为支撑制造业转型升级的新载体，落到企业具体实践上，最终是要支撑企业研发方式、生产方式和管理方式变革。该行动的主要任务是，基于“双创”平台支撑技术研发创新，加快研发设计向协同化、动态化、众创化转型，基于“双创”平台支撑生产方式变革，加快工业生产向智能化、柔性化和服务化转变，基于“双创”平台支撑组织管理再造，加快组织管理向扁平化、创客化、自组织拓展，培育数字经济时代下的企业新型能力。

四是“双创”平台 + 区域合作行动。区域是促进经济转型升级和新旧动能转换的重要载体。该行动的主要任务是，支持工业互联网平台在“中国制造 2025”国家级示范区、国家新型工业化产业示范基地、国家大数据综合试验区、国家级经济技术开发区等产业聚集区落地，建设一批行业特色鲜明、品牌影响力强、带动作用显著的制造业“双创”示范区，形成制造业“双创”平台引领发展、地方政府积极参与、中小微企业快速成长的产业创新生态。

该行动计划提出了 5 个方面的措施。一是强化组织保障，各地要会同有关部门结合当地发展实际制订推进方案，抓好工作落实。二是加强政策引导，充分利用现有财政资金渠道和产业基金，加大对制造业“双创”平台支持力度。三是完善服务体系，开展制造业“双创”平台运行数据监测统计、运行效果评估和网络安全保障。四是深化国际合作，打造具有国际影响力的“双创”平台，推动“双创”平台“走出去”。五是加快人才培养，构建多层次的人才培养体系。

三、云计算发展三年行动计划（2017—2019 年）

该行动计划提出了未来三年我国云计算发展的指导思想、基本原则、发展目标、重点任务和保障措施。

（一）关于指导思想、基本原则和发展目标

指导思想方面，以党的十八大和十八届三中、四中、五中、六中全会精神和习近平总书记系列重要讲话精神为指引，牢固树立新发展理念，以推动制造强国和网络强国战略实施为主要目标，以加快重点行业领域应用为着力点，以增强创新发展能力为主攻方向，全面提升我国云计算产业实力和信息化应用水平。基本原则方面，提出打牢基础、优化环境，应用引导、统筹推进，协同突破、完善生态，提升能力、保障安全，开放包容、国际发展等基本原则。发展目标方面，从产业规模、行业应用、绿色节能、标准制定、企业发展、安全保障等方面，提出未来三年的总体目标。

（二）关于重点任务

提出了五项重点行动。一是技术增强行动。重点是建立云计算领域制造业创新中心，完善云计算标准体系，开展云服务能力测评，加强知识产权保护，夯实技术支撑能力。二是产业发展行动。重点是建立云计算公共服务平台，支持软件企业向云计算加速转型，加大力度培育云计算骨干企业，建立产业生态体系。三是应用促进行动。积极发展工业云服务，协同推进政务云应用，积极发展安全可靠云计算解决方案。支持基于云计算的创新创业，促进中小企业发展。四是安全保障行动。重点是完善云计算网络安全保障制度，推动云计算网络安全技术发展，积极培育云安全服务产业，增强安全保障能力。五是环境优化行动。重点推进网络基础设施升级，完善云计算市场监管措施，落实数据中心布局指导意见。

（三）关于保障措施

一是优化投资融资环境。借推动金融机构提供针对性的产品服务，加大授信支持力度，简化办理流程，支持云计算企业拓展市场。用首台套保险模式推动重要信息系统向云平台迁移。二是创新人才培养模式。加大高层次人

才引进力度，鼓励部属高校加强相关学科建设，促进人才培养与企业需求相匹配。鼓励企业与高校联合开展人才实训。三是加强产业品牌打造。支持云计算领域行业组织创新发展，加大对优秀云计算企业、产品、服务、应用案例以及产业园区、行业组织的宣传力度。四是推进国际交流合作。结合“一带一路”建设，推进建立多层次国际合作体系，支持骨干云计算企业加快海外布局，提高国际市场能力。

四、关于深入推进信息化和工业化融合管理体系的指导意见

该指导意见是指导两化融合管理体系工作的顶层设计和行动纲领，对于加快推广普及两化融合管理体系标准、持续推进两化深度融合、服务制造强国和网络强国建设具有重要意义。

该指导意见指出要以建设新型能力为主线，以建立和推广两化融合管理体系标准为抓手，以构建数据驱动的系统解决方案为着力点，持续推动两化融合创新发展，培育制造业、互联网和金融跨界融合新生态，提升企业创新活力、发展潜力、转型动力，加快经济发展方式转变和实体经济升级。

该指导意见明确了两化融合管理体系工作的主要目标：到 2020 年，两化融合管理体系标准体系初步形成，超过 5 万家企业开展贯标，遴选确立 200 家以上贯标示范企业，培训超过 100 万人次；15 万家企业开展两化融合自评估、自诊断、自对标，两化融合发展数据地图成为政府、行业、企业分业施策的重要依据；形成一批两化融合新方法、新工具、新解决方案，两化融合管理体系成为引领企业战略转型、组织变革、技术创新、生产方式和服务模式转变的重要抓手。

该指导意见提出了四项重点任务。一是标准研制方面，提出“建立健全标准化组织机构，完善两化融合管理体系标准”。二是围绕标准应用，提出“普及推广两化融合管理体系，持续打造企业新型能力”。三是聚焦数据要素创新应用，提出“持续建设两化融合发展数据地图，推动分级分类发展”。四是市场机制构建方面，提出“健全开放协作的市场化运行体系，提升服务质量”。围绕重点任务的贯彻落实，《指导意见》进一步提出了加强组织领导、加大政策支持、加强人才保障、加大宣传推广等四方面的保障措施。

第三节　2018 年我国两化深度融合面临的形势

一、发展形势

（一）我国整体进入工业化中后期，推动两化融合是实现工业转方式、优结构、换动力的内在需要

当前，我国整体进入工业化中后期，制造业传统比较优势逐步削弱，已由高速增长阶段转向高质量发展阶段，亟须跨越转方式、优结构、换动力的关口。中国特色新型工业化道路进入战略攻坚期，将从量的积累、点的突破逐步转变为质的飞跃和系统能力的提升。经过几十年艰苦奋斗，我国制造业已经稳居全球第一大规模，但大而不强、基础不牢等问题依然突出。两化融合是推进工业转型升级、提升经济发展质量的有效抓手。两化融合为工业转型升级提供了有效途径，是解决节能环保、资源短缺、绿色低碳、循环再生等要素制约问题的根本出路。信息技术是当今创新最活跃、带动性最强、渗透性最广的领域。信息化不断引领生产方式的新变革，成为企业竞争力提升的内生动力。两化融合正成为发展现代产业体系的重要途径。因而，推进两化深度融合，既是未来破解工业转型升级难题、促进工业持续健康发展的现实需要，也是积极应对新一轮科技和产业革命、打造工业竞争新优势的战略选择。

（二）信息通信技术创新呈现群集交叉融合、多点协同跃升特征，成为引领新一轮科技革命的主导力量

当前，信息通信技术创新呈现颠覆性、爆发式突破，深刻改变传统技术架构，成为引领各领域创新的重要支撑。一方面，信息技术与生物技术、新能源技术、新材料技术等交叉融合，使得信息技术在各个领域的应用潜能裂变式爆发和扩散，引发以绿色、智能、泛在为特征的群体性技术突破。另一方面，信息技术呈现多点协同跃升的新趋势。物联网、云计算、大数据、人工智能、区块链、脑机接口等技术发展不同于过去单兵作战、自我迭代的演

进升级规律，技术之间的边界越来越模糊，融合性和体系化日益凸显。云计算、大数据、集成电路等技术快速迭代创新和融合发展，使得以计算+算法+数据为核心的人工智能技术成为通用目的性技术，推动生物识别、区块链、无人机、机器人、VR/AR、3D 打印、人机交互等多种泛 ICT 技术日趋成熟，构建形成人机互融、云脑一体、数字与现实孪生映射的新图景。人类活动所需要的传统意义上的时空因感知、联接、数据和计算技术的发展被不断压缩、虚拟化，带动人类社会步入大智移云联万物的智慧化数字化新时代。

（三）新一代信息通信技术与实体经济加速融合，推动研发、生产、管理方式持续变革

新一代信息通信技术与实体经济融合，催生培育实体经济发展新模式。一是信息技术变革实体经济传统组织模式。借助互联网信息获取的便捷性，信息技术推动企业组织架构从科层制、管控型组织向适应互联网的扁平化、自组织单元转变。二是信息技术变革实体经济传统生产模式。通过基于互联网的生产平台，在线整合汇集、开放产业链上下游企业制造资源和业务能力，实现制造能力在线化分享、协作化开发和高效化配置，推动企业生产方式从大规模、批量生产向网络协同制造、个性化定制、服务型制造转变。三是信息技术变革实体经济传统研发设计模式。协同研发平台可以有效整合、开放各类创新要素，打破传统的研究开发、产品研制、成品制造、市场销售的线性链式创新流程，形成要素整合、优势互补、研发协同的网络化创新范式，推动企业的研发设计方式向协同化、众创化转变。

（四）工业互联网平台成为制造业竞争新焦点，塑造国家发展新优势的国际竞争加剧

工业互联网平台是制造业的技术支撑平台，是构建产业生态的战略支点。未来，制造业的竞争将不是技术竞争，也不是产品竞争，也不是企业之间的竞争，而是工业互联网平台之间的生态竞争。全球工业互联网正处在产业格局未定的关键期和规模化扩张的窗口期。发达国家抢抓新一轮工业革命机遇，围绕核心标准、技术、平台加速布局工业互联网，构建数字驱动的工业新生态，国外有实力的大型制造企业、互联网企业、信息技术服务企业纷纷开展跨界合作，共同构建工业互联网平台，着力提升平台跨行业整合能力和产业

带动能力，打造产业生态圈，积极抢占制造业竞争主导权。GE、西门子等跨国巨头积极打造 Predix、MindSphere 等平台，共同构建产业生态。我国一些大企业抢抓机遇，提早布局，先后发布了海尔 COSMO、航天科工 INDICS 平台、三一重工树根互联、和利时 Hiacloud 等工业互联网平台。

二、存在的问题

（一）制造业“双创”平台质量和服务能力亟待增强

我国制造业“双创”平台资源共享、服务能力、技术支撑、生态构建能力薄弱，限制着大中小企业的融合融通发展。一是开放程度低。目前的“双创”平台大多基于原有信息系统改造升级而成，主要面向企业内部，入口、用户、数据、制造能力等资源社会化开放程度普遍不高，同时，因尚未建立安全可靠的开放共享机制，企业在开放“双创”资源时存在较多顾虑，在一定程度上制约了资源共享、业务协同的水平和效率。二是服务水平不高。多数制造业“双创”平台以资源整合等基础性服务为主，缺乏向特定行业提供工业设计模型、数字化模具、产品和装备维护知识库等专业服务的能力，同时缺少投融资、技术支撑、创业培训、品牌推广等高端创业孵化服务。三是平台主导企业不明晰。与国外龙头企业主导平台发展不同，我国所有参与制造业“双创”平台建设和应用的企业都力求争当主导企业，在一定程度上造成无序竞争和主导企业不明晰，从而阻碍企业融通发展。

（二）我国工业互联网平台的产业生态建设缓慢

已建的工业互联网平台，以客户为中心的制造生态变革进程缓慢，相对 GE 等龙头企业仍是追赶者。一是重单打独斗，轻抱团作战。GE 打造 Predix 平台联合了思科、英特尔、软银、Verizon、沃达丰、AT&T 等一批领军企业。相比之下，我国的工业互联网平台基本上由单一企业主导，导致平台在行业覆盖度、功能完整性、模型组件丰富性等方面发展滞后。二是重建设平台，轻培育开发者。GE Predix 平台上拥有 5 万名开发者，苹果 1300 万开发者的加入，将迅速壮大 Predix 平台开发者队伍，相比之下，我国工业互联网平台提供的工业 APP 基本上都是由企业自身提供，很难形成网络效应，建成双边市场尚需时日。

（三）制造企业上云步伐缓慢

我国工业云平台应用率不高，部分企业仅将企业管理系统迁移至云平台，而先进过程控制系统、制造执行系统等较为关键的生产管控系统的云迁移步伐缓慢。究其原因，一方面是需求侧动力不足。企业对上云的重要性和复杂性认识不足，囿于安全风险顾虑上云态度不积极，一些企业对工业云运行稳定性、数据安全防护能力等存在担忧，出于企业知识产权、商业机密保护等避险性考虑，不愿意将工业运行数据、财务数据等敏感性数据迁移至云端。另一方面是供给侧服务能力不到位。我国工业云发展呈现“三明治”局面，多数工业云平台以提供 IaaS 和 SaaS 为主，PaaS 层缺失。多数工业云平台提供的 SaaS 服务低端，以基础性、普适性应用服务为主，工业资源库的能力不足，工业云构件模块的开发能力有限，微服务供给能力不足。工业云平台标准体系不健全，按照各自技术体系构建，缺乏统一标准规范。

（四）两化融合的行业系统解决方案能力亟待提升

随着“互联网＋先进制造业”的深入推进，越来越多的企业开始投入到智能制造的发展浪潮中，相对旺盛的市场需求，我国提供个性化、专业化、系统化解决方案的能力明显不足。一是缺少具有较强竞争力的系统集成商。智能制造解决方案一般包括数据采集层、执行设备层、控制层、管理层、企业层、云服务层、网络层等，但目前，国内缺少一批掌握核心技术、专业知识扎实、行业经验丰富、实战能力强并且能集成整个架构体系的智能制造解决方案供应商。二是系统集成技术缺乏自主研发创新。基于目前的发展情况，我国企业缺少对嵌入式系统开发、虚拟仿真、工业数据集成平台等 CPS 关键技术的研发和投入，主要以使用国外技术为主，加之对特定行业业务流程认识不足，系统集成与专业业务的适配度不高，致使我国仍不能完全掌握系统解决方案核心技术。三是系统解决方案服务供给水平不高。随着企业个性化需求的增强，各行业生产线、车间工厂对解决方案的需求差别逐渐变大，而我国智能制造解决方案大多以面向特定行业的通用型解决方案为主，已无法满足这种变化，同时由于缺乏能够打通整个架构体系的系统解决方案提供商，导致我国系统解决方案整体供给水平偏低。

（五）两化融合评估体系亟须完善

我国已经构建了较为完整的两化融合评估体系，但由于新技术、新模式、新业态迭代创新周期大大缩短，评估指标设计在科学性、时效性和有效性等方面亟待完善。一是对新模式、新业态反映不够。由于新一代信息技术与制造业融合发展，涌现出一批新模式、新业态，理应纳入评估体系，亟须构建反映新模式、新业态发展水平的指标体系。二是缺少效益性指标。技术进步和科技创新正在促进企业全要素生产率的提高，使其成为转变增长动力、实现高质量增长和企业转型升级的重点，而现有评估体系里缺少全要素生产率这一指标，无法准确衡量两化融合所产生的效益。三是数据渠道来源有待丰富。两化融合评估所使用的数据大都是国家定期发布的统计数据或企业上报数据，缺少对实时数据的采集。

第四节　2018 年我国两化融合趋势展望

一、两化融合将进入新理念引领的新阶段

党的十九大报告明确了两化融合的总要求是促进工业化、信息化同步发展，总目标是建设制造强国，发展方向是加快发展先进制造业，发展路径是推动互联网、大数据、人工智能和实体经济深度融合。“推动互联网、大数据、人工智能和实体经济深度融合”，是贯彻《国务院关于深化制造业与互联网融合发展指导意见》的再动员、再部署，与党的十七大提出的两化融合，党的十八大提出的两化深度融合一脉相承，是新时代背景下两化融合的新使命、新要求和新特征，标志着两化融合迈入新技术引领的新阶段。展望 2018 年，党的十九大政策部署将在更大程度上激发全行业推进两化融合的热情和创造力，政府、行业和企业等各级力量将围绕制造强国和网络强国建设，聚焦质量变革、效率变革、动力变革三大变革，深化制造业与互联网融合发展，驱动制造业技术、产品、模式、机制变革，推动两化融合加速步入新技术驱动、新体系构建、新范式形成、新模式涌现的新阶段。

二、制造业“双创”与工业互联网同步推进、同步发展

2018 年，制造业“双创”与工业互联网协同发展步伐将提速。工业互联网平台本质上是“双创”生态平台，是由平台建设商、解决方案提供商、开发者等多方主体构建的“双创”平台，是推动工业知识生产与扩散的“双创”平台，是推动开发者和海量用户形成双边市场的“双创”平台。当前，已经有越来越多的大企业纷纷基于工业互联网平台开展“双创”建设。从国外来看，GE 和苹果就 Predix 平台达成合作，GE 把 Predix 上的开发工具和微服务开放给苹果，苹果 1300 万开发者将加入到工业 APP 开发，双方所秉持的合作、开放等思维和我国所倡导“双创”不谋而合。从国内看，航天云网基于工业互联网平台，打通航天科工内部资源与社会市场之间的隔离带，整合集聚满足大众创新创业需求的要素资源优势，建设线上、线下相融合的众创空间，为大众创新创业者提供良好的工作空间、网络空间、社交空间和资源共享空间，拉动创新创业者释放创新创业潜能。海尔基于 Cosmo 平台汇集 3600 多家创业资源，1300 多家风投机构，开放了海尔研发实验室，提供创业、设计、制造、销售全流程和全要素的创业服务。

三、制造业“双创”平台深化普及，大中小企业将从浅层次协同协作向深层次融合融通演进

在社会各界的共同推动下，我国制造业“双创”开始步入全面实施、百花齐放的发展阶段。一是制造业“双创”政策体系逐步完善。国家发展改革委等有关部门围绕制造业“双创”平台、示范基地、服务模式等出台细化政策，工信部印发《制造业“双创”平台培育三年行动计划》，计划用三年时间培育 400 个“双创”平台试点示范项目，全国许多省市也围绕制造业与互联网融合、“双创”等制定并组织实施了一系列专项规划和方案。二是制造业“双创”平台建设成效显著，重点行业骨干企业“双创”平台普及率超过 65%，涌现出一批典型企业。中船工业、烽火通信、浪潮集团等大企业充分发挥自身技术、资金、市场等优势，通过设立产业投资基金、开展供应链金融服务、搭建创业孵化平台和协同创新平台等方式，加速创意孵化和技术成

果产业化，助推一批中小微企业快速成长，通过“大手拉小手”开创了大中小微企业联合创业创新的新局面。展望2018年，伴随着《制造业“双创”平台培育三年行动计划》的实施，大型制造企业“双创”平台将进一步推广普及，资源富集、开放共享、创新活跃、高效协同的“双创”新生态将加快建立，通过“大手拉小手”推动大中小企业立体式、集群式、无边界协作，形成“大企业顶天立地，小企业铺天盖地”的融合融通发展新格局。

四、领军企业加快工业互联网平台建设，基于平台的制造业生态主导权竞争将日趋激烈

随着新一代信息通信技术与现代工业技术的融合发展，互联网平台加快从商业领域向制造业领域扩展，开始成为工业互联网战略布局的核心。从国际看，GE和西门子分别推出Predix和MindSphere工业互联网平台，以抢占制造业竞争的制高点。从国内看，2017年11月发布的《国务院关于深化“互联网+先进制造业”发展工业互联网的指导意见》指出，要加快工业互联网平台建设，提升平台运营能力，打造平台体系。同时，我国企业也正在加强对工业互联网平台建设和应用推广，航天云网、树根互联、海尔、东方国信分别打造了协同制造、产品全生命周期管理服务、用户定制化生产、工厂运营优化等工业PaaS平台，一些平台类企业和初创企业面向工程机械、风电、船舶、高铁等复杂智能产品，开发出基于工业互联网平台的新型工业APP，并实现商业化应用。展望2018年，伴随着国家级工业互联网平台培育工程、百万APP培育工程的组织实施，海量第三方开发者与通用工业APP的涌现，将推动基于工业互联网平台的制造业新生态加速形成。

五、面向工业大数据采集的技术产品和解决方案不断涌现，工业大数据发展将进入快车道

面对老旧设备多、数字化水平低、多种协议不兼容带来的数据采集难、成本高、效率低等挑战，国内企业积极探索多种技术和解决方案，努力破解工业大数据数据采集瓶颈。一方面，航天云网、树根互联、和利时等工业互联网平台通过开展设备哑改造、协议转换产品开发、边缘计算推广，形成从

设备到用户的端到端数据流解决方案。另一方面，国内正在涌现出一批提供协议兼容和转换解决方案的中小企业，明匠智能、汇川技术、华龙讯达等积极开发能够实现多种协议兼容和转换的智能网关、智能控制器等产品，开展设备数字化、网络化改造，实现对主流现场总线、工业以太网、无线协议设备数据的采集。展望2018年，在国家及相关部门的统筹部署和推动下，企业将围绕“边缘计算＋云计算”，进一步加大数据采集技术产品和解决方案的研发力度，为工业大数据分析奠定良好基础。

六、企业加快人工智能领域布局，智能制造技术体系将更加完善

人工智能与制造业加速融合。从国家层面看，《新一代人工智能发展规划》（国发〔2017〕35号）提出，大力发展人工智能新兴产业，推动人工智能在制造业领域的融合创新。从地方层面看，北京、江苏、浙江等地有关部门围绕新一代人工智能出台了发展规划、行动计划实施方案，提出加快推进人工智能在制造业领域的应用推广。从企业层面看，制造企业和互联网企业跨界合作，协同推进人工智能和制造业融合发展。百度加紧与金龙客车、江淮、北汽等企业的合作，着力推进无人驾驶汽车进入量产阶段。徐工集团、中策橡胶、吉利、协鑫光伏等制造企业都在引入阿里ET工业大脑，推动制造业转型升级。展望2018年，在各项政策的引导和鼓励推动下，将有更多的地方和企业加入人工智能发展浪潮，人工智能将逐步深化在制造业领域的融合应用，加快推动制造业转型升级。

七、政府将加大对区块链的研究，探索区块链在工业领域应用

我国紧追国外步伐，积极开展区块链技术研究，加快在区块链领域的布局。2018年3月，工业和信息化部信息化和软件服务业司组织召开工业领域区块链应用座谈会，围绕工业领域区块链应用发展情况、面临的问题和挑战、发展趋势等内容进行了广泛交流。2018年4月10日，欧盟22国签署协议，建立区块链合作伙伴关系，通过分享成员国的技术和管理经验，减少技术的分离，促进区块链技术在全欧洲范围内的数字化市场的应用。2018年4月，全国首个区块链产业园区落户杭州西溪谷互联网金融小镇，互联网金融小镇

“原住民”蚂蚁金服、支付宝、网商银行等科技金融企业比邻而居，在2018年杭州市政府工作报告中，明确写入率先探索布局区块链技术，打造区块链之城。2018年4月，在博鳌论坛上，俄罗斯远东发展基金与丝路规划研究中心、中交产业投资控股有限公司签约197亿元，共建远东国际科技创新产业城，应用区块链技术共同开发远东。2018年5月，2018全球区块链技术大会即将在上海召开，将邀请全球30余位一线专家和技术领袖，共同探讨区块链的底层协议、基础架构、操作系统、软件应用、物联网结合等前沿领域。展望2018年，我国将继续深入开展区块链研究，开展国际交流合作，加快区块链领域布局，研究探索区块链在工业领域的应用。

八、面向系统集成应用和制造能力交易的云平台加快建设，工业企业将加大上云步伐

越来越多的企业开始将研发设计类工具、核心业务系统、底层的设备和产品向云端迁移，从而降低企业的运行成本，提高企业运行效率和制造能力。中国商飞构建了基于工业云的飞机研制系统平台，推动遍布全球的包括机体结构供应商、系统供应商、零件及材料供应商等近150个一级供应商之间进行数据交互，基于单一数据源实现协同设计、协同制造；中石油将企业40个业务系统迁移到云端，打通信息孤岛，促进制造资源、数据等集成共享，全面提升了企业效益。iSESOL平台将上万台i5机床接入云端，采用租赁方式，按使用时间、价值或按工件数量计费，大大降低了企业的一次性成本，也提高了机床的使用效率。航天云网平台可交易14类，66小类生产制造能力，12类，139小类实验试验能力，3类，30小类计量检测能力。展望2018年，工信部将继续推进“百万企业”上云工程，制造企业将加大上云步伐，推动研发工具、核心业务系统、硬件设备向云端迁移，将出现基于互联网的研发设计能力、测试实验能力、生产制造能力、物流能力等生产能力的交易。

九、企业组织模式加速变革，趋向网络化、扁平化、柔性化

随着互联网、大数据、人工智能等新一代信息技术的迅猛发展和广泛应用，推动企业的信息沟通、资源配置、生产制造、交易服务等方式深刻变革，

既对企业组织的运行效率提出了更高要求，也为企业组织模式变革创造了条件。企业组织将逐渐趋向的网络化、扁平化、柔性化，甚至企业有可能在未来逐渐消失。一是边界无限延展的网络化形态。基于互联网打造以协作关系为基础的组织模式，突破地域、领域、技术的界限，每个人都是网络上其他人的协作者。海尔采用“人单合一”的网络化组织结构，将“人”分为平台主、“小微主”和创客，这三种“人”之间没有上下级关系，而是相互协作、服务的关系，他们通过海尔打造的互联网平台获取资源，进行创业创新，快速变现价值，实现相关方利益的最大化。二是层级缩减的扁平化管理机制。依托互联网等信息技术不断增强内外的信息交流与沟通，并通过破除公司自上而下垂直高耸的结构，减少管理层级，增加管理幅度。小米公司采用“极致扁平化”的组织架构，只设立三层级别，以合伙人团队为最高层，部门或团队主管为第二层，直接面对用户的员工为第三层，强调管理层次的简化、管理幅度的增加与分权，使企业能够对内外部环境的变化迅速做出调整。“极致扁平化”组织有效减少层级之间相互沟通所产生的时间成本，提高公司的运行效率和整体收益。三是高效灵活的柔性化运行方式。它是快速响应、精准管理、灵活制造、高效服务的新型组织模式。华为将“简化组织管理，让组织更轻更灵活”作为新时期的变革目标，从中央集权向小单位作战转变，让前方听得见炮火的人做决策成为华为新时期组织模式的核心。

第六章　网络安全

随着互联网技术的快速发展，网络已经快速蔓延并深入渗透进人们的日常生活和社会生产活动。与此同时，网络安全形势日益严峻复杂，成为国家和人民关注的重要领域。2017 年，我国网络安全工作取得重大进展，国家标准体系继续完善、基础工作扎实推进、产业实力不断增强、技术能力继续提升、网络可信体系建设加速、网络安全人才培养进程加快。国家层面相继出台《关于促进移动互联网健康有序发展的意见》《网络空间国际合作战略》《国家网络安全事件应急预案》《公共互联网网络安全突发事件应急预案》《工业控制系统信息安全行动计划（2018—2020）》等重要的政策文件，网络安全工作迈入目标更加清晰、任务更加具体、责任更加明确的新阶段。展望 2018 年，我国《网络安全法》实施推进工作将进一步加快，配套法规制度将不断完善；关键信息基础设施安全保障将持续加强；个人信息和隐私保护力度将不断加大；关键数据的安全保障水平将获得快速提升；网络安全产业将继续保持高速增长态势；统一的网络身份生态体系将加快形成。

第一节　2017 年我国网络安全取得的主要进展

一、国家标准体系继续完善

我国在 1995 年发布了网络安全领域的第一个国家标准《信息技术 安全技术 带消息恢复的数字签名方案（GB 15851—1995）》。此后 10 年，全国累计形成了 7 个网络安全国家标准。2005 年开始，我国网络安全标准建设进入快速发展的新时期，仅 2005 年全国网络安全标准化技术委员会就发布 14 个国家标准。2017 年，全国网络安全标准化技术委员会新发布 43 个网络安全国家标准。截至 2017 年底，全国信息安全标准化技术委员会发布的网络安全国家标准数量达 238 个，整体呈现上升趋势（如图 6－1 所示）。

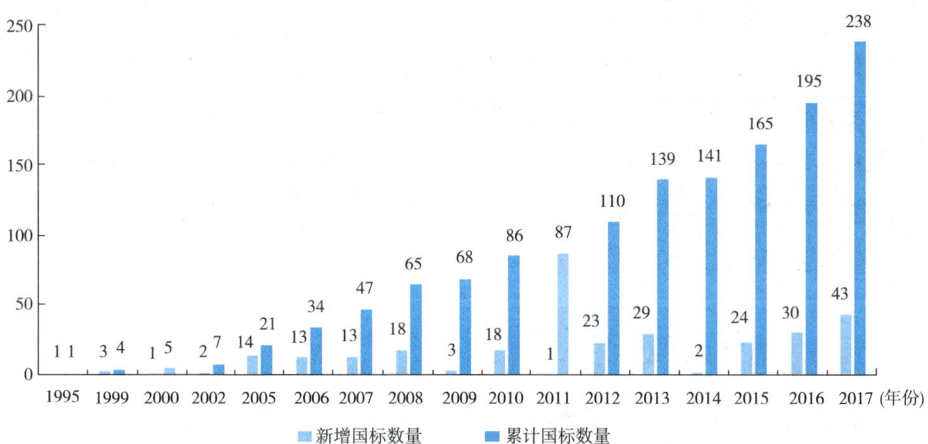

图 6－1　全国信息安全标准化技术委员会历年发布的国标数量情况（1995—2017 年）

资料来源：赛迪智库整理，2018 年 1 月。

我国的网络安全国家标准分为基础标准、技术标准、管理标准和应用标准四大类。从 1995 年开始，历经 20 余年的发展，我国网络安全国家标准体系基本建立，2017 年各类国家标准继续完善，网络安全基础标准发布了 14 个，技术标准发布了 18 个，管理标准发布了 6 个，应用标准发布了 5 个。

二、基础工作扎实推进

随着我国信息化建设不断推进和互联网应用的日趋普及，网络安全基础工作扎实推进。

2017 年，个人隐私泄露所引发的侵权、欺诈等信息犯罪行为日益严重，个人隐私保护受到空前的重视，相关的法律制度不断完善。最高人民法院和最高人民检察院发布《关于办理侵犯公民个人信息刑事案件适用法律若干问题的解释》，完善了我国关于个人信息侵害行为的刑事规范体系。同时，国家有关部门加大个人隐私保护的工作力度。中央网信办、公安部、工信部及国家标准委组织开展“四部委隐私政策审查”，对国内 10 家大型互联网企业隐私政策规范进行了评审，并公布了评审结果。

2017 年，针对关键信息基础设施的攻击较为频繁，且范围不断扩大，攻击目标从金融、能源、电力、交通等传统关键基础设施，延伸到公共服务系统、互联网等关键信息基础设施。因此，为了保障国家关键信息基础设施安全，进一步落实《网络安全法》，国家互联网信息办公室于 7 月 11 日制定并推出了《关键信息基础设施安全保护条例（征求意见稿）》，突出体现了对关键信息基础设施保护的动态全链条保护、重点保护和各类主体全面负责等创新思维，为保护关键信息基础设施提供新的解决思路。同时，我国相关主管机构也已经组织了多次针对电力、民航等关键基础设施的攻防演习，提高保护关键信息基础设施的实战能力。

三、产业实力不断增强

随着《网络安全法》《国家网络空间安全战略》《网络空间国际合作战略》《网络产品和服务审查办法（试行）》等一系列网络安全文件的出台，我国网络安全政策环境得到显著改善，在政策环境与市场需求的共同作用下，网络安全产业迎来高速增长的机遇期，发展潜力巨大。当前，网络安全需求快速增加，特别是在网络攻防、基础安全、可信身份服务等方面要求不断加强，相关细分领域的产业规模保持较高增速。据统计，2017 年中国网络安全市场规模预测为 1933.5 亿元，同比增长 34.2%，保持较快增长速度，如图6－2所示。预计，我国网络安全产业将在“十三五”期间迎来黄金发展期，产业复合增速将达到 25%—30%。

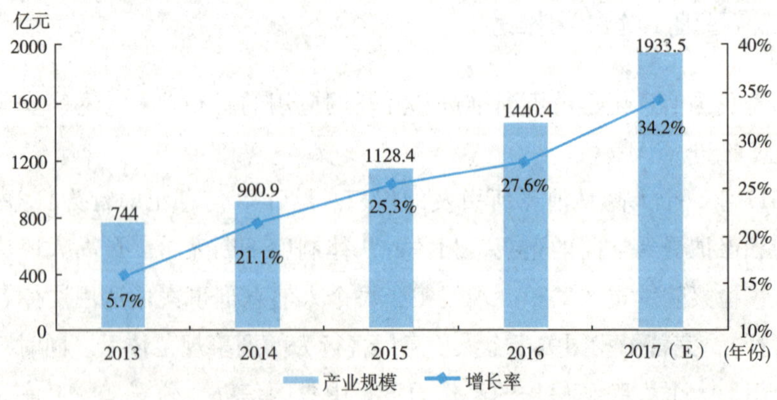

图 6－2　2013—2017 年我国网络安全产业规模及增长情况

资料来源：赛迪智库整理，2018 年 1 月。

2017 年，我国网络安全产业结构变化比较明显，网络可信身份服务业为主力，占比首次过半，达到 51.2%；IT 安全产业占比为 34%；灾难备份产业占比为 9.4%；基础安全产业占比为 4.98%，如图 6－3 所示。

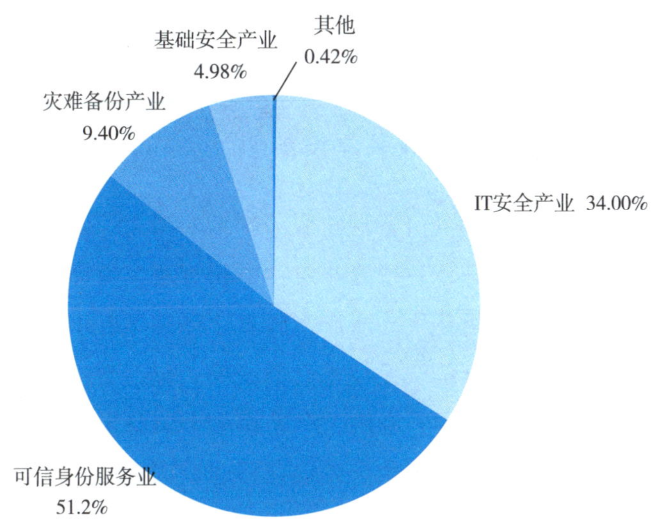

图 6－3　2017 年我国网络安全产业结构

资料来源：赛迪智库整理，2018 年 1 月。

四、技术能力继续提升

2017 年，我国网络安全相关技术取得了较大进展，主要体现在三个方面。

一是安全可控技术取得较大突破。如：中标麒麟发布基于龙芯 3A2000/3A3000 处理器的桌面操作系统 V7.0，在运行速度、系统兼容性方面进一步完善，整体系统更是升级到 64 位架构，运行效率获得极大提升。最新龙芯笔记本电脑已经可以完美运行中标麒麟 V7 版本，支持龙芯 3A2000 处理器。

二是安全防护技术显著增强。我国网络安全相关厂商不断提升自身产品性能，以满足来自各行业的网络安全需求。如：犇众信息盘古实验室推出国内首个移动应用威胁数据平台——Janus 移动安全威胁数据平台，深度挖掘分析应用的安全性及可靠性，感知未知威胁及攻击；知道创宇发布雷达星图、创宇云图两款态势感知新品，为网络空间资产关联普查、技术保护带来了新的解决方案。

三是量子技术应用取得重大突破，处于国际领先水平。2017 年 7 月，我国首个商用量子通信专网——济南党政机关量子通信专网完成测试，保密性、安全性、成码率的测试均达到设计目标，在国防、金融领域示范推广的条件已经具备。9 月，国家量子保密通信“京沪干线”通过技术验收，具备开通条件，我国在量子技术的实用化和产业化方面继续走在世界前列。

五、网络可信身份服务体系建设加速

2017 年，随着网络可信身份管理与服务的不断深入，我国网络可信身份技术自主可控能力显著提升。一是以非对称加密算法、散列算法等为主的基础密码技术逐渐实现国产化替代，国产密码算法产品不断丰富、性能比较稳定。二是基于数字证书的身份认证技术日益成熟，包括数字签名、时间戳等关键技术。三是以与新兴技术、应用、产品相结合的身份认证技术产品为代表的前沿应用技术处于国际领先水平，包括移动应用程序签名技术、可信数据电文管理技术等。

同时，随着互联网应用场景多样化以及安全威胁的严重化，网络身份认证技术不断创新，新的网络身份认证模式不断涌现。网络身份认证模式从最早适用于社交平台、电子邮件等安全性需求较低的用户名 + 账号、手机号、二维码等低强度认证方式，逐渐演变为适用于电商平台、电子支付、证券交易等安全性需求较高的电子认证、生物特征识别、动态口令等认证模式。目前，我国的网络可信身份服务已经形成基于身份证的实名制、基于 PKI/CA 技术的第三方权威认证、基于人体生物特征的身份验证以及第三方账号认证等模式。目前，我国的网络可信身份服务已经广泛应用于电商平台、社交网络、电子政务对公服务系统等领域。

六、网络安全人才培养进程加快

网络安全保障能力的建设，人才队伍是关键，我国政府高度重视安全人才的培养。2017 年，我国政府出台相关政策，加大网络安全人才的培养力度。8 月 15 日，为落实《网络安全法》《关于加强网络安全学科建设和人才培养的意见》明确的工作任务，中央网信办、教育部印发了《一流网络安全学院建设示范项目管理办法》，决定在2017年至2027年期间实施一流网络安全学院建设示范项目，以加强和创新网络安全人才培养。9月18日，中央网信办、教育部公布首批一流网络安全学院建设示范高校名单，分别为西安电子科技大学、东南大学、武汉大学、北京航空航天大学、四川大学、中国科学技术大学、战略支援部队信息工程大学。

同时，我国建立多个网络安全人才培养和创新基地，促进多方合作，探索网络安全人才培养新模式。如：360企业安全集团与东莞理工学院共同建设了360网络空间安全产业学院和360网络空间安全创新研究院；武汉临空港经济技术开发区管委会与杭州安恒信息签署战略合作协议，共同建设国家网络安全人才与创新基地。

第二节　2017年我国网络安全重点政策解析

一、《关于促进移动互联网健康有序发展的意见》

（一）出台背景

随着信息网络技术的迅猛发展和移动智能终端的广泛普及，移动互联网在推动互联网和实体经济深度融合方面发挥了巨大作用，日益成为创新发展的新领域和信息分享的新渠道，极大推动了人类经济生活的进步和转变。为了进一步促进移动互联网的健康、有序、安全发展，2017年1月15日，中共中央办公厅、国务院办公厅印发了《关于促进移动互联网健康有序发展的意见》（以下简称《意见》）。

（二）主要内容

《意见》全文共六个部分，其中与网络安全相关的主要集中在第4部分“防范移动互联网安全风险”，内容如下：

一是提升网络安全保障水平。《意见》明确提出要树立“以安全保发展、以发展促安全”的网络安全观，要加强网络安全态势感知建设，并着重强调移动互联网基础信息网络安全保障能力，提出要大力推广具有自主知识产权的网络空间安全技术和标准应用。此外，还提出落实网络安全责任制，完善相关网络安全标准，加强网络安全检查等具体做法。

二是维护用户合法权益。《意见》指出，要加大对用户的个人信息保护力度，对于收集使用用户身份、地理位置、联系方式、通信内容、消费记录等个人信息的行为要加以规范，保障用户知情权、选择权和隐私权。同时要健全投诉处理机制，企业对用户的反馈应作出及时反应。对于侵害用户权益行为，要切实加大打击力度，维护消费者权益和行业秩序。

三是打击网络违法犯罪。《意见》提到，要坚决打击利用移动互联网鼓吹推翻国家政权、煽动宗教极端主义、宣扬民族分裂思想、教唆暴力恐怖等违法犯罪活动。严厉查处造谣诽谤、电信网络诈骗、攻击窃密、盗版侵权、非法售卖个人信息等违法犯罪行为。全面清理赌博、传销、非法集资、淫秽色情、涉枪涉爆等违法违规信息。

四是增强网络管理能力。《意见》提到，需强化网络基础资源管理，落实基础电信业务经营者、接入服务提供者、互联网信息服务提供者、域名服务提供者的主体责任。创新管理方式，加强新技术新应用新业态研究应对和安全评估。

五是提出相关保障措施。《意见》从管理体制、社会参与、人才队伍建设、法治保障等方面提出了确保《意见》落到实处的保障性措施，如：强调中央网信办的统筹协调地位和各相关职能部门切实加强贯彻落实的责任，鼓励社会各界广泛参与移动互联网治理，创新人才引进、评价、流动、激励机制，将各方面优秀人才凝聚到网信事业中来，加快网络立法进程，完善依法监管措施，有效应对各种网络安全风险等。

（三）简要评析

近几年，移动通信和互联网成为全球范围内发展最快、市场潜力最大的两部分业务。移动互联网已经与人类生活、工作紧密相连，各种各样的移动互联网应用迅猛发展。但是，移动互联网给人们带来便捷的同时，也带来了前所未有的安全挑战，《关于促进移动互联网健康有序发展的意见》的出台非常及时，不仅在移动互联网安全保障能力提升方面提出很多切实可行的举措，而且能够在个人信息保护等非常具体的问题上起到重要的规范作用。

二、《网络空间国际合作战略》

（一）出台背景

全球多国纷纷出台网络空间战略，如美国2011年发布《网络空间国际战略》，欧盟2013年出台《欧盟网络安全战略》，日本2015年出台《国家网络安全战略》，俄罗斯2016年出台了新版《俄联邦信息安全学说》等。2017年3月1日，经中央网信办批准，外交部和国家互联网信息办公室共同发布《网络空间国际合作战略》（以下简称《战略》），系统地阐述了国家在网络空间开展国际合作的系列主张和立场。

（二）主要内容

一是理性判断机遇挑战。《战略》认为，网络空间正成为信息传播的新渠道、生产生活的新空间、经济发展的新引擎、文化繁荣的新载体、社会治理的新平台、交流合作的新纽带、国家主权的新疆域。但同时也面临一系列挑战，如互联网领域发展不平衡、规则不健全、秩序不合理；国家和地区间的"数字鸿沟"不断拉大；关键信息基础设施存在较大风险隐患等。

二是遵循八字基本原则。《战略》以和平与发展为主题，以合作共赢为核心，倡导"和平、主权、共治、普惠"的基本原则。所谓和平，指国际社会要切实遵守《联合国宪章》宗旨与原则，特别是不使用或威胁使用武力、和平解决争端的原则，确保网络空间的和平与安全；所谓主权，指国家间应该相互尊重自主选择网络发展道路、网络管理模式、互联网公共政策和平等参与国际网络空间治理的权利；所谓共治，指国家不分大小、强弱、贫富，都有权平等参与网络空间的国际秩序与规则建设，同时应发挥政府、国际组织、互联网企业等各主体的作用；所谓普惠，指国际社会应不断推进互联网领域开放合作，推动在网络空间优势互补、共同发展，确保人人共享互联网发展成果。

三是明确六大战略目标。《战略》明确提出了中国参与网络空间国际合作的六个目标，分别是：一是维护主权与安全，坚决反对任何国家借网络干涉别国内政，各国有权利和责任维护本国网络安全，通过国家法律和政策保障各方在网络空间的正当合法权益；二是构建国际规则体系，主张在联合国框架下制定各国普遍接受的网络空间国际规则和国家行为规范；三是促进互联网公平治理，主张通过国际社会平等参与和共同决策，构建多边、民主、透明的全球互联网治理体系；四是保护公民合法权益，保障公众在网络空间的知情权、参与权、表达权、监督权，保护网络空间个人隐私，但在提倡自由的同时也要保持秩序；五是促进数字经济合作，主张推动国际社会公平、自由贸易，反对贸易壁垒和贸易保护主义；六是打造网上文化交流平台，主张各国培育和发展积极向上的网络文化。

四是提出九大行动计划。为了实现目标，《战略》提出九大具体行动计划：一是倡导和促进网络空间和平与稳定；二是推动构建以规则为基础的网络空间秩序；三是不断拓展网络空间伙伴关系；四是积极推进全球互联网治理体系改革；五是深化打击网络恐怖主义和网络犯罪国际合作；六是倡导对隐私权等公民权益的保护；七是推动数字经济发展和数字红利普惠共享；八是加强全球信息基础设施建设和保护；九是促进网络文化交流互鉴。

（三）简要评析

一是诠释了网络空间主权的具体要义和内涵。《战略》提出“各国政府有权依法管网，对本国境内信息通信基础设施和资源、信息通信活动拥有管辖权，有权保护本国信息系统和信息资源免受威胁、干扰、攻击和破坏，保障公民在网络空间的合法权益”之类的表述。

二是体现了我国的网络外交态度。我国在《战略》中提出了“和平”“主权”“共治”“普惠”八字原则，既表达了对于网络空间安全与发展的愿景，又凸显了我国关于网络外交的立场，为今后的外交工作指明了方向。

三是有力回应了国际社会质疑。近年来，中国屡屡遭受一些国家的质疑，被指开展了网络攻击和黑客攻击，实际上中国本身也是网络攻击的受害者。对此，《战略》给出了非常明确的表态，“中国反对任何形式的黑客攻击，不论何种黑客攻击，都是违法犯罪行为，都应该根据法律和相关国际公约予以打击。网络攻击通常具有跨国性、溯源难等特点，中国主张各国通过建设性协商合作，共同维护网络空间安全”，直接回应了国际社会的质疑和关切。

三、《国家网络安全事件应急预案》

（一）出台背景

近年来，随着国际社会网络安全事件的增多，各国都在加强网络事件应急工作，纷纷完善已发布的预案。2017 年，6 月 27 日，中央网络安全和信息化领导小组发布了《关于印发〈国家网络安全事件应急预案〉的通知》（中网办发文〔2017〕4 号）。该《应急预案》是依据《中华人民共和国突发事件应对法》《中华人民共和国网络安全法》《国家突发公共事件总体应急预案》《突发事件应急预案管理办法》等相关规定而制定的。

（二）主要内容

《国家网络安全事件应急预案》的主要内容共分为八个部分，分别是总则、组织机构与职责、监测与预警、应急处置、调查与评估、预防工作、保障措施、附则，主要内容如下：

一是对网络安全事件进行了分级。《应急预案》将网络安全事件分为四级：特别重大网络安全事件、重大网络安全事件、较大网络安全事件、一般网络安全事件，并分别进行了详细的解释和界定。

二是明确了领导机构和办事机构的职责。由中央网络安全和信息化领导小组办公室统筹协调组织国家网络安全事件应对工作，建立健全跨部门联动处置机制，相关部门按照职责分工负责相关网络安全事件应对工作。各省（区、市）网信部门在本地区党委网络安全和信息化领导小组统一领导下，统筹协调组织本地区网络和信息系统网络安全事件的预防、监测、报告和应急处置工作。

三是对网络安全事件预警等级进行了划分，并规定响应措施。《应急预案》将网络安全事件预警等级分为四级：最高等级用红色表示，其次是橙色、黄色和蓝色，分别对应发生或可能发生特别重大、重大、较大和一般网络安全事件。针对不同等级的事件预警规定了不同的响应方式，分别是Ⅰ级响应、Ⅱ级响应、Ⅲ级响应和Ⅳ级响应。

四是对事件的事后调查和评估也进行了规定。同时，还提出加强日常管理、平时演练、宣传教育和培训等工作。

五是列出了保障措施。从机构和人员、技术支撑队伍、专家队伍、社会资源、基础平台、技术研发和产业促进、国际合作、物资保障、经费保障、责任与奖惩等方面提出了应急预案顺利实施的保障举措。

（三）简要评析

总体来看，《国家网络安全事件应急预案》是对《网络安全法》的贯彻落实，是我国网络安全应急事件的预警、处理和响应的纲领性和指导性文件。此外，突出统筹协调和统一指挥是《国家网络安全事件应急预案》的特点。《应急预案》明确提出，由中央网络安全和信息化领导小组办公室统筹协调组织国家网络安全事件应对工作，建立健全跨部门联动处置机制，工业和信息化部、公安部、国家保密局等相关部门按照职责分工负责相关网络安全事件应对工作。

四、《公共互联网网络安全突发事件应急预案》

（一）出台背景

2017 年 5 月，全球范围内爆发“永恒之蓝”勒索病毒，该病毒利用 NSA 被泄露出来的 MS17－010 漏洞进行传播，加密勒索被感染的电脑和服务器，受影响的范围遍及金融、能源、医疗、交通和公共管理等行业和部门，对突发事件的处理机制产生了很大的挑战。为了有效应对互联网突发事件，2017 年 11 月 25 日，工业和信息化部印发了《公共互联网网络安全突发事件应急预案》（以下简称《应急预案》）。

（二）主要内容

从内容上看，《公共互联网网络安全突发事件应急预案》与《国家网络安全事件应急预案》的内容框架大体一致，主要内容也是八大部分，分别是总则、组织机构与职责、监测与预警、应急处置、调查与评估、预防工作、保障措施、附则，其中，主要内容如下：

一是对网络安全突发事件进行分级管理。按照事件发生后的危害程度和影响范围等因素，《应急预案》将公共互联网网络安全突发事件分为四级：特别重大事件、重大事件、较大事件、一般事件，并规定相应的应急处置措施。

二是明确组织领导体系。《应急预案》规定，在中央网信办统筹协调下，工业和信息化部网络安全和信息化领导小组统一领导公共互联网网络安全突发事件应急管理工作，工业和信息化部网络安全突发事件应急办公室负责公共互联网网络安全应急管理事务性工作。同时，明确了地方通信管理局、基础电信企业、域名机构、互联网企业和网络安全专业机构等在应急工作中的职责。

三是对网络安全事件预警等级进行了划分。与《国家网络安全事件应急预案》相同，《公共互联网网络安全应急预案》也用红色、橙色、黄色和蓝色，分别对应发生或可能发生特别重大、重大、较大和一般网络安全事件，针对不同等级的事件预警规定了不同的响应方式。

四是在应急处置中提出了先行处置的原则。《应急预案》规定，公共互联网网络安全突发事件发生后，事发单位在按照本预案规定立即向电信主管部门报告的同时，应当立即启动本单位应急预案，组织本单位应急队伍和工作人员采取应急处置措施，尽最大努力恢复网络和系统运行，尽可能减少对用户和社会的影响，同时注意保存网络攻击、网络入侵或网络病毒的证据。

五是对预防与应急准备作出具体规定。《应急预案》提出，基础电信企业、域名机构、互联网企业需落实网络安全管理责任，电信主管部门依法开展网络安全监督检查和公共互联网网络安全突发事件应急演练，指导督促相关单位消除安全隐患，提高相关单位网络安全突发事件应对能力。

（三）简要评析

《公共互联网网络安全突发事件应急预案》的编制主要为了建立健全公共互联网网络安全突发事件应急组织体系和工作机制，提高公共互联网网络安全突发事件综合应对能力，它将成为基础电信企业、域名注册管理和服务机构、互联网企业网络安全事件处置过程中体系化的指导性文件。同时，也是对《国家网络安全事件应急预案》框架的完善和补充。

五、《工业控制系统信息安全行动计划（2018—2020）》

（一）出台背景

《中国制造2025》提出要“加强智能制造工业控制系统网络安全保障能

力建设，健全综合保障体系”，《中华人民共和国网络安全法》要求对包括工业控制系统在内的“可能严重危害国家安全、国计民生、公共利益的关键信息基础设施”实行重点保护，为更好地贯彻落实党的十九大精神和这些文件的要求，工业和信息化部2017年12月29日正式印发了《工业控制系统信息安全行动计划（2018—2020）》（以下简称《行动计划》）。

（二）主要内容

《行动计划》行文简洁，共分为三大部分，但是内容比较丰富，主要如下：

一是提出了工业控制系统信息安全行动的指导思想。主要归纳为三点，即坚持落实企业主体责任、坚持因地制宜分类指导、坚持技术和管理并重。

二是确立了到2020年工业控制系统信息安全的行动目标。即建成工控安全管理工作体系，企业主体责任明确，各级政府部门监督管理职责清楚，工作管理机制基本完善；全系统、全行业工控安全意识普遍增强，对工控安全危害认识明显提高，将工控安全作为生产安全的重要组成部分；态势感知、安全防护、应急处置能力显著提升，全面加强技术支撑体系建设，建成全国在线监测网络，应急资源库，仿真测试、信息共享、信息通报平台（一网一库三平台）；促进工业信息安全产业发展，提升产业供给能力，培育一批龙头骨干企业，创建3—5个国家新型工业化产业化产业示范基地。

三是明确了到2020年工业控制系统信息安全的具体行动措施。工业控制系统信息安全能力提升主要注重五大部分，分别是安全管理水平提升、态势感知能力提升、安全防护能力提升、应急处置能力提升、产业发展能力提升。

四是提出了相关保障措施。主要从组织协调、政策支持、人才培养和社会参与四个方面提出了加强工业控制系统信息安全的具体保障措施。

（三）简要评析

随着工业数字化、网络化、智能化的快速发展，工业控制系统信息安全在整个网络安全和国家安全中都占据越来越重要的地位，可是当前工业控制系统主要采用的是DCS、SCADA等运行模式，基于传统IT的解决方案难以奏效。因此，《工业控制系统信息安全行动计划（2018—2020）》的出台，能够针对工业控制系统的突发事件进行及时有效的预警和防范。

第三节 2018年我国网络安全面临的形势

一、关键信息基础设施的网络安全风险持续加大

关键信息基础设施是国家至关重要的资产，一旦遭受破坏、丧失功能或者数据泄露，不仅将可能导致大规模的人员伤亡和财产损失，还将严重影响经济社会平稳运行并危害国家安全。近年来，随着金融、能源、电力、通信等领域基础设施对信息网络的依赖性越来越强，针对关键信息基础设施的网络攻击不断升级，这些攻击多以破坏和窃取情报为目的，攻击主体既包括带有政治倾向性的黑客团体、恐怖组织，也包括国家支持的黑客团体和组织，攻击手段也越来越复杂和多样。预计2018年，针对关键信息基础设施的网络攻击将持续增加，攻击范围将进一步扩大，攻击更加隐蔽化，具有国家背景的高水平攻击将带来更加严峻的挑战。而我国关键信息基础设施存在软硬件高度依赖国外、从业人员安全意识薄弱、安全保障体系不健全等问题，更加剧了其遭受网络攻击的风险。

二、物联网智能设备面临的安全威胁将更趋严重

近年来，物联网在全球范围内迅速发展，据Gartner预测，到2020年全球将有超过200亿个物联网智能设备投入使用。在物联网智能设备快速普及的同时，针对物联网智能设备的网络攻击也越来越多，攻击者利用设备的安全漏洞可获取设备控制权限、窃取设备重要数据、进行网络流量劫持，或利用被控制设备形成大规模僵尸网络。加之，很多设备都使用弱口令（或内置默认口令），攻击者甚至不需要很高超的技巧，就能够成功实现攻击。预计2018年，随着智能设备的普及，以及工业互联网、车联网、智慧城市等的发展，利用物联网设备漏洞而实施的网络攻击将更为频繁，利用僵尸网络发动的DDoS攻击规模将更大，物联网智能终端面临的安全威胁将更趋严重。

三、以信息窃取为目的的网络攻击将更加频繁

当前，以信息窃取为目的的网络攻击行为越来越普遍，主要有三种类型：一是通过取得个人隐私或有价值的数据达到勒索、诈骗等目的；二是入侵重要政府组织、系统以达到特定政治、军事和经济目的；三是通过入侵企业或各类组织的信息系统，达到窃取商业秘密、实施网络敲诈或进行跳板攻击的目的。2017 年，全球信息泄露的规模和数量都较以往有所增长，统计显示，上半年泄露的数据量超过 2016 年全年的数据量。预计 2018 年，以信息窃取为目的的网络攻击将更加频繁，信息窃取型网络犯罪地下生态将快速发展，大规模信息泄露事件将频发，涉及行业范围将不断扩大，带来更大危害。

四、勒索软件攻击将成为网络攻击的新趋势

勒索软件是近两年来影响最大、最受关注的网络安全威胁之一。勒索软件主要通过电子邮件、网络渗透、蠕虫病毒等多种形式传播，攻击者向受害者的电脑终端或服务器发起攻击，采用高强度加密算法对用户文件进行加密并勒索赎金①。2017 年勒索软件全面爆发，呈现出全球蔓延趋势。预计 2018 年，勒索软件的数量将持续攀升，会有更多变种，攻击手段将会不断翻新，攻击范围将会不断扩大，造成的经济损失也会越来越大。从攻击目标看，勒索软件目前主要针对 Windows 操作系统，但针对 Linux、Android 平台的勒索软件数量也将不断增长，而且勒索软件将越来越有针对性，针对特定企业或组织的精准攻击将更为普遍；从攻击手段看，勒索软件将更为复杂，自我传播能力更强，通过借助社会工程传播、与已经泄露的网络武器库结合等，发动更为有针对性的攻击；从攻击带来的损失看，勒索软件带来的经济损失将越来越大，相关机构曾预测，2019 年的勒索软件攻击损失可能升至 115 亿美元。

---

① 安全牛：《勒索软件威胁形势分析报告》，http：//www. aqniu. com/industry/30529. html，2018 年 1 月。

五、利用人工智能实施的网络攻击将快速兴起

当前，在网络安全领域，越来越多的企业开始尝试将人工智能、机器学习等应用到恶意软件检测、漏洞测试、用户行为分析、网络流量分析等过程中，以识别和防范网络安全威胁。与此同时，人工智能和机器学习也被用来发动网络攻击，赛门铁克等安全公司预测，2018 年利用人工智能实施的网络攻击将快速兴起，带来了新的网络安全威胁和挑战。例如：利用人工智能技术，病毒程序能够自动复制，在无须人类指令操纵的前提下完成在计算机之间的传播；利用人工智能技术，攻击者能够快速收集、组织并处理大型数据库，对信息进行关联与识别，从而获取潜在目标的个人信息以及其他详细资料；利用人工智能技术，病毒能够对已经修复的网络安全漏洞快速作出反应，在无须人为指示的前提下转而利用另一项漏洞，或者对系统进行扫描以找到新的可行入侵方式。人工智能技术有效降低了攻击成本，提高了网络攻击速度和效率，将促发更多的网络攻击行为和网络安全事件。

六、针对数字加密货币的非法活动将呈现高发趋势

数字加密货币是区块链技术的典型应用，大约有 1500 多种，包括比特币、莱特币、门罗币等。随着数字加密货币价格持续上涨、挖取难度不断增大、数字加密货币数量越来越少，针对数字加密货币的非法活动也呈现高发趋势。一方面，针对数字加密货币的盗窃行为越来越多，不法分子利用安全漏洞通过入侵交易平台和个人钱包盗取加密货币，不仅造成个人财产损失，甚至直接造成交易平台倒闭的严重后果。另一方面，非法挖矿成为不法分子获取利益的主要渠道，不法分子通过各种手段将挖矿机程序植入受害者的计算机中，利这种被植入的挖矿机程序（即挖矿木马）定时启动挖矿程序进行计算，大量消耗受害者计算机资源。预计 2018 年，随着数字加密货币价格的持续看涨，针对数字加密货币的非法活动，尤其是挖矿木马攻击，将呈现持续增长趋势，较以往将更为猖獗。

七、全球局部爆发网络战的风险进一步增加

网络空间已成为国家和地区之间安全博弈的新战场，各国为了维护本国在网络空间的核心利益，持续加大网络空间的军事投入，国家级网络冲突爆发的风险不断增加。从近年来情况看，各国在网络空间的军事部署主要有几个方面：一是理论准备，即发布相应的战略、立法和作战规则，如美国2017年《国防科学委员会网络威慑专题小组最终报告》和《国家安全战略》。二是力量准备，包括成立网络司令部、组建网络部队、投入网络军备经费、研发网络武器等。如：2017年韩国国防部公布《2018—2022年国防中期计划》，计划5年间将投入2500亿韩元加强网络安全建设。三是构建网络防御军事行动同盟，北约已经将网络防御作为其集体防御的核心任务之一，美澳、美日等也结成了网络防御军事同盟，一国受到网络攻击，两国将共同采取行动。四是强化网络安全军事演习，如：2017年欧盟多国国防部长参加大规模网络防御演习，模拟欧盟军队在受到网络攻击时所能作出的反应。目前，全球已经出现了由国家政府支持的、带有实战性质的网络攻击。预计2018年，网络空间“军备竞赛”将持续升级，国家级网络冲突爆发的风险将显著增加。

第四节　2018年我国网络安全趋势展望

一、《网络安全法》实施推进将进一步加快

《网络安全法》是我国网络空间安全管理的基本法律，2017年6月1日正式施行。2017年8月至10月，全国人大常委会执法检查组对《网络安全法》实施情况进行了检查，并于12月发布了实施情况报告。报告肯定了相关省市法律实施工作的做法和成效，但也指出了工作中存在的一些困难和问题，如网络安全意识亟待增强、网络安全基础设施建设薄弱、网络安全配套法规有待完善、网络安全人才短缺等。2018年，围绕《网络安全法》的实施，国家有关部门、相关省市加快推进几方面的工作：一是完善配套法规制度，尽快

出台关键信息基础设施安全保护条例、个人信息和重要数据出境安全评估办法，推动个人信息安全保护、数据安全保护等方面立法工作；二是加强网络安全意识教育，通过举办国家和省市网络安全宣传周、开展大学生网络安全知识竞赛等活动，引导广大网民主动获取网络安全知识和技能，提高网络安全意识，积极防范网络安全风险；三是加快建设网络安全态势感知平台，完善网络安全监测预警和信息通报制度，推进网络安全威胁信息共享，实现对网络安全风险的动态、实时监控；四是健全网络安全人才培养体系，加快推进一流网络安全学院建设示范项目，鼓励高等院校创新人才培养方式、完善教材体系、强化师资队伍建设等，继续推进国家网络安全人才与创新基地建设，加大网络安全高层次人才培养力度。

二、关键信息基础设施安全保障将持续加强

《网络安全法》明确提出，要对关键信息基础设施实行重点保护。近年来，我国在电力、通信、铁路、交通等重要行业和领域深入开展网络安全等级保护、网络安全检查、信息技术产品国产化等工作，关键信息基础设施安全保障能力显著增强。但面对日益严峻的网络安全威胁，我国关键信息基础设施安全保障还存在较大差距和不足。2018 年，我国将落实法律关于对关键信息基础设施重点保护的要求，持续加强关键信息基础设施安全保障工作：一是立法明确关键信息基础设施保护范围，制定关键信息基础设施识别指南；二是通过深入开展网络安全等级保护、网络安全检查等方式，督促和指导关键信息基础设施运营者履行安全保护义务，包括制定安全管理制度、采取技术措施监测网络运行状态、对关键岗位人员进行背景调查、对重要系统和数据库进行容灾备份、制定网络安全应急预案并定期演练等；三是推进网络安全审查工作，对关键信息基础设施运营者采购的可能影响国家安全的网络产品和服务，开展网络安全审查；四是统筹建设关键信息基础设施监测预警、信息通报和应急处置机制，加强网络安全监测预警，强化网络安全威胁信息共享，完善信息通报机制，建立健全关键信息基础设施网络安全应急协作机制。

三、个人信息和隐私保护力度将不断加大

移动互联网、云计算、大数据等新一代信息技术的创新应用，既给经济社会活动带来新的变革，也使得个人信息可以在个人不知晓和无法有效控制的情况下被收集、分析和利用，给个人信息和隐私保护带来新的挑战。个人信息泄露引发了网络欺诈、身份盗用、网络攻击等犯罪行为，危害日益严重。2018年，我国个人信息保护将从法律、技术等多方面更加务实地推进，一方面个人信息保护配套法律规范将进一步完善，通过专门立法，明确网络运营者收集用户信息的原则、程序，明确其对收集到的信息的保密和保护义务，不当使用、保护不力应当承担的责任，以及监督检查和评估措施；另一方面，个人信息保护监督力度将加大，通过隐私专项审查、移动APP检测等手段，国家有关部门将督促网络运营和公共服务单位严格依法收集和使用用户信息；再者，公安机关将进一步加大对倒买倒卖个人信息等犯罪行为的打击力度，切断个人信息犯罪利益链条，使广大公民的合法权益免受侵害。

四、关键数据的安全保障水平将获得快速提升

大数据时代，随着国家经济社会活动对数据的依赖，数据已经成为类似石油一样的战略性资源。当前，数据资源尤其是国家关键数据资源已经成为网络攻击的重要目标。美国利用其信息技术优势，实施对其他国家的网络监控，大肆获取关键敏感数据，这使得其他国家的水、电力、交通、银行、金融、卫生、商业和军事等承载着庞大数据的各种关键信息基础设施，面临着数据安全的威胁。2017年12月8日，在中共中央政治局实施国家大数据战略进行第二次集体学习时，习近平总书记强调，要切实保障国家数据安全；要加强关键信息基础设施安全保护，强化国家关键数据资源保护能力，增强数据安全预警和溯源能力。关键数据安全问题不仅关系着关键信息基础设施运行安全，而且也是保障国家安全的重要内容。2018年，围绕落实习近平总书记重要讲话精神，以及《网络安全法》关于数据安全保护的相关规定，我国将从几个方面加快提升关键数据资源保护能力：一是加快推动数据跨境流动法律规定的落地实施，出台个人信息和重要数据出境安全评估办法，形成跨

境数据流动评估机制；二是加强重要数据全生命周期的安全管理，制定数据资源收集、使用和处理等环节应遵循的规则规范，增强数据安全预警和溯源能力；三是落实关键信息基础设施运营者和大数据平台企业的网络安全责任，构建企业网络安全防护体系，提升企业安全风险防控能力和水平。

五、网络安全产业将继续保持高速增长态势

在政策环境与市场需求的共同作用下，我国网络安全产业一直保持高速增长趋势，年均增速在20%以上。2018年，随着《网络安全法》实施工作加速推进，以及各地对安全技术孵化、安全企业培育、安全人才培养等方面工作力度加大，产业政策红利进一步释放，我国网络安全产业将继续保持高速增长态势。在我国网络安全产业高速增长的同时，有几个趋势不容忽视：一是人工智能等新技术将引发网络安全技术革新。国内已经有企业在探索人工智能与网络安全领域结合的可能性，如：悬镜安全实验室推出了基于机器学习的威胁语句检测引擎，利用云端的训练与知识迭代，实现对SQL注入、XSS攻击和WebShell的检测。二是网络安全技术产品服务化趋势明显。随着网络安全威胁的变化，政府、企业等用户对安全需求不断增长，从最初的合规性需求，逐步转向威胁感知、安全防护和快速响应等需求，网络安全技术产品服务化转型步伐加快。三是企业融资并购将更加频繁。近年来网络安全市场的融资并购十分活跃，2018年，在国家政策引导、网络安全技术进步、网络安全产业园建设加快等因素影响下，企业将继续加大融资并购力度。

六、统一的网络身份生态体系将加快形成

《网络安全法》明确提出，国家实施网络可信身份战略，支持研究开发安全、方便的电子身份认证技术，推动不同电子身份认证之间的互认。网络身份是网络主体参与网络活动的基础，网络空间中各类主体，如：个人、机构、设备、软件、应用和服务等，都需要有一个网络身份。目前，国内企业基于多种身份认证技术提供网络身份服务，如：电子认证服务机构基于PKI技术体系提供数字证书认证服务，在电子政务、电子商务等领域获得了较广泛的应

用。但目前，国内各种身份认证技术和服务模式，相互独立，较为碎片化，国家层面缺乏统筹规划，尚未形成一个统一的网络身份生态体系。对此，业界专家、相关学者都呼吁国家加强统筹协调和顶层设计，相关部门应当牵头，尽快推动网络身份生态体系建设工作。2018 年，我国势必会加快出台国家网络可信身份战略，对网络身份实行分级管理，推动建立一个面向个人、法人和其他组织，体系内各参与主体分工明确的网络身份生态体系，为网络主体提供安全、有效、易用、互认的网络身份，满足各项网络业务需求，促进网络空间的繁荣发展。

第七章　智能制造

第一节　2017 年我国智能制造取得的主要进展

一、形成了一批典型的智能制造新模式

2015—2017 年，工业和信息化部遴选确定了 206 个智能制造试点示范项目和 308 个智能制造新模式应用项目，分布在除西藏之外的 30 个省（自治区、直辖市）。立项以来，各项目承担企业积极推动新一代信息技术与企业生产工艺、业务流程的深度融合，初步探索形成了一批可复制、可借鉴、可推广的智能制造新模式。一是在服装、纺织、家居、家电等消费品领域探索形成了以满足用户个性化需求为引领的大规模个性化定制模式；二是在航空装备、汽车、船舶、工程机械等装备制造领域，探索形成了以缩短产品研制周期为核心的产品全生命周期数字一体化模式；三是在铸造、服装等领域，探索形成了快速响应多样化市场需求的柔性制造模式；四是在石化、钢铁、电子、家电等领域探索形成了以打通企业运营“信息孤岛”为核心的互联工厂模式；五是在食品、制药等领域探索形成了以质量管控为核心的产品全生命周期可追溯模式；六是在石化化工、有色、钢铁等行业探索形成了以提高能源资源利用率为核心的全过程能源优化管理模式；七是在航空航天、汽车、家电等领域探索形成了以供应链优化为核心的网络协同制造模式；八是在动力装备、电力装备、工程机械、汽车、家电等领域探索形成了基于工业互联网的远程运维服务模式。

二、智能制造推进体系基本建立

智能制造是一项系统工程，涵盖行业众多，涉及环节复杂，需要由点及面、协同发展。为推进智能制造健康有序发展，工业和信息化部将发展智能制造作为长期坚持的战略任务，坚持“标准先行、应用牵引、多路径协同推进”，分类分层指导，分行业、分步骤持续推进，并联合相关部门发布了《智能制造工程实施指南》《国家智能制造标准体系建设指南（2015 年版）》和《智能制造发展规划（2016 年—2020 年）》。“十三五”期间同步实施数字化制造普及、智能化制造示范引领，以实施智能制造工程为重要抓手，构建新型制造体系的道路，积极推动供应链上下游、产学研用等多方力量联合推进智能制造试点示范、综合标准化与新模式应用项目的实施，形成系统集成商、装备制造商、软件供应商、研究机构和用户单位联合实施，多方共同推进的工作机制。同时，注重与相关部门、司局的密切合作，充分发挥地方行业主管部门的作用，协同开展项目遴选、经验交流与推广、人才培养等工作，逐步建立起以智能制造工程、试点示范和标准体系建设为抓手，各部门、各地方协同配合，产学研用联合实施，各方面共同推进的工作机制，形成多层次、多方面协同的智能制造推进格局，全社会推进智能制造的氛围逐渐形成。

三、智能制造供给能力稳步提升

智能制造装备市场规模不断扩大。2017 年前三季度，我国机床工具消费市场呈现恢复性增长。根据国家统计局的数据，全行业主营业务收入约为 7641 亿元，同比增长 8.8%，其中，国产中高档数控系统在航空航天、能源、船舶、汽车等重点领域的应用范围不断扩大，已初步形成与国外同类产品的竞争能力。我国机器人产业继续保持较高增速发展态势。2017 年工业机器人累计生产超过 13 万套，累计增长 68.1%。预计 2017 年我国增材制造行业总产值将超过 100 亿元，其中，增材制造装备产值所占比重已超过 50%。截至 2016 年底，我国从事传感器的研制、生产和应用的企事业单位共 2000 多家，2017 年传感器市场规模达到 1300 亿元。同时，一批重点智能制造装备取得突破。通过智能制造试点示范行动和智能制造新模式应用的实施，突破和应用了一批关键技术装备，成功研制一批智能制造成套装备。4700余台套（其中，技术装备3000余台、成套装备1700余套）高档数控机床与工业机器人、智能传感与控制装备等五大关键技术装备得到集成应用，申请专利1329项。大族激光突破了三维五轴联动光纤激光切割机床，秦川机床、苏州绿的突破了高精密RV减速器、谐波减速器等机器人关键零部件，宁夏共享采用铸造全过程模拟仿真，自主研制成大尺寸精密砂型3D打印机，通过设备、生产、绩效评价等信息的实时采集、有效传递和优化分析，缩短新产品研发周期50%以上。北自所突破了重载、密集存储智能仓储系统，航空工业618所突破了航空伺服作动器核心阀组件智能装配成套设备，青岛四方突破了高铁转向架智能化焊接及检测组装成套装备，埃夫特、奇瑞汽车合作研制采用国产工业机器人的汽车焊接自动化生产线，打破了国外长达30年的垄断并实现了整线出口。

四、智能制造标准体系逐步健全

自智能制造综合标准化与新模式应用工作开展以来，国家智能制造标准体系逐步完善。2015年发布了《国家智能制造标准体系建设指南（2015年版）》，并于2017年进行修订，现已形成征求意见稿，拟于2018年上半年发布；围绕基础共性、关键技术和行业应用智能制造急需开展的标准，组织国内相关标准化机构、企事业单位、专家开展标准研制工作，建立了以国家智能制造标准化总体组为核心的标准化队伍；科学组织智能制造标准研制工作，注重标准应用落地，通过规定项目要求及项目联合承担单位，带动标准在产业链上下游推广应用。

2015—2017年，围绕《国家智能制造标准体系建设指南》，开展智能制造基础共性标准、关键技术标准以及重点领域行业应用标准的研制和试验验证，共支持了188项智能制造相关国家标准研制工作，基本覆盖了智能制造标准体系中的基础共性和关键技术标准，以及石化、民爆、家电、船舶等行业标准。2017年，共有22项智能制造国家标准完成立项，29项正在国家标准委履行立项程序，近期可发布，另有85项正在履行申报程序。

第二节　2017 年我国智能制造重点政策解析

一、《新一代人工智能发展规划》

（一）背景

经过 60 多年的演进，人工智能加速发展，呈现出深度学习、跨界融合、人机协同、群智开放、自主操控等新特征，大数据驱动知识学习、跨媒体协同处理、人机协同增强智能、群体集成智能、自主智能系统成为人工智能的发展重点。当前，新一代人工智能相关学科发展、理论建模、技术创新、软硬件升级等整体推进，正在引发链式突破，推动经济社会从数字化、网络化向智能化加速跃升。

人工智能是引领未来的战略性技术，世界主要发达国家把发展人工智能作为提升国家竞争力、维护国家安全的重大战略，加紧出台规划和政策，围绕核心技术、顶尖人才、标准规范等强化部署，力图在新一轮国际科技竞争中掌握主导权。作为新一轮产业变革的核心驱动力，人工智能将进一步释放历次科技革命和产业变革积蓄的巨大能量，并创造新的强大引擎，重构生产、分配、交换、消费等经济活动各环节，形成从宏观到微观各领域的智能化新需求，催生新技术、新产品、新产业、新业态、新模式，引发经济结构重大变革，深刻改变人类生产生活方式和思维模式，实现社会生产力的整体跃升。另外，我国正处于全面建成小康社会的决胜阶段，人口老龄化、资源环境约束等挑战依然严峻，人工智能在教育、医疗、养老、环境保护、城市运行、司法服务等领域广泛应用，将极大提高公共服务精准化水平，全面提升人民生活品质。人工智能技术可准确感知、预测、预警基础设施和社会安全运行的重大态势，及时把握群体认知及心理变化，主动决策反应，将显著提高社会治理的能力和水平，对有效维护社会稳定具有不可替代的作用。

国家部署了智能制造等国家重点研发计划重点专项，印发实施了“互联网 +”人工智能三年行动实施方案，从科技研发、应用推广和产业发展等方面提出了一系列措施。经过多年的持续积累，我国在人工智能领域取得重要进展，国际科技论文发表量和发明专利授权量已居世界第二，部分领域核心关键技术实现重要突破。语音识别、视觉识别技术世界领先，自适应自主学习、直觉感知、综合推理、混合智能和群体智能等初步具备跨越发展的能力，中文信息处理、智能监控、生物特征识别、工业机器人、服务机器人、无人驾驶逐步进入实际应用，人工智能创新创业日益活跃，一批龙头骨干企业加速成长，在国际上获得广泛关注和认可。加速积累的技术能力与海量的数据资源、巨大的应用需求、开放的市场环境有机结合，形成了我国人工智能发展的独特优势。

同时，也要清醒地看到，我国人工智能整体发展水平与发达国家相比仍存在差距，缺少重大原创成果，在基础理论、核心算法以及关键设备、高端芯片、重大产品与系统、基础材料、元器件、软件与接口等方面差距较大；科研机构和企业尚未形成具有国际影响力的生态圈和产业链，缺乏系统的超前研发布局；人工智能尖端人才远远不能满足需求；适应人工智能发展的基础设施、政策法规、标准体系亟待完善。面对新形势新需求，必须主动求变应变，牢牢把握人工智能发展的重大历史机遇，紧扣发展、研判大势、主动谋划、把握方向、抢占先机，引领世界人工智能发展新潮流，服务经济社会发展和支撑国家安全，带动国家竞争力整体跃升和跨越式发展。

（二）政策要点

1. 明确指导思想

《新一代人工智能发展规划》（以下简称《规划》）提出“以加快人工智能与经济、社会、国防深度融合为主线，以提升新一代人工智能科技创新能力为主攻方向，发展智能经济，建设智能社会，维护国家安全，构筑知识群、技术群、产业群互动融合和人才、制度、文化相互支撑的生态系统，前瞻应对风险挑战，推动以人类可持续发展为中心的智能化，全面提升社会生产力、综合国力和国家竞争力，为加快建设创新型国家和世界科技强国、实现‘两个一百年’奋斗目标和中华民族伟大复兴中国梦提供强大支撑”。

2. 提出四项基本原则

《规划》提出了四项基本原则，即科技引领、系统布局、市场主导、开源开放。其中，科技引领是指在重点前沿领域探索布局、长期支持，力争在理论、方法、工具、系统等方面取得变革性、颠覆性突破，全面增强人工智能原始创新能力，加速构筑先发优势，实现高端引领发展。系统布局是指充分发挥社会主义制度集中力量办大事的优势，推进项目、基地、人才统筹布局，已部署的重大项目与新任务有机衔接，当前急需与长远发展梯次接续，创新能力建设、体制机制改革和政策环境营造协同发力。市场主导是指遵循市场规律，坚持应用导向，突出企业在技术路线选择和行业产品标准制定中的主体作用，更好发挥政府在规划引导、政策支持、安全防范、市场监管、环境营造、伦理法规制定等方面的重要作用。开源开放是指倡导开源共享理念，促进产学研用各创新主体共创共享，促进军民科技成果双向转化应用、军民创新资源共建共享，形成全要素、多领域、高效益的军民深度融合发展新格局，并积极参与人工智能全球研发和治理，在全球范围内优化配置创新资源。

3. 提出“三步走”战略目标

《规划》提出了我国人工智能的“三步走”战略目标。到2020年，人工智能总体技术和应用与世界先进水平同步，人工智能产业成为新的重要经济增长点，人工智能技术应用成为改善民生的新途径，有力支撑进入创新型国家行列和实现全面建成小康社会的奋斗目标；到2025年，人工智能基础理论实现重大突破，部分技术与应用达到世界领先水平，人工智能成为带动我国产业升级和经济转型的主要动力，智能社会建设取得积极进展。到2030年，人工智能理论、技术与应用总体达到世界领先水平，成为世界主要人工智能创新中心，智能经济、智能社会取得明显成效，为跻身创新型国家前列和经济强国奠定重要基础。

4. 确定六大重点任务

《规划》还提出了我国发展人工智能的六大重点任务：一是构建开放协同的人工智能科技创新体系，包括建立新一代人工智能基础理论体系、建立新一代人工智能关键共性技术体系、统筹布局人工智能创新平台、加快培养聚集人工智能高端人才；二是培育高端高效的智能经济，包括大力发展人工智能新兴产业、加快推进产业智能化升级、大力发展智能企业、打造人工智能创新高地；三是建设安全便捷的智能社会，包括发展便捷高效的智能服务、推进社会治理智能化、利用人工智能提升公共安全保障能力、促进社会交往共享互信；四是加强人工智能领域军民融合，包括建立科研院所、高校、企业和军工单位的常态化沟通协调机制、促进人工智能技术军民双向转化、加强军民人工智能技术通用标准体系建设、推进科技创新平台基地的统筹布局和开放共享等；五是构建安全高效的智能化基础设施体系，包括网络基础设施、大数据基础设施、高效能计算基础设施；六是前瞻布局新一代人工智能重大科技项目，形成“1＋N”人工智能项目群，“1”是指新一代人工智能重大科技项目，“N”是指国家相关规划计划中部署的人工智能研发项目。

（三）政策解析

《规划》准确把握全球人工智能发展趋势，分析了人工智能对国际竞争、经济发展、社会建设、社会治理的影响，梳理我国人工智能发展基础，并指出我国发展人工智能所面临的问题和瓶颈，明确到2030年我国发展人工智能的指导思想和“三步走”战略目标，提出六大重点任务，并从法律法规和伦理规范、支持政策、技术标准和知识产权体系、安全监管和评估、劳动力培训、科普活动等方面提出了相应的保障措施。

《规划》指明了我国人工智能发展的重点方向，是国家发展人工智能的总体部署，也标志着我国人工智能发展由宏观的战略布局向到具体的推进实施过渡。这有利于调动社会各类主体发展人工智能的内生动力，有利于整合中央财政、地方财政、产业基金、风险投资基金及其他社会资源共同支持人工智能的发展。

《规划》的发布对全面提升社会生产力、综合国力和国家竞争力，对加快建设创新型国家和世界科技强国、实现“两个一百年”奋斗目标和中华民族伟大复兴的中国梦等均具有重要意义。

二、《促进新一代人工智能产业发展三年行动计划（2018—2020年）》

（一）背景

党的十九大提出，推动互联网、大数据、人工智能和实体经济深度融合。当前，新一轮科技革命和产业变革孕育兴起，大数据的积聚、理论算法的革新、计算能力的提升及网络设施的演进，驱动人工智能发展进入新阶段，人工智能正加快与经济社会各领域渗透融合，带动技术进步，推动产业升级，助力经济转型，促进社会进步。

2017 年 7 月，国务院印发《新一代人工智能发展规划》，重点对 2030 年我国人工智能发展的总体思路、战略目标、主要任务和保障措施进行系统的规划和部署，为推动我国人工智能的长期发展指明了方向。同时，新一代人工智能重大项目近日已启动，聚焦基础理论研究、关键技术研发及支撑平台建设等工作。

加快产业化和应用是人工智能发展的关键着力点。《促进新一代人工智能产业发展三年行动计划（2018—2020 年）》（以下简称《行动计划》）从推动产业发展角度出发，结合"制造强国战略"，对《新一代人工智能发展规划》相关任务进行了细化和落实，以信息技术与制造技术深度融合为主线，推动新一代人工智能技术的产业化与集成应用，发展高端智能产品，夯实核心基础，提升智能制造水平，完善公共支撑体系。

（二）政策要点

为深入贯彻党的十九大精神，加快发展先进制造业，推动人工智能和实体经济深度融合，落实"制造强国战略"和《新一代人工智能发展规划》部署，工业和信息化部印发了《行动计划》，以信息技术与制造技术深度融合为主线，以新一代人工智能技术的产业化和集成应用为重点，推进人工智能和制造业深度融合，加快制造强国和网络强国建设。

当前，我国人工智能产业发展势头良好、空间巨大。《行动计划》按照"系统布局、重点突破、协同创新、开放有序"的原则，提出了四方面主要任务：一是重点培育和发展智能网联汽车、智能服务机器人、智能无人机、医疗影像辅助诊断系统、视频图像身份识别系统、智能语音交互系统、智能翻译系统、智能家居产品等智能化产品，推动智能产品在经济社会的集成应用。二是重点发展智能传感器、神经网络芯片、开源开放平台等关键环节，夯实人工智能产业发展的软硬件基础。三是深化发展智能制造，鼓励新一代人工智能技术在工业领域各环节的探索应用，提升智能制造关键技术装备创新能力，培育推广智能制造新模式。四是构建行业训练资源库、标准测试及知识产权服务平台、智能化网络基础设施、网络安全保障等产业公共支撑体系，完善人工智能发展环境。

《行动计划》将充分利用现有资源和手段，加强部省联动，依托国家新型工业化产业示范基地建设等工作，支持有条件的地区发挥自身资源优势，培育一批人工智能领军企业，探索建设人工智能产业集聚区。推动建设相关领域的制造业创新中心，设立重点实验室，鼓励行业合理开放数据，支持重点行业和关键领域加大应用力度，促进人工智能产业突破发展。力争到2020年，实现“人工智能重点产品规模化发展、人工智能整体核心基础能力显著增强、智能制造深化发展、人工智能产业支撑体系基本建立”的目标。

为保障各项重点任务的落实，《行动计划》还提出了五方面保障措施，包括加强组织实施、加大支持力度、鼓励创新创业、加快人才培养、优化发展环境等，推动形成良好的发展环境，保障《行动计划》的顺利实施，切实推动人工智能产业发展，助力实体经济转型升级。

（三）政策解析

为更好引领产业发展，在《行动计划》编制过程中，分门别类征集了30余家行业顶尖企业的产品系列、技术指标和开发计划，针对每类重点发展产品，提出了有望于2020年取得突破的典型技术指标。有关专家、行业领先企业对这些指标进行了反复论证，以确保指标的准确、可靠和前瞻性。

当前，我国人工智能产业发展势头良好、空间巨大。《行动计划》按照“系统布局、重点突破、协同创新、开放有序”的原则，在深入调研基础上研究提出四方面重点任务，共17个产品或领域：

一是重点培育和发展智能网联汽车、智能服务机器人、智能无人机、医疗影像辅助诊断系统、视频图像身份识别系统、智能语音交互系统、智能翻译系统、智能家居产品等智能化产品，推动智能产品在经济社会的集成应用。

以上智能化产品已有较好的技术、产业基础，部分细分领域的产品已经走在了国际前列，在国家政策引导下有望实现规模化发展，形成由点到面的突破，并带动人工智能技术在行业中的深入应用。

二是重点发展智能传感器、神经网络芯片、开源开放平台等关键环节，夯实人工智能产业发展的软硬件基础。

以上这些产品或平台市场竞争力不强，是产业链上的薄弱环节，对产业发展可能形成制约，亟待加快创新发展，夯实基础，补齐短板。

三是深化发展智能制造，鼓励新一代人工智能技术在工业领域各环节的探索应用，提升智能制造关键技术装备创新能力，培育推广智能制造新模式。

制造业是人工智能最先落地的行业之一，“制造强国战略”提出“以推进智能制造为主攻方向”的明确要求。近年来，在党中央、国务院的高度重视下，我国制造业发展已取得积极进展，特别是在加快发展智能制造，推动制造业智能化升级改造方面开展了大量工作。《行动计划》与“制造强国战略”紧密对接，进一步突出了需要加快应用人工智能技术进行改造升级的具体任务，将为智能制造的深化发展提供有力支撑。

四是构建行业训练资源库、标准测试及知识产权服务平台、智能化网络基础设施、网络安全保障等产业公共支撑体系，完善人工智能发展环境。

目前，我国人工智能发展的痛点问题之一就是缺少有效的行业资源训练库等公共服务支撑体系，业界普遍反映此问题已经影响了人工智能技术发展及在行业中的应用。《行动计划》注意到了这一关键问题，将加大对产业公共服务平台的支持，形成有效引导，不断完善产业发展环境。

三、智能制造综合标准化与新模式应用

（一）背景

为贯彻落实“制造强国战略”，深入实施《智能制造工程实施指南（2016—2020 年）》的总体部署，助推制造业转型升级、提质增效，工业和信息化部与财政部联合开展 2015—2017 年智能制造综合标准化与新模式应用项目工作，支持企业和标准化组织搭建智能制造标准试验验证平台，建立健全国家智能制造标准体系；支持企业按照市场机制组建产学研用一体化的联合体，培育推广智能制造新模式。

（二）政策要点

智能制造综合标准化与新模式应用项目围绕两类项目：一是智能制造综合标准化试验验证类项目；二是智能制造新模式应用类项目。

智能制造综合标准化试验验证类项目开展内容包括：一是智能制造基础共性、关键技术、行业应用基础性标准制定，重点开展试验验证，包括标准试验验证所需的设施和设备（含软、硬件），以及试验验证的方法和结论等内

容。二是建设试验验证平台，成为本行业或其他制造业领域推进智能制造标准贯彻实施的公共服务平台。

智能制造新模式应用类项目建设内容包括：一是离散型智能制造。车间总体设计、工艺流程及布局数字化建模；基于三维模型的产品设计与仿真，建立产品数据管理系统（PDM），关键制造工艺的数值模拟以及加工、装配的可视化仿真；先进传感、控制、检测、装配、物流及智能化工艺装备与生产管理软件高度集成；现场数据采集与分析系统、车间制造执行系统（MES）与产品全生命周期管理（PLM）、企业资源计划（ERP）系统高效协同与集成。二是流程型智能制造。工厂总体设计、工艺流程及布局数字化建模；生产流程可视化、生产工艺可预测优化；智能传感及仪器仪表、网络化控制与分析、在线检测、远程监控与故障诊断系统在生产管控中实现高度集成；实时数据采集与工艺数据库平台、车间制造执行系统（MES）与企业资源计划（ERP）系统实现协同与集成。三是网络协同制造。建立网络化制造资源协同平台或工业大数据服务平台，信息数据资源在企业内外可交互共享。企业间、企业部门间创新资源、生产能力、市场需求实现集聚与对接，实现基于云的设计、供应、制造和服务环节并行组织和协同优化。四是大规模个性化定制。产品可模块化设计和个性化组合；建立用户个性化需求信息平台和各层级的个性化定制服务平台，能提供用户需求特征的数据挖掘和分析服务；产品设计、计划排产、柔性制造、物流配送和售后服务实现集成和协同优化。五是远程运维服务。建立标准化信息采集与控制系统、自动诊断系统、基于专家系统的故障预测模型和故障索引知识库；可实现装备（产品）远程无人操控、工作环境预警、运行状态监测、故障诊断与自修复；建立产品生命周期分析平台、核心配件生命周期分析平台、用户使用习惯信息模型；可对智能装备（产品）提供健康状况监测、虚拟设备维护方案制定与执行、最优使用方案推送、创新应用开放等服务。

（三）政策解析

完善智能制造标准体系建设。根据《国家智能制造标准体系建设指南》，支持企业和标准化组织搭建智能制造标准试验验证平台，开展智能制造基础共性标准、关键技术标准和重点领域应用标准的研制和试验验证，建立健全国家智能制造标准体系。

引导形成以满足用户个性化需求为引领的大规模个性化定制。主要集中在服装、纺织、家居、家电等消费品领域，主要做法是产品模块化设计、建设个性化定制服务平台、建设个性化产品数据库，实现个性化定制服务平台与企业研发设计、计划排程、供应链管理、售后服务等数字化制造系统实现协同与集成。

引导形成以缩短产品研制周期为核心的产品全生命周期数字一体化。主要集中在航空装备制造、汽车制造、船舶制造、工程机械等离散制造业，主要做法是应用基于模型定义（MBD）技术进行产品研发、建设产品全生命周期管理系统（PLM）等。

引导形成基于工业互联网的远程运维服务。集中在动力装备、电力装备、工程机械、汽车制造、家用电器等领域，主要做法是让智能装备/产品具备数据采集和通信等功能、建有智能装备/产品远程运维服务平台、建有相应的专家库和专家系统以及实现智能装备/产品远程运维服务平台与产品全生命周期管理系统（PLM）、客户关系管理系统（CRM）、产品研发管理系统的协同与集成等。

引导形成以供应链优化为核心的网络协同制造。主要集中在航空装备制造、汽车制造、家用电器等领域，主要做法是建设跨企业制造资源协同平台，实现企业间研发、管理和服务系统的集成和对接。

引导形成以打通企业运营“信息孤岛”为核心的智能工厂。主要集中在石化、钢铁、电子信息、家用电器等领域，主要做法是应用物联网技术实现产品、物料等的唯一身份标识，生产和物流装备具备数据采集和通信等功能，构建了生产数据采集系统、制造执行系统（MES）和企业资源计划系统（ERP），以及实现生产数据采集系统、制造执行系统（MES）和企业资源计划系统（ERP）的高效协同与集成等。

引导形成以质量管控为核心的产品全生命周期可追溯。主要集中在食品、制药等行业，主要做法是让产品在全生命周期具有唯一标识，应用传感器、智能仪器仪表、工控系统等自动采集质量管理所需数据，制造执行系统（MES）开展质量判异和过程判稳等在线质量检测和预警等。

引导形成以提高能源资源利用率为核心的全生产过程能源优化管理。主要集中在石化化工、有色金属、钢铁等行业，主要做法是制造执行系统（MES）采集关键装备、生产过程、能源供给等环节的能效数据，构建能源管理系统（EMS）或MES中具有能源管理模块，基于实时采集的能源数据对生产过程、设备、能源供给及人员等进行优化等。

引导形成基于云平台的社会化协同制造。主要集中在航天装备、有色金属等领域，主要做法是构建面向全社会的制造云平台，为接入企业提供研发设计、运营管理、数据分析、知识管理、信息安全等服务，开展制造服务和资源的动态分析和柔性配置等。

引导形成快速响应多样化市场需求的柔性制造。主要集中在铸造、服装等领域，主要做法是实现生产线可同时加工多种产品/零部件、车间物流系统自动配料、构建高级排产系统（APS）以及工控系统、制造执行系统（MES）、企业资源计划系统（ERP）实现高效协同与集成等。

四、《制造业智能化关键技术产业化实施方案》

（一）背景

1. 发达国家围绕制造业智能化发展进行战略部署

当今世界，新一轮科技革命和产业变革正在快速发展，新一代信息技术和制造业正在加速融合，移动互联网、大数据、云计算、增材制造、生物工程、新能源、新材料等领域不断取得重大突破，制造业的生产方式、产业形态、发展模式正在孕育颠覆式的变革，智能化、服务化和绿色化成为制造业的新趋势。国际金融危机以来，发达国家重新认识到实体经济的重要性，并纷纷提出了“再工业化”和“制造业回归”战略，强调充分利用信息技术提升工业水平，提出通过采用智能化技术来重振制造业，发展新兴产业，巩固在技术、产业方面的领先优势。并通过加快制造业智能化，推动能源供给、交通运输、建筑家居、教育卫生等领域的智能化，进而实现整个社会的智能化。美国先后启动“先进制造伙伴计划”“先进制造业国家战略计划”，制定实施复兴美国制造业创新法案（RAMI），提出通过加强研究和试验税收减免、扩大和优化政府投资、建设制造业智能技术创新平台以加快制造业的智能化技术迭代升级，自2012年设立美国制造业创新网络以来，已先后设立包括增材制造创新中心、智能制造创新中心、数字化制造与设计创新中心等在内的15家先进制造创新中心。德国于2013年正式实施“工业4.0”战略，重点实现产品全生命周期的智能化，巩固其在制造业领先地位。

2. 实现制造业的智能化是我国制造业自身发展的需要

当前，我国正面临来自发达国家加速重振制造业、发展中国家以更低生产成本承接国际产业转移的“双向挤压”，制造业发展升级难度加大，实现制造业的智能化发展是我国制造业从低端制造向高端制造转变，重塑我国制造业全球竞争优势的重要途径和突破口。同时，我国还面临新一轮产业变革的历史机遇。尽管理论界和业界对新一轮产业变革的认识还不尽相同，但普遍都有一个共识，就是新一轮产业变革的核心是信息技术尤其是互联网技术的应用，制造业智能化是以信息技术与制造业深度融合为基础的。制造业的智能化发展，不但能进一步提高劳动生产率，提高产品质量和降低综合成本，还可以更好地开展制造服务业和提高对市场需求的快速反应能力，这将大大提高我国制造业的竞争力，并最终实现我国制造业由大变强，为国民经济的持续发展作出贡献。由于历史原因，我国未能及时跟上前两次工业革命的步伐，第三次工业革命我国与国外几乎处于同一起跑线，绝不能再次错过这一历史性机遇。因此，提升制造业智能化发展水平，提升我国制造业的整体素质，是当前十分重要和迫切的任务。

（二）政策要点

《制造业智能化关键技术产业化实施方案》（以下简称《实施方案》）制造业智能化的阶段性目标，即：通过3年的努力，制造业智能化的新技术、新产品、新模式、新业态不断涌现，高端智能化系统研制应用取得突破，标准化、检验检测、认证服务体系基本健全，智能产业体系基本形成。为实现这一目标，《实施方案》提出“四个着力”：

一是着力加强高端智能化系统研制应用，包括智能化关键装备研制应用、核心部件研制应用、新型智能终端开发及公共服务平台建设。二是着力提升产业基础支撑能力，包括制造业智能化系统集成标准研制、数字化系统（软件）开发及应用、网络信息安全保障能力建设与提升。三是着力推动新一代信息技术与制造技术深度融合，包括工业互联网平台建设及示范应用、工业大数据平台建设及示范应用、工业云服务平台建设及示范应用。四是着力推进“互联网+”协同制造集成应用，包括：系统集成应用体验验证能力建设、重点行业智能化示范工厂建设、产业集聚区智能化试点示范。

（三）政策解析

作为《增强制造业核心竞争力三年行动计划（2018—2020年）》的落实举措，《实施方案》围绕制造业智能化所需支撑的各个环节，明确所需突破并需要加快产业化的关键技术，提出了所需要实现的效果，以及所需要采取的行动，重点突出，目标明确。为保障落实，《实施方案》还提出“充分发挥国家先进制造产业投资基金、新兴产业创业投资引导基金等的投资引领作用，加大对制造业智能化相关创新型企业的投资力度”“构建动态监管机制，由各地方发展改革部门对本地区项目的建设情况进行动态监管”等具体举措，这为我国制造业智能化推进工作注入了新的动力和力量的同时，也需要加快与工信部等部门的协调配合，从而形成推进合力。

第三节　2018年我国智能制造面临的形势

一、主要工业发达国家加速推进智能制造

美国正在由联邦政府、行业组织和企业联盟联手推动智能制造发展，已形成“三位一体”系统推进智能制造发展的格局。与智能制造相关的有2个创新研究中心，分别为数字制造与设计创新研究中心和智能制造创新研究中心，正在加快推动智能制造重点领域制造工艺、技术、产品的研发和创新；美国通用动力、通用电气、美国制造技术协会、机械工程协会等共同发起成立了美国智能制造领导联盟（Smart Manufacturing Leadership Coalition，SMLC），正在为中小企业搭建智能制造系统平台；通用电气公司（GE）、IBM和英特尔（Intel）等发起成立工业互联网联盟（Industrial Internet Consortium，IIC），正在加速推广工业互联网技术的应用。德国在推进“工业4.0”过程中，注重发挥制造业的主导性，将设备、原材料、产品等资源通过CPS连接

起来，并利用互联网、物联网以及模块化技术，实现工业生产方式的变革。为加快企业决策和适应过程，德国国家科学与工程院发布《工业 4.0 成熟度指数：管理公司数字化转型》报告，旨在帮助企业更加快速地对日益活跃的客户市场做出反应，迅速开发精确满足客户需求的新产品，并将产品快速投入市场。与此同时，围绕中德产业合作、示范园区、标准化合作和人才培养合作等领域，德国政府积极推进“制造强国战略”同德国“工业 4.0”对接，其中，2017 年 12 月，中德两国专家就智能制造/工业 4.0 参考模型互认、信息安全、工业网络与边缘计算、应用案例、功能安全、预测性维护等议题达成多项重要共识。2017 年 3 月，日本明确提出“互联工业”的概念，为推动工厂智能化以及物联网在制造业的应用，日本将在示范应用案例的整理和可视化、建立中小企业的外部支援、标准国际化、面向制造的网络安全、数字化人才培养以及研发支撑等六个方面开展一系列的工作。2017 年 1 月，英国政府正式推出了以“工业数字化”为核心的《工业战略白皮书——建设适合未来的英国》。为了保证贯彻落实，2017 年 11 月，英国制造技术中心（MTC）受英国政府委托发布了《让制造更智能——2017 评论》的报告，该报告在分析英国工业面临机遇与挑战的基础上，从加快工业数字技术创新应用、加强人才教育培训、加强组织领导、破除技术采用障碍等四个方面提出了英国推进工业数字化的路径与政策建议。

二、智能制造是制造业高质量发展的关键路径

2017 年以来，随着供给侧结构性改革的深入推进、《智能制造发展规划（2016—2020 年）》等发布，以及智能制造试点示范专项行动的继续实施，各行业智能制造呈现加速发展态势，核心技术不断得到突破。在互联网、云计算等信息技术，以及传感技术、控制技术高速发展的协同作用下，智能制造以大规模个性化定制、网络协同开发、在线监测、远程诊断与云服务等为代表的新业态、新模式快速发展。此外，工业机器人、服务机器人、新型传感器、智能仪器仪表与控制系统、可穿戴设备、智能电网等智能装备和产品的应用不断拓展，需求规模呈快速扩大的态势。

通过智能制造关键技术装备、核心工业软件、工业互联网等在制造业的

集成应用，智能制造新模式应用项目“两提升三降低”成效明显。据初步统计，2015—2017 年的 308 个新模式应用项目智能化改造前后对比，生产效率平均提高 34%，能源利用率平均提高 17.2%，运营成本平均降低 22%，产品研制周期平均缩短 32.4%，产品不良品率平均降低 29.4%。形成了一批典型的智能制造新模式，如航空航天、轨道交通等领域的网络协同制造模式，服装、纺织、家居等领域的大规模个性化定制模式，以及动力装备、风电、工程机械等领域的远程运维服务模式，为企业发展智能制造提供借鉴和参考。打造了一批国际先进水平的数字化车间/智能工厂，如海尔胶州空调智能工厂应用物联网技术实现了从企业、工厂、车间到设备互联互通，产品交货周期由改造前的 20 多天缩短到目前的 7—15 天；宁夏共享应用数字化、网络化和 3D 打印技术建立起智能铸造工厂，生产效率较之前提高 3 倍以上，产品合格率达 98%，现场从业人数减少 3 倍以上。

三、我国发展智能制造仍存在诸多短板

核心供给能力严重不足，制约我国智能制造的发展。我国工业软件综合实力较弱。在我国主要工业领域中，国内工业软件企业生存空间相对较小，专业独立工业软件供应商的生存能力较弱，关键核心技术和产品能力不强，在产品化、工程化方面与国外企业差距较大。关键技术装备自足率较低。高档数控机床、多轴工业机器人、传感器、检测等核心技术装备还较大程度依赖进口，国内市场 60% 的工业机器人、90% 的高档数控系统与高性能传感器、85% 的可编程逻辑控制器依赖国外。系统解决方案供给能力不足。受产业发展阶段、基础技术实力、商业运作模式等多方面的限制，自主化智能制造系统解决方案尚不能满足量大面广的企业智能化升级需求。虽然支持建设了多个工业互联网平台和重点实验室，但工业互联网基础设施仍较为薄弱，缺少成熟的工业互联网平台。

在应用推广方面，虽频有亮点，但尚未形成燎原之势。从建设的数字化车间/智能工厂评估可以看出，数字化车间/智能工厂行业覆盖率较低，只有 80 个行业建成了数字化车间/智能工厂，占 191 个制造业中类的 41.9%，行业覆盖率尚未过半，传统行业、中小企业的覆盖力度不大；项目平均水平不高，

尽管评估的项目是各地区、各行业中基础条件较好的，建成的数字化车间/智能工厂数量占所有参评项目的比重还不足50%；行业标准应用示范欠缺，企业在转型升级过程中，形成了一大批新的行业应用标准，由于不统一、不规范等原因，限制了其在行业的应用推广。

在生态环境营造上，公共服务能力尚显不足。为企业开展智能制造探索提供咨询检测、资源共享、融资租赁等专业化服务的平台和机构较少。协同机制有待进一步健全。“制造强国战略”五大工程由不同部委、不同部门主导，相互之间的衔接不够，比如智能制造和绿色制造，虽然目标任务不同，但在主体和载体上，可能是同一家企业、同一套设备，存在交叉和关联的可能性；智能制造和机器人重大科技专项与智能制造工程重点任务有重叠，如何组织实现基础研究、应用研究、产业化的有效衔接，最大程度发挥政策合力需要及早安排。

第四节　2018 年我国智能制造趋势展望

2017 年，我国智能制造推进体系基本建立、新模式不断涌现、标准体系持续完善、关键技术装备取得重要突破，全面推进智能制造的条件已基本成熟。展望2018 年，我国智能制造发展将实现由点状突破向区域制造业提升迈进，将由基础条件好和需求迫切的行业向制造业所有行业扩展，同时智能制造关键技术装备、核心工业软件、工业互联网平台、系统解决方案等核心供给能力将有效提升。

一、对 2018 年形势的基本判断

（一）制造业智能转型将全面推进

经过连续三年的试点和探索，我国智能制造发展取得了显著成就：一是推进体系基本建立，《智能制造发展规划（2016—2020 年）》《智能制造工程实施指南》《国家智能制造标准体系建设指南（2015 年版）》发布，推进智能制造的顶层架构基本形成；二是新模式不断涌现，如航空领域形成了网络协

同制造模式，纺织、服装、家居、家电等消费品领域形成了大规模个性化定制模式，风电、工程机械等领域形成了远程运维服务模式；三是标准体系持续完善，制修订的标准已基本覆盖了智能制造标准体系中的基础共性和关键技术标准，石化、民爆、家电、船舶等行业加速推进本行业标准研制；四是关键技术装备取得突破，三维五轴联动光纤激光切割机床、高性能大型金属构件激光增材制造装备、高精密 RV 减速器、谐波减速器等相继突破。总体来看，通过政府、行业、企业的共同努力，我国全面推进智能制造的条件已经基本成熟。

展望 2018 年，预计我国智能制造发展将进入全面推进阶段，一是由点状突破向区域制造业提升迈进，在开展单个项目、单个企业试点示范的基础上，探索智能制造区域性发展的有效模式，以智能制造的推进带动区域制造业转型升级，加速转换增长动力；二是由基础条件好和需求迫切的行业向制造业所有行业扩展，截至目前试点示范已覆盖了 82 个行业，占制造业 191 个中类的 42.9%，未来将进一步扩大行业的覆盖范围；三是核心供给能力将快速提升，以市场应用带动智能制造关键技术装备、核心工业软件、工业互联网平台和系统解决方案供给能力的有效提升，形成一批智能制造的中国方案。

（二）核心装备供给能力稳步提高

在智能制造综合标准化与新模式应用项目、智能制造试点示范专项行动的带动下，高档数控机床、工业机器人、增材制造装备等智能制造关键技术装备取得一系列重要突破，同时，一批智能制造成套装备也研制成功。

展望 2018 年，随着我国智能制造的全面推进以及智能制造综合标准化与新模式应用项目、智能制造试点示范专项行动的持续实施，智能制造核心技术装备供给能力将稳步提高。同时，随着新一代信息通信技术与制造装备的深度融合，智能制造装备的商业模式将发生重大变革，服务化的发展趋势日益显著。例如，沈阳机床应用 i5 智能控制系统将机床变成智能数据终端，探索发展“共享机床”模式，打造区域工业服务共享平台，成为转型升级的全新破题点。

（三）智能制造新模式将加速推广应用

2015—2017 年，工业和信息化部通过智能制造综合标准化与新模式应用项目和智能制造试点示范专项行动共支持了308个新模式应用项目和206个试点示范项目，探索形成了一批可复制推广的智能制造新模式，例如，以满足用户个性化需求为引领的大规模个性化定制模式、以缩短产品研制周期为核心的产品全生命周期数字一体化模式、快速响应多样化市场需求的柔性制造模式、以打通企业运营“信息孤岛”为核心的互联工厂模式、以质量管控为核心的产品全生命周期可追溯模式、以提高能源资源利用率为核心的全生产过程能源优化管理模式、以供应链优化为核心的网络协同制造模式、基于工业互联网的远程运维服务模式。

企业在实施智能制造过程中，由于产品、工艺、市场环境等的不同，会呈现出不同的特征、做法和成效，形成不同的制造和商业模式，这些制造和商业模式可统称为智能制造新模式。展望2018年，随着我国制造业智能转型的全面推进，各行业、企业将加快推动新一代信息通信技术、智能制造关键技术装备、核心工业软件等与企业生产工艺、管理流程的深入融合，推动制造和商业模式持续创新，智能制造新模式将加速推广应用。

（四）智能制造标准体系进一步完善

“智能制造、标准先行”。为加快智能制造标准体系建设，工信部、国家标准委联合发布了《国家智能制造标准体系建设指南（2015年版）》，组织成立了国家智能制造标准化协调推进组、总体组和专家咨询组。目前，按照标准体系动态更新机制正组织开展制修订《国家智能制造标准体系建设指南（2018年版）》。近三年，通过智能制造综合标准化与新模式应用，共支持开展188项智能制造相关国家标准的研制工作，其中22项已正式发布，32项获得国家标准立项，制修订的标准已基本覆盖了智能制造标准体系中的基础共性和关键技术标准，石化、民爆、家电、船舶等行业也加速推进本行业智能制造标准研制。

2018年，《国家智能制造标准体系建设指南（2018年版）》将完成修订。同时，在智能制造综合标准化与新模式应用项目的支持下，智能制造标准的立项工作将进一步加快，80多项智能制造国家标准将完成制修订，一批标准试验验证平台将建成，智能制造标准体系将进一步完善。

（五）系统解决方案供给能力快速提升

在制造业智能转型的带动下，我国智能制造系统解决方案供给能力快速提升。2017 年 11 月，工信部公示了 49 家了解行业需求、具有较强系统集成能力、行业推广经验丰富的智能制造系统解决方案供应商。其中，有 20 家的主营业务收入达 10 亿元以上，成为我国制造业智能转型的重要推动者。例如，新松机器人已在一汽、华晨、海信、创维、临工等数十个龙头企业实施了基于自主工业机器人的生产线，覆盖汽车、家电、工程机械等 10 多个行业；石化盈科的智能制造解决方案已成功应用于中国石化、中煤集团、神华集团等 60 余家企业；青岛红领先后承担了服装鞋帽、机械、电子等 20 多个行业的 70 多项智能化改造项目。

展望 2018 年，随着我国制造业智能转型的全面推进以及“智能制造系统解决方案供应商推荐目录”等培育措施的实施，我国智能制造系统解决方案供应能力将快速提升，供应商的规模将持续扩张、服务能力将进一步增强，同时解决方案的功能也将更加完善、更好地满足行业需求。

二、需要关注的几个问题

（一）关键技术装备和软件受制于人

近几年，我国智能制造核心装备和工业软件取得重要突破，但与发达国家相比，我国高档数控机床与工业机器人、增材制造装备、智能传感与控制装备、智能检测与装配装备、智能物流与仓储装备等关键技术装备仍比较薄弱，数字化设计与制造等关键核心技术亟待提升，制约着我国智能制造的发展。目前，国内工业机器人市场约 60% 由外资品牌把持，90% 的高档数控系统、高性能传感器和 85% 以上的可编程逻辑控制器 PLC 依赖进口。

（二）创新体系不健全

我国以企业为主体、以市场为导向的制造业创新体系还不健全，在扶持政策、激励机制、服务体系、社会环境等方面仍存在一些制约创新的弊端，尚未形成跨学科、跨领域的“用产学研金政一体化”协同创新的生态体系。支撑企业开发创新的公共服务平台数量还不多、能力还不强，通用平台、测试验证、市场推广等方面的经验有待积累，大型科研设备和创新资源开放共享程度不够，能够发挥实质作用的联盟、协会和共性技术研发机构不足。

（三）基础支撑能力不足

我国智能制造标准规范体系尚不完善，尤其是智能制造的行业应用标准规范，同时也存在缺失滞后、交叉重复的现象。工业软件综合实力较弱，研发设计软件、嵌入式软件与信息咨询服务基本被国外垄断，国内工业软件企业生存空间相对较小，在产品化、工程化方面与国外企业有一定的差距。工业互联网基础设施亟待完善，工业互联网平台难以满足工业生产高实时、高可靠的需求。此外，还存在信息安全意识不足、防护不到位等问题。

（四）生态体系发展滞后

我国自主的智能制造系统解决方案供应商规模普遍偏小、供给能力不强，尚不能满足量大面广的企业智能化升级需求。缺乏为企业实施智能制造提供规划咨询、关键装备的试验验证、网络化平台资源共享等相关公共服务平台。智能制造方面的人才总量不足，高层次领军人才、创新型技术人才、高端复合型人才以及高素质技能人才短缺。

三、应采取的对策建议

（一）完善智能制造创新体系

一是持续强化先进感知与测量、高精度运动控制、高可靠智能控制、工业互联网安全等关键共性技术攻关能力，加快提升工业机器人、高性能传感器、可编程逻辑控制器（PLC）以及工业设计、工艺仿真、生产管理、工业APP等工业软件的自主化水平。二是推动机器人、增材制造等制造业创新中心加强组织创新、管理创新，尽快建立“风险分担、利益共享”的市场化选择机制，加快技术成果产业化步伐，不断总结制造业创新中心建设成功经验，积极筹建国家智能制造创新中心。三是充分发挥重点行业联盟、协会和共性技术研发机构的引领带动作用，建立跨界融合创新机制，积极搭建智能制造通用平台、测试验证实验室、市场推广服务平台等。

（二）夯实智能制造发展基础

一是充分发挥智能制造综合标准化项目的示范带动作用，加强试验验证，不断扩大相关标准在行业中的应用范围和领域，集中优势资源制定一批急需先行的基础共性和关键技术标准，积极搭建智能制造标准测试平台，加快完善智能制造标准体系。二是扩大软件定义网络（SDN）、第五代移动通信网络（5G）、窄带物联网（NB－IoT）等技术在工业现场网络、公用电信网等工业互联网基础设施建设中应用，搭建新型工业网络。三是积极搭建行业云制造平台、中小企业云制造平台等各类工业云平台，加快提升工业数据分析服务能力，谋划发展智能云制造系统、智能制造云运营中心等。

（三）强化智能制造人才培育

一是加强智能制造企业家队伍建设，建立健全面向智能制造的企业家培训体系，鼓励发扬优秀企业家精神，围绕智能制造积极开展理念创新、管理创新、商业模式创新等，有效推进企业开展面向数字化、网络化、智能化的业务模型重构和企业流程重组。二是鼓励装备、自动化、软件、信息技术等不同领域企业通过联合招聘、互派工作人员、共建项目团队等模式，联合开展智能制造人才培养，积极组织开展骨干研修、海外派遣、研究深造、青年储备人才培训等活动，培养一批熟悉制造技术、精通信息技术、了解系统集成、具备较强实战能力的高端复合型技术人才。三是创新产教融合、校企合作机制，实现产教协同创新、协同育人，建立一批智能制造人才实训基地，培养一批熟练操作智能化装备的高素质技能人才。

（四）培育系统解决方案供应商

一是依托智能制造试点示范、智能制造综合标准化与新模式应用项目的实施，推进装备制造企业、规划设计院、自动化企业、信息技术企业等加速向系统解决方案供应商转变，进一步提高系统解决方案服务能力，丰富系统解决方案服务模式和行业推广经验，打造具有行业、专业特色的智能制造系统解决方案供应商队伍，更好地满足企业的智能化升级需求。二是支持智能制造系统解决方案供应商加强与地方政府、金融机构等对接，破解企业智能化改造所面临的资金困境，在帮助企业智能化升级的同时，快速提升智能制造系统解决方案供应商的业务能力和盈利水平。三是研究制定智能制造系统解决方案供应商标准或规范，强化服务质量管理，加快推进相关团体标准研究与制定。

第八章　工业节能减排

本章从工业节能减排主要进展、重点政策分析、面临的形势和发展趋势展望四个维度，对我国工业节能减排2017年工作状况以及2018年发展趋势进行了分析。2017年，我国工业能源消费总量略有增长，能源消费结构进一步优化，能源资源利用效率显著提升，单位工业增加值能耗、水耗显著下降；工业结构不断优化，供给侧改革初见成效；污染物排放持续下降，资源综合利用水平不断提高。2018年我国工业节能减排机遇与挑战并存，节能减排任务目标明确，各区域、领域绿色发展水平不一，绿色创新不足，产能过剩等问题仍有待解决。2018年，工业经济仍将平稳运行，工业结构继续优化，结构性节能，污染减排将进一步完善；未来工作建议进一步强化工业节能的监督和管理，持续淘汰落后产能，细化差异化政策引导，加快推动绿色科技创新及其成果转化，并细化优化错峰生产配套政策措施。

第一节　2017年我国工业节能减排取得的主要进展

一、工业能源资源消费概况

（一）能源消费概况

经初步核算，2017年我国全年能源消费总量44.9亿吨标准煤，比上年增长2.9%。煤炭消费量占能源消费总量的60.4%，比上年下降1.6个百分点；天然气、水电、核电、风电等清洁能源消费量占能源消费总量的20.8%，上升1.3个百分点。全社会用电量累计增速同比提高。2017年，全社会用电量63077亿千瓦时，同比增长6.6%。分产业看，第一产业用电量1155亿千瓦时，同比增长 7.3%；第二产业用电量 44413 亿千瓦时，同比增长 5.5%；第三产业用电量 8814 亿千瓦时，同比增长 10.7%。

工业和制造业用电量同比增长，但增速均低于全社会用电量。全国工业用电量 39473 亿千瓦时，同比增长 5.4%，增速比上年提高 2.8 个百分点，占全社会用电量的比重为 68.9%，对全社会用电量增长的贡献率为 58.2%。其中，轻工业用电量为 6830 亿千瓦时，同比增长 7.1%，增速比上年提高 2.6 个百分点；重工业用电量为 32643 亿千瓦时，同比增长 5.1%，增速比上年提高 2.9 个百分点。全国制造业用电量 29658 亿千瓦时，同比增长 6.0%，增速比上年提高 3.9 个百分点。1—11 月，化学原料制品、非金属矿物制品、黑色金属冶炼和有色金属冶炼四大高载能行业用电量合计 16565 亿千瓦时，同比增长 4.3%，增速比上年同期提高 5.2 个百分点。

（二）矿产资源消费情况

原煤恢复性增长，原油降幅收窄，天然气增长较快，发电量平稳增长。具体来看：原煤生产受上年去产能政策基数较低，以及当年先进产能释放等影响，全年产量 34.5 亿吨，比上年增长 3.2%，上年为下降 9.4%；原油生产受国际市场原油价格低位运行、缓慢回升等影响，产量持续下降，全年生产 1.9 亿吨，同比下降 4.0%，降幅收窄 2.9 个百分点；天然气供需两旺，“煤改气”“油改气”和环保政策的落实推进使天然气消费需求持续攀升，全年产量 1480.3 亿立方米，同比增长 8.2%，增速加快 6 个百分点。在矿产品价格上涨的驱动下，大部分矿产品出现了恢复性增长态势。1—12 月，全国粗钢产量 8.3 亿吨，同比增长 3.0%；十种有色金属产量 5377.8 万吨，同比增长 3.0%。2017 年，煤炭消费量增长 0.4%，原油消费量增长 5.2%，天然气消费量增长 14.8%。天然气消费量 2373 亿立方米，除 9 月外，当月产量增幅小于当月消费量增幅。

二、工业节能减排进展

（一）工业节能降耗进展

2017 年全国万元国内生产总值能耗下降 3.7%，顺利完成全年下降 3.4% 的目标任务。预计全年规模以上单位工业增加值能耗同比下降超过 4%、单位工业增加值用水量同比下降约6%，超额完成年度目标。

1. 工业结构优化升级成效显著

六大高耗能行业增加值比上年增长3.0%，增速低于全部规模以上工业3.6个百分点，较上年回落2.2个百分点。工业战略性新兴产业增加值比上年增长11%，增速较上年提高0.5个百分点，高于规模以上工业4.4个百分点。1—11月，高技术制造业主营业务收入同比增长13.4%，增速比全部规模以上工业高2个百分点；主营业务收入利润率为6.68%，比全部规模以上工业平均利润率高0.32个百分点，同比提高0.35个百分点。

2. 工业能效持续提升

大力推广先进节能技术和产品，确定钢铁、电解铝等六个行业能效“领跑者”企业名单，发布《国家工业节能技术装备推荐目录（2017）》和《“能效之星”产品目录（2017）》，推广39项工业节能技术、119种工业节能装备及80种消费类家用电器“能效之星”产品。开展重点用水企业水效“领跑者”引领行动，确定钢铁、纺织和造纸等行业11家企业为首批重点用水企业水效“领跑者”，推动企业对标达标。

产能过剩行业市场加速出清，市场供求关系明显改善。钢铁行业央企全年共化解钢铁过剩产能595万吨。截至2017年10月，已完成煤炭退出1.5亿吨产能的任务，两年合计化解过剩产能超过5亿吨，主动淘汰、停建、缓建煤电项目51个，煤炭资源管理平台公司整合煤炭产能1亿吨，并通过“一企一策”“处僵治困”等实现约400户出清。

单位产品能耗多数下降，经初步统计，2017年，39项重点耗能工业企业单位产品生产综合能耗指标中8成多比上年下降。其中，重点耗能工业企业单位烧碱综合能耗下降0.3%，吨水泥综合能耗下降0.1%，吨钢综合能耗下降0.9%，吨粗铜综合能耗下降4.8%，每千瓦时火力发电标准煤耗下降0.8%。

3. 绿色制造示范工作常态化，标准引领作用不断凸显

开展绿色制造示范，发布首批绿色制造示范名单，包括201家绿色工厂、193种绿色设计产品、24家绿色工业园区和15家绿色供应链管理示范企业，带动相关领域绿色制造水平加快提升。发布第二批75家工业节能与绿色发展评价中心名单。工业节能与绿色发展标准化行动计划全面启动，首批286项

工业节能与绿色发展重点标准集中研究制定，加快建立健全工业节能与绿色标准体系。完善绿色产品、绿色工厂、绿色园区及绿色供应链评价要求等绿色标准规范，发布相关标准 19 项，有效支撑了绿色制造示范工作。

4. 高载能行业用电累计增速同比提高

1—11 月，化学原料制品、非金属矿物制品、黑色金属冶炼和有色金属冶炼四大高载能行业用电量合计 16565 亿千瓦时，同比增长 4.3%，增速比上年同期提高 5.2 个百分点；合计用电量占全社会用电量的比重为 28.9%，对全社会用电量增长的贡献率为 19.7%。其中，化工行业用电量 4057 亿千瓦时，同比增长 4.4%，增速比上年同期提高 3.2 个百分点；建材行业用电量 3016 亿千瓦时，同比增长 3.6%，增速比上年同期提高 1.2 个百分点；黑色金属冶炼行业用电量 4497 亿千瓦时，同比增长 1.4%，增速比上年同期提高 6.4 个百分点；有色金属冶炼行业 4994 亿千瓦时，同比增长 7.5%，增速比上年同期提高 8.0 个百分点。

5. 全国碳市场建设工作取得积极成果，工业绿色低碳转型深入推进

2017 年，全国万元国内生产总值二氧化碳排放下降 5.1%，全国碳市场建设工作取得积极成果。持续推进碳排放权交易试点，截至 2017 年 9 月，7 个试点碳市场共纳入 20 余个行业近 3000 家重点排放单位，累计成交排放配额约 1.97 亿吨二氧化碳当量，累计成交额约 45.16 亿元。目前，试点已完成 3—4 次碳排放权履约，减排初见成效。建立统一的碳排放权交易市场，组织起草了全国碳排放权交易市场建设方案、市场监督管理办法、企业碳排放报告管理办法，包括《碳排放领域失信联合惩戒备忘录》等相关的配套措施、配套制度。组织建设碳排放数据报告系统。工业领域，按照《工业绿色发展规划（20160—2020 年）》要求，积极推动构建绿色制造体系，加快工业低碳转型发展。深化国家低碳工业园区试点工作，加快扩大工业园区试点数量，继续组织创建国家低碳产业示范园区。

（二）大气污染防治重点区域废气污染物排放情况

2017 年为《大气污染防治条例》收官之年，各地加大环境整治力度，环保部对京津冀及周边城市进行多轮督查，工信部对钢铁、电解铝等重点工业行业、工业企业错峰生产等加大督导力度，京津冀地区下半年空气质量比上

年明显改善，全年 PM2.5 和 PM10 浓度分别为 64 微克/立方米和 113 微克/立方米，较上年分别减少 10%、4.9%。长三角区域 PM2.5 浓度为 44 微克/立方米，同比下降 4.3%；PM10 浓度为 71 微克/立方米，同比下降 5.3%。珠三角区域 PM2.5、PM10 浓度分别为 34 微克/立方米、53 微克/立方米，均达到国家二级年均浓度标准。

（三）工业资源综合利用情况

1. 大宗工业固废综合利用情况

根据《2017 年全国大、中城市固体废物污染环境防治年报》，2016 年，全国发布信息的 214 个大、中城市一般工业固体废物产生量为 14.8 亿吨，其中综合利用量为 8.6 亿吨，处置量 3.8 亿吨，贮存量 5.5 亿吨，倾倒丢弃量 11.7 万吨。一般工业固体废物综合利用量占利用处置总量的 48%，处置和贮存分别占 21.2% 和 30.7%。工业危险废物产生量为 3344.6 万吨，其中综合利用量 1587.3 万吨，处置量 1535.4 万吨，贮存量 380.6 万吨。工业危险废物综合利用量占利用处置总量的 45.3%，处置、贮存分别占比 43.8% 和 10.9%。

2. 再生资源行业发展政策环境逐步优化，回收总量和价格稳步提升

2017 年是实施生产者责任延伸制度的第一年，加大对再生资源行业的整顿，1 月出台《关于加快推进再生资源产业发展的指导意见》，多部委联合开展电子废物、废轮胎、废塑料、废旧衣服、废家电拆解等再生利用行业清理整顿，取缔一批污染严重、群众反映强烈的非法加工利用小作坊、“散乱污”企业和集散地，引导有关企业采用先进适用加工工艺，集聚发展，集中建设和运营污染治理设施，防止污染土壤和地下水。

《中国再生资源回收行业发展报告 2017》的数据显示，截至 2016 年底，我国废钢铁、废有色金属、废塑料、废轮胎、废纸、废弃电器电子产品、报废汽车、废旧纺织品、废玻璃、废电池十大类别的再生资源回收总量约为 2.56 亿吨，同比增长 3.7%。2016 年，我国十大品种再生资源回收总值约为 5902.8 亿元，受大宗商品价格上涨影响，主要再生资源品种价格持续走高，同比增长 14.7%。2016 年，我国废钢铁、废有色金属、废塑料、废纸四大类别的再生资源共进口 3990.4 万吨，同比下降 2.8%。

3. 再制造工作进展

2017年，在总结机电产品再制造试点示范、产品认定、技术推广、标准建设等工作基础上，全面评估产业发展现状和面临的形势，编制了《高端智能再制造行动计划（2018—2020年）》，对进一步开展以高技术含量、高可靠性要求、高附加值为核心特性的高端智能再制造进行了部署。继续组织再制造产品认证工作，发布《再制造产品目录（第七批）》。

第二节　2017年我国工业节能减排重点政策解析

一、《工业节能与绿色标准化行动计划（2017—2019年）》

（一）发布背景

为贯彻落实《中国制造2025》，加快实施《工业绿色发展规划（2016—2020年）》和《工业绿色制造工程实施指南（2016—2020年）》，工业和信息化部制定了《工业节能与绿色标准化行动计划（2017—2019年）》（以下简称《计划》），旨在充分发挥工业节能与绿色标准的规范和引领作用，促进工业企业能效提升和绿色发展。

（二）政策要点

1. 工业节能与绿色标准化行动计划的总体思路和原则

全面贯彻新发展理念，落实《中国制造2025》，加快推进绿色制造，紧紧围绕工业节能与绿色发展的需要，按照国务院标准化工作改革的要求，充分发挥行业主管部门在标准制定、实施和监督中的作用，强化工业节能与绿色标准制修订，扩大标准覆盖面，加强标准实施监督和能力建设，健全工业节能与绿色标准化工作体系，切实发挥标准对工业节能与绿色发展的支撑和引领作用。

工业节能与绿色标准化工作包括三项基本原则：一是坚持问题导向。按照工业绿色转型发展的规划和要求，针对工业节能与绿色发展面临的新问题，聚焦重点工作，加快单位产品能耗水耗限额、产品能效水效、运行测试、监督管理、绿色制造相关标准的制定、实施和监督。二是坚持统筹推进。加强顶层设计，在协调各类标准需求的基础上，统筹推进国家标准、行业标准、地方标准、团体标准和企业标准制修订，构建定位明确、分工合理的工业节能与绿色标准体系。三是坚持协同实施。落实工业节能与绿色标准制定、实施和监督工作的主体责任，充分发挥行业主管部门、节能监察机构、行业协会、社会组织、第三方机构、重点企业的积极性，形成工作合力，共同推进工业节能与绿色标准化工作。

2. 工业节能与绿色标准化行动计划的工作目标

到2020年，在单位产品能耗水耗限额、产品能效水效、节能节水评价、再生资源利用、绿色制造等领域制修订300项重点标准，基本建立工业节能与绿色标准体系；强化标准实施监督，完善节能监察、对标达标、阶梯电价政策；加强基础能力建设，组织工业节能管理人员和节能监察人员贯标培训2000人次；培育一批节能与绿色标准化支撑机构和评价机构。

3. 工业节能与绿色标准化行动计划的重点任务

工业节能与绿色标准化工作的重点任务包括三大方面，七项具体任务。在加强工业节能与绿色标准制修订方面：一是制定一批工业节能与绿色标准。根据工业节能与绿色发展、构建绿色制造体系的新形势和新任务，针对性地制定一批工业节能与绿色发展标准。二是修订更新一批工业节能与绿色标准。围绕重点行业和重点用能设备，对标龄超过三年、无法体现能效进步、不能适应工业绿色发展新要求的现有标准，缩短复审周期，加快修订更新。在强化工业节能与绿色标准实施方面：一是加大强制性节能标准贯彻实施力度。依法监督重点企业贯彻执行强制性节能标准，实施标准执行与价格政策联动的机制，促进工业企业提升能效，降本增效。二是开展工业企业能效水平对标达标活动。树立能效水效标杆企业，促进落后追赶先进，提升行业整体水平。在提升工业节能与绿色标准基础能力方面：一是构建标准化工作平台。通过搭建工作平台，促进多部门沟通协调与技术交流，有利于工作统筹推进。二是加强标准宣贯培训。针对重点行业，对能源管理相关人员开展工业节能与绿色标准的线上线下培训。三是培育标准化支撑机构和评价机构。培育一批能够支撑标准制定的专业机构，以及一批工业节能与绿色发展评价机构，为标准化工作提供技术支撑。

（三）政策解析

1. 实施工业节能与绿色标准化行动计划的重要意义

近年来，工业和信息化部会同国家质检总局等部门先后发布了《工业和通信业节能与综合利用领域技术标准体系》（工信厅节〔2014〕149 号）、《绿色制造标准体系建设指南》（工信部联节〔2016〕304 号）、《装备制造业标准化和质量提升规划》（国质检标联〔2016〕396 号）。标准的制定、宣贯和督查力度不断加大，完成了 400 多项工业节能和绿色发展标准制修订，包括单位产品能耗限额、产品能效、水效、再生资源利用等；通过对重点用能行业开展能效对标达标活动，倒逼企业节能降耗、降本增效，引导市场公平竞争，促使工业能效和绿色发展水平不断提升。

虽然取得上述成绩，但面对工业领域对节能和绿色发展标准的旺盛需求，标准供给仍然存在较大缺口。具体表现为标准覆盖面不足、更新缓慢滞后、制定与实施结合不紧密、实施机制不完善等问题。“十三五”时期是落实制造强国战略的关键时期，也是推进工业节能与绿色发展的攻坚阶段，实施好工业节能与绿色标准化行动计划，有利于充分发挥标准的引领作用，全面推进绿色制造，有效促进工业绿色、高质量发展。

2. 工业节能与绿色标准化行动计划重点任务解析

（1）制定一批工业节能与绿色标准

工业节能与绿色标准的制定，主要围绕三方面开展工作：一是聚焦钢铁、建材、有色金属、机械等重点行业，在节能节水设计、能耗计算、运行测试、节能评价、能效水效评估、节能监察规范、再生资源利用等方面制定标准，为能效贯标、节能监察、能源审计等工作提供依据。二是针对终端用能产品，在能效水效、工业节能节水设计与优化、分布式能源、余热余压回收利用、绿色数据中心等方面制定标准，以促进节能与绿色新技术、新产品的推广应用。三是加快推进绿色工厂、绿色园区、绿色产品、绿色供应链相关标准制定，指导绿色制造体系建设。

（2）修订更新一批工业节能与绿色标准

工业节能与绿色标准的修订更新包括三方面：一是修订更新单位产品能耗限额标准。重点围绕钢铁、建材、石油化工、有色金属和轻工等行业进行，其中实现高耗能行业能耗限额标准全覆盖和滚动更新，“领跑者”指标将逐步纳入能耗标准。二是制修订产品设备能效标准。重点在钢铁、机械、电子、有色金属、轻工、航天等行业开展，通过指标先进性，引领用能设备升级。三是制修订能源管理相关标准，完善标准体系，推动工业企业能源管理水平提升。

(3) 加大强制性节能标准贯彻实施力度

强制性节能标准的贯彻实施，有利于落实能源计量统计制度，淘汰落后工艺和用能设备产品，整体提高工业领域能效水平。《计划》提出，依法加大工业节能监察力度，督促重点企业贯彻执行强制性节能标准，包括能耗限额标准和产品能效标准，进一步规范工业企业用能行为，同时，重点在钢铁、水泥、电解铝等行业实施阶梯电价政策，电价与企业执行的能耗限额标准挂钩，利用价格机制促进企业节能降耗，降本增效。

(4) 开展工业企业能效水平对标达标活动

开展能效水平对标达标活动，有利于先进企业发挥行业引领作用，落后企业找准改进方向并自我提升，进而促成行业能效水平整体提升。《计划》提出，重点围绕钢铁、石油和化工、建材、有色金属等高耗能行业，开展能效水效对标达标活动。一方面实施能效水效“领跑者”制度，树立标杆企业，公布标杆企业名单及其先进指标，发布最佳实践案例；另一方面，推动落后企业实施节能节水技术改造，追赶先进企业，看齐先进水平。同时，继续遴选发布节能机电设备产品推荐目录和“能效之星”产品目录，为企业设备选型提供参考，不断提升高效节能设备产品应用比例。

(5) 构建标准化工作平台

标准的制修订、宣贯与实施，涉及面广、参与主体多，需要多方共同努力，建立专门的工作平台，有利于高效沟通协调。《计划》提出，工业和信息化部将会同有关部门，以及地方行业主管部门、节能监察机构、行业协会、社会组织和重点企业共同参与，搭建工作平台，通过平台加强沟通协调与经验交流，统筹推进工业节能与绿色标准化工作。

(6) 加强标准宣贯培训

落实节能与绿色标准的作用，关键在于提升工业和信息化主管部门、节能监察机构、重点企业的贯标意识和能力。《计划》提出，将以地方节能监察机构为主力，针对钢铁、石化、建材、有色金属、轻工、纺织、电子等重点行业，向节能管理人员、节能监察人员、企业能源管理负责人等开展节能与绿色标准培训。培训教材将融入节能与绿色标准的更新情况，培训方式采用线下与线上相结合，开展现场培训与网络培训。

（7）培育标准化支撑机构和评价机构

未来标准的制定，更多将由市场主体协调社会组织和产业技术联盟等共同完成，这是标准化工作改革的既定方向。为此，《计划》提出培育两种机构。一是标准化支撑机构，重点依托研究机构、行业组织、产业联盟等，形成一批能够加快发展团体标准和地方标准的专业机构。二是评价机构，培育一批能够开展工业节能与绿色发展评价的机构，专业、准确地把脉工业企业节能与绿色发展水平，为标准实施提供技术支持。

3. 实施工业节能与绿色标准化行动计划的保障措施

《计划》提出了三方面保障措施：一是加强政策支持。加大对标准化工作的政策支持力度，并探索建立市场化、多元化的投入机制。支持重点行业、重点领域节能与绿色标准制修订工作，鼓励地方政府加强工业节能与绿色标准化工作投入，引导社会组织、工业企业等积极参与标准化工作。优先利用绿色金融手段支持企业对照标准实施节能与绿色技术改造。二是发挥地方和行业协会作用。充分发挥地方政府、第三方机构在节能与绿色标准化工作中的作用，结合长江经济带、京津冀等重点地区推进工业节能与绿色发展工作的实际需求，研究制定区域标准、地方标准和团体标准。加强部省联动，推动基础好、适应性强的地方标准、团体标准上升为行业标准、国家标准。三是加强舆论宣传。充分利用各类新闻媒体、采取多种方式加强对工业节能标准化工作的宣传，引导企业依法用能、合理用能，提升全民节能贯标和绿色发展意识。认真总结工业节能与绿色标准化工作经验，不断完善工作机制。

二、《关于加强长江经济带工业绿色发展的指导意见》

2017 年 6 月 30 日，工业和信息化部联合国家发展和改革委员会、科学技术部、财政部、环境保护部共同发布了《关于加强长江经济带工业绿色发展的指导意见》（工信部联节〔2017〕178 号，以下简称《指导意见》），这是我国第一个针对长江经济带工业绿色发展的指导性文件，旨在贯彻落实党中央、国务院关于长江经济带发展重大战略部署，保护长江流域生态环境，进一步提高工业资源能源利用效率，全面推进绿色制造，减少工业发展对生态环境的影响，实现绿色增长。

（一）发布背景

长江经济带横跨我国东中西三大区域，覆盖上海、江苏、浙江、安徽、江西、湖北、湖南、重庆、四川、贵州、云南11个省市，地域面积约205万平方公里，人口占比接近43%，地区生产总值占全国的44%，经济增速持续高于全国平均水平，经济带动作用强、辐射范围广，是全球重要的内河经济带，在我国发展大局中具有举足轻重的战略地位。《中共中央关于制定国民经济和社会发展第十三个五年规划的建议》中明确提出加快推进长江经济带发展的要求，为此，国务院制定和发布了《关于依托黄金水道推动长江经济带发展的指导意见》（国发〔2014〕39号）。

长江经济带工业企业密集，环境风险点多，部分企业清洁生产水平不高，产业结构和布局不合理造成累积性、叠加性和潜在性的生态环境问题突出，成为制约长江经济带持续健康发展的主要瓶颈。为贯彻落实党中央、国务院关于长江经济带重大战略部署，保护长江经济带生态环境，从生产源头防治污染，破解生态环境约束，提高工业绿色发展水平，实现经济绿色增长，工业和信息化部联合有关部门共同制定和发布了《指导意见》。

（二）政策要点

1. 长江经济带工业绿色发展的目标

根据《指导意见》，长江经济带工业绿色发展的总体思路是：深入贯彻党中央、国务院关于长江经济带发展的战略部署，按照习近平总书记提出的“共抓大保护，不搞大开发”的要求，坚持生态优先、绿色发展，全面实施《中国制造2025》，扎实推进《工业绿色发展规划》，紧紧围绕改善区域生态环境质量要求，以企业为主体，落实地方政府责任，加强工业布局优化和结构调整，执行最严格环保、水耗、能耗、安全、质量等标准，强化技术创新和政策支持，加快传统制造业绿色化改造升级，不断提高资源能源利用效率和清洁生产水平，引领长江经济带工业绿色发展。

确立的目标是：到2020年，长江经济带绿色制造水平明显提升，产业结构和布局更加合理，传统制造业能耗、水耗、污染物排放强度显著下降，清洁生产水平进一步提高，绿色制造体系初步建立。与2015年相比，规模以上企业单位工业增加值能耗下降18%，重点行业主要污染物排放强度下降20%，单位工业增加值用水量下降25%，重点行业水循环利用率明显提升。全面完成长江经济带危险化学品重点搬迁改造项目。一批关键共性绿色制造技术实现产业化应用，打造和培育500家绿色示范工厂、50家绿色示范园区，推广5000种以上绿色产品，绿色制造产业产值达到5万亿元。

2. 推动长江经济带工业绿色发展的主要措施

《指导意见》围绕长江经济带工业的布局、产业结构、传统产业技术改造、污染防治等影响绿色发展的核心问题，提出了具体的任务和政策措施。

一是优化工业布局。针对长江经济带产业布局现状和存在的问题，《指导意见》从完善工业布局规划、改造提升工业园区、规范工业集约集聚发展、引导跨区域产业转移、严控跨区域转移项目五方面提出优化工业布局的方案。

二是调整产业结构。推动长江经济带工业发展从中高速增长迈向产业价值链的中高端，关键取决于结构调整的进度和成效。为此，《指导意见》从依法依规淘汰落后和化解过剩产能、加快重化工企业技术改造、大力发展智能制造和服务型制造、发展壮大节能环保产业等方面提出解决方案。

三是推进传统制造业绿色化改造。传统制造业升级改造对于工业绿色发展起着重要作用。立足长江经济带传统产业发展现状，《指导意见》提出要大力推进清洁生产，实施能效提升计划，加强资源综合利用，以及开展绿色制造体系建设。

四是加强工业节水和污染防治。长江经济带分布着大量的高耗水行业，水资源消耗量及污染物排放量较大。针对这种情况，《指导意见》提出通过提高工业用水效率、推进工业水循环利用、加强重点污染物防治等方式，推进工业节水和污染防治。

（三）政策解析

1. 以危险化学品企业搬迁改造工程为重要抓手

党的十八届五中全会提出，“十三五”时期要实施危化品和化工企业生产、仓储安全、环保搬迁工程，坚决遏制重特大安全事故频发势头。为此，国务院及有关部门密集出台了一系列相关政策措施，主要包括《国务院办公厅关于印发危险化学品安全综合治理方案的通知》（国办发〔2016〕88号）、《国务院办公厅关于推进城镇人口密集区危险化学品生产企业搬迁改造的指导意见（国办发〔2017〕77号）、《工业和信息化部印发促进化工园区规范发展指导意见》（工信部原〔2015〕433号）、《国家发展改革委 工业和信息化部关于促进石化产业绿色发展的指导意见》（发改产业〔2017〕2105号）等。长江经济带分布着大量危险化学品企业，环境风险点多。通过危化品企业搬迁，减少产业发展存在的隐患。为此，《指导意见》在危险化学品企业搬迁改造方面提出了明确的要求，即：到2020年，完成47个危险化学品搬迁改造重点项目，并以附件列出了这些项目的相关情况，加快推进项目实施。

2. 以指南的形式指导产业布局和产业结构优化

产业转移是优化区域生产力布局、形成合理产业分工体系的有效途径，是推进产业结构调整、加快经济发展方式转变的必然选择。当前，国际国内产业分工深刻调整，我国东部沿海地区产业向中西部地区转移步伐加快。长江经济带横跨东中西、连接南北方，具有强烈的产业转移内生动力。加强对长江经济带产业转移的引导和协调，有助于促进生产要素跨区域合理流动和优化配置，推动产业集群发展和区域协调发展，实现上中下游产业良性互动。为此，《指导意见》将《长江经济带产业转移指南》作为附件，对长江经济带产业转移作出总体引导，提出依托国家级、省级开发区，有序建设沿江产业发展轴、合理开发沿海产业发展带、重点打造五大城市群产业发展圈、大力培育五大世界级产业集群，形成空间布局合理、区域分工协作、优势互补的产业发展新格局。

3. 明确了推动长江经济带工业绿色发展的保障措施

一是加强组织领导。为形成工作合力，加快长江经济带绿色制造发展步伐，《指导意见》提出各级工业和信息化、发展改革、科技、财政、环境保护等主管部门要充分认识工业绿色发展的重大意义，加强组织领导，以企业为主体，落实地方政府责任，充分发挥行业协会、产业联盟等的桥梁纽带作用，切实推动工业绿色发展各项工作的实施。

二是强化标准和技术支撑。为调整产业结构和推动传统产业转型升级，发挥标准引领、规范和带动作用，《指导意见》明确提出发挥环境质量、污染物排放，以及绿色产品、绿色工厂、绿色园区、绿色供应链和绿色评价及服务等标准的引领作用，鼓励各地出台最严格的绿色发展标准。考虑到技术创新在推动产业转型升级中所起的重要作用，《指导意见》明确提出要加大急需技术装备和产品的创新，推动先进成熟技术的产业化应用和推广，支撑长江经济带工业绿色发展。

三是落实支持政策。发展壮大节能环保产业，以及推进传统制造业绿色化改造升级，都需要相应的政策支持。为此，《指导意见》明确提出充分利用现有资金渠道，进一步向长江经济带工业绿色发展、水污染防治等项目倾斜，支持符合条件的企业实施清洁生产技术改造、节水治污、能源利用效率提升、资源综合利用等。落实现有税收、绿色信贷、绿色采购、土地等优惠政策，加快支持企业绿色转型，提质增效。同时，提出鼓励长江经济带建立地区间、上下游间生态补偿机制，推动上中下游开发地区和生态保护地区进行横向生态补偿，探索区域污染治理新模式。

四是加强人才培养和国际交流合作。基于人才培养和国际合作在推动长江经济带工业绿色发展过程中的重要支撑作用，《指导意见》明确提出组织实施绿色制造人才培养计划，加大专业技术人才、经营管理人才的培养力度，完善从研发、转化、生产到管理的人才培养体系。同时强调，依托长江经济带的产业和区位优势，加强国际合作与交流，鼓励采用境外投资、工程承包、技术合作、装备出口等方式，推动绿色制造和绿色服务率先走出去。

五是加大宣传力度。为给长江经济带工业绿色发展营造良好的社会氛围，《指导意见》提出要加大绿色理念的传播力度，充分发挥媒体、教育培训机构、行业协会、产业联盟、绿色公益组织的作用，开展多层次、多形式的宣传教育活动，积极传播绿色理念，为长江经济带工业绿色发展营造良好社会氛围。

第三节　2018 年我国工业节能减排面临的形势

一、面临的机遇

（一）生态文明建设迈向新时代

党的十九大报告指出，中国特色社会主义进入了新时代，在新时代，需要推进包括生态文明建设在内的“五位一体”建设，这意味着中国生态文明建设也正在迈向新时代。迈向新时代需要有新视角、新理论、新思路、新制度、新产业、新行动。为了理清生态文明建设的思路和对策，必须构建一个清晰的理论分析框架。生态文明建设的核心是提高生态环境生产率，即单位资源、环境、生态消耗的生产率。生态环境生产率高度概括了生态文明建设的核心内容，可作为生态文明建设的基本理论分析框架。推进生态文明建设的具体途径主要包括：一是优化资源能源结构、提高资源能源利用效率。二是开展国土整治，优化空间布局。三是淘汰“三高”产业，发展绿色低碳产业。四是治理环境污染。五是强化生态建设。六是推进绿色城镇化。七是研发应用绿色低碳技术。八是建设生态社会。

（二）绿色技术创新体系推动工业绿色发展

绿色发展已经成当今世界经济发展的一个重要趋势，许多国家把发展绿色产业作为推动经济结构调整的重要举措，经济发展过程中绿色的理念和内涵不断突出。绿色技术创新体系建设成为绿色发展的推动力。其一，科技创新是绿色发展的驱动力。绿色发展的特征是高科技含量、低资源消耗、少污染，仅依靠传统的生产方式和技术已经没办法满足绿色发展的要求，科技创新是绿色发展的必要要求。其二，集成性科技创新是当代科技创新的需求。我国在生态环保领域的国际地位逐渐升高，科技创新功不可没。但是随着技术更新换代时间的缩短，科技创新需要多学科、多领域的集成和互动，加之生态环境保护本身也是一项复杂的系统性工程，集成性创新越来越迫切和急需。其三，绿色科技创新以绿色装备制造为核心。科技创新对绿色发展具有引领和支撑作用。

（三）碳市场提升工业低碳化水平

国家发改委确定全国碳市场交易平台和结算将放在上海，全国碳市场交易的登记平台将落户湖北，北京、天津、重庆、广东、江苏、福建和深圳市，共同参与系统建设和运营。随着全国碳市场的启动，我国的碳排放将要从传统的行政指令式、经济补贴式节能减排政策，逐渐转化成基于市场机制的节能减排政策，让节能减碳的企业不断获得收益，从而催生企业创新发展和节能减碳技术创新，用最小成本促进达成减排目标，为我国低碳发展提供了可供选择的市场手段，增强了我国应对气候变化的能力，有助于降低我国经济整体碳排放水平，推动生态文明建设。

二、面对的挑战

（一）警惕单位工业增加值能耗反弹

首先，工业能源消费增速可能保持近年来的较高水平。回顾2017年，受去产能、去库存等供给侧结构性改革深入推进影响，我国工业能源消费呈现“前高后低”走势，其增速一直处于近年来的较高水平。进入2018年，随着供给侧结构性改革的深入推进，钢铁、有色金属等原材料行业产能利用率进一步回升，工业能源消费增速可能一直保持高位运行。其次，受供给过剩和下游需求不足导致的供需矛盾尚未根本性缓解、产品价格进一步回升压力较大等因素的影响，工业企业融资难、成本高等问题依旧存在，导致企业节能减排内生动力依然不足，仍无力承担节能环保技术改造带来的成本上升。再次，工业领域绿色生产方式的形成仍需时日。尤其是基础制造工艺绿色化水平亟待提升，产品（零件）制造精度低，材料及能源消耗大。这些因素叠加在一起，可能会在某个阶段造成单位工业增加值能耗反弹的情况。

（二）西部地区节能减排形势不容乐观

西部地区多数省份工业结构以重工业为主，2017年以来，随着市场供求关系好转，西部地区高耗能行业呈现恢复性增长，这种态势可能延续到2018年。同时，西部地区上年新开工和投产了大批重大工程和项目，例如，新疆

2017年公路建设计划开工项目2933个、总投资超过7500亿元，拉动水泥等高耗能行业大幅增长；宁夏神华宁煤集团世界最大煤制油项目400万吨/年煤炭间接液化示范项目建成投产，宁夏钢铁集团60万吨高线项目6月21日建成投产；内蒙古2017年预计新开复工亿元以上工业项目1000个，投产亿元以上工业项目310个。随着一大批重大工程和高耗能项目的开工建设和投产，必将拉动西部地区钢铁、建材等“两高”行业快速增长，西部地区节能减排压力将继续加大。

（三）节能减排科技创新能力难以满足需求

首先，节能减排科技创新的投入不足，原始创新能力比较薄弱。在能源高效低碳化利用、生产过程清洁化、资源循环利用等方面缺乏原创性技术；支撑绿色制造体系建设的基础数据库、评价与管理等共性技术和工具亟待加强。其次，传统工业的节能减排新工艺创新难度不断加大，企业创新主体地位尚未形成。以企业为主体的绿色科技创新平台建设，受到企业规模、运作机制等因素的影响，存在人才队伍不稳定、基础共性技术研发不足等问题。再次，节能减排新技术推广应用尚需加强，工业绿色发展标准体系亟须完善。绿色科技创新成果转化受到市场信息不对称、技术风险等方面的制约，科技成果转化率较低；同时，缺少适合于不同行业和地区的绿色发展标准，尚待完善强制性标准、优化推荐性标准、培育产业联盟标准，现有标准的国际化水平不高。

（四）错峰生产措施需进一步细化

为做好冬季采暖期及重大节日、活动等重点时段空气质量保障工作，京津冀及周边地区的“2+26”城市积极组织开展工业企业错峰生产工作。随着错峰生产工作的全面展开，京津冀及周边地区的环境质量明显改善，但也面临一些因素的制约。一是保障民生问题。特别是原料药行业，部分药品生产周期长、季节选择性强，采暖季实施停产可能无法满足市场需求。二是存在安全生产隐患。如石化行业，冬季错峰生产或限产停产对安全生产造成不利影响，要采取措施确保大气污染防治任务完成的同时保障安全生产。三是“一刀切”在一定程度上不利于环保“优胜劣汰”。目前，实施行业错峰生产主要依据产能情况，尚未根据排污水平优劣进行细分和差别化对待，排污少的优质产能与劣质产能实行相同的限停产政策。

第四节 2018年我国工业节能发展趋势展望

一、对2018年形势的基本判断

（一）工业经济保持平稳增长，工业能耗和污染物排放预计继续下降

进入2018年，工业经济增长有望继续保持平稳增长态势，工业能源消费总量继续保持低速增长，单位工业增加值能耗有望继续下降，但降幅可能收窄。首先，根据国务院《“十三五”节能减排综合性工作方案》的总体部署，按照工业和信息化部发布的《工业绿色发展规划（2016—2020）》的具体安排，工业节能领域关于结构性节能、技术性节能、管理性节能的具体措施将逐步落实到位，随着这些新措施效果的显现，2018年工业节能目标任务的完成有了政策层面的保障。其次，工业生产的回暖将带动工业能源消费需求同步回升（见图8－1），尽管能源消费总量将继续保持增长态势，但单位工业增加值能耗大幅反弹、难以控制的局面不会出现。2017年以来，受益于国家供给侧结构性改革持续推进，前三季度累计工业产能利用率为76.6%，同比提

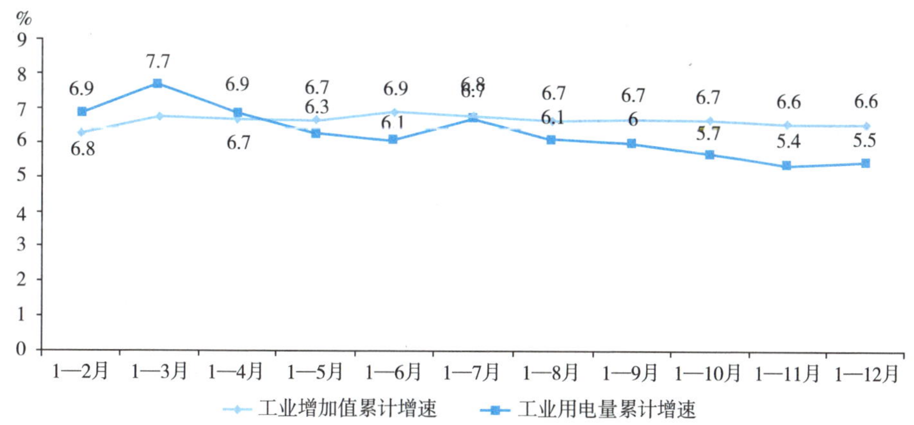

图8－1 规模以上工业增加值增速和工业用电量增速

资料来源：国家统计局、国家能源局，2018年1月。

高3.5个百分点，为近五年来最高水平。其中，钢铁、煤炭领域产能利用率延续上年下半年以来的回升态势。但2018年，在国内外市场需求保持总体稳定的情况下，高耗能产品产量大幅反弹的可能性不大，工业能源消费总量不会迅速增加，单位工业增加值能耗下降速度可能减缓，但仍然处于下降区间。

进入2018年，在高污染行业增长有限和散乱污企业环保整治、重点行业错峰生产深入推进的情况下，主要污染物排放总量将继续保持下降态势。首先，国务院发布的《“十三五”生态环境保护规划》落实将深入推进，大气、水、土壤污染防治行动计划的实施力度有增无减，散乱污企业的环境整治、重点行业错峰生产等新措施将继续推进，对重点地区、流域、行业将会实行更加严格的污染物排放总量控制。其次，工业源污染物排放占排放总量比重仍然保持高位，二氧化硫、氮氧化物、烟粉尘（主要是PM10）排放量分别占全国污染物排放总量的90%、70%和85%左右，工业是主要污染物减排的重点也是难点，随着总量减排、环境监管等措施的深入推进，工业领域主要污染物排放必将延续下降态势（见表8－1）。

表8－1　2017年1—9月全国74个城市主要污染物排放情况

污染物种类	2016年1—9月平均浓度（μg/m³）	2017年1—9月平均浓度（μg/m³）	同比变化
PM2.5	45	36	－20.0%
PM10	80	65	－18.8%
NO_2	28	33	+17.8%
SO_2	28	14	－50.0%

资料来源：环境保护部，2018年1月。

（二）四大高载能行业用电量比重继续下降，结构优化成为节能减排的主要动力

进入2018年，随着供给侧结构性改革的成效日益显著，结构性节能减排已逐步成为工业节能减排的主要动力。首先，四大高载能行业能耗占全社会能耗的比重有望在2018年继续保持小幅下降态势。2012年以来，化工、建材、钢铁和有色等四大高载能行业能源消费量占全社会的比重一直保持下降态势，平均每年下降近1个百分点；2017年1—9月，四大行业用电量占全社

会用电总量的比重为 28.5%，比上年同期下降了约 0.8 个百分点，延续了“十二五”以来用能结构优化调整的势头。其次，工业经济结构有望继续改善。2017 年以来，在供给侧结构性改革的推动下，工业领域供给体系的质量持续改善，先进的制造业等先进产能加快发展。1—10 月，高技术制造业增加值比上年同期增长 13.4%，增速比规模以上工业快 6.7 个百分点，在所有行业里面处于较快增速；同时，落后产能也在逐渐退出，2017 年的煤炭和钢铁的去产能任务已经超额完成，1.4 亿吨“地条钢”产能出清。再次，工业经济发展的新增长点、新动能正在形成。1—10 月，高技术制造业投资比上年同期增长 16.8%，远高于整体投资增长水平；传统产业的改造升级也在加速，制造业技改投资 1—10 月比上年同期增长 13.4%。

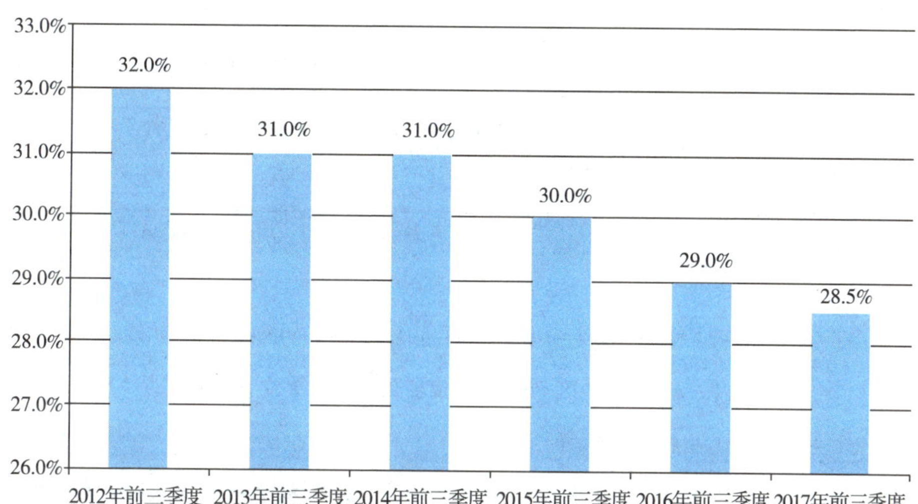

图 8－2　四大高载能行业能耗占全社会比重变化

资料来源：中国电力企业联合会，2018 年 1 月。

（三）重点区域环境质量继续改善，西部地区工业节能形势较为严峻

2018 年，京津冀、长三角、珠三角等重点区域主要污染浓度将保持下降，环境质量有望继续改善。根据环保部发布的监测数据，2013 年以来，京津冀、长三角、珠三角等区域的 PM2.5 浓度总体保持下降态势，与 2013 年相比，三个区域 2017 年 1—9 月 PM2.5 浓度从 98μg/m^3、65μg/m^3、47μg/m^3 下降到 52μg/m^3、30μg/m^3、30μg/m^3，降幅分别为 47%、54% 和 36%。随着《大气

污染防治行动计划》后续措施逐步落实，尤其是“散乱污”企业治理和重点行业错峰生产的强力推进，京津冀、长三角地区的环境质量有望继续改善，而珠三角地区的环境质量将继续保持在较好的水平。同时，我国各地区能源消费走势分化越来越明显，尤其是西部地区能源消费可能快速增长，其节能形势较为严峻。2017 年 1—10 月，纳入统计的 31 个省份全社会用电量均实现正增长。其中，全社会用电量增速高于全国平均水平（6.7%）的省份有 15 个，其中西部地区就占了 9 个，依次为：西藏（16.7%）、宁夏（12.4%）、贵州（11.4%）、新疆（10.9%）、内蒙古（10.8%）、陕西（10.6%）、甘肃（8.4%）、重庆（7.3%）、青海（7.3%）。

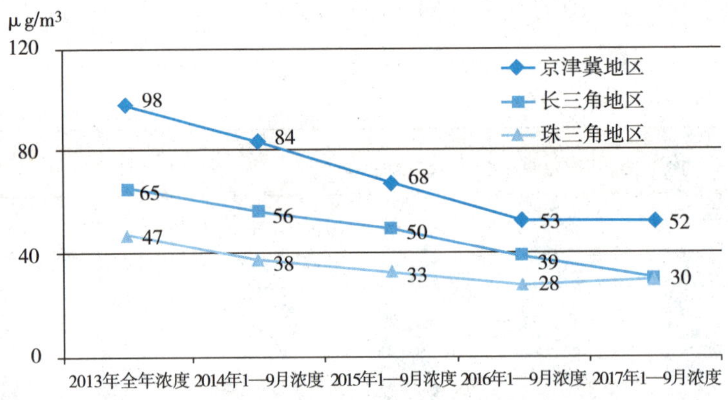

图 8－3　主要地区 PM2.5 浓度变化情况（单位 μg/m³）

资料来源：环境保护部，2018 年 1 月。

（四）工业绿色发展综合规划深入实施，绿色制造体系建设将取得阶段性进展

2018 年，我国第一个工业绿色发展综合性规划《工业绿色发展规划（2016—2020）》（以下简称《规划》）的落实将深入推进，包括绿色产品、工厂、园区和供应链等要素在内的绿色制造体系建设将取得阶段性进展，形成全面推进绿色发展的工作格局。《规划》提出“十三五”期间要培育百家绿色设计示范企业、百家绿色园区、千家绿色工厂、推广万种绿色产品，截至目前，绿色设计试点企业已有 99 家，基本完成“十三五”目标任务；首批已公布的绿色制造示范名单中，包括 201 家绿色示范工厂、193 种绿色设计产品、24 家绿色园区和 15 家绿色供应链管理示范企业，绿色制造体系建设工作

取得明显进展。同时，为加快实施《绿色制造工程实施指南（2016—2020）》，财政部、工业和信息化部正式发布了《关于组织开展绿色制造系统集成工作的通知》（财建〔2016〕797 号），利用中央财政资金引导和支持绿色设计平台建设、绿色关键工艺突破、绿色供应链系统构建等三个方向的示范项目，截至 2017 年底共计 225 个项目获得了资金支持，范围覆盖了机械、电子、食品、纺织、化工、家电等重点工业行业。

（五）节能环保产业支持政策将更加强化，产业将保持较快发展势头

2018 年，“十三五”节能环保产业发展有关规划的落实将深入推进，促进节能环保产业提速发展的政策措施将更加强化，产业将保持较快发展势头。首先，培育和发展节能环保产业将提升到新的政策高度。“十二五”以来，我国把节能环保产业作为战略性新兴产业进行培育和发展，产业一直保持至少 10% 以上的年均增速；党的十九大报告明确提出要进一步壮大节能环保、清洁能源、清洁生产等绿色产业，大力发展绿色低碳经济。其次，《“十三五”节能环保产业发展规划》的贯彻落实将深入推进，各项措施将逐步落实到位。《规划》针对促进产业规模持续扩大、技术水平大幅提升、产业集中度提高、市场环境不断优化等方面提出了一系列具体的措施，这些新措施将在 2018 年取得进一步成效，从而保障节能环保产业健康、快速发展。再次，党的十九大报告提出到 2035 年要实现生态环境质量根本好转的战略目标，随着生态文明建设战略的深入推进，绿色发展和环境保护的措施必将进一步强化，节能环保产业发展的外部需求将进一步扩大，市场前景不可限量。

二、应采取的对策建议

（一）强化工业节能的监督和管理

一是加强工业能源消费情况的跟踪管理，分析可能造成单位工业增加值能耗反弹的潜在因素，及时提出应对措施，确保全年工业节能目标任务圆满完成。二是尽快修订高耗能产品能耗限额标准，提高标准的限定值及准入值；同时，严格新上项目的能评环评，要加强工业投资项目节能评估和审查，把好能耗准入关，做好固定资产投资项目节能评估和审查，同时加强能评和环评审查的监督管理，严肃查处各种违规审批行为。三是围绕《绿色制造工程

实施指南（2016—2020）》和《关于开展绿色制造体系建设的通知》具体要求，加快推进绿色制造体系建设，促进绿色生产方式的形成。

（二）研究制定西部地区差异化的节能减排政策

一是总体谋划分区域的节能减排政策。充分考虑东部、中部与西部的地区差异，在淘汰落后产能、新上项目能评环评以及节能减排技改资金安排等方面，研究制定区域工业节能减排差异化政策。二是加强对西部地区工业能源消费情况的监督管理，尤其针对那些能源消费增速较快、重化工业比重偏高的省份，及时分析制约其工业节能目标任务完成的因素，加强指导和监督。三是加快推进西部地区工业绿色转型，加快发展绿色工业。结合国家西部大开发和丝绸之路经济带发展战略，强化新上项目能评环评，加快推进西部地区工业结构调整和产业转型升级；做强西部地区特色和优势工业，大力开发高附加值产品，延伸补充产业链，实现原材料行业的初级加工向精深加工转变；发挥西部地区能源和资源优势，大力发展分布式智能电网，提升风电、水电等清洁能源利用水平。

（三）加快推动绿色科技创新及其成果转化

一是鼓励支撑工业绿色发展的共性技术研发。按照产品全生命周期理念，以提高工业绿色发展技术水平为目标，加大绿色设计技术、环保材料、绿色工艺与装备、废旧产品回收资源化与再制造等领域共性技术研发力度。二是支持绿色制造产业核心技术研发。面向节能环保、新能源装备、新能源汽车等绿色制造产业的技术需求，加强核心关键技术研发，构建支持绿色制造产业发展的技术体系。三是要加快传统产业绿色化改造关键技术研发。围绕钢铁、有色、化工、建材、造纸等行业，以新一代清洁高效可循环生产工艺装备为重点，结合国家科技重大工程、重大科技专项等，突破一批工业绿色转型核心关键技术，研制一批重大装备，支持传统产业技术改造升级。四是鼓励创新成果转化，增加绿色科技成果的有效供给，发挥科技创新在工业绿色发展中的引领作用。

（四）细化优化错峰生产配套政策措施

首先，加快推进产业结构优化调整，降低错峰生产带来的总体影响。指导“2+26”城市加大钢铁等重点行业化解过剩产能力度，争取提前完成全年任务；强化能耗、环保、质量、安全、技术等指标，依法依规加快不达标产能退出市场；加大对“2＋26”城市大气污染防治工作的支持力度，综合运用财政、税收、金融等政策，调整产业结构，优化产业布局。同时，鼓励地方设立、加大化解过剩产能配套的支持政策，增强企业去产能积极性。其次，加快完善错峰生产配套政策措施。研究制定原料药行业错峰生产实施方案，在满足民生需求的前提下合理调整原料药生产计划。加强对重点城市水泥、铸造、砖瓦窑、钢铁、电解铝、氧化铝、碳素等企业错峰限停产工作的指导、监督、落实，防范安全生产风险，督促地方更好地开展错峰生产。

行 业 篇

第九章　装备工业

第一节　2017年我国装备工业整体发展状况

一、主要行业效益分化

2017年1—11月，我国汽车产销量分别完成2599.9万辆和2584.5万辆，同比分别增长3.9%和3.6%。其中，11月当月，汽车产销量分别完成308万辆和295.8万辆，同比分别增长2.3%和0.7%。1—11月，全国造船完工量3988万载重吨，同比增长25.3%；新承接船舶订单量2538万载重吨，同比增长27.3%；截至11月底，手持船舶订单量88167万载重吨，同比下降20.7%，比2016年底降低18%。1—11月，发电机组产量同比下降3.3%。其中，水轮发电机组、汽轮发电机和风力发电机组产量分别同比下降11.6%、6.2%和1.7%。电站用汽轮机和电站水轮机产量分别同比下降14.1%和增长3.4%。变压器和电力电缆产量分别同比增长2.8%和4%。1—11月，金属切削机床产量同比增长7.3%，其中数控金属切削机床产量同比增长1.7%；金属成形机床产量同比增长1.8%。金属切削工具和铸造机械产量分别同比增长14.6%和11.8%。

二、重点产业强国建设再上新台阶

《中国制造2025》明确将高端装备创新工程作为政府引导推动的五大工程之一，提出组织实施大型飞机、航空发动机及燃气轮机、民用航天、智能绿色列车、节能与新能源汽车、海洋工程装备及高技术船舶、智能电网成套装备、高档数控机床、核电装备、高端诊疗设备等一批创新和产业化专项、重大工程。2017 年以来，面对错综复杂的国内外形势，在以习近平同志为核心的党中央坚强领导下，我国制造强国建设再上新台阶。一是“中国制造 2025”顺利实施，配套政策措施陆续推出，纵向联动、横向协同的工作机制进一步完善，“中国制造 2025”国家级示范区启动创建，涌现一批重大标志性成果。二是国家制造业创新体系建设不断完善，新批复 3 家国家制造业创新中心，指导培育 48 家省级创新中心。国家科技重大专项、工业强基工程实施取得新突破，重点领域“卡脖子”问题进一步缓解，高档数控系统打破国外技术垄断，高端装备创新成果丰硕，“蓝鲸 1 号”在南海成功试采可燃冰，C919 大型客机、AG600 水陆两栖飞机成功首飞，党中央、国务院贺电慰问。上海、浙江、湖北、辽宁、陕西等省份细化落实“中国制造 2025”分省市指南，积极谋划新项目、推进试点示范城市建设取得突出成效。三是“中国制造 2025”国际对接合作不断深化，中俄联合研制宽体客机 CR929 项目顺利启动，与美欧日等在智能制造、工业互联网、5G、智能网联汽车等领域交流合作广泛开展，金砖国家工业领域合作达成多项共识。

三、智能制造新模式加速推广应用

2015—2017 年，工业和信息化部通过智能制造综合标准化与新模式应用项目和智能制造试点示范专项行动共支持了 308 个新模式应用项目和 206 个试点示范项目，探索形成了一批可复制推广的智能制造新模式，例如，以满足用户个性化需求为引领的大规模个性化定制模式、以缩短产品研制周期为核心的产品全生命周期数字一体化模式、快速响应多样化市场需求的柔性制造模式、以打通企业运营“信息孤岛”为核心的互联工厂模式、以质量管控为核心的产品全生命周期可追溯模式、以提高能源资源利用率为核心的全生产过程能源优化管理模式、以供应链优化为核心的网络协同制造模式、基于工业互联网的远程运维服务模式。

企业在实施智能制造过程中，由于产品、工艺、市场环境等的不同，会呈现出不同的特征、做法和成效，形成不同的制造和商业模式，这些制造和商业模式可统称为智能制造新模式。展望 2018 年，随着我国制造业智能转型的全面推进，各行业、企业将加快推动新一代信息通信技术、智能制造关键技术装备、核心工业软件等与企业生产工艺、管理流程的深入融合，推动制造和商业模式持续创新，智能制造新模式将加速推广应用。

四、首台（套）应用取得显著成效

首台（套）重大技术装备保险补偿机制试点工作连续开展三年以来成效显著，首台（套）重大技术装备保险补偿机制的确立，有效推动了国产装备新产品的市场推广、应用以及产品持续优化，有助于推动我国装备制造业创新体系的健康发展并提升装备制造业的核心竞争力。一是有效推动了国产重大技术装备推广应用。如电子专用设备领域，2015 年中晟光电设备（上海）有公司投保 LED 生产线关键设备，在重大技术装备保险补贴政策的支持下，顺利地进入了 LED 外延片大生产线，实现了产业化的目标。2017 年，随着原进口的大批 MOCVD 淘汰和 LED 生产线扩产，国产 MOCVD 迅速抢占市场，2017 年上半年已销售 30 多台，预计 2017 年的订单可超过百台。这不仅避免了又一轮 MOCVD 引进大潮，并且还可节省设备投资一半，降低了 LED 的成本，推动我国 LED 产业的发展。二是有效提升了国产装备国际竞争力。例如海工装备领域，中船黄埔文冲船舶有限公司对其制造的海洋石油 286 深水多功能水下支持船投保并获得补贴后，2016 年与同一用户再次签订 17000 万美元的销售合同；烟台中集来福士海洋工程有限公司制造的海工钻井平台、三一集团制造的路面起重机、上海江南长兴重工有限责任公司的液化气船等投保综合险，对稳定其海外用户起到非常重要的作用。再如工程机械领域，首台（套）保险补贴机制有效推动了重点产品取代进口设备，目前国产盾构机的市场占有率达 94. 9%、工程起重机市场占有率达 93. 8%、建筑起重机市场占有率达 99. 6%、大马力推土机市场占有率达 96%、压路机市场占有率达 84. 5%、旋挖钻机市场占有率达 98% 以上，基本实现了进口替代。国产装备在市场竞争力和扩大推广应用方面取得的成果，与国家对重大技术装备支持政策的实施是分不开的。三是显著降低了企业风险。例如，二重集团研发的关键设备或生产线价值数亿元，若研制失败制造企业与用户方均会承担高额风险，享受首台套保险补贴政策后，通过保险机制为后续的设备整改、完善、优化、提高等各项工作提供必要的资金支持，企业在热连轧线定宽压力机、厚板铝轧线拉伸机、高速冷连轧机组等方面实现自主集成研制，并逐步实现了全面国产化。四是鼓励支持了制造企业自主研发和产品创新。例如，中冶长天国际工程有限责任公司自主研发、针对钢铁烧结机的活性炭烟气净化系统应用于宝钢湛江基地 2×550 平方米烧结烟气净化工程，总投资 2.5 亿元。在总面积数相同的前提下，与太钢之前一直引进的日本住友同类技术相比，投资下降约 40%，在满足脱硫效率的前提下，脱硝效率提高 51.5%，二噁英脱除率提高 14.3%。

第二节 2017 年我国装备工业重点政策解析

一、《智能制造综合标准化与新模式应用》

完善智能制造标准体系建设。支持企业和标准化组织搭建智能制造标准试验验证平台，开展智能制造基础共性标准、关键技术标准和重点领域应用标准的研制和试验验证，建立健全国家智能制造标准体系。

通过智能制造综合标准化与新模式应用项目的实施，有效带动国产智能制造装备的创新发展，提升核心工业软件支撑能力。形成一批能够为行业提供智能制造系统解决方案的供应商，在不断总结提炼成功经验的基础上，与装备制造商、软件制造商等联合向行业提供智能制造系统解决方案，逐步发展成为智能制造系统解决方案供应商。形成一批可借鉴、可推广的智能制造新模式，包括以满足用户个性化需求为引领的大规模个性化定制、以缩短产品研制周期为核心的产品全生命周期数字一体化、基于工业互联网的远程运维服务、以供应链优化为核心的网络协同制造、以打通企业运营“信息孤岛”为核心的智能工厂、以质量管控为核心的产品全生命周期可追溯、以提高能源资源利用率为核心的全生产过程能源优化管理、基于云平台的社会化协同制造以及快速响应多样化市场需求的柔性制造。

二、《新一代人工智能发展规划》

当前，人工智能在全球范围内迅速发展，并将深刻改变人类社会的生产生活。为抢抓新一代人工智能发展的重大战略机遇，建立我国人工智能发展的优势。2017 年 7 月 20 日，国务院制定发布了《新一代人工智能发展规划》(以下简称《规划》)。

《规划》提出了我国人工智能的“三步走”战略目标。到 2020 年，人工智能总体技术和应用与世界先进水平同步，人工智能产业成为新的重要经济增长点，人工智能技术应用成为改善民生的新途径，有力支撑进入创新型国家行列和实现全面建成小康社会的奋斗目标；到 2025 年，人工智能基础理论实现重大突破，部分技术与应用达到世界领先水平，人工智能成为带动我国产业升级和经济转型的主要动力，智能社会建设取得积极进展。到 2030 年，人工智能理论、技术与应用总体达到世界领先水平，成为世界主要人工智能创新中心，智能经济、智能社会取得明显成效，为跻身创新型国家前列和经济强国奠定重要基础。

《规划》还提出了我国发展人工智能的六大重点任务：构建开放协同的人工智能科技创新体系，培育高端高效的智能经济，建设安全便捷的智能社会，加强人工智能领域军民融合，构建泛在安全高效的智能化基础设施体系，前瞻布局新一代人工智能重大科技项目。

三、《增材制造产业发展行动计划（2017—2020 年）》

为贯彻落实《中国制造 2025》，推进我国增材制造产业快速可持续发展，加快培育制造业发展新动能，工业和信息化部、国家发展改革委、教育部、公安部、财政部、商务部、文化部、卫生计生委、海关总署、国家质检总局、国家知识产权局联合制定《增材制造产业发展行动计划（2017—2020 年）》(以下简称《行动计划》)。《行动计划》以“创新驱动、夯实基础，需求牵引、统筹推进，军民融合、开放合作，市场主导、政府引导”为基本原则，针对重点制造（航空、航天、船舶、核工业、汽车、电力装备、轨道交通装备、家电、模具、铸造等）、医疗、文化、教育等四大重点领域，提出我国增材制造产业发展的主要目标：到2020年，增材制造产业年销售收入超过200亿元，年均增速在30%以上，关键核心技术达到国际同步发展水平，工艺装备基本满足行业应用需求，生态体系建设显著完善，在部分领域实现规模化应用，国际发展能力明显提升。《行动计划》明确了我国增材制造产业发展的五大重点任务，包括：提高创新能力、提升供给质量、推进示范应用、培育龙头企业、完善支撑体系。提出了加强统筹组织协调、加大财政支持力度、着力拓宽融资渠道、深化国际交流合作、强化行业安全监管、发挥行业组织作用等六项保障措施，促进增材制造产业做强做大，为制造强国建设提供有力支撑，为经济发展注入新动能。

四、《海洋工程装备制造业持续健康发展行动计划（2017—2020年）》

为引导行业把握机遇、应对挑战，加快提升产业发展质量和持续发展能力，制定《海洋工程装备制造业持续健康发展行动计划（2017—2020年）》（以下简称《行动计划》）。

《行动计划》的指导思想是全面贯彻落实党的十九大精神，以习近平新时代中国特色社会主义思想为指引，牢固树立新发展理念，紧紧围绕《中国制造2025》和建设海洋强国的战略目标，以推进供给侧结构性改革为主线，以创新为动力，加快调结构、去库存、补短板、创品牌，不断优化产业发展模式，培育新的经济增长点，提升国际竞争能力，促进我国海洋工程装备制造业持续健康发展。坚持创新驱动、需求导向、扶优扶强、开放融合，到2020年，我国海洋工程装备制造业国际竞争力和持续发展能力明显提升，产业体系进一步完善，专用化、系列化程度不断加强，产品结构迈向中高端，力争步入海洋工程装备总装制造先进国家行列。同时，《行动计划》提出了六大方面17项重点任务。

五、《汽车产业中长期发展规划》

2017年4月25日，工业和信息化部、国家发展改革委和科技部共同印发《汽车产业中长期发展规划》（以下简称《规划》），《规划》的核心要义就是要做大做强中国品牌汽车，培育具有国际竞争力的企业集团。路线上要以新能源汽车和智能网联汽车为突破口，引领整个产业转型升级；措施上主要包括优化产业发展环境，推动行业内外协同创新，推动全球布局和产业体系国际化。具体讲，可用“一六六八”四个数字概括：

“一”个总目标即建设汽车强国，“力争经过十年努力，迈入汽车强国行列”。

“六”个细分目标是汽车强国的细化考量指标。包括关键技术取得重大突破、中国汽车品牌全面发展、国际发展能力明显、全产业链实现安全可控、新型产业生态基本形成、绿色发展水平大幅提高等六个目标。

“六”项重点任务围绕六个目标提出。一是完善创新体系，增强自主发展动力。二是强化基础能力，贯通产业链条体系。三是突破重点领域，推动产业结构升级。四是加速跨界融合，构建新型产业生态。五是提升质量品牌，打造国际领军企业。六是深化开放合作，提高国际发展能力。

“八”项重点工程是六大任务的重要支撑和抓手。分别是创新中心建设工程、关键零部件重点突破工程、新能源汽车研发和推广应用工程、智能网联汽车推进工程、先进节能环保汽车技术提升工程、“汽车＋”跨界融合工程、汽车质量品牌建设工程、海外发展工程。

六、《关于促进和规范民用无人机制造业发展的指导意见》

近年来，我国无人机产业发展迅猛，近三年年均产值增速达90%以上。已在个人娱乐消费领域已占据全球领先优势，在生产作业及商业应用领域等领域也正发挥越来越重要的作用。我国消费类无人机已占据全球70%以上市场份额，一些行业应用类无人机企业技术水平、行业地位及影响显著提高。但无人机迅速发展的同时，出现一些影响安全的事件，无人机非法掉落敏感地区及频繁扰航等事件，已引起社会的高度关注。原因在于：一是行业法规标准滞后，二是安全监管手段缺失。同时，产业发展还存在行业应用类无人机部分核心技术仍不足的问题。

为加快解决无人机产业发展过程中暴露出的突出问题，2017年12月6日，工业和信息化部印发了《关于促进和规范民用无人机制造业发展的指导意见》（工信部装〔2017〕310号，以下简称《指导意见》），从统筹产业发展和安全规范角度出发，提出促控并举，加快营造产业发展的良好环境，推动发展国际标杆、安全规范、健康有序的民用无人机产业。

《指导意见》提出“坚持市场主体，政府引导”“坚持创新驱动，标准规范”“坚持安全发展，技术管控”的基本原则，明确了产业发展阶段目标。到2020年，民用无人机产业持续快速发展，产值达到600亿元，年均增速40%以上。到2025年，产值达到1800亿元。同时提出要大力开展技术创新、提升产品质量性能、加快培育优势企业、建立完善标准体系、强化频率规范使用、推进管控平台建设、推动产品检测认证等八大重点任务及加强组织实施、加大政策支持、注重人才培养、发挥协会作用、强化日常监管等五大保障措施。

七、《国家机器人标准体系建设指南（2017年版）》

2017年6月，国家标准化管理委员会、国家发展和改革委员会、科学技术部、工业和信息化部共同组织制定印发了《国家机器人标准体系建设指南》（以下简称《建设指南》）。《建设指南》中指出，标准产业是产业发展和质量技术基础的核心要素，在机器人发展中具有基础性和引导性作用。《建设指南》提出，根据当前机器人产业发展和标准化现状，机器人标准体系将在4年内健全并逐步完善，共分两个阶段完成，重点领域涵盖基础标准领域、检测评定方法标准领域、零部件标准领域、整机标准领域、系统集成标准领域。

《建设指南》的实施将会加强行业规范管理，提升生产效率和质量，降低人工成本和能源消耗。一是制定了机器人整机、零部件、系统集成等领域的检测评定方法标准。二是建立了机器人领域的新型工作机制，通过标准指导框架，规避标准立项和修订过程中存在交叉重复、资源浪费的问题，提升了标准制定、修订、推广、实施的效率。三是在标准研究层面，机器人伦理标准研究的提出预计成为我国机器人产品顶层设计的考量标准。

第三节　2017年我国装备工业重点行业发展状况

一、机械行业

2017年，面对错综复杂的国内外形势，机械工业深入推进供给侧结构性改革，扩大有效供给，推进行业转型升级、提质增效。全年实现效益改善、出口回升，行业运行稳中向好，市场信心逐步提升，发展形势好于预期。与此同时，高端产品供应不足、低端产品供应过剩的不平衡状态仍未根本改变，专用装备等短板发展不充分的问题依然突出。

（一）行业保持较高增速

2017年，机械工业增加值增速始终保持在10%以上，延续了上年持续高于全国工业和制造业的态势。全年机械工业增加值同比增长10.7%，高于机械工业上年同期1.1个百分点，分别高于同期全国工业和制造业4.1和3.5个百分点。通用设备制造业、专用设备制造业、电气机械和器材制造业以及汽车制造业的全年工业增加值同比增速均超过10.5%，其中通用设备制造业和专用设备制造业的增速较上年提升4.6和5.1个百分点。农机工业增加值同比增速为9.1%，比上年提升1.4个百分点，农机工业12个子行业全部实现正增长。

（二）经济效益明显改善

2017年，机械工业实现主营业务收入24.54万亿元，同比增长9.47%，比2016年高2.03个百分点。实现利润总额1.71万亿元，同比增长10.74%，比2016年高5.2个百分点。2017年，机械工业主要效益指标较快增长，但主营业务收入及利润增速分别低于同期全国工业1.61和10.3个百分点。从盈利能力看，2017年机械工业主营业务收入利润率为6.98%，比上年提高0.08个百分点，高于同期全国工业0.52个百分点；每百元资产实现的主营业务收入为109.89元，比上年提高0.42元，高于同期全国工业1.5元，表明机械企业的盈利能力在增强。2017年，机械工业生产者出厂价格指数改变了前些年持续的下行态势，各月指数介于100.1至100.9之间。

（三）分行业发展全面向好

重点监测的机械工业64种主要产品中，产量实现同比增长的产品有47种，占比73.4%，产品产量增长面较上年扩大9.3个点；产量同比下降的产品17种，占比26.6%。相比2016年的以汽车、电工电器两大行业为主拉动增长不同，2017年以来机械工业各分行业均表现出向好的发展态势，汽车、内燃机、工程机械、仪器仪表4个分行业增速实现两位数增长。汽车和电工电器行业的新增主营业务收入分别占全行业的40.56%和22.99%，其他行业合计占36.45%。在全行业新增利润中，汽车和电工电器行业分别占23.01%和14.73%，其他行业合计占62.26%。

（四）对外贸易增速回升明显

2017年，机械工业对外贸易增速持续回升，全年累计实现进出口总额7123亿美元，同比增长10.01%。其中进口3063亿美元，同比增长12.31%；出口4060亿美元，同比增长8.33%，实现贸易顺差997亿美元。13个主要分行业全部实现对外贸易出口同比正增长，其中农业机械、工程机械、机床工具和汽车行业出口实现两位数增长。特别是推土机、收获及场上作业机械、装载机、数控机床、汽车整车等产品，出口形势良好，出口量增幅分别为70.4%、51.5%、48.6%、44.1%和31.2%。

二、汽车行业

（一）2017年我国汽车产销实现平稳增长

2017年，我国汽车行业面临一定压力，从全年汽车工业运行情况看，产销增速略低于年初5%的预计，但2017年是在2016年高基数的基础上实现的增长，行业整体经济运行态势良好，呈现平稳增长态势。中国汽车工业协会最新数据显示，2017年，我国汽车产销分别完成2901.5万辆和2887.9万辆，同比分别增长3.2%和3%，分别低于2016年11.3和10.6个百分点。连续9年蝉联全球第一，行业经济效益增速明显高于产销量增速。

（二）乘用车产销增长速度明显放缓

2017年我国乘用车产销增速明显减缓，是2008年以来年度最低增长水平。受购置税优惠幅度减小的影响，1.6 升以下乘用车销量及市场占有率有所下降，SUV 对乘用车增长的拉动作用依然明显，交叉型乘用车市场继续萎缩。2017 年，我国乘用车累计产销分别完成 2480.7 万辆和 2471.8 万辆，同比分别增长 1.6% 和 1.4%。2017 年，1.6 升及以下乘用车累计销售 1719.3 万辆，同比下降 1.1%。

（三）货车拉动商用车市场快速增长

2017 年，商用车在货车增长拉动下，产销分别完成 420.9 万辆和 416.1 万辆，同比分别增长 13.8% 和 14%，分别高于 2016 年 5.8 和 8.2 个百分点。分车型来看，客车产销量分别完成 52.6 万辆和 52.7 万辆，同比分别下降 3.8% 和 3%；货车产销量分别完成 368.3 万辆和 363.3 万辆，同比均增长 16.9%，其中重型货车产销分别达到 115 万辆和 111.7 万辆，创历史新高，也是继 2010 年首次突破 100 万辆后，再次超过 100 万辆。

（四）新能源汽车发展势头强劲

2017 年，我国新能源汽车实现了高速增长，产销分别完成 79.4 万辆和 77.7 万辆，同比分别增长 53.8% 和 53.3%，2017 年我国新能源汽车市场占比 2.7%，比 2016 年提高了 0.9 个百分点。从能源类型来看，纯电动汽车产销分别完成 66.7 万辆和 65.2 万辆，同比分别增长 59.8% 和 59.6%；从车型结构来看，新能源乘用车中，纯电动乘用车产销分别完成 47.8 万辆和 46.8 万辆，同比分别增长 81.7% 和 82.1%；新能源商用车中，纯电动商用车产销分别完成 20.2 万辆和 19.8 万辆，同比分别增长 17.4% 和 16.3%。

（五）中国品牌乘用车市场份额继续提高

2017 年，中国品牌乘用车累计销售 1084.7 万辆，同比增长 3%，占乘用车销售总量的 43.9%，占有率同比提升 0.7 个百分点；其中，轿车销量 235.4 万辆，同比增长 0.6%，市场份额 19.9%；SUV 销量 621.7 万辆，同比增长 18%，市场份额 60.6%；MPV 销量 172.8 万辆，同比下降 22.8%，市场份额 83.5%。随着消费升级和企业自身能力的提升，自主品牌高端化发展是必然趋势。经过多年积累和屡次失利，自主车企加快转型升级步伐，重新发起了品牌向上的突围战。

（六）智能网联汽车驶入健康发展快车道

2017 年可谓自动驾驶起势之年，传统车企、互联网企业等纷纷加快在智能网联汽车领域布局。百度更是发布了“Apollo”（阿波罗）计划，提供自动驾驶开放平台，与 50 余家企业携手。7 月 20 日，国务院印发《新一代人工智能发展规划》，12 月 14 日，工信部印发《促进新一代人工智能产业发展三年行动计划（2018—2020 年）》，从顶层设计和战略层面为智能网联汽车的发展指明了方向。为支撑前瞻性技术研究，12 月 18 日，《北京市关于加快推进自动驾驶车辆道路测试有关工作的指导意见（试行）》和《北京市自动驾驶车辆道路测试管理实施细则（试行）》两个指导性文件出炉，成为国内首个自动驾驶上路测试的指导性政策，自动驾驶路测终于有法可依。随着支持政策的完善，我国自动驾驶将驶入健康发展的快速道。

（七）进出口均实现较快增长

根据海关统计口径，2017 年，我国汽车实现出口 89.1 万辆，同比增长 25.8%，呈现较快增长态势，这也是出口连续 4 年下降后首次出现增长。其中，乘用车出口 63.9 万辆，同比增长 34%；商用车出口 25.2 万辆，同比下降 8.9%。

三、航空行业

（一）行业运行基本情况

2017 年，我国民用飞机研发取得重要进展，国产民机研发进入收获期。2017 年 5 月，C919 大型客机在上海首飞成功。截至 2018 年 2 月，C919 大型客机的国内外用户达到 28 家，订单总数达到 815 架。我国首款完全按照国际适航标准研制的涡扇喷气支线客机 ARJ21—700 飞机于 2017 年 7 月取得中国民航局颁发的生产许可证（PC），进入批生产阶段。2017 年 4 月，我国自主研制的大型灭火/水上救援水陆两栖飞机 AG600 进行了首次地面滑行试验，此后陆续完成低速滑行试验、中高速滑行试验并通过首飞技术质量评审会，于 12 月 24 日首飞成功，填补了我国在大型水陆两栖飞机领域的研制空白。

我国目前基本形成了干支线飞机、通用飞机、直升机、特种飞机的产业布局。上海和陕西重点发展民用干支线飞机；天津和浙江舟山分别依托空客、波音发展干线飞机；哈尔滨、石家庄、珠海、成都和荆门地区主要发展大中型通用飞机、公务机和特种飞行器；景德镇、哈尔滨和天津等地主要发展大中型直升机；其他省、市和地区的航空产业园区和企业主要发展轻小型的通用飞机和直升机。此外，我国还形成了以深圳、北京、天津和武汉等地为中心的无人机研制生产格局。

随着多项利好政策的出台，2017 年我国通用航空产业发展持续升温，形势总体向好。据中国民用航空局飞行标准司发布的《2017 年通用和小型运输运行概况》通告，截至 2017 年 12 月 31 日，我国有 270 家实际在运行的通用及小型运输航空公司，从业飞行人员 3326 名，航空器 1813 架，全国通用航空行业完成通用航空生产作业飞行 80.8 万小时，同比增加 5.35%。

（二）行业发展面临的问题

关键技术差距依然很大。虽然我国成功研发了包括 C919、ARJ21 在内的多种机型，航空产品的自主化率也在不断提高，但部分产品核心技术与国际一流水平相比仍然落后，对国外技术的依赖较强，核心产品如发动机、关键材料和元器件等仍需依赖进口。

供需不平衡情况明显。我国工业航空作业、农林航空作业、航空摄影、航空急救、航空旅游、航空警务等领域对固定翼和旋翼飞机的需求在不断加大。根据波音公司预测，中国将成为全球首个总价值超万亿美元的飞机采购市场。由于技术等原因的限制，中国目前所需通用飞机大多只能从国外进口。现状迫切要求航空制造企业实现关键技术、关键领域的有效突破，提高国内供给，促进民用飞行器国内供给与需求间平衡发展。

通用航空产业乱象显现。首先通用机场发展速度较慢，通用机场数量不足已成为制约我国通用航空发展的关键问题。虽然地方政府以及社会资本都对通用机场建设表现出了很高的积极性。但是依照目前的建设速度，无法实现 2020 年在全国范围内通用机场近 500 座的规划目标。此外，由于各地的规划缺少供需结合的系统分析，导致通用机场建设缺少与产业规划之间的衔接，与运输机场之间整体的协调发展也存在欠缺。同时，随着我国民用无人机的快速发展，民用无人机飞行安全问题也引起了社会各界的广泛关注。上年我国发生了多起民用无人机入侵运输机场净空保护区影响航班运行的事件，解决无人机飞行安全问题已刻不容缓。

四、船舶行业

（一）行业运行基本情况

1. 全国造船三大指标两增一降

2017 年，全国造船完工 4268 万载重吨，同比增长 20.9%；承接新船订单 3373 万载重吨，同比增长 60.1%；截至 2017 年 12 月底，手持船舶订单 8723 万载重吨，同比下降 12.4%。在世界造船三大指标中，2017 年，世界造船完工 9718 万载重吨，我国占比 39.1%，同比增长 8.9%；世界承接新船订单 7264 万载重吨，我国占比 44.4%，同比下降 24.7%；12 月底，手持船舶订单 19662 万载重吨，我国占比 44.8%，同比增长 4.2%。

2. 船舶行业经济效益出现下降

2017 年 1—11 月，全国规模以上船舶工业企业 1407 家，实现主营业务收入 5900.4 亿元，同比下降 8.2%。其中，船舶制造业 2791.9 亿元，同比下降 5.9%；船舶配套业 845.3 亿元，同比下降 6.1%；船舶修理业 206.9 亿元，同比下降 26.2%；海洋工程专用设备制造业 416.9 亿元，同比下降 12%。

3. 船舶出口保持增长

2017 年，全国完工出口船 3944 万载重吨，同比增长 17.9%；承接出口船订单 2813 万载重吨，同比增长 72.9%；12 月底，手持出口船订单 7868 万载重吨，同比下降 14.7%。出口船舶分别占全国造船完工量、新接订单量、手持订单量的 92.4%、83.4% 和 90.2%。

4. 产业集中度不断提高

船舶行业产业集中度进一步提高，全国前 10 家企业造船完工量占全国 58.3%，比 2016 年提高 1.4 个百分点。新接订单向优势企业集中趋势明显，前 10 家企业新接订单量占全国 73.4%；我国骨干船企优势明显，产业核心竞争力不断提升，有 5 家企业进入全球完工量前 10 强，有 4 家企业进入全球新接订单量前 10 强。

（二）行业发展面临的问题

1.“融资难”问题未能得到有效缓解

2017 年，造船产能相对过剩和交船难等问题使船舶和海洋工程装备建造企业风险依旧维持在高位，因为金融机构对船企依旧保持着谨慎的态度，甚至部分银行已经开始采取更加保守的行动，例如收紧授信或延长授信审批，这使得船舶和海洋工程装备建造企业融资难度进一步加大。尽管近两年国际航运市场有所回暖，但船舶工业整体仍处于低迷期，接单难导致行业价格战兴起，新船价格不断降低，首付款比例下调，同时弃船现象时有发生，因此船企现金流大幅萎缩，甚至很多大型骨干船企都存在着资金不足的难题。

2. 手持订单连续下降，去产能工作任重道远

近几年，鉴于船舶市场低迷，削减过剩产能一直是各主要造船国的主流行动，但产能削减速度一时还难以适应新造船市场需求的大幅收缩，现有的新接订单量还远远低于船企的正常生产需求。就手持订单总量而言，我国已经连续 4 年下降，形势正在逐步恶化；在船企方面，大部分企业的手持订单只能保证今后一年的工作量，能否保证企业订单长久持续进而实现连续生产是困难企业的一大难题，如何平衡市场需求与企业去产能的问题也是企业当前工作的重点。从具体需求来看，近年来全球新造船市场需求平均每年为 8000 万吨，而我国承接订单比例在 40% 左右，即 3200 万吨，对比我国船舶工业超过 6500 万吨的造船产能，产能利用率只能达到 50% 左右，产能相对过剩和供需矛盾问题亟待解决。

3. 综合成本快速上升，盈利空间大幅萎缩

2017 年，由于船企手持订单不断下降，开工船缺口增大等原因，导致全球新船市场订单的争夺异常惨烈。一方面，全球新造船市场需求量较少，船东刻意压低新船价格，新船建造完成后交付困难，船企受到双重压力。另一方面，2017 年以来，以船板为主的原材料价格持续高涨，平均涨幅超过 40%，人民币兑美元汇率出现连续性上涨，企业财务费用增多，劳动力不足导致用工成本刚性上涨；企业改单延期交付现象增多，管理费用持续增长。船舶企业综合成本的快速上升大幅挤压了船企的利润空间，行业盈利水平大幅下降，可持续发展受到冲击。

4. 外部环境持续恶化，在手项目风险加大

2017年，国际知名海工运营商哈菲拉航运、潮水公司、法斯塔德航运等申请破产或筹划债务重组对海工装备建造市场打击巨大，船企手持海工平台项目延期交付和弃船现象愈演愈烈，市场环境持续恶化。据统计，我国船企手持各类海工平台涉及合同终止和弃船项目明显增多，这些项目被船东反复要求延期交付，最终还是被弃船，对船厂生产经营造成极大影响。海洋工程装备产品定制化的特点，使之转手出售的难度极大，当前海工产业技术日新月异，船企在手海工项目的弃船风险不断集聚，交付形势尤为严峻。

第四节　2017年我国装备工业区域发展情况

一、东部地区

东部地区作为我国高端装备制造业的主要集聚地，也是低端产业“去产能”工作任务的“主战区”，高端装备制造业整体增速快于装备制造业，在工业中所占比重不断提高，今后有望成为拉动工业经济增长的主动力，是当前制造业转型升级“最热的战场”。2017年1—11月，辽宁省规模以上计算机、通信和其他电子设备制造业增加值增长21.9%，铁路、船舶、航空航天和其他运输设备制造业增加值增长20.2%。2017年，山东省装备制造业增加值增长11.0%，对规模以上工业的贡献率达45.7%，新产业新技术保持快速发展态势。2017年上半年，江苏省装备制造业增加值同比增长10.7%，对规模以上工业增加值增长贡献率达63.4%。11月，全省装备制造业增加值同比增长10.1%，快于规上工业3.2个百分点，先进制造业对工业的支撑作用日益凸显。2017年前三季度，广东省装备制造业增加值2398.5亿元，同比增长12.7%，新引进投资额亿元以上装备制造业项目311个。制造业企业“技术升级”热情高，仅2017年前10个月，广东工业技术改造投资3960.1亿元，同比增长30.3%，占工业投资比重从2016年同期的36.8%提高到43%。2017年，东部各省份装备工业均维持较高速增长，高端装备制造业发展动力

强劲，各省市深化供给侧结构性改革，大力推进新旧动能转换重大工程，产业结构向更“轻”“优”方向发展。

2017 年，东部省份出台诸多产业政策支持高端制造业发展。北京印发实施《北京市“十三五”时期现代产业发展和重点功能区建设规划》，要大力发展战略性新兴产业和高端制造业，壮大新能源汽车、高端装备制造等相关产业。浙江省发布《浙江省高端装备制造业发展重点领域（2017 版）》，实时把握高端装备制造业发展脉络，进一步加快重点领域突破，着力破解制约高端装备制造业提升发展的关键核心技术、装备和材料瓶颈，提升高端装备制造业整体水平。上海市印发《上海促进高端装备制造业发展“十三五”规划》，推进上海市装备制造业高端发展，大力提升装备制造业发展水平和核心竞争力。广东省发布《广东省先进制造业发展“十三五”规划》《珠江西岸先进装备制造产业带聚焦攻坚行动计划（2018—2020 年）》等相关产业、区域发展规划，推动先进制造业加快发展，实现由制造业大省向制造业强省转变。2017 年，大飞机 C919 成功下线试飞，高铁继续征战海外，新能源汽车开启人工智能模式，发展动力强劲，一批“大国重器”正在开启中国高端装备制造业的新纪元。

二、中部地区

（一）产业规模不断提升

2017 年，中部地区的装备制造业保持持续较快发展态势。

2017 年 1—11 月，河南省装备制造业增加值同比增长 14.3%，增速高于上年同期的 11.6%，并且高于全省规模以上工业平均增速（8.1%），领先全国装备制造业平均增速（11.4%）。

2017 年全年，安徽省装备制造业实现主营业务收入 15931.9 亿元，同比增长 12.6%；装备制造业增加值同比增长 13.1%；实现利润 864.3 亿元，同比增长 12.2%。

2017 年 1—11 月，湖北省装备制造业增加值同比增长 12.8%，占全省规上工业增加值比重为 32.7%，对全省规上工业增加值增长的贡献率达 50%。

2017 年全年，山西省工业发展稳步向好态势明显，装备制造业的主营业务收入达 1972 亿元，同比增长 22.0%；实现利润 73.9 亿元，同比增长 108.2%；装备制造业作为山西省转型升级的重要抓手，装备制造业增加值增长 10.8%。

2017 年全年，湖南省装备制造业增加值同比增长 14.2%，增速高于上年的 11.1%，并且高于全省规模以上工业增加值增速（7.3%），对全省规上工业增加值增长的贡献率达 54.8%。

（二）高端装备发展迅猛

河南省在电力、盾构、农机和矿山装备等领域居于全国领先地位，在数控机床、机器人、节能环保装备、轨道交通装备等 4 个新兴产业正在实现突破。分行业看，在增加值方面，2017 年 1—10 月，专用设备制造业同比增长 15.9%，电气机械和器材制造业同比增长 13.6%，通用设备制造业同比增长 13.0%，汽车制造业同比增长 12.9%，铁路、船舶、航空航天和其他运输设备制造业同比增长 7.1%，计算机、通信和其他电子设备制造业同比增长 5.0%。

安徽省在光缆、新能源汽车、太阳能电池、光纤和工业机器人产量等方面分别增长 58.2%、51.3%、38.9%、34.3% 和 33.2%。新能源汽车生产和销售推广分别为 6.76 万辆、6.51 万辆（标准车），同比分别增长 51.3% 和 46.9%；推广应用工业机器人 3400 台，超额完成全年目标（3000 台），生产工业机器人 8000 余台。

湖北省已形成交通运输设备制造业为引领，以通用设备制造业、电气机械及器材制造业等为支撑的装备制造业发展体系；其中，汽车、铁路船舶航空航天设备制造、电气机械、电子设备制造、医药行业增速分别增长 14.5%、11.1%、18.1%、16.1%、14.6%，领跑全省工业。

山西省在通信设备、汽车、重型装备、新能源装备及其他装备等行业上的发展较快。增加值方面，汽车、重型装备、通信设备和其他装备制造业分别同比增长 95.7%、18.5%、8.7% 和 10%。主营业务收入方面，汽车、新能源装备、通信设备和其他装备制造业分别同比增长 81.8%、40.0%、16.3% 和 16.2%。利润总额方面，其他装备制造业、通信设备和汽车分别同比增长 29.4%、5.8% 和 4.9%。分产品看，新能源汽车产量同比增长 1.5 倍、光伏电池同比增长 30.6%、光缆同比增长 21.4%。

湖南省在汽车制造业，计算机、通信和其他电子设备制造业，通用设备制造业，仪器仪表制造业，电气机械和器材制造业等领域的增加值同比分别增长 44.8%、18.3%、16.9%、12.8% 和 10.3%。分产品看，智能手机、太阳能电池、锂离子电池和新能源汽车等新兴工业产品产量同比分别增长 2691.3%、75.9%、21.2% 和 17.6%。

三、西部地区

西部地区装备工业产业规模不断扩大，总体平稳运行。四川、陕西、重庆、贵州等地区继续保持较高速增长。四川省装备制造产业 2017 年上半年同比增长 11%，比全省工业增速高 2 个百分点，其中，四川轨道交通产业产值实现了 50% 的高增速。陕西省前三季度非能源工业增加值同比增长 13.1%，其中，装备制造业同比增长 18.2%。2017 年，重庆市规模以上工业增加值按可比价格计算同比增长 9.6%。其中，制造业同比增长 11.2%，电力、热力、燃气及水生产和供应业同比增长 5.6%。在“6+1”支柱行业中，汽车制造业增加值增速为 6.2%、电子制造业为 27.7%、装备制造业为 9.3%、化医行业为 12.6%、材料行业为 7.6%、消费品行业为 9.3%，能源工业下降 5.9%。规模以上工业企业产销率达到 97.5%。

西部地区装备工业发展问题仍然突出，一是市场需求依然不足，投资增速明显放缓。传统装备产品市场需求明显减少，企业生产任务不足，产销量和经济效益出现较大下降。二是创新能力还不足，产品竞争力有待提升。内蒙古、甘肃等西部地区装备工业创新能力建设不足表现较为明显，装备工业整体规模较小，重大技术装备自主研发和制造能力不足，创新滞后成为转型发展的重要障碍。三是结构调整形势仍然严峻。部分地区工程机械、船舶、电机、机械基础件等部分行业产品结构性和周期性产能过剩较为严重，西部地区高端装备占装备制造业比重仍较小，产品档次低，特别是装备工业结构失调并未改善。四是企业生产经营困难。部分需求不足、产能过剩的传统产业市场竞争激烈，产品价格保持低位；中小企业融资难、融资贵的问题仍然突出，金融机构惜贷、抽贷现象较严重，“三角债”问题突出。

四川省着力打造西部地区智能制造发展高地，目前全省已建和在建数字化、智能化工厂（车间）的制造企业超过200家，总投资超过150亿元。陕西省2017年非能源工业中，装备工业完成工业总产值4900亿元，同比增长22.4%。重庆市机器人及智能制造装备产业2017年前三季度同比增加，智能机床产业产值增长，机床生产量同比下降，结构转型效果明显。高端交通装备2017年前三季度产值同比增长，其中轨道交通产业、通用航空产业同比增长明显。西部地区装备工业着力加强创新驱动，大力推进结构调整和转型升级，加快新旧动能转换，取得明显成效。新疆克拉玛依威奥公司的短电弧机床、特变电工的智能变压器等整机产品已实现产业化，金风科技风电机组风机变桨系统等控制技术应用走在全国前列。

第五节　2017年我国装备工业重点企业发展情况

一、埃夫特智能装备股份有限公司

埃夫特智能装备股份有限公司成立于2007年8月，是我国销售规模最大的工业机器人厂商。埃夫特智能装备股份有限公司通过多年自主研发，已形成机器人应用领域的全面覆盖。埃夫特的产值已连续4年实现80%以上递增，六关节型机器人销量位居同类别国产机器人企业首位。预计到2020年，埃夫特将实现年产工业机器人1万台、销售收入超过50亿元，建设“国际领先、国内一流”的机器人研发生产基地。

企业成功的发展本着“以人为本”的技术发展理念，不断完善技术创新机制建设，设有埃夫特—哈工大机器人研发中心、蔡鹤皋院士工作站、意大利智能机器人研发中心等。其次，配套设施的保障，如年产10000台的工业机器人装配检测线、投入1.3亿元人民币的产业化基地建设、聚集芜湖机器人产业园内产业资源，均大大提升设计产能。最后，与市场需求的结合是埃夫特技术革新的动力，技术涉及领域广泛，包括汽车零部件、卫陶、五金、家电、机加工、酿酒及消费类电子等，且逐步向新兴领域行业扩散。

企业技术突破借力深厚的技术底蕴。一是积累了大量的产品与应用经验。埃夫特的前身是奇瑞汽车设备部门旗下的装备制造科。二是进行严格的技术质量把控。2010 年 3 月，埃夫特通过了 ISO9001 国际质量体系认证。三是创新能力力争国际一流水准。作为国家机器人产业区域集聚发展试点重点单位，以及国家和省级机器人产业联盟主席单位，同相关知名大学和知名院士等建立了良性稳固的科研资源合作模式，参与参与国家及省级重点科研项目共 20 余项。

二、蔚来汽车

蔚来汽车创办于 2014 年，是全球初创电动汽车公司，总部设在上海，注册资本 5.54 亿美元，投资方包括易车李斌、京东刘强东、汽车之家李想、腾讯、百度、联想，以及红杉资本、高瓴资本、顺为资本、淡马锡等数十家知名机构投资，四轮融资总额达到 30 亿美元。经过三年的快速发展，目前蔚来汽车已经在国内上海，国外圣何塞、慕尼黑、伦敦等 19 地设立设计、研发、生产、用户中心与商务机构，汇聚了来自近 40 个国家和地区约 4000 名顶尖人才，研发人员占 70% 以上。蔚来汽车致力于通过提供高性能的智能电动汽车与极致用户体验，为消费者创造愉悦的生活方式，成为全球范围高品质用户服务企业。

2016 年 4 月 6 日，蔚来汽车与安徽江淮签署了战略合作框架协议，双方合作从事新能源汽车生产活动，初步计划年产销量 5 万辆，并且每年做一次年的产量预测，蔚来汽车同时承诺除第一款车型 ES8 外的后续车型优先导入。2017 年 4 月 9 日，蔚来汽车第二家整车厂合作伙伴正式落地，长安汽车与蔚来汽车正式签署战略合作协议，位于北京房山区的长安汽车北京公司。根据协议，双方将在新能源技术、智能技术等方面进行合作。

蔚来汽车的年产目标是 10% 的市场份额。蔚来汽车将于 2018 年 10 家城市开 10 家蔚来中心，销售网络线下主要依靠蔚来中心，蔚来中心将进一步扩展，其中大城市将是蔚来汽车首先考虑的地点。2018 年上半年做完 300 万公里测试之后可以第一批交付，预计将交付数百辆新车给车主。在产品方面，蔚来汽车会推出多款全新的产品，产品价格也将逐步下探，ES6 有望成为蔚来汽车的第二款产品，计划于2020年正式投放市场。

三、杭州先临三维科技股份有限公司

杭州先临三维科技股份有限公司（简称“先临三维”）成立于2004年，总部位于杭州市，是中国增材制造产业联盟副理事长单位。2014年8月8日，先临三维在新三板挂牌上市，是中国第一支在新三板上市的增材制造企业。目前，公司拥有杭州捷诺飞生物科技股份有限公司、北京天远三维科技有限公司、北京易加三维科技有限公司、南京宝岩自动化有限公司、江苏永盛新材料有限公司、杭州乐一新材料科技有限公司、上海测源数码科技有限公司等子公司，产品涵盖桌面3D扫描仪、齿科3D扫描仪、工业高精度3D扫描仪、3D相机、桌面级增材制造设备、生物材料与细胞打印机、工业级SLA设备、工业级SLS设备、工业级彩色增材制造设备等近50款自主3D扫描与3D打印设备产品。截至2017年年底，先临三维已授权和申请中的专利总计354项，软件著作权总计88项。近年来，先临三维继续保持良好的发展态势，2017年，实现营业收入3.63亿元，同比增长15.95%；实现利润总额4810.68万元，同比增长48.90%。

未来，杭州先临三维科技股份有限公司将扎根杭州，布局全球，以3D技术研究院和3D造互联网云平台为双核驱动，构建应用于社会、企业、家庭的3D打印生态圈，大力布局生物医疗领域，布局建设3D打印创新服务中心，深化国际化发展战略，着力建设包含3D扫描及3D打印装备、3D打印材料、3D打印制造服务、3D数据内容服务、3D创客培训服务以及互联网云平台于一体的3D数字化与3D打印技术生态系统，成为具备国际影响力的中国3D打印行业领军企业。

四、中国联合重型燃气轮机技术有限公司

燃气轮机属于高科技、高附加值产品，是发达国家重点发展的产业之一。2014年由中国电力投资集团公司联合国内燃气轮机制造相关单位在上海共同组建成立了中电联合重型燃气轮机技术有限公司。2017年，中电联合重型燃气轮机技术有限公司经国务院同意，更名为中国联合重型燃气轮机技术有限

公司（中国重燃）。中国重燃是“两机”专项中重型燃气轮机具体任务实施单位，目前在北京成立了分公司，其上海总部正在建设中。

国家电力投资集团公司于2017年成立重型燃气轮机重大专项工作领导小组，先后与清华大学、浙江大学、西安交大、上海交大等国内高校签署战略合作框架协议，并与意大利安萨尔多能源公司签署了合作备忘录。2017年，中国重燃还与北京华清燃气轮机与煤气化联合循环工程技术有限公司展开整体化技术合作，先后完成300MW（F级）、400MW（G/H级）重型燃机概念设计，初步形成重型燃气轮机设计能力。

中国重燃按照“小核心、大协作、专业化、开放式、轻资产”的思路构建多方协作的大平台，通过国家科技重大专项，致力于突破重型燃气轮机设计和运行的关键技术，打破我国相关产业发展瓶颈，建立专业人才队伍并形成先进的设计、研发、试验、材料、制造体系，掌握自主知识产权并形成自主品牌。中国重燃计划在2023年前完成300MW（F级）产品的研制定型工作，2030年前研制完成400MW（G/H级）产品，使我国自主研制的重型燃气轮机产品成为继高铁、核电之后中国制造的新名片。

五、江苏扬子江船业集团公司

江苏扬子江船业集团公司是集造船及海洋工程制造为主业，金融投资、金属贸易、房地产和航运及船舶租赁为补充的大型企业集团。公司的历史可回溯到1956年，由江阴县城区修造船生产合作社起步，经营业务以租船为主，代客修造为辅；1958年成立江阴县交通机械厂，经营方式是“以销定产”，逐步朝着专业造船工业方向迈进，产品主要以木船和水泥船为主，并逐渐试生产机动船；1962年公司更名为江阴县船舶修造厂，1968年制造出第一艘钢制船，产品也由木质船逐渐转变为钢制船；1983年开始发展拆船事业，1989年成立修船分厂，形成造、拆、修三业并举格局；1992年6月，江苏扬子江船厂正式挂牌，经营业务包括造船、修船、拆船，并逐渐向海外市场扩展，产品成功地由驳船转轨为机动船；1998年开始承接万吨远洋船舶；1999年成立江苏扬子江船厂有限公司；2007年4月，江苏扬子江船业集团公司正式成立并在新加坡挂牌上市。

企业主要产品有2.75万立方米液化气船、1.18万箱集装箱船、4800箱集装箱船、4250箱集装箱船、3800箱集装箱船、2700箱集装箱船、2500箱集装箱船、1100箱集装箱船、40万吨矿砂船、26.1万吨矿砂船、20.8万载重吨散货船、9.4万载重吨散货自卸船、9.3万载重吨多用途干货船、8.2万载重吨多用途干货船、6.4万载重吨多用途干货船、470万立方英尺木片船、3.6万载重吨重吊船、1.25万载重吨多用途船、super116E 350英尺水深自升式钻井平台等船舶产品和海洋工程装备。2016年，公司完工船舶35艘、323.6万载重吨，吨位比上年下降8.3%。新承接船舶订单279.9万载重吨，吨位比上年下降2.3%；年末手持船舶订单909.9万载重吨，比上年下降6.4%。2016年，公司完成工业总产值100.6亿元，比上年下降16.3%；实现主营业务收入79.1亿元，比上年下降28.4%；实现利润总额32.1亿元，与上年基本持平。

公司的战略目标是将企业打造成主业突出，多元发展，行业内最有竞争力的综合性上市公司，成就员工，回报股东，奉献社会；造世界最好的船舶，做世界最好的船厂。扬子江船业依托世界造船业向中国转移的契机，抓住了难得的历史机遇，将厂址迁至黄金水道长江江阴段，打开了通向大海的门户；公司建造的大型远洋集装箱船、散货船和多用途船驰骋在大洋上，形成了远洋船舶响亮的扬子江品牌。随后，“快一步改制”“快一步扩充产能”“快一步上市”和“快一步组建集团”的“快一步”战略使扬子江船业在发展中占得了先机；如今，在国际金融危机的阴霾还未消除的时候，扬子江船业又在未雨绸缪，在策划着新的“快一步转型”。届时的扬子江船业将成为一个以船舶和海洋工程建造为主业，金融投资、金属贸易、房地产和航运及租赁为补充的多元化大型企业集团。

第六节　2018 年我国装备工业发展环境分析

一、国内政策环境

（一）《中国制造 2025》“1 + X”规划体系全部发布

自 2015 年 5 月发布以来，《中国制造 2025》已进入全面实施的新阶段。工业和信息化部会同有关部门确定和编制了“1 + X”规划体系。“1”是指《中国制造 2025》，“X”是指 11 个配套的实施指南、行动指南和发展规划指南，包括国家制造业创新中心建设、工业强基、智能制造、绿色制造、高端装备创新等五大工程实施指南，发展服务型制造和装备制造业质量品牌两个专项行动指南，以及新材料、信息产业、医药工业和制造业人才四个发展规划指南。

（二）五大工程

2016 年 8 月 19 日，工信部、国家发展改革委、科技部、财政部四部委联合发布了《中国制造 2025》的制造业创新中心、工业强基、绿色制造、智能制造和高端装备创新等五大工程实施指南。其中，制造业创新中心建设工程以突破重点领域前沿技术和关键共性技术为方向，致力于建立从技术开发到转移扩散到首次商业化应用的创新链条。工业强基工程主要解决核心基础零部件、关键基础材料、先进基础工艺的工程和产业化瓶颈问题，构建产业技术基础服务。绿色制造工程将重点推动制造业各行业、各环节的绿色改造升级，加快构建绿色制造体系。智能制造工程以数字化制造普及、智能化制造示范为抓手，推动制造业智能转型，推进产业迈向中高端。高端装备创新工程以突破一批重大装备的产业化应用为重点，为各行业升级提供先进的生产工具。

（三）两个专项行动指南

2016 年 7 月 26 日，工业和信息化部会同国家发展改革委、中国工程院制定并印发了《发展服务型制造专项行动指南》，提出到2018年基本实现与制造强国战略进程相适应的服务型制造发展格局。

2016年8月15日，工业和信息化部、国家质检总局、国防科工局编制了《促进装备制造业质量品牌提升专项行动指南》，提出推动装备制造业质量和品牌整体提升，提高国产装备国内市场满足率、自主品牌市场占有率，依托中国装备树立中国制造的质量和品牌新形象。

（四）四个发展规划指南

2016年12月30日，工业和信息化部联合国家发展和改革委员会、科学技术部、财政部发布《新材料产业发展指南》，构建以企业为主体、以高校和科研机构为支撑、军民深度融合、产学研用协同促进的新材料产业体系，突破一批新材料品种、关键工艺技术和专用装备。

2016年12月30日，工业和信息化部联合国家发展和改革委员会发布《信息产业发展指南》，以加快建立具有全球竞争优势、安全可控的信息产业生态体系为主线，强化科技创新能力、完善基础设施，深化普遍服务，促进深度融合应用，拓展网络经济空间。

2016年11月7日，工业和信息化部联合国家发展和改革委员会、科学技术部、商务部、国家卫生和计划生育委员会、国家食品药品监督管理总局发布《医药工业发展规划指南》，推进生物药、化学药新品种、优质中药、高性能医疗器械、新型辅料包材和制药设备六大重点领域发展，实现医药工业中高速发展和向中高端迈进。

2016年12月27日，教育部联合人力资源和社会保障部、工业和信息化部发布《制造业人才发展规划指南》，完善制造业人才培养体制机制，夯实人才队伍建设基础，为实现制造强国战略目标提供坚实人才支撑。

（五）工业互联网成为“互联网＋先进制造业”的重要基石

2017年11月27日，国务院印发了关于《深化“互联网＋先进制造业”发展工业互联网的指导意见》（以下简称《指导意见》），《指导意见》以全面支撑制造强国和网络强国建设为目标，明确了我国工业互联网发展的指导思想、基本原则、发展目标、主要任务以及保障支撑。《指导意见》围绕打造网络、平台、安全三大体系，推进大型企业集成创新和中小企业应用普及两类应用，构筑产业、生态、国际化三大支撑，提出了工业互联网发展的七项主要任务。《指导意见》重点突出三大体系构建，在网络基础方面，重点推动企业内外网改造升级，构建标识解析与标准体系，建设低时延、高可靠、广覆盖的网络基础设施，为工业全要素互联互通提供有力支撑。平台体系方面，着力夯实平台发展基础、提升平台运营能力、推动企业上云和工业APP培育，形成“建平台”与“用平台”有机结合、互促共进的良好发展格局。在安全保障方面，着力提升安全防护能力、建立数据安全保护体系、推动安全技术手段建设，全面强化工业互联网安全保障能力。

二、国外政策环境

（一）英国发布《让制造更智能——2017评论》

2017年11月，英国政府正式推出以“工业数字化”为核心的《工业战略白皮书——建设适合未来的英国》。为贯彻落实这一战略，近日英国制造技术中心（MTC）受英国政府委托研究发布了《让制造更智能——2017评论》报告。该报告在分析英国工业面临的机遇与挑战基础上，从加快工业数字技术创新应用、加强人才教育培训、加强组织领导、破除技术采用障碍等四个方面提出了英国推进工业数字化的路径和政策措施。

工业数字化是指数字工具和技术（可统称为工业数字化技术，Industrial Digital Technologies，IDTs）在工业企业价值链中的应用。IDTs涵盖人工智能、物联网、机器人和数据分析等诸多技术，是推动第四次工业革命的关键技术力量。将IDTs应用到生产和物流中，将推动企业形成新的商业模式、加速产品推向市场、整合和强化供应链、显著提高生产效率。IDTs具有颠覆性，将迫使企业建立以客户为中心的商业模式，通过大规模定制为用户提供个性化产品和服务。

该报告对英国实现工业数字化提出四大建议。首先是抢抓新工业革命战略机遇，推动英国成为全球IDTs领导者。其次是创建更加高效的数字化生态系统，加速IDTs的创新和应用。再次是推动百万工人技能升级，促进IDTs应用推广。最后是破除数字技术应用的主要障碍。

（二）美国出台多项政策吸引制造业回流

美国特朗普总统执政一年以来，在税收、货币、投资等方面相继出台多项相关政策，奉行“美国优先”准则，并遵循其一贯的经济目标：把工作留在美国，把工作带进美国，促进美国国内就业，从而进一步巩固美国在全球竞争的优势地位。

一是签署《减税与就业法案》。2017 年 12 月 22 日，特朗普在白宫正式签署了《减税和就业法案》，该法案最终得以立法并将于 2018 年 1 月起正式实施。本次美国税改重点关注减税和简化，相比间接税，减税的重点主要体现在税改效果时滞较短、起效快的直接税。本次税收改革的主要内容是将联邦企业所得税的八档超额累进税率降低为采用单一税率 21%，规定范围的中小企业不征收公司所得税，仅征个人所得税，税改后税率降低，税制得到简化。此次税改法案生效后，美国家庭将获得 3.2 万亿美元减税。预计从海外回流的资本将达到 4 万亿美元。根据美国国会联合税收委员会报告，此次税改会使联邦收入在未来 10 年内减少 1.456 万亿美元。

二是通过货币政策吸引资本回流。美国宏观经济在特朗普的新政下逐步复苏，基于美国较低的利率，美国开启了新一轮紧缩性货币政策，2017 年美联储共加息三次，2017 年 3 月 15 日，美国联邦储备委员会宣布加息 25 个基点，联邦基金利率从 0.5%—0.75% 调升到 0.75%—1%。2017 年 6 月 14 日，美国联邦储备委员会宣布将联邦基金利率目标区间上调 25 个基点，至 1%—1.25% 的水平。2017 年 12 月 13 日，美国联邦储备委员会宣布加息 25 个基点，将联邦基金利率从 1%—1.25% 调升至 1.25%—1.5%。美国加息将进一步促进国际热钱回流美国，增加美国市场上的资金流量。未来，美联储预计 2018 年将加息 3 次，2020 年加息 2 次。此举将巩固美元的强势地位，促使大量产业资本流入美国。

第七节　2018年我国装备工业发展趋势展望

一、生产、出口保持较快增长

2017年以来，受多国宽松货币政策支撑及新兴经济体和发展中国家经济复苏增长影响，全球经济增长加速势头持续，国际货币基金组织两次调高对世界经济的预期。在“中国制造2025”“一带一路”等战略持续推进下，我国装备工业经济运行总体稳中向好，主要指标增长超过预期。1—10月，规模以上装备制造企业工业增加值同比增长11.5%，增速高于同期全国工业4.8个百分点；预计全年装备工业增速将继续保持稳中向好的态势，全年增加值增速将保持在11.5%左右。出口方面，1—8月，装备工业出口交货值增速同比增长8.8%。预计全年出口形势仍然乐观，出口交货值累计同比增长9%左右。

预计2018年，全球经济进入新一轮复苏和增长周期，形势依然复杂，但积极因素越来越多。党的十九大报告提出，我国经济已由高速增长阶段转向高质量发展阶段，必须把发展经济的着力点放在实体经济上，加快建设制造强国，加快发展先进制造业。在各项战略实施、需求持续升级及重点工程加快建设的带动下，2018年我国装备工业将加快发展，工业增加值同比增速继续稳中有进，全年有望保持在11%左右。出口方面，2018年中国因素在世界经济增长中日益重要，我国国际产能和装备制造合作得到普遍认同，装备产品出口有望保持稳步增长，预计2018年全年出口交货值累计增幅在9%左右。

二、核心装备供给能力稳步提高

在智能制造综合标准化与新模式应用项目、智能制造试点示范专项行动的带动下，高档数控机床、工业机器人、增材制造装备等智能制造关键技术装备取得一系列重要突破。

展望2018年，随着我国智能制造的全面推进以及智能制造综合标准化与新模式应用项目、智能制造试点示范专项行动的持续实施，智能制造核心技术装备供给能力将稳步提高。同时，随着新一代信息通信技术与制造装备的深度融合，智能制造装备的商业模式将发生重大变革，服务化的发展趋势日益显著。

三、智能制造装备加速发展

2017年以来，随着供给侧结构性改革的深入推进、《智能制造发展规划（2016—2020年）》等发布，以及智能制造试点示范专项行动的继续实施，各行业智能制造呈现加速发展态势，核心技术不断得到突破。在互联网、云计算等信息技术，以及传感技术、控制技术高速发展的协同作用下，智能制造以大规模个性化定制、网络协同开发、在线监测、远程诊断与云服务等为代表的新业态、新模式快速发展。此外，工业机器人、服务机器人、新型传感器、智能仪器仪表与控制系统、可穿戴设备、智能电网等智能装备和产品的应用不断拓展，需求规模呈快速扩大的态势。

预计2018年，在党的十九大报告提出的推动互联网、大数据、人工智能和实体经济深度融合，在中高端消费、创新引领、绿色低碳、共享经济、现代供应链、人力资本服务等领域培育新增长点、形成新动能的发展要求指引下，各项产业政策将智能制造提高到新的高度，各领域智能制造推进路线进一步明确，不同的行业、企业将加快推动新一代信息通信技术、智能制造关键技术装备、核心工业软件等与企业生产工艺、管理流程的深入融合，推动制造和商业模式持续创新，智能制造新模式将加速推广应用。

四、高端装备持续创新发展

2017年，在国家一系列产业政策的推动下，高端装备制造业的发展取得明显成效。如国产大飞机C919成功首飞，世界最大的散货船40万吨超大型矿砂船（VLOC）顺利出坞，“墨子号”量子卫星在国际上率先成功实现千公里级星地双向量子纠缠分发。党的十九大报告提出，要加快发展先进制造业，促进我国产业迈向全球价值链中高端，培育若干世界级先进制造业集群。这为我国高端装备创新发展，着力突破大型飞机、航空发动机及燃气轮机、民用航天、先进轨道交通装备、节能与新能源汽车、海洋工程装备及高技术船舶、智能电网成套装备、高档数控机床、核电装备、高性能医疗器械、先进农机装备等一批高端装备，提高产业创新发展能力和国际竞争力指明了方向。

预计2018年，除了政策长期利好外，高端装备制造所面临的市场需求将进一步释放，一方面，国内制造业转型升级和国产化替代加快推进，一批重大装备得到工程化、产业化应用；另一方面，国外对中国装备和品牌的认同不断增强，高铁、核电、卫星应用等高端装备将继续作为中国装备制造业“新名片”享誉世界。高端装备创新发展成为未来制造业发展的主要趋势越发明显，以产业化应用为目标的高端装备创新发展加快推进，一批标志性、带动性强的重点产品和重大装备将加快布局，自主设计水平和系统集成能力、核心部件研制技术水平逐步提升，产业创新能力和竞争能力不断增强。

第十章 原材料工业

第一节 2017年我国原材料工业整体发展状况

一、基本情况

（一）主要产品产量小幅增长

2017年，我国实体经济稳中向好、好于预期，我国原材料工业生产规模有所扩大，大部分产品产量小幅增加，但增速有升有降。化工产品中，硫酸产量扭转了上年负增长的局面，烧碱、乙烯产量有所增加，但增速均低于上年同期水平。生铁、粗钢、钢材产量全面增长，其中生铁和粗钢产量增速分别高于上年1.1和4.5个百分点。十种有色金属产量有所增加，增速高于上年0.5个百分点。水泥产量同比下降0.2%，平板玻璃产量增速低于上年2.3个百分点。

（二）投资规模持续减少

2017年，除非金属矿采选业外，其他行业固定资产投资规模继续减小。化学原料和化学制品制造业投资规模同比下降4%，降幅较上年进一步扩大。钢铁、有色行业投资规模持续缩小，分别下降11.4%和8.1%，钢铁和有色行业投资降速较上年进一步扩大。建材行业中，非金属矿采选业投资同比下降16.3%，较上年降幅扩大；非金属矿物制品业投资小幅增长，增速高于上年0.9个百分点。

（三）进出口有所减少

2017年，受国际市场需求减弱影响，我国主要原材料产品出口呈下滑态势。钢材出口 7541 万吨，同比减少 30.5%，而上年为减少 3.5%；未锻造的铝及铝材出口 479 万吨，同比增长 4.5%，而上年为减少 3.7%；未锻造的铜及铜材出口 81.6 万吨，同比减少 7.4%，低于上年 28.7% 的增长水平。受国内主要下游行业需求减弱影响，主要原材料进口有所减少，钢材进口 1330 万吨，同比增长 0.6%，低于上年 2.8 个百分点；未锻造的铝及铝材进口 58.3 万吨，同比减少 9.8%，较上年 -7.2% 的降速进一步扩大；未锻造的铜及铜材进口 469 万吨，同比减少 5.2%，低于上年 2.9% 的增长水平。

（四）产品价格波动上涨

2017 年 1—12 月，主要原材料产品价格呈现波动上涨态势。12 月末，CSPI 钢材综合价格水平为 121.8，同比涨幅 22.4%。有色金属产品价格总体上涨，铜价格波动上涨，从 1 月的 47016 元/吨上涨到 12 月的 54618 元/吨，铝、铅、锌价格也总体保持上涨态势。化工产品价格有涨有跌，尿素、硫酸、纯碱价格总体呈现上涨态势，而天然橡胶价格震荡下跌，从年初的 18500 元/吨下跌到 12 月末的 12160 元/吨。

（五）行业经济效益有所改善

2017 年，我国原材料工业经济效益逐步好转。化学原料和化学制品制造业利润增速高于上年 30.2 个百分点；钢铁行业经济效益有所改善，利润同比增长 85.8%，低于上年 112.2% 的增长水平；有色金属行业利润也有所增长，同比增长 5%，低于上年 35.1% 的增长水平；非金属矿采选业利润增长 2.7%，扭转上年负增长的局面；非金属矿物制品业利润同比增长 20.5%，高于上年 9.3 个百分点。

二、工作进展

（一）“去产能”任务超额完成

2017 年是原材料工业深入推进“去产能”工作的一年。在国家和地方的共同努力下，我国原材料工业“去产能”工作取得积极成效，优势产能的发展环境大大改善。钢铁行业，2017 年我国粗钢产量达到 8.32 亿吨，同比增长 5.7%，达到历史最高水平，这主要得益于两方面工作，一方面，我国钢铁行业继续贯彻执行《国务院关于钢铁行业化解过剩产能实现脱困发展的意见》，加快退出落后的过剩产能，提高产能利用率，提高行业的整体盈利能力，全年共化解粗钢产能超过5000万吨，超额完成年度目标任务；另一方面，我国开展全面取缔“地条钢”行动，全面清理1.4亿吨“地条钢”，大幅提升钢材质量，有效解决了“劣币驱逐良币”难题，规范了钢铁市场秩序，推动了行业的健康可持续发展。有色行业，国家发展改革委、工信部等四部委联合发布《清理整顿电解铝违法违规项目专项行动工作方案》，关停违法违规新增电解铝产能近900万吨，同时通过印发《关于企业集团内部电解铝产能跨省置换工作的通知》，力图解决电解铝产能跨省置换难题。建材行业，工信部联合相关部门开展水泥玻璃淘汰落后产能专项督查，彻底淘汰落后产能。

（二）技术创新取得显著成效

2017年，原材料工业技术创新步伐加快，涌现了一批对行业发展有重大影响的科技成果。大连理工大学、航天材料及工艺研究所、哈尔滨飞机工业集团有限责任公司共同开发的高性能碳纤维复合材料构件高质高效加工技术及装备取得重大突破，获得国家技术发明一等奖；航天长征化学工程股份有限公司设计制造的航天炉在新疆玛纳斯项目连运时间创下气流床气化技术连运世界纪录；由清华大学山西清洁能源研究院、北京清创晋华科技有限公司、山西阳煤化工机械集团和阳煤丰喜肥业集团共同开发的水煤浆水冷壁废锅气化炉通过连续稳定现场考核，经中国石化联合会鉴定为国际领先水平。宝武集团开发的4j36宽幅热轧板成功应用于飞机碳纤维模具制造，实现了国产化替代；河钢集团开发的超临界锅炉汽水分离器用钢成功替代进口，打破了国外长期垄断局面；华菱钢铁研发的hsm系列高强度起重机臂架管，填补了我国国产高强度起重机臂架管的空白。由西北有色金属研究院主要完成的“高性能金属粉末多孔材料制备技术及应用”项目获得技术发明二等奖；由河南科技大学、中南大学、北京有色金属研究总院等承担的“高强高导铜合金关键制备加工技术开发及应用”项目，由北京有色金属研究总院、北京康普锡威科技有限公司等承担的“球形金属粉末雾化制备技术及产业化”项目，由内蒙古大唐国际再生资源开发有限公司、大唐国际发电股份有限公司等承担的“高铝粉煤灰提取氧化铝多联产技术开发与产业示范”项目等获得国家科技进步二等奖。

（三）并购重组取得积极进展

2017 年是原材料企业并购重组比较活跃的一年。化工领域，中国化工完成对全球第一大农药、第三大种子巨头瑞士先正达的交割，以 430 亿美元创下中企并购的世界纪录；中国国电公司与神华集团完成合并重组，成立国家能源投资集团有限责任公司，形成煤炭、常规能源发电、新能源、交通运输、煤化工等八大业务板块，拥有四个世界之最，成为全球最大煤制油、煤化工公司。钢铁领域，四源合基金与重庆战新基金共同出资设立钢铁平台公司作为投资人参与重庆钢铁的破产重整，其中四源合基金是由国内第一大钢铁企业宝武钢铁集团发起成立的。有色领域，中国铝业、五矿、江西铜业、云南铜业、葛洲坝集团等通过兼并重组方式涉足再生金属产业，推动我国再生金属产业发展。建材领域，中材和中建材合并成立中国建材集团，成为建材“巨无霸”集团，合并后中国建材集团水泥总产能约占全国 22%，2017 年 9 月，中建材和中材股份订立合并协议，中材股份被中建材吸收合并。

（四）智能制造有序推进

自工业和信息化部 2015 年组织开展智能制造试点示范专项行动以来，我国智能制造试点示范工作逐步深入，智能制造示范项目逐步从制造环节试点示范向服务环节试点示范延伸。原材料工业是典型的流程型行业，智能制造在原材料工业的普遍应用有助于大幅提升原材料工业的生产和服务效率。2017 年，茂名石化智能工厂等 16 个原材料领域项目入选国家智能制造试点示范项目，轮胎行业建立了智能制造标准化产业联盟，通过标准引领轮胎行业的智能制造。

第二节　2017 年我国原材料工业重点政策解析

一、《关于印发新材料产业发展指南的通知》

（一）政策出台背景

《新材料产业发展指南》（以下简称《指南》）是落实《中国制造 2025》

的重要文件，是“十三五”期间指导我国新材料产业发展的顶层设计。为做好《指南》起草，工业和信息化部、国家发展改革委、科技部、财政部组织有关院士、专家成立了起草组，开展了历时一年多的编制工作。起草组坚持问题导向，既着眼于产业发展全局，又聚焦于产业面临的突出问题，力求让《指南》重点体现以下几方面特征：

一是以解决下游应用行业新材料需求为导向，将满足《中国制造2025》重点领域和战略性新兴产业需求作为主攻方向，将提升新材料保障能力贯穿始终。二是高度重视新材料产业新体系建设任务，部署了创新体系、技术装备体系、供需对接体系、标准体系、统计体系、技术成熟度评价体系等重点工作。三是注重处理好政府和市场的关系。在充分利用市场机制的基础上，着力提高部门工作的协同性、政策措施的配套性，调动社会各方面力量，形成推进新材料产业发展的合力。四是以细化、具体、可操作为《指南》编制基本原则，对《指南》中重点任务提出了明确的部门分工，力求提出的每一项任务都可落实。

（二）政策主要内容

《指南》主要包括三大方向、九大任务、五大保障。

三大方向主要指先进基础材料、关键战略材料和前沿新材料。

九大任务分别指一是突破重点应用领域急需的新材料，主要包括新一代信息技术产业用材料、高档数控机床和机器人材料、航空航天装备材料、海洋工程装备及高技术船舶用材料、先进轨道交通装备材料、节能与新能源汽车材料、电力装备材料、农机装备材料、生物医药及高性能医疗器械材料、节能环保材料。二是布局一批前沿新材料，主要包括石墨烯、增材制造材料、纳米材料、超导材料、极端环境材料。三是强化新材料产业协同创新体系建设，主要包括组建新材料创新中心，组建新材料性能测试评价中心、搭建材料基因技术研究平台。四是加快重点新材料初期市场培育，研究建立新材料首批次应用保险补偿机制，定期发布重点新材料首批次应用示范指导目录，建设一批新材料生产应用示范平台。五是突破关键工艺与专用装备制约，开发金属材料专用加工制备工艺装备、解决复合材料工艺装备制约、提升先进半导体材料装备配套能力。六是完善新材料产业标准体系，成套制定一批新材料标准、完善新材料实验技术标准。七是实施“互联网 +”新材料行动。八是培育优势企业与人才团队。九是促进新材料产业特色集聚发展。

五大保障措施主要包括创新组织协调机制，优化行业管理服务，加大财税金融支持，推进军民融合发展，深化国际交流合作。

（三）政策影响

新材料的发现、发明和应用推广与技术革命和产业变革密不可分。加快发展新材料，对推动技术创新，支撑产业升级，建设制造强国具有重要战略意义。《指南》的发布对引导我国“十三五”期间新材料产业健康有序发展具有十分重要的意义。

二、《关于开展重点新材料首批次应用保险补偿机制试点工作的通知》

（一）政策出台背景

新材料是先进制造业的支撑和基础，其性能、技术、工艺等直接影响电子信息、高端装备等下游领域的产品质量和生产安全。新材料进入市场初期，需要经过长期的应用考核与大量的资金投入，下游用户首次使用存在一定风险，客观上导致了“有材不好用，好材不敢用”、生产与应用脱节、创新产品推广应用困难等问题。

建立新材料首批次保险机制，坚持“政府引导、市场运作”的原则，旨在运用市场化手段，对新材料应用示范的风险控制和分担作出制度性安排，突破新材料应用的初期市场瓶颈，激活和释放下游行业对新材料产品的有效需求，对于加快新材料创新成果转化和应用，促进传统材料工业供给侧结构性改革，提升我国新材料产业整体发展水平具有重要意义。

（二）政策主要内容

试点对象和范围：用户在首年度内购买使用《重点新材料首批次应用示范指导目录》（以下简称《目录》）内的同品种、同技术规格参数的新材料产品。生产首批次新材料的企业，是保险补偿政策的支持对象。使用首批次新材料的企业，是保险的受益方。

保险险种及保障范围：保监会针对新材料推广应用中存在的特殊风险，指导保险公司提供定制化的新材料产品质量安全责任保险产品（以下简称新材料保险），承保新材料质量风险、责任风险。鼓励保险公司根据企业实际情况，创新提供货物运输险、其他责任险等保险产品，扩大保险范围。

运行机制：保监会商工业和信息化部、财政部明确参与试点的保险市场主体单位名单并公布；新材料生产企业根据生产经营实际情况自主决定是否购买新材料保险；符合条件的投保企业，可申请中央财政保费补贴资金，补贴额度为投保年度保费的80%。保险期限为1年，企业可根据需要进行续保；参与试点工作的保险公司应认真贯彻执行有关文件要求，建立专业团队和理赔快速通道，加强新材料保险服务，并不断积累保险数据，优化保险方案，提高企业在新材料生产及应用领域的风险识别和化解能力。

（三）政策影响

重点新材料首批次应用保险补偿机制旨在运用市场化手段，解决新材料应用的初期市场瓶颈，激活和释放下游行业对新材料产品的有效需求。新材料保险补偿机制的推出有望解决国内新材料企业因缺乏应用示范案例，难以打破下游应用和国外垄断的困局。

三、《关于促进石化产业绿色发展的指导意见》

（一）政策出台背景

石化产业是国民经济的重要支柱产业，产业关联度高、产品覆盖面广，对稳定经济增长、改善人民生活、保障国防安全具有重要作用。近年来，我国石化产业绿色发展取得积极成效，清洁油品、低毒低残留农药等绿色石化产品在各自行业中的比重持续提升，清洁、绿色生产工艺应用逐步扩大，石化产业基地和化工园区建设有序推进。但产业绿色发展仍存在企业布局分散及入园率不高，产业结构不合理及绿色产品自主保障能力较弱，科技创新能力不强及绿色核心技术和装备有待突破，行业绿色标准尚需完善及绿色产品评价标准缺失等问题。

随着我国经济社会的不断发展，对于生态环保的要求逐步提高，“生态优先、绿色发展”逐渐成为提升我国制造业核心竞争力的关键要素，对石化产业绿色发展提出了新要求，也带来了新契机。当前，全球石化产业进入深刻调整期，发达国家不断提高绿色壁垒，逐步限制高排放、高环境风险产品的生产与使用，对我国石化产业参与国际竞争提出了更大挑战。面对新情况、新形势，石化产业迫切需要加强科学规划、政策引领，形成绿色发展方式，提升绿色发展水平，推动产业发展和生态环境保护协同共进，建设美丽中国，为人民创造良好生产生活环境。

（二）政策主要内容

《指导意见》主要包括六大重点任务和五大保障措施。

重点任务主要包括一是优化调整产业布局，建设化工类新型工业化产业示范基地，促进区域协调发展；二是规范化工园区发展，充分考虑国家、区域石化产业布局规划要求，结合区域内产业特色，统筹各化工园区发展定位，逐步完善化工园区产业升级与退出机制，优化调整化工园区布局；三是加快行业升级改造，实施清洁生产改造、提升行业能效水平、鼓励企业开展“智能工厂”“数字车间”升级改造；四是大力发展绿色产品，围绕汽车、轨道交通、航空航天、国防军工、电子信息、新能源、节能环保等关键领域，重点发展高性能树脂、特种橡胶及弹性体、高性能纤维及其复合材料、功能性膜材料，电子化学品、高性能水处理剂、表面活性剂，以及清洁油品、高性能润滑油、环保溶剂油、特种沥青、特种蜡、高效低毒农药、水溶性肥料和水性涂料等绿色石化产品；五是提升科技支撑能力，大力推进原始创新和集成创新；六是健全行业绿色标准，以资源节约、节能减排、循环利用、污染治理和生态保护为着力点，健全石化产业绿色发展标准体系，加快绿色产品、绿色工厂、绿色园区标准制定与实施。

四大保障措施主要包括加大政策执行力度、强化财政金融支持、落实企业主体责任、加强舆论宣传引导。

（三）政策影响

近年来，随着国内经济的持续快速增长，我国石化产业也经历了持续高速增长，产业规模大幅增加，但由于长期粗放式增长模式，资源环境也付出了较大代价。部分企业环保意识不强，环保措施不到位，再加上一些行业技术装备落后，导致环境污染事件时有发生，给社会造成较大负面影响，谈

"化"色变的现象在一些地区十分突出，石化项目建设抵触情绪较为强烈，给石化产业未来发展带来较大压力。随着社会生态环境意识的普遍增强，加快转变发展方式、实现绿色发展已迫在眉睫。《指导意见》的出台，为石化产业绿色发展提出了指引和方向。

四、《关于开发性金融支持特色产业精准扶贫项目试点和推进矿物功能材料产业示范基地建设的通知》

（一）政策出台背景

为贯彻落实习近平总书记关于脱贫攻坚系列重要讲话精神和《中共中央国务院关于打赢脱贫攻坚战的决定》（中发〔2015〕34号）、《"十三五"促进民族地区和人口较少民族发展规划》（国发〔2016〕79号）、《关于促进建材工业稳增长调结构增效益的指导意见》（国办发〔2016〕34号）、《贫困地区水电矿产资源开发资产收益扶贫改革试点方案》（国办发〔2016〕73号）、《建材工业发展规划（2016—2020年）》（工信部规〔2016〕315号）等文件要求，工业和信息化部、国家开发银行决定联合开展特色产业精准扶贫项目试点（以下简称"扶贫项目试点"）和矿物功能材料产业示范基地建设（以下简称"产业示范基地"），强化政策制度优势和开发性金融功能作用，利用集中连片特困区、民族地区和革命老区优势非金属矿资源，发展矿物功能材料等特色产业，增强造血机能，补齐发展短板，改善民生福祉，助力贫困地区和贫困群众如期实现脱贫目标，与全国人民一道迈入小康社会。

（二）政策主要内容

《通知》明确了扶贫项目试点工作和产业示范基地的具体要求，同时加强金融支持和配套政策保障。

其中对扶贫项目试点工作的具体要求如下：一是明确了支持重点，符合《中国制造2025》《"十三五"促进民族地区和人口较少民族发展规划》《建材工业发展规划（2016—2020年）》及相关产业政策支持方向，符合功能区规划、脱贫攻坚规划和地方经济社会发展规划，有助于利用优势非金属矿产资源建设特色产业项目。二是申报条件，对项目方向和生产企业的指标做出了明确规定。三是工作程序，对项目申报的具体流程和截止时间作出了明确规定。

对产业示范基地的工作要求主要包括两个方面，一是支持重点，以现有少数民族和民族地区、集中连片特困区和革命老区内优势非金属矿种为重点。二是明确了申报程序。

金融支持主要明确了国开行对项目相关的金融支持形式。

配套政策主要包括组织领导、政策支持、多方协作等三个方面。

（三）政策影响

《通知》深入贯彻落实党的十九大精神，实施区域协调发展战略，加大力度支持革命老区、民族地区、边疆地区、贫困地区加快发展，强化政策制度优势与开发性金融功能作用，利用集中连片特困区、民族地区和革命老区优势非金属矿资源，发展矿物功能材料等特色产业，增强造血机能，实现产业扶贫和区域协调发展。

第三节 2017 年我国原材料工业重点行业发展状况

一、石油化工行业

2017 年，我国原油产量 19151 万吨，同比减少 4%；1—11 月，表观消费量 55692 万吨，同比增加 6%。原油进口量 41957 万吨，同比增长 10%。原油加工量 56777 万吨，同比增加 5%。

烯烃方面，1—12 月，乙烯产量 1822 万吨，同比增加 2.3%；表观消费量 2037 万吨，同比增加 4.7%。丙烯产量 2597 万吨，同比增加 14.9%。芳烃方面，1—11 月，苯产量 780 万吨，同比增加 4.7%；表观消费量 1009 万吨，同比增加 17.9%。

传统化工产品方面，1—12 月，硫酸、烧碱产量分别为 8694 万吨和 3365 万吨，同比分别下降 2.2% 和增长 2.5%。1—11 月，甲醇产量达 4179 万吨，同比增加 6.6%；表观消费量 4925 万吨，同比增加 4.3%。受产能过剩等因素影响，1—7 月，氮肥、磷肥产量分别为 2501 万吨和 11081 万吨，同比减少

13.2%和5.7%。

二、钢铁行业

2017年，中国生铁、粗钢和钢材产量分别为7.11亿吨、8.32亿吨和10.48亿吨，分别同比增长了1.8%、5.7%和0.8%。

从钢材产品结构看，2017年，板带材产量4.81亿吨，占钢材总产量的比重为45.89%，较2016年下降了0.01个百分点；长材产量4.59亿吨，占钢材总产量的比重为43.74%，较2016年增长了0.82个百分点；管材产量0.79亿吨，占钢材总产量的比重为7.56%，较2016年下降了0.02个百分点；铁道用钢材产量478.6万吨，占钢材总产量的比重为0.46%，较2016年增长了0.04个百分点。

从钢材分品种产量看，2017年，大型型钢、线材、特厚板、冷轧薄板、热轧薄宽钢带、热轧窄钢带、冷轧窄钢带、涂层板（带）和焊管的累计产量出现同比下降，其他钢材品种产量则均呈现不同程度的增长，其中电工钢板（带）增幅最大，超过10%。

从各地区钢铁生产情况来看，2017年1—11月，东部、中部和西部地区粗钢产量分别为48407.2万吨、17370.8万吨和10488.1万吨，分别占全国粗钢总产量的63.3%、22.7%和13.7%，同比分别增长1.2%、6.9%和6.8%。

从粗钢消费情况看，2017年中国粗钢表观消费量约为76769万吨，同比增长11.5%。从2017年钢材下游消费行业发展看，房地产开发投资同比增长7.0%，基础设施建设投资同比增长14.9%；机械制造业除工业锅炉、发电设备、包装专用设备和拖拉机产量同比下降以外，其他产品产量较2016年均有不同程度的增长，特别是工业机器人发展迅速，同比增幅高达68.1%。

三、有色金属行业

2017年，我国十种有色金属产量达到5377.8万吨，较上年增长3.0%，增速较上年提高0.5个百分点。分月看，十种有色金属上半年月产量同比均保持增长，6月当月产量达到485.0万吨的全年峰值；除12月外，十种有色金属下半年月产量均同比减少，11月当月产量达到432.4万吨的全年最低水平，之后回升至472.4万吨。

铜、铝、铅产量保持增长，锌产量略微下降。分品种看，2017年，铜、铝、铅、锌产量分别为888.9万吨、3227.0万吨、471.6万吨和622.0万吨，同比分别增长7.7%、1.6%、9.7%、-0.7%。其中，铅产量增速高于上年4个百分点，铜产量增速高于上年1.7个百分点，铝产量增速高于上年0.3个百分点，锌产量增速低于上年2.7个百分点。

中西部部分省市有色金属产量持续快速增长。山东、新疆、河南、甘肃、云南、内蒙古仍是有色金属产量大省，2017年十种有色金属产量分别为870.8万吨、663.9万吨、543.2万吨、398.6万吨、372.7万吨和355.0万吨。其中，新疆、甘肃、云南、内蒙古较上年分别增长1.8%、6.4%、4.7%和6.8%，而山东和河南较上年分别增长-11.9%、-2.9%。贵州、广西、安徽、陕西有色金属产量持续增加，较上年分别增长53.5%、27.4%、12.8%和9.7%。

四、建材行业

2017年，建材行业主要产品产量有增有减，其中水泥产量出现小幅回落，平板玻璃产量小幅回升。

（一）水泥行业

2017全国累计水泥产量23.2亿吨，同比小幅下降0.2%，受大气环保治理影响，部分工程项目停工，下游需求走弱。

从具体省市来看，全国仅有9个省份呈现正增长，其余22个省份产量均有下跌。其中江苏省全年水泥产量达到1.73亿吨，同比下滑3.67%，居全国首位，广东省以产量1.58亿吨位列第二，同比增4.69%；山东省2017年水泥产量为1.52亿吨，排名第三。从增速来看，全国仅有两个省份增幅超过10%，其中新疆维以13.39%的增速位列全国第一。其次为宁夏，累计增速为11.91%。

（二）平板玻璃行业

2017年，全国平板玻璃产量7.9亿重量箱，同比增长3.5%，继续维持了正增长的发展态势，主要原因是化解产能过剩和去库存压力的成效初显。

分省市看，全国共有14个省份产量呈现正增长，其中产量排名前三位的分别是河北省、广东省和湖北省，河北2017全年平板玻璃产量为10648.03万重量箱，同比增长2.55%。广东省年产量9147.58万重量箱，位列第二，同比下滑1.07%；湖北省产量为8764.88万重量箱，位于排行榜第三。从增速来看，辽宁省以110.72%的增速位居全国首位。其次为河南省，累计增速为83%。

五、稀土行业

从供给方面看，2017年，我国继续实施稀土矿开采总量控制管理和冶炼分离产品生产总量控制计划。4月和7月，工业和信息化部分两批下达2017年度稀土矿开采总量控制指标，全国稀土矿（稀土氧化物，REO）开采总量控制指标仍为10.5万吨，冶炼分离产品计划指标仍为10万吨（稀土氧化物，REO），与之前年度持平。其中，中国北方稀土（集团）高科技股份有限公司稀土矿指标占总数的56.7%，冶炼分离产品指标占总数的50%，居全国首位。

部分省区之间的配额已经直接到全部分配到对应的六大稀土集团，即按省区划分之后，该省区的所有开采配额只能由对应的稀土集团获得。也就是说，目前基本实现《稀土行业发展规划（2016—2020）》中提到的，矿山开采、冶炼分离及资源综合利用全部纳入六大集团管理。

从需求方面看，稀土材料的应用领域广泛，下游需求主要包括磁材、各类催化剂、合金、玻璃、陶瓷、添加剂等。其中，磁材占据总需求25%的比重，催化剂、抛光粉、储氢电池等需求占比也超过了10%。综合来看，大多数需求领域都维持低速增长，折合稀土需求也维持低速增长态势。

第四节　2017年我国原材料工业区域发展情况

一、东部地区

2017年，东部地区乙烯产量为1212.7万吨，同比下降0.7%；1—7月，苯产量为 341.7 万吨；1—11 月，甲醇产量为 981.9 万吨，同比下降 0.7%。

东部地区是我国钢铁主产区，2017 年 1—11 月，生铁、粗钢和钢材产量分别为 41455.9 万吨、48407.2 万吨和 64242.5 万吨，生铁和粗钢同比增速分别为 0.2% 和 1.2%，钢材同比下降 8.8%。2017 年 1—11 月，东部地区生铁、粗钢和钢材产量占全国总产量的比重分别为 63.2%、63.3% 和 66.0%，比重较上年同期有所下降。

2017 年，东部地区十种有色金属产量较上年减少 81.5 万吨至 1149.7 万吨，占全国总产量的 21.4%，较上年降低 2 个百分点。其中，山东省十种有色金属产量同比减少 11.9%，共计为 870.8 万吨，仍占东部地区总产量的 75.7%，较上年降低 2.3 个百分点。

2017 年，东部地区水泥产量为 84165.2 万吨，同比下降 1.9%，产量最高的江苏省（17330.2 万吨），同比增速最快的为广东省（7.7%）；平板玻璃产量为 45112.7 万重量箱，同比增加 1.6%，产量最高的为河北省（10648.0 万重量箱），同比增速最快的辽宁省（110.7%）。

二、中部地区

2017 年，中部地区乙烯产量为 201.2 万吨，同比增长 5.1%；1—7 月，苯产量为 105.1 万吨；1—11 月，甲醇产量为 740.7 万吨，同比下降 5.1%。

2017 年 1—11 月，中部地区生铁、粗钢和钢材产量分别为 15258.1 万吨、17370.8 万吨和 19825.6 万吨，其中生铁和粗钢产量分别同比增长了 3.0% 和 6.9%，钢材产量同比下降 0.1%。2017 年 1—11 月，中部地区生铁、粗钢和钢材产量占全国总产量的比重分别为 23.3%、22.7% 和 20.4%，分别较上年同期提高了 0.2、0.7 和 1.4 个百分点。

2017 年，中部地区十种有色金属产量较上年增加 9.0 万吨至 1366.3 万吨，占全国总产量的 25.4%，较上年略微降低 0.3 个百分点。其中，河南省十种有色金属产量同比减少 2.9%，共计为 543.2 万吨，占东部地区总产量的 39.8%，与上年基本持平。

2017 年，中部地区水泥产量为 69153.9 万吨，同比下降 4.7%，产量最高的为河南省（14938.7 万吨），同比增速最快的为安徽省（7.3%）；平板玻璃产量为20109.2万重量箱，同比增加5.0%，产量最高的为湖北省（8764.9万重量箱），同比增速最快的为河南省（59.9%）。

三、西部地区

2017年，西部地区乙烯产量为196.2万吨，同比增长7.5%；1—7月，苯产量为39.4万吨；1—11月，甲醇产量为2456.2万吨，同比增长14.1%。

2017年1—11月，西部地区生铁、粗钢和钢材产量分别为8873.3万吨、10488.1万吨和13230.1万吨，生铁和粗钢分别同比增长了9.7%和6.8%，钢材同比下降了5.1%。2017年1—11月，西部地区生铁、粗钢和钢材产量占全国总产量的比重分别为13.5%、13.7%和13.6%，分别较上年同期提高了0.9、0.4和0.2个百分点。

2017年，西部地区十种有色金属产量较上年增加167.6万吨至2861.0万吨，占全国总产量的53.2%，较上年增加2.2个百分点。其中，新疆十种有色金属产量位居西部首位，共计663.9万吨，同比增长1.8%，占西部地区十种有色金属总产量的23.2%。贵州、广西、四川、宁夏等省份增长速度较快。

2017年西部地区水泥产量为78305.7万吨，同比下降4.4%，产量最高的为四川（13810.0万吨），同比增速最快的为宁夏（11.8%），同比降幅最大的为内蒙古（25.7%）；平板玻璃产量为13801.6万重量箱，同比小幅增加1.2%，产量最高的为四川（5568.5万重量箱），同比增速最快的为青海（55.5%），同比降幅最大的为广西（46%）。

第五节　2017年我国原材料工业重点企业发展情况

一、山东东明石化集团

山东东明石化集团于1997年成立，被山东省政府确定为“山东省重要能源化工基地”，被《山东半岛蓝色经济区发展规划》列为“东明海洋石化深加工基地”，被《中原经济区发展规划》列为“石油化工基地”。山东东明石化集团位居2016年度“中国化工企业500强”第7位、2016年度“中国基础化学原料制造业百强企业”第1位、“中国石油和民营化工百强”第2位。山东东明石化拥有燃料油进口资质、成品油批发资质，2015年在全国地方民营炼油企业中首家获得进口原油使用资质、原油非国营贸易进口资质，拥有原油非国营贸易进口允许量750万吨/年。

山东东明石化现有员工6300人，原油一次加工能力1500万吨/年，拥有常减压、催化裂化、气体分馏、延迟焦化、催化重整、苯抽提、汽柴油和蜡油加氢、制氢、苯乙烯、聚丙烯、MTBE、PT、TDM、甲乙酮、离子膜烧碱、合成橡胶等主要生产装置，热电、酸性水汽提、污水处理、硫磺回收、干气回收等配套生产设施，主要生产高标号汽油、柴油、石油液化气、溶剂油、聚丙烯、高等级道路沥青、石油焦、各类烯烃、各类芳烃、各类橡胶、盐酸、烧碱、氯气、丁酮、TDM、苯乙烯等系列产品，客户覆盖山东、山西、河南、河北、四川、重庆、湖北、湖南、安徽、江苏、浙江、福建、陕西、北京等地。

2017年，东明石化集团有限公司以886.9亿元销售收入居于山东省石油和化工企业100强之首。

二、湖南华菱钢铁集团有限责任公司

湖南华菱钢铁集团有限责任公司于1997年底由湖南省湘钢、涟钢、衡钢三大钢铁企业联合组建而成，下辖湖南华菱钢铁股份有限公司、湘潭钢铁集团有限公司、涟源钢铁集团有限公司、湖南衡阳钢管（集团）有限公司等112家全资、控股子公司，在岗职工4万余人。

湖南华菱钢铁集团有限责任公司具备年产钢2200万吨生产能力，位居中国前十大钢企之列。拥有以涟钢2250热轧、湘钢5米板及配套项目、衡钢720大口径轧管机组等为代表的现代化生产线，产品覆盖宽厚板、冷热轧薄板、无缝钢管、线棒材等十大类5000多种规格系列。

湖南华菱钢铁集团有限责任公司资产总额近1200亿元，居湖南省属国企之首。年实现销售收入近千亿元，在中国企业500强中排名靠前。2017年三季度，公司钢材产量为1215万吨，销量为1219万吨，实现净利润33.11亿元，为历史最优业绩。

三、紫金矿业集团股份有限公司

紫金矿业集团股份有限公司是一家以金、铜、锌等金属矿产资源勘查和开发为主的大型矿业集团，位居2017年《福布斯》全球2000强企业第1200位及其中的全球有色金属企业第18位、全球黄金企业第3位，位居2017年《财富》中国企业500强第82位，投资项目分布在国内24个省份和加拿大、澳大利亚、巴布亚新几内亚、俄罗斯、塔吉克斯坦、吉尔吉斯斯坦、南非、刚果（金）、秘鲁等9个国家。

紫金矿业集团股份有限公司在地质勘查、湿法冶金、低品位难处理矿产资源综合回收利用、大规模工程化开发以及能耗指标等方面居行业领先地位，拥有中国黄金行业唯一的国家重点实验室，以及国家级企业技术中心、院士专家工作站等一批高层次的科研平台，拥有一批适用性强、产业化水平高、经济效益显著的自主知识产权和科研成果。

紫金矿业集团股份有限公司是中国控制金属矿产资源最多的企业之一，截至2016年底，拥有权益资源储量黄金1347.41吨、铜3006.38万吨、锌铅950.42万吨等，产量居中国矿业行业前三甲，利润连续保持行业领先。2017年前三季度，公司实现营业收入619.77亿元，归属母公司净利润22.14亿元，总资产936.59亿元，净资产342.61亿元。

四、北新建材集团有限公司

北新建材集团有限公司是国务院国资委直属管理中央企业中国建筑材料集团有限公司旗下企业，在品牌、质量、技术、规模等方面引领中国新型建材工业发展，秉承“善用资源，服务建设”的核心理念，以全球化为视角，致力于为社会大众提供健康环保的绿色建材及节能省地型生态人居。

北新建材集团有限公司资产总额逾140亿元，直接管理全资、控股企业9家。2017年前三季度，集团营业收入为81.07亿元，同比增长58.75%；净利润为15.65亿元，同比增长100.06%；基本每股收益为0.875元，同比增长58.23%；每股净资产为6.51元，同比增长10.43%。

五、有研稀土新材料股份有限公司

有研稀土新材料股份有限公司是2001年由北京有色金属研究总院对稀土材料国家工程研究中心进行整体改制而设立的股份公司。有研稀土新材料股份有限公司主要从事稀土及其相关材料的研究、开发与生产，拥有从稀土矿山到稀土功能材料的完整产业链，产品通过了ISO9001：2008质量管理体系认证，拥有自营进出口经营权。

有研稀土新材料股份有限公司拥有江苏省国盛稀土有限公司、乐山有研稀土新材料有限公司、廊坊关西磁性材料有限公司、中铝广西有色稀土开发有限公司四个子公司。北京本部主要生产稀土金属、稀土特种合金、稀土发光材料及磁性材料等；江苏省国盛稀土有限公司主要从事稀土分离提纯，生产各种稀土氧化物及盐类；乐山有研稀土新材料有限公司主要生产稀土金属及合金；廊坊关西磁性材料有限公司主要生产钕铁硼材料；中铝广西有色稀土开发有限公司作为广西稀土资源开发和产业发展的首要平台，在崇左、贺州等地拥有稀土矿山和生产企业。

有研稀土新材料股份有限公司的各类稀土产品总生产能力超过10000吨/年，产品60%以上出口日本、欧美、韩国等。有研稀土新材料股份有限公司成立10年来，销售收入平均年增长率达到65%，出口创汇平均年增长率大于95%，净利润平均年增长率达到32%。2017年前三季度，公司营业收入为28.56亿元，同比增长7.18%；净利润0.48亿元，同比增长64.87%；基本每股收益为0.0580元，同比增长65.71%；每股净资产为3.41元，同比增长2.43%。

第六节　2018年我国原材料工业发展环境分析

2017年，我国通过制定宏观调控政策，促进原材料工业转型升级。宏观调控政策的具体内容包括加强顶层设计、加快发展新材料、继续化解过剩产能、加强行业引导监管。目前需完善的配套政策包括新材料扶持政策待细化、智能制造试点需加快、化解过剩产能细节需完善。

一、国家宏观调控政策促进原材料工业转型升级

（一）加强顶层设计

2017 年全球经济呈现缓慢复苏的发展态势，总体表现较为稳定，在全球经济缓慢复苏和国内经济逐步企稳的背景下，我国原材料工业整体呈现稳中向好的发展态势。螺纹钢、水泥、玻璃、电解铝等大宗原材料产品价格稳步上涨，产业经济效益向好。从长远看，原材料行业仍然要以供给侧结构性改革为主线，推动发展质量变革、效率变革、动力变革，提高全要素生产率。同时坚持去产能、去库存、去杠杆、降成本、补短板，优化存量资源配置，扩大优质增量供给，实现供需动态平衡，加快实现原材料行业转型升级。

为更好地指导我国原材料工业的转型升级，《新材料产业发展指南》《关于推进黄金行业转型升级的指导意见》《关于加快烧结砖瓦行业转型发展的若干意见》等陆续出台，针对行业目前发展现状及面临的形势，明确发展目标和重点任务，引导行业加快推进绿色生产和智能制造、加强技术创新等，加强对原材料行业转型升级的顶层设计。

（二）加快发展新材料

随着经济发展步入新常态，我国原材料等传统产业发展面临转型升级阵痛，但总体来看，我国经济发展基本态势仍然向好，新产业、新业态孕育的新动能不断壮大，在原材料领域更是大力发展石墨烯等新材料产业。加快发展新材料，对推动技术创新，支撑产业升级，建设制造强国具有重要战略意义。

为更好地发展新材料产业，尽快突破下游市场应用，先后出台了《重点新材料首批次应用示范指导目录（2017 年版）》《关于开展重点新材料首批次应用保险补偿机制试点工作的通知》《新型墙材推广应用行动方案》等政策，大力支持新材料产业发展及下游应用，同时还批复成立国家级石墨烯创新中心、成立国家级新材料领导小组、支持筹建石墨烯改性纤维及应用开发产业发展联盟等，进一步健全新材料产业体系，下大力气突破一批关键材料，提升新材料产业保障能力。

（三）继续化解过剩产能

2017年，钢铁、电解铝、水泥、平板玻璃等原材料产品价格普遍上涨，导致相关企业“去产能”意愿减弱，有些甚至得出产能已经供不应求的结论，但实际上产能过剩矛盾依然严峻，以水泥行业为例，截至2017年底，我国水泥熟料过剩产能仍然高达4亿吨左右，过剩矛盾依然突出。

2017年，为更好地推进原材料行业化解过剩产能工作，先后出台了《关于企业集团内部电解铝产能跨省置换工作的通知》《关于同意河北省沙河市开展玻璃产业压减产能提质增效转型发展试点的批复》等有关文件，同时召开座谈会研究推进水泥玻璃产能置换等工作，针对化解过剩产能过程中出现的产能置换、压减过剩产能等工作进行具体部署和安排，尤其对过剩产能较为集中的地区更是加强宏观指导。

（四）加强行业引导监管

市场的引导监管是政府的主要职能之一，石化、钢铁、建材等原材料行业关乎国计民生，政府对市场的引导和监管显得尤为重要，尤其注重强化标准体系建设，充分发挥标准对行业的引领带动作用，2017年，原材料行业完成国家强制性标准整合和推荐性行业标准及计划集中复审，全年共立项行业标准计划项目719项，申请国际标准补助项目70项，报批标准442项。制修订肥料分级、通用硅酸盐水泥等国家强制标准。

此外，还通过制定行业规范条件来加强规范引导，2017年制修订滑石、MDI、铬化合物等行业规范条件。发布《建材行业规范公告管理办法》，鼓励企业开展自我声明。加强钢铁行业规范动态管理，撤销29家企业钢铁规范公告资格，责令40家企业限期整改。并推动出台《国务院办公厅关于推进城镇人口密集区危险化学品生产企业搬迁改造的指导意见》，组织召开电视电话会议进行动员部署。

二、尚需完善的配套政策

（一）新材料扶持政策待细化

新材料产业的培育壮大对推动技术创新，支撑产业升级，建设制造强国具有重要战略意义，目前我国针对新材料产业出台了《新材料产业发展指南》等相关政策，但多数以顶层设计为主，针对具体新材料产品的培育、推广、应用过程中还有需要细化的、针对性较强的扶持政策。充分发挥新材料专家咨询委的作用，组织专家咨询委编制发布重点产品、重点企业、重点集聚区目录指南，引导全国新材料产业合理布局，差异化发展，避免一哄而上。针对新材料产品下游推广难等问题，选择具备商业化推广的新材料产品品种，制定促进新材料产业推广应用的具体政策，同时加强新材料生产应用示范平台、测试评价平台等建设，为新材料产业发展提供支撑服务。

（二）智能制造试点需加快

智能制造是推进我国原材料行业转型升级的重要抓手，但目前我国原材料行业智能制造水平普遍不高，智能工厂建设、工业机器人应用试点等开展较为滞后，整体看来，我国原材料行业智能制造水平与国外相比还存在较大差距。因此要加快智能制造试点示范，尽快完善相关扶持政策，研究制定炼化、煤化工、轮胎、水泥、陶瓷等行业智能工厂和指挥化工园区的建设标准，

深入推进智能制造试点示范及智能制造标准化和新模式应用，提升行业智能制造水平。建设国家危险化学品监管信息共享平台。研究制定炼化、煤化工、轮胎智能工厂和智慧化工园区建设标准。在全国范围内开展智慧化工园区试点创建工作，建立全国化工园区“一张图”。在耐材、陶瓷、砖瓦、非矿等生产线重复操作工段推广“机器代人”，组织推广先进适用智能制造技术并开展试点示范。

（三）化解过剩产能细节需完善

虽然2017年钢铁、电解铝、水泥、平板玻璃等行业产能过剩问题有所缓解，行业效益有所提升，但仍要继续坚定去产能决心，巩固既有成果，继续深化相关细节，大力破除低端无效产能。继续扎实推进钢铁去产能、电解铝、水泥、玻璃等产能置换等工作，特别是在原材料价格普遍上涨的形势下，更要坚定决心，建立打击“地条钢”的长效机制，防止死灰复燃。推动出台有效处置“僵尸企业”以及金融债务处置的意见，做好钢铁等重点行业的产能置换，鼓励先进企业兼并重组并淘汰落后产能，利用综合标准依法依规倒逼落后产能退出。强化市场竞争和倒逼机制，鼓励有条件的企业根据市场情况

和自身发展需要，主动压减产能。充分挖掘国际市场需求，把握“一带一路”建设带来的发展机遇，加快钢铁、有色、建材、化工等优势产能的国际产能合作，一定程度上疏解国内产能过剩压力。

第七节 2018 年我国原材料工业发展趋势展望

一、生产小幅增长

预计 2018 年，我国原材料工业生产将会小幅增长。一是全球经济逐渐走出国际金融危机影响，实现稳健增长。IMF 预计 2018 年全球经济增长 3.71%，美国经济呈现回暖势头，欧洲、日本经济复苏迎来转机，新兴市场和发展中国家经济增速加快，将增加对原材料产品的需求，刺激我国原材料企业扩大生产。二是我国经济下行压力不减，但总体稳中向好。IMF 预计，2018 年我国经济增速为 6.5%，尽管存在一定的下行压力，但我国经济总体平稳，工业生产稳步扩大，稳定了原材料企业的生产预期。三是主要下游行业需求缓慢增长。2017 年 1—10 月，房地产开发投资同比增长 7.8%，较 1—9 月回落 0.3 个百分点，随着房地产政策收紧影响逐步释放，预计 2018 年房地产开发投资增速会有所放缓；2017 年 1—10 月，汽车产销同比小幅增长，预计 2018 年汽车产销增长幅度不会太大。受下游需求增长影响，原材料企业有扩大生产的动力。

二、投资规模继续减少

预计 2018 年，受国内经济下行压力不减和下游需求缓慢增长影响，我国原材料工业投资规模会进一步萎缩。一方面，党的十九大提出，要加强水利、铁路、公路、水运、航空、管道、电网、信息、物流等基础设施网络建设，可以预计 2018 年会有一批基础设施项目加快推进，一定程度上将增加对钢铁、建材等产品的需求。另一方面，近年来供给侧结构性改革、“三去一降一补”、环保限产等工作的深入推进对原材料工业化解过剩产能提出了较高的要求，原材料企业普遍新增投资意愿不强，原材料工业投资增速仍存在负增长的可能性。以钢铁行业为例，截至2017年10月底，年度去产能目标已经超额完成，同时取缔“地条钢”工作取得积极进展，1.4亿吨“地条钢”产能出清。党的十九大提出，今后要深化供给侧结构性改革，坚持去产能、去库存、去杠杆、降成本、补短板，优化存量资源配置，扩大优质增量供给。在党的十九大新理念的指导下，预计2018年我国原材料工业去产能工作仍是重中之重，原材料工业投资规模短期内难以扩大。

三、进出口贸易逐步回暖

预计2018年，我国原材料产品进出口贸易会温和增长。出口方面，全球经济稳步复苏，发达经济体低速增长，新兴经济体经济加快增长，随着“一带一路”建设的纵深推进，我国与沿线国家的贸易量有望增加，带动我国优势原材料产品的出口。进口方面，国内经济有望保持平稳运行、稳中向好；一系列促进外贸稳增长、调结构的政策文件将发挥作用，特别是促进新材料产品进出口政策的研究制定，材料工业外贸发展环境将有所改善，材料企业负担将有所减轻，原材料进口需求有望增加。

四、产品价格整体上涨

预计2018年，随着去产能和环保限产措施的持续推进，我国原材料产品价格会小幅上涨，但总体不会有太大涨幅。化工产品价格将总体保持平稳。预计2018年国际市场油价会保持在50—70美元/桶，整体波动不大，而我国经济将继续保持中高速增长，化工产品下游市场需求也将稳定增长，因此产品价格将总体保持平稳。受环保日益趋严、危化品企业搬迁等因素影响，一些产品的供需关系将发生变化，价格会有所波动。钢材价格短期回调长期稳定。2018年国际国内市场需求将保持增长，我国去产能工作将持续推进，全年钢材价格有望保持在4500—5500元/吨的较高水平。有色产品价格在全球经济稳步复苏、供给减少的影响下，存在一定的上涨空间。铝价将止跌企稳，电解铝产能等量及减量置换政策继续执行，环保要求日益趋紧，国内用铝需求持续增长，加之出口小幅增长，铝供给将趋紧，预计2018年铝价将在

14500—16500 元/吨震荡。长期看，随着经济基本面的向好，铝价将保持相对稳定，有利于行业健康发展。水泥玻璃价格小幅震荡。预计 2018 年供需关系相对平稳，价格小幅震荡上涨，全年水泥价格将在 350—420 元/吨之间波动，平板玻璃价格将在 60—80 元/重量箱区间运行。

五、行业经济效益有所改善

预计 2018 年，我国原材料工业整体经济效益会有所改善。一方面，原材料产品需求会保持增长；另一方面，受益于供给侧结构性改革和“去产能”行动，我国原材料市场供求关系会有所改善，产品价格存在上涨空间，原材料企业盈利能力将增强。

第十一章　消费品工业

2017 年，我国消费品工业生产增速小幅提升、出口形势整体向好、投资增长略显乏力，表现出新常态下转型阵痛持续、供给侧结构性改革任务艰巨、有效需求总体偏弱等问题。2017 年出台了《“十三五”国家食品安全规划》《“十三五”国家药品安全规划》《2017 年消费品工业“三品”专项行动计划》等若干政策，对引导消费品工业提质增量发展具有重要的引导作用。2017 年，医药工业和食品工业两大子行业发展表现各异，医药工业生产规模快速扩大、投资规模小幅回落、出口增速明显提高、营收水平持续增长，而食品工业运行指标则相对平稳。2017 年，福建省、江西省、青海省等消费品特色地区在践行“三品”战略的过程中，逐渐寻找到适合本省消费品工业发展的特色之路，在增品种、提品质、创品牌方面成绩斐然。展望 2018 年，消费品工业持续发展具有许多有利条件，但也面临诸多不利条件，预计生产增速或将小幅提升、出口形势总体向好、内需增长企稳回升。

第一节　2017 年我国消费品工业整体发展状况

一、发展现状

（一）国内经济企稳回升，生产增速小幅提升

2017 年是全面落实“十三五”规划的关键一年，也是消费品工业推进供给侧结构性改革、深入实施“三品”战略的重要一年。1—12 月，全部工业增加值累计增速较上年上升了 0.6 个百分点。消费品工业大类中，纺织行业工业增加值增速较上年略有下滑，轻工业和医药工业增加值增速分别达到

8.2%和12.1%，较上年均上升了1.5个百分点。13个主要细分行业中，仅造纸及纸制品业、橡胶和塑料制品业、纺织业、化学纤维制造业4个行业工业增加值增速出现了不同程度的下滑，其他行业增速均呈现上升趋势，其中家具制造业，印刷和记录媒介复制业，文教、工美、体育和娱乐用品制造业，纺织服装服饰业及医药制造业生产增速上浮较为明显。

表11－1 2017年主要消费品行业工业增加值增速

行 业	2017年	2016年
工业	6.6	6.0
轻工	8.2	6.7
农副食品加工业	6.8	6.1
食品制造业	9.1	8.8
酒、饮料和精制茶制造业	9.1	8.0
皮革、毛皮、羽毛及其制品和制鞋业	4.6	3.4
家具制造业	9.8	6.6
造纸及纸制品业	4.2	5.9
印刷和记录媒介复制业	10.0	6.1
文教、工美、体育和娱乐用品制造业	9.1	3.2
橡胶和塑料制品业	6.3	7.6
纺织	4.8	4.9
纺织业	4.0	5.5
纺织服装服饰业	5.8	3.8
化学纤维制造业	5.8	6.1
医药	12.1	10.6
医药制造业	12.4	10.8

资料来源：国家统计局，2017年12月。

（二）外贸优势不断显现，出口形势整体向好

2017年，全球经济回暖，国际市场需求总体回升，国内经济稳中有进，促外贸的政策措施陆续出台，影响中国外贸发展的内外环境持续改善，外贸回稳向好势头进一步巩固。1—12月，轻工业、纺织工业、医药工业出口交货值分别同比增长7.0%、2.3%和10.9%，较之上年分别提高4.4、3.2和3.5个百分点，出口形势不断改善。13个主要消费品行业中，仅纺织服装服饰业

出口出现略微下滑，其他行业出口均呈现增长态势，且仅造纸及纸制品业出口增速较之上年下降了1.4个百分点，其他行业出口增速较上年均有大幅提升。

表11－2 2017年主要消费品行业出口交货值增速

（单位:%）

行 业	2017年	2016年
工业	10.7	0.4
轻工	7.0	2.6
农副食品加工业	6.9	1.8
食品制造业	7.0	6.0
酒、饮料和精制茶制造业	2.9	0.6
皮革、毛皮、羽毛及其制品和制鞋业	5.4	0.6
家具制造业	8.0	3.3
造纸及纸制品业	3.1	4.5
印刷和记录媒介复制业	6.2	4.9
文教、工美、体育和娱乐用品制造业	4.2	1.2
橡胶和塑料制品业	8.7	2.0
纺织	2.3	－0.9
纺织业	3.4	0.3
纺织服装服饰业	－0.4	－2.6
化学纤维制造业	20.5	8.1
医药	10.9	7.4
医药制造业	12.4	7.9

资料来源：国家统计局，2017年12月。

（三）内需增长相对平稳，投资增长略显乏力

2017年，在宏观经济健康发展、居民收入稳步增长以及国家多项促消费措施的驱动下，消费信心回暖趋势明显。消费需求方面，12月消费者信心指数122.6，同比、环比增长分别为13.1%和1.1%。1—12月，全社会消费品零售总额平稳增长、增速略有小幅波动，全社会消费品零售总额累计值36.6万亿元，比上年增加了3.4个百分点，累计增速10.2%，较上年水平略有下降。其中，烟酒类，服装鞋帽、针、纺织品类，家用电器和文化办公用品类零售额累计增长低于平均水平，城镇消费同比增长10.0%，

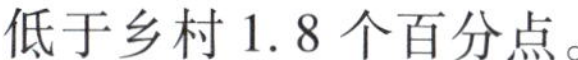
低于乡村 1.8 个百分点。

图 11－1　2016 年 12 月—2017 年 12 月全社会消费品零售总额及增速

资料来源：国家统计局，2017 年 12 月。

消费品工业固定资产投资总体保持低速增长，13 个主要消费品行业中，除酒、饮料和精制茶制造业，印刷和记录媒介复制业及医药制造业外，其他行业固定资产投资均呈现不同程度的增长态势。与上年相比，仅家具制造业、纺织服装服饰业和化学纤维制造业 3 个子行业固定资产投资增速出现反弹，其他子行业表现较为乏力。

表 11－3　2017 年主要消费品行业固定资产投资增速

（单位：%）

行　业	2017 年 1—12 月	2016 年 1—12 月
制造业	4.8	4.2
农副食品加工业	3.6	9.5
食品制造业	1.7	14.5
酒、饮料和精制茶制造业	－5.9	0.4
皮革、毛皮、羽毛及其制品和制鞋业	4.2	6.6
家具制造业	23.1	6.4
造纸及纸制品业	1.2	9.9
印刷和记录媒介复制业	－0.7	0.2
文教、工美、体育和娱乐用品制造业	8.4	13.5

续表

行　业	2017 年 1—12 月	2016 年 1—12 月
橡胶和塑料制品业	1.2	7.4
纺织业	5.9	10.7
纺织服装服饰业	7.0	5.6
化学纤维制造业	20.0	0.3
医药制造业	-3.0	8.4

资料来源：国家统计局，2017 年 12 月。

二、存在问题

（一）供给侧结构改革任务艰巨

2017 年以来，随着消费品“三品”战略的深入实施，虽然我国消费品工业在品种、品牌、品质方面得到不断提升，但是供给侧结构性改革任务依然艰巨。从满足需求看，我国部分消费品的产品结构不能适应消费结构升级的变化，例如营养健康类食品、高端医疗器械、智慧医疗产品、高端旅游装备等中高端产品发展缓慢；从供给质量看，我国奶粉、尿布、药品、手表、皮具等产品境外消费依然较大，主要原因是国内生产的部分产品和服务质量不能满足消费需求的提升；从深化改革看，我国轻工、食品等领域的知识产权保护，新业态新模式的标准和监管以及营商环境亟待改善等问题突出。

（二）新常态下转型阵痛持续

2017 年，以供给侧结构性改革为核心的结构调整和产业转型仍是主线，由此带来的挑战不可避免。一是中小企业融资难问题依然突出。目前我国以大型银行为主的融资环境下，大型金融机构为小微企业服务的动力不足，而小微企业在质押物普遍缺乏的情况下，难以从正规金融机构获得行业发展需要的资金，流动性缺乏成为企业发展面临的主要障碍，制约着以中小企业为主的消费品工业发展壮大。二是中小企业并购风险加大。随着婴幼儿配方乳粉、医药、盐业、白酒等行业兼并重组步伐加快，一些不符合行业要求的中小企业面临生死存亡的挑战。三是部分行业亏损严重。2017 年，消费品工业亏损面和亏损深度整体看均有所好转，部分行业亏损面依然较为严重，其中家用电力器具制造和化学纤维制造业亏损面高于工业平均水平。随着人工、融资、节能减排、社会福利等综合成本的上升，行业亏损面或将进一步扩大。

表 11 –4　2017 年主要消费品行业亏损情况及比较

行业名称	亏损面			亏损深度		
	2017 年	2016 年	变化	2017 年	2016 年	变化
工业	11.8%	11.9%	–0.1%	9.1%	11.9%	–2.8%
轻工	10.2%	9.4%	0.8%	4.6%	4.3%	0.3%
农副食品加工业	9.2%	7.9%	1.3%	5.2%	4.3%	0.9%
食品制造业	9.7%	8.5%	1.2%	4.6%	3.7%	0.9%
酒、饮料和精制茶制造业	9.4%	8.8%	0.6%	3.9%	4.7%	–0.8%
皮革、毛皮、羽毛及其制品和制鞋业	9.1%	8.9%	0.2%	3.1%	3.1%	0.0%
家具制造业	10.1%	9.0%	1.1%	4.0%	3.6%	0.4%
造纸及纸制品业	10.1%	11.2%	–1.1%	4.0%	9.2%	–5.2%
印刷业和记录媒介的复制	10.9%	11.3%	–0.4%	4.8%	4.7%	0.1%
文教、工美、体育和娱乐用品制造业	8.6%	7.9%	0.7%	3.3%	2.7%	0.6%
塑料制品业	11.2%	10.5%	0.7%	5.9%	4.9%	1.0%
家用电力器具制造	14.0%	13.0%	1.0%	2.8%	1.8%	1.0%
纺织	11.0%	10.4%	0.6%	4.5%	4.2%	0.3%
纺织业	10.6%	9.8%	0.8%	4.6%	3.5%	1.1%
纺织服装服饰业	11.3%	10.6%	0.7%	4.2%	3.9%	0.3%
化学纤维制造业	13.0%	16.3%	–3.3%	5.3%	9.7%	–4.4%
医药	10.6%	10.1%	0.5%	2.6%	3.0%	–0.4%
医药制造业	10.5%	10.2%	0.3%	2.4%	3.0%	–0.6%

资料来源：国家统计局，2017 年 12 月。

（三）有效需求总体仍偏弱

消费品工业投资相对乏力，受金融支持不足、投资回报走低等因素影响，回升难度依然较大。消费增长基本平稳，但受居民收入增速放缓、部分困难地区和行业企业经营困难影响，消费保持较快增长难度进一步加大。消费品有效需求乏力和有效供给不足并存，尤其是高品质产品和服务的有效供给是个短板。同时，全球经济复苏存在“换挡风险”，受贸易保护主义、竞争性贬值、经济孤岛主义、地缘政治冲突、美国新政府政策走势等不确定不稳定因素影响，稳出口难度依然较大。

三、对策建议

（一）深入推进结构调整，促进消费品工业迈向中高端

一是优化区域产业发展格局。贯彻落实轻工、纺织、食品、医药等“十三五”发展规划精神，研究完善差别化区域产业政策，引导产业有序转移，引导产业加强区域内外融合和协同发展，培育各区域比较优势和新的产业优势。二是推进产业集群提升发展。通过部省合作、行业与地方合作、园区协作等方式，加强规划和顶层设计，推进第二次创业发展。通过培训交流、媒体推广、高峰论坛、展览展会等方式，促进消费品“三品”示范城市、纺织服装创意设计试点示范园区（平台）发挥示范引导作用。总结推广江苏、浙江等地特色产业小镇发展经验，发挥这些特色小镇典型的示范引领作用。

（二）关注“五大幸福产业”，加快推进健康中国建设

一是结合“五大幸福产业”（旅游、文化、体育、健康、养老）的快速发展需求，促进产业融合，积极发展营养与健康食品、康复辅助器具、健身产品、智慧医疗产品等健康类消费品，发展中高端旅游装备、工艺美术品和旅游纪念品，适应、满足和创造幸福行业的发展需求，培育新增长点。二是结合《健康中国2030》和深化医药卫生体制改革重点工作的相关精神，加强我国医药储备管理研究，建立常态低价短缺药储备，建立相互补充的低价短缺药储备。三是完善低价药品短缺预警机制，重点加强对易短缺药品原料和制剂生产供应情况的监测。开展小品种药生产基地建设，保障基本药物和短缺药品的生产供应。

（三）推进供给侧结构性改革，深入实施“三品”战略

一是深入开展消费品工业“三品”专项行动。借助《升级和创新消费品指南》的编制，促进轻工工业设计、纺织服装创意设计和新产品开发，新增一批药品、医疗器械上市，增加高质量、高水平消费品的有效供给，促进消

费稳定增长。二是联合专家、行业、企业资源，借鉴“浙江制造”标准和质量管理的先进经验，开展消费品“三品”相关的标准、评估规范等的研究。三是重视并支撑新的消费模式。以分享经济、共享经济为代表的新业态、新模式，正向多领域渗透并快速繁荣，对消费品领域供给结构调整提出了新的挑战。可针对新消费模式发展的需求，制定推进措施，适时研究制定标准，积极调整供给结构，快速适应新一轮科技革命和产业变革对行业的挑战。

第二节　2017 年我国消费品工业重点政策解析

一、《“十三五”国家食品安全规划》

（一）政策内容

2017 年 2 月，国务院出台《“十三五”国家食品安全规划》（以下简称《规划》），《规划》针对我国源头污染问题突出、食品产业基础薄弱、食品安全标准与发达国家和国际食品法典标准尚有差距以及监管能力尚难适应需要等问题，基于预防为主、风险管理、全程控制、社会共治四项原则，提出全面建立严密高效、社会共治的食品安全治理体系的 11 项主要任务，包括全面落实企业主体责任、加快食品安全标准与国际接轨、完善法律法规制度、严格源头治理、严格过程监管、强化抽样检验、严厉处罚违法违规行为、提升技术支撑能力、加快建立职业化检查员队伍、加快形成社会共治格局以及深入开展“双安双创”行动。力争到 2020 年，实现食品安全抽检覆盖全部食品类别、品种，农业源头污染得到有效治理，食品安全现场检查全面加强，食品安全标准更加完善，食品安全监管和技术支撑能力得到明显提升等五大目标。

（二）政策影响

“十三五”食品安全规划从确保人民群众“舌尖上的安全”的角度出发，明确了“十三五”期间提高食品质量的努力方向，将促进食品产业发展，利好于市场中的企业、消费者。第一，落实企业主体责任，形成食品安全社会共治格局，将有利于提高我国食品安全水平。第二，严格生产产前、产中、产后全过程食品安全质量监管，将有利于保证食品安全，促进食品产业升级转型。第三，建全食品安全标准体系，完善法律法规制度，有利于推动企业以更高标准开展生产，提高产业竞争力。第四，提升风险监测、风险评估、食品安全监管等技术支撑能力，将有利于及时发现食品安全隐患，提高行业与企业的风险应对水平。

二、《“十三五”国家药品安全规划》

（一）政策内容

2017年2月，国务院出台《“十三五”国家药品安全规划》（以下简称《规划》），《规划》针对我国药品质量总体水平有待提高、执业药师用药服务作用发挥不到位、不合理用药问题突出、药品监管基础仍较薄弱等问题，设定“十三五”期间国家药品安全的七大发展目标、五项基本任务和四项保障措施。发展目标包括进一步提高药品质量、不断提升药品医疗器械标准、逐步完善审评审批体系、进一步提升检查能力、进一步提高监测评价水平、增强检验检测和监管执法能力以及显著提高执业药师服务水平。五项主要任务包括加快推进仿制药质量和疗效一致性评价、深化药品医疗器械审评审批制度改革、健全法规标准体系、加强全过程监管以及全面加强能力建设。保障措施包括加强政策保障、合理保障经费、深化国际合作和加强组织领导。

（二）政策影响

“十三五”药品安全规划明确了“十三五”期间提高药品质量安全水平的努力方向，将促进药品产业发展，利好于市场中的企业、消费者。第一，加快推进仿制药质量和疗效一致性评价，有利于提高我国仿制药质量。第二，鼓励研发创新，有利于促进药品医疗器械产业创新发展。第三，健全法规标准体系，有利于提高我国药品医疗器械产业的国际竞争力。第四，加强全过程监管，有利于提升药品医疗器械质量。第五，深化审评审批制度改革，有利于优化药品医疗器械审查的制度环境。

三、《2017 年消费品工业“三品”专项行动计划》

（一）政策内容

2017 年 3 月，工业和信息化部出台《2017 年消费品工业“三品”专项行动计划》（以下简称《行动计划》），为进一步落实《国务院办公厅关于开展消费品工业“三品”专项行动营造良好市场环境的若干意见》（国办发〔2016〕40 号），解决我国消费品工业核心竞争力和创新能力仍然较弱，品种、品质、品牌与国际先进水平相比尚有较大差距，有效供给能力和水平难以适应消费升级需要的问题。《行动计划》对消费品工业司、科技司、办公厅，相关行业协会，地方工业和信息化主管部门提出“三品”专项行动的具体工作部署。在“增品种”方面，提出了五项行动计划；“提品质”方面提出了四项行动计划；“创品牌”方面提出了四项行动计划；“优环境”方面提出了四项行动计划。

（二）政策影响

《行动计划》中对“三品”行动进行了具体部署，内容详细，可行性高，可操作性强，将对消费品供给能力和水平的提高起到重要作用，并对消费品市场的发展产生积极影响。第一，继续推进“增品种”有利于提高行业创新能力，增加消费品供给品种。第二，继续推进“提品质”有利于提升产品品质，促进消费品产业向中高端转型升级。第三，继续推进“创品牌”有利于企业加大品牌建设力度，提高企业与行业的综合竞争力。第四，继续推进“优环境”有利于改善营商环境，增强产业发展动力。

第三节　2017 年我国消费品工业重点行业发展状况

一、医药工业

（一）运行情况

1. 工业增加值增速领先全工业，增速继续保持两位数

2017 年，与全工业个位数增速相比，医药工业增速继续保持两位数。1—

12 月，全工业工业增加值增速在6.3%—6.9%区间浮动，相比于2016年增速出现小幅度回升。2017 年 1—12 月，医药行业工业增加值增速在 10.7%—12.4%左右浮动，全年各月工业增加值都保持两位数的增长，增速继续保持上升势头。2017 年1—12 月，全国规模以上工业增加值同比增长6.6%，增速同比上升0.6 个百分点，经济增速出现回暖趋势。2017 年 1—12 月，医药工业增加值同比增长 12.1%，增速同比上升 1.5 个百分点，比工业增速平均水平高5.5 个百分点，行业发展势头良好，在各工业门类中排名前列。2011—2017 年，医药行业工业增加值占全工业比重由 2.3%上升到 3.2%，增加 0.9 个百分点，反映出医药工业对工业经济增长的贡献进一步扩大。

表 11－5　2016—2017 年 1—12 月工业和医药行业增加值增速比较

时间	工业		医药行业	
	2016	2017	2016	2017
1—12 月	6.0%	6.6%	10.6%	12.1%

资料来源：国家统计局，2018 年 2 月。

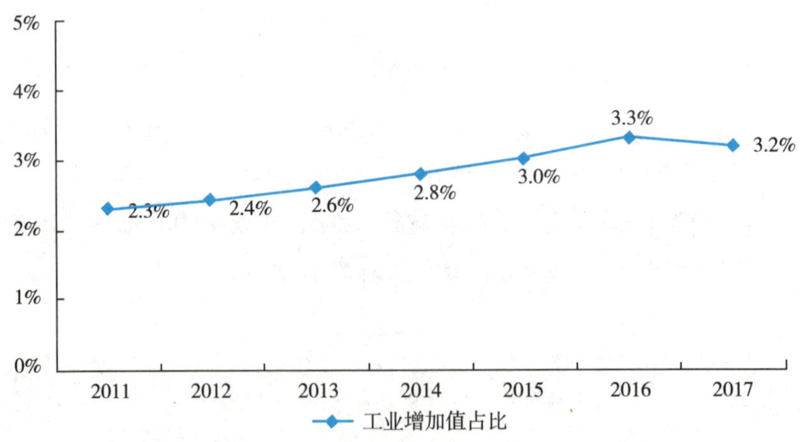

图 11－2　2011—2017 年医药行业工业增加值占全国比重

资料来源：国家统计局，2018 年 2 月。

2. 投资规模小幅回落，投资热情上热下冷

2017 年 1—12 月，医药行业固定资产单月投资规模相比 2016 年出现上半年增加，下半年减少的局面。尤其是进入 8 月之后，投资明显回落，相比 2016 年同期出现负增长。这主要是因为上半年全球投资避险情绪严重，加之

政策引导，医药行业作为民生行业受到了资金的青睐，下半年，由于监管部门对于企业经营管理、生产流程、药品质量的抽检力度和经营要求进一步加大，多家企业因此停工停产，影响了企业的投资力度。2017 年 1—12 月，医药制造业完成固定资产投资 5986.3 亿元，同比下降 3.0%。年初投资热情最为高涨，1—2 月增速相比上年同期高达 10.2%。“中国制造 2025”重点领域、新产品产业化仍是医药企业投资重点，生物药和高能医疗器械领域建设新投资明显增加。

表 11－6　2016—2017 年 1—12 月医药行业固定资产投资

时间	2016 年		2017 年	
	投资额（亿元）	比上年同期增长（%）	投资额（亿元）	比上年同期增长（%）
1—2 月	382.3	10.2%	421.2	10.2%
1—3 月	894.9	12.1%	967.1	8.1%
1—4 月	1417.7	15.0%	1480.2	4.4%
1—5 月	2029.9	15.3%	2085.5	2.7%
1—6 月	2770.8	11.7%	2846.3	2.7%
1—7 月	3351.8	11.3%	3369.4	0.5%
1—8 月	3914.1	9.0%	3901.2	－0.2%
1—9 月	4551.7	8.3%	4442.6	－2.3%
1—10 月	5206.9	8.9%	4996.1	－3.8%
1—11 月	5746.6	8.5%	5468.5	－4.3%
1—12 月	6299.2	8.4%	5986.3	－3.0%

资料来源：国家统计局，2018 年 2 月。

3. 出口交货值增速明显提高，出口额增幅五年最高

2017 年 1—12 月，医药工业规模以上企业实现出口交货值 2041.9 亿元，同比增长 10.9%，相比 2016 年的增速上升 3.5 个百分点。根据海关进出口数据，2017 年，我国医药保健品出口金额为 608.0 亿美元，扭转了上年下降的局面，增长 9.4%，增幅达到 5 年来最高。这主要受益于国际市场需求上升，我国供给侧改革初现成效，医药出口量减价增。从细分行业分析，化药原料药制造、医疗仪器设备及器械制造和生物药品制造三大子行业出口交货值遥遥领先，对医药行业出口贡献最大。从增速来看，中成药生产出口交货值相比同年增长最快，达到 22.0%，这主要受益于 2017 年《中医药法》等利好政

策的出台。

表 11 –7 2017 年 1—12 月医药行业及主要子行业出口交货值情况

行业名称	出口交货值（亿元）	比上年同期增长
医药行业	2041.9	10.9%
化学药品原料药制造	640.6	9.0%
化学药品制剂制造	198.2	12.5%
中药饮片加工	37.2	3.6%
中成药生产	51.0	22.0%
生物药品制造	337.3	18.5%
卫生材料及医药用品制造	221.1	15.8%
医疗仪器设备及器械制造	519.2	6.7%

资料来源：国家统计局，2018 年 2 月。

4. 主营业务收入回归两位数增长，利润增速好于收入增速

2017 年 1—12 月，医药工业规模以上企业实现主营业务收入 28185.5 亿元，同比增长 12.5%，高于全国工业增速 1.4 个百分点，增速较上年提高 2.8 个百分点，实现了两位数增长的规划目标。

2017 年 1—12 月，除医疗仪器设备及器械制造外，其他子行业增速均实现增长，化学药品原料药制造表现最为突出。八个子行业中，主营业务收入最多的是化学药品制剂制造，其次为中成药生产，中药饮片加工最少。增速方面，中药饮片加工、化学药品原料药制造和卫生材料及医药用品制造三个细分行业增速遥遥领先，中成药制造增速明显低于行业平均增速。

表 11 –8 2017 年 1—12 月医药行业及主要子行业主营业务收入情况

行业	主营业务收入（亿元）	同比	比重	2016 年增速
医药行业	28185.5	12.5%	100.0%	9.7%
化学药品原料药制造	4991.7	14.7%	17.7%	8.4%
化学药品制剂制造	8340.6	12.9%	29.6%	10.8%
中药饮片加工	2165.3	16.7%	7.7%	12.7%
中成药制造	5735.8	8.4%	20.4%	7.9%
生物药品制造	3311.0	11.8%	11.7%	9.5%
卫生材料及医药用品制造	2266.8	13.5%	8.0%	11.4%
医疗仪器设备及器械制造	2828.0	10.7%	10.0%	13.2%

资料来源：国家统计局，2018 年 2 月。

2017 年 1—12 月，医药行业规模以上企业实现利润总额 3314.1 亿元，同比增长 17.8%，低于全国工业利润增速 3.2 个百分点，利润率为 11.8%，高于全国工业利润率 5.3 个百分点，与上年同期相比，利润率提高 1.5 个百分点。同时，利润总额增速高于主营业务收入增速，说明医药行业盈利水平较高。细分行业中，化学药品制剂制造和中成药制造表现突出，中药饮片加工利润总额最小。利润增速方面，生物药品制造表现最为突出，增速超过 25%。

表 11-9 2017 年医药工业利润总额和利润率完成情况

行业	利润总额（亿元）	同比	利润率	2016 年利润率
医药行业	3314.1	17.8%	11.8%	10.3%
化学药品原料药制造	436.1	13.7%	8.7%	7.0%
化学药品制剂制造	1170.3	22.1%	14.0%	10.8%
中药饮片加工	153.5	15.2%	7.1%	6.3%
中成药制造	707.2	10.0%	12.3%	10.0%
生物药品制造	499.0	26.8%	15.1%	11.5%
卫生材料及医药用品制造	213.9	14.4%	9.4%	8.0%
医疗仪器设备及器械制造	325.1	6.8%	11.5%	8.4%

资料来源：国家统计局，2018 年 2 月。

5. 亏损面和亏损深度表现各异，行业长期盈利能力提高

2017 年 1—12 月，医药工业亏损面相比上年有小幅度增大，亏损深度呈现降低趋势，行业发展势头良好，盈利能力提高。2017 年，医药工业企业数为 7697 家，其中亏损企业数 809 家，亏损面为 10.5%，相比 2016 年的 10.2% 有所增大。亏损企业累计亏损额为 80.6 亿元，亏损深度为 2.4%，相比 2016 年的 3.0% 呈现继续降低局面。从细分子行业看，亏损面方面，中成药行业亏损面最大为 12.7%，高于医药制造业 2.2 个百分点，中药饮片和卫生材料及医药用品行业亏损面较小，分别为 8.2% 和 8.4%，分别低于医药工业 2.3 和 2.1 个百分点。亏损深度方面，化学原料药最高为 5.5%，亏损深度最低的为卫生材料及医药用品行业，为 1.3%。

表 11－10　2017 年 1—12 月医药工业及主要子行业亏损情况

行业	亏损面	亏损深度
医药制造业	10.5%	2.4%
化学原料药	12.1%	5.5%
化学制剂	10.1%	1.6%
中药饮片	8.2%	2.3%
中成药	12.7%	2.0%
生物药品	10.9%	2.8%
卫生材料及医药用品	8.4%	1.3%
医疗器械	11.1%	4.3%

资料来源：国家统计局，2018 年 2 月。

（二）重点领域情况

1. 生物药品制造业继续保持高速发展势头

近两年，受益于制造强国战略政策影响及国家对于战略性新兴产业和高新技术行业的支持，生物药品制造业收入和利润继续保持高速发展。2017 年，生物药品制造业收入和利润增速相比 2016 年都有所提高，发展势头良好。2017 年 1—12 月，主营业务收入方面，生物药品制造业增速为 11.8%，相比 2016 年的 9.5% 上升 2.3 个百分点。利润方面，2017 年 1—12 月，生物药品制造业增速为 26.8%，相比 2016 年的 11.3% 提高 15.5 个百分点，盈利能力大幅提高。“十三五”期间，随着国家对于生物制药行业的政策支持，该细分行业将成医药行业发展势头最猛的细分行业。

2. 医疗器械行业发展降温

“十三五”以来，受国家政策和市场需求推动，医疗器械行业产业规模持续快速增长，尤其是 2016 年，医疗器械行业成为表现最为突出的细分行业，进入 2017 年，随着政策进入稳定期，投资趋于理性化，医疗器械行业发展相比 2016 年出现明显降温。2017 年，医疗器械行业主营业务收入和利润总额增速相比其他子行业都明显落后，相比 2016 年更是出现明显下滑。2017 年，主营业务收入方面，医疗器械行业增速达到 10.7%，比医药行业整体增速低了 1.8 个百分点，与上年相比，增速低了 2.5 个百分点。利润方面，医疗器械行业增速为 6.8%，成为医药行业所有细分行业中唯一利润增速为个位数的行业，比医药行业整体增速低了11个百分点，与上年相比，增速低了21.5个百分点。

二、食品工业

（一）运行情况

1. 生产保持平稳较快增长

据国家统计局提供的数据，截至2017年底，全国规模以上食品工业企业达到42830家，完成工业增加值同比增长6.8%，增速较上年加快3.4个百分点，与全国规模以上工业6.6%的增速比相差不大。分行业看，食品制造业，酒、饮料和精制茶制造业增长较快，均为9.1%，农副食品加工业同比增长6.8%。

2. 固定投资增速回落明显

2017年，规上食品工业企业完成固定资产投资额21662.71亿元，同比增长1.4%，不仅明显低于2016年食品工业8.5%的固投增速，也低于整个制造业4.1%的固投增速。

其中，农副食品加工业、食品制造业同比增长分别为3.6%、1.7%，酒、饮料和精制茶制造业完成投资额更是负增长，为-5.9%。

表11-11　2017年食品工业固定资产投资情况

行业名称	完成投资（亿元）	同比增长（%）
规模以上食品工业	21662.7	1.4
农副食品加工业	11986.0	3.6
食品制造业	5842.8	1.7
酒、饮料和精制茶制造业	3833.9	-5.9

资料来源：国家统计局，2018年2月。

3. 食品出口

2017年，规模以上食品工业实现出口交货值4414.8亿元，占全部工业的3.6%，同比增长6.7%。其中，农副食品加工业出口交货值3001.8亿元，同比增长6.9%，食品制造业1179.0亿元，同比增长7.0%，酒、饮料和精制茶制造业233.9亿元，同比增长2.9%。

表 11－12　2017 年食品工业出口交货值

行业名称	全年出口交货值（亿元）	同比增长（%）
食品工业总计	4414.8	6.7
农副食品加工业	3001.8	6.9
食品制造业	1179	7
酒、饮料和精制茶制造业	233.9	2.9

资料来源：国家统计局，2018 年 2 月。

4. 经济效益平稳增长

2017 年，规模以上食品工业企业实现主营业务收入 105204.5 亿元，同比增长 6.7%；食品工业实现利润总额 7015.6 亿元，同比增长 8.6%。主营业务收入利润率为 6.7%，12 月末，规模以上食品工业企业资产负债率为 47.1%。

在 56 个小类行业中，41 个行业利润总额同比增长，15 个行业下降。增长较快的有：酒精制造、鱼油提取及制品制造、碳酸饮料制造、白酒制造、制糖业等，增速分别是 83.2%、53.7%、46.8%、35.8% 和 33.0%；利润降幅较大的有：盐加工、含乳饮料和植物蛋白饮料制造、葡萄酒制造、果菜汁及果菜汁饮料制造和啤酒制造，利润降幅在 10%—20% 之间。

表 11－13　2017 年食品工业经济效益指标

行业名称	主营业务收入（亿元）	同比增长（%）	利润总额（亿元）	同比增长（%）	企业数（个）
食品工业总计	105204.5	6.7	7015.6	6.8	42830
农副食品加工业	64449.4	5.8	3147.0	4.5	26473
食品制造业	23118.1	8.3	1851.1	6.7	9235
酒、饮料和精制茶制造业	17637.0	7.7	2017.5	17.5	7122

资料来源：国家统计局，2018 年 2 月。

5. 亏损情况加剧

2017 年，食品工业累计企业总数为 42830 个，其中累计亏损企业达到了 4005 家，亏损面为 9.4%。就各子行业看，2017 年食品制造业亏损面最大，达到了 9.7%，酒、饮料和精制茶制造业和农副食品加工业亏损面相对较小，分别为 9.4%、9.3%。除了以往原料成本与物流成本上涨和输入性因素的影响两个方面的原因，居民生活水平的提高促使企业研发创新投入加大也是一重大因素。

表 11－14　2017 年食品工业及主要子行业亏损企业亏损情况比较

行　业	企业总数（家）	亏损企业数（家）	亏损面（%）
食品工业	42830	4005	9.40
农副食品加工业	26473	2447	9.30
食品制造业	9235	892	9.70
酒、饮料和精制茶制造业	7122	666	9.40

资料来源：国家统计局，2018 年 2 月。

（二）重点领域情况

1. 肉类加工业生产稳步增长

近年来，随着人均收入的增长和城镇化建设的推进，加之在国家宏观政策的规范调控下城乡居民对肉类食品需求持续在上升，肉类加工业实现稳步增长。2017 年，规模企业稳步发展，肉类产品结构进一步适应消费需求的变化，肉及肉制品抽检合格率稳步提升，市场供应充裕，肉价趋稳。截至 2017 年底，全国屠宰及肉类加工行业稳定发展，规模以上企业达到 4153 家，比上年增加 211 家，增加数量是近 3 年之最。屠宰及肉类加工业共分为三个重点行业：一是牲畜屠宰业。2017 年全国有规模以上牲畜屠宰企业 1404 家，比上年增加了 46 家；二是禽类屠宰业。2017 年全国规模以上企业有 778 家，比上年下降明显，减少了 73 家，变化不大；三是肉制品及副产品加工业。2017 年全国规模以上企业有 1971 家，比上年增加了 275 家，在三个重点行业中增幅最大。

2. 乳品制造发展势头强劲

婴幼儿配方乳粉质量安全既是重大民生问题，也是重大经济和社会问题。为促进行业健康持续发展，优化产业结构，提高质量安全水平，提升行业发展质量和效益，国务院办公厅转发了工信部等部门《推动婴幼儿配方乳粉企业兼并重组工作方案》。虽然当前婴幼儿配方乳粉行业仍然存在行业集中度不高、自主品牌竞争力不强、消费者对国产品牌缺乏信心等突出问题。但行业整体水平在取得稳步的发展，影响产品质量安全的因素不断减少，产量保持持续增长态势。2010—2017年间，我国婴幼儿配方乳粉产量从56万吨增长到81万吨，增长了44.7%。就品种看，已经形成了牛羊乳并存，多品种、多系列的婴幼儿配方乳粉并存的格局，满足了中国城乡4000多万宝宝的需求。2017年国产婴幼儿配方乳粉产量、主营业务收入和利润分别为81万吨、832亿元和58亿元，同比增长分别为14.1%、11.2%和4.1%。

第四节　2017年我国消费品工业区域发展情况

一、东部地区典型省市——福建省

（一）运行情况

1. 行业效益稳步增长

2017年，全省消费品工业实现平稳健康发展，全年实现增加值6115亿元，占全省工业增加值总量的50.3%；增长8.8%，高于全省工业增加值平均增速0.8个百分点，其中轻工、纺织、医药工业增加值分别为4484亿元、1495亿元、136亿元，分别增长9.1%、8.1%、9.4%。全省消费品工业实现主营业务收入22050亿元，增长11.4%，其中轻工、纺织、医药工业主营业务收入分别为16682亿元、4997亿元、371亿元，分别增长11.8%、10.1%、10.5%。全省消费品工业实现利润总额1152亿元，增长17.2%，其中轻工、纺织、医药工业利润总额分别为1170亿元、305亿元、45亿元，分别增长18.3%、14.5%、9.7%。

2. 行业发展态势稳健

全省消费品主要行业发展态势稳健、好于预期，其中，纺织工业整体运行平稳，化纤投资实现较大回升，纺织工业全年实现产值6641亿元，增长11.4%，较上年提升0.4个百分点；食品工业继续保持较快增长势头，全年实现产值6083亿元，增长11.8%，较上年提升1.4个百分点；制鞋业转型升级成效显著，全年实现产值3180亿元，增长11.6%，较上年提升6.4个百分点；造纸及纸制品行业有效应对原材料价格大幅上涨压力，行业呈现持续较快增长，全年实现产值1237亿元，增长16.1%，较上年提升7.5个百分点；工艺美术产业强化人才支撑、推进融合发展，全年实现产值1458亿元，增长11.1%，较上年提升2.3个百分点；医药产业强化政策支持，促进项目对接，扩大有效投资，行业发展后劲增强，全年实现产值404亿元，增长10%，较上年提升3个百分点。

（二）发展经验

1. 突出抓龙头带动

培育壮大行业龙头，发挥引领支撑和集聚带动作用。纺织行业培育形成金纶、恒申等超百亿企业2家、超十亿企业29家；食品行业培育形成达利、银鹭和圣农等超百亿企业3家、超十亿企业60多家，食品罐头、水产品、精制茶、烘焙、糖果、蜜饯等细分行业主营业务收入居全国前列；制鞋行业龙头竞争力增强，安踏成为国内首家销售额破百亿的体育品牌，市场规模居全球第三；工艺美术产业加快打造产业集聚区，拥有德化陶瓷、惠安石雕、仙游古典家具等三个世界之都，以及福州寿山石雕等区域品牌；医药工业加快龙头培育、品牌提升，片仔癀以品牌价值350.48亿元入选2017年世界创新品牌500强榜单。通过龙头带动、产业集聚，全省已培育形成泉州纺织、长乐纺织、漳州食品、晋江鞋服、泉州食品、福州食品等6个超千亿元产业集群。

2. 突出抓项目支撑

强化精准施策，落实项目带动，深化实施纺织、食品、制鞋、工艺美术、医药等产业发展专项行动计划，将361°（晋江）综合基地、和润粮油食品精深加工等98项总投资880多亿元的项目列为重点项目，滚动推进百威英博雪津迁建、才子服饰高科技产业园区扩建、永燠制药灵芝菌合剂生产等近400个项目列入省重点技改项目，总投资额达740多亿元。大力推进产业、政策、项目对接，促进政府、企业、园区互动，强化创新、服务、要素协同，突出小型、专场、精准招商，分行业推进重点项目引进对接，2017年底在厦门组织开展医药产业政策项目对接专场活动，集中推介谋划项目40项、现场签约8项、跟进对接62项，合作项目计划总投资300多亿元。

3. 突出抓智能改造

选择在纺织服装、制鞋、家具等行业开展个性化定制等智能制造试点示范，推进九牧集团智能制造等 2 个项目列入工信部智能制造试点示范项目；推进九牧、恒安和华峰新材料等 5 家消费品工业企业项目列入国家智能制造综合标准化与新模式应用专项，直接带动企业智能化技改投入约 20 亿元；评选爹地宝贝等 9 家消费品工业企业为省级智能制造试点示范企业；认定达利饮料食品生产设备扩建改造等项目为省级智能制造样板工厂（车间）示范项目。通过实施智能化改造，行业企业生产效率提高约 20%，运营成本降低约 15%，产品升级周期缩短约 20%，产品不良品率降低约 15%，单位产值能耗降低约 8%。

4. 突出抓特色品牌

持续加快区域产业特色发展，推进莆田市成功获批成为全国消费品工业“三品”战略示范城市；加快建设仙游“世界中式古典家具之都”、光泽“中国生态食品名城”、柘荣“中国刀剪之乡”、永春达埔“中国香都”等区域特色产业品牌，推进仙游县古典家具产业实现产值约 400 亿元；光泽县生态食品产业实现产值约 200 亿元；宁德柘荣刀剪产业县内集聚企业 120 多家，年产刀剪约 5 亿把；永春县集聚制香企业近 300 家，年产值突破 50 亿元。加强纺织服装创意设计能力建设和自主品牌建设，组织有条件的设区市按照工信部第二批纺织服装设计试点示范园区申报相关要求，积极申报创建试点示范园区，参加工信部 2017 年度十大纺织服装流行产品评选，厦门市龙山文创园获评全国纺织服装创意设计试点园区（平台）。

5. 突出抓绿色发展

重点抓好印染、粘胶纤维等行业规范管理，督促造纸、根雕等行业落实环境保护措施，推进造纸等行业落实绿色低污染技术改造，促进消费品工业绿色健康发展。2017 年，全省 157 家印染企业完成低排水染整工艺改造，24 家制革行业完成铬减量化和封闭循环利用技术改造，全省规上制浆企业基本实现无元素氯漂白改造，全省抗生素、维生素制药行业基本完成绿色酶法生产技术改造。同时，以实施盐业体制改革为动力，加快开发绿色优质海盐产品，提高产品附加值，打造福建高端海盐品牌，全省盐业市场供应稳定、价格平稳、质量安全。

二、西部地区典型省市——青海省

（一）运行情况

1. 增速保持快速增长

2017 年，全省规模以上消费品工业企业完成工业总产值 394.34 亿元，增长 30.5%，产销率达到 91.7%；规模以上消费品工业增加值增长 22.8%，增速高于全省工业增速平均水平 15.8 个百分点。全省积极开展上下游产业对接，帮助企业开拓市场，提升产品市场占有率，2017 年，消费品工业上下游产业对接金额 110 亿元，为稳增长发挥了重要作用。

2. 投资增长速度较快

消费品工业固定资产投资保持中高速增长，2017 年，全省消费品工业完成固定资产投资 236.7 亿元，增长 28%。其中：农副食品加工业完成投资 63.6 亿元，增长 33.9%；食品制造业完成投资 70.6 亿元，增长 72.4%；酒、饮料和精制茶制造业完成投资 17.5 亿元，增长 58.5%；医药制造业完成投资 39.2 亿元，增长 49.4%；纺织业 10.4 亿元，下降 11.2%；纺织服装、服饰业完成投资 4.3 亿元，增长 24.8%。

3. 重点行业增长良好

纳入统计的 14 个重点消费品行业中，工业增加值增速 12 增 2 减。2017 年，农副食品加工业增长 3.3%；食品制造业增长 50.2%；酒、饮料和精制茶制造业增长 39.8%；医药工业增加值增长 17.5%。纺织业增加值增长 29.9%；纺织服装、服饰业增加值增长 9.9%；皮革、毛皮、羽毛及其制品增长 1.0%；木材加工增长 73.4%；家具制造业增长 8.95%；印刷和记录媒介复制业增长 43.5%；橡胶和塑料制品业增长 0.8%；水的生产和供应业增长 2.0%。造纸及纸制品业下降 8.0%；文教、工美、体育和娱乐用品制造业下降 4.0%。

（二）发展经验

1. 完善支持政策措施，营造良好市场环境

一是青海省制造强省领导小组办公室印发《2017 年全省开展消费品工业“三品”专项行动工作方案》，进一步细化“三品”工作目标和重点任务。二

是组织召开全省“十三五”生物医药产业、食品工业发展规划和全省消费品工业“三品”专项行动实施方案推进会。三是省政府召开青海省藏医药产业发展座谈会，就青海省藏医药产业发展问诊把脉，谋划思路。四是研究制定《关于促进青海省生物医药产业发展的政策措施》和《青海省藏医药产业战略发展指导意见》。五是通过“技术创新”“重点工业项目前期”“节能低碳专项”“中小企业发展”“信息服务专项”对“枸杞干果粉制备方法研究与应用”等189个项目下达扶持资金4394万元，用于支持消费品工业重点项目。六是优化财税金融扶持，对拟上市企业培育力度，引导和推动银行业金融机构制定“一企一策”信贷投放措施，对传统优势产业和战略性新兴产业转型升级给予优先支持。七是充分利用青海日报、青海广播电视台、工信部消费品“三品”专题网站和微信公众号等新闻媒体宣传全省开展消费品工业“三品”专项行动所取得成效和经验，深入重点地区和工业园区开展督促检查和专题调研，掌握情况，推进“三品”专项行动的开展。

2. 加强自主创新能力建设，提升品种开发能力和水平

一是加强创新能力建设。西宁经济技术开发区拥有消费品工业省级以上研发机构62家。其中，国家级企业重点实验室1家，国地联合重点实验室4家，国地联合工程技术研究中心5家，省级重点实验室23家，省级工程技术研究中心22家，省级技术中心7家，市级研发中心26家。二是生物科技产业园自筹资金对企业技改、研发项目给予支持。对总投资额在500万元（含）以上的工业技术改造项目，按核心生产设备投资额的5%—10%给予补助。三是企业研发能力持续提升。央宗药业自主研发的“梓醇片”取得国家食品药品监督管理局中药一类药物临床试验批件。青海湖药业依托青岛研发中心的技术力量，开发了甘草酸二钾盐、光甘草定、甘草查尔酮、甘草黄酮等甘草为原料的中高端产品。四是制定《青海省工程技术研究中心管理办法》和《青海省高新技术企业和科技型企业“双倍增”及科技小巨人培育计划实施方案》。

3. 弘扬工匠精神，质量标准体系进一步完善

一是组织开展第三届中国质量奖申报工作，印发了《关于开展第三届中国质量奖申报工作的通知》。二是完善技术标准体系，对沙棘果醋（饮料）、沙棘果酒、茶卡盐3项食品安全地方标准进行修订。完善中藏药栽培种植标

准，组织制定《当归种植技术规范》《罗布麻播种育苗及栽培技术规程》等中藏药栽培种植技术标准。三是创新“质量月”宣传活动方式。联合省委宣传部等30个部门制定印发了全省“质量月”活动方案，举办以“提升供给质量，打造品质青海”为主题的“质量月”活动启动仪式暨“质量提升”主旨论坛。四是成功创建西宁藏毯出口质量安全示范区（国家级）。

4. 抓重点品牌企业培育，提升品牌影响力

一是印发《关于2017年度全国知名品牌创建示范区的通知》，出台了《关于加快推进农畜产品品牌建设的实施意见》。二是培育打造高原、绿色、有机、富硒等特色农牧业品牌30个，“互助八眉猪”“大通牦牛肉”上榜2017年中国百强农产品区域公用品牌。三是青海品牌数量不断扩大，商标注册申请量连续五年突破3000件大关。截至目前，全省共有注册商标18537件，其中，中国驰名商标44件，青海省著名商标175件，注册地理标志证明商标33件。四是推动地理标志产品保护工作，“柴达木枸杞”“贵南黑藏羊”“门源奶皮”已被国家质检总局批准为国家地理标志保护产品，目前，全省已有15个国家地理标志保护产品。六是利用全国“农交会”“农洽会”“农博会”以及“青洽会”“藏毯展”等省内外重大会展活动，组织省内龙头企业和特色产品开拓市场，扩大销售。七是抓好特色品牌宣传。中央电视台通过广告精准扶贫项目对青海省牦牛肉、藏羊肉、菜籽油和藜麦等特色农畜产品在央视5个频道进行宣传。

第五节　2017年我国消费品工业重点企业发展情况

一、九阳推进智能化品牌创新

（一）企业概况

1994年，九阳第一次将工业化和智能技术注入古老的豆浆生产方式中，继而发明了世界上第一台全自动智能豆浆机。随后九阳将这台“中国的礼物”推广到世界上50多个国家和地区，全自动智能豆浆机是厨房电器产品中第一

个由中国人发明的产品，是名副其实的“中国原创”。如今九阳有两处研发和生产基地，设有国家级企业技术中心和工业设计中心、国家 CNAS 认证认可实验室，拥有专利技术 3008 项，且九阳仍在继续着力打造企业智能生态。

九阳自成立之日起，一直以智能创新为使命，致力于打造健康的饮食与生活方式，推行持续的产品与服务创新。1995 年，九阳成立销售部、生产部与研发部，开始专业化企业运作，其中研发部担当着九阳的主要创新功能，自此九阳走上智能化自主研发创新之路。1999 年，九阳成功研发出豆浆机“智能不粘技术”，解决了用户生活中豆浆机粘机这一极不方便清洗的难题。2000 年，九阳在全国推广其“卖产品，先卖观念”的企业文化，率先攻占企业文化理念创新上的战略位置，为智能化道路奠定了基础。2003 年，九阳抓住 KA/3C 这一新兴渠道的应用机遇，抢得渠道创新优势。2007 年，九阳引进战略投资者，并成立九阳股份有限公司，开始走上小家电上市融资，利用全球资本求自身智能化品牌创新发展之路。2011 年，九阳正式进军净水领域，拓展了产品品种种类，企业发展迎合国家新时期“绿色发展”理念。此后，九阳坚持进行智能化品牌创新，并开辟了一系列新领域，例如豆浆机国际标准获得通过，进军大厨电领域；“IH 时尚 +”系列产品上市；成为中国航天太空厨房合作品牌，等等。

（二）发展战略

1. 强化自主创新，推动健康饮食技术革命

2015 年，九阳研制出智能化全自动酥油茶机，是九阳大规模定制开发的具有民族特色的艺术品，推动了传统工艺和工业文明的有序结合；九阳铁釜饭煲产品顺应消费者的传统认知，将纯铁健康烹饪和内胆有分量的结实耐用相结合；九阳面条机通过挑战吉尼斯纪录创造面食文化的国际新高度；九阳太空厨房项目作为空间站航天员生命保障系统的重要组成部分，为航天员空间站任务的顺利完成提供强力支持。2016 年，九阳继续推陈出新，开发并上市了一系列智能化厨房家电产品。例如，推出 Onecup 豆浆机，其外形时尚简单，且操作方式简洁，推动了时尚理念向客户生活的渗透；发布一批以油烟机为代表的九阳大厨电系列产品，其中，油烟机带有“鹰眼追踪”功能，充分体现出了九阳倡导的“会呼吸 + 智能化”的品牌理念；获得世界主流净水

技术“PNP第五代创新技术”在中国的使用授权，从而九阳的净水产品通过智能监控可保障用水安全。近年，九阳大力推动互联网与智能化转型，其在家电业取得的改革创新成绩获得了业内高度认可。

2. 次序革命，用户需求倒逼供给侧智能化改造

品质的提升与消费者的需求密切相关。九阳SCRM社交媒体整合平台实现了微信、微博等媒体平台的及时倾听与反馈，九阳的网络客服响应时间控制在了30分钟以内，其活跃用户粉丝量通过新媒体从原来的不足5万人提升至200多万人，这对快速获得市场信息具有重要意义。九阳借助各类新型且流行程度高的信息沟通与传播虚拟平台，不仅高效获取了大量粉丝，同时推动了反馈与服务响应时间的缩短，进而保证了潜在客户来源。高效率的智能数据分析系统不仅实现了上亿级的用户社交网络即时产品推荐，同时还有千万级的用户图片社交网络推荐和千万级的小家电产品定制生产，从而拓展了九阳的宣传驱动，加大了产品、品牌与企业面向外界进行宣传的力度。来自社交媒体的用户需求推动了九阳产品、工艺、管理和供应链的智能化改造，使九阳经营从注重企业内部功能的协调到注重企业间资源的协调，从面向产品的研发设计、制造转向面向消费者服务。

3. 赋能时代，通过场景体验直联用户，打造最懂中国厨房的国民级品牌

得用户者得天下。紧抓用户核心，通过线上互动营销、构建粉丝社群以及线下终端体验、打造导购线下社交群等方式，两条路径同时与用户产生联系，在变革中不断探索前行。九阳线上自建的APP“爱下厨”、通过微信公众号建立的粉丝圈，线下自建的体验式厨房剧场，都是企业和用户直连的通道，通过采集这些用户信息，进行大数据分析，提升根据用户需求定制开发产品的能力。线上领域主推新型互联网营销，同时重视电商渠道。线下领域进行体验式终端建设，主推O2O线上线下联动，完成近3000家联合体验终端的升级。通过开展全流程的消费者研究，听取消费者建议，从经营流量转向经营用户，通过了解、获取、接触、反馈等四个层面直联用户，进攻当下，有力推动新品成为市场热点，为用户创造价值，满足其需求并触发其潜在需求，超出预期，让用户充分感知到九阳是一个持续创新、有活力的品牌，是一个健康可依赖的品牌，是一个新型的智能家电首选品牌。

二、恒瑞医药的创新驱动发展之路

（一）企业概况

恒瑞医药股份有限公司（以下简称“恒瑞医药”）是一家从事医药创新与高品质药品研发、生产及推广的医药健康企业。恒瑞医药创建于1970年，并于2000年在上海证券交易所成功上市。截至2016年底，恒瑞医药市值超过千亿元，在全球拥有12000多名员工。恒瑞医药是我国领先的医药研发和生产企业，通过多年的创新发展和努力，恒瑞医药在手术用药、抗肿瘤药、心血管药、造影剂、抗感染药等药物研制领域形成了极具竞争力的品牌优势。公司下有连云港天宇投资有限公司、美国HENGRUI（USA）LTD、连云港新晨医药有限公司、上海恒瑞医药有限公司、江苏恒瑞医药销售有限公司、江苏豪森药业股份有限公司以及连云港华晨医药有限公司等7家子公司。恒瑞医药是国内首批通过国家新版GMP认证的制药企业之一，同时也是注射剂在欧美获准上市销售的首家制药企业。恒瑞医药的抗肿瘤药销售份额在国内市场上占据第一位，且其生产的手术用药、内分泌药物和消化道用药所占市场份额也位居国内行业前列。

恒瑞医药一直秉承“科研为本，创造健康生活”的企业文化和理念，坚持通过创新推动企业核心竞争力的铸就与提升。恒瑞医药每年将10%左右的销售额作为研发资金投入，通过逐年累加已在美国、欧洲、日本等国家和地区建起了研发中心或分支机构。基于现有的研发投入和研发机构，截至2017年7月，恒瑞医药先后提出了400余项国内发明专利申请和100余项PCT申请，其中获批国内发明专利授权90件，PCT授权130件。

（二）发展战略

1. 抢抓创新药研发

人类对健康长寿的追求向医药事业提出了新的要求，要求医药主体开发出有效的创新药以应对新疾病的出现和人类的健康长寿追求。恒瑞医药抓住了这一新时期的新契机，以专利药为导向，建立了一套独立、完整的新药研发系统；以国际知名企业为对标对象，真正做到接轨国际，推动企业自身“造血”功能的完善，将自主知识产权产品销售额占总销售额的比率提升至

50%以上。在研发创新方面，恒瑞医药主打手术用药、心脑血管药、抗肿瘤药、消化道用药、内分泌药，以及常见病症治疗用药和多发病治疗药物的研制，通过以这些药物的研发为创新方向，真正做到对接市场需求。

2. 实施国际化战略

在国内新药研发能力有限的背景下，面对国内市场对新药的迫切需求，医药企业与行业加强同发达国家或地区的合作，走国际化创新发展之路势在必行。为此，恒瑞医药采取了“三手抓”创新发展的国际化战略：第一，在不同领域的新药研发方面，加强同美国、瑞典等优势国家的制药公司的合作；第二，在美国成立专门的分公司，承担创新药前期研究、信息收集与人才招揽等具体工作；第三，出于专利保护目的，将新药研发过程中形成的重要技术，在主要国家同时申请专利保护，并优选疗效好、毒副作用低的创新药，通过转让或合作的形式在国外进行临床试验。

3. 健全研发创新体系

通过技术中心 + 研究院所相结合的模式，建立了一套高效的研发创新体系。通过北京、上海、连云港三个科研中心之间的相互协作与协同研发创新，大大提高了企业的创新能力和品牌知名度。其中，北京医学部主要负责新药临床实验与相关申报工作。上海新药研发中心主要承担药品研发领域最新前沿科技的跟踪业务，并负责创新药物研究等上游工作的开展。连云港科研中心重点负责创新药的药理毒理评价、中试样品提供、质量标准制定等具体下游研究事项。此外，恒瑞医药在主要生产工厂均设立研究所，进行产品的二次开发、更新换代、工艺难题的攻关和部分新产品的后期开发工作。

4. 丰富技术创新途径

一是市场拉引的途径。恒瑞医药根据市场的需求变化开展技术创新，既能充分调动从集团到子公司、生产车间等各部门、各层次的参与积极性和投入研发积极性，也能有效推动技术创新同生产制造、市场营销等环节脱节问题的解决；二是独立型技术创新和内外联合技术创新相结合的途径。在产品创新方面，恒瑞医药以合作型和贸易型技术创新模式为主，并以独立自主型技术创新为辅，而在工艺创新方面则正好相反；三是仿创结合型技术创新途径。恒瑞医药通过选择、改进与提高全球领先型企业的新技术和新产品，并在降低制造成本和拓展市场方面精耕细作，以更好地规避风险。

第六节 2018年我国消费品工业发展环境分析

一、有利因素

（一）经济保持平稳增长，中国市场的全球吸引力不断增强

2017年，我国经济总量超过80万亿元，对世界经济增长的贡献率超过30%，成为全球经济增长的主要动力和稳定器。据普华永道对全球1293名CEO进行的调查，有33%的受访者表示认为中国是最近12个月内全球最有吸引力的市场。

（二）新的消费增长点不断涌现，消费对经济增长的拉动作用持续提升

2017年，最终消费对我国经济增长的贡献率达58.8%，连续第四年成为拉动经济增长的第一驱动力，消费对经济增长的贡献率比5年前提高了近10个百分点，消费驱动增长的新格局加快形成。

（三）改革开放全面深化，极大地拓展了我国经济发展的空间

供给侧结构性改革全方位推进，一些关键领域、基础性改革取得重大突破，市场配置资源的决定性作用日益增强；我国不仅全面履行了加入世界贸易组织承诺，还在WTO减让的基础上进一步扩大了开放；倡导和推动共建“一带一路”，促进贸易和投资自由化、便利化。

（四）营商环境进一步改善，市场活力进一步激发

营商环境就是竞争力，就是生产力。近年来，我国营商环境纵向比改善很大。据世界银行评估，2017年全球排名第78位，4年提升了18位。在减税降负方面，“营改增”全面推行，2016年各种减税降费达到1万亿元，2017年继续减少了1万亿元。

（五）新发展动力不断累积，支撑作用日益增强

我国已成为全球电子商务、网络购物和电子支付领域的领先者，工业互联网、人工智能、虚拟现实、分享经济等新技术、新产业、新业态、新模式、

新产品蓬勃发展，新动能对经济增长的贡献率超过30%，对城镇新增就业的贡献率超过70%，成为支撑发展的重要力量。

（六）世界经济持续回暖，国际经济环境有所改善

2017年发达经济体普遍企稳反弹，全球贸易投资出现回暖态势。2018年仍将延续这一同步复苏的良好势头。1月22日，国际货币基金组织在其《世界经济展望》的最新预测中，将全球经济2018年和2019年的增速预期提高至3.9%，均比上年10月的预测水平高出0.2%。我国已经成为全球供应链的中心，世界经济复苏将为我国消费品工业发展带来更多活力和发展机遇。

二、不利因素

（一）国际层面

主要经济体宏观经济政策调整，全球债务规模持续攀升，贸易保护主义抬头，国际汇率波动加剧，特别美国大幅减税有可能引发主要国家减税竞赛和资金争夺，世界经济的不确定风险加大；地缘政治、地区安全、政治极化、社会分化等非经济因素干扰全球经济，消费品工业扩大出口、企业全球化运营面临较多困难和风险。

（二）国内层面

制度性交易成本、原材料成本、物流成本、融资成本、用工成本仍然较高，部分地区和企业下行压力较大，行业投资增势减弱，部分消费品进口关税下调和扩大消费品进口将加剧竞争等。

第七节　2018年我国消费品工业发展趋势展望

一、国内经济企稳回升，生产增速或将小幅提升

2018年，随着供给侧结构性改革的深入落实，促进工业稳增长调结构增效益及转型升级步伐的不断加快，新旧动能加速转化，生产增速预期会平稳

提升。一是稳健的货币政策和积极的财政政策，有利于实体经济转型升级，防止资金“脱实向虚”，增加工业生产动力。二是2018年是“十三五”的中期阶段，消费品工业领域的相关政策措施相继落地，各项规划实施将会初见成效，工业生产增速预期较为乐观。三是党的十九大报告指出要坚定实施“创新驱动发展战略”，通过创新提高产品竞争力，助推社会生产力快速发展，将会为经济增长增添新动能。但消费品工业企业面临的国内劳动力和能源等要素成本、融资、环保治理以及转型升级压力仍然不减，生产增速将会稳中有进，不会出现大的波动。预计2018年，轻工业、纺织工业、医药工业三大行业工业增加值累计增速在8.5%、6%、12%左右。

二、外贸环境持续改善，出口形势总体向好

2018年，全球交易活动将加速回暖，消费品工业出口形势预期会较为乐观。一是全球经济复苏趋势延续，发达国家经济增长普遍提速，亚洲新兴经济体经济增长强劲。IMF预计，2018年全球经济有望增长3.7%，其中，发达国家有望增长2.0%，新兴市场有望增长4.9%。二是“一带一路”建设的稳步推进以及“一带一路”国际合作高峰论坛的召开，增加了中国与沿线国家的贸易往来，促进消费品工业出口增长。三是“三品”战略的深入实施，企业增品种、提品质、创品牌，不断提升高品质产品的有效供给和产品的国际知名度、竞争力，消费品工业出口增长的内生优势正加速形成。预计2018年，轻工业、纺织工业、医药工业三大行业出口交货值累计增速在8%、5%、10%左右。

三、政策红利加速释放，内需增长企稳回升

2018年，随着国家各项政策红利的释放，消费品工业内需增长有望企稳回升。一是新型城镇化步伐加快、城乡居民收入持续快速增长以及中产阶层快速崛起，国民对食品、家具、纺织品、服装、文教娱乐用品等日常消费品的需求持续增加。二是随着人口结构趋于中老龄化和“全面二孩”政策落地，绿色食品、有机食品等高品质食品以及医疗保健消费需求动力强劲，将会助推大健康类优质消费品的消费增长。三是2017年《政府工作报告》中提出将

进一步释放国内需求潜力，促进供给结构与需求结构相适应、消费升级与有效投资相促进，落实和完善促消费和扩投资的相关政策措施，这为下一年消费稳步增长和投资有效扩大增添了信心。预计 2018 年，中国消费者信心指数将达 125 左右，社会消费品零售总额全年增速有望达 11%。

第十二章　电子信息制造业

第一节　2017年我国电子信息制造业整体发展状况

一、产业整体发展情况

（一）电子信息制造业整体稳健增长，行业盈利持续改善

根据工信部运行局电子信息制造业数据，2017年，我国电子信息制造业保持快速增长趋势，规模以上电子信息制造业增加值同比增长13.8%，增速高于全国规模以上工业增速7.2个百分点。行业收入和利润继续呈现快速增长态势。2017年，电子信息制造业主营业务收入同比增长13.2%，利润增速22.9%，产业整体利润增速高于营收增速，利润率持续改善，企业亏损面延续收窄趋势。

（二）重点领域释放产业发展动能，集成电路、新型显示增速遥遥领先

集成电路领域产业规模继续增长，平板显示行业企业经营持续向好。集成电路领域，由DRAM、NAND Flash等存储器产品领军，2017年我国集成电路市场规模达5411亿元，产量达1564.9亿块，同比增长18.2%，全球规模、增速均居前列。新型显示领域，显示产业产能规模继续增长，全年出货面积达到7700万平方米，同比增长33%，出货金额达到1680亿元人民币，同比增长20%，显示产业整体规模达到2660亿元人民币，同比增长25%。

（三）固定资产投资企稳加速，分领域投融资呈良好增长态势

电子信息制造业投资企稳加速、企业预期向好，2017年电子信息制造业

500 万元以上项目完成固定资产投资增速达 25.3%（2016 年增速为 15.8%），已连续 10 个月维持 20% 以上高位增长，新增固定资产增速 35.3%，高出 2016 年 46.2 个百分点。分行业领域投资引资增势明显，通信设备行业完成投资增速 46.4%，电子器件行业完成投资增速 29.9%。信息产业相关领域吸收外资迅速增长，电子及通信设备制造业、计算机及办公设备制造业实际使用外资同比分别增长 7.9%、71.1%。

二、新兴领域发展成效接续显现

（一）超高清视频形成终端供给能力，核心器件实现局部突破

超高清视频产业方面，终端产品供给能力形成，采集制作核心元器件形成局部突破。2017 年，4K 电视国内销量占比接近 60%，远高于 35% 的全球平均水平，4K 机顶盒国内销量占比超过 54%。国产超高清专业摄像机、监视器、后期制作系统、网络化制播系统初步具备自主研发设计能力。海思、晶晨的超高清电视核心芯片国内市场占有率稳步提升。

（二）人工智能商用进程持续加速，渐成产业升级重要驱动力

2017 年，人工智能行业进入爆发式发展阶段。人工智能开始进入规模化商用，被用于金融、交通、物流、教育、制造、电商决策等多个领域，同时，随着硬件设备逐渐完善，智能技术逐渐向设备端转移。人工智能技术在安全、内容、推荐等领域的应用，手势识别、语音识别等新的交互技术的应用，也为传统行业实现转型升级提供强劲支撑。

（三）应用电子领域发展活力迸现，行业蕴含潜力有待加速释放

海洋电子领域，在政策和资金的持续推动与支持下，我国海洋电子发展初具基础，已初步形成以海洋传感网络、船舶电子产品和系统、海洋信息技术服务为主的海洋电子信息产业体系，在雷达探测、定点平台探测、海洋遥感等方面已接近国际先进水平，海洋信息基础设施建设开始从近岸、近海区域向中远海区域推进。汽车电子领域，国家发展改革委发布《智能汽车创新发展战略（征求意见稿）》，提出到 2020 年我国智能汽车新车占比将达 50%。在无人驾驶、智能化、网联化趋势推动下，汽车电子发展潜力有望加速释放。

三、发展特点

（一）政策引领持续推进，标准体系逐步完善

创新规划政策引领，助力新兴领域走向稳步发展阶段。2017年7月，国家发布《新一代人工智能发展规划》，在战略目标、技术研发、产业生态构建、人才供给、资源配置、保障措施等层面对人工智能发展进行前瞻布局。2017年12月，工业和信息化部印发了《促进新一代人工智能产业发展三年行动计划（2018—2020年）》，推动人工智能和实体经济深度融合，加快制造强国和网络强国建设。2017年12月，北京出台《自动驾驶车辆道路测试细则》，对自动驾驶技术的合法地位进行初步确立并对其道路测试进行规范。

标准化工作持续突破，有效发挥对产业的引领规范作用。2017年12月，工业和信息化部贯彻标准化改革要求，正式出台了《培育发展工业通信业团体标准的实施意见》，开展“百项团体标准应用示范项目”的评选，加快工业通信业标准体系构建。2017年，《电子信息领域“十三五”技术标准体系建设方案》《两化融合“十三五”技术标准体系建设方案》的编制工作完成，主要围绕人工智能、VR/AR、大数据、云计算、智慧家庭、智慧城市等重点领域制定急需的标准。2017年5月，工信部印发《太阳能光伏产业综合标准化技术体系》，聚焦基础通用、光伏制造设备、光伏电池和组件、光伏材料、光伏应用等七大方向，对光伏标准化技术体系建设的思路、目标与重点进行规范和指导。2017年，电子信息领域国际标准化工作亦取得丰硕成果，11项由我国主导制定的国际标准正式发布，新立项国际标准达26项，我国产业地位与国际影响力不断提升。

（二）新兴技术领域突破，应用场景百花齐放

电子信息产业技术生态创新圈不断完善，以人工智能为代表的新兴领域创新成果日渐丰硕。第四届世界互联网大会上，评选出的18项全球年度最具代表性的领先科技成果中，有11项来自中国，其中大部分与电子信息领域密切相关，如微软人工智能小冰、“神威·太湖之光”超算系统、光量子计算机、腾讯人工智能开放平台、华为3GPP 5G预商用系统等技术突破。中国人工智能学会与罗兰贝格联合发布的《中国人工智能创新应用白皮书》指出，

中国人工智能企业在人工智能第三次发展浪潮中具有良好的创新和发展势头，中国的人工智能企业数量、专利申请数量及融资规模位于全球第二位，仅次于美国。

新兴产业领域迅猛蓬勃发展，在零售、安防、教育、交通等领域应用场景逐渐成熟。AI 催生无人零售“新零售”。深圳首家无人便利店“Well GO”正式开业。新零售有助于解决市场上碎片化消费需求，改变传统便利店成本结构，提高营运效率。AI 推动信息处理领域进展。第五代微软小冰在北京正式发布，微软宣布小冰逐步进入完成态，并进入高级感官阶段，新增功能涵盖全双工语音、实时流媒体视觉等高级感官功能。AI 促进汽车出行领域变革。谷歌、特斯拉、百度等公司都在无人驾驶上进行了布局和投入。8 月 21 日，北汽发布首款人工智能电动汽车 LITE。龙头企业加速 VR/AR 布局。2017 年，互联网巨头、制造企业、手机生产商、泛娱乐产业纷纷加速投资布局 VR/AR 领域。小米、华为等公司均与 VR/AR 企业在手机增强现实领域展开广泛深入合作。未来随着新兴领域技术的应用与普及，市场将进一步被激活。

（三）重点领域势能增强，释放经济发展新动能

部分重点和新兴领域保持快速增长态势，集成电路和新型显示产业蓄势待发。中商产业研究院数据库显示，2017 年 1—12 月，集成电路产量累计增长 18.2%，据 AVC 数据，2017 年 OLED 电视的市场零售量规模同步增长 92%；这些重点和新兴领域产品产量增速都远远超出传统产品，2018 年有望进一步发力。人工智能领域，埃森哲分析认为，AI 作为全新的生产要素，有望补充和提升现有劳动与资本效率，助力中国经济开辟新的增长空间。

电子信息产业对新动能的支撑作用增强。投资结构方面，2017 年上半年计算机、通信和其他电子设备制造业投资增速为 27.4%，远远超过同期制造业增速（5.5%）。在实际使用外资的投向领域方面，上半年我国高技术制造业实际使用的外资达到 349.7 亿美元，同比增速高于上半年我国实际使用外资增速（-0.1%）11.2 个百分点，其中，计算机及办公设备制造业实际使用外资同比增长达到 178.9%，仍保持稳健快速增长，说明产业结构不断升级。新动能仍保持快速增长。1—11 月，规上电子信息制造业增加值增速（13.9%），领先规模以上工业增加值增速 7.3%。可见，2017 年电子信息制

造业增速均明显高于规模以上工业增速。电子信息领域对实体经济与新动能的支撑作用逐步强化。

（四）外贸形势严峻依旧，不确定性风险因素犹存

当前对外贸易面临的风险和不确定因素仍然较多，美国税改基本落定，贸易保护主义抬头，制造业回流美国影响不容小觑，同时中外贸易争端频现，对国内经济改革形成一定压力。据商务部数据，2017 上半年我国共遭遇 37 起贸易救济调查案件，这些调研案件来自 15 个不同的国家和地区，涉案金额总计 53 亿美元，与 16 年相比有所下降，但仍处于高位。例如光伏领域，2017 年 3 月，欧委会不顾欧盟内部多个成员国和业界以及中国业界的反对，宣布将对华光伏反倾销反补贴措施延长实施 18 个月。印度是目前新兴市场中增长最快的市场，2017 年新增光伏装机量有望突破 10GW，而印度政府 7 月开启了对中国进口的光伏电池及组件的反倾销调查。贸易保护主义产生的主要原因，除了地缘政治因素外，也与我国电子信息产业竞争力不断发展壮大，市场份额持续增长有一定关联性。未来电子信息领域贸易摩擦压力加剧升级的不确定性隐忧依然存在。

第二节　2017 年我国电子信息制造业重点政策解析

2017 年，《智慧健康养老产业发展行动计划（2017—2020 年）》《新一代人工智能发展规划》《促进新一代人工智能产业发展三年行动计划（2018—2020 年）》等政策的发布实施，给我国电子信息产业发展指明了新方向、提供了新动力。

一、《智慧健康养老产业发展行动计划（2017—2020 年）》

为贯彻落实《国务院关于积极推进“互联网 +”行动的指导意见》（国发〔2015〕40 号）、《国务院办公厅转发卫生计生委等部门关于推进医疗卫生与养老服务相结合指导意见的通知》（国办发〔2015〕84 号）、《国务院办公厅关于促进和规范健康医疗大数据应用发展的指导意见》（国办发〔2016〕

47 号)、《国务院办公厅关于全面放开养老服务市场提升养老服务质量的若干意见》(国办发〔2016〕91 号)等文件要求,加快智慧健康养老产业发展,工业和信息化部、民政部、国家卫生计生委制定了《智慧健康养老产业发展行动计划(2017—2020 年)》,并于 2017 年 2 月正式发布。

人民群众对健康服务和养老服务需求急剧增长。随着我国经济快速发展,人民生活水平大幅提高,但很多慢性病、亚健康等健康问题凸显,特别是具有高消费能力的城市白领健康。《2016 上海白领健康指数白皮书》显示,白领体检异常比例高达 94. 91%。为更好地满足不断释放的健康保健、慢性病管理等方面需求,需从单一的病后救治模式向“防—治—养”一体化防治模式转变。从养老服务方面,我国人口老龄化加速、“空巢”老人比例不断上升,老年健康保障服务的需求急剧增加。国家统计局数据显示,2015 年,我国 60 岁以上人口升至 2. 2 亿,占总人口比例 16. 1%;到 2025 年,老龄人口数量将达到 2. 96 亿,占比达到 23%;到 2050 年,这一比例将超过 30% 以上,是同期全球老龄化平均速度的两倍。在此背景下,需要应用新技术、新方式、新手段提高健康服务能力和养老服务能力。

健康养老产业升级需要充分发挥信息技术作用。未来一段时期,我国健康养老产业的市场空间将迅速扩大。据预计,我国仅城市地区居家养老服务的市场容量就将由 2015 年的 1115 万人增长到 2050 年的上亿人。巨量的健康养老服务需求将对服务人员数量、效率和专业能力等提出更高要求,依靠传统方式和传统手段难以应对,迫切需要通过信息技术手段对健康养老产品、服务、模式进行全方位的变革。《中华人民共和国国民经济和社会发展第十三个五年规划纲要》中明确要求,加快健康养老等领域发展,围绕健康养老等领域的瓶颈制约,制定系统性技术解决方案。信息技术与健康养老产业的对接和融合,可以充分发挥医疗、养老、信息技术等领域的各自优势,构建产业间协作体系,提升服务水平、提高服务效率、丰富服务内容,实现健康养老产业的智慧化升级。

智慧健康养老产业将成为我国经济增长新引擎。健康养老产业覆盖面广、涉及众多产品,对经济增长有明显的带动作用。美国著名经济学家皮尔泽认为健康服务将成为继信息技术产业之后的全球“财富第五波”,并有望成为全球规模最大的新兴产业。我国的健康服务产业还处于起步阶段,产业规模约占 GDP 比重的4%—5%，低于美国的 15%和加拿大、日本的 10%，未来发展空间十分巨大。据国家发改委产业所预测，我国老龄产业规模到 2020 年和 2030 年将分别达到 8 万亿元和 22 万亿元，对 GDP 的拉动作用将分别达到 6 个百分点和 8 个百分点。智慧健康养老产业的发展，一方面能够借力健康养老需求的快速增长实现产业规模的迅速扩大，另一方面能够促进健康养老消费升级，催生出新的市场领域和市场空间，为新常态下我国经济发展提供新引擎。

我国智慧健康养老产业面临突出问题和制约因素。这些突破问题和制约因素包括：关键技术和产品的水平有待提高，智慧健康养老服务业态和商业模式尚在探索，支撑产业发展的公共服务能力较为欠缺，智慧健康养老产品、服务标准尚未建立，智慧健康养老服务平台网络安全和个人信息安全防护有待加强。

在此背景下，三部委联合发布了《智慧健康养老产业发展行动计划(2017—2020 年)》(以下简称《行动计划》)，核心是充分发挥信息技术对智慧健康养老产业的提质增效支撑作用，把握智慧健康养老“产品 + 服务”发展规律，通过丰富产品供给和创新服务模式两个主要手段，满足家庭和个人多层次、多样化的健康养老服务需求。提出了到 2020 年建立 100 个以上智慧健康养老应用示范基地，培育 100 家以上具有示范引领作用的行业领军企业，制定 50 项智慧健康养老产品和服务标准以确保信息安全的发展目标。还提出了五方面重点发展任务和五方面组织实施措施。

《行动计划》是信息化技术与民生领域的深度融合，将进一步提升信息技术对健康养老产业的支撑和提质作用，发展智能化、个性化、多样化的智慧健康养老产品和服务，提升智慧健康养老产业创新供给能力，形成商业化、可运营、可推广的应用模式，满足人民群众健康养老服务的迫切需求，培育千亿级规模的新兴市场，推动经济社会快速、健康、稳定发展。《行动计划》的实施能够通过建设试点推动健康养老的发展，可打造出一批智慧健康养老小区，也可建设一批智慧健康养老产业园区，加快建立健康养老服务平台。同时也能充分发挥工业转型升级资金、专项资金、地方财政资金等财政资金扶持作用，推动各部门资金集约化整合和精准投放，加大对智慧健康养老的扶持力度。探索与国有资本投资公司合作，引导社会资本参与智慧健康养老产业发展，解决健康养老的资金投入问题。

二、《新一代人工智能发展规划》

为抢抓人工智能发展的重大战略机遇，构筑我国人工智能发展的先发优势，加快建设创新型国家和世界科技强国，国务院于2017年7月印发了《新一代人工智能发展规划》（以下简称《规划》）。经过60多年的演进，人工智能发展进入新阶段，特别是在移动互联网、大数据、超级计算、传感网、脑科学等新理论新技术的引领下，再加上经济社会发展强烈需求的驱动，人工智能出现了一些新特点，被称为“新一代人工智能”。以习近平同志为核心的党中央高度重视人工智能发展。习近平总书记多次就人工智能作出重要批示，指出人工智能技术的发展将深刻改变人类社会生活、改变世界，要求抓住机遇，在这一高技术领域抢占先机，加快部署和实施。李克强总理在2017年《政府工作报告》中强调，要加快人工智能等技术研发和转化，做大做强产业集群。

《规划》提出了以提升新一代人工智能科技创新能力为主攻方向，以加快人工智能与经济社会国防深度融合为主线，坚持科技引领、系统布局、市场主导、开源开放的基本原则。按照“构建一个体系、把握双重属性、坚持三位一体、强化四大支撑”进行总体布局，突出构建开放协同的人工智能科技创新体系。描绘了我国新一代人工智能发展的蓝图，确立了“三步走”目标：到2020年人工智能总体技术和应用与世界先进水平同步；到2025年人工智能基础理论实现重大突破、技术与应用部分达到世界领先水平；到2030年人工智能理论、技术与应用总体达到世界领先水平，成为世界主要人工智能创新中心。《规划》确定了六方面重点任务，并从法律法规、伦理规范、重点政策、知识产权与标准、安全监管与评估、劳动力培训、科学普及等方面提出保障措施。

《规划》是我国在人工智能领域进行的第一个系统部署的文件，重点对2030年我国新人工智能发展的总体思路、战略目标和主要任务、保障措施进行系统的规划和部署。突出了五方面特点。一是把握发展新阶段，二是突出创新能力建设，三是形成前瞻系统布局，四是注重发展与规制结合，五是坚持开源开放。

三、《促进新一代人工智能产业发展三年行动计划（2018—2020年）》

当前，新一轮科技革命和产业变革孕育兴起，人工智能技术与产业发展进入新阶段，正加快与经济社会各领域渗透融合，带动技术进步、推动产业升级、助力经济转型、促进社会进步。为落实《新一代人工智能发展规划》，深入实施“中国制造2025”，抓住历史机遇，突破重点领域，促进人工智能产业发展，提升制造业智能化水平，推动人工智能和实体经济深度融合，工业和信息化部于2017年12月发布了《促进新一代人工智能产业发展三年行动计划（2018—2020年）》，对2030年我国人工智能发展的总体思路、战略目标和主要任务、保障措施进行系统的规划和部署，为推动我国人工智能的长期发展指明了方向。

《行动计划》提出了促进新一代人工智能产业发展的指导思想，按照“五位一体”总体布局和“四个全面”战略布局，以信息技术与制造技术深度融合为主线，推动新一代人工智能技术的产业化与集成应用，发展高端智能产品，夯实核心基础，提升智能制造水平，完善公共支撑体系，促进新一代人工智能产业发展，推动制造强国和网络强国建设，助力实体经济转型升级。提出了到2020年，一系列人工智能标志性产品取得重要突破，在若干重点领域形成国际竞争优势，人工智能和实体经济融合进一步深化，产业发展环境进一步优化的发展目标。同时提出了实施四项重大任务和五方面保障措施。

《行动计划》的总体要求体现出“三个明确”。一是明确整体思路，二是明确工作原则，三是明确工作目标。按照“系统布局、重点突破、协同创新、开放有序”的原则，在深入调研基础上，将17个产品或领域分成四类，提出四方面重点任务，包括培育智能产品和系统、突破核心基础、深化智能制造、构建支撑体系。同时提出了于2020年取得突破的典型技术指标，如针对视频图像身份识别系统，复杂动态场景下人脸识别有效检出率超过97%，正确识别率超过90%，支持不同地域人脸特征识别等。

第三节　2017 年我国电子信息制造业重点行业发展状况

一、计算机行业

（一）发展情况

计算机行业生产保持平稳增长。2017 年 1—10 月，生产微型计算机设备 25004 万台，同比增长 8.2%，其中笔记本电脑 14134 万台，同比增长 8.2%；平板电脑 7002 万台，同比增长 7.5%。出口交货值同比增长 15.1%，其中 10 月份增长 8.5%。

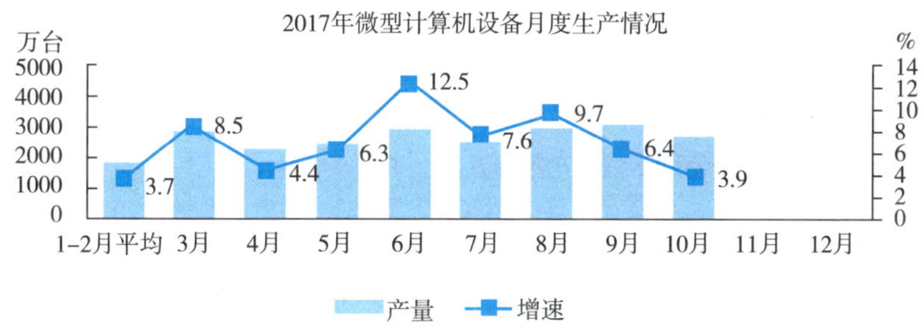

图 12－1　2017 年微型计算机设备月度生产情况表

资料来源：赛迪智库整理，2018 年 2 月。

固定资产投资小幅增加。电子计算机行业完成投资同比增长 3.1%，低于全行业增速 21 个百分点，远低于整机行业的通信设备和家用视听投资增速。

国产服务器品牌占比持续走高。全球服务器领域，国外厂商发展趋缓，但受益于服务器领域耕作多年，在技术、品牌、客户等方面积攒下了巨大的优势，因此仍然处于领跑地位。以联想、华为、浪潮为代表的国内厂商则奋起直追，与国外厂商之间的差距正在逐渐减小。2017 年第三季度，中国 x86 服务器市场总出货量达到近 60 万台，同比增长 29.03%，高于全球 24.5 个百分点，表现非常不错。分析厂商的具体出货量，可以看到，联想依然保持排名第一的位置，国产品牌服务器总体份额达到 60.8%，领先于国外厂商。

（二）发展特点

在信息安全相关政策稳步推进下，产业层面的落地进度也在加速，国产化替代进入加速期。如自主可控芯片计算机如能顺利获得政府机关订单，将是我国自主可控生态系统的突破性进展之一，后续自主可控整机、操作系统、数据库、中间件等实现国产替代有望进入加速阶段。同时，因“互联网+”时代和大数据时代的到来，对网络安全的需求也越来越大。云计算、物联网、移动互联网的逐渐兴起，将给网络安全等自主可控厂商带来巨大发展空间。

生态圈构建成为企业可持续发展的提振器。随着IBM公司在我国广泛开展合作，积极布局Power生态圈，国内企业也不断加码生态圈的建设。其中，浪潮集团携手7000家合作伙伴，700家行业软件开发商ISV，80家全国方案百强商，共同打造合作共赢的云上生态圈。经过几年的实践和不间断地战略投入，浪潮云全面助力政府和企业实现转型，已成为中国政务云第一品牌。目前浪潮已经构建了国产主机产业联盟、云智联盟，并将推动建立云安全产业联盟，围绕“中国云”落地，形成生机勃勃的产业生态，共同为客户提供高度全面、专业、安全的云服务整体方案。

二、通信设备行业

（一）发展情况

2017年，通信设备行业进入平稳发展阶段，主要通信产品产量仍保持增长，但销量和进出口出现明显下滑。产业结构方面，国内智能手机市场格局基本稳定，华为、OPPO、vivo、小米四大手机品牌厂商稳居第一梯队，行业集中度不断提升；通信设备企业海外拓展依然困难重重，美政府以安全为由拒绝了华为与AT&T手机销售合作，给国内手机厂商全球化布局造成不利影响。产业创新方面，光通信、网络通信和移动通信领域技术产品创新依然活跃。

主要通信设备生产仍保持增长。工信部运行局数据显示，2017年1—11月，我国共生产手机17.6亿部，同比增长3.6%；其中智能手机13亿部，同比增长1.7%，占全部手机产量比重为73.6%；出口交货值同比增长13.0%；1—11月，通信设备行业投资较快增长，投资增速达到46.9%。国家统计局数据显示，1—12 月，我国生产程控交换机 1240. 8 万线，同比下降 17. 8%；生产移动通信基站设备 27233. 4 万信道，同比下降 19. 4%

通信设备进出口量出现明显下滑。海关总署数据显示，2017 年 1—12 月，我国出口电话机 12. 9 亿台，同比下降 5. 1%，出口额 8599. 3 亿元，同比增长 11%，其中手持或车载无线电话机出口 12. 1 亿台，同比下降 4. 8%，出口额 8503 亿元，同比增长 11. 3%。进口方面，电话机进口 599 万部，同比下降 60. 3%，进口额 52. 7 亿元，同比下降 68. 6%；数字式程控交换机或电报交换机进口 4071 台，同比下降 29. 9%，进口额 8568 万元，同比下降 36%。

国内手机市场出货量出现下滑。据有关机构统计，2017 年 1—12 月，国内市场手机出货量 4. 91 亿部，同比下降 12. 3%。其中，4G 手机出货量 4. 62 亿部，同比下降 11. 0%。国产品牌手机出货量 4. 36 亿部，同比下降 12. 4%，占同期国内手机出货量的 88. 8%。智能手机出货量为 4. 61 亿部，同比下降 11. 6%，占同期国内手机出货量的 93. 9%，其中 Android 手机出货量 3. 83 亿部。

（二）发展特点

手机行业两极分化日益明显。一方面，国产手机品牌厂商发展速度继续领跑全球市场，另一方面，国内市场的竞争仍然残酷而且激烈。从品牌上看，以华为为代表的国产手机品牌持续高速发展、不断缩小与领军企业的差距。从供应链看，随着手机品牌的集中化和发力高端的市场策略，手机 ODM 异常艰辛，几大手机 ODM 厂商竞争空前激烈。

通信设备制造厂商逆势崛起。以华为、中兴、烽火和大唐等为代表的我国通信设备制造企业把握“网络强国”和“宽带中国”等国家创新战略机遇，积极创新、攻坚克难，在标准制定、前沿技术研发和网络建设实践等领域全面发力，在全球通信设备制造业发展趋缓的大背景下实现了逆势崛起。

多重因素驱动光通信设备行业快速发展。在通信网络建设以及大数据、云计算、VR/AR、4K/8K 超高清视频带来数据流量爆发及数据中心大规模投资等因素的带动下，我国光通信行业的投资保持高位增长，光通信材料、光通信器件的市场需求也依然强劲。高清和超高清在线视频应用不断丰富，对光核心网络、接入网的扩建和升级构成强劲需求，光纤光缆、光器件和光通信设备在2017年呈现供不应求状况。

三、消费电子行业

（一）发展情况

2017年，中国彩电市场走势低迷，彩电销量降低但销售额上升。2017年彩电销量为4752万台，同比下降6.6%，受整机成本攀升导致彩电价格上涨，全年销售额为1630亿元，同比增长4.5%。2017年1—11月，中国彩电出口量是7422万台，同比下降0.8%，出口额是128.3亿美元，同比上涨13.6%。

2017年，中国智能音箱国内市场突破170万台，智能音箱市场用户认知度在显著提升，整个产业链呈现出蓬勃发展的态势，爆发背后是企业激进式的推动。

2017年，据DIGITIMES预测数据，国内头戴式VR设备出货量约为780万台，产值12亿元，较2016年分别增长44%和61%。据IDC预测数据，2017年，全球头戴式AR和VR设备出货量将达1370万台，至2021年将增长到8120万台，复合年增长率为56.1%。

（二）发展特点

消费电子产业快速增长，规模稳居世界第一。我国已成为全球面板生产基地、整机生产基地以及彩电出货大国，电视、计算机、手机等主要电子消费产品产量均位居全球第一，占全球出货量的比重均超过一半以上。电视、手机和笔记本电脑作为消费电子产业的主要产品，出口始终稳居电子信息产品前列。

消费电子产品门类众多，产业链配套齐全。2017年，在新技术的推动下，我国消费电子产品的深度与广度持续扩展，涵盖了包括手机、计算机、电视机、服务型机器人、智慧健康可穿戴、VR/AR可穿戴、消费级无人机、无人驾驶汽车等在内的产品门类，各细分领域新技术新产品不断涌现，催生多样化的新兴消费热点。

消费电子龙头企业强势崛起，全球影响力不断增强。随着我国消费电子产品制造领域国际化和优势品牌成为行业领导者，龙头企业的国际竞争力快速提升，品牌影响力稳步扩大。华为、OPPO、小米等中国智能手机厂商已经成为全球智能手机市场的中流砥柱；海信、TCL、创维、海尔等国内液晶彩电品牌占据全球十大品牌的半壁江山；大疆无人机仅用4年时间就已占据全球消费级无人机市场的绝对领先地位。消费电子领域龙头企业的快速崛起将带动整个产业进入全新发展时期。

四、集成电路行业

（一）发展情况

集成电路领域产业规模继续增长，平板显示行业企业经营持续向好。集成电路领域，由DRAM、NAND Flash等存储器产品领军，2017年，我国集成电路市场规模达5411亿元，产量达1564.9亿块，同比增长18.2%。根据IC Sights预测，2018年中国IC市场自给率为16%，供需缺口为1135亿美元，成长潜力巨大。伴随国家大基金二期投资进入酝酿期，龙头企业14nm Finfet制程进度加速与Foundry国际化差距缩小，12英寸晶圆产线投产，存储器国产化替代加速，在供需关系持续催化下，集成电路将迎来黄金成长期。

（二）发展特点

产业指标和工艺技术快速提升。我国集成电路产业链各环节比例进一步优化协调，设计业与制造业高速增长，所占比重逐年上升。特别值得关注的是，产业各环节都实现了不同程度的技术提升。智能终端、网络通信等领域芯片设计水平普遍采用28nm工艺，部分进入16/14nm工艺；逻辑工艺制造技术28nm工艺已实现量产，16/14nm工艺正在攻关，缩小了与全球先进工艺的差距；先进封测产能规模不断提升，占比达到30%；介质刻蚀机、薄膜设备、封装光刻机、靶材等一批关键装备、核心材料实现量产，部分高端产品进入工程化验证。

众多集成电路产品有突破进展。2017年，中国在服务器CPU、桌面计算机CPU、嵌入式CPU、智能终端芯片、智能电视芯片、多媒体芯片、存储器芯片等领域继续取得重大进步。在人工智能大潮的推动下，中国企业不甘落后，纷纷推出新产品。寒武纪研发的人工智能芯片已经作为IP核，被海思半导体采用，有力支撑了华为手机走向人工智能时代。在人工智能芯片领域，中国企业与国外企业的差距正在不断缩小。

资金和人才短缺问题仍然突出。目前，我国集成电路产业从业人员总数不到30万人（不含外资企业），按照2020年全产业销售10000亿元人民币，人均产值140万元计算，需要约70万人的规模。因此，目前的人员数量缺口极大。除了国际化的领军人才及团队极度缺乏外，基础性人才的数量缺口也十分巨大。要改变现在的局面就必须对我国这一领域的学科分类进行大的调整。

五、新型显示行业

（一）发展情况

受电视平均尺寸增加，智能手机、公共显示和车载显示市场的不断扩大，近年来全球新型显示产业保持了持续增长态势。在显示面积不断增长和面板价格保持平稳的影响下，全球显示产业的市场需求继续保持增长态势，面板出货面积增长率继续高于面板出货金额增长率。2017年，全球面板面积出货量达到2.05亿平方米，同比增长6%；面板出货金额达到1100亿美元，同比增长3%。在面板增长的带动下，显示产业整体将保持稳健增长，产业规模达到2070亿美元，同比增长5%。

从出货规模看，2017年，在京东方福清8.5代和重庆惠科8.6代液晶面板线等产线量产带动下，我国显示产业产能规模继续增长，全年出货面积达到7700万平方米，同比增长33%，出货金额达到1680亿元人民币，同比增长20%，显示产业整体规模达到2660亿元人民币，同比增长25%。2017年前三季度，京东方、华星光电和天马等三家骨干企业销售收入达到1000亿元，同比增长36%。

从进出口规模看，2017年，液晶面板进出口逆差继续缩窄。2017年前11个月，液晶面板进口金额276亿美元，出口234亿美元，分别与上年同期持平和下降3.1%，贸易逆差为43亿美元，同比减少18.6%。

从应用市场看，2017年，我国手机、计算机和彩电产量分别达到19.2亿部、3.1亿台和1.7亿台，稳居全球第一。液晶面板自给率分别达到66%、70%和60%。在智能可穿戴设备、智能家居产品、虚拟现实设备等新兴产品种类不断丰富。在虚拟现实/增强现实、无人驾驶、人工智能、无人机、智慧健康养老等新兴领域，国内涌现出一大批技术和应用在全球处于领先位置的创新型企业，快速发展的新兴市场为我国显示面板产业带来广阔的市场应用前景。

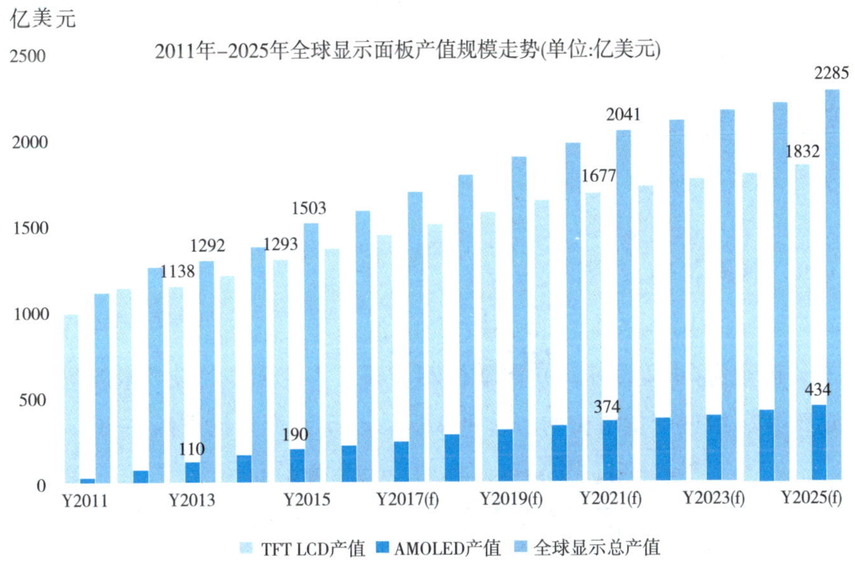

图 12－2　全球显示产业产值规模走势

资料来源：赛迪智库整理，2018 年 1 月。

（二）发展特点

需求拉动产业规模快速增长，全球地位逐步凸显。我国已成为仅次于美国的全球第二大消费电子市场，并拥有世界最大的消费电子生产制造基地，彩电、计算机、手机产量连续多年位居世界首位，可穿戴设备、车载显示和公共显示市场正在快速发展，为我国新型显示产业发展提供了广阔市场空间。

区域集中度大幅提高，产业配套不断完善。经过“十二五”期间的建设，我国平板显示产业已初步形成环渤海、长三角、珠三角、成渝鄂地区的产业区域布局。逐步建立起以大型骨干企业为核心、较为完整的玻璃基板、彩色滤光片、液晶材料、背光源组件等上游配套产业链和完善配套的手机、平板电脑、智能电视等下游整机应用产品及服务体系的产业集群。

AMOLED 显示取得突破，超高世代线成为投资热点。我国 AMOLED 产线建设不断取得突破，逐步由技术研发向规模化生产过渡，共有 2 条 4.5 代线、3 条 5.5 代线和 2 条 6 代 AMOLED 进入量产，2017 年中国大陆 AMOLED 面板出货量超过1000万片，京东方、和辉光电、国显光电等企业成功打入华为、小米、中兴等品牌的供应。TFT－LCD方面，由于10代以上面板生产线在生产65英寸以上大尺寸电视方面具有成本优势，因此成为近期产业发展重点。为抢占超大屏幕电视市场，各大面板企业将投资目标从8.5代转向了10代以上面板产线建设。

六、太阳能光伏行业

（一）发展情况

2017年，我国多晶硅产能超过万吨的企业有8家，产能利用率保持在较高水平，产量为24.2万吨，同比增长24.7%，占全球多晶硅产量的56%。硅片、电池片、组件产量增长均超过30%，占全球总产量比重都在70%以上。

表12－1　2017年我国光伏产品产量及增长情况

	多晶硅	硅片	电池片	组件
产量	24.2万吨	87GW	68GW	76GW
增长率	24.7%	34.3%	33.3%	41.5%

资料来源：赛迪智库整理，2018年3月。

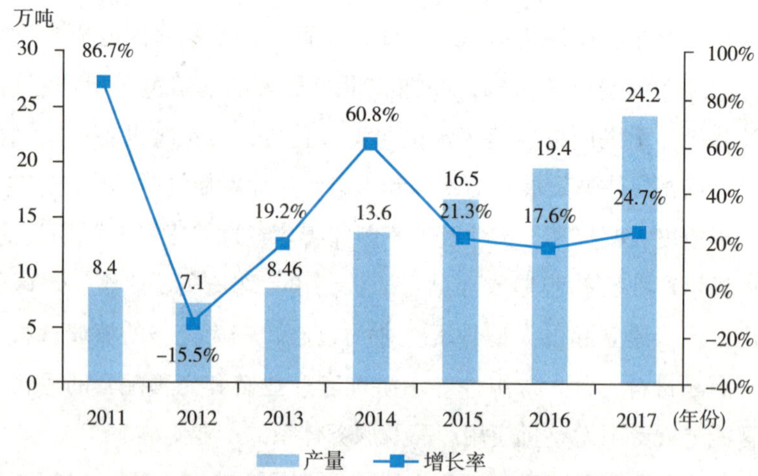

图12－3　2011—2017年我国多晶硅产量及增长率

资料来源：赛迪智库整理，2018年3月。

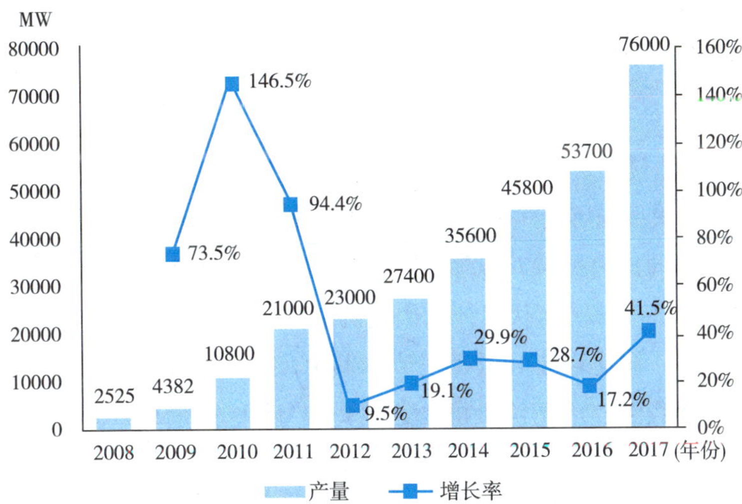

图 12－4 2008—2017 年我国光伏组件产量及增长率

资料来源：赛迪智库整理，2018 年 3 月。

进出口规模看，2017 年 1—11 月，我国光伏产品出口总额为 131.1 亿美元，同比增长 1.4%；多晶硅进口量 14.4 万吨，同比增长 17.3%。受全球光伏市场继续扩大影响，我国光伏产品出口量快速增长，但产品出口价格持续下滑，墨西哥、巴西、印度等新兴市场增速提升，其中对印度出口跃居第一位。

市场规模来看，2017 我国新增光伏并网装机容量达到 53.06GW，同比增长 54%。累计光伏装机并网量达到 130.25GW，同比增长 69%。 新增和累计

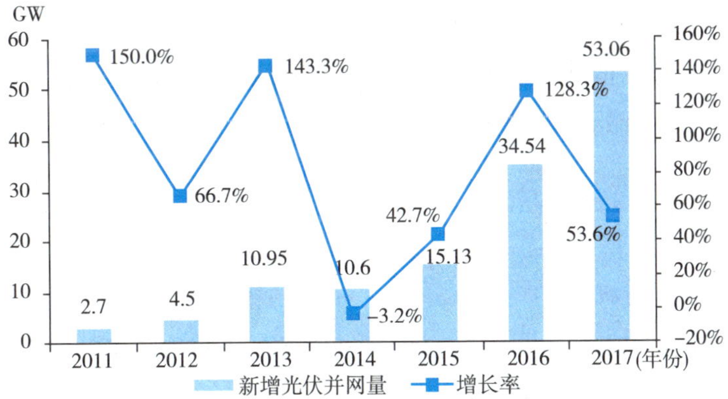

图 12－5 2011—2017 年我国光伏新增装机量及增长率

资料来源：赛迪智库整理，2018 年 3 月。

装机容量均为全球第一。其中，光伏电站累计装机容量100.59GW，分布式累计装机容量29.66GW。全年光伏发电量1182亿千瓦时，占我国全年总发电量的1.8%。

（二）发展特点

分布式光伏呈现爆发式增长。2017年，全国分布式光伏新增装机量达到1944万千瓦，同比增长3.7倍，远超前五年分布式光伏总装机量，在新增装机里占比达到36.6%。而从累计光伏装机来看，分布式光伏在光伏装机的比重提高到23%，同比增加10个百分点。其中，户用光伏更是风起云涌，初步统计，2017年我国户用光伏装机已达到2GW以上，是2016年的3倍以上。浙、鲁、冀累计装机超10万户，全国50万户，装机量超过2GW。

龙头企业相继在美股退市。由于光伏产业在发展之初的市场主要在国外，因此在我国光伏制造企业在发展初期通过在海外上市不断获得融资支持和品牌知名度。美股市场对我光伏企业估值太低，甚至已经丧失了基本的融资能力。而如果回归国内A股后，公司可以获得更好的估值和贷款，为公司提供稳定的资金支持。进入2017年，已经相继有三家企业正式开始或已经完成私有化进程。

全球竞争地位进一步巩固。2017年国内国外光伏企业经历冰火两重天的局面。国外企业中，欧洲最大的光伏企业SolarWorld、美国最大的组件企业之一Suniva相继宣布破产保护；全球技术领先的两家企业，Sunpower裁员并关停部分菲律宾产线，松下也关闭部分电池片产线并重整光伏业务。反观我国光伏企业，全年产能利用率维持高位，毛利率稳步回升，主要企业普遍扩产，部分外围企业也开始布局光伏产品制造。

七、半导体照明行业

（一）发展情况

从全球视角看，LED产业处于稳健发展期。我国作为全球电子产业制造基地，在“国家半导体照明工程”计划的推动下，LED产业发展迅速。从目前全球LED市场来看，我国已成为发展最快的区域，初步形成了包括LED外延片、芯片、封装以及应用在内的较为完整的产业链。

2014—2016 年，我国 LED 产业规模由 3507 亿元增长至 5216 亿元，年均复合增长率为 21.96%。其中，2016 年，LED 外延芯片市场规模约 182 亿元，同比增长 20.5%；LED 封装市场规模 748 亿元，同比增长 21.6%；LED 应用市场规模 4286 亿元，同比增长 23.2%。2016 年 LED 照明的渗透率为 31.30%，预计 2017 年将达到 36.70%。

（二）发展特点

LED 产业保持增长态势。LED 对传统照明市场的替代效应极大激发了半导体照明市场的需求，国内半导体照明产业迎来关键的发展机遇。2017 年，随着小间距 LED 显示屏、汽车照明、智能照明等下游应用需求快速增长，LED 芯片供不应求，以三雄极光、得邦照明、光莆股份等为代表的 LED 企业纷纷上市，行业发展回归理性，规模呈现增长的状态。

不断开拓新兴应用。LED 应用环节继续保持快速发展，细分应用领域呈现不同特点。通用照明、景观应用、显示屏等传统替代应用市场稳步增长。但从未来发展趋势看，农业照明、汽车照明等新兴应用快速成长，智慧路灯、小间距显示、手机 LED 闪光灯、灯丝灯、UV－LED、IR－LED 等成为应用市场热点。生物农业光照、光医疗、通信、安全、杀菌消毒等创新应用将成为替代阶段之后的新增长点和长期成长动力。

LED 照明向智能化发展。随着 LED 照明技术的迅速发展，LED 照明产品的稳定性、使用寿命、智能化、显指、光效等性能指标逐步保持稳定。2017 年，LED 照明产业整体向智能化、多元化发展。在照明产品智能化的过程中，照明技术与智能硬件、互联网、物联网技术实现跨界融合，成为智慧家庭、智慧楼宇、智慧城市的重要组成部分，能够给宏大繁杂的城市管理提供数据化支持。据预测，全球智能照明设备和控制市场将从 2014 年的 221.1 亿美元增至 2020 年的 591.9 亿美元，年复合增长率为 17.8%。

第四节　2017 年我国电子信息制造业区域发展情况

一、长江三角洲地区电子信息产业发展状况

目前，长江三角洲地区包括上海市及江苏省、浙江省等三省市的范围，是我国工业经济最发达的地区之一。长江三角洲地区在电子信息制造业领域已初步建立了从上游原材料到下游应用的完整产业链，是我国重要的电子信息产业基地和最大的电子信息制造业聚集区，总体规模占到全国近四成，以上海为中心，向江苏、浙江等地辐射，形成了中心带动、地区辐射、多地集聚的产业发展特点。各个产业链环节的地区分布为江苏徐州、浙江衢州等地以上游半导体材料、电子材料为主，上海和江苏无锡、常州、苏州、南京以及浙江杭州、嘉兴、湖州等地以下游整机及应用为主。其中江苏地区在信息通信、数字视频、计算机、软件、集成电路设计封装、光伏制造等领域具有产业优势，浙江在电子材料、软件服务业、微电子等领域形成产业集聚，上海则在计算机、数字音频、通信设备、软件等下游行业发展快速。

长江三角洲的集成电路产业，已在上海、苏州、无锡等地形成聚集，半导体行业产值占全国的近 7 成，集成电路设计、封装测试、制造等环节的产业规模全国占比分别达到约 50%、80% 和 55%，继续保持行业领先地位。受下游计算机等整机行业需求带动，新型显示产业在长江三角洲地区形成较强的产业聚集，从显示关键材料到模组，建立了相对完善的新型显示产业链及配套环境，重点显示企业有中电熊猫、三星、天马、友达等，已涵盖玻璃基板、背光源、导光板等多个领域。与此同时，长虹、鑫虹、海尔等知名电视机厂商，以及联想、宝龙达等计算机和平板电脑生产厂商均在长三角地区积极布局，带动整个新型显示产业链加快协同发展。

二、珠江三角洲地区电子信息制造业发展状况

珠江三角洲地区包括广州、深圳、佛山、珠海、东莞、中山、惠州、江

门、肇庆等9个城市，面积为24437平方公里，目前已经成为我国最大的电子信息产业集聚区之一，也是我国发展速度最快的电子信息产业集聚区，高端电子信息产品继续保持较大幅度增长，软件和信息服务也占比持续提升。华为、比亚迪、中兴、TCL、康佳、创维、酷派等光电子器件、智能手机、液晶电视领域民营骨干企业规模持续扩大，占比也逐年提升。

近年来，珠三角地区电子信息制造业部分企业加速向广东省其他地区以及周边省份转移，其原因一方面是由于人力成本上升、资源承载能力有限以及优惠政策到期等多方面因素影响，另一方面，广东省出台措施促进省内产业转移，同时我国中西部地区利用其人力资源以及环境优势，加大招商引资力度，出台了许多优惠政策，吸引沿海地区企业入驻。

三、环渤海地区电子信息产业发展状况

环渤海地区是指环绕渤海全部及黄海部分沿岸地区，处于日渐活跃的东北亚经济圈的中心地带，是我国东北、华北、西北地区的主要出海口和对外交往门户，战略地位十分重要。环渤海地区电子信息产业基础雄厚，各种产业资源高效整合和交汇，重点包括三星、英特尔、中星微电子、RFID产业基地等。相对于珠江三角洲、长江三角洲地区，环渤海地区电子信息产业总体增长速度不高，主要原因在于体制改革相对滞后、开发意识不强、缺乏协调发展的整体规划和明确可行的战略部署。

环渤海地区不同省市之间经济条件差异较大，北京市电子信息产业具备研制、规模生产各类计算机、半导体分立器件、集成电路、通信设备、广电设备、电子测量仪器和专用设备、电子元器件等系列产品的综合能力，是全国重要的电子技术研究开发与生产基地。天津拥有国内最完整的手机生产及配套企业和基础设施，移动通信设备及终端产品、集成电路、新型元器件、彩色显像管、彩色显示器、磁卡等重点产品已经具有较大规模。山东重点发展高性能计算机及外围设备、高速宽带网络与通信产品、高性能信息家电、新型元器件以及新型电子材料，拥有海尔、海信等大集团。

环渤海地区是集成电路产业集聚区域之首，涌现出中星微电子、华大集成电路、大唐微电子等业界知名企业。北京在技术研发、集成电路设计、芯

片制造、封装测试、设备和材料方面具有良好基础。2017 年，环渤海地区集成电路设计业规模达到 295.21 亿元，增长率 31.37%，增长速度高于全国平均数，产业规模占全行业的比重为 23.92%，比 2016 年提升了 1.05 个百分点，改变了前几年低于全国平均数的被动局面。

环渤海地区是我国自主品牌计算机与外围设备生产聚集地，涌现出联想、方正、清华同方、浪潮、长城电脑、海尔等一大批知名品牌。2017 年，在全球 PC 市场持续衰退的大环境下，联想稳坐全球 PC 出货量冠军宝座，占到整体 PC 出货量的 19.8%。

北京聚集了联想、方正、同方等 IT 厂商，PC、笔记本电脑等产品众多，加上天津、大连等地区的手机产品，使液晶面板拥有广阔的市场空间。京东方在北京亦庄经济技术开发区拥有千余亩产业基地，其第五代 TFT－LCD 生产线周围聚集了包括康宁玻璃基板在内的大量配套企业。

四、福厦沿海地区电子信息产业发展状况

2017 年，福建省规模以上电子信息制造业完成工业增加值比上年增长 10.9%，较全省规模以上工业增加值增速（8.0%）高出 2.9 个百分点。重点产品生产仍有亮眼成绩，2017 年福建省共生产计算机 998.4 万台，增长 17.8%；生产手机 578.3 万台，同比增速为 2.8%；集成电路 2.24 亿块，同比增速高达 35.3%。电子信息与石油化工、机械装备制造等一起构成福建省三大主导产业，2017 年全年三大产业增加值增长率达 8.7%，对全省规上工业增加值贡献率达 40%。

经过多年建设和发展，福厦沿海地区已经成为我国仅次于长三角、珠三角、京津冀的第四大电子信息制造业产业集群区域，在新型显示、集成电路、计算机和网络通信、LED、锂电池等产业领域已经成为我国有影响力的产业集群区域。2017 年，集成电路、新型显示等领域的快速发展进一步夯实了福厦沿海区域在我国电子信息产业集群中的重要作用，并且不断凸显了优势行业地位；VR、数字文娱等新兴产业发展也进一步在电子信息产业转型升级过程中体现了前沿战略布局。

2017 年，福厦沿海地区龙头骨干企业的重大项目落地，引领带动作用不

断增强。2017 年，福建省电子信息产业打开新的局面，厦门联芯、福联砷化镓、泉州晋华等项目加快建设或投产，集成电路“补芯”取得较大突破；京东方、华佳彩等项目建成投产，加快新型显示产业的“填屏”进程。这些重大投资项目的支撑，为福建省电子信息产业体质增效，带动传统产业转型升级贡献了重要力量。

2017 年以来，福建省继续落实《福建省“十三五”数字福建专项规划》等政策文件措施，致力于以数字信息技术带动全省产业和经济转型升级。2017 年以来，《福建省人民政府办公厅关于加快推进数字农业发展七条措施的通知》《福建省人民政府办公厅关于创新管理优化服务培育壮大经济发展新动能加快新旧动能接续转换的实施意见》《福建省人民政府办公厅关于加快全省工业数字经济创新发展的意见》等重要政策，在农业数字化转型、经济新动能培育、工业数字经济发展等电子信息技术应用提升方面进行了战略部署，也体现了电子信息产业在各行业领域广泛应用的重要性。

2017 年，福建省在数字经济、数字福建建设等方面加大力度。数字经济重大项目投资工程包具体全年完成投资 42. 63 亿元，涵盖了数字福建（长乐）产业园、数字福建（安溪）产业园以及福州、厦门、泉州软件园建设、国家健康医疗大数据及产业园试点、“互联网 +”区域化链条化试点、行业数据中心建设以及大数据和 VR 应用服务工程包、物联网基础设施建设等方面，分别在数字文娱、健康医疗、区块链、VR、大数据、物联网等新兴业态发力。

2017 年，厦门、泉州等地在发展集成电路产业中低调务实，福厦沿海地区在中国集成电路产业发展布局中异军突起，越来越多集成电路领域的企业、项目、基金纷纷涌现。厦门通富微电子项目落地，这是目前中国大陆排名前三、全球排名第八的集成电路封测企业；福联 6 英寸砷化镓集成电路芯片生产线充分改造利用现有可利用的厂房，已实现试产，目前正在不断推进中；UMC 和晋华合作的 12 寸存储器集成电路生产线于泉州正式开工，将达到年产 6 万片 12 寸芯片、年产值 12 亿美元。

同时，福建省积极参与构建我国集成电路产业生态，在由集微网、厦门半导体投资集团承办的“集微半导体峰会”上，2017 年中国半导体投资联盟成立，将成为行业资本间协同、资源整合和信息共享的合作平台，实现资源优化、优势互补、信息互通。

新项目陆续投产是2017年福厦地区新型显示行业的总体写照，福州、莆田等地的新型显示项目的陆续投产和量产，进一步奠定和巩固了福建省在全国新型显示行业中的重要地位。2017年2月，福州京东方第8.5代生产线获得重要突破，已进行首批产品的客户交付，包括三星、LG、长虹、康佳、创维、海信、海尔、冠捷、联想等全球重要龙头企业。

五、中西部地区电子信息产业发展状况

中西部地区包含山西、安徽、江西、河南、湖北、湖南、重庆、四川、贵州、云南、广西、陕西、甘肃、青海、宁夏、西藏、新疆、内蒙古18个省份，是我国电子信息产业布局的重点地区，模增速明显高于东部地区，目前已拥有了雄厚的产业基础，以四川省及湖北省为代表，已取得了长足发展。同时贵州、内蒙古、青海都在大力争取新兴产业，比如贵州的大数据（依托大射电望远镜），内蒙古的云计算（依托煤电），青海的新能源（依托盐湖锂资源）、云存储（依托电力资源），新疆的外贸（依托“一带一路”通道）。从长远来说，中西部地区电子信息产业未来发展前景很好。

2016年，中西部地区电子信息制造业总产值超过32349亿元。2017年，中西部电子信息产业规模继续保持快速增长态势，重点省市如武汉、成都、郑州、贵阳等都有所突破。武汉是我国光信息技术实力雄厚的地区，成都是我国软件名城，郑州成为我国最大的智能终端生产基地，贵阳成为全国知名的大数据产业聚集区，西安成为我国中西部地区重要的光电子生产基地。但由于发展较晚，经济、文化较为发达的中心城市发展快速，其他区域发展水平相对落后，导致总体未形成大规模的电子信息产业带。

电子信息制造业继续向西部地区转移。近几年来，中西部地区如西安、成都、重庆、郑州、武汉、贵阳等市利用当地的科技、人才资源优势，大力发展电子信息产业，吸收发达国家和东部地区电子信息产业转移成果。2017年，中部地区电子信息产业发展快速，在某些领域全国领先，如武汉的光通信、激光及光电显示领域，郑州的智能终端，成都的软件及信息服务业等。西部地区同样快速发展，继续吸收电子信息产业转移成果，几个重点城市已经取得了长足进步，如成都、贵阳等。

中心城市带动周边城市发展。近年来，中西部地区电子信息产业结构不断调整，大数据、物联网、云计算、数字经济等新兴电子信息产业全面发展。吸引了大量资本向电子信息基础雄厚和人才优势的地区转移，并向周围扩散，整体发展水平实现快速增长。如湖北省正以武汉东湖高新区为核心形成光通信、集成电路、新型显示和智能终端、软件和信息服务等产业集群，带动中部地区电子信息发展；四川省正以成（都）德（阳）绵（阳）为核心发展军民融合创新改革，引领西部电子信息新发展。

中西部地区数个大中型城市将集成电路产业作为“十三五”期间大力发展的主导产业之一。2017 年，合肥、武汉、四川、山西等中西部省市继续积极投入集成电路产业建设，目前已形成了成都、重庆、武汉、合肥等第二阵营的城市及地区。湖北武汉的长江存储、安徽合肥的长鑫存储等成为国内存储产业的主要参与者之一。成都加速产业链布局，领跑西部集成电路产业。2017 年，中西部集成电路产业发展快速，规模达到 193 亿元，增长率达 51.09%。

中西部地区是全国四大电脑生产基地之一，微型计算机产量占全国五分之一，处于劳动密集型的生产制造业和低端加工配套环节。其中，重庆为全国乃至全球最大的笔记本电脑生产基地，2017 年，重庆市共出口便携式电脑 4856.9 万台，增加 6.9%；“成都造”iPad 平板电脑占全球产量一半以上，“成都造”芯片装配了全球一半以上的笔记本电脑，四川省 2017 年上半年累计生产计算机 2678.4 万台，同比增长 0.3%。

当前，我国液晶面板产能跃居全球第二，已是平板显示产业大国。随着显示产业国产化配套的不断提升，以及 AMOLED 等新型显示技术的不断突破，中国将成为世界显示强国。中西部地区平板显示产业具有良好发展基础。2017 年 4 月，天马第 6 代 LTPS AMOLED 产线在武汉成功点亮刚性和柔性 AMOLED 产品。5 月，京东方成都第 6 代柔性 AMOLED 生产线点亮柔性 AMOLED 产品之后，正式投入生产。6 月，武汉华星光电第 6 代柔性 LTPS - AMOLED 显示面板生产线在武汉光谷正式开工建设。

第五节　2017 年我国电子信息制造业重点企业发展情况

一、计算机行业重点企业

（一）浪潮集团有限公司

2017 年，浪潮集团市值达到 342 亿元，是 2016 年的两倍。第三季度，浪潮服务器产品出货量 88625 台，市场占有率达到 14.7%，位居中国第三，同比增长 17.66%，排名仅次于联想和戴尔，高于惠普和华为。营收方面，第三季度浪潮收入 3.265 亿美元，同比增长 30.48%。2017 年，浪潮提出“计算+”的战略，正在加快构建生态圈。目前，浪潮合作伙伴数量近 7000 家，同比提高 40%，激活率超过 70%。其中，具有集成资质的增值合作伙伴占到 65%，行业软件开发商 ISV 超过 700 家，全国方案百强商有 80 家。

（二）曙光信息产业有限公司

2017 年上半年，中科曙光实现营业收入 12.7 亿元，同比增长 21.69%，净利润 0.36 亿元，同比增加 53.64%，增长显著。第三季度，曙光服务器出货量 62315 台，同比增长 15.39%，排名国内市场第六；服务器市场收入 2.236 亿元，同比增长 30.97%。中科曙光已经连续六次蝉联中国高性能计算机 TOP100 市场份额第一。2017 年 3 月，中科曙光发布了上市后的第一个五年计划——“数据中国”战略——充分发挥中科曙光传统 IT 硬件研发、生产、制造的绝对领先优势，大力将公司核心资源向云计算、大数据倾斜，形成以“云+大数据”的全新整体服务体系，在中国信息化发展大潮中扮演着重要角色。

（三）华为技术有限公司

2017 年上半年，华为实现营业收入 1759 亿元，同比增长 30%。第三季度，华为实现 x86 服务器市场出货量 79387 台，同比增长 35.03%，实现收入 2.521 亿美元，同比增长 59.11%，收入增长速度仅次于惠普。在激烈的市场竞争下，华为服务器业务秉承创新与开放的战略，正在瞄准高价值行业市场。

华为的市场战略从以往追求规模和出货量，到量和利润都要获取。华为服务器将焦在高质量、高可靠性、技术领先产品的研发上。

二、通信设备行业重点企业

（一）华为技术有限公司

2017 年，华为全年销售收入预计约 6000 亿元人民币，同比增长约 15%。在华为三大业务中，手机业务取得了不错的成绩：华为手机全年发货 1.53 亿台，全球份额突破 10%，稳居全球前三，在中国市场持续保持领先。在欧洲市场，华为长期占据着优势。2017 年，华为在欧洲首发了 P10、Mate 10 等旗舰产品，收获了大量用户和媒体的好评。在 Counterpoint 对欧洲消费者进行的最喜欢的手机品牌问卷调查中，华为排名第三，仅次于苹果和三星。

（二）中兴通讯股份有限公司

中兴通讯 2017 年前三季度实现净利 39 亿元，同比增长 36.58%，预计全年净利可达 43 亿—48 亿元，增速远超行业平均水平；从市场看，中兴通讯不仅在 LTE、网络虚拟化等领域表现出色，更打响了“5G 先锋”的企业品牌。中兴通讯率先提出在 4G 网络应用 5G 关键技术（Massive MIMO），推出 Pre-5G 产品，助力运营商以较低的成本提高网络性能，并已在全球多个国家实现商用。5G 技术方面，中兴通讯参与了 5G 标准制定工作，推出了自主研发的 5G 高频基站产品

（三）烽火通信科技有限公司

烽火通信 2017 年前三季度共实现营收 150.36 亿元，同比增长 25.39%；净利润 5.97 亿元，同比增长 12.4%。2017 年 11 月，烽火通信获得“2016—2017 年度中国光通信最具综合竞争力企业 10 强”“2016—2017 年度中国光传输与网络接入设备最具综合竞争力企业 10 强”“2016—2017 年度全球光通信最具综合竞争力企业 10 强”等多项荣誉。烽火通信拥有业界最完整的光通信产品形态，携手运营商伙伴，构建基于“IP + 光”、软件定义的超宽承载网络。在海洋网络领域，形成了海陆一体的全套海洋网络解决方案，在国内国际两个市场实现了规模商用。

（四）广东欧珀移动通信有限公司

OPPO业务从MP3、MP4、蓝光高清影音逐步进入手机和移动互联网等领域，正致力于打造成为专业化的智能手机与移动互联网公司。根据市场研究机构Counterpoint公布的2017年第三季度中国智能手机市场报告，OPPO市场占有率排名第一，市场份额达18.9%。OPPO坚持“全方位地创造完美体验，不断满足甚至超越用户期待，并最终经得起用户和市场考验的产品才是精品”理念，通过发展精品带来口碑，通过口碑成就市场，在2017年继续选择集中研发、生产、营销、渠道等资源，在一段时间内做最重要的事情，集中精力成就爆品，推出R11s手机。

三、消费电子设备行业重点企业

（一）TCL集团股份有限公司

2017年，TCL集团预计全年净利润为350000万元—380000万元，比上年同期上升64%—78%；归属上市公司股东的净利润为260000万元—280000万元，比上年同期上升62%—75%。TCL多媒体受益于华星光电液晶屏的垂直整合优势，产品结构不断改善，销售渠道持续优化，在海外诸多区域已建立竞争优势，北美市场以及巴西等新兴市场销售量持续快速增长，全年累计销售量同比大幅提升131.5%。“TV+”平台的可运营用户数量快速增长。报告期内，TCL集团累计实现液晶电视销量2377.4万台，同比增长15.9%。其中，智能网络电视销量为1512.7万台，同比增长34.8%。

（二）青岛海信电器股份有限公司

2017年上半年，青岛海信电器股份有限公司实现营业收入135.67亿元，同比增加2.09%；归属于上市公司股东的净利润为3.96亿元，同比减少46.55%。截至2017年6月底，海信互联网电视全球激活用户量2679万，其中国内累计激活2236万，海外累计激活443万。2017第一季度海信在全球4K电视、曲面电视、智能电视等高端电视市场保持前三位。2017年4月，海信电视成为2018年世界杯的官方赞助商和官方电视机产品供应商，成为继索尼之后世界杯唯一的电视产品官方赞助商。

（三）创维数字股份有限公司

2017 年，预计公司全年归属于上市公司股东的净利润为 9433.5 万元，上年同期为 4.86 亿元，同比下降 83.55% ~77.38%。2017 年上半年来自海外市场的营业额占集团总营业额 35.3%，较上年同期增加 21.1%。贡献主要来自彩电海外市场发展良好，集团紧抓国家"一带一路"建设所带来的巨大商机和机遇，致力通过国际化战略完善全球布局。数字机顶盒海内外业务齐头并进，均实现了销量和营收双增长。同时 2017 年上半年数字机顶盒在中国大陆市场的营业额为 24.12 亿港元，较上年同期增加 30.3%；于海外市场的营业额上升 31.3% 至 14.22 亿港元；白电产品在中国大陆市场的营业额为 10.55 亿港元，较上年同期上升 5.0%；集团彩电营业额为 87.64 亿港元，较上年同期下跌 6.5%。

四、新型显示行业重点企业

（一）京东方科技集团股份有限公司

根据 2017 年前三季度市场数据，BOE（京东方）智能手机液晶显示屏、平板电脑显示屏、笔记本电脑显示屏出货量均位列全球第一，显示器显示屏、电视显示屏出货量居全球第二。2017 年前三季度，BOE（京东方）营收 694 亿元，较上年同期增长 51.41%，归属于上市公司股东的净利润为 64.8 亿元，同比增长超 45 倍。2017 年，BOE（京东方）新增专利申请量 8678 件，其中发明专利超 85%，累计可使用专利数量超过 6 万件，位居全球业内前列。美国商业专利数据显示，2017 年，京东方再次进入美国专利授权量 TOP50，排名第 21 位，年增长率超 60%，连续两年成为美国 IFI Claims TOP50 增速最快的企业。

（二）深圳市华星光电技术有限公司

2017 年，华星光电 8.5 代液晶玻璃基板投片量 339 万片（t1、t2 产线合计投片量），同比增长 20%。液晶电视面板及模组产品销售面积约折合液晶玻璃基板 325 万片，同比增长约 20.6%。t1、t2 项目满产满销，产能稼动率和产品综合良率继续保持较高水平，市场份额不断提升，产品结构继续改善，

32英寸电视面板市占率全球第二，55英寸大尺寸产品市占率保持国内第一。t3项目主要生产高端智能手机及移动PC用面板，对一线品牌客户的出货量持续增长，并持续开发新客户，已开发了多款全面屏产品。t6项目于11月底在深圳提前一个月完成主体厂房封顶，预计将于2018年5月设备搬入，12月点亮投产。t4项目在12月底提前四个月完成主体厂房和动力厂房双封顶，刷新了业内同类厂房建设速度纪录。受液晶面板价格回暖、成本控制，以及大尺寸产品占比提升等因素影响，华星光电的盈利保持了较好水平。华星光电实现销售收入296.4亿元，同比增长32.5%。

五、太阳能光伏行业重点企业

（一）晶科能源控股有限公司

晶科电力是专业从事光伏电站开发、建设、运营、投资的企业，截至2017年9月30日，已建电站246个，累计装机容量接近3GW。2017年，晶科能源组件出货量预计为9.7GW。晶科能源在海内外有7个工厂，国内4个，国外3个，分别在马来西亚、南非和葡萄牙。马来西亚工厂的产能最大，电池产能达到了1.5GW，组建1.3GW，占到了整体产能的15%左右，也是中国光伏企业在海外最大的制造基地。2017年三季度起，晶科半片产品已放量生产，根据该公司的生产路线和产能计划，在2018年，2×60片半片的最高量产功率将做到330W，半片组件产能规模有望达到GW量级。预计到2018年产能可达到GW级别。

（二）协鑫集团有限公司

保利协鑫2017年上半年业务收入达到113.97亿元，同比下降8.2%，其中光伏材料业务93.17亿元，光伏电站业务2.68亿元。2017年上半年多晶硅产量达到3.87万吨，同比增长6.7%，其中外销量4888吨，同比减少23.5%，占总产量的12.6%。多晶硅平均售价15.1美元/公斤，同比下降1.3%；硅片产量10.6GW，同比提高22.6%，销量10.61GW，同比提高19.5%，硅片平均售价0.13美元/瓦，同比下降30.5%。2017年，协鑫集团积极开拓海外市场，上半年实现海外销售收入9.23亿元，占比14.46%，较2016年同期增长64.54%。同时协鑫集团在越南的600MW电池生产基地也成功投产。

六、半导体照明（LED）行业重点企业

（一）木林森股份有限公司

木林森股份有限公司，是国内领先的集 LED 封装与 LED 应用产品为一体的综合性光电高新技术企业。拥有高效精准的生产、研发和检测设备，结合先进的生产管理技术，已成为全球著名的 LED 生产企业。主要产品包括 LED 照明、LED 二极管及家居照明。其中木林森照明 T 球泡灯和 T8 玻璃管获评 2017 年度高工 LED 金球奖的“照明产品测评奖—LED 球泡灯”“照明产品测评奖—LED 直管灯”荣誉称号。且为广东省 2017 制造业 500 强第 66 位。2017 年，木林森公司实现营业总收入 82 亿元，同比增长 48.54%，营业利润 6.6 亿元，同比增长 14.66%，利润总额 7.8 亿元，同比增长 35.40%。

（二）利亚德光电股份有限公司

利亚德光电股份有限公司，在全球城建超过近万个 LED 显示及 LED 照明项目，目前已发展为 LED 显示及照明工程领域的引领者。产品已遍布欧洲、北美、亚太等全球 100 个国家和地区，在全球 LED 高端显示市场占据领先地位。目前利亚德 & 平达推出了第三代 Clarity Matrix 液晶视频墙系统，在视频处理、安装、管理和外接电气方面进行了优化。2017 年度，公司营业收入实现 64.7 亿元，较上年同期增长 47.8%；净利润仍实现 12.1 亿元，较上年同期增长 80.88%，拟 10 转 5 股派 1.1 元。2017 年度，公司新签订单达到 102 亿元，较上年同期增长 76%；其中，智能显示订单 51 亿元，夜游经济订单 31 亿元，文旅新业态订单 16 亿元，VR 体验订单 3.5 亿元。

（三）三安光电股份有限公司

三安光电股份有限公司，是 LED 芯片龙头企业，主要从事全色系超高亮度 LED 外延片、芯片、化合物太阳能电池及Ⅲ－Ⅴ族化合物半导体等的研发、生产与销售，产品多运用于空间照明以及医疗清洁杀菌等智能生活家居领域。2017 年，三安光电还积极布局了新的应用领域 Micro－LED、滤波器等新型技术。上半年销售收入 40.67 亿元、营业利润 16.28 亿元、归属于上市公司股东

的净利润15.15亿元，与上年同期相比，销售收入增长了46.37%、营业利润增长了103.22%、归属于上市公司股东的净利润增长了56.76%，且拥有专利及专有技术1247件。

第六节 2018年我国电子信息制造业发展环境分析

2018年是全面贯彻党的十九大精神的开局之年，是改革开放40周年，是决胜全面建成小康社会、实施"十三五"规划承上启下的关键一年，我国电子信息制造业发展既有着强劲动力，也面临着复杂的国内外环境。

从外部环境看，回暖趋势仍将延续，供需两端整体韧性持续加强。制造业供需两端整体韧性进一步增强，电子信息产业格局稳中微调。受益于供给侧改革与产能调整，国内制造业供需两端协调性未来进一步趋于平衡，三季度数据中此趋势已端倪初现，9月PMI升至2015年5月以来最高值，新订单指数首超生产指数。四季度尽管环保限产影响持续，但制造业生产端依然较为稳健；需求端波动中仍有支撑，出口、社零增速稳健亦将持续为2018年经济增长提供韧性。2018年，随着全球半导体、LED芯片、封装产能加速东移，全球电子信息产业格局将稳中微调，中国、印度等新兴经济体地位和作用将进一步稳固。

从产业环境看，产业景气度继续提振，外需复苏将持续支撑产业出口。内部动能持续提振产业景气度，外部不确定性因素仍需警惕。年末景气度提振，三季度存货同比增长15.5%，略高于营收增速，产业整体景气度还将逐季攀升。基于智能汽车、汽车电子、新型显示、高端服务器、智能手机发展对产业发展的提振作用，2018年整体将延续10%—15%增长趋势。外需市场持续改善及电子产品价格回升仍将继续支撑出口市场回暖，但外部风险因素依然较多，产业面临错综复杂的国际环境、发达经济体制造业回流和新兴经济体双重挤压，与此同时2017年的贸易进出口高基数可能对2018年进出口增速产生一定影响。

从投资环境看，固定资产投资企稳加速，分领域投融资呈良好增长态势。技术突破+应用落地利好产业掘金。在外需市场和产业投资环境改善趋势下，预计 2018 年投资增速仍将延续增长趋势，维持 20% 以上增长区间。5G 通信、量子通信、人工智能、集成电路、光伏、新型显示领域将领衔重点投资主战场。5G 通信领域，商用时间提前预计有望拉动国内 5G 商用投资力度，随着华为、中兴、爱立信、三星等均已布局高频通信领域且完成第一阶段测试，未来 SAW 滤波器、双工器、低通滤波器、功放等 5G 射频前段关键器件有望迎来成长新契机。量子通信方面，“马约拉纳费米子”发现等技术与产业化进展叠加通信加密方式需求，将利好上游信号处理芯片、雪崩光电二极管（APD）等元器件和核心设备。人工智能领域，华为发布全球首款内置神经元网络单元（NPU）的人工智能处理器麒麟 970，将有效带动集成电路设计产业突破，也为我国人工智能产业实现弯道超车提供良好契机，大数据、生物识别、物联网、安防等领域终端 AI 芯片有望迎来加速发展期。

从细分领域发展势头看，集成电路、新型显示即将强势发力，通信设备智慧化变革引领创新趋势。政策 + 资金 + 技术 + 供需 + 产能五力齐发推动产业强势崛起。根据 IC Sights 预测，2018 年中国 IC 市场自给率为 16%，供需缺口为 1135 亿美元，成长潜力巨大。伴随国家大基金二期投资进入酝酿期，龙头企业 14nm FinFET 制程进度加速与 Foundry 国际化差距缩小，12 英寸晶圆产线投产，存储器国产化替代加速，在供需关系持续催化下，集成电路将迎来十年黄金成长期。新型显示领域，高世代线新增产能爬坡释放，预计 2018 年将有效增加面板供应。受益于面板行业高景气度，硬性需求的带动与国内项目的牵引作用，叠加政策资金双重支撑，预计 2018 年新型显示领域仍将处于 20% 以上高位增长区间。人工智能接续摩尔定律，增量空间触发产业增长新动能。摩尔定律放缓，线程提升所需投入非线性提升，AP 等核心 CPU 性能际代变化变小，而 AI 对计算速度要求正以指数级加速，有接替摩尔定律趋势。华为 Mate 10 搭载的麒麟 970 首度集成 NPU 硬件处理单元，以 AI 运算大幅提升图像识别、语音交互、智能拍照等方面性能，助力通信设备领域跨越边际创新瓶颈。双摄带动摄像头需求进入高速成长期，双摄到摄像头矩阵形态，图像从二维到三维转变将是未来发展方向。玻璃壳与 PMA、A4WP 无线充电标准合并推动无线充电提速。此外，OLED + 全面屏、玻璃后盖、3D 体感、A11 仿生处理器、Face ID 等驱动因素将进一步助推产业链智慧化变革。2018 年，基于技术换代升级与换机周期，行业将处于 4% 左右增长区间。

从新型领域发展态势看，新兴领域脉动频现，有望积蓄产业变革新势能。新兴领域蓄力孕育产业变革递增阶梯。人工智能领域，埃森哲预测，人工智能将使12个发达经济体年度经济增长率提高一倍，有潜力拉动中国经济增长率上升1.6个百分点。到2035年人工智能可以给批发零售业带来超2万亿美元的额外增长，即额外增长36%。虚拟现实领域，艾瑞咨询联合GreenlightInsights发布的2017年《中国虚拟现实（VR）行业研究报告——市场数据篇》显示，2016年中国VR市场规模为34.6亿元，目前市场规模较小，但增长速度较快，预计2018年中国VR市场将突破百亿元大关。未来五年中，VR市场的年复合增长率将超过80%。预计到2021年，中国会成为全球最大的VR市场，行业整体规模将达到790.2亿元。汽车电子领域，国内的汽车电子市场有望加速爆发。国家和政府积极推动国产汽车产品技术，将使得中国汽车电子市场进入稳定、快速发展时期，在全球汽车电子产业当中的地位将进一步提高。据市场调研机构IC Insights预测，至2021年汽车电子系统销售额年复合增长率约为5.4%，在电子系统市场中成长性居榜首，2018年增速将达16%。

第七节　2018年我国电子信息制造业发展趋势展望

展望2018，我国电子信息制造业与宏观经济走势呈一致性趋势，内部动能持续提振产业景气度，集成电路、新型显示等分领域即将强势发力，通信设备智慧化变革打开增量空间，新兴领域亦将蓄力孕育产业势能递增阶梯。新时代下我国电子信息制造业正站在高质量发展引领、新领域动能将释、由大变强的历史拐点。

一、电子信息产业格局稳中微调

总体来看，电子信息制造业供需两端整体韧性进一步增强，电子信息产业格局稳中微调。受益于供给侧改革与产能调整，国内制造业供需两端协调性未来进一步趋于平衡，三季度数据中此趋势已端倪初现，9月PMI升至

2015 年 5 月来最高值，新订单指数首超生产指数。四季度尽管环保限产影响持续，但制造业生产端依然较为稳健；需求端波动中仍有支撑，出口、社零增速稳健亦将持续为 2018 年经济增长提供韧性。2018 年，随着全球半导体、LED 芯片、封装产能加速东移，全球电子信息产业格局将稳中微调，中国、印度等新兴经济体地位和作用将进一步稳固。

二、外部不确定性因素仍需警惕

年末景气度提振，三季度存货同比增长 15.5%，略高于营收增速，产业整体景气度还将逐季攀升。基于智能汽车、汽车电子、新型显示、高端服务器、智能手机发展对产业发展提振作用，2018 年整体将延续 10%—15% 增长趋势。外需市场持续改善及电子产品价格回升仍将继续支撑出口市场回暖，但外部风险因素依然较多，产业面临错综复杂国际环境、发达经济体制造业回流和新兴经济体双重挤压，与此同时 2017 年的贸易进出口高基数可能对 2018 年进出口增速产生一定影响。

三、技术突破 + 应用落地利好产业掘金

在外需市场和产业投资环境改善趋势下，预计 2018 年投资增速仍将延续增长趋势，维持 20% 以上增长区间。5G 通信、量子通信、人工智能、集成电路、光伏、新型显示领域将领衔重点投资主战场。5G 通信领域，商用时间提前预计有望拉动国内 5G 商用投资力度超预期，随着华为、中兴、爱立信、三星等均已布局高频通信领域且完成第一阶段测试，未来 SAW 滤波器、双工器、低通滤波器、功放等 5G 射频前段关键器件有望迎来成长新契机。量子通信方面，“马约拉纳费米子”发现等技术与产业化进展叠加通信加密方式需求，将利好上游信号处理芯片、雪崩光电二极管（APD）等元器件和核心设备。人工智能领域，华为发布首款全球首款内置神经元网络单元（NPU）的人工智能处理器麒麟 970 将有效带动集成电路设计产业突破，也为我国人工智能产业实现弯道超车提供良好契机，大数据、生物识别、物联网、安防等领域终端 AI 芯片有望迎来加速发展期。

四、融合发力推动重点领域加速崛起

根据IC Sights预测，2018年中国IC市场自给率为16%，供需缺口为1135亿美元，成长潜力巨大。伴随国家大基金二期投资进入酝酿期，龙头企业14nm Finfet制程进度加速与Foundry国际化差距缩小，12英寸晶圆产线投产，存储器国产化替代加速，在供需关系持续催化下，集成电路将迎来十年黄金成长期。新型显示领域，高世代线新增产能爬坡释放，预计2018年将有效增加面板供应。受益于面板行业高景气度，硬性需求的带动与国内项目的牵引作用，叠加政策资金双重支撑，预计2018年新型显示领域仍将处于20%以上高位增长区间。

五、人工智能增量空间触发产业增长新动能

摩尔定律放缓，线程提升所需投入非线性提升，AP等核心CPU性能际代变化变小，而AI对计算速度要求正以指数级加速，有接替摩尔定律趋势。华为Mate 10搭载的麒麟970首度集成NPU硬件处理单元，以AI运算大幅提升图像识别、语音交互、智能拍照等方面性能，助力通信设备领域跨越边际创新瓶颈。双摄带动摄像头需求进入高速成长期，双摄到摄像头矩阵形态，图像从二维到三维转变将是未来发展方向。玻璃壳与PMA、A4WP无线充电标准合并推动无线充电提速。此外，OLED+全面屏、玻璃后盖、3D体感、A11仿生处理器、Face ID等驱动因素将进一步助推产业链智慧化变革。2018年，基于技术换代升级与换机周期，行业将处于4%左右增长区间。

六、新兴领域蓄力孕育产业变革递增阶梯

人工智能领域，埃森哲预测，人工智能将使12个发达经济体年度经济增长率提高一倍，有潜力拉动中国经济增长率上升1.6个百分点。到2035年人工智能可以给批发零售业带来超2万亿美元的额外增长，即额外增长36%。虚拟现实领域，艾瑞咨询联合GreenlightInsights发布的2017年《中国虚拟现实（VR）行业研究报告——市场数据篇》显示，2016年中国VR市场规模为34.6亿元，目前市场规模较小，但增长速度较快，预计2018年中国VR市场

将突破百亿元大关。未来五年中，VR 市场的年复合增长率将超过 80%。预计到 2021 年，中国会成为全球最大的 VR 市场，行业整体规模将达到 790.2 亿元。汽车电子领域，国内的汽车电子市场有望加速爆发。国家和政府积极推动国产汽车产品技术，将使得中国汽车电子市场进入稳定、快速发展时期，在全球汽车电子产业当中的地位将进一步提高。据市场调研机构 IC Insights 预测，至 2021 年汽车电子系统销售额年复合增长率约为 5.4%，在电子系统市场中成长性居榜首，2018 年增速将达 16%。

七、应用电子领域活力进现凸显无穷潜力

在汽车电子领域，随着自诊断系统、电子稳定系统（ESP）、胎压监测（TPMS）、新型 HID 等汽车电子功能模块不断创新迭代，以及新能源车行业发展等因素的持续驱动，未来汽车电子比重有望继续提升；在海洋电子领域，随着海洋经济的发展、近海雷达监测网的逐步完善和海洋数据的逐渐丰富，充分开发海洋数据的应用价值，打造海洋立体监测网与海洋数据应用综合服务平台，推动海洋信息化建设，实现海洋领域从海底到海面的空间监测能力，推动海洋电子由近海向远海、数字化向智能化转化有望成为未来发展方向；在电力电子领域，伴随前沿技术突破与产业政策支持，行业国产化替代进程有望进一步加快。由于电力电子产品技术含量高、专业性强，目前由少数跨国公司（西门子、ABB、霍尼韦尔、三菱电机等）主导全球市场；内资品牌市场份额较小，中压变频器领域与大型伺服系统领域国产品牌市场占比有待提升。但内资品牌质量和技术水平在不断发展，已经逐渐接近国际水平，并凭借价格优势逐步争取国内市场。在中国智能制造由大变强的必然趋势下，电力电子产品的国产化趋势有望加速。未来国内品牌有望在 LC、变频器、伺服系统等多个细分领域站稳脚跟。

八、细分行业和产品优化升级趋势持续显现

2018 年计算机制造业将迎来一定发展机遇，预计全年行业增速将保持在 0.5%—1.0% 之间，在“中国制造 2025”和“互联网 +”战略的强力推动下，中国正由制造大国向制造强国进军，受益于制造业转型升级，IT 市场规

模呈现高速增长，国产服务器保持较高增长率。2018 年通信设备将围绕“视频”和“人工智能”为核心进行升级演进，全面屏、折叠屏、玻璃和陶瓷等材质，生物识别、人工智能、VR/AR、无线充电等技术，游戏和视频等应用将更多地出现在手机上。2018 年我国消费电子产业增长空间广阔，随着我国社会结构、人口年龄结构和所处经济发展阶段共促消费者信心指数屡创新高，为超前消费创造了适度空间，消费电子新技术、新产品、新应用有望长期走在全球前列，领跑世界潮流。2018 年中国将成为全球新型显示产业的第一大国，在电视、显示器、笔记本电脑、平板电脑、智能手机等传统市场尺寸持续增长的影响下，特别是车载、公共显示和智能家居等新兴市场需求的带动下，预计全年面板出货面积将达到 2.19 亿平方米以上。2018 年我国新增光伏装机量有望达到 40GW，光伏上网电价将会进一步下调，光伏扶贫电站指标将会在 2018 年下发，进一步支撑国内光伏市场发展。

第十三章　软件产业

第一节　2017 年我国软件产业发展情况

2017 年，我国经济发展步入新常态，软件和信息技术服务业发展进入全面的转型调整期，行业业务收入保持平稳较快增长，呈现出稳中向好运行态势，创新能力不断提升，产业结构持续调整优化，云计算、大数据、人工智能、区块链等新兴领域优势突出，“互联网 +”持续推动软件与互联网融合创新，培育形成一大批新产品、新服务、新模式和新业态，企业综合竞争力稳步提升。

一、业务收入稳步增长，企业利润不断提升

2017，年在全球政治环境不稳定因素增多、经济弱势复苏、国内经济步入新常态的背景下，我国软件和信息技术服务业整体运行依然保持良好态势。

软件和信息技术服务业完成软件业务收入 5.5 万亿元，比上年增长 13.9%，增速同比提高 0.8 个百分点。从全年增长情况看，走势基本平稳。全行业实现利润总额 7020 亿元，比上年增长 15.8%，增速同比提高 2.1 个百分点，增速高出收入增速 1.9 个百分点。从分季度数据来看，一至四季度利润总额增速分别为 9.6%、14.2%、15.6% 和 21.2%，呈逐季上升态势。

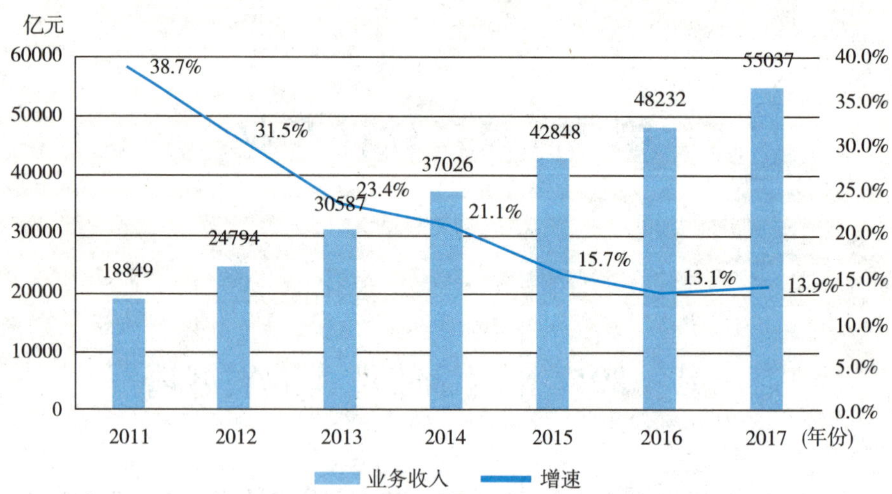

图 13－1　2011—2017 年软件和信息技术服务业业务收入及增长情况

资料来源：工业和信息化部运行局，2018 年 1 月。

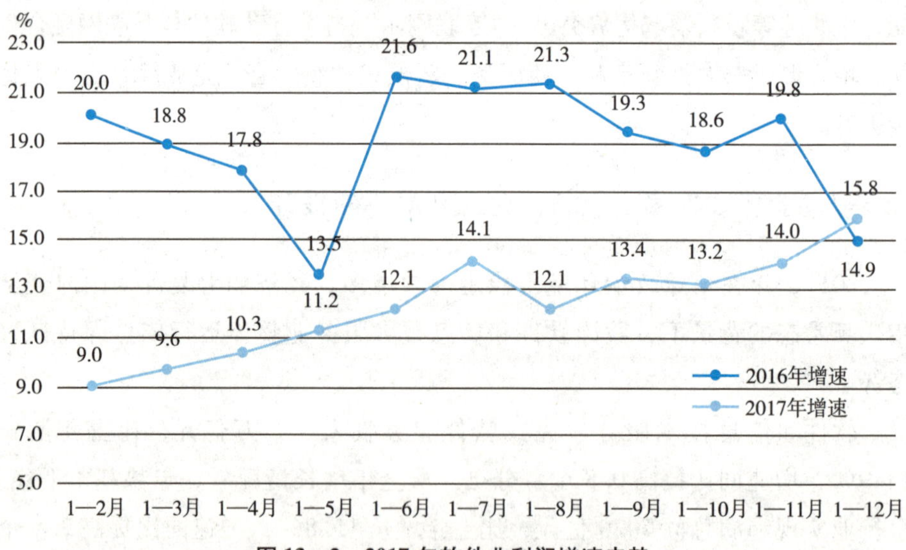

图 13－2　2017 年软件业利润增速走势

资料来源：工业和信息化部运行局，2018 年 1 月。

在经济下行压力加大的背景下，尽管软件行业增速相较往年放缓，但行业增速依然保持较高水平。软件产业的高成长性使其日益成为经济增长的重要引擎，为经济在新常态下保持平稳增长发挥着越来越重要的作用。从软件产业占 GDP 比重看，近年来，中国软件产业占 GDP 的比重不断上升，

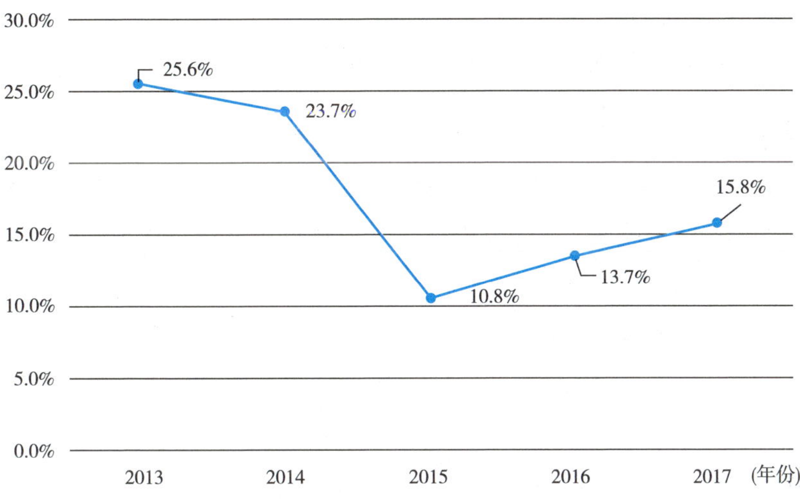

图 13－3　2013—2017 年软件业务收入利润增长情况

资料来源：工业和信息化部运行局，2018 年 1 月。

2005 年比重仅为 2.1%，2010 年达到 3.3%，2015 年增长到 6.4%，预计到 2017 年，该数值将达到 7.0%。

从软件产业占电子信息产业比重看，中国软件产业在电子信息产业中所占比重逐年提高，地位和作用不断增强。2017 年，软件业业务收入增速比电子信息制造业高出 0.7 个百分点，占电子信息产业的比重达到 28.7%。

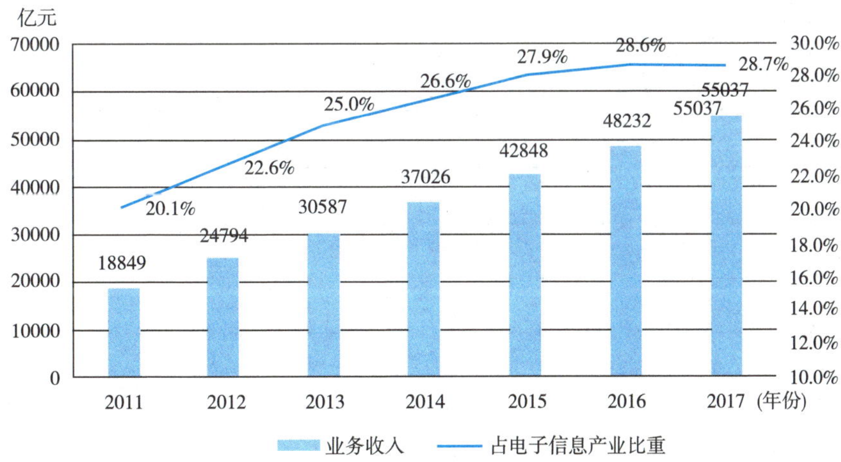

图 13－4　2011—2017 年软件业务收入占电子信息产业比重

资料来源：工业和信息化部运行局，2018 年 1 月。

二、IT 服务引领发展，软件产品平稳增长

服务化、融合化是软件产业发展的重要趋势，2017 年，以服务化为典型特征的 IT 服务已成为我国软件产业发展的主力军，以融合化为典型特征的嵌入式软件增速有所放缓，支撑制造业创新发展的工业软件增速加快，各类信息安全软件产品收入保持高速增长。

信息技术服务保持领先，产业继续向服务化、云化演进。2017 年，全行业实现信息技术服务收入 2.9 万亿元，比上年增长 16.8%，增速高出全行业平均水平 2.9 个百分点，占全行业收入比重为 53.3%。其中，云计算相关的运营服务（包括在线软件运营服务、平台运营服务、基础设施运营服务等在内的信息技术服务）收入超过 8000 亿元，比上年增长 16.5%。

软件产品平稳增长，支撑保障能力显著增强。2017 年，全行业实现软件产品收入 1.7 万亿元，比上年增长 11.9%，占全行业收入比重为 31.3%。其中，信息安全和工业软件产品收入均超过 1000 亿元，分别增长 14% 和 19.9%。随着核心关键技术的突破，软件产业正向构筑有力的产业基础、推进信息系统安全可控、驱动工业智能化等方向迈进。

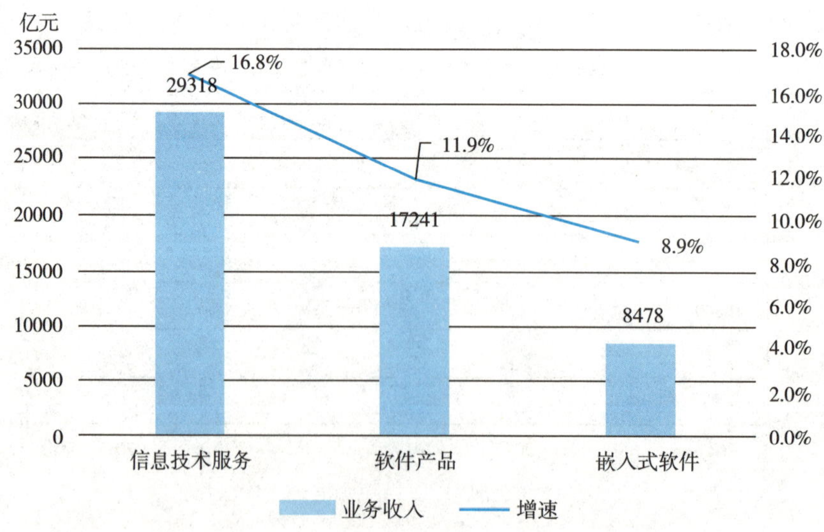

图 13－5　2017 年软件业分领域业务收入及增长情况

资料来源：工业和信息化部运行局，2018 年 1 月。

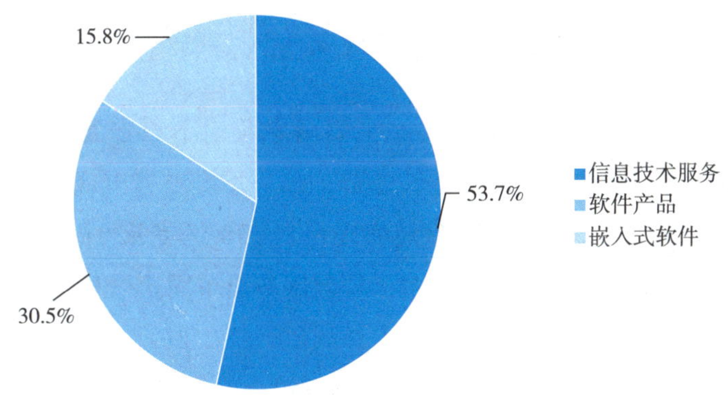

图 13－6　2017 年软件业业务收入构成

资料来源：工业和信息化部运行局，2018 年 1 月。

软件技术加快向各领域渗透，应用服务能力不断提升。支撑电子商务快速发展，电子商务平台技术服务收入比上年增长 30.3%；助力集成电路产业发展，集成电路设计服务收入比上年增长 15.6%；加快向通信、医院、交通、装备等各领域渗透，嵌入式系统软件已成为产品和装备数字化改造、各领域智能化增值的关键性带动技术，全年实现收入 8479 亿元，比上年增长 8.9%。

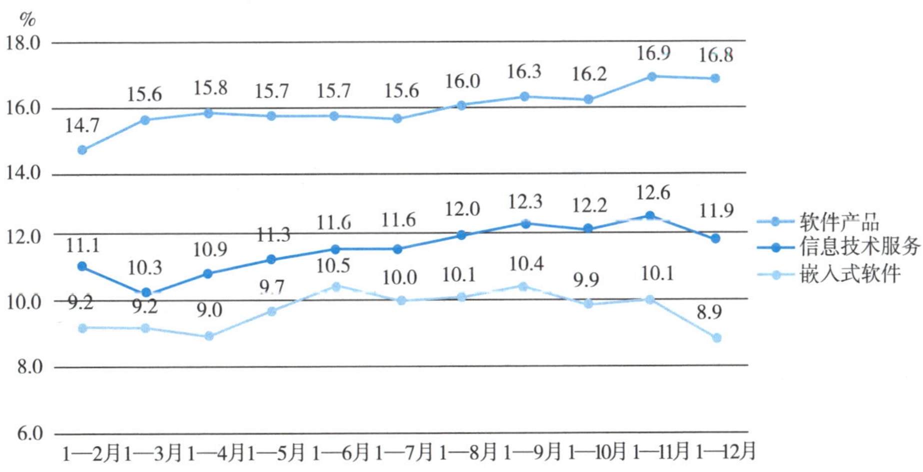

图 13－7　2017 年软件业分类收入增长情况

资料来源：工业和信息化部运行局，2018 年 1 月。

三、软件出口增速提升，外包服务收入好转

受全球宏观经济形势弱势复苏、主要国家政治不稳定因素激增等影响，我国软件出口延续过去几年的低增长态势，第一季度增速出现较大幅度下降，随后增速缓中趋稳。2017 年，软件业实现出口 538 亿美元，同比增长 3.4%，增速比上年提高 2.4 个百分点。其中，外包服务出口同比增长 5.1%，比上年提高 4.4 个百分点；嵌入式系统软件出口同比增长 2.3%。

从 2011—2017 年我国软件出口增长情况看，我国软件出口规模增速持续放缓，2017 年略有回升。从出口规模来看，从 2011 年的 346 亿美元增长到 538 亿美元，6 年增长了 55.5%。2017 年软件出口的增速相较 2015 年高出 2.4 个百分点，但与 2013 年以前仍存在较大落差。

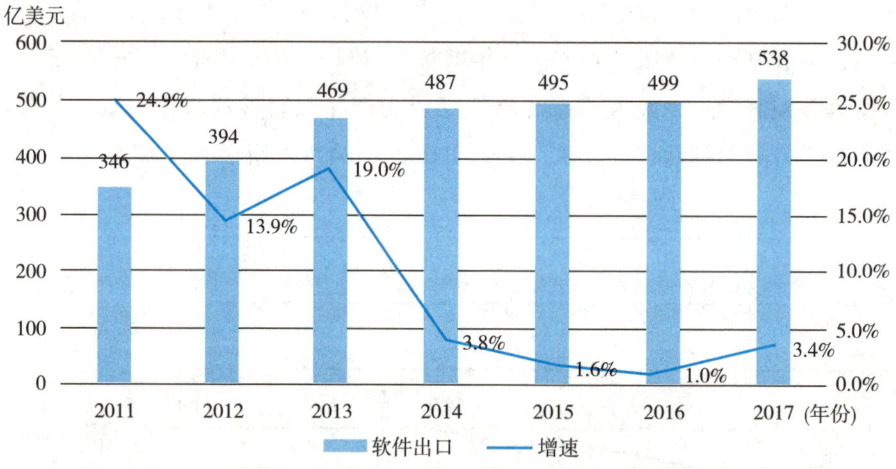

图 13－8　2011—2017 年软件出口增长情况

资料来源：工业和信息化部运行局，2018 年 1 月。

从月度出口增长情况看，除去第一季度，2017 年后三季度我国软件出口整体增势平稳，累计增速在 -1.0%—2.7% 区间波动，波动幅度为 3.7%。总体来看，软件出口不仅受到国外市场需求的影响，还与人民币汇率波动紧密相关。

软件出口的低增长使软件出口对产业的贡献率连续下降。2010 年以来，软件出口占软件业务的比重呈逐年下降的趋势，所占比重从 2010 年的 13.2% 下降至 2017 年的 6.4%，表明我国软件和信息技术服务业发展还主要依赖于

国内市场，企业的国际业务开拓能力仍需增强，全球化发展水平还有待提升。

四、集聚发展态势凸显，中心城市保持领先

2017 年，全国 15 个副省级中心城市实现软件业务收入 3 万亿元，比上年增长 14.3%，增速高出全国平均水平 0.4 个百分点，占全国软件业的比重为 55.2%，比上年回落 0.3 个百分点；实现利润总额 4469 亿元，增长 19.1%，高出全国平均水平 3.3 个百分点，占全国比重的 63.7%。全国软件业务收入达到千亿元的中心城市和直辖市共 15 个，合计实现软件业务收入 4.3 万亿，占全国的比重达到 78%。

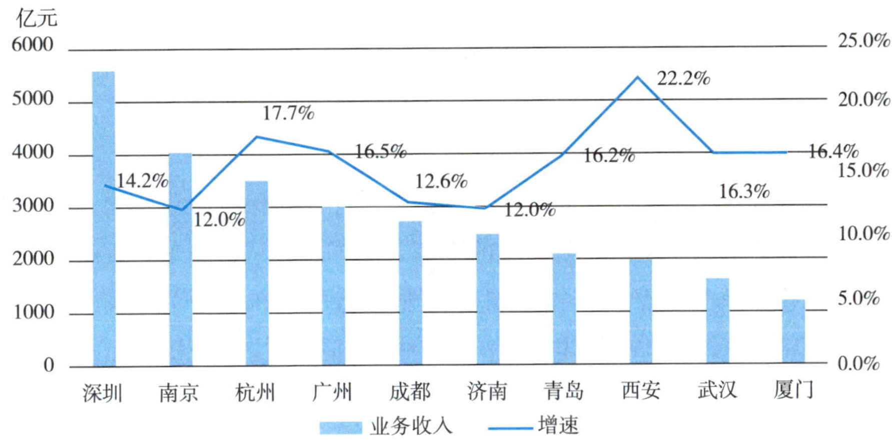

图 13－9 2017 年软件业务居前十位副省级中心城市增长情况

资料来源：工业和信息化部运行局，2018 年 1 月。

五、东部地区稳定发展，中西部地区增速加快

2017 年，我国软件产业区域发展呈现出中西部增速快、东部地区持续领先、东北地区增速放缓的态势。作为我国软件产业发展的主要集聚地，东部地区完成软件业务收入 4.4 万亿元，同比增长 13.8%，占全国软件业的比重为 79.2%，比上年下降 0.1 个百分点；中部和西部地区增速较快，完成软件业务收入分别为 2497 亿元和 6187 亿元，分别增长 15.9% 和 17.3%，占全国软件业的比重为 4.5% 和 11.2%，比上年分别提高 0.1 和 0.3 个百分点；东北

地区增速放缓，完成软件业务收入 2778 亿元，同比增长 7.1%，占全国软件业的比重为 5.1%，同比下降 0.3 个百分点。

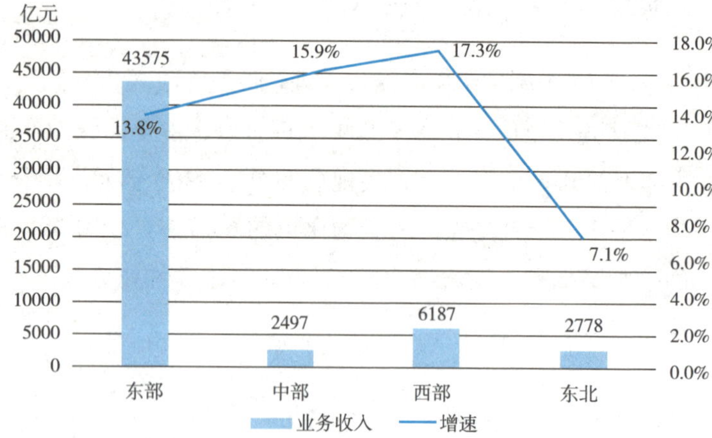

图 13－10　2017 年软件业分区域增长情况

资料来源：工业和信息化部运行局，2018 年 1 月。

从各区域软件业务收入增速来看，主要软件大省保持平稳发展，部分中西部省市快速增长。总量居前 5 名的广东、江苏、北京、山东、浙江共完成软件业务收入 3.5 万亿元，占全国软件业比重的 64%，分别增长 14.2%、12.6%、12.2%、14.3%和 20.1%。部分中西部省市增长较快，如西部的陕西增长超过 20%，云南、青海增长达 40%，中部的安徽增长达 30%。

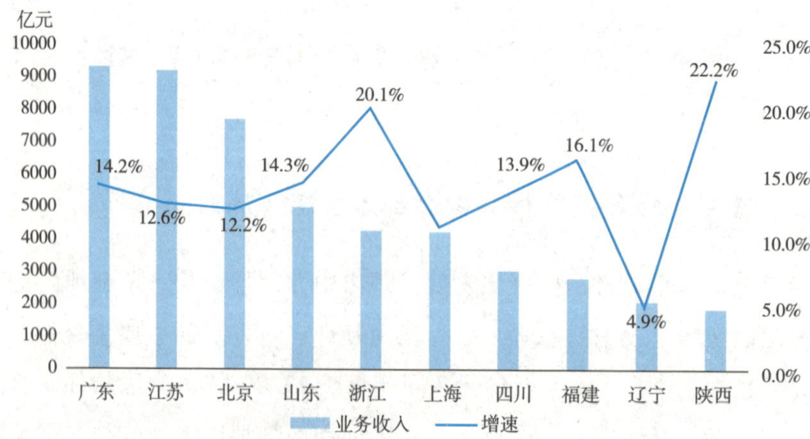

图 13－11　2017 年软件业务收入居前十位省市增长情况

资料来源：工业和信息化部运行局，2018 年 1 月。

六、从业队伍不断壮大，新兴领域人才紧缺

作为知识技术密集的产业，软件业呈现出绿色性、创新性、高增长性等特点，人才是产业发展的最关键要素。行业前沿领域的不断创新和软件产业的快速发展壮大不断吸引越来越多各领域各层次的软件人才集聚，软件从业人员队伍日益壮大。2017 年，软件和信息技术服务业从业人数接近 600 万人，比上年同期增加约 20 万人，比上年增长 3.4%。总体来看，软件行业人才需求依然旺盛，人才缺口仍然较大，我国当前的软件从业人员规模尚不能满足产业发展的需求。

薪酬是吸引软件人才的重要因素。据统计，从业人员工资总额增长 14.9%，增速和上年基本保持一致，人均工资增长 11.2%。软件业人均工资的增长将有效刺激人才培训机构，对行业发展带来较大利好。

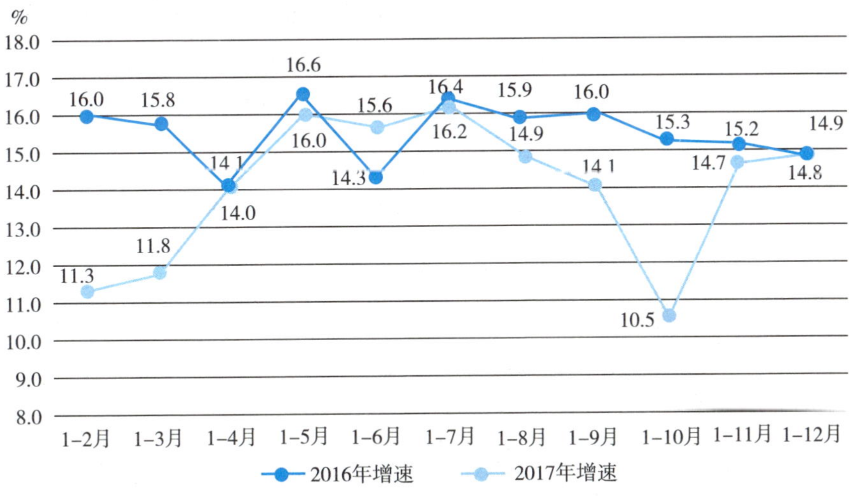

图 13－12　2017 年软件业从业人员工资总额增长情况

资料来源：工业和信息化部运行局，2018 年 1 月。

伴随人工智能、区块链、边缘计算等新兴领域的快速发展和行业规模的持续扩大，相关领域软件人才缺口越发明显。从我国软件人才整体结构来看，呈现出典型的梯形结构，即行业领军人才极度匮乏，随着互联网进程的逐步加快，当前在大数据、人工智能等热点领域甚至出现了高中端人才全面短缺的现象。究其原因，一方面是由于高等教育机构在课程设置和师资资源配置

方面存在一定的滞后性，无法跟上软件技术更新的频率，这就使得高等院校的毕业生必须补齐相关的技能，另一方面以市场需求为主线的职业教育规模仍然有待提升，尚不足以支撑产业的快速创新与发展。

第二节　2017 年我国软件产业重点政策解析

一、《新一代人工智能发展规划》

（一）政策背景

当前，人工智能加速发展，正在引发链式突破，推动经济社会各领域从数字化、网络化向智能化加速跃升。世界主要发达国家把发展人工智能作为提升国家竞争力、维护国家安全的重大战略，加紧出台规划和政策，围绕核心技术、顶尖人才、标准规范等强化部署，力图在新一轮国际科技竞争中掌握主导权。作为新一轮产业变革的核心驱动力，人工智能也将进一步释放历次科技革命和产业变革积蓄的巨大能量，并创造新的强大引擎，重构生产、分配、交换、消费等经济活动各环节。与此同时，人工智能将显著提高社会治理的能力和水平，对有效维护社会稳定具有不可替代的作用，为我国的社会建设带来良好机遇。在此背景下，国务院印发了《新一代人工智能发展规划》（以下简称《规划》）。

（二）主要内容

《规划》是我们国家在人工智能领域进行系统部署的第一个文件，也是面向未来打造我国先发优势的一个指导性文件，重点对 2030 年我国新人工智能发展的总体思路、战略目标和主要任务、保障措施进行系统的规划和部署。

《规划》描绘了未来十几年我国人工智能发展的宏伟蓝图，确立了“三步走”目标：到 2020 年，人工智能总体技术和应用与世界先进水平同步，人工智能产业成为新的重要经济增长点，人工智能技术应用成为改善民生的新途径，有力支撑进入创新型国家行列和实现全面建成小康社会的奋斗目标；到 2025 年人工智能基础理论实现重大突破，部分技术与应用达到世界领先水平，人工智能成为带动我国产业升级和经济转型的主要动力，智能社会建设取得积极进展；到 2030 年人工智能理论、技术与应用总体达到世界领先水平，成为世界主要人工智能创新中心，智能经济、智能社会取得明显成效，为跻身创新型国家前列和经济强国奠定重要基础。

在此次发布的《规划》中，明确提出以提升新一代人工智能科技创新能力为主攻方向，以加快人工智能与经济社会国防深度融合为主线，按照“构建一个体系、把握双重属性、坚持三位一体、强化四大支撑”进行总体布局，形成人工智能健康持续发展的战略路径。《规划》提出，要构建开放协同的人工智能科技创新体系，把握人工智能技术属性和社会属性高度融合的特征，坚持人工智能研发攻关、产品应用和产业培育“三位一体”推进，全面支撑科技、经济、社会发展和国家安全。

《规划》点明了我国当前阶段下人工智能面临的问题与发展重点，应围绕增加人工智能创新的源头供给，从前沿基础理论、关键共性技术、基础平台、人才队伍等方面强化部署，促进开源共享，系统提升持续创新能力，确保我国人工智能科技水平跻身世界前列，为世界人工智能发展作出更多贡献。

同时，《规划》明确了六方面的重点任务。分别是要建立开放协同的人工智能科技创新体系，其中包括：建立新一代人工智能基础理论体系、建立新一代人工智能关键共性技术体系、统筹布局人工智能创新平台、加快培养聚集人工智能高端人才；要培育高端高效的智能经济，其中包括：大力发展人工智能新兴产业、加快推进产业智能化升级、大力发展智能企业、打造人工智能创新高地；要建设安全便捷的智能社会，其中包括：发展便捷高效的智能服务、推进社会治理智能化、利用人工智能提升公共安全保障能力、促进社会交往共享互信；要加强人工智能领域军民融合；要构建泛在安全高效的智能化基础设施体系；要前瞻布局新一代人工智能重大科技项目。

《规划》还对项目和《规划》的实施做了一些安排，包括强调发挥财政引导和市场主导作用，撬动企业、社会资源，形成财政、金融和社会资本多渠道支持新一代人工智能发展的格局；优化布局建设人工智能创新基地，统筹国际国内创新资源，鼓励国内人工智能企业“走出去”，鼓励国外人工智能企业、科研机构在华设立研发中心。同时，《规划》还从法律法规、伦理规范、知识产权、科学普及等方面提出保障措施，包括：制定促进人工智能发展的法律法规和伦理规范、完善支持人工智能发展的重点政策、建立人工智能技术标准和知识产权体系、建立人工智能安全监管和评估体系、大力加强人工智能劳动力培训、广泛开展人工智能科普活动等。

二、《关于深化“互联网＋先进制造业”发展工业互联网的指导意见》

（一）政策背景

全球范围内新一轮科技革命和产业变革蓬勃兴起。工业互联网作为新一代信息技术与制造业深度融合的产物，日益成为新工业革命的关键支撑和深化“互联网＋先进制造业”的重要基石，对未来工业发展产生全方位、深层次、革命性影响。工业互联网通过系统构建网络、平台、安全三大功能体系，打造人、机、物全面互联的新型网络基础设施，形成智能化发展的新兴业态和应用模式，是推进制造强国和网络强国建设的重要基础，是全面建成小康社会和建设社会主义现代化强国的有力支撑。为深化供给侧结构性改革，深入推进“互联网＋先进制造业”，规范和指导我国工业互联网发展，国务院印发了《关于深化“互联网＋先进制造业”发展工业互联网的指导意见》（以下简称《意见》）。

（二）主要内容

《意见》主要包括三部分内容。

第一部分清晰地阐述了工业互联网的重要作用以及我国当前阶段存在的不足。工业互联网平台对于打造新型工业，促进“互联网＋先进制造业”融合发展具有重要作用，主要体现在：一是能够发挥互联网平台的集聚效应；二是能够承担工业操作系统的关键角色；三是能够释放云计算平台的巨大能量。我国工业互联网平台建设起步相对较晚、产业基础还有待夯实，与国际领先企业的平台相比还有一定差距，主要表现在：一是工业控制系统、高端工业软件、云计算平台等产业基础薄弱；二是平台应用领域相对单一；三是缺乏具有产业链集成整合能力的龙头企业。

第二部分提出了“三步走”的发展战略。其中，在2018—2020年三年起步阶段，初步建成低时延、高可靠、广覆盖的工业互联网网络基础设施，初步构建工业互联网标识解析体系，初步形成各有侧重、协同集聚发展的工业互联网平台体系，初步建立工业互联网安全保障体系。到2035年，建成国际领先的工业互联网网络基础设施和平台，形成国际先进的技术与产业体系，工业互联网全面深度应用并在优势行业形成创新引领能力，安全保障能力全面提升，重点领域实现国际领先。到本世纪中叶，工业互联网网络基础设施全面支撑经济社会发展，工业互联网创新发展能力、技术产业体系以及融合应用等全面达到国际先进水平，综合实力进入世界前列。

第三部分重点介绍了包括夯实网络基础、打造平台体系、加强产业支撑、促进融合应用、完善生态体系、强化安全保障、推动开放合作等七个主要任务。同时还明确了建立健全法规制度、营造良好市场环境、加大财税支持力度、创新金融服务方式、强化专业人才支撑、健全组织实施机制等六方面保障措施。

三、《中国软件名城创建管理办法（试行）》

（一）政策背景

近年来，软件业规模不断扩大、国际化水平持续提升、特色化发展日趋显著，软件赋值、赋能、赋智的作用更加明显。同时，产业区域集聚发展规律不断演化，“中国制造2025”、大数据、“互联网+”等国家战略深入推进，行业管理加快变革，原有管理办法和创建指标体系出现了与新形势不相适应的地方，名城创建工作面临新的形势和任务。鉴于此，工业和信息化部组织力量认真总结以往经验，经过充分调研，研究修订形成了现发布的管理办法（含指标体系）。

（二）主要内容

在新时期开展创建中国软件名城，旨在贯彻落实国家创新、协调、绿色、开放、共享的发展理念，积极发挥中国软件名城的载体平台作用以及软件的赋能作用，进一步调动地方发展软件产业的积极性，集聚资源、突出特色、营造环境。

一方面支持软件和信息服务业进一步发展壮大，形成国际化、特色化、融合化发展相得益彰的局面；另一方面，通过软件和信息服务业创新发展带动和支撑“互联网+”、大数据、信息安全等国家重大战略及规划目标的落实，更好地发挥中国软件名城的示范和带动作用，促进城市经济社会更好更快发展。

中国软件名城创建工作是一套完整的指标体系。包含产业实力、企业培育、人力保障、创新能力、应用水平、发展环境、带动效益7个主要部分，是创建目标设置和评估考核的依据。

顺应新形势要求，该指标体系一方面对部分原先指标做了调整，比如按照行政审批制度改革的要求取消了相关指标等。另一方面，为更好地贯彻落实“互联网+”等国家重大战略，指标体系在国家重大战略贯彻、国际化和特色化发展、关键核心技术突破、名城创建体制机制探索与创新等指标上设置了“加分项”，加强了新时期中国软件名城创建的战略导向性。

中国软件名城的管理体系包含三个主要方面：一是强调中国软件名城是“创建”出来的，不是“授予”出来的。整个创建过程分为申请、创建、评估、授予、发展提升五个主要环节，保持了创建的连续性。二是采用省部市协同创建的形式，保障了政策协同和资源集聚的力度。三是创新采用分级创建与动态调整相结合的方式。按照综合型和特色型软件名城的标准要求，工业和信息化部将组织力量每两年进行一次评估，并通过“晋级”和“退级”方式动态调整各城市的中国软件名城级次。采用此方式有助于激发中国软件名城持续创建的动力。

四、《云计算发展三年行动计划（2017—2019年）》

（一）政策背景

一是产业规模迅速扩大。据统计，2015年，我国云计算产业规模约1500亿元，同比增长超过30%。2016年，云计算骨干企业收入均实现翻番。SaaS、PaaS占比不断增加，产业结构持续优化，产业链条趋于完整。二是关键技术实现突破。云计算骨干企业在大规模并发处理、海量数据存储、数据中心节能等关键领域取得突破，部分指标已达到国际先进水平。在主流开源社区和国际标准化组织中的作用日益重要。三是骨干企业加速形成。云计算骨干企业加快战略布局，加快丰富业务种类，围绕咨询设计、应用开发、运维服务、人才培训等环节培育合作伙伴，构建生态体系。四是应用范畴不断拓展。大型企业、政府机构、金融机构不断加快应用步伐，大量中小微企业已应用云服务。云计算正从游戏、电商、视频向制造、政务、金融、教育、医疗等领域延伸拓展。五是支撑“双创”快速发展。云计算降低了创业创新门槛，汇聚了数以百万计的开发者，催生了平台经济、分享经济等新模式，进一步丰富了数字经济的内涵。

虽然我国云计算发展势头迅猛，但依然面临诸多挑战。一是市场需求尚未完全释放。重点行业用户对云计算的安全性、可靠性、可迁移性仍存在一定顾虑。二是产业供给能力有待加强，与国际先进水平仍有较大差距。三是数据中心重复建设现象凸显。四是产业支撑条件有待完善。标准和评测认证体系尚不完备，人才队伍有待加强。

云计算带来了软件开发部署模式的革新，并为大数据、物联网、人工智能等新兴领域的发展提供了基础支撑。云计算以信息流带动技术流、资金流、人才流、物资流，促进了资源配置优化，加速信息技术与各行业的交叉融合，催生了新业态、新模式，为“双创”提供重要平台，是经济发展新动能的助燃剂。云计算也是推动制造业和互联网深度融合的重要力量。工业云融合了先进的制造工艺和新一代信息技术，帮助企业加速从要素驱动向创新驱动的转变。为此，需要进一步推动云计算健康发展，支撑制造强国、网络强国建设。

（二）主要内容

《行动计划》提出了未来三年我国云计算发展的指导思想、基本原则、发展目标、重点任务和保障措施。

1. 关于指导思想、基本原则和发展目标。指导思想方面，以党的十八大和十八届三中、四中、五中、六中全会精神和习近平总书记系列重要讲话精神为指引，牢固树立新发展理念，以推动制造强国和网络强国战略实施为主要目标，以加快重点行业领域应用为着力点，以增强创新发展能力为主攻方向，全面提升我国云计算产业实力和信息化应用水平。基本原则方面，提出打牢基础、优化环境，应用引导、统筹推进，协同突破、完善生态，提升能力、保障安全，开放包容、国际发展等基本原则。发展目标方面，从产业规模、行业应用、绿色节能、标准制定、企业发展、安全保障等方面，提出未来三年的总体目标。

2. 关于重点任务。《行动计划》提出了五项重点行动。一是技术增强行动。重点是建立云计算领域制造业创新中心，完善云计算标准体系，开展云服务能力测评，加强知识产权保护，夯实技术支撑能力。二是产业发展行动。重点是建立云计算公共服务平台，支持软件企业向云计算加速转型，加大力度培育云计算骨干企业，建立产业生态体系。三是应用促进行动。积极发展工业云服务，协同推进政务云应用，积极发展安全可靠云计算解决方案。支持基于云计算的创新创业，促进中小企业发展。四是安全保障行动。重点是完善云计算网络安全保障制度，推动云计算网络安全技术发展，积极培育云安全服务产业，增强安全保障能力。五是环境优化行动。重点推进网络基础设施升级，完善云计算市场监管措施，落实数据中心布局指导意见。

3. 关于保障措施。一是优化投资融资环境。借推动金融机构提供针对性的产品服务，加大授信支持力度，简化办理流程，支持云计算企业拓展市场。鉴首台（套）保险模式推动重要信息系统向云平台迁移。二是创新人才培养模式。加大高层次人才引进力度，鼓励部属高校加强相关学科建设，促进人才培养与企业需求相匹配。鼓励企业与高校联合开展人才实训。三是加强产业品牌打造。支持云计算领域行业组织创新发展，加大对优秀云计算企业、产品、服务、应用案例以及产业园区、行业组织的宣传力度。四是推进国际交流合作。结合“一带一路”建设，推进建立多层次国际合作体系，支持骨干云计算企业加快海外布局，提高国际市场能力。

第三节　2017 年我国软件产业重点行业发展情况

一、工业软件

（一）产业规模

2017 年，随着《国务院关于积极推进“互联网 +”行动的指导意见》

《关于深化制造业与互联网融合发展的指导意见》《软件和信息技术服务业发展规划（2016—2020年）》《信息产业发展指南》《互联网+三年行动计划》等一系列政策文件深入实施，以及《深化“互联网+先进制造业”发展工业互联网的指导意见》的正式发布，我国工业软件发展环境不断向好、产业保持良好增长态势。2017年前三季度工业软件产品收入较同期增长16.8%，增速快于全行业2.7个百分点。据赛迪智库估算显示，2013年至2016年我国工业软件市场规模分别为855亿元、1000亿元、1150亿元和1350亿元，2016年我国工业软件产业规模同比增长约17.5%，高于国内软件和信息服务业平均增速。受智能制造深入实施和软件定义不断深化的影响，赛迪智库预计2017年，我国工业软件产业规模将达到1600亿元，同比增长超过18%。

表13-1　2013—2017年中国工业软件市场规模

（单位：亿元）

	2013	2014	2015	2016	2017（e）
市场规模	855	1000	1150	1350	1600
同比增长	17.5%	16.9%	15%	17.5%	18%

资料来源：赛迪智库整理，2017年12月。

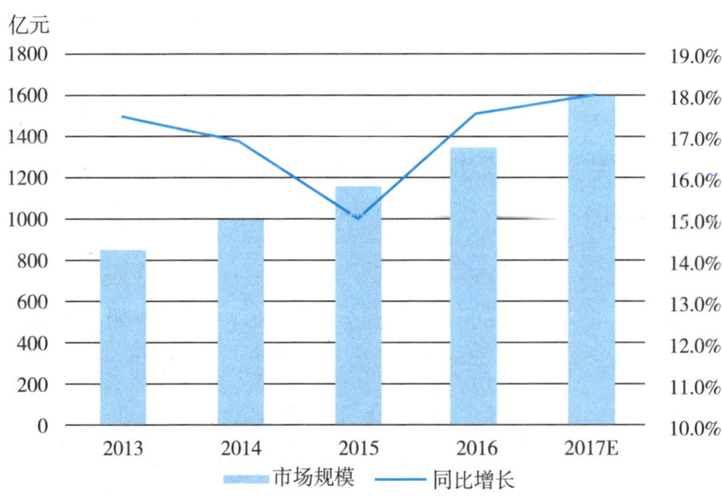

图13-13　2013—2017年中国工业软件市场规模

资料来源：赛迪智库整理，2017年12月。

（二）产业结构

基础工业软件和系统领域管理类软件仍保持市场主体地位。2017 年，我国工业软件市场仍以管理类软件为主体，其中，ERP 软件及解决方案占据绝大部分市场规模，并且随着云计算的加快发展，ERP、CRM 等管理软件加快向基于云平台的轻量化服务模式转变。我国 ERP 市场主要参与企业包括用友、金蝶、浪潮、鼎捷、SAP 等中外企业，主要客户为重点行业的大型企业，以及消费和制造领域的中型企业。

生产调度类软件保持良好发展态势。受到一批新上大型工业基础设施建设项目的带动（如大型电站发电机组建设、高铁及地铁建设、大型钢铁企业搬迁升级等），MES 等生产调度和过程控制类软件产业规模高速增长。

研发设计类软件稳步发展并不断创新。研发设计软件作为工具在船舶、军工、汽车等行业用户中持续应用，使我国研发设计类软件维持稳定增长态势。同时，受重点行业的带动下，企业研发模式不断重塑，产生出基于软件平台的跨专业、跨地区协同等新需求，协同研发云平台成为商飞等工业企业的关注重点，并且面向高端领域的设计和分析软件市场规模也加速增长。

智能制造系统解决方案需求持续释放。此外，随着智能制造深入实施，集研发设计、生产控制和业务管理等功能于一体的智能制造系统解决方案在装备、机械、航空航天、汽车、纺织等重点行业需求不断增长，应用模式也从以往以单机应用为主，向云—网—端结合的新模式转变，用户企业更加重视物联网应用和对数据的采集反馈，带动产业主体加快提升软件和服务的可移动部署及应用性能。

新型工业 APP 受到广泛关注。同时，2017 年，随着《深化“互联网 + 先进制造业”发展工业互联网的指导意见》的发布，对工业研发设计、工艺规划、生产制造、经营管理、运维服务等全生命周期的工业知识、技术积累、经验体系等的显性化、模型化、代码化、工具化的新型工业 APP 也受到众多企业的关注和抢先布局。同时，作为工业应用软件的基础支撑的工业互联网平台也将进入快速发展阶段，形成了以海尔的 COSMO 平台、航天科工的 INDICS 平台、三一重工的树根互联等多个工业互联网平台为先导，多个国家级、企业级工业互联网平台蓄势待发的格局，为新型工业 APP 发展提供了良好的基础。此外，工业云、工业大数据、智能系统等领域也在 2017 年取得较大进展。

二、人工智能

（一）产业规模

在各方的推动下，全球人工智能及其相关产业产业规模持续提升，根据初步测算，2017 年，全球人工智能市场规模约为 2000 亿元，其中，中国智能语音产业规模将达到 101.4 亿元，年复合增长率达 63.6%，占全球智能语音产业规模的比重将由 2012 年的 5.6% 增加到 17.1%。预计到 2020 年，全球人工智能市场规模将达到 3700 亿元，年均增速将接近 20%。预计到 2020 年，我国人工智能市场规模将达到约 330 亿元，年均增速将达到 35%。其中，语音服务的市场规模将达到 160 亿元，约占到全部市场的一半。

（二）技术创新

近年来，我国科研机构和高等院校结合产业发展现状，不断深化人工智能领域研究，为产业关键技术突破、企业人才输送等方面提供了重要支持。基础技术方面，我国在人工智能芯片、底层算法、机器学习和语音识别等领域取得了具有创新竞争力的成果，人工智能技术将在越来越多的应用场景中落地。2017 年，中国企业屡次刷新人工智能技术领域的世界纪录。2017 年 5 月，阿里巴巴 iDST 团队将其车辆检测的准确率拉升至 90.46%，刷新全球权威机器视觉算法测评平台 KITTI 的世界纪录；7 月，阿里巴巴 iDST 又凭借 89.7% 的平均召回率打破国际权威肺结节检测大赛 LUNA16 的世界纪录，夺得世界冠军。创新应用方面，2017 年 4 月，百度发布“Apollo”（阿波罗）计划，向汽车行业及自动驾驶领域的合作伙伴提供一个开放、完整、安全的软件平台，帮助他们结合车辆和硬件系统，快速搭建一套属于自己的完整的自动驾驶系统。创新生态支撑方面，2017 年 7 月，由北京大学、中关村视听产业技术创新联盟等倡议的“人工智能产业技术创新战略联盟”在京成立；10 月，阿里巴巴宣布成立探索人类未来科技研究院“达摩院”，向未来技术创新方面投入千亿资金，进行覆盖人工智能、物联网和金融科技等多个前沿科技领域的基础科学和颠覆式技术创新研究。人才培养方面，2017 年 9 月，中国科学院大学人工智能技术学院成立，是我国在人工智能领域首个开展教学和科研工作的新型科教融合学院。

另外，美国权威杂志《麻省理工科技评论》在 2017 年 6 月公布 2017 全球最聪明 50 家公司榜单，进入榜单的公司是“高精尖科技创新”与“能够保证公司的利益最大化的商业模式”的完美融合，中国包括科大讯飞、腾讯、大疆创新、阿里巴巴和百度等有 9 家公司进入该榜单，其中科大讯飞排名全球第六，国内第一。其中，科大讯飞旗下的语音助手被评论为中国版的 Siri，并克服了方言、俚语和背景杂音，可将汉语精准地翻译成十几种语言。

（三）产业结构

从人工智能产业结构来看，我国人工智能领域有三类企业：一是拥有大量的数据资源，从数据出发，不断强化人工智能核心算法，并率先将人工智能技术应用到其自身业务中。典型企业包括百度、阿里巴巴、腾讯、京东等。作为近几年在国内人工智能领域跑得最快的企业，百度设立了深度学习研究院，旗下的北美硅谷人工智能实验室、北京深度学习实验室和北京大数据实验室共开发出了 270 余项神经语言程序学领域专利和超过 120 项的深度学习专利。阿里于 2017 年 3 月推出了“ET 医疗大脑”和“ET 工业大脑”的两大产品，显著加快了阿里人工智能商业化速度，ET 医疗大脑可在患者虚拟助理、医学影像、精准医疗、药效挖掘、新药研发、健康管理等领域承担医生助手的角色，ET 工业大脑参与新能源、化工、环保、汽车不同制造领域的改造当中。7 月，阿里又推出了 AI 智能语音终端设备“天猫精灵 X1”。基于大数据和用户行为的积累，腾讯于 2017 年 3 月发布了深度学习平台 DI－X，平台集数据开发、训练、预测和部署于一体，适用于图像识别、语音识别、自然语言处理、机器视觉等领域。二是拥有人工智能核心算法，并依托技术优势不断强化底层数据和计算基础，发展各类面向应用的产品和服务。这类人工智能企业通常专注于在产业链垂直领域，典型企业包括深耕智能语音市场的科大讯飞，专注于安防的商汤科技和 Face＋＋，潜心于中文语音搜索的出门问问，专注语音识别的云知声，致力于消费级视频识别技术的 Video＋＋等。三是从应用端出发，面向各类应用场景开发相应的智能服务产品和解决方案，并以此为基础不断强化基础储备和技术能力。主要企业以初创企业为主，如地平线机器人、旗瀚科技、智位科技、科沃斯等机器人企业，臻迪科技等无人机企业，华大基因、碳云智能等智能医疗企业，等等。

三、区块链

（一）产业规模

从产业结构上来看，区块链产业可以分为底层技术及基础设施层、通用技术扩展层和行业应用层。从产业规模上来看，2017 年，全球区块链产业形态不断成熟，产业结构持续完善，在资本的助推下产业规模持续增大。根据行业情报公司 Reportbuyer 公布的报告，2017 年全球区块链市场规模达到 4. 12 亿美元，到 2022 年将达到 76. 84 亿美元，年均增长率达到 79. 6%。根据赛迪智库的初步测算，2017 年我国区块链核心产业规模约为 7 亿元，此外，相关硬件设备产业规模接近 150 亿元，关联服务产业规模约为 25 亿元，预计未来五年，我国区块链核心产业规模增速将超过 100%。

（二）产业环境

与传统企业融资渠道单一不同，在区块链项目及企业发展中可采用首次代币发行（ICO）来获得融资，其主要特点是融资标的为加密代币，参与融资方获取到的也是加密代币。根据 Coindesk 发布的数据，2017 年全年 ICO 总额达到 37 亿美元，其中 9 月是全年中 ICO 融资额最高的月份。从 ICO 项目类别来看，区块链基础设施依然是 ICO 项目的主要方向，其他方向包括了交易与投资、金融、支付、数据存储等。

在政策支持方面，中央和地方政府都高度重视区块链产业的发展，出台了一系列的政策文件。根据统计，截至 2017 年 12 月，国内共有浙江、江苏、贵州、福建、广东、山东、江西、内蒙古、重庆等 9 个省份发布围绕区块链的指导意见，多个省份已经将区块链列入“十三五”战略发展规划。

（三）应用创新

作为新一代信息技术的典型代表，在区块链企业、互联网企业、行业企业、行业机构等多方的共同推进下，我国区块链应用推广正持续展开，一批新产品、新平台、新服务不断涌现，以合作共建、平台先行为突出特点的应用模式持续显现。但整体上来看，当前我国区块链行业应用仍处在起步阶段，形成的应用产品有待成熟，建设的应用平台还需实际落地。分行业来看，金融领域是我国区块链技术应用最为活跃的领域，在数字货币、跨境支付、资产管理、供应链管理等方面已经形成了一批能够开展实际业务的新产品，市场应用正逐步展开；在电子存证和公益慈善领域，区块链技术的应用已经形成了较多的成果，取得了阶段性的成果；在医疗服务、政府管理、交通物流、现代征信等领域，尽管很多企业已经在关注和开展区块链的行业应用，但由于产品研发和平台建设需要一定的时间，成熟的产品和平台相对较少，行业应用水平相对较低。

第四节　2017 年我国软件产业区域发展情况

一、环渤海地区软件产业发展状况

（一）产业收入

2017 年 1—11 月，环渤海地区软件业务收入 12034 亿元，相比上年同期的 10557 亿元，增长 13.77%，增长较为平稳，但略低于全国 14.5% 的增速，占全国软件业务收入的比重达到 24.55%，相比上年持平。

从各省市情况看，2017 年 1—11 月，北京市实现软件业务收入 6276 亿元，同比增长 12.5%；山东省实现软件业务收入 4420 亿元，同比增长 12.9%；天津市实现软件业务收入 1137 亿元，同比增长 11.3%。这三个省市软件业务收入占环渤海地区比重高达 98.3%。河北省实现软件业务收入 187 亿元，同比增长 5.3%；山西省实现软件业务收入 18.7 亿元，实现同比增长 36.2%；内蒙古实现软件业务收入 27 亿元，同比下降 0.1%。2017 年 1—11 月，全国软件业务收入前十位省市中，环渤海地区占了两个席位，即北京和山东，分别位居第三位和第四位，与上年相同。

（二）产业结构

2017 年 1—11 月，环渤海地区软件产品收入为 4156 亿元，同比增长

13.72%，在所有细分领域中占全国比重最高，达到27.7%；信息技术服务收入和嵌入式系统软件收入分别为6842亿元和1067亿元，占全国比重分别为25.9%和13.9%。从环渤海地区软件产业整体发展情况来看，软件产业服务化趋势十分明显，信息技术服务收入所占比重最高，为56.8%，软件产品收入和嵌入式系统软件收入占比分别为34.5%和8.8%。

（三）企业情况

截至2017年11月，环渤海地区共聚集8072家软件企业，同比增加5.4%，占全国软件企业总数的22.8%。近年来，环渤海地区软件企业实力逐渐增强，企业单体规模从2016年的1.31亿元提高至2017年的1.49亿元，比全国1.38亿元的平均水平高出7.9%。

二、长江三角洲地区软件产业发展状况

（一）产业收入

长江三角洲地区软件业增长领先全国水平，部分城市增速突出。2017年1—11月，长江三角洲地区软件业务收入15775亿元，同比增长13.1%。长三角地区软件业务收入占全国软件业务总收入比例为31.1%，比去年同期回落1.2个百分点。

（二）产业结构

2017年1—11月，长三角地区软件产品总收入为4261亿元，占全国软件产品总收入28.4%，比上年同期29.5%的占比回落1.1个百分点；信息技术服务收入8188亿元，占全国信息技术服务总收入的31%，比上年同期30.5%的占比提高0.5个百分点；嵌入式系统软件收入为3325亿元，占全国嵌入式系统软件总收入的43.6%，比上年同期43.4%的占比略微提高将0.2个百分点。从软件产业三大细分领域来看，长三角地区软件产品的收入有所下降，信息技术服务收入和嵌入式系统软件收入均表现出较小幅度的增长。

（三）企业情况

2017年1—11月，长三角地区软件企业数量为8510家，较上年同期统计的12700家减少了4190家，企业总数占全国软件企业总数的30.2%。长三角

地区软件企业的单体规模达到了1.85亿元，较上年同期的1.1亿元大幅提升，比全国平均水平1.38亿元明显高出33.7%。可以看出，长三角地区软件企业整体规模较大，企业综合实力远高于全国平均水平。

三、珠江三角洲地区软件产业发展状况

（一）产业收入

近年来，珠三角地区的软件业务收入一直保持稳定、高速增长的态势，占广东全省软件业务收入的比重99%以上，产业集聚效应凸显。2017年1—11月，广东省软件业务收入8554.3亿元，同比增长15.5%，增速高于全国平均水平1个百分点，占全国软件业务收入的比重为17.5%，高于上年同期比重。广州、深圳、珠海成为整个珠三角地区的中心辐射区，引领和带动珠三角地区软件产业发展，其中广州、深圳两市软件业务收入占全省比重达91.3%。

（二）产业结构

珠三角地区强大的电子信息制造业基础、先进的电子政务水平、智慧城市的高水平发展及旺盛的企业用户需求为软件企业的发展提供了广阔的市场空间。2017年1—11月，在智慧城市加快建设，云计算、大数据等新兴领域加速应用落地，通信设备、汽车制造、机械装备、家用电器等优势传统制造业加快转型升级的推动下，珠三角地区信息技术服务增势明显，实现收入超过7000亿元，增速超过15%，占整体软件收入的比重超过48%。受经济新常态下电子信息制造业增速放缓、通信设备和智能手机增速整体下滑的影响，嵌入式系统软件实现业务收入超过2000亿元，同比增长9%左右，低于行业整体增速将近6个百分点。软件产品增势平稳，实现收入超过1500亿元，增速超过16%。

（三）企业情况

骨干企业整体实力稳步提升。珠三角地区电子信息产业发展基础好，创新创业活跃，涌现出一批收入超10亿元的软件大企业，有140多家企业在境内外上市（包括新三板）。2017年，珠三角地区共有19家企业入选全国软件

百强名单，比上届增加 3 家。19 家企业共完成软件收入 2685.6 亿元，占全国软件百强企业软件业务收入总和的 44.7%，位列全国第一。中兴通讯股份有限公司实现业务收入 460 亿元，位居全国第二。广州佳都集团有限公司、东莞步步高通信软件有限公司、深圳天源迪科信息技术股份有限公司以及深圳市大疆创新科技有限公司等 4 家企业首次入选前百家名单，为珠三角地区软件产业发展增添新动力。

四、东北地区软件产业发展状况

（一）产业收入

2017 年，东北地区软件与信息服务业继续保持平稳的发展势头。2017 年，东北三省实现软件和信息技术服务业务收入 2778 亿元，占全国软件业的比重为 5.1%，同比增长 7.1%，低于全国平均增速 6.8 个百分点，低于上年同期 0.3 个百分点。受经济增长新常态和传统产业加速转型调整的影响，东北地区增长速度略有下降，在全国所占比重也略也有降低。

从各省情况来看，2017 年 1—11 月，辽宁省软件和信息技术服务业务收入为 1795.4 亿元，同比增长 6.1%；吉林省软件和信息技术服务业务收入为 476.8 亿元，同比增长 13.5%；黑龙江省软件和信息技术服务业务收入为 159.7 亿元，同比增长 11.8%。在全国软件产业前十位省市中，辽宁省排在第九位，排在广东、江苏、北京、山东、浙江、上海、四川、福建之后，处于我国软件产业发达省市的行列。

（二）产业结构

2017 年 1—11 月，东北地区软件产业收入 2431.9 亿元中，软件产品收入达 1049.1 亿元，占软件产业收入比重为 43.1%；信息技术服务收入达 1209.9 亿元，占比为 49.8%；嵌入式系统软件收入达 173 亿元，占比为 7.1%。信息技术服务收入中，运营服务收入达 120.2 亿元，占东北地区软件总收入的 4.9%。

五、中西部地区软件产业发展状况

（一）产业收入

2017 年 1—11 月，中西部地区共完成软件业务收入 7695 亿元，同比增长 14.6%，增速高于全国 0.1 个百分点，在全国所占比重为 15.6%，与上年持平。其中，西部地区增速持续领先，完成软件业务收入 5482 亿元，同比增长 18.4%，增速同比提高 1.3 个百分点，占全国软件业务收入的 11.2%，较上年提高 0.5 个百分点；中部地区完成软件业务收入 2213 亿元（占全国软件业务收入的 4.5%），同比增长 16.9%，增速同比回落 3.8 个百分点。总体来看，2017 年中西地区的软件产业增长速度较快，高于全国平均速度，处于产值较快增加的过程中。

（二）产业结构

2017 年 1—11 月，中西部地区软件与信息服务业增速保持较快增长趋势。信息技术服务占比最大，实现收入 4297 亿元，同比增长 14.6%；软件产品成为增速最快的细分领域，实现收入 2827 亿元，同比增长 16%；嵌入式系统软件实现收入 571 亿元，同比增长 7.7%，增速进一步放缓。在各个细分领域所占比重方面，信息技术服务收入占比超过一半，达到 55.8%，与上年基本持平；软件产品收入占比 36.7%，较上年有所提高；嵌入式系统软件收入占比 7.4%，较上年稍有降低。

第五节　2017 年我国软件产业重点企业发展情况

一、东软

（一）总体发展情况

东软作为我国领先的 IT 解决方案提供商，2017 年 1—9 月实现营业收入 42 亿元，较上年同期下降 14.8%，实现净利润 1.7 亿元，较上年同期下降

91.9%。公司自主软件、产品及服务业务实现营业收入32.9亿元，较上年同期下降16.9%，占公司营业收入的比例78.3%；扣除东软医疗、熙康不再纳入公司合并财务报表范围的影响，同口径下，自主软件、产品及服务业务收入较上年同期增长7.02%；系统集成业务实现营业收入8.6亿元，较上年同期下降6.8%，占公司营业收入的比例为20.5%；物业广告业务实现营业收入0.5亿元，较上年同期增长0.6%，占公司营业收入的比例为1.2%。

（二）发展策略

重点聚焦医疗健康和智能网联汽车方向需求突破。医疗健康方向，公司在医院信息化、医联体建设、医疗设备、区域公共卫生、医保与医疗大数据六大领域深度布局，在社保领域市占率超过50%，医院信息化市占率第一，在区域医疗平台市场极具竞争力，已与20多个城市签署大健康战略合作协议。智能网联汽车方向，公司在智能车载、新能源汽车、ADAS以及自动驾驶领域进展顺利。通过持续拓展国内汽车厂商的车载量产业务，同时与本田在电动车的电池管理技术、车辆数据云管理和智能车载互联等核心技术领域展开合作，新能源汽车业务或迎新突破。自动驾驶领域，子公司东软睿驰L0－L4全级别自动驾驶方案广受认可，已推出基于NXP最新自动驾驶芯片S32V的自动驾驶中央域控制器。

二、中软

（一）总体发展情况

作为我国大型综合性软件与信息服务企业，中软提供从咨询、解决方案、外包服务到人才培养的“端到端”软件及信息服务。2017年上半年持续稳步发展，实现收入41.5亿元，同比增长43.7%；实现净利润2.4亿元，同比增长10%。其中，技术与专业服务集团收入同比增长53.5%，服务性收入同比增长52.0%，主要由于来自于华为、汇丰、腾讯、平安集团等核心客户业务的大幅增长。互联网ITS集团收入同比增长6.1%，服务性收入同比增长5.6%，主要是来自于解放号业务同比大幅增长。

（二）发展策略

市场拓展方面，除服务于大型客户提供量身定制的解决方案外，中软专注于对价格更敏感的客户进行在线业务，更适合灵活资源处理的项目，SaaS业务也更偏向纵向某细分领域内的焦点。大客户合作方面，从华为研发外包业务拓展到华为云、大数据和智能城市等新兴业务合作，与微软加强合作共同研发AI，与汇丰银行全球业务提供定制化解决方案，与腾讯除了游戏外包业务外包服务。业务创新方面，聚焦于解放号的创新发展，通过与华为软件开发云展开战略合作，深度绑定双方功能与服务，面向开发者、开发企业提供一站式软件开发云服务解决方案，针对多样化、定制化、碎片化的软件开发需求，不断提升参与企业的软件工程能力。

三、华为

（一）总体发展情况

华为是世界500强企业，其业务领域涉及电信网络设备、IT设备和解决方案以及智能终端。据统计2017年华为销售规模近6000亿元人民币，在工信部发布的2017年中国软件业务收入百强发展报告中，华为以软件业务年收入2178亿元，连续16年蝉联软件百家企业之首。

（二）发展策略

华为采用开放式技术架构，与企业、用户联合创新。当前，华为企业业务正进入加速发展的轨道，其云计算、存储、SDN等主力产品和智慧城市等解决方案在政务、民生、交通、金融、能源、教育等多领域迅速扩展。在智能手机方面，华为不断加强科技研发投入，在智能手机的中高端市场凸显优势。2017年华为手机在国内市场的出货量超过2400万台，占有第一位的市场份额，同比增长约4.8%，在四季度国内智能手机市场的寒冬中表现优秀。在网络设备方面，华为5G预商用系统已进入全球多个信息产业发达国家，在伦敦、柏林、北京、上海、东京、米兰、迪拜、温哥华、多伦多、首尔等10个核心城市与全球各区域最领先的运营商如英国电信、德国电信、中国移动、中国电信、中国联通、沃达丰、Etisalat、LGU+、Telus、Bell等实现了5G预商用网络部署。

四、海尔

（一）总体发展情况

海尔集团致力于成为全球领先的美好生活解决方案提供商，其业务领域覆盖家电、数码产品、通信等多个领域。2017 年海尔集团收入达到 2419 亿元，同比全球增长 20%，增速创近年新高。同时，集团利税首次突破 300 亿元，全球经营利润的增长达到了 41%，这也是这些年以来利润增长最快的一年。

（二）发展策略

海尔产业结构持续向智能化方向发展。2017 年 7 月，海尔智能家居发布了全球首款搭载 NB－IoT 技术的海尔智能门锁——云锁，此产品推动了 NB－IoT 在物联网时代智能家居领域的快速落地。2017 年 7 月，海尔 U－home 在以“智享安家·慧聚未来”为主题的中国智慧住居产业联盟成立暨海尔安家平台落地发布会上，发布安家平台落地成果，安家平台落地突破当前行业技术瓶颈，打造出智慧住居的全新发展模式。

五、启明星辰

（一）总体发展情况

启明星辰作为国内信息安全领域龙头企业，其主要产品包括安全网关、安全检测、数据安全与平台、安全服务/工具和硬件等几个板块。根据 2017 年公司业绩快报，2017 年公司实现营业收入 22.8 亿元，同比增长 18.3%，净利润为 4.51 亿元，同比增速高达 70.01%。

（二）发展策略

强化运营中心业务，打造城市级安全运营中心。2017 年，公司加快推进安全运营中心的建设进程，先后在成都、昆明、郑州、杭州、济南等地与政府达成战略合作，并力争将安全业务从政务领域向关键基础设施、中小企业领域扩展，进一步提升公司市场占有率，巩固市场优势，重塑竞争格局。深耕区域市场，重点布局智慧城市安全运维。公司已与云南省政府签署战略合作框架协议，与昆明市政府共同建设云南省安全态势大数据运营中心，实现全省全方位安全态势管控和南亚、东南亚威胁情报感知。云安全和工控安全成为公司业务新的增长点。公司注重技术研发，在云安全和工控安全领域布局较早。在云安全方面，公司加强了与腾讯云、联想云等骨干企业合作，在工控安全方面，公司除自身加强研发之外，还参股投资工控安全公司中京天裕。

六、科大讯飞

（一）总体发展情况

科大讯飞股份有限公司专业从事于人工智能技术研究、软件及芯片产品开发、语音信息服务，公司在国内语音核心技术市场占有率超过80%。企业财报显示，2017年前三季度，科大讯飞总体经营继续呈现出良好的发展态势：实现营收12.84亿元，同比增长89.11%，实现毛利6.55亿元，同比增长100.77%，三季度毛利率达到50.98%，同比增长2.96%；在教育领域的人工智能服务前三季度营收同比增长86%，毛利同比增长超过了91%。

（二）发展策略

一方面，科大讯飞持续加大在核心技术研发上的投入，确保公司在感知智能、认知智能以及感知智能与认知智能的深度结合等领域均保持国际领先水平的研究成果。同时，强化商业化运作，加快市场拓展。公司采取“平台+赛道”的人工智能战略，依托在阅读理解、机器翻译、语音识别等领域的核心技术，一是加强“平台”能力，即提供全行业的人工智能能力，构建持续闭环迭代的人工智能生态体系，二是争取“赛道”优势，即提供人工智能核心技术+应用数据+领域支持，构建垂直入口或行业刚需+代理优势。

七、布比网络

（一）总体发展情况

布比（北京）网络技术有限公司是一家专注于区块链底层技术研发以及上层业务场景探索及运营的技术型公司。目前，布比已完成天使、PRE-A及

A 轮共三轮融资，累计融资金额近 1.4 亿元人民币，投资机构包括启赋资本、招商局创投、创新工场、万链资本、点亮资本等。布比在北京、上海、深圳、广州、青岛、贵阳和香港设有全资/控股子公司，并以布比底层区块链及上层应用为纽带，与多家企业达成参股/战略合作关系，一个以布比网络为中心，以布比底层区块链为链接，涵盖供应链金融、供应链溯源、公益慈善、融资融券、投融资管理的区块链生态圈已初步形成。

（二）发展策略

一是持续加大研发力度，扩展技术内涵与外延。布比通过整合内外部优势技术资源，加大底层区块链研发力度，在底层架构、密码学技术、共识机制设计、通信及组网机制设计、数据存储、区块链互操作、区块链安全、隐私保护等方面提升底层产品的技术先进性及产品竞争力。二是整合优势资源，营造区块链生态圈。布比高度重视加强与合作友商、科研院所、学会协会等优势资源的合作沟通，形成常态化的产业协同机制，通过各参与方的通力合作，逐步形成涵盖学术交流、技术提升、场景转化、业务落地等机能的，共建共享、相互促进的区块链生态圈。三是注重实际应用，持续推动拓展“区块链 + X”落地场景。布比一直加大在区块链 + 供应链金融等业务场景的运营投入，不断提升平台市场竞争力和客户满意度，协助企业以更少的资本消耗、更集约的经营模式、更灵巧的应变能力，实现更高效的发展和更丰厚的价值回报。

第六节　2018 年我国软件产业发展环境分析

一、竞争环境

从世界范围看，随着技术路线主导权、价值链分工、产业生态的竞争愈演愈烈，软件产业成为重要的战略布局。软件技术及开发能力已经成为主要科技企业的竞争聚焦，软件产品及相关服务亦成为产业发展的战略制高，软件应用正伴随互联网的快速发展成为经济社会全面进步的重要支撑。当前，在美国股市市值排名中居前列大多数都是软件企业，而包括GE在内的众多传统行业巨头也正在加速向软件企业转型。在此背景下，全球软件和信息技术服务业呈现出稳定增长态势，转型升级步伐亦在加快。根据Gartner发布的最新预测，2017年全球IT支出将达到3.5万亿美元，较2016年增加1.4%，是推动全球经济增长的重要领域。Statista数据显示，2017年，全球IT服务支出预计将达到6736亿美元，其中最大的市场是美国。数据表明，伴随软件服务化、平台化的不断深入，传统的IT服务正渐渐被捆绑服务的交付新模式所取代，导致单一信息技术服务业务的市场份额正在减少。具体来看，2017年管理服务市场将超过2000亿美元，而受益于对灵活性、远程工作的需求增加，移动专业服务市场将达到110.3亿美元。此外，信息安全防护也受到更多的关注，信息安全服务的市场预计为65亿美元，预计到2020年，信息安全产品及服务市场规模将增加至816亿美元。

从全球软件产业分布格局看，美国、日本、欧洲等发达国家和地区，印度、中国等新兴发展中国家共同构成全球软件产业的主要分工体系。具体来看，美国拥有全球1/3顶尖软件人才，汇聚谷歌、微软、IBM、甲骨文等软件巨头，掌握着全球软件产业的核心技术、标准体系、游戏规则及产品市场。以爱尔兰、德国、英国为代表的欧洲软件行业在应用软件方面具有很强的开发能力，在工业软件、软件服务外包等领域拥有一定的优势。近几年亚太地区软件开发能力正在不断提升，软件产业规模一直保持两位数的年增长速度。此外，伴随软件产品在各行各业中的普遍应用，软件产业的市场空间也与地区经济发展活力密切相关，从全球来看，欧美发达国家的IT支出增速趋缓，而中国、印度、俄罗斯、南非、巴西、印尼等国家的信息化建设则保持增长，为全球软件产业发展带来巨大的市场空间。

二、经济环境

国际货币基金组织《世界经济展望报告》发布的数据显示，2017年全球经济增长3.7%，同比提高了0.5个百分点，其中，欧洲和亚洲地区出现了令人惊喜的显著增长，表明全球的经济复苏正在加强。在此背景下，2018年和2019年的全球经济增长预测上调了0.2个百分点至3.9%。全球经济的增长与美国税收政策变化紧密相关，短期来看，新的税收政策将带来美国产业投资的增长。但同时，全球经济的发展仍面临多方的压力，例如，美国税收政策的不可持续性将对未来产业投资带来潜在的风险，同时，金融市场仍然存在估值不合理等问题，其波动有可能带来负面影响。此外，全球主要经济体之间的贸易摩擦也在升温，主要经济体之间的贸易战可能会发生，这将对全球经济持续稳步发展带来极其严重的后果。

在国际国内经济环境的双重影响下，2018 年我国宏观经济的复杂程度将继续加深。供给层面，受到生产要素红利衰减、产业结构转型升级乏力、国有企业改革迟缓等结构性和制度性因素的制约，总供给扩张能力下降。需求层面，消费、投资、出口三大需求并无明显扩张迹象，收缩态势或将维持。收入增速下降、政府消费增速受制和边际消费倾向递减效应将继续施压消费增速；产业结构升级难度较大，传统产能收缩的同时新兴产业未能及时填补，经济缺乏优质投资机会，投资增速或将继续下行。而当前，传统产业的数字化转型升级正是软件产业的重要业务增量，如果传统产业的发展速度放缓、升级力度减弱，将会为软件产业的持续高速发展带来巨大压力。

三、政策环境

党中央、国务院统筹经济社会的发展，制订了一系列加快经济结构调整的战略部署，对软件产业发展方向、人才流动和资金流向等方面发挥了积极的引导作用。继《关于积极推进“互联网 +”行动计划的指导意见》《关于促进云计算创新发展培育信息产业新业态的意见》《促进大数据发展行动纲要》等重要政策颁布和实施之后，2017 年，又有一大批支撑产业发展的新政策发布。国务院及工信部等部委相继出台了《关于深化“互联网 + 先进制造业”发展工业互联网的指导意见》《关于进一步扩大和升级信息消费持续释放内需潜力的指导意见》《新一代人工智能发展规划》《信息产业发展指南》《中国软件名城创建管理办法（试行）》等多项产业政策，从支持企业创新、推动新技术新业态发展、推动产业集聚发展、促进融合发展特别是与工业制造业融合创新等方面为产业发展提供了有力支持，新政策的颁布将进一步拓宽产业发展发展空间，为软件和信息技术服务业发展营造良好氛围。

同时，我国对软件产业在经济社会发展中价值和地位的认识更加深刻，要求更加明确。习近平总书记在党的十九大报告中强调，要贯彻新发展理念，建设现代化经济体系，要“加快建设制造强国，加快发展先进制造业，推动互联网、大数据、人工智能和实体经济深度融合，在中高端消费、创新引领、绿色低碳、共享经济、现代供应链、人力资本服务等领域培育新增长点、形成新动能”。由此可见，推动软件产业与实体经济的协同发展、培育经济发展新动能将是未来我国软件产业创新的发展的主要思路，围绕这些方向，2018年新的软件产业政策将有望出台，这对于产业发展将带来持续的指引和助推作用。

第七节　2018 年我国软件产业发展趋势展望

2017 年，在全球经济增长乏力和产业深度转型调整背景下，我国软件和信息技术服务业增长速度仍然保持较高水平，产业发展的社会经济发展带动价值不断提升。2018 年，我国软件产业发展既面临着《深化“互联网 + 先进制造业”发展工业互联网的指导意见》等政策红利释放、大数据等新兴动能深层次拓展等发展机遇，也面临着国内经济持续放缓、产业加速转型调整等重大压力和挑战。整体来看，我国软件和信息技术服务业发展态势仍然向好，软件产业发展挑战与机遇并存。

一、产业创新发展面临新挑战

一是新的产业支持政策亟待出台。一方面，软件企业所得税优惠政策到期后亟待新税收优惠政策跟进。为促进产业发展，我国出台了《关于印发进一步鼓励软件产业和集成电路产业发展若干政策的通知》（国发〔2011〕4 号）、《关于软件产品增值税政策的通知》（财税〔2011〕100 号）等国家政策和配套措施，明确“软件企业在 2017 年 12 月 31 日前自获利年度起享受企业所得税‘两免三减半’、‘五免五减半’优惠政策”。所得税优惠政策即将在年底到期，后续所得税等税收政策的出台备受软件企业关注。另一方面，新的产业发展形势对现有的软件政策提出更高的要求。经过近 30 年的发展，我国软件产业的技术架构、产业结构、应用价值等已经发生了翻天覆地的变化，云计算、大数据等新兴产业发展迅猛推动产业转型，这就要求在原有软件产业政策体系的基础上与时俱进进行调整，从而为新形势下产业创新发展提供有力支撑。

二是核心技术自主创新体系亟须构建。核心技术创新是产业跨越式发展的重要引擎，是构建产业竞争优势的关键环节。党的十九大报告强调，要突出关键共性技术、前沿引领技术、颠覆性技术创新，加强创新能力开放合作。当前，我国软件产业核心技术研发能力薄弱，自主创新体系建设有待完善。基础通用技术和产品受制于人，关键信息系统重要应用依赖国外操作系统，高端操作系统和攻防软件技术为国外垄断；自主创新和自主研发能力严重不足，在云计算、移动互联网、大数据、物联网等对传统软件产业可能产生颠覆性冲击的领域的核心关键技术，主要还是处于跟随式发展阶段；开源式技术创新生态尚未形成，企业特别是传统软件企业在全球开源软件领域的贡献依然较少。

三是软件融合创新能力不均衡、不充分。党的十九大报告对我国软件和信息化服务业提出了融合创新发展的要求，提出要加快发展先进制造业，推动互联网、大数据、人工智能和实体经济深度融合，建设数字中国。但我国传统产业数字化转型才刚刚起步，与新兴产业融合创新的行业差异性巨大。制造业、农业、交通、金融、医疗等不同行业信息化程度存在加大差异，对数字化转型的需求各异，软件与各个行业领域的融合创新能力和水平参差不齐。此外，各地产业发展状况、创新环境和创新资源特点均不相同。同时，企业需求不同增加了融合创新的复杂度，大型龙头企业、中小型企业、技术创新型企业对融合创新发展的需求和投入差别巨大，依靠单一的解决方案难以满足复杂的企业需求，需要针对企业个性化需求的融合创新解决方案。

四是信息安全保障形势依然严峻。2017 年，“互联网 +”持续升温，互联网应用范围不断扩大的同时，信息安全面临的挑战也在升级，主要体现在三个方面：一方面，互联网逐步向万物感知的泛在互联演化，网络终端越发丰富，基于网络的安全威胁变得更加强大和复杂，大型攻击事件的次数和攻击流量不断刷新纪录。5 月，WannaCry 勒索病毒在全球爆发，加密文档并索取赎金，包括中国在内的接近150个国家超过30万台电脑受到严重攻击，攻击涉及政府、电力、电信、医疗机构等重要信息系统。另一方面，越来越多的机构和企业高度依赖互联网开展业务，信息安全漏洞数量呈现整体增加的趋势。据国家信息安全漏洞库统计，2017上半年新增安全漏洞5966个，对比往年出现爆发式增长，漏洞呈现越来越严峻的形势。此外，工业互联网的发展蓬勃发展给工控系统带来了新的安全威胁，金融、交通、电力等关系国计民生重要领域的安全风险持续加大。

五是新型软件人才供给能力亟待提高。近年来快速发展的智能制造、大数据、人工智能等新产业的特点对人才供给提出了更高要求，而新型软件人才供给不足正成为我国新兴产业的最大“痛点”。一是人才缺口加大，根据初步测算，到2020年，我国新一代信息技术产业人才缺口将达到750万人。二是人才结构性矛盾突出，缺少既懂前沿技术又懂管理的领军型人才、既熟悉创新技术又熟悉各行业领域业务流程的复合型人才，新型人才培养和新兴产业需求不相适应。

二、产业转型调整步入新阶段

2017年，在我国经济发展进入新常态、GDP增速放缓的背景下，软件和信息技术服务业作为与国民经济联动性很强的战略性新兴产业，亦步入平稳发展时期。1—10月累计实现软件业务收入4.4万亿元，同比增长13.9%，增速较2016年同期回落0.8个百分点，增速同电子信息制造业增速基本持平；实现利润总额5314亿元，同比增长13.2%，增速同比回落5.4个百分点，企业平均营业利润率7%，与上年同期基本持平；实现出口407亿美元，同比增长2%，增速同比回落3.9个百分点。

展望2018年，随着软件和信息技术服务业、大数据产业、“十三五”发展规划以及《深化“互联网+先进制造业”发展工业互联网的指导意见》、《云计算发展三年行动计划（2017—2019年）》《中国软件名城创建管理办法（试行）》等国家政策性及地方配套措施的贯彻落实，政策红利不断释放，加快推动企业创新发展。云计算、大数据产业化应用加速拓展，人工智能、虚拟现实、区块链等领域技术和产品创新持续活跃，为产业发展和新业态培育提供新动能。预计 2018 年，我国软件和信息技术服务业发展将迎来融合创新、协同发展的转型增长，继续保持平稳快速发展态势。

三、与制造业融合成为新主题

2017 年，随着国家制造战略进入全面实施阶段，对软件产业与制造业融合发展提出了更高要求，工业技术软件化成为我国发展智能制造的务实选择和重要方向。共性基础平台层面，航天云网、三一重工、海尔等企业依托自身制造能力和规模优势，率先推出工业互联网平台服务，并逐步实现由企业内应用向企业外服务的拓展。行业通用平台层面，海尔建设 COSMO 平台，开发与工业技术相对应的功能模块及技术组件，实现在云平台上灵活配置形成定制化智能工厂解决方案。工业 APP 层面，国外的 GE、西门子、波音、NASA 等以及国内的海尔、航天科工、三一重工、徐工、华为等均高度重视通过发展工业 APP 来推动工业技术软件化。

展望 2018 年，随着《深化“互联网 + 先进制造业”发展工业互联网的指导意见》等政策的颁布实施，软件业与制造业的深度融合将成为发展的主要方向，我国工业软件及其相关的信息技术服务将迎来崭新的发展阶段。一方面，工业软件业务收入将得到持续快速增长，新型工业 APP 将加速涌现。另一方面，大数据、人工智能等将加快与工业生产、服务的融合创新，催生出新模式、新业态、新产业，创造出制造业发展新空间。

四、新兴业态逐步集聚新动能

大数据产业将步入快速成长期。2017 年，我国大数据产业政策继续加速出台，政府数据开放共享取得突破，大数据学科建设以及国家工程实验室建设不断深入，创新体系不断完善。展望 2018 年，随着大数据相关政策深入实施以及大数据产业应用与布局的不断深化，大数据产业发展环境将继续优化，特色化集聚发展格局将逐步形成。大数据与人工智能、云计算、物联网等的融合将更加深入，工业大数据对智能制造的赋能效应将进一步释放。

人工智能产业将处于爆发增长期。2017 年，国家对人工智能产业发展的重视程度上升到新高度，国务院发布《新一代人工智能发展规划》。基于大数据的人工智能融合性新业态加速成熟，龙头企业在人工智能创新应用中取得突破进展，拥有核心技术的创业公司加速成长。人工智能应用上从消费领域向生产领域扩展，诸多传统行业开始与人工智能应用服务相结合。展望2018年，随着相关政策的落地实施，龙头企业加强战略实施，拥有前沿引领技术的人工智能创业公司将加快成长。人工智能与实体经济的深度融合将进一步加强，形成一批面向工业、农业、医疗、金融、交通等重点行业的智能化解决方案。

区块链市场将处于加速扩张期。2017年，在国务院及工信部等政府部门发布的一系列有关信息产业、软件和信息技术服务业发展的政策文件中，均提到了要加快推动区块链技术创新和产业发展。随着各大龙头企业加速区块链领域的布局，基于区块链技术的创新型应用不断涌现，在数据验证、金融交易、资产管理、物联网方面应用逐渐成熟。预计2018年，我国区块链市场结构逐步形成“私有链与联盟链并存”格局，龙头企业将切实推动一批极具市场竞争优势的行业应用，重构网络安全、电子商务等场景传统运营模式。

边缘计算发展将更受关注。2017年，边缘计算作为ICT与OT融合的支撑与使能技术，与云计算互相协同，助力各行业数字化转型。以华为、沈阳自动化所为创始单位的边缘计算产业联盟成员数量已达136家，正推动边缘计算创新发展和应用。2018年，随着边缘计算技术的不断成熟以及相关基础设施的加快部署，边缘计算将为软件和信息技术服务业发展带来新的空间，边缘计算在工业制造、智慧城市、电力能源以及交通、安监等领域的数字化创新和行业应用落地有望加快。

五、软件创造数字经济新引擎

2017年，在软件定义的助推下，数字经济蓬勃发展，成为新经济的典型代表。在基础型数字经济方面，日益丰富的软件端业态拉动硬件端需求增长，推动以半导体、智能芯片制造为代表的电子信息制造业蓬勃发展。在资源型数字经济方面，以开源软件为代表的创新技术软件已经覆盖到了大数据产业发展的各个环节，助推大数据应用平台的快速构建，提供丰富的大数据开发和应用工具，有效整合汇聚数据资源，提升数据应用价值。在技术型数字经济方面，软件与大数据、云计算、人工智能、区块链等新型信息技术融合创新，不断激励技术创新发展，为数字经济发展提供重要动力。在融合型数字经济方面，软件在工业中的促进作用持续加强，智能工厂、工业互联网解决方案不断拓展智能制造市场。在服务型数字经济中，依托于软件技术创新，智能水网、智能电网、智能交通、智能安防、智能医疗等一系列城市智能应用以及滴滴打车、共享单车等模式不断涌现。

展望2018年，软件将发挥其深度融合性、渗透性和耦合性作用，进一步深化与各行业领域的融合创新和转型应用，带动产品、业态、模式不断创新，刺激新需求，实现精准供给，催生分享经济、平台经济、算法经济等新型经济模式，开启数字经济发展新图景。

六、产业生态完善展现新图景

2017年，软件业生态体系不断完善，在人才队伍培养、标准体系建设、创新创业支撑、公共服务建设等方面取得了显著的成效，为软件产业持续健康发展提供重要保障。人才方面，软件从业人员队伍日益庞大。1—10月，我国软件和信息技术服务业从业平均人数达到584万人，同比增长2.8%。产业标准方面，《信息技术服务标准化工作五年行动计划（2016—2020年）》和《云计算综合标准化体系建设指南》制定了信息技术服务、云计算等领域国标10余项。创新创业方面，随着“双创”模式和典型经验不断成熟，以大企业为主导的“双创”平台建设不断加快，为产业发展注入新活力。公共服务体系方面，软件测评、质量保障、知识产权、投融资、人才服务、企业孵化和品牌推广等专业化服务能力显著提升，基本形成了覆盖全国的产业公共服务体系。

展望2018年，产业生态体系建设将进一步加快，产业发展环境将更加优越。依托高校、科研机构、教育集团、行业企业的综合性人才培养体系将进一步健全，产教融合程度将持续提升。云计算、大数据、人工智能等新兴领域快速发展推动相关标准的制定和完善。在国家“双创”政策推动下，基于互联网等方式的创业创新活动将更加活跃，软件以及相关创新创业平台将更加普及，创业服务能力将得到持续提升。

第十四章　互联网产业

第一节　2017年我国互联网产业发展情况

一、产业整体发展情况

（一）网民规模增长趋稳，网民结构小幅调整

随着我国人口红利逐渐消失，网民增长率趋于稳定，截至2017年12月，中国网民数量达7.72亿，相较2016年12月新增网民数4074万，增长率为5.57%，低于2016年同期6.2%的水平。互联网普及率达55.8%，较2016年12月提升2.6%，低于2016年同期2.9%的水平。从年龄结构来看，10—39岁群体仍为网民主力，截至2017年12月，该年龄层网民数量约占整体的73%。互联网持续向中高龄群体渗透，相较2016年底，40岁及以上群体占比增长0.6%，其中60岁以上群体占比提升1.2%。此外，随着经济水平的不断提高，网民收入水平呈递增趋势，截至2017年12月，网民中月收入在2001—3000元及3001—5000元的群体占比较高，分别为16.6%和22.4%，较2016年底，月收入超过5000元的网民群体占比提升3.7个百分点。

（二）个人应用快速增长，互联网移动化趋势愈加明显

2017年，我国个人互联网应用继续保持快速发展态势，各类应用用户规模均呈上升趋势，其中网上外卖与互联网理财用户规模增长最快，年增长率分别为64.6%和30.2%，网络购物类应用保持较快增长，半年增长率达10.2%；移动端应用方面，用户规模增长最为明显的两个应用分别为手机外卖与手机旅行预订，年增长率分别为66.2%与29.7%，其中，手机外卖类用

户规模达到3.22亿。

我国手机网民比例持续提升，截至2017年12月，我国手机网民规模为7.53亿，相较2016年12月增加5734万，手机网民占比由2016年底的95.1%上升为97.5%。手机应用方面，移动支付类用户规模达5.27亿，线下消费中使用手机支付的占比持续提升，由2016年12月的50.3%上升至65.5%。移动互联网行业整体发展呈现三个特点：一是应用平台更加关注内容品质的提升；二是综合类应用为扩大自身影响力，不断融合多种功能打造一体化服务；三是行业持续走向模式创新，大数据应用愈加明显。

（三）基础资源居世界前列，上网设备呈现新特点

截至2017年底，我国IPv4地址数量达到3.38亿个、IPv6地址数量达23430块/32，年增长10.6%，二者总量均居世界前列；国际出口带宽达到7320180Mbps，较2016年底增长10.2%。互联网资源应用有较大提升，截至2017年12月，我国网站数量为533万个，相较2016年底增长10.6%；我国网页数量达2604亿个，年增长10.3%。从互联网接入设备来看，2017年，得益于智能家居行业的迅速发展，用户使用智能电视上网的比率进一步提升，截至2017年12月，电视上网比例达28.2%，较2016年同期提升了3.2个百分点；此外，台式机作为最主要的上网设备，使用率呈下降趋势，相较2016年底，下降7.1个百分点。

（四）线下支付向农村渗透，互联网理财趋于规范化

2017年，我国移动支付用户数量持续增多，用户使用线下支付的习惯越来越稳固，有65.6%的网民在线下消费中使用手机支付，较2016年底提升15.2%，线下支付加速向农村地区网民渗透，农村地区网民使用线下支付的比例也有较大提升，由2016年底的31.7%提升至47.1%。

据统计，2017年我国购买互联网理财产品的网民规模已达1.29亿，较2016年增长30.2%。截至2017年12月，我国购买互联网理财产品的网民达到1.29亿，较2016年12月增长30.2%，互联网理财方面，市场多元化发展趋势明显，线上线下融合发展进一步深入，互联网理财产品品类进一步增多，网贷理财产品收益率持续下降，随着行业政策的逐步出台，行业进一步向规范化发展。

（五）信息网络建设取得积极成效，移动网络体系建设加速推进

我国光网城市取得全面成效，目前，我国共计13个骨干直联点全部投入运营，网间延时降低60%以上，丢包率降低90%，网络响应速度提高85%以上。我国宽带普及率持续提升，截至2017年第三季度，我国固定宽带家庭用户数量达32115.7万户，固定宽带普及率达72.5%；移动宽带用户数达113769.9万户，移动宽带普及率达82.3%。网络提速降费取得积极成效，据统计，4G平均下载速率同比增长30%，手机国内长途和漫游费全面取消，手机流量资费等大幅下降，此外，我国已超额完成互联网骨干网间互联带宽目标。我国物联网络部署已走在世界前列，2017年上半年，我国建成全球首个全覆盖NB－IoT（窄带物联网）商用网络，包含31万个NB－IoT基站。

移动网络体系建设方面，我国已经建成全球规模最大的4G网络，用户总数达9.62亿户。截至2017年11月，中国移动电话4G基站已达179万个，全业务传输网络1200万皮长公里。我国5G技术研发第二阶段取得阶段性成果，并率先发布了中频段频率规划，网络架构等技术成为国际标准。

二、产业发展主要特点

（一）互联网新业态新模式持续发展，创新型互联网企业不断涌现

2017年，共享经济、新零售、人工智能、在线娱乐等新业态新模式持续发展，共享经济在2017年继续壮大，涉及领域不断宽广，“共享＋”业态日渐丰富，已成为我国经济发展新动力；新零售的出现加快了线上线下的一体化进程，形成电商平台与实体零售的合力，根据《2017中国无人零售商店专题研究报告》，2017年无人零售商店交易额预计达389.4亿元，2022年市场交易额将超1.8万亿元。在线娱乐行业加速升温，我国网络视频用户规模已达5亿以上，视频付费渐成趋势，短视频行业由2016年兴起以来，2017年发展迅速，2017年我国短视频市场规模达57.3亿元，同比增长183.9%；人工智能热潮在2017年持续升温，基于人工智能的新业态加速涌现。我国互联网领域独角兽企业的诞生速度加快，独角兽企业青睐“连接＋需求”的发展模式。最新数据显示，我国互联网领域估值超过10亿美元的独角兽企业达58家，数量居全球第二。独角兽企业在互联网领域的分布主要为在线出行、在

线租赁、在线医疗、知识付费、现代物流、网络直播等。

（二）互联网企业积极开拓市场，海外及本土农村市场成主要方向

随着我国网民规模增长趋于稳定，以及我国“一带一路”建设逐步推进，我国互联网企业加快全球化布局，大举开拓海外市场。一方面，互联网巨头阿里巴巴、腾讯与百度各自基于自身优势，分别在支付、社交、地图等领域积极布局欧美市场；另一方面，新兴企业在本土经验及优势的基础上，基于差异化定位，积极开拓发展中国家市场。以滴滴出行为例，其已经与东南亚、北美、南美等地的上千个城市展开业务合作，覆盖全球超过一半的人口。此外，我国互联网企业的跨境运营呈现出新的特点，一是从跨境运营逐步转向当地推广，二是发展战略从短期获利转入长期耕耘。

由于我国互联网称城市与乡村发展村较大差距，以互联网普及率为例，截至2017年6月，我国城镇地区为69.4%，农村地区仅为34.0%，个人应用使用率差异较大，我国农村网上外卖的使用率仅为26.8%，我国农村互联网市场发展潜力较大。面对农村市场巨大的发展空间，我国互联网企业积极开拓本土农村市场，以电商为例，阿里巴巴、京东、苏宁等正通过农村淘宝、京东服务帮等形式，开拓农村电子商务，并加速农村物流布局。阿里巴巴已在500个县建立28000多个村点，已覆盖3万个村。在该趋势下，我国农村电子商务发展较快，据统计，2017年上半年，我国农村网络零售销售额达5376.2亿元，比上年同期增长38.1%，且农产品电商增速远高于电子商务整体增速。

（三）移动互联网服务场景逐渐丰富，互联网平台走向生态化

2017年，随着移动互联网用户规模的进一步提升及智能终端技术的快速发展，移动互联网服务场景不断丰富，各类智能终端数量迅速提升，以手机为中心的智能设备，正成为“万物互联”的基础，智能家居、智能汽车等智能终端设备不断开启个性化、智能化应用场景，为移动互联网创造更多价值空间。2017年，我国各类综合应用为扩大自身影响力，不断拓展业务范围，持续将社交、咨询、出行及生活服务等纳入服务体系，打造一体化服务平台；互联网消费持续推进线上线下融合发展，新零售发展呈现出数字驱动、全渠道融合新特点；互联网医疗方面，服务模式逐渐清晰，在线服务平台持续推

进消费者需求、数据、线下资源等的聚合，服务平台走向生态化。

（四）互联网企业实力不断增强，互联网与产业融合愈加深入

《2017中国互联网企业100强分析报告》显示，中国互联网百强企业的互联网业务收入总规模首次突破万亿大关，总计1.07万亿元，其中31家企业实现了100%以上的超高速增长。据统计，我国上市互联网企业营收连续6年增速在40%以上，总市值将突破9万亿元。2017年，腾讯市值突破4万亿港元，成为仅次于苹果、谷歌、微软、亚马逊后的全球第五大科技公司，全球前十大互联网公司中，中国企业也占据四席。

2017年，互联网与其他领域融合进一步深入，相关部委及各省市相继发布促进互联网与制造业、现代农业、零售业等领域融合发展的相关政策。一方面，新一代信息技术与消费领域深度融合，不仅推动电子商务进一步发展，还催生出无人零售、共享经济等新业态新模式，截至2017年10月底，我国网络零售额超过5.5万亿元，同比增长34%，网约车日均订单数超2500万，共享单车用户规模超3亿。另一方面，互联网与生产制造业融合加快，设计、生产、营销、流通等各个环节的数字化、网络化持续推进，新的管理模式在推进供给侧结构性改革、实现产业转型升级等方面发挥的作用日渐凸显，据统计，我国数字化生产设备联网率已达40%，30%以上的制造业企业推进网络化协同发展，作为互联网与制造业融合媒介的工业互联网平台的设正在加快，海尔、红领、三一重工等分别推出工业互联网平台，大幅提升了制造企业的竞争力。据统计，2017年1—11月，我国规模以上互联网和相关服务企业完成业务收入6409亿元，同比增长20.1%。

第二节　2017年我国互联网产业重点政策解析

一、《国家网络安全事件应急预案》

2017年1月10日，中央网信办印发了《国家网络安全事件应急预案》（以下简称《预案》）。《预案》包含了总则、组织机构与职责、监测与预警、

应急处置、调查与评估、预防工作、保障措施、附则等八个部分，《预案》的出台对建立健全国家网络安全事件应急工作机制、提高应对网络安全事件能力具有重要意义。《预案》明确了网络安全事件预警等级分为四级，由高到低依次用红色、橙色、黄色和蓝色表示，分别对应发生或可能发生特别重大、重大、较大和一般网络安全事件。《预案》明确了网络安全事件应急响应分为四级，分别对应特别重大、重大、较大和一般网络安全事件。《预案》明确了网络安全事件分类分为有害程序事件、网络攻击事件、信息破坏事件、信息内容安全事件、设备设施故障、灾害性事件和其他网络安全事件等。

二、《互联网跟帖评论服务管理规定》

2017 年 8 月 25 日，国家互联网信息办公室发布了《互联网跟帖评论服务管理规定》（以下简称《规定》），《规定》自 2017 年 10 月 1 日起施行，《规定》的出台对规范互联网跟帖评论服务具有重要意义。《规定》明确了跟帖评论服务提供者提供互联网新闻信息服务相关的跟帖评论新产品、新应用、新功能时，应当报国家或者省、自治区、直辖市互联网信息办公室进行安全评估。《规定》明确了跟帖评论服务提供者应按照“后台实名、前台自愿”原则，对注册用户进行真实身份信息认证。《规定》明确了跟帖评论服务提供者及其从业人员不得为谋取不正当利益或基于错误价值取向，采取有选择地删除、推荐跟帖评论等方式干预舆论。《规定》明确了跟帖评论服务提供者应当建立用户分级管理制度，对用户的跟帖评论行为开展信用评估，对严重失信的用户应列入黑名单。

三、《互联网论坛社区服务管理规定》

2017 年 8 月 25 日，国家互联网信息办公室发布了《互联网论坛社区服务管理规定》（以下简称《规定》），《规定》自 2017 年 10 月 1 日起施行，《规定》的出台对规范互联网论坛社区服务、促进互联网论坛社区行业健康有序发展具有重要意义。《规定》明确了互联网论坛社区服务提供者应当落实主体责任，互联网论坛社区服务提供者需要建立健全信息审核、公共信息实时巡查、应急处置及个人信息保护等信息安全管理制度，具有安全可控的防范措施，配备与服务规模相适应的专业人员，为有关部门依法履行职责提供必要的技术支持。《规定》明确了互联网论坛社区服务实名制原则，同时要求互联网论坛社区服务提供者及其从业人员，不得通过发布、转载、删除信息或者干预呈现结果等手段，谋取不正当利益。

四、《互联网群组信息服务管理规定》

2017 年 8 月 25 日，国家互联网信息办公室发布了《互联网群组信息服务管理规定》（以下简称《规定》），《规定》自 2017 年 10 月 1 日起施行，《规定》的出台对规范互联网群组信息服务具有重要意义。《规定》明确了互联网群组信息服务实名制原则，互联网群组信息服务提供者应当按照“后台实名、前台自愿”的原则，对互联网群组信息服务使用者进行真实身份信息认证。《规定》明确了互联网群组信息服务分级分类管理原则，互联网群组信息服务提供者应当根据互联网群组的性质类别、成员规模、活跃程度等实行分级分类管理。《规定》明确了互联网群组信息服务管理限制原则，互联网群组信息服务提供者应当根据自身服务规模和管理能力，合理设定群组成员人数和个人建立群数、参加群数上限。《规定》明确了互联网群组信息服务黑名单制度，互联网群组信息服务提供者应当建立黑名单管理制度，对违法违约情节严重的群组及建立者、管理者和成员纳入黑名单，限制群组服务功能。

五、《互联网新闻信息服务管理规定》

2017 年 5 月 2 日，国家互联网信息办公室发布了《互联网新闻信息服务管理规定》（以下简称《规定》），《规定》自 2017 年 6 月 1 日起施行，《规定》的出台对加强互联网信息内容管理、促进互联网新闻信息服务健康有序发展具有重要意义。《规定》明确了互联网新闻信息服务许可制度，要求通过互联网站、应用程序、论坛、博客、微博客、公众账号、即时通信工具、网络直播等形式向社会公众提供互联网新闻信息服务，应当取得互联网新闻信息服务许可。《规定》明确了申请互联网新闻信息采编发布服务许可的应当是新闻单位（含其控股的单位）或新闻宣传部门主管的单位；任何组织不得设立中外合资经营、中外合作经营和外资经营的互联网新闻信息服务单位。《规定》明确了互联网新闻信息服务提供者的采编业务和经营业务应当分开，非公有资本不得介入互联网新闻信息采编业务。《规定》明确了互联网新闻信息服务相关从业人员资质要求，要求从事新闻采编活动，应当具备新闻采编人员职业资格，持有国家新闻出版广电总局统一颁发的新闻记者证。

六、《互联网新闻信息服务新技术新应用安全评估管理规定》

2017 年 10 月 30 日，国家互联网信息办公室发布了《互联网新闻信息服务新技术新应用安全评估管理规定》（以下简称《规定》），《规定》2017 年 12 月 1 日起施行。《规定》的出台对规范开展互联网新闻信息服务新技术新应用安全评估工作具有重要意义。《规定》要求当应用新技术、调整增设具有新闻舆论属性或社会动员能力的应用功能的，或当新技术、新应用功能在用户规模、功能属性、技术实现方式、基础资源配置等方面的改变导致新闻舆论属性或社会动员能力发生重大变化的，互联网新闻信息服务提供者应当自行组织开展新技术新应用安全评估。

七、《互联网信息内容管理行政执法程序规定》

2017 年 5 月 2 日，国家互联网信息办公室发布了《互联网信息内容管理行政执法程序规定》（以下简称《规定》），《规定》自 2017 年 6 月 1 日起施行。《规定》包含总则、管辖、立案、调查取证、听证和约谈、处罚决定和送达、执行与结案、附则等八个部分。《规定》出台对规范和保障互联网信息内容管理部门依法履行职责具有重要意义。《规定》明确了行政执法管辖权，行政处罚由违法行为发生地的互联网信息内容管理部门管辖，违法行为发生地包括实施违法行为的网站备案地，工商登记地，网站建立者、管理者、使用者所在地，网络接入地，计算机等终端设备所在地等。明确了对当事人的同一违法行为，两个以上互联网信息内容管理部门均有管辖权的，由先行立案的互联网信息内容管理部门管辖；必要时，可以移送主要违法行为发生地的互联网信息内容管理部门管辖。

八、《互联网用户公众账号信息服务管理规定》

2017 年 9 月 7 日，国家互联网信息办公室发布了《互联网用户公众账号信息服务管理规定》（以下简称《规定》），《规定》自 2017 年 10 月 8 日起施行。《规定》的出台对规范互联网用户公众账号信息服务、维护国家安全和公共利益具有重要意义。《规定》明确了账号信息服务实名制原则，要求互联网用户公众账号信息服务提供者应当按照“后台实名、前台自愿”的原则，对使用者进行基于组织机构代码、身份证件号码、移动电话号码等真实身份信息认证。《规定》明确了互联网用户公众账号实行分级分类管理原则，要求互联网用户公众账号信息服务提供者应当根据用户公众账号的注册主体、发布内容、账号订阅数、文章阅读量等建立数据库，对互联网用户公众账号实行分级分类管理。《规定》明确了公众账号的数量合理设定上限原则，要求互联网用户公众账号信息服务提供者应当对同一主体在同一平台注册公众账号的数量合理设定上限。《规定》要求互联网用户公众账号信息服务提供者开发上线公众账号留言、跟帖、评论等互动功能，应当按有关规定进行安全评估；互联网用户公众账号信息服务使用者应当对用户公众账号留言、跟帖、评论等互动环节进行实时管理。

九、《互联网域名管理办法》

2017 年 8 月 24 日，工业和信息化部发布了《互联网域名管理办法》（以下简称《办法》），《办法》自 2018 年 1 月 1 日起施行。《办法》包括总则、域名管理、域名服务、监督检查、罚则和附则六个部分，《办法》的出台对规范互联网域名服务，保护用户合法权益，保障互联网域名系统安全、可靠运行具有重要意义。《办法》明确了管辖权。申请设立域名根服务器及域名根服务器运行机构、域名注册管理机构的，应当向工业和信息化部提交申请材料。申请设立域名注册服务机构的，应当向住所地省、自治区、直辖市通信管理局提交申请材料。《办法》同时要求任何组织或者个人不得恶意将域名解析指向他人的 IP 地址。

十、《网络产品和服务安全审查办法（试行）》

2017年5月2日，工业和信息化部发布了《网络产品和服务安全审查办法（试行）》（以下简称《办法》），《办法》自2017年6月1日起施行，《办法》出台对提高网络产品和服务安全可控水平、防范网络安全风险、维护国家安全等具有重要意义。《办法》要求金融、电信、能源、交通等重点行业和领域主管部门，根据国家网络安全审查工作要求，组织开展本行业、本领域网络产品和服务安全审查工作。《办法》要求公共通信和信息服务、能源、交通、水利、金融、公共服务、电子政务等重要行业和领域，以及其他关键信息基础设施的运营者采购网络产品和服务，可能影响国家安全的，应当通过网络安全审查。

第三节　2017年我国互联网产业重点行业发展情况

一、2017年我国移动互联网发展状况

2017年，我国移动互联网主导地位得到进一步强化，手机上网比例持续提升，智能手机出货量下滑加剧市场竞争，移动互联网应用市场增速逐步放缓，移动互联网监管加速走向法治化和精细化。

我国移动互联网产业进入存量经营阶段。一是各移动应用平台进一步深化内容品质提升，专注细分寻求差异化竞争优势。二是各类综合应用不断融合社交、信息服务、交通出行及民生服务等功能，打造一体化服务平台，扩大服务范围和影响力。三是移动互联网行业从业务改造转向模式创新，引领智能社会发展，从智能制造到共享经济，移动互联网的海量数据及大数据技术的应用，为社会生产优化提供更多可能。

海外市场已成为我国移动互联网不可或缺的一部分。“一带一路”倡议的提出为移动互联网企业及商业模式创新带来重大机遇，我国作为全球移动互联网产业增长的重要引擎，相对“一带一路”沿线国家在移动互联网

领域具有明显的比较优势。APP Annie 数据显示，2017 年，中国 APP 发行商在“一带一路”沿线国家的下载量占比远超以往，达到 55%，而且我国的影响力在未来几年很可能继续增强。

人工智能、虚拟现实等新技术开始在移动端规模化商用。2017 年人工智能（AI）、虚拟现实（VR）及增强现实（VR）行业进入爆发式发展阶段。人工智能开始进入规模化商用，被用于金融、交通、物流、教育、制造、电商决策等多个领域。VR 及 AR 技术与泛娱乐、电商、教育等领域密切融合，为用户带来更好的沉浸感体验。

移动互联网产业细分领域加速竞争与整合。随着移动互联网向精准细分领域延伸，在零售、餐饮、出行、金融等领域加速拓展，产品形态和商业模式不断出现，2017 年移动国互联网市场细分领域加速竞争与整合。

创新应用方面。物联网大规模部署和应用加快线上线下融合，中国电信、中国移动、中国联通等基础电信运营积极推进 NB - IoT 基站和网络建设。分享经济深入应用推动新兴项目层出不穷。内容分发与知识付费彼此渗透开创新模式，2017 年内容付费用户规模预计将达 1.88 亿。以微信小程序为主的即时应用已初步成形生态，已形成系统的生态体系，在零售、电商、餐饮行业吸金能力突出。

投融资方面，根据投中信息统计，国内移动互联网行业 VC/PE 融资市场活跃度相比 2016 年明显降低。年度融资交易数量共计 97 起，相比上年大幅减少；年度融资规模约 32 亿美元；平均单笔融资规模达 3295.36 万美元。并购规模方面，宣布及完成并购规模分别为 44.69 亿美元、8.34 亿美元，宣布并购规模同比呈现大幅上升态势，增幅为 79.12%；完成并购规模同比呈现下降态势；降幅为 40.8%。预计未来一年社交娱乐和生活服务类应用是融资交易重点，游戏、出行和教育类应用乃并购交易主场。

二、2017 年我国工业互联网发展状况

2017 年 11 月 27 日，国务院印发了《关于深化“互联网 + 先进制造业”发展工业互联网的指导意见》（以下简称《指导意见》）。《指导意见》着眼全球工业互联网发展共性需求和我国亟须弥补的主要短板，围绕打造网络、平

台、安全三大体系，推进大型企业集成创新和中小企业应用普及两类应用，构筑产业、生态、国际化三大支撑，提出了工业互联网发展的七项主要任务。《指导意见》还提出了建立健全法规制度、营造良好市场环境、加大财税支持力度、创新金融服务方式、强化专业人才支撑、健全组织实施机制六大保障措施，以确保各项推进工作顺利进行，尽早实现发展目标。

近两年来，随着国家“互联网＋”战略的快速推进，我国互联网发展正在从消费互联网时代快速迈向产业互联网时代，工业互联网平台建设成为深化制造业和互联网的深度融合重要抓手，开启信息化和工业化深度融合的新时代。海尔、红领等传统制造企业以建设工业互联网平台为抓手，加快推进供给侧改革，提供个性化制定服务，极大地提高了企业竞争力。

工业互联网平台构建起了产业生态圈中信息交换核心枢纽，促进了产业资源快速集聚和有效整合，成为核心企业产业互联网时代构建产业生态圈不可或缺的抓手。工业互联网平台以开放接入模式，整合了研发设计、生产制造、仓储物流、经营销售等各个领域资源，促进了产业生态圈各方供需对接，优化了各方资源配置。

PaaS 层面的工业互联网平台跟工业技术、工艺和设备紧密相关，是支撑工业智能化好的核心，已经成为了巨头利用网络信息平台整合产业资源主要的抓手，GE Predix、西门子 MindSphere 等平台都在打造 PaaS 级别工业互联网平台，希望依托高效的设备集成模块、强大的数据处理引擎、开放的开发环境工具、组件化的工业知识微服务，向下对接海量工业装备、仪器、产品，向上支撑工业智能化应用的快速开发与部署。

深化“互联网＋先进制造业”，发展工业互联网，亟须采取以下七项措施，来提升工业互联网平台核心竞争力。一是以跨界合作加速平台技术服务体系构建。二是以差异化定位助推平台服务特色化发展。三是以专业化能力强化平台核心竞争力构建。四是以开放式创新助力平台应用生态圈构建。五是以体系化防护保障平台全链条安全发展。六是以体系化标准构建促进平台互联和互通。七是以标准和专利构建塑造平台竞争新优势。

三、2017 年我国电子商务发展状况

2017 年，我国电子商务行业继续保持蓬勃发展，市场整体规模、从业人

员数量、物流业务量等稳步增长，新趋势、新模式、新业态不断涌现，对我国经济增长的驱动作用日益明显。

从市场规模看，电子商务继续保持较高速发展。据国家统计局有关数据，2017 年全国网上零售额 7.17 万亿元，比上年增长 32.2%，高于上年 26.2% 的增长率；其中网上商品零售额 54806 亿元，同比增长 28.0%，高于上年 25.6% 的增长率，占社会消费品零售总额的比重为 15.0%，比上年的 12.6% 有较大提升。电子商务为创业创新开辟了新渠道，从业人数不断增加，据中国电子商务研究中心数据，截至 2017 年 6 月，我国电子商务直接和间接带动就业超过 2600 万人，其中电商服务企业直接从业人员超过 310 万人，同比增长 8.7%，间接带动就业已超过 2300 万人，同比增长 9.5%。电商物流行业迎来黄金发展期，业务量持续高速增长，业务规模位居全球首位，据国家邮政数据，2017 年我国快递服务企业业务量累计完成 400.6 亿件，同比增长 28%。

从发展特点看，一是消费升级驱动品质电商发展。居民对个性化、定制化、品质化商品的需求日益高涨，品质电商进入高速发展时期，网易严选、米家有品、淘宝心选、兔头妈妈甄选等以品质为核心的新兴电商平台层出不穷，品质电商从消费者核心诉求出发，通过与生产制造商直接对接以实现对商品品质的高度把控，为消费者提供优质商品。二是农村电商快速发展，电商扶贫成效显著。阿里巴巴、京东、苏宁等巨头电商平台深耕农村电商市场，云农场、农一网、大丰收、丰收侠、七公里、农村淘宝、草帽网、链农、甫田网、美菜等诸多农村电商平台涌现，据商务部初步统计数据，2017 年全国农村网络销售额达到 12448.8 亿元，同比增长 39.1%；电商扶贫效果显著，全国 832 个国家级贫困县实现网络零售额 1207.9 亿元人民币，同比增长 52.1%。三是线上线下融合成为新趋势。线下门店成为电商标配，传统零售开始触网上线，阿里巴巴和京东通过与诸多线下零售巨头合作进军线下零售，打通线上、线下资源，以打造融合实体店、电商平台、移动 APP 和社交媒体的多渠道零售体系。四是电商新模式层出不穷，生鲜电商、无人零售、社交电商等快速发展。2017 年我国生鲜电商市场交易规模 1391.3 亿元，同比增长 59.7%，包括生鲜配送平台、生鲜超市 + 餐饮、社区生鲜便利店等多种模式日益完善。电商企业重金布局无人零售，猩便利、盒马鲜生、淘咖啡、缤果盒子、EATOWN、24 爱购、Take Go 等无人货架、无人便利店不断涌现。“社

交 + 电商”等模式兴起，以有赞、京东微店、云集微店等为代表的内容社交电商平台，以小红书、美丽说、蘑菇街等为代表的微商平台，以拼多多等为代表的拼团社交电商日益受到青睐。

四、2017 年我国云计算发展状况

2017 年，我国云计算产业规模继续保持高速增长态势，据运营商世界网发布的报告，2017 年中国云计算市场规模将达到 690 亿元以上，比 2016 年增长超过 33.6%。

从应用和市场看，一是部分地方加大支持力度推动企业上云。浙江、江苏、山东等地出台“企业上云”专门政策，加大资金支持力度，加快推动企业使用云服务，取得了积极成效，并为全国相关工作提供了借鉴和经验。二是巨头通过合作优势互补强化市场地位。各大云服务商通过结盟快速积累规模效应，云计算领域的合作此起彼伏，并呈现巨头强强联合的特点，共同加强主要领域的布局，合作拓展市场空间。如：SaaS 巨头 Salesforce 与 IaaS 巨头 AWS、谷歌云合作，阿里云、腾讯云分别与中国联通合作，谷歌和思科合作等。三是公有云巨头加码通过合作加码混合云。混合云进入了以大型公有云厂商为主导的圈地阶段，公有云巨头通过与相关企业合作，大力拓展混合云市场。如：谷歌与 Nutanix 合作布局混合云市场，微软与戴尔、联想、思科、华为等合作推出 Azure Stack，阿里云与 Zstack 合作提供混合云服务，AWS 与 Vmware 合作推出 VMware Cloud on AWS 服务。

从产业创新看，一是多云管理工具将助推多云模式更为普及。微软发布了多云管理服务 Cloud Services Map，帮助企业更轻松地管理多云环境，快速部署同时使用 Azure 与其他云服务的多云解决方案，并可便捷实现其他云服务向 Azure 的迁移。VMware 在其 VMworld 大会推出的 7 个云服务也侧重了多云管理服务，通过跨云控制帮助企业更好实现多云管理的便捷性和灵活性。多云模式通过灵活搭配多个云厂商的产品，形成契合企业需求的最佳云服务组合，在市场需求下，预计有更多多云管理工具推出，帮助解决异构环境中部署或迁移应用、跨云跨网络运行应用、多云运行状态监控、多云计费等长期困扰用户的问题，促进多云模式成为企业采用云服务的常态。二是人工智能

云正在成为新型云计算服务。不少云计算厂商以云服务模式推出人工智能开放平台，提供人工智能服务、算法和计算能力。如：腾讯云、百度云、金山云均推出了深度学习平台；百度推出云服务框架——ABC - STACK；阿里云发布 AliGenie 开放平台，发布了 ET 医疗大脑、ET 工业大脑、ET 航空大脑、金融大脑；微软借助云服务提供运行于 Azure 上的机器学习服务、认知服务等。三是云计算与边缘计算正进入协同新阶段。云计算厂商对边缘计算更为重视，纷纷推出边缘计算相关产品和服务。微软推出预览版 Azure IoT Edge，将 Azure 云端的串流分析服务、机器学习、认知服务等赋予边缘设备，以加快对异常事件的预警反应；亚马逊发布边缘计算软件 AWS Greengrass，将计算、信息传输、数据缓存带到边缘设备；华为发布了基于边缘计算的物联网解决方案；思科与 SAS 合作，计划将商用智能分析技术带到边缘设备；SAP 推出了边缘计算解决方案，把云端的机器学习和预测分析服务带到边缘设备。边缘计算将云向更靠近用户的方向延伸，便于满足低延时、高带宽等新兴应用需求，云端则更多提供对延时等要求不高的应用和边缘设备没有能力处理的计算服务，并扮演集中协调管理的角色。伴随物联网、虚拟现实、人工智能等对实效和带宽要求高的新兴应用的发展，云计算和边缘计算这种互相配合、各负其责的服务趋势将开始显现。

五、2017 年我国大数据发展状况

2017 年，我国大数据产业取得一定突破，不但作为新兴产业发展势头迅猛，还将带动国民经济其他领域加速转型升级。

产业格局逐步稳定。从地区分布来看，形成了几大集聚发展区，分别是京津冀、长三角、珠三角、中西部和东北五个地区。从企业分布来看，大数据企业注册地多集中于华北、华东、西南、华南四大地区。其中，华北、华东和华南是最主要的业务区域。

产业政策逐步细化。国家发展改革委、工业和信息化部等国家部委纷纷出台了行业内大数据发展的指导意见或行动方案，大数据政策逐渐向各行业、各领域延伸。

产业支撑体系日趋完善。安全保障体系和法律法规不断完善，相关标准

体系基本成型。数据交易、数据共享等国家标准研制工作有序展开，北京、上海、贵阳等地开展了大数据标准试点示范。一批大数据产业支撑平台包括技术研发实验室、工程技术中心、产业联盟等陆续建设。截至 2017 年第四季度，至少有 13 个省份成立了 21 家大数据管理机构。

政务大数据开放共享取得突破。2017 年，中共中央办公厅、国务院办公厅《关于推进公共信息资源开放的若干意见》和国务院办公厅《政务信息系统整合共享实施方案》对政务信息共享提出新的要求。我国城市侧政务数据开放共享取得新进展，北京、天津、上海、重庆等地相继出台了大数据研究与发展行动计划，整合数据资源，实现区域数据中心资源汇集和集中建设。

应用创新迎来黄金时代。在政府和市场力量的全力推动下，大数据已在政用、商用和民用领域全面覆盖。数据资产的价值通过应用的落地逐渐得到释放，在全国涌现出了一批典型应用。目前，广东、福建、浙江等 16 个地区均依据当地发展现状制定了相应的大数据相关政策，近 20 个地方政府陆续推进大数据应用平台建设。

展望 2018 年，大数据将更广泛地融入经济社会的方方面面，融合创新仍将是发展的重要驱动力量，不仅将促进数字经济蓬勃发展，也将为传统经济转型升级提供新的助燃剂。大数据产业的高速发展也将倒逼产业生态的进一步完善以及相关法规标准的进一步健全。

六、2017 年我国分享经济发展状况

2017 年，分享经济持续成为我国新经济发展热点，交易规模达到 4.5 万亿元，继续保持年均 40% 左右的高速增长，部分领域已经成为全球分享经济引领者，对激发新兴市场活力起到重要作用。其中，交通出行、医疗资源、内容娱乐等细分领域分享经济发展最为火热。

分享经济政策方面，2017 年 7 月 3 日，国家发展改革委、中央网信办、工业和信息化部等八部门联合印发《关于促进分享经济发展的指导性意见》（以下简称《意见》），成为全球首个国家层面出台的分享经济政策文件。《意见》及时理清了分享经济概念，提出了现阶段我国分享经济的本质和特征，不仅回应了质疑，也为未来政府和市场监管提供了战略性指导，为分享经济留出了发展空间。

分享经济发展特点方面，一是分享内涵正由狭义分享向泛分享转变。分享服务只要满足闲置或富余、资源优化配置、产生交易价值三大属性，即成为广义的“泛分享经济”。二是分享市场正由大规模向高质量转变。类似于移动互联网崛起时期的市场优胜劣汰过程，通过市场自身“挤压水分”，真正有价值的分享模式将实现持续快速发展。三是分享业态创新正由商业模式创新向技术融合创新转变。VR、大数据、人工智能等新技术正逐渐成为各行业智能基础应用，分享经济领域也将催生出更高效、更多样和创新性强的分享模式。

分享经济创新应用方面，一是高价值商业模式创新应用发展潜力显现。2017 年，细分行业创新企业大量涌现，共享充电宝、共享雨伞、共享篮球等短时间内吸引大量投资，然而由于商业模式不成熟等问题，众多新业态“昙花一现”，制造、医疗等潜力较大、价值较高的创新应用模式得以生存。二是技术创新助力分享企业出海发展。通过技术创新，我国分享企业正在受到国际市场青睐，2017 年共享单车被列入中国的“新四大发明”。

展望 2018 年，分享经济将持续面对有限市场条件下的“供给过剩”难题，盈利方式不明等问题还将导致分享经济盈利困境，也可以预见，资本回归理性后分享经济部分领域将进入洗牌期，真正高价值的分享模式将迎来更大市场空间。

第四节　2017 年我国互联网产业区域发展情况

一、以上海、杭州为中心的长三角地区互联网产业发展状况

长江三角洲城市群包括上海市、江苏省 9 市、浙江省 8 市和安徽省 8 市，区域面积 21.17 万平方公里，是中国政府定位的中国最强的经济中心。随着长江三角洲地区新经济和新工业的不断深入协同发展，长江三角洲互联网经济发展迅猛，互联网产业规模逐渐扩大。

长江三角洲地区的政策环境利好，近年来，地方政府加快制定推动工业

互联网产业发展的相关指导意见和政策措施，例如上海市印发了《上海市工业互联网创新发展应用三年行动计划（2017—2019 年）》，推动上海制造业向工业互联网“新四化”（智能化生产、网络化协同、个性化定制与服务化延伸）模式转型发展。浙江省出台《关于深化制造业与互联网融合发展的实施意见》，安徽省出台《安徽省人民政府关于深化制造业与互联网融合发展的实施意见》等。政策措施更具可操作性，为长江三角洲地区互联网产业的发展创造了良好的外部环境，加之长三角具有丰厚的制造业基础，区域政策与区域定位相结合，为工业互联网推进提供了良好的内外部环境。

长江三角洲地区是我国互联网产业的重要聚集区，以上海、杭州为中心，向安徽、江苏、浙江等其他地市辐射，形成了中心带动、地区辐射、多地集聚的产业发展特点。江苏信息服务产业基地、苏南互联网产业园等互联网先行区稳步发展；浙江省已成为我国电子商务集聚度最高的地区之一，建有世界上最大的电商交易平台，电子商务产业链不断完善；江苏省依托制造业优势，大力发展工业互联网，无锡的雪浪小镇被赋予“引领物联网产业发展”的使命。长三角地区“物联”与“互联”正相互渗透，在促进产业转型、催生新经济等方面发挥了重要作用。

二、以广东省为中心的珠三角地区互联网产业发展状况

珠江三角洲地区包括广州、深圳、佛山、中山、东莞、珠海以及深汕特别合作区、香港特别行政区、澳门特别行政区等 12 个城市，面积 24437 平方公里，人口 4283 万人，是我国人口聚集最多、创新能力最强、综合实力最强的三大区域之一。

珠江三角洲地区依托良好的传统产业基础，以广州为领军城市率先井喷发展新经济，并进一步带动周边地区，逐渐形成产业及区域经济优势。广东省作为珠江三角洲地区的代表省份，是当前国内互联网发展空间广阔、潜力巨大的地区之一，起凭借良好的电子信息产业基础，逐渐跻身全球数字经济浪潮的市场引领者行列。近年来，广东在促进信息化和工业化两化融合、电子商务、物联网应用等方面取得了一定的成效，电子商务表现尤其抢眼，根据阿里巴巴发布的 2017 年度电商报告，2017 年前 11 个月，广东占据最大的

电商交易份额，占比高达25%。广州、深圳市作为广东省的代表城市，汇聚了腾讯、阿里巴巴、国美、小米等众多国内龙头互联网企业，其迅速发展拉动了整个广东省“互联网+金融”“互联网+零售”“互联网+医疗”等各大细分行业的发展。

三、以北京、天津为中心的环渤海地区互联网产业发展状况

环渤海地区是我国互联网产业的重要聚集区，以北京为中心，向天津、河北等地辐射。北京市互联网产业发展迅速，在产业转型、城市管理、社会服务、创业创新等方面发挥了重大促进作用，基于互联网的新技术、新服务、新模式和新业态蓬勃发展，互联网与经济社会各领域的融合发展水平显著提升。截至2017年12月，102家互联网上市企业中，工商注册地位于北京的互联网上市企业最多，占40.2%。《京津冀协同发展规划》为京津冀三地互联网产业协同发展提供了历史机遇，天津、河北等出台一系列政策促进产业协同发展。天津市政府出台多项优惠措施鼓励互联网产业发展并积极吸引北京信息技术产业在天津落户，作为深化京津冀协同发展的重要抓手，滨海—中关村科技园发展迅速。河北省积极推进“互联网+”、人工智能、数字经济发展，设立了京津冀大数据综合试验区等，并在石家庄建设了首个“人工智能与大数据研究中心”，雄安新区的设立及其在京津冀协同发展中的定位，将进一步带动河北省信息化及应用的发展。

第五节　2017年我国互联网产业重点企业发展情况

一、阿里巴巴

2017年财年，阿里巴巴作为全球最大移动经济实体的增长势头持续强劲，成交额和收入双增长，增幅超预期，体现了由消费和科技驱动的我国服务业的巨大潜力。阿里零售平台全年商品交易额达3.767万亿元人民币，较2016财年增长22%，其规模不亚于欧美主要发达国家全年的GDP，已超越沃尔玛

成为全球最大的零售集团。阿里云在全球云数据技术、营收、规模都属于全球前三名，仅次于微软、亚马逊，2017 财年，营收规模达到 66.63 亿元人民币，同比增长 121%，连续两年实现三位数增长。此外，2017 财年，拥有 4.7 万名员工的阿里巴巴收入已突破千亿元，达到1582.73 亿元人民币，以300 万元/人成为人均产能最高的中国互联网公司。

一是全面开拓云计算服务覆盖能力。2017 年，阿里巴巴成为亚洲首家达到百万级用户规模的云计算公司，中信集团、中国华能集团、人保金服、亚洲航空等海内外超大型企业已列入阿里巴巴云客户名单。目前其数据中心网络已布局逾 14 个国家及地区，服务消费品牌、能源、金融机构、健康医疗、制造业、媒体和零售等多个行业。

二是加码零售业全球化战略布局。2017 年，阿里巴巴在东南亚大举投资了零售业。4 月，阿里巴巴增持了 Lazada 的股份，持股比例从 51% 提升至 83%。8 月，阿里巴巴再次投资了印尼的电商应用 Tokopedia。受益于东南亚平台 Lazada 以及中国出口平台全球速卖通的优异表现，国际零售业务收入达 26.38 亿，同比增长 136%。另外阿里巴巴正加快提升平台跨境服务能力。2017 年 6 月，阿里巴巴在美国底特律举办“中小企业论坛”，帮助美国和加拿大的中小企业主了解如何通过阿里巴巴平台建立品牌、实现跨国贸易。

三是围绕零售构建经济体。2017 财年，阿里巴巴的自由现金流达到 687.9 亿元，确保了阿里巴巴对未来新兴产业的投资布局能力。在实体零售方面，2017 年，阿里巴巴向银泰、高新零售、联华超市分别投资 26 亿美元、近 30 亿美元、1 亿美元，对银泰实现控股，获得高鑫三分之一股份。同年，阿里巴巴正式推出自盒马鲜生，其门店可完成线上订单的仓配任务，为消费者提供30 分钟送达服务。另外，阿里巴巴已开始布局“无人超市”“无人口红贩卖机”“汽车自动贩卖机”等新零售场景。在汽车电商方面，2017 年投资大搜车 3.35 亿美元。在旅游业方面，2017 年 8 月，阿里巴巴与万豪设立合营公司，为中国消费者提供全球游体验，打造更高端的会员平台。另外，阿里巴巴再次投资饿了么，第四次投资易果生鲜，投资两大共享单车应用 ofo 和摩拜，将对菜鸟网络的持股比例上升至 51%。

二、腾讯

2017年是腾讯大丰收之年，营收实现飞跃式增长，全年总收入为2377.60亿元，同比增长56%，净利润664.04亿元，同比增长44%，腾讯在主营业务和新业务拓展方面均取得很大进展。

一是积极联姻“非阿里”布局新零售。2017年下半年开始，腾讯开始迅猛发力电商和新零售，连续3次注资每日优鲜，入股永辉超市和唯品会等。腾讯布局新零售既依靠自身流量资源、云技术、支付能力等优势，如以微信为切入点，盘活上亿流量资源，也与京东、永辉形成战略合作，在电商平台、无人零售等领域为其提供资源支持，构建产业生态。

二是继续推行多元化游戏组合战略。腾讯在PC端和移动端游戏均延续布局力度，并不断丰富游戏种类，满足不同用户需求，为消费者提供多元化游戏体验。PC端，《英雄联盟》《地下城与勇士》等主要游戏仍然火热；移动端，《王者荣耀》成为全球ios手游收入榜第一名，动作类游戏《魂斗罗：归来》、自研策略类游戏《乱世王者》和角色扮演游戏《经典版天龙手游》、《轩辕传奇手游》等游戏也占据很大市场规模。

三是抢滩投资打造腾讯泛娱乐帝国。文化娱乐一直是腾讯的重点发展方向，2017年腾讯在文娱领域投资共计34次，投资范围涵盖动漫、短视频、网络媒体、自媒体、知识付费等多个领域，泛娱乐板块已具规模。

四是注重人工智能技术能力和平台打造。腾讯将人工智能作为长期战略，不断加大投资提升机器学习、计算机视觉、语音识别及自然语言处理等方面能力。场景层面，腾讯已在游戏、社交、内容等核心应用场景中使用AI技术，如头牌游戏《王者荣耀》已经开始借助AI提升用户体验。平台层面，腾讯已初步建立起AI开放生态，降低AI创业创新门槛，并赋能合作伙伴，助推各领域人工智能技术和应用发展。

三、京东

据京东集团公布的最新财报显示，京东集团2017财年的全年净利润创历史新高，达到50亿元人民币，同比增长140%，已实现连续七季度盈利；京东集团 2017 年交易总额达到近 1.3 万亿元人民币。与此同时，京东年度活跃用户数达 2.925 亿，较上年同期增长 29.1%。截至 2017 年底，京东物流运营了 486 个大型仓库，总面积约 1000 万平方米。

2017 年京东在渠道下沉、成本控制、平台业务拓展、品类管理和大数据营销管理等五大方面取得重要突破。

第一，渠道下沉方面，2017 年，京东在华北、华东、华南、华中、东北、西南、西北等全国七大区域物流中心成立了独立采销部门，使得业务流程低成本化，市场反应能力灵活化，大大加强了区域招商、运营、营销等能力，目前，京东已在全国运营 405 个大型仓库，总面积约 900 万平方米。

第二，成本控制方面，2017 年，京东集团实现了家用电器、3C 产品、服装服饰、生鲜产品等主要事业部与京东超市的联动，以降低整体成本。

第三，平台业务方面，京东 2017 年大力发展平台业务，针对第三方商家推出“卖家生态管理部”，给商家提供服务系统升级和培训。

第四，品类管理方面，2017 年京东对重点优势消费品类设立舰长品牌，针对战略新兴品类和相关用户群体，制定有针对性的营销、发行策略。

第五，大数据营销管理方面，2017 年京东通过大数据、机器学习等技术打造智能补货系统，建立了默认标准模型、安全库存模型、新品模型、季节品模型、长尾品模型等算法模型，在已使用智能补货的重点品类中，京东的库存周转天数已降低 20%，重点商品现货率提高 5%，人效大大提升。

四、新浪

新浪由门户网站（sina.com）、移动门户（sina.cn）、移动应用（APP）以及社交媒体新浪微博四个板块组成。总体而言，2017 年新浪营业收入和运营利润均达到历史高点，新浪微博的发展势头强劲，平台效应凸显，杠杆效益加强，用户数和活跃度均持续显著提升。得益于新浪移动端流量的增长和移动端盈利能力的提升，新浪门户广告业务在呈现恢复增长态势。

据新浪公布的 2017 年度财报显示，截至 2017 年 12 月 31 日，集团实现净营收 15.8 亿美元，较上年度增长 54%。其中，广告营收为 13.1 亿美元，较上年度增长 51%；非广告营收 2.720 亿美元，较上年度增长 70%，运营利润

3.886亿美元，较上年度增长430%。

新浪微博方面，2017年，新浪微博实现净营收11.5亿美元，较上年度增长75%。其中，广告和营销营收9.967亿美元，较上年度增长75%；增值服务营收1.533亿美元，较上年度增长81%。新浪微博净利润达3.526亿美元，较上年度增长226%。用户流量方面，2017年12月的新浪月活跃用户数较上年同期净增长约7900万，达到3.92亿，平均日活跃用户数较上年同期净增约3300万，达到1.72亿。月活跃用户数中93%为移动端用户；平均日活跃用户数较上年同期净增约3300万，达到1.72亿。

新浪微博在2017年不断加强内容建设，优化视频内容的品质和观看体验，一方面通过与版权方和媒体的深度合作增加专业短视频内容，另一方面通过上线微博故事、光影秀等产品鼓励普通用户创作、分享短视频内容；进入知识付费领域，微博问答累计回答问题数量超过300万条，答题者主要集中在财经、娱乐、健康医疗、教育等领域；注重抢占二次元文化新热点，截至2017年底，微博泛二次元用户已达到近2亿，月活跃用户人数为1.12亿，占到微博月活人数近三成。海量的泛二次元用户成为联动娱乐行业其他各垂直内容领域的重要核心节点。

五、网易

2017年，网易业绩一直保持稳健发展态势，营收更加多元化。2017年度网易净收入达541.02亿元，同比增长41.7%，电商业务作为后起之秀增长迅速，全年净收入116.70亿元人民币（17.94亿美元），约占净收入总额的22%，已成为网易营收的重要一极，邮箱业务基本处于稳定状态，游戏依旧是其最大现金流来源。

一方面，网易践行“新消费”理念，电商业务增长强劲。2017年，网易考拉海购通过持续升级海外供应链、国际间仓储物流，以及在品牌营销、市场推广等方面的努力，进一步扩大自身在跨境电商行业乃至整个品质电商市场的领先优势。官方数据显示，2017年“6·18”期间，网易考拉海购的业绩涨幅达500%。据艾媒咨询发布的《2017上半年中国跨境电商市场研究报告》，在跨境电商中，网易考拉海购超越天猫国际、唯品国际及京东全球购，以24.2%的市场份额居于首位。

另一方面，做大做强传统业务，网易邮箱稳步发展。截至2017年6月，网易邮箱注册用户数达9.4亿，比2016年6月增长6000万，增长率达6.82%。2017年，网易邮箱在商业化方面表现最为出色，网易邮箱客户端——网易邮箱大师在该年度推出Mac版，由此实现了对Android、iOS、Windows、Mac等几大主流平台的客户端全覆盖。游戏方面，网易凭借“精品自研”领跑游戏市场。2017年前三季度，网易游戏收入超过200亿元，旗下拥有《梦幻西游》《阴阳师》《倩女幽魂》《大话西游》《率土之滨》《天下》等多款市场热门产品，网易《终结者2：审判日》的兄弟版本《Rules of Survival》在2017年12月登顶全球42个国家APP Store游戏免费榜，并进入90国APP Store游戏免费榜Top 10。根据网易第四季度财报，网络游戏业务净营收为80.044亿元，手游占比约为68.0%。

六、奇虎

2016年7月，360完成私有化，2017年11月，360借壳江南嘉捷回归A股。360承诺近3年扣非净利润合计不低于89亿元，2017、2018和2019年度，扣非净利润分别不低于22亿元、29亿元和38亿元。实施营销升级战略，扩大广告业务优势。

2017年，奇虎360践行“All in互联网内容”战略，布局短视频内容生态。360紧抓网络娱乐新风向，于2017年推出其快视频APP，标志着其“All in互联网内容”战略的落地。360极其重视短视频可持续发展，将启动百亿资金打造超短视频生态。360手机浏览器也是“All in互联网内容”战略中的重要一环，360手机浏览器把内容生态建设作为其发展核心，除满足用户搜索的基本需求。在“All in互联网内容”战略的实施下，360快视频与360手机浏览器取得不错的成效。在Quest Mobile发布的2017年3季度Truth黑马榜单中，360快视频位列榜首，嵌入短视频模块的360手机浏览器，在经历一系列内容整合后，也在手机浏览器占据前三甲位置。

2017年，奇虎360持续推进“技术+落地”的双线布局。人工智能技术开发方面，360在2017年的ILSVRC-2017大赛中，力压谷歌、微软等科技巨头夺冠，360提出的“DPN双通道网络+基本聚合”深度学习模型对业界产生较大影响，360在人工智能领域内已具备一定的技术实力，尤其在图像识别方面实现了对国际科技巨头的赶超。人工智能产品方面。360在2015年布局智能家居领域，360注重安全、开放、免费的原则，为用户提供智能家居生活解决方案，自2015年以来，360持续推出智能新品，2017年12月，其发布新品扫地机器人，为智能家居领域再添新成员，至此，360智能家居产品已涵盖安全路由、空气净化器、儿童手表、智能摄像机、行车记录仪等多个品类。

第六节　2018年我国互联网产业发展环境分析

一、政策支持行业发展力度不减

2017年，国家部委和地方政府在“互联网+”、大数据、工业互联网、云计算、人工智能等领域相继出台了若干政策，党的十九大报告提出要推动互联网、大数据、人工智能和实体经济深度融合。在政策利好刺激下，互联网行业不断突破人口等传统红利放缓限制，保持了强劲增长，共享经济、智能产业、平台经济等新业态新模式加快培育，与实体经济融合程度持续加深，发展潜力进一步释放，影响力持续彰显。2018年，政策支持互联网产业发展的力度仍将高强度持续，李克强总理在《政府工作报告》中指出，要实施大数据发展行动，加强新一代人工智能研发应用，在医疗、养老、教育、文化、体育等多领域推进“互联网+”；发展智能产业，拓展智能生活；运用新技术、新业态、新模式，大力改造提升传统产业。工信部将持续推动工业互联网以及互联网与制造业深度融合。民政部将制定“互联网+养老”政策措施，推进智慧养老、医养结合试点工作。证监会研究互联网行业相关政策指引，推动更多互联网企业上市融资。政策环境的持续优化将促进互联网产业向多点开花发展。

二、网络基础设施外部效应持续凸显

近年来，受益于中国深入推进“宽带中国”战略，网络基础设施实现了

新的历史性飞跃，推动互联网产业实现跨越式发展。2017 年，中国网络基础设施建设实现跃升，应用水平和产业支撑能力全面提升，光缆路长高速增长，总线路达到 3747.0 万公里，“光进铜退”趋势加快，光纤接入端口占互联网宽带接入端口总数比重提高到 84.4%；移动互联网络覆盖范围快速提升，4G 基站占比达到 53%；阿里巴巴等互联网企业内容分发网络宽带规模达到 T 级，服务能力和业务承载能力不断提升。党的十九大提出要加快信息基础设施网络建设，国家发改委提出了 2018 年新一代信息基础设施建设工程，支持网络强国建设和数字经济发展。2018 年，李克强总理在《政府工作报告》中提出实现高速宽带城乡全覆盖，建成全球最大的移动宽带网。随着各项任务的落实与推进，高速宽带网络、移动互联网通信基站、IPv6 等网络基础设施将迎来新一轮建设高潮，农村和西部地区网络基础设施建设成为建设重点，信息基础设施的普惠水平大幅提升，支撑产业发展的外部效应将持续释放。

三、技术红利的脉冲作用逐步显现

随着互联网人口红利的逐步消退，技术红利挖掘成为中国互联网企业的主要着力点。2017 年，中国互联网企业在人工智能、5G、量子通信、超级计算机等领域技术进步明显，部分领域技术呈现赶超态势。其中 5G 技术研发与应用领先全球，多项标准获得国际认可；人工智能技术研发取得阶段性成果，专利申请量超过美国。同时，技术应用场景进一步丰富，产业赋能作用快速提升，推动传统产业业态焕新。2018 年，随着《政府工作报告》提出要推动第五代移动通信、新一代人工智能研发应用等，5G、人工智能、窄带物联网等新技术研发与应用落地进一步提速，从供给端将使企业的产品更加多样，服务能力实现升级，拓展互联网应用场景，给用户提供更加良好的使用体验，提升用户对产品和服务的接受程度，技术环境向好全面支撑互联网产业持续发展。

四、法治环境进一步优化完善

2017 年，《网络安全法》正式实施，《民法总则》纳入虚拟财产、数据信息等互联网新内容，新修订的《反不正当竞争法》增加互联网不正当竞争行为的条款，《网络产品和服务安全审查办法》等一系列相关配套法规陆续出台，为中国互联网产业安全发展撑起了一把“保护伞”。2018 年，随着网络安全相关法律的深入实施以及个人信息保护、关键信息基础设施保护、网络安全等级保护、数据跨境流动等网络安全配套法律法规以及电子商务法的立法进程加速，互联网产业健康发展的法治环境将进一步完善。

五、安全问题依旧威胁产业健康发展

2017 年，网络安全事件依旧处于高发态势，网络恶意攻击、网络诈骗、信息泄露等问题威胁不减，僵尸网络、勒索病毒等新型网络攻击方式愈演愈烈，呈进一步蔓延态势，给互联网产业健康发展带来不利影响。2018 年，勒索软件攻击、针对 IPv6、物联网、人工智能等新技术领域和关键信息基础设施的网络攻击行为以及数据泄露、隐私窃取等问题仍然困扰互联网产业安全发展，特别是类似 Facebook5000 万用户数据泄露丑闻或将给互联网企业发展造成致命打击。

第七节　2018 年我国互联网产业发展趋势展望

2017 年，我国互联网领域呈现全面加速发展态势，互联网、大数据、物联网、人工智能等技术创新和应用成果持续快速涌现，与实体经济融合程度进一步加深，互联网管理日益跟进，融合发展、包容共生的互联网发展格局初步形成。展望 2018 年，在党的十九大精神的指引下，我国互联网发展将进入新时代，互联网领域新技术与实体经济的融合发展将全面深入，互联网企业“走出去”能力持续提升，互联网领域治理体系将加快形成，行业发展将不断走向规范。

互联网和实体经济深度融合步伐将进一步加速。党的十九大报告要求“推动互联网、大数据、人工智能和实体经济深度融合”，为互联网进一步发展指明了方向。2018 年，随着党的十九大精神的宣贯落实，各地区、各部门将更加重视和推动形成面向互联网与实体经济深度融合发展的政策措施，并

积极推进示范工程落地实施。阿里巴巴、腾讯、百度等互联网巨头为抢占发展先机，也必将继续加快深度学习、人脸识别、智能机器人等新技术新产品在农业、工业、服务业等实体经济领域的应用。传统行业企业将结合自身优势，在技术应用、数据挖掘、服务体系建设等方面加快与互联网企业合作步伐，共同推动互联工厂、智能物流、无人商店、刷脸支付等服务体系建设，不断提升适应经济发展新阶段的能力。

工业互联网将成为先进制造业加速发展的引擎。2017 年 10 月 30 日，国务院常务会议通过了关于发展工业互联网的指导文件，助推中国制造业加速提质增效。2018 年随着指导意见落地实施，促进工业互联网的配套措施和试点示范项目将加快出台实施，政府推动、企业主导、的工业互联网发展机制加速形成，一批国家级工业互联网平台和企业级平台将陆续推出，机械、航空、船舶、汽车、电子等重点领域工业互联网将呈现多点开花的局面。工业互联网辐射带动作用将持续发挥，技术门槛和应用成本进一步降低，大型企业制造服务资源、专业技术能力、管理经验等复制推广力度加大，中小企业将成为工业互联网应用主力军。海尔、航天云网、树根互联等行业龙头企业继续推动和完善工业互联网平台建设，加快提高资源、知识、数据等垂直整合力度，推动服务模式和商业模式创新。

物联网进入新一轮大规模部署和应用期。窄带物联网部署加速，2017 年，中国电信、中国移动、中国联通等基础电信运营商积极推进 NB－IoT 基站和网络建设，加快商用布局，上海、青岛、雄安新区、鹰潭等地 NB－IoT 已正式商用。2018 年，随着物联网等相关政策的进一步实施，窄带物联网将进入大规模部署阶段，三大电信运营商以及华为、中兴等信息技术领先企业将加快部署，窄带物联网基站和商用网络建设将呈现大规模增长态势。窄带物联网将进入大规模商用阶段，基于 NB－IoT 的智能传感器、智能电表、智能泊车系统、智能血压计等产品将快速涌现，智能制造、智慧能源、智慧安防、智慧交通、智慧养老将成为窄带物联网重点应用领域。物联网应用创新进入生态构建期，阿里巴巴、腾讯等互联网企业以及电信运营商等企业基于自身优势将加快构建开放平台，推进产业链上下游、应用开发资源、技术产品等垂直整合，智能家居、智能网联汽车、物联网通信等领域物联网产业生态将加速形成。

人工智能将推动互联网业务提档提质发展。2017 年互联网企业加快通过布局人工智能提升自身主营业务供给能力，部分有实力的互联网企业纷纷加快研究院或实验室建设，重金扩充高端技术人才，推出人工智能开放平台，拓展新型服务能力。2018 年，互联网企业将加快走向以深度技术创新支撑产品及服务革新发展的道路，人工智能商用化将加速，基于人工智能的产品和服务将迅速增多。百度、腾讯等提出的人工智能生态计划将进一步加快落实，BAT 等投资收购人工智能创新企业的步伐将会进一步加快，帮助自身获得更强的连接、资源获取和信息服务能力。随着百度、阿里巴巴、科大讯飞等企业人工智能平台成为国家级人工智能平台，自动驾驶、城市大脑、医疗影像、智能语音等领域我国人工智能产业生态将更加完善和健全，更多的中小型互联网企业将基于上述人工智能平台加快产品和服务创新。人脸识别等人工智能技术将加快成熟，并从线上走到线下，将在无人零售、快捷支付、酒店入住、高铁检票、机场安检等场景得到快速应用。

互联网管理将加速走向法治化和精细化。2017 年，我国互联网立法活动不断加速，互联网细分领域及地方加快出台相关规范性和指导性文件。党的十九大为全面推进依法治国、建设社会主义法治国家指明了前进方向，依法治国的理念将进一步渗透各个领域，展望 2018 年，我国互联网立法环境将发生深刻变化，互联网管理将加速朝着精细、安全、规范的方向发展，互联网管理规范的内容将不断丰富。基于《网络安全法》的互联网法律框架将更加完善，监管部门将加快正式出台个人信息和重要数据出境、关键基础设施、未成年人网络保护等多项配套法律法规及标准。传统法律体系加快调整以适应互联网发展，反垄断、企业权责等各项制度的具体要求、相关主体职责及监管方式将得到更新。热门领域互联网专项立法将加快，无人驾驶、数据采集流通、金融等领域和行业的互联网专项立法进程将进一步推进。

第十五章　大数据产业

第一节　2017年我国大数据产业发展情况

一、产业规模快速增长，迈入发展黄金期

2017年，随着《大数据产业发展规划（2016—2020年）》等重要政策发布实施，我国大数据逐步进入发展黄金期，产业规模呈快速发展态势。据赛迪统计，包括大数据硬件、大数据软件、大数据服务等在内的大数据核心产业环节2017年达到4222亿元，将在2020年超过1.2万亿元；大数据关联产业规模2017年达到7万亿元，将在2020年超过11万亿元；大数据融合产业规模2017年达到5.5万亿元，将在2020年超过22万亿元。从大数据核心产业结构来看，基于大数据的服务仍是核心产业的主体，其规模约占大数据核心产业规模的90%。随着大数据在与各行业领域的不断深入应用，大数据融合应用产业将迎来巨大发展空间，其增速将远超大数据核心产业本身。

二、区域布局基本形成，地方引领特色发展

我国大数据产业区域布局基本形成，以京津冀区域、长三角地区、珠三角地区、中西部和东北地区等五个集聚区格局发展特色。京津冀地区着力打造大数据走廊格局，已初步形成大数据协同发展体系；长三角地区依托上海、杭州、南京等地，持续推进大数据与当地智慧城市建设，以及云计算、人工智能等其他新一代信息技术发展深度结合；珠三角地区在大数据应用创新、产品研发及产业管理方面率先垂范、具有成效；中西部地区近年来实现跨越

式发展，已成为大数据发展的新增长极；东北地区依托东北老工业基地基础，不断发展工业大数据。从区域发展水平看，各省市大数据产业发展水平差异较为明显，大数据产业发达省市大都集中在东部沿海地区。北京、江苏、广东、山东、上海、福建、浙江等排名前七的省市都位于东部沿海地区，主要原因是这些省市信息产业发展基础好，集聚大批知名大数据、软件、电子制造等知名企业，大数据相关创新创业活跃，从而使得整个产业呈现较高发展水平。

三、企业布局细分行业，不断夯实创新基础

当前我国大数据企业业务范围不断拓展，几乎覆盖了产业链的各个环节。其中以从事大数据分析挖掘业务的企业最为集中，所占比例高达63.7%；从事数据采集业务的企业占比为37.4%；从事IDC、数据中心租赁等数据存储业务的企业比重最低，仅为8.5%；从事数据分类、清洗加工、脱敏等预处理业务的企业占比为27.8%；从事数据可视化相关业务的企业占比14.3%；从事大数据交易、交换共享等数据流通业务的企业占比18.3%。

四、行业应用深度融合，应用场景不断丰富

2017年，大数据在各行业的全面深度渗透，应用场景不断丰富，有力地促进产业格局重构，驱动生产方式和管理模式变革，推动制造业向网络化、数字化和智能化方向发展。在政务领域，我国不断加强大数据在政府治理和社会服务领域的应用，整合宏观调控、税收监管、商事管理、信用体系建设、维稳、公共安全等数据资源，加快数据共享开放，提升政府治理能力，例如中兴智慧政务解决方案，通过智慧银川项目建立了10个数据系统，形成13个子模块，涵盖了智慧政务、智慧环保、智慧交通、智慧安全、智慧医疗、智慧社区、智慧旅游等多个方面，进行数据汇集、整合、分析挖掘，进行整合最终达到辅助政府决策的目标。在工业领域，通过运用大数据技术对工业企业产生的海量数据进行分析挖掘，得到有价值的分析结果，实现工业与互联网等新一代信息技术融合创新发展不断深入，例如东方国信打造BIOP工业大数据平台，具备数据实时采集、数据整合治理等功能，可以实现从设备端

到服务端的无缝衔接，通过整合现有生产端的 MES、ERP 、CPS 等实时数据，统一汇总分析，提供实时监控、生产管理等多种生产运行管理的服务。在金融领域，我国积极推动大数据等信息技术在金融行业的广泛应用，培育发展了一批以网商银行为代表的新业态、新模式，推动金融产业不断转型升级，引领我国金融产业快速发展。

第二节 2017 年我国大数据产业重点政策解析

一、《政务信息系统整合共享实施方案》

（一）政策背景

目前政务信息系统存在着系统数量多、分布散，建设管理缺乏统一规划和标准规范，信息资源纵横联通共享难等问题。为贯彻落实习近平总书记以及党中央、国务院关于整合信息资源平台，构建全国信息资源共享体系的重要指示精神，国务院办公厅出台了《政务信息系统整合共享实施方案》，旨在加快推进国务院部门和地方政府信息系统互联互通，推动政务信息跨地区、跨层级、跨部门互认共享，形成统一的政务服务平台。《实施方案》进一步细化分解各项工作任务，明确责任单位、时间表和路线图，是一份助力政务信息系统整合共享工作统筹推进的“规划图”和解决实际问题的“施工方案”。

（二）主要内容

《实施方案》围绕政府治理和公共服务的紧迫需要，以最大程度利企便民为目标，提出了加快推进政务信息系统整合共享、促进国务院部门和地方政府信息系统互联互通的重点任务和实施路径。

一是明确了“五个统一”的工作原则。《实施方案》提出按照统一工程规划、统一标准规范、统一备案管理、统一审计监督、统一评价体系的“五个统一”的总体原则，有序组织推进政务信息系统整合，切实避免各自为政、自成体系、重复投资、重复建设。

二是明确了“两步走”的总体工作目标。《实施方案》要求，2017 年 12

月底前基本完成国务院部门内部政务信息系统整合清理工作，政务信息系统整合共享在一些重要领域取得显著成效，一些涉及面宽、应用广泛、有关联需求的重要信息系统实现互联互通。2018 年 6 月底前实现各部门整合后的政务信息系统统一接入国家数据共享交换平台，各省（自治区、直辖市）结合实际，参照本方案统筹推进本地区政务信息系统整合共享工作，初步实现国务院部门和地方政府信息系统互联互通。

三是明确了加快推进政务信息系统整合共享的“十件大事”。《实施方案》提出加快推动消除“僵尸”信息系统、促进国务院部门内部信息系统整合共享、提升国家统一电子政务网络支撑能力、推进接入统一数据共享交换平台、加快公共数据开放网站建设、推进政务信息共享网站建设、开展政务信息资源普查和目录编制、构建标准体系、规范政务服务平台建设、开展“互联网+政务服务”试点等“十件大事”。在此基础上，将“十件大事”进一步细化分解为 22 项重点任务，并逐一明确了任务的责任部门和时间节点。

四是明确了保障各项任务取得实效的“七项措施”。《实施方案》要求在推进政务信息系统整合共享工作中，各地方部门要从加强组织领导、加快推进落实、强化评价考核、加强审计制度、优化建设模式、建立备案制度、加强安全保障等七个方面建立推进落实长效机制，加大机制体制保障和监督落实力度。

（三）政策影响

贯彻落实好《实施方案》可以加快政务信息系统整合进度，并以政务信息系统整合共享为抓手，提高政务服务水平，规范办事程序，更好地服务人民群众。

一是整合共享政务信息。以政务信息系统整合共享为抓手，可以更好地加强统筹规划和整体推进，有效地将目前分散于各级政府和部门的信息数据进行系统整合和有序共享，从整体上进一步提升政府信息资源的利用水平和政务服务能力。

二是推进“放管服”改革。以政务信息系统整合共享为抓手，可以有效破解跨地区跨部门跨层级政务服务中标准不统一、平台不联通、数据不共享、业务不协同等突出问题，有利于“放管服”改革向纵深推进。

三是提升政府服务能力。以政务信息系统整合共享为抓手，通过建设“大系统、大平台和大数据”，可以实现国务院部门集中部署的业务办理系统和地方政务服务平台互联互通，逐步实现基础信息数据和服务事项的交换共享和联动办理，进而实现“凡是能通过网络共享复用的材料，不得要求企业和群众重复提交，凡是能通过网络核验的信息，不得要求其他单位重复提供”的目标，有利于解决老百姓办事难、证明难等实际问题。

四是推动电子政务可持续发展。以政务信息系统整合为抓手，深入推进政务信息化建设，可以有效避免重复建设造成的新一轮“信息孤岛”和“数据烟囱”，更好地营造“全国一盘棋”的良好局面，推动电子政务健康协调可持续发展。

二、《教育部机关及直属事业单位教育数据管理办法》

（一）政策背景

近些年来，得力于国家的大力倡导和推动，我国政务信息资源共享建设进度取得突破性进展，政务信息管理、共享工作不断向制度化、规范化和程序化推进。目前，政府部门已经成为最大的信息数据生产、收集、使用和发布单位，教育部是国家的重要政府部门，同时也是信息数据生产、收集、使用的大部门。根据我国改革发展的需要，教育部门的数据管理既有亟待完善、规范、确保安全的任务，又有以法公开、共享，服务社会的责任。此次《管理办法》的出台实施，依法、有效推进各类教育数据的规范管理、互联互通和公开共享，将有效提高部门工作效率和服务社会工作能力，同时有效地打破“信息孤岛”，避免数据资源浪费，为社会提供更多的基础资料，服务于我国的改革发展。

（二）主要内容

《管理办法》内容涵盖从总则到数据采集与存储、数据共享、数据公开、数据安全管理、监督与保障等数据管理、共享实施的全过程、全方位。

一是明确了教育数据管理的基本原则。在教育部统筹管理、统一标准的基础上，责任部门分头实施，各负其责；推进共享，有序公开，教育数据以共享为原则，不共享为例外；规范程序，保障安全，依托国家信息安全保障体系，完善教育数据共享与公开安全机制，保护个人隐私信息，保障教育数据资源安全。

二是规范了教育数据管理的工作程序。在数据采集与存储方面，明确采集教育数据均应对包括数据采集的必要性和可行性进行充分论证，并需按规定程序获得批准；设立新的教育统计调查项目和行政业务管理信息系统应符合精简、高效的原则，充分考虑基层学校的承受能力，数据采集遵循“一数一源”原则，凡属于共享平台可以获取的数据，原则上不得重复采集；建立数据质量核查和技术保障制度，确保数据的真实、准确、完整和及时。在数据共享方面，明确教育数据资源可在教育部机关及直属事业单位间、教育部和其他政务部门间共享；凡列入不予共享类的教育数据资源，必须有法律、行政法规或党中央、国务院政策依据；涉及国家秘密、商业秘密和个人隐私的教育数据资源，使用部门和提供部门应当签订教育数据资源共享安全保密协议，按照约定方式共享数据资源。在数据公开方面，明确教育数据依照相关法律法规向社会公众公开；规定公开数据不得泄露国家秘密、商业秘密和个人隐私，切实维护数据资源主体的合法权益。在数据资源共享方面，设立统一的教育数据资源共享交换平台，用于支撑教育数据的共享交换，共享平台按照涉密信息系统分级保护要求，依托国家电子政务外网进行建设和管理；根据有关法律法规，制定涵盖数据采集、存储、共享、公开、使用等全过程的数据安全管理办法，开展数据风险评估，确定数据共享、公开类型，明确责任人，落实安全管理责任制，确保教育数据安全。

三是规定了教育数据管理工作的监督与保障措施。《管理办法》就教育数据管理的监督与保障工作，安排了具体部门，提出了具体任务，规定了具体措施，以保证教育数据管理工作的依法、有序进行。

（三）政策影响

《管理办法》的制定实施是教育数据信息管理工作规范化、程序化、制度化的重要的新起点，在教育部门最大限度发挥数据资源优势，不断提高工作效率和服务能力的同时，也将为国家及各部门的行政决策贡献重要的基础依据。

一是充分利用教育数据的管理促进工作效率的提高。教育关系国计民生，教育关系国家的未来。教育部门机关及各事业单位长期以来积累了非常珍贵和非常宝贵的数据信息资源，《管理办法》的制定实施，可以有效地打破系统内部的“信息孤岛”现象，变局部资源优势为系统优势，更好地提高工作效率，提高社会服务水平，促进我国教育事业的改革发展。

二是充分利用教育数据的管理有效减轻基层负担。《管理办法》指出，设立新的教育统计调查项目和行政业务管理信息系统应符合精简、高效的原则，充分考虑基层学校的承受能力，数据采集遵循“一数一源”原则。凡属于共享平台可以获取的数据，原则上不得重复采集。这一规定，可以充分利用信息平台的共享，最大限度地减轻基层学校的数据采集报送压力，更好地做好基层教育教学工作。

三是充分利用教育数据的管理有效整合资源。《管理办法》的制定实施，可以依托国家电子政务外网的建设和管理，充分释放教育数据应发挥的作用，进一步促进教育数据信息惠民。通过与国家大数据平台的互联共享，可以充分发挥教育系统数据规模大、市场空间大的优势，促进信息资源的创新应用，为推动国家治理体系和治理能力现代化建设作出贡献。

三、《新一代人工智能发展规划》

（一）政策背景

2017 年 7 月，徐匡迪等一批院士研究提出“启动中国人工智能重大科技计划的建议”，中央迅速采纳，决定制定新一代人工智能发展规划，实施新一代人工智能重大科技项目。习近平总书记多次就人工智能作出重要批示，指出人工智能技术的发展将深刻改变人类社会生活、改变世界，要求抓住机遇，在这一高技术领域抢占先机，加快部署和实施。李克强总理在 2017 年《政府工作报告》中强调，要加快人工智能等技术研发和转化，做大做强产业集群。

按照党中央、国务院部署，在刘延东副总理的直接领导下，科技部、国家发展改革委、中国工程院会同相关单位在系统梳理、深入研究、广泛征求意见的基础上，研究起草了《新一代人工智能发展规划》。前期，工程院组织了各方面的专家做了大量深度研究，打下了很好的基础。经过中央政治局常委会、国务院常务会议审议通过，7 月 8 日，国务院印发《新一代人工智能发展规划》(以下简称《规划》)。《规划》提出了面向2030年我国新一代人工智能发展的指导思想、战略目标、重点任务和保障措施，部署构筑我国人工智能发展的先发优势，加快建设创新型国家和世界科技强国。

(二) 主要内容

《规划》明确了我国新一代人工智能发展的战略目标：到2020年，人工智能总体技术和应用与世界先进水平同步，人工智能产业成为新的重要经济增长点，人工智能技术应用成为改善民生的新途径；到2025年，人工智能基础理论实现重大突破，部分技术与应用达到世界领先水平，人工智能成为我国产业升级和经济转型的主要动力，智能社会建设取得积极进展；到2030年，人工智能理论、技术与应用总体达到世界领先水平，成为世界主要人工智能创新中心。主要内容围绕着未来发展战略和方针以及发展目标做出了具体的规划，并对实施层面做出了安排。主要分为四个方面：

一是《规划》是我们国家在人工智能领域进行的第一个系统部署的文件，也是面向未来打造我国先发优势的一个指导性文件，重点对2030年我国新人工智能发展的总体思路、战略目标和主要任务、保障措施进行系统的规划和部署。

二是《规划》描绘了未来十几年我国人工智能发展的宏伟蓝图，确立了“三步走”目标：到2020年人工智能总体技术和应用与世界先进水平同步；到2025年人工智能基础理论实现重大突破、技术与应用部分达到世界领先水平；到2030年人工智能理论、技术与应用总体达到世界领先水平，成为世界主要人工智能创新中心。

三是《规划》提出以提升新一代人工智能科技创新能力为主攻方向，以加快人工智能与经济社会国防深度融合为主线，按照“构建一个体系、把握双重属性、坚持三位一体、强化四大支撑”进行总体布局，确定了建立开放协同的人工智能科技创新体系、培育高端高效的智能经济、建设安全便捷的智能社会、强化人工智能对国家安全的支撑、构建泛在安全高效的智能化基础设施体系、实施新一代人工智能重大科技项目等六方面的重点任务。主要包括：一是构建开放协同的人工智能科技创新体系，从前沿基础理论、关键共性技术、创新平台、高端人才队伍等方面强化部署。二是培育高端高效的智能经济，发展人工智能新兴产业，推进产业智能化升级，打造人工智能创新高地。三是建设安全便捷的智能社会，发展高效智能服务，提高社会治理智能化水平，利用人工智能提升公共安全保障能力，促进社会交往的共享互信。四是加强人工智能领域军民融合，促进人工智能技术军民双向转化、军民创新资源共建共享。五是构建泛在安全高效的智能化基础设施体系，加强网络、大数据、高效能计算等基础设施的建设升级。六是前瞻布局重大科技项目，针对新一代人工智能特有的重大基础理论和共性关键技术瓶颈，加强整体统筹，形成以新一代人工智能重大科技项目为核心、统筹当前和未来研发任务布局的人工智能项目群。

四是《规划》还对项目和《规划》的实施做了一些安排，包括强调发挥财政引导和市场主导作用，撬动企业、社会资源，形成财政、金融和社会资本多渠道支持新一代人工智能发展的格局，并从法律法规、伦理规范、知识产权、科学普及等方面提出保障措施。

（三）政策影响

《规划》对核心技术布局设计了新一代人工智能科技重大项目。这个项目主要瞄准人工智能技术前沿，结合国家重大需求进行设计。比如大数据智能、跨媒体混合智能、群体智能、自主智能系统，这恰恰是新一代人工智能技术发展的重要方向。这个重大项目就是沿着这几个重点发展方向，从基础理论到前沿技术，从关键共性技术到技术支撑平台，以及未来可能的应用场景和应用领域进行了系统部署。结合重大项目，对围绕人工智能方面的计划项目部署进行了整体安排，形成“1＋N”的人工智能项目群，包括大数据、云计算、智能制造、机器人、量子计算、量子通信、脑科学等等。新一代人工智能重大科技项目，将和这些已经安排的项目任务，共同形成国家人工智能研发的总体布局。

第一点，《规划》中提出“1＋N”的人工智能项目群，其中的“1”就是新一代人工智能重大科技项目，专门针对新一代人工智能特有的基础理论、关键共性技术进行攻关。“N”就是围绕人工智能相关的基础支撑、领域应用形成的各类研发任务布局。

第二点，新一代人工智能重大科技项目的实施方式也有很多新的措施。项目将充分调动中央政府、地方政府、企业、社会资本等各方积极性，多渠道出资，共同发力，做好实施。《规划》确定的四个原则中，有一个重要原则就是市场主导，人工智能项目的实施也要采取市场主导的方式进行，政府搞核心的、重大的、前瞻的，其他的放手让企业搞。国家和企业联合起来做项目，并引入一些社会资本等。

第三节　2017 年我国大数据产业重点行业发展情况

一、大数据硬件

（一）发展概况

大数据产业快速发展和大数据服务优化均离不开大数据硬件和软件的重要支撑。大数据硬件是指数据的产生、采集、存储、计算处理、应用等一系列与大数据产业环节相关的硬件设备，主要包括传感器、移动智能终端、数据传输设备、存储设备、服务器、网络（安全）设备等。作为大数据软件和系统的重要载体，大数据硬件对产品性能提升、功能优化、服务优化等有着至关重要的影响。

随着我国大数据产业的快速发展以及应用领域的不断扩展，我国大数据硬件市场也迎来了高速发展的态势。根据贵阳大数据交易所的数据，2014 年我国大数据相关硬件市场达 451 亿元，2015 年已经达到 795 亿元的规模，2017 年，我国大数据硬件市场规模达到 1389 亿元，增速高达 27%。然而，随着大数据产业由爆发期向成长期转变，前期大数据硬件基础设施建设的不断完善，大数据硬件投入也将呈现逐步趋稳的态势，大数据硬件在整个大数据产业中的比重也将有所降低，相应的大数据软件和服务的比重将有所提升。以下将重点从数据采集、存储、计算、数据中心等环节对我国大数据硬件的发展概况进行分析和总结。

（二）发展特点

1. 产品特点

数据采集设备呈现可编程的重要特性。随着物联网时代的来临，对于数据采集设备的要求也不断提高，功能也逐渐从数据采集向数据预处理扩展，数据采集设备也呈现出可编程的特性。通常来看，数据采集设备可提供可编程的配置接口，通过软件对采集数据进行可编程地自定义。数据采集设备的可编程配置文件，可由云端控制器进行统一管理、修改和保存，运维人员只需在云端做好配置文件，各采集设备就可实现自动升级，向第三方应用平台提供输出。此外，智能数据采集设备还可实现网络监测功能与第三方应用的需求分离，解决原始采集数据无法满足第三方应用，以及数据采集平台重复建设等一系列问题。

2. 技术特点

对象存储成为关注热点。基于高可扩展性和高耐久性的功能，对象存储让用户能够以低于主磁盘存储的价位来访问海量数据，同时避免增加与高容量磁盘相关的 RAID 重建时间。尽管对象存储成为大规模数据保留的主导技术的预测还未被证实，但越来越多的用户意识到，智能文件系统和最新磁带存储技术能够以更低的成本提供旗鼓相当甚至更好的性能。企业未来将主要部署对象存储作为其私有云的基础，而磁带仍然保持其作为大规模非结构化数据长期低成本归档最优技术的角色。

虚拟化技术成为大数据基础设施建设的首选。虚拟化技术能够动态调用空闲资源，降低服务器部署规模，显著提升资源利用率。虚拟化还能提供相互隔离，安全、高效的应用执行环境。用户可以在同一台计算机上模拟多个系统，且在虚拟系统环境下各个子系统彼此独立，即使某个子系统遭受攻击而崩溃，也不会对其他系统造成影响，且被攻击的子系统可通过备份机制及时恢复。另外，虚拟化技术能更加便捷高效地对资源进行管理和升级。例如，借助虚拟化技术，数据中心能实现更好的敏捷性和灵活性。数据中心现代化的主要步骤是将计算、存储和网络虚拟化，将数据中心资源从硬件抽象到软件层。管理和自动化工具托管在堆栈之上，创建一个通用的软件定义平台，可以轻松扩展到公共云服务。企业可以通过部署所有三层基础架构堆栈作为集成平台的一部分，向现代化的数据中心迈进。

二、大数据软件

（一）发展概况

传统软件企业加快转型步伐。随着云计算、大数据概念的兴起，传统解决方案局限性逐渐显现，传统 IT 软件市场的规模逐渐萎缩，用户的需求向云计算、大数据等新模式、新产品转移，传统 IT 企业普遍认识到解决方案升级、业务模式升级的重要意义，大力布局大数据领域业务。以电子政务为例，传统电子政务厂商仅定位为传统的管理软件、流程信息化集成应用厂商，其市场空间和业务模式均具有局限性，而在大数据背景下，久其软件、用友等相关厂商能够实现由传统的管理软件向大数据、PaaS 平台总体方案供应商升级，为政府构建起基于大数据平台的业务解决方案。

中小企业成为大数据创新的重要力量。目前，大数据领域拥有众多的中小微企业，长尾效应明显，新创企业不断出现，中小企业不断成长。赛迪研究院中国大数据产业生态地图调查结果显示，我国大数据新创企业（成立时间不超过 3 年）占据很高的比例，即使在大数据发展较为成熟的珠三角、京津冀地区，新创企业的市场份额依然占据 50% 以上。

工业领域龙头企业成为工业软件的核心力量。随着国家实施大数据战略，推动大数据与实体经济融合发展，我国行业大数据发展由消费端向生产端逐渐渗透，工业软件和基于工业软件的工业大数据分析成为推动工业信息化、智能化发展的重要抓手。国家实施百万工业 APP 培育工程，制造业龙头企业是建设主要力量。例如，航天科工、三一重工、海尔集团等信息化水平高的制造业龙头企业在建设工业互联网平台的同时，也致力于自主开发工业 APP，提供工业大数据全流程管理和分析。

（二）发展特点

1. 结构特点

整体解决方案及管理软件成为主体。从产业链结构来看，我国大数据软件企业集中在大数据整体解决方案和大数据管理软件环节，专业的大数据分析挖掘软件和可视化软件相对较少。工信部大数据优秀产品、服务和应用解决方案调研结果显示，从事大数据整体解决方案的企业和从事大数据管理软件的企业合计占企业总数的59%，大数据计算和可视化软件企业合计不到20%。另外，实时动态数据分析成为企业需求量最大的功能，根据信通院的调查数据显示，已经应用大数据分析软件的企业中，38.8%的企业选择实时动态数据进行处理和分析，其次是历史数据分析，占比为37.5%，另外有22.5%的企业选择了通过机器学习的方式辅助决策。

由消费端向工业领域逐渐渗透扩展。赛迪研究院的中国大数据产业发展水平评估报告的数据显示 从我国大数据发展从消费端和生产端发展来看，消费端（金融、政务、交通、电信、商贸、医疗、教育、旅游）的大数据发展指数占总体发展指数的89%，生产端（工业、农业）的大数据发展指数占总体发展指数的11%。随着软件定义的不断深化，工业领域的软件和信息技术服务应用需求以及工业大数据分析的需求加速释放。工业APP既是工业技术、工艺经验、制造知识和方法承载、传播和应用的重要载体，也是软件在工业领域发挥“赋值、赋能、赋智”作用的重要体现。2017年，国家实施工业互联网创新发展战略，推进百万工业APP培育工程，我国大数据的发展正从消费端向工业领域逐渐渗透。

2. 技术特点

开源成为大数据软件技术创新的主要模式。从大数据的发展历程可以看出，大数据源于开源，并基于开源不断演进发展，自身就已具备了开源基因。经过若干年的发展，开源软件和开源工具已经覆盖到了大数据产业发展的各个环节，基于开源软件企业可以快速构建大数据应用平台，提供丰富的大数据开发和应用工具。当前，从小型初创企业到行业科技巨头，各种规模的企业都在使用开源软件和工具处理大数据和基于数据的预测分析。由此可见，开源不仅驱动着大数据技术的创新演进，也推动着大数据产业的不断进步，对繁荣大数据应用生态起到了不可忽视的作用。

三、大数据服务

（一）发展概况

1. 产业整体规模不断提升

2017年以来，随着大数据行业应用的不断深化，大型科技企业不断推动面向行业服务的大数据平台，技术创新型企业则加强了与数据提供商和数据应用企业的协作，大数据服务业呈现出高速发展态势。2017 年，我国大数据服务市场规模约为 350 亿元，占整个大数据产业规模的 7.5%，比 2016 年提高 1.5 个百分点。预计未来 5 年，大数据服务产业规模增速将超过 50%，到 2020 年，我国大数据服务市场规模将达到 1200 亿元，占大数据及其相关产业总体规模的 12% 左右。

2. 大数据交易服务步入成熟期

大数据交易是指开展数据交互、整合、交换、交易的业务类型，从本质上来看，大数据交易并不是大数据价值挖掘的核心环节，其主要功能在于促进数据资源的有序合理流通，搭建了数据源与技术服务者联系的纽带。从我国大数据产业发展现状来看，数据资源主要集中在政府、互联网巨头、电信运营商、行业领军企业等少数组织或企业中，而拥有大数据核心技术的创新型企业则受限于数据资源难以获取，难以得到快速发展。在此背景下，大数据交易服务在大数据产业发展中的地位非常突出，也是我国大数据产业发展的重要环节。

3. 行业大数据应用范围持续拓展

2017 年，随着数据采集、传输、存储等基础设施的逐步完善，以及行业云服务的不断普及和行业应用软件持续丰富，以行业企业服务为导向的大数据服务快速发展，政务、金融、电信等领域行业大数据服务平台价值凸显，培育出一大批行业大数据服务领军企业。同时，随着大数据服务技术的不断成熟，在装备制造、航空航天等传统行业领域，大数据的应用也初见端倪，大数据服务的行业应用市场正在加速拓展。

（二）发展特点

1. 结构特点

数据获取仍然是产业发展的瓶颈。数据资源是大数据产业发展的基础，也是大数据服务的基本要素，只有拥有了丰富的数据资源，才能更好地发挥数据价值，建立以数据为核心的大数据产业生态。2017 年，随着越来越多的企业特别是传统行业企业对大数据的认识更加深刻，行业数据积累量稳步提升，但是，跨行业的数据鸿沟依然存在，数据流通不通畅、不充分，大数据的价值挖掘仍面临较大困难。从产业结构来看，数据资源的开放利用至关重要，数据源服务商在大数据产业发展中处在的重要位置。数据服务商通过对海量数据的采集、整合和预处理，形成了对整个大数据生态圈创新发展的基石。在此基础上，进而推动数据价值的挖掘和应用，并带动服务器等大数据硬件、大数据分析软件等产业的快速发展。从我国大数据产业发展现状来看，以互联网巨头为代表的互联网数据源服务商在产业发展中占据了主导地位，成为构建大数据生态圈的主力军。未来，随着大数据与各行各业业务的融合渗透，拥有海量数据的行业领军企业有望成为新的数据源服务商，数字交易标准的建立将带动数据资源在各行各业中的可信流通，带动大数据服务产业的快速发展。

2. 技术特点

人工智能成为非结构化数据处理的利器。大数据服务中的核心环节是数据价值的挖掘，随着数据资源中非结构化数据的快速增长，传统的数据整合和处理方式已经无法满足大数据分析的需求，集合人工智能技术的大数据服务成为产业发展的重要方向。从数据对象来看，现有的大数据处理技术对于传统的结构化数据拥有较强的处理能力，而对于更多的非结构化数据，其处理难度则大大增强。从技术创新方向来看，拓尔思、东方国信等大数据领军企业均将非结构化数据处理作为其技术研发的重点，其主要思路均是将海量的非结构化数据转化为结构化数据。从技术路径上来看，人工智能技术正非结构化数据处理的重要手段，图像识别、自然语言理解等技术在大数据处理的应用更加频繁。

区块链技术正重构数据交易体系。区块链是指通过密码学方法产生相关联的一串数据块，以分布式方式实现集体维护可靠数据库的技术方案。本质上来看，区块链是一种点对点分布式账本技术，涉及数据库、安全加密、分布式计算、博弈论、共识机制等多种技术，区块链技术下的数据具有完整性、可靠性、连续性、永久性、可追溯性、精确性与透明性等特点，突出应用于有价值的数据流通方面。区块链技术最初是比特币的底层技术，2017 年，区块链技术在智能合约等领域实现了应用突破，成为信息技术创新发展的热点领域。从数据交易、流通的角度来看，数据确权机制缺乏、分级分类管理机制缺失、数据追溯能力不强和数据安全保障体系不完善等突出问题已经严重制约了数据的流通，区块链技术基于其共识机制、非对称加密、分布式存储等特点为破解以上问题提供新的路径。2017年，公信宝利用区块链技术正在积极建立去中心化的数据交易所，通过区块链技术引入双向匿名、数据造假控制、信用贡献证明等机制，可以更好地保护个人隐私，实现点对点的数据交换。

第四节　2017年我国大数据产业区域发展情况

一、贵州省

（一）整体概况

经过3年多的探索与实践，大数据在贵州发展从无到有，融合发展全面推进。顶层设计方面，形成“344533”的总体发展思路，出台《关于实施大数据战略行动建设国家大数据综合试验区的意见》等“1+8”系列文件，明确和描绘大数据发展蓝图。基础建设方面，实施信息基础设施建设三年会战，累计完成投资超过150亿元。数据融通方面，已有534个应用系统汇聚云上贵州系统平台，聚集100000G数据量，日访问高峰达10亿次，云上贵州市（州）平台建设全面启动。产业发展方面，核心业态、关联业态、衍生业态三大业态加快发展，大数据全产业链加快构建，全省大数据三类业态规模总量达到1600亿元。融合运用方面，大数据与农业、工业、服务业加快融合发展，公共服务水平不断优化提升，释放惠民红利，政府治理大数据应用不断创新，有效提升政府综合治理能力。政府治理方面，打通数据壁垒，推动政府部门之间数据整合共享，有效提升政府综合治理能力，其中贵阳市“数据铁笼”运行产生数据累计3亿余条，督促整改800余次。惠民服务方面，大数据在公共交通、教育文化、精准扶贫、医疗社保、社会信用、公安执法等重点领域得到广泛运用，让人民群众同享大数据红利。平台建设方面，设立产业发展基金、成立产业联盟，以及建设创新平台，提升创新能力，增强发展后劲。政策环境方面，《贵州省数字经济发展规划（2017—2020年）》《贵阳市政府数据共享开放条例》《智能贵州发展规划（2017—2020年）》等新制定政策进一步优化大数据发展环境。

（二）发展特色

贵州大数据发展将政府数据资源共享开放作为重要切入点，打造了全国第一个省级政府数据“汇聚、融通、应用”的系统平台——“云上贵州”。该平台是支撑全省大数据产业发展的云计算基础设施，通过电子政务外网和互联网向全省各级政府部门提供云计算服务。“云上贵州”系统平台致力于数据信息的融汇和应用，打破政府部门信息壁垒，消除“数据孤岛”，为国家建设数据共享交换平台先行探索、积累先试经验。目前，“云上贵州”日均访问量超过10亿次，累计访问流量达38TB，全国各省区均调用该平台数据。全省大数据企业增加至8900多家，2017年，大数据电子信息制造业规模以上工业增加值增长85.9%，软件和信息服务业收入增长36.2%，电信业务总量和收入增速均位列全国第一。电子信息制造业对工业增长贡献率达到14.9%，拉动工业增长1.4个百分点，成为全省工业第三大增长点。开工建设华为全球私有云数据中心、腾讯全球核心数据中心、阿里大数据产业园等一批具有行业影响力的标志性项目。

二、京津冀

（一）整体概况

在京津冀一体化发展进程中，北京是大数据发展的核心区，优势是大数据创新和引导，天津的优势在于设备制造与集成，强化大数据发展的带动和支撑作用，河北的优势是大数据存储，强化承接和转化，形成北京中关村+天津滨海新区、武清+河北张家口、廊坊、承德和秦皇岛“1+2+4”协同发展功能格局，引领京津冀大数据协同发展。经过两年的发展，京津冀通过建立京津冀政府数据资源目录体系、公共数据开放共享、大数据产业聚集、大数据便民惠民服务、建立健全大数据交易制度和大数据交易平台等试验探索，在大数据基础设施建设、数据开放共享、产业集聚发展等方面引领示范带动作用突出。通过三地加强协同合作，不断加强基础设施统筹建设，推动以大数据的思维、技术、模式、产品、服务等突破行政藩篱和区域界线，发掘和释放数据资源价值，在数据开放、数据交易、行业应用等多领域积极开展创新探索，共同打造成为国家大数据产业创新中心、国家大数据应用先行区、国家大数据创新改革综合试验区、全球大数据产业创新高地。

（二）发展特色

京津冀已建立联席会议制度，共同组织谋划了一批重大建设项目和重点工程。京津冀大数据产业基金即将完成设立，基金首期计划募集规模100亿元，预计可带动社会投资总规模达300亿—400亿元，目前在三地大数据领域已储备50亿元左右拟投项目。京津冀大数据协同处理中心建设顺利推进，已初步形成三地合作链条，将有效提升京津冀大数据协同处理能力。京津冀大数据产业协同创新平台定位于促进京津冀大数据产学研协同创新的资源共享、监测评价和试点示范等，正着力探索创新三地大数据人才联合培养、大数据人才引进、流动与共享、大数据人才创新创业等试点示范。平台利用京津冀在人才和产业方面的优势，为京津冀大数据产业发展提供人才与智力支撑，推动以科技创新为动力的大数据产业发展和学科建设。围绕工业、交通、旅游、扶贫、智慧便民、医疗健康、教育、环保等重点领域和方向，试验探索大数据创新应用、一体化服务协同和产业集聚。

三、珠三角

（一）整体概况

珠三角大数据综合试验区的发展定位是围绕落实国家区域发展战略，强化数据要素流通，以数据流引领技术流、资金流、人才流，支撑跨区域公共服务、社会治理、和产业转移，促进区域一体化发展。根据其建设方案，未来珠三角大数据综合试验区将在三个方向实现突破：一是打造大数据综合应用引领区，推进政务和民生领域的大数据应用。二是打造大数据创业创新生态区，推动基于大数据的创业创新，构建富有活力的大数据创业创新生态体系。三要打造大数据产业发展集聚区，建设大数据产业园，培育大数据骨干企业。依托广州、深圳等地区的电子信息产业优势，珠江三角洲地区发挥广州和深圳两个国家超级计算中心的集聚作用，在腾讯、华为、中兴等一批骨干企业的带动下，逐渐形成了大数据集聚发展的态势，将成为我国重要的大数据产业集聚区域。

（二）发展特色

珠三角是我国最重要的信息化产业集聚区域之一，也是实施大数据国家战略的重要阵地。广东省委、省政府历来高度重视大数据发展，随着第一批省级大数据产业园、大数据创业创新孵化园等推进建设，推动大数据集聚化发展。目前全省已布局建设广州开发区、东莞松山湖、佛山顺德等15个（其中珠三角地区12个）省级大数据产业园，珠三角地区省级大数据产业园已入驻大数据相关企业588家，在建重大项目78个。广东以建设数字中国、智慧社会为导向，按照国家推进“互联网+政务服务”、加快政务信息系统整合共享和实施政务信息化工程建设规划等工作部署，大力推进广东“数字政府”改革建设。珠三角大力支持大数据、互联网、电子商务龙头企业和基础电信企业开放数据资源，建设面向大数据创客的众创空间和公共开发平台，开展数据整理、挖掘、分析和应用等方面的技术研发，促进大数据创新型中小微企业发展壮大。

四、上海市

（一）整体概况

上海市是四个区域示范类综合试验区之一。其发展定位是积极引领东部、中部、西部、东北等四大板块发展，着力于数据资源统筹，加强大数据产业集聚发展，发挥辐射带动作用，促进区域协同发展，实现经济提质增效。上海市已经形成了由经信委、发改委、网信办、科委等四个部门组成的工作机制，将围绕自贸区建设和科创中心的建设两大战略，从推动公共治理大数据的应用、推动大数据的科技创新和基础性治理的工作和研究、推动大数据与公共服务基层社会治理相结合、进一步加强与长三角地区和长江经济带城市的合作四大方面推动大数据发展。

（二）发展特色

上海积极推进政务信息资源整合共享，积极推进新技术、新模式在政府管理和服务中的应用，推进政务信息共享平台全市联通、数据全网共享、业务全面协同、服务全程在线。实现近200个信息系统基于电子政务云部署，推进自然人、法人、空间地理信息的共享使用，开展跨部门协同应用试点。依托“政府引导、市场主导”的发展原则，上海大数据发展初步形成了“交易机构+产业基金+创新基地+发展联盟+研究中心”五位一体综合推进体系。目前已筹集约10亿元资金。静安区出台大数据发展配套政策，设立财政专项资金和大数据产业投资基金。杨浦区设立10亿元创新创业政府引导基金，与社会资本合作，设立创业投资母基金、直投基金、跟投基金，以及投贷联动引导资金。依托大数据研究中心，实现大数据关键技术突破。目前，上海交大、复旦大学、同济大学、华东理工等10余所沪上高校已设立大数据研究院或大数据研究中心，在分布式处理框架、多源数据融合分析、流计算、现场计算等领域取得了积极的进展。

五、内蒙古

（一）整体概况

依托区位、自然条件、多重优惠政策叠加等优势，内蒙古自治区将大数据、云计算产业作为培育战略性新兴产业的主攻方向，形成较好的发展基础，现有服务器装机能力已经突破100万台，居全国第一。形成以呼和浩特市为核心，包头市、鄂尔多斯市、赤峰市、乌兰察布市为重点的发展格局。根据《内蒙古自治区大数据发展总体规划（2017—2020年）》，内蒙古自治区将建设成为“中国北方大数据中心、丝绸之路数据港、数据政府先试区、产业融合发展引导区、世界级大数据产业基地”。到2020年，形成技术先进、共享开放、应用广泛、产业繁荣、保障有力的大数据发展格局，大数据及其相关产业产值超过1000亿元，年均复合增长率超过25%。

（二）发展特色

国际、省际干线光缆加快建设，中蒙俄国际光缆和呼和浩特至北京的4条直通光缆相继建成，鄂尔多斯至北京的两条双路由光缆通道即将完工，乌兰察布至北京光缆传输系统工程第二路由开工建设，设立了呼和浩特区域性国际通信出入口局。同时，内蒙古对内靠近京津，毗邻黑、吉、辽、晋、冀、陕、甘、宁八省区，对外接壤俄蒙，拥有两条欧亚大陆桥，既方便对内数据、信息传输，也有利于面向俄蒙、欧洲提供大数据国际服务。2017 年自治区政府制定了《内蒙古自治区大数据发展总体规划（2017—2020 年）》《自治区政务信息资源共享管理办法》《自治区公共信息资源开放实施意见》等，强化大数据发展顶层设计；编制了《政府数据共享交换元数据规范》《政府数据全生命周期管理规范》《计算机机房造价评估规范》《物联网工程造价评估规范》等，保障大数据规范发展。设立了大数据产业发展引导基金和大数据发展专项资金，引导社会资本进入，支持大数据发展。形成以和林格尔新区为中心，东、中、西合理布局的绿色数据中心体系。全区 6 个大型数据中心全年平均能源使用效率 PUE 指标均低于 1.4，全部达到国家绿色数据中心主要评价标准要求。

六、重庆市

（一）整体概况

重庆市经济社会快速发展，智能产业发展态势良好，信息基础设施日渐完善，大数据智能化应用深入推进，平台布局较为完善，创投资本支撑持续增强，部分关键技术领域取得突破，大数据智能化发展和应用已具备良好基础。虽然重庆开放平台体系建设已初具成效，但重庆大数据智能化相关园区（基地）建设起步晚、数量少、层次低，对大数据智能化产业承载能力较弱。重庆目前已形成汽车、电子信息等千亿级产业集群，战略性新兴制造业对工业增长贡献率达到 37.5%。重庆市采取三方面举措打造大数据产业集群：一是高位规划，布局“3＋8＋N”产业体系；二是多方合作共建，与西亚斯集团以及重庆邮电大学共建大数据学院，建立大数据成果交易平台，打造国际精品与前沿科技产品 O2O 新型商业形态和跨境第三方支付平台；三是形成产业集群，与微软、ORCALE、华大基因、科大讯飞、海云天等上百家企业达成协议。

（二）发展特色

重庆市以大数据和商贸、金融、工业领域深度融合为重点，联合打造市级特色大数据产业基地。“大数据产业基地”将促进大数据相关企业加速集聚，加快构建大数据产业链、价值链和生态系统，着力培育新的经济增长点。

重庆将南岸区和经开区作为大数据智能化产业的创新提供载体，以大数据智能化产业为主导创新驱动发展，并从政策、人才等方面制定了一系列保障措施，推动传统制造优势与大数据智能化前沿技术的融合。通过对传统制造企业的智能化改造，推动企业降本增效。2018 年初，重庆两江新区管理委员会正式印发《智慧两江建设实施方案》，两江新区将围绕新一代信息基础设施和智慧生活、智慧经济、智慧治理、智慧政务等重点领域，全面提升经济社会智能化水平。其中，“基本建立政务数据资源共享和对外开放机制”等内容成为亮点。

七、沈阳市

（一）整体概况

2017 年，作为沈阳市启动国家大数据综合试验区建设的开局之年，沈阳市加快优化政策环境，大力推动信息基础设施建设，加快完善大数据产业链条，不断深化大数据在工业领域尤其是制造业领域的应用水平。预计到 2020 年，沈阳市大数据发展水平达到国内领先，大数据引领传统产业转型升级的步伐将不断加快，以智能制造为核心、具有国际竞争力的装备制造业基地将逐步形成，大数据布局日臻完善。政府和企事业单位的数据不断开放，大数据技术能力不断提升，大数据产业链不断完善，大数据产品及解决方案在政务治理、公共服务以及产业发展等方面广泛应用。浑南区、沈北新区、铁西区等地的大数据产业带加快打造，建设 2—3 个大数据示范园区，培育 10 家大数据行业龙头企业，大数据产业从业企业达到 200 家以上，大数据相关产业规模力争突破 1000 亿元，引领带动相关产业 7000 亿元，建成国家级工业大数据示范基地，将沈阳打造成为具有国际竞争力的智慧产业先导区、充满活力的区域大数据集聚区和全国智慧城市群典型示范区。

（二）发展特色

2017 年，沈阳以“宽带中国”示范城市建设为抓手，加快推进国家互联网骨干直联点带宽扩容进程。截至 2017 年 10 月，全市互联网出口带宽达到 7800G，城区实现光纤网络和 4G 无线网络全覆盖，行政村全部实现 50M 光纤宽带的接入能力。沈阳市深入推动数据资源整合、共享、开放、加工、交易，着力推进大数据产业链条完善。截至2017年10月，依托智慧沈阳统一平台，沈阳市已经汇聚了425个单位共计6.1亿条“人口、法人、房屋、车辆”等数据，开放了2034个数据集。沈阳市将工业大数据作为推动工业转型发展的重要抓手，利用大数据加快推动制造生产要素的整合共享与开发利用。依托东网科技超云平台、三大运营商数据中心等信息基础设施资源，支撑新松机器人、沈鼓、沈阳机床等制造业龙头企业建设智能工厂，以数据流为驱动，构建从研发设计、生产制造、营销服务等全产业链各环节无缝协作的智能工业生态系统，开展个性化定制、网络化协同制造、柔性化生产等制造业新模式、新业态。

八、河南省

（一）整体概况

河南省政府将大数据、云计算及其相关产业列为全省重点发展的战略性产业，先后出台了《河南省云计算和大数据“十三五”发展规划》《河南省大数据产业发展引导目录（2017年本试行）》《河南省推进国家大数据综合试验区建设实施方案》等政策措施。河南省是全国七大互联网信源集聚地之一、全国数据中心建设布局二类地区，郑州是全国十大互联网骨干枢纽之一，“全光网河南”全面建成，全省所有行政村实现4G网络和光纤接入全覆盖。2016年，全省移动电话基站达到30.1万个，互联网省际出口带宽达到11104G，互联网宽带接入端口达到4340万个，均居全国第5位。河南省先后与阿里巴巴、腾讯、百度、京东、IBM、惠普等国内外互联网领军企业签订了战略合作协议，菜鸟智能骨干网、“互联网+智能电动车”、京东商城郑州运营中心等项目落地河南，政府、企业、社会多方共赢的发展局面加快形成。

（二）发展特色

河南省经过多年的信息化发展，各个行业也积累了大量的大数据资源，并拥有了一大批本地的优秀大数据企业，这些企业在政务、工业、农业、制造服务、生活服务等诸多领域创造出了众多优秀的大数据产品、服务和应用解决方案。在政务和民生方面，安阳市成立的安阳大数据云计算中心，搭建了政务云、民生云、企业云、物联网云四个平台，是国内地市级最大、运算速度最快的云计算中心。通过政府部门的入驻，云平台大大提升了工作效率，并打造了教育、医疗等一站式生活服务平台。在医疗健康方面，郑州新益华医学科技有限公司开发的新型农村合作医疗综合管理平台，针对农合医疗大数据进行了采集、存贮、处理、提取、传输、汇总和加工等各种处理，并实现了相应的决策分析。在农业生产方面，河南腾跃科技有限公司打造了农作物精准生产物联网应用云平台。该平台通过实时采集农田温度、湿度、风力、大气、降雨量等数据信息，监视农作物灌溉、土壤和空气状况变更，并通过智能分析与联动控制功能，根据需求随时进行智能决策指挥，及时精准地满足农作物生长各项指标要求，实现现代农业的综合信息采集、监测分析预警、决策指挥调度以及智能管理。

第五节　2017 年我国大数据产业重点企业发展情况

一、用友网络

（一）发展概况

用友网络科技股份有限公司成立于 1988 年，1999 年变更为股份公司，2001 年在 A 股上市，2015 年 1 月正式更名为“用友网络”。公司用友是亚太区领先的企业管理软件、企业互联网服务和企业金融服务提供商，成立于 1988 年，于 2015 年 1 月 31 日正式更名为“用友网络”，是我国最大的 ERP、CRM、人力资源管理等管理软件提供商和财政、汽车、烟草等行业应用解决方案提供商之一。近年来，用友在金融、医疗卫生等行业应用以及企业支付、企业通信、管理咨询、培训教育等领域获得快速发展。用友公司员工超过 15000 人，公司旗下公众公司 5 家、成员机构 20 余家，在中国及全球多国设有业务和研发机构，已累计服务大中型企业组织客户超过 200 万家。

（二）发展策略

大数据应用向纵深领域拓展。2017 年初，在用友伙伴大会上，用友联合生态伙伴联想、英特尔，发布了大数据领域的超融合解决方案——“超融合分析”，以此激活企业数据、推动数据驱动的商业转型。“超融合”将计算、存储、网络重构到一起，通过软件平台进行关联，形成了更为弹性、可靠、安全的 IT 模式。通过超融合，可以构建不同领域的新生态，为企业提供更灵活、高效的 IT 系统。在用友全力发展用友云的冲刺加速阶段，基于大数据和云计算技术的用友云也同步推出，大数据可视化分析也是其中重要的服务构成。另外，用友分析云扩展了传统可视化工具的功能，使可视化分析越来越适用在更复杂的大数据前端分析场景，可视化分析作为一项分析云服务，帮助数据工程师和数据科学家跟踪数据源，并在更详细的高级分析之前或之后对数据集进行基本的探索性分析。另外，用友与中科院中国科学院计算机网络信息中心合作，成立管理大数据研究院，借助中科院科研力量占据技术制高点。

升级完善大数据产品和解决方案。用友统一用户中心（友户通）上线运营，并且已接入用友财务云、人力云、协同云、采购云、营销云、电子发票、云通信等云服务产品，为云业务的数据化运营提供支撑。用友政务在社保管控领域，规划设计了人社部社保中心医保大数据项目，签约了人社部机关保、湖北城乡居民基金财务、河北省金融管控。在财经大数据领域，实施了伊犁和鄂尔多斯大数据项目。用友推出约创云平台，基于云计算、大数据等互联网技术，以实践实训课程为核心，通过学、练、赛、创等方式，培养和提升学生的创业素质和能力；通过理论课 + 实训课 + 实践 + 竞赛 + 就业等生态服务，实现学生的探究式、体验式学习模式，并提高院校的整体教育效率。公司围绕智能制造、数字营销、财务共享和管理会计、人力资源、大数据分析等重点业务内容，举办了系列样板体验会。同时，结合用友云百城巡展系列活动，直达近万家企业客户，助力企业的数字化转型。

二、数据堂

（一）发展概况

数据堂成立于 2011 年 8 月，总部设立在北京，在南京、镇江、天津、美国、贵阳等地拥有全资或控股子公司，是我国第一家运营数据资源的公众公司。作为一家专注于线下数据的互联网综合服务公司，数据堂主要业务包括数据采集、制作、共享和增值服务，以及大数据的存储、管理、挖掘、分析的专业系统解决方案。5 年多来，数据堂为国内外超过 1000 位合作伙伴在人工智能、金融征信、精准营销、智能交通等领域提供数据采集、数据整合和数据云服务。

（二）发展策略

提升数据汇集能力，建立多渠道数据采集体系。从业务形态来看，数据堂可以定位为“数据银行”，因此，数据的采集与汇集至关重要。数据堂采用了众包模式作为数据采集的主要模式。数据堂自主建设了众包平台“数据堂众包”（crowd. datatang. com），基于该平台可以线上发布任务，进而依靠全球 50 万众客采集和标注，快速获取语音、图像、文本等各类大规模线下数据。众客完成任务往往不受时间、地点的限制，并且可以获取相应报酬。数据堂通过众包平台，动员大众力量及资源，低成本、高效率地采集和制作专业数据，为互联网企业，特别是为人工智能提供大量定制化的线下数据。目前已有客户包括百度、华为、三星、佳能、联想、NEC、Intel、Facebook、Microsoft、Snapchat 等国内外知名互联网龙头企业。数据堂建立了多渠道、大范围的固定优质数据资源供应体系。通过采购代理获取行业大数据，数据涵盖征信、交通、电信、健康医疗等领域，目前已有近 300 家数据提供伙伴和近千套数据。线上互联网大数据主要通过数据堂爬虫平台，在全球 500 个合作站点中，依靠精准的数据爬取、抽取、更新和整合能力，动态提取得到。

聚焦数据价值挖掘，提升数据综合处理能力。大数据应用程度的深化和行业成熟度的提升必然导致用户对于数据的要求的提高，原始数据往往难以直接使用，必须要经过初步处理，形成“二次加工品”。经过多年的发展，数据堂在数据处理方面已经具备行业领先的能力：一是数据清洗，包括脱敏、去噪、去重等环节，主要目的是优化数据信息，规避隐私问题，提高数据产品质量。二是非结构化数据处理。由于海量原始数据往往是非结构化的，难以直接使用，数据堂已经形成一套用于非结构化处理的工具和手段，能够有效提取数据特征信息。三是数据关联分析，包括身份、时间、空间的关联。数据堂将已掌握的数据资源进行关联分析，将原先的单一数据通过多个维度进行汇集，提高数据利用效率，放大数据使用价值。当前，数据堂已经拥有 PB

级大数据支撑平台，涵盖数据清洗、语音识别、人脸识别、购物小票识别、语义理解、物体识别、精细分类等多方面非结构化处理，转化为 IT 智能化、商家商价、健康医疗、智能交通的结构化数据，深度分析及挖掘数据价值。

围绕行业数据应用，建立多层次的应用服务平台。数据堂对外提供的数据是通过挖掘、处理、关联、分析后高度融合的标准化数据产品。依托大数据支撑平台，数据堂能够深度整合各行业数据资源，为客户产品和服务增值提供数据服务，现已推出金融信用、智能交通、企业征信、营销策略、用户画像等多种类型的企业提供优质数据应用服务。同时，数据堂还建立了大数据电商平台“数据商城”，在线上实现数据资源交易、定制、合作等多种业务模式整合。卖方客户可以将拥有的数据资源通过“数据银行”进行变现；买方客户既可以直接获取已完成的数据包，也可以提出特定数据要求，由“数据银行”提供定制化服务。多方的合作有利于提高数据价值的流通和变现。

三、亿赞普

（一）发展概况

亿赞普集团成立于 2008 年，是全球领先的互联网跨境贸易及大数据应用公司，业务遍及亚太、拉美、欧洲、中东等多个国家和地区，旗下拥有大数据、金融、贸易便利化三大业务板块。亿赞普是我国唯一一家在海外（89 个国家和地区）部署有大数据平台的公司，在多数据源的采集与并发处理领域处于国际领先地位，连续两年承担国家“863”大数据项目的单位，并连续多年全程服务于全国两会，通过全球大数据洞察全国两会动态，在央视新闻联播等黄金节目中连续播出“大数据看两会”及“据说 APEC”节目。

亿赞普集团率先构建了中国通向世界的互联网信息流通道，通过与全球运营商及互联网网站合作，研发了基于自主创新的大数据智能处理技术，在全球互联网上部署一张跨多个国家、多个地区、多个语言体系，覆盖面最广的电子商务平台和互联网媒体。在金融服务方面，亿赞普建立了三级的业务体系，包括 NGP 金融生态、华储和 Fine 大数据金融。其中，Fine 指“银行就在你家”金融服务模式，目标是以核心企业为中心点，将服务扩展到整个上下游产业链，实现向产业链 + 金融链相结合的新型 FINE 模式转变。

（二）发展策略

构建“一带一路”大数据中心，谋求国内外共同发展。亿赞普集团和国家发改委信息中心联手打造国家“一带一路”大数据中心，“一带一路”大数据平台将采集全球港口贸易、金融、GIS 信息，国内外统计和行业业务数据，以及国内外互联网数据、主流新闻媒体和社交媒体数据等海量数据，并加以分析、挖掘和应用，目前平台已采集沿线 64 个海外国家的数据，并仍在以每天 100TB 的流量增量持续增加数据存量。此外，平台将通过开发中文、英文、俄文、西班牙文、法文、阿拉伯文等多语言版本，为国家有关部门统筹协调“一带一路”工作提供数据支持和决策支撑，为海外国家提供“一带一路”信息共享，为国内外参与“一带一路”建设的相关企业、组织或个人提供有效的信息和服务。

注重贸易场景落地，建立数据驱动的“丝路驿站”。丝路驿站是亿赞普集团全球化发展的重要部署，包括了大数据“经济雷达”和营销网络、面向大区域的商品展示交易中心、标准化的电子清关服务系统、面向大自贸区的保税出口加工区以及跨境支付、清算与金融服务设施五大核心模块。经过多年的发展，亿赞普集团“丝路驿站”已经在意大利、吉尔吉斯斯坦、厄瓜多尔、斯里兰卡、吉布提、白俄罗斯和立陶宛等国家落地，“丝路驿站”的建设辐射亚、欧、非、美四大洲，覆盖人口总数约 51 亿，覆盖经济 GDP 总量约为 26 万亿美元。亿赞普集团通过“丝路驿站”的建设，形成对“一带一路”倡议的有效落实，打造覆盖全球的网络服务平台，促进“一带一路”的纵横发展。

四、美亚柏科

（一）发展概况

美亚柏科成立于 1999 年，公司长期专注于电子数据取证与网络信息安全产品的技术研发、产品销售及整体服务。公司 2011 年在创业板上市，成为我国电子数据取证行业重点上市企业。经过多年发展，公司已形成涵盖电子数据取证、网络信息安全、大数据安全等领域的众多成熟的产品和服务。公司业务主要围绕执法部门打击犯罪及政府网络空间社会治理，为公安、检察院等执法部门和企事业单位提供产品和服务。自 2011 年上市以来，公司的业务收入始终保持稳步增长的势头，从2011年的2.69亿元增长到2016年的9.98亿元，实现近4倍的增长；公司净利润从2011年的6200万元增长到2016年的1.83亿元，近五年净利润复合增长率达到25%。2017年前三季度，公司实现营业收入5.92亿元，同比增长33.4%，净利润5617万元，同比增长42.8%。据2017年度业绩预告，预计2017年公司实现盈利约24700万—27400万元，比上年同期增长约35.25%—50.04%。

（二）发展策略

坚持“产品+服务”融合的业务体系。公司围绕“取证装备化+大数据信息化”的发展战略，在保证取证设备持续产出的同时，将大数据智能化分析服务于前端，加强前端装备与后端平台间的联动性而进一步推出电子数据取证、专项执法设备、网络空间安全以及大数据信息化四大产品。同时，依托自身产品基础，大力发展基于互联网技术和大数据资源的服务项目，逐渐推出存证云+、搜索云+、数据服务和信息安全服务四大服务体系，产品与服务之间既相互独立又相互关联，形成了“四大产品+四大服务”的主营业务体系。

注重研发创新，构筑核心优势。公司掌握在电子数据取证领域的多项核心技术，主导了多个行业标准的制定。坚持技术创新，加大对产品预研发和迭代开发的投入力度，从2012年起，公司研发投入占营业收入比重维持在15%左右，持续保持公司的核心竞争力。截至2016年底，公司共取得授权专利150项，其中发明专利97项，实用新型专利36项，外观专利17项；软件著作权239项。

以“大搜索+网络安全”拓展大数据安全业务。公司依托大搜索产品线，整合网络安全检测和防护等技术构筑新的大数据安全产品线。在大搜索方面，主要以“信使云移动端”“金融风险防控预警平台”“网络线索分析导图系统”“企业信息风险管控平台”等软件产品为主。在网络安全产品方面，主要包括移动终端应用安全监测平台宙斯眼、纵深防御产品、云安全平台等；此外，基于网络空间安全产品，衍生出对应的网络安全服务，主要包括“美亚舆情”服务，“美亚智库”及其他网络安全解决方案。

加强“一带一路”建设，拓展国际新市场。公司紧密围绕国家“一带一路”发展战略，成立了国际市场部，并采用培训带动销售的模式，对“一带一路”沿线国家援建采购。截至2017年底，公司聚焦电子取证类产品，已经完成了对十几个国家的相关培训，有望在海外市场复制国内电子数据取证业务的快速成长。

第六节 2018年我国大数据产业发展环境分析

一、市场环境

“大数据”逐渐渡过概念热炒期，大数据投融资并购活动热度趋于稳定。据不完全统计，截至2017年前三个月，国内获得融资的大数据企业有150家，2016年上半年、下半年、2017年上半年国内大数据投融资金额分别为326.61亿元、455.34亿元、556.83亿元，显示国内大数据产业投融资的热度正逐渐下降，随着我国大数据产业格局日趋成熟，处在A轮（及之前）融资阶段的初创型企业占比有所减少，越来越多的企业走向了B轮甚至C轮的融资。大数据企业对资本需求更旺盛，特别是对高量级资金的需求上升迅速。2016年到2017年对“高量级资金(1000万元以上)”需求的大数据企业数量占比从34.23%上升到65.31%，其中对“1000万—5000万元量级”资金需求的企业数量占比更是上升了约10%。大数据投融资业务集中度更高，国内机构投资者更偏好于应用型大数据企业。在2017年交通和物流行业是最热点的投资领域，分别占总投资额的44%和16%。其他相对热点的领域还包括金融、医疗、营销和汽车等。

二、政策环境

中央和各省市接连出台多项大数据相关政策，为推动产业快速成长提供良好环境。国家工信部发布《大数据产业发展规划（2016—2020年）》，全面部署“十三五”期间大数据产业发展工作，加快建设数据强国。国务院发布《新一代人工智能发展规划》《关于深化“互联网+先进制造业”发展工业互联网的指导意见》、工信部发布《促进新一代人工智能产业发展三年行动计划

(2018—2020 年)》，加强大数据与新一代信息技术的融合发展；国家发改委等部门出台《关于促进分享经济发展的指导性意见》，促进大数据在新型经济领域的深入应用；中央网信办出台《中华人民共和国网络安全法》《个人信息和重要数据出境安全评估办法（征求意见稿)》、信标委出台《信息安全技术 个人信息安全规范》，加强网络和信息安全、个人信息安全及隐私保护，推进大数据法治化进程。各省市纷纷出台促进大数据相关政策和配套措施，为推动大数据产业快速成长不断优化发展环境，北京、上海、广东、浙江、福建等省市均纷纷出台大数据相关产业规划和细分领域相关政策，北京、江苏、贵州等共 18 个省市已经颁布大数据相关政策法规，同时，成立大数据地方监管部门 23 个。

第七节　2018 年我国大数据产业发展趋势展望

一、产业将继续保持快速增长态势

2017 年是《促进大数据发展行动纲要》深入推进关键之年，也是《大数据产业发展规划（2016—2020 年)》发布并落地实施的第一年，我国大数据产业呈现加速发展态势，产业规模不断扩大，产业链条加速完善，企业实力不断增强。包括大数据硬件、大数据软件、大数据服务等在内的大数据核心产业环节产业规模预计可达到 4200 亿元，大数据关联产业规模预计超过 7 万亿元，大数据融合产业规模预计达到 5. 5 万亿元。产业链条日益完善，国内大数据公司已涵盖了数据采集、数据存储、数据分析、数据可视化以及数据安全等领域。企业实力不断增强，华为、阿里巴巴、百度、腾讯等企业的大数据技术和平台处理能力跻身世界前列，华为、联想等公司在数据存储、处理、交换等软硬件设备市场优势日益凸显。大数据初创企业也积极开展服务创新，科技企业媒体 APAC CIO Outlook 发布的“2017 亚太区大数据企业 25 强”榜单，百分点、TalkingData、Kyligence、精硕科技等四家中国企业上榜。

展望 2018 年，随着新一代信息技术产业加速变革，经济社会各领域信息网络化程度不断加深，国内旺盛的应用需求和巨大的市场空间将为大数据创新提供强大驱动力，我国大数据产业发展将继续保持高速增长势头，预计大数据核心产业规模将突破5700亿元，未来2—3年的市场规模的增长率仍将保持35%左右。与此同时，随着我国大数据产业进入黄金发展期，企业主体的整体实力将大幅提升，产业链条将更加完善，并且产业链各环节企业布局将更趋合理，产业链协同能力将进一步增强。

二、融合渗透效应向更深层次延伸

2017年，基于大数据的数字化生产、数字化制造、数字化服务等新业态不断涌现，成为推动数字经济发展的主动能。大数据在农业生产智能化、经营网络化、管理高效化、服务便捷化方面的能力水平不断提升，面向农业农村的数据采集、传输、共享基础设施日趋完善，河南农业大数据综合应用服务中心等农业大数据应用示范作用明显。在国家科技重大专项、强基工程等的有序推进下，大数据与集成电路、基础软件、核心元器件、新一代人工智能等领域的融合应用和集成创新不断加快。大数据在生活类、公共服务类、行业类及新型信息产品四大重点领域的应用日益深入，人民群众日益增长的信息消费需求不断得到满足。得益于大数据和云计算融合创新平台——“飞天”的重要支撑，“双十一”期间，阿里巴巴支付宝的支付峰值达到每秒25.6万笔，是上年的2.1倍。

展望2018年，大数据的融合渗透效应将进一步凸显，在全球生产、流通、分配、消费以及经济运行机制、社会生活方式和国家治理能力等各个方面的应用将向更深层次拓展。同时，随着大数据技术的不断发展，其与物联网、云计算、人工智能等新技术领域的联系将更加紧密，大数据向其他技术领域的融合渗透将持续深入。

三、制造业数字转型作用日益凸显

2017年，随着《关于深化制造业与互联网融合发展的指导意见》《深化“互联网+先进制造业”发展工业互联网的指导意见》等政策文件的深入贯彻和出台实施，制造业数字化、网络化、智能化转型步伐不断加快，涌现出海尔、美的、东莞劲胜、尚品宅配等智能工厂建设的示范案例，以及海尔COS-

MO、航天科工 INDICS、三一重工树根互联等面向行业领域的工业互联网平台。随着智能工厂改造和工业互联网平台建设步伐的不断加快，工业大数据在工业产品研发设计、生产制造、管理决策、售后服务等全流程的创新应用不断深化，催生出一批新模式、新业态，在推动制造业生产过程优化、企业管理与决策优化、产品全生命周期优化、企业间协同制造、业务模式创新，进而加速制造业数字转型中的重要作用日益显现。

四、产业生态体系迈入成熟完善阶段

2017 年，随着大数据产业的不断发展，我国大数据产业生态体系不断完善。政策方面，工信部正式印发《大数据产业发展规划（2016—2020）》，水利部、最高检等国家部委以及广东、福建等省市均纷纷出台大数据相关产业规划和细分领域相关政策，推动我国大数据产业发展政策环境持续优化。在创新型组织建设方面，建立了一批如国家大数据创新联盟、大数据专家委员会等国家及地方的大数据行业组织，产学研用协同发展格局逐步形成。在人才培养方面，教育部批准全国共 35 所高校设立“数据科学与大数据技术专业”；各级政府、企事业单位也纷纷加大大数据人才培养力度，建立了一批如阿里巴巴大数据学院、贵阳大数据教育实训基地、重庆国际大数据产业学院等培训研究机构。在公共服务方面，面向大数据领域的大数据咨询研究、知识产权保护、投融资服务、产权交易、人才服务、企业孵化和品牌推广等专业服务机构不断涌现，大数据新技术、新应用、新产品的评测认证和推广平台逐步建立。在标准化工作方面，大数据技术参考架构已经完成，大数据标准体系架构不断完善，申请立项多项国家标准。

展望 2018 年，大数据相关政策将加快落地实施，更多创新性政策将加快出台，大数据产业发展环境将进一步优化。随着大数据人才培养途径的不断多元化发展以及培养能力、培养水平的不断增强，我国大数据人才供给质量、数量将大幅提升。同时，随着大数据公共服务机构以及大数据专业服务机构不断发展，面向大数据领域的软服务能力将不断提升。此外，随着投入力度的不断加大，标准体系建设、创新型组织建设也将取得较大进展，大数据产业生态体系将逐步迈入成熟完善阶段。

第十六章　安全产业

2017年，党的十九大胜利召开，在党的十九大报告中提出了“坚持安全观。统筹发展和安全，增强忧患意识，做到居安思危，是我们党治国理政的一个重大原则”，要求“树立安全发展理念，弘扬生命至上、安全第一的思想，健全公共安全体系，完善安全生产责任制，坚决遏制重特大安全事故，提升防灾减灾救灾能力”。这充分说明了国家对安全工作的高度重视，也为促进安全产业发展、提高安全保障能力提出了更高的要求。安全产业是为安全生产、防灾减灾、应急救援等安全保障活动提供专用技术、产品和服务的产业，是伴随工业化和安全技术发展而产生的一个产业集群，其发展水平反映了一个地区或国家在某一时期的工业化程度和安全技术水平。随着落实《中共中央　国务院关于推进安全生产领域改革发展的意见》工作的逐步展开，在“健全投融资服务体系，引导企业集聚发展灾害防治、预测预警、检测监控、个体防护、应急处置、安全文化等技术、装备和服务产业”的工作中，安全产业也正在向新的发展阶段转化。本章从我国安全产业发展情况、重点政策、重点行业、重点区域、重点企业、发展环境六个方面总结2017年我国安全产业总体形势，并对2018年我国安全产业发展前景进行展望，希望能够在宏观层面比较全面地反映我国安全产业发展的动态与问题。

第一节　2017年我国安全产业发展情况

随着我国经济进入高速发展通道，特别是进入工业化中期以来，安全生产的深层次问题日益突出。安全产业作为具有重要保障能力的综合型战略产业，是国家工业化发展及社会本质安全发展程度的晴雨表，是保障安全发展的重要力量，也是培育新增长点的有效途径，其战略性产业的作用亟待发挥。

2017年，为有效保障国民经济安全发展，党和政府对安全保障提出了更高要求，国家相继出台推进安全产业发展的政策措施，我国安全产业总体规模持续扩大，各领域、各地区安全产业均有不同程度的发展，进一步提高了防范事故风险的能力。

一、安全产业规模不断扩大

自2012年《关于促进安全产业发展的指导意见》（以下简称《指导意见》）出台后，在全社会对安全生产工作的广泛关注下，我国安全产业发展稳步推进，取得了较好的发展成绩。当前，我国安全产业已经初具规模。通过分析我国安全产业上市企业规模及占总体产业规模的系数，截至2017年，我国安全产品年销售收入已超过万亿规模，从事安全产品生产的企业超过4000家，其中有380家以上的上市企业，制造业生产企业占比约为60%，服务类企业约占40%。从区域来看，东部沿海地区安全产业规模相对较大，部分优秀企业快速崛起，销售额逐年增长，利润丰厚，竞争力强，引领区域安全产业快速发展。

二、产业发展的政策措施得到完善

党的十九大报告“新时代中国特色社会主义思想和基本方略”中提出了“坚持安全观。统筹发展和安全，增强忧患意识，做到居安思危，是我们党治国理政的一个重大原则”，并明确要求“树立安全发展理念，弘扬生命至上、安全第一的思想，健全公共安全体系，完善安全生产责任制，坚决遏制重特大安全事故，提升防灾减灾救灾能力”。2017年1月12日，国务院发布了《关于印发安全生产“十三五”规划的通知》（国办发〔2017〕3号），对安全产业发展提出了进一步要求。2017年3月1日，国家安监总局批准的25项安全生产行业标准正式施行；同年6月，科技部、国家安监总局联合发布了《安全生产先进适用技术与产品指导目录》，进一步加快了安全生产先进适用技术与产品的成果转化和推广应用。2018年初出台的《关于推进城市安全发展的意见》中更明确要求“引导企业集聚发展安全产业，改造提升传统行业工艺技术和安全装备水平”。

三、各地积极谋划布局

《指导意见》提出，要“建立一批产业技术成果孵化中心、产业创新发展平台和产业示范园区（基地）”。为落实这一主要发展目标，自2013年起，在国家安监总局、工业和信息化部的指导下，江苏徐州、辽宁营口、安徽合肥、山东济宁等城市先后开始创建安全产业示范园区（基地），目前这些园区建设已初具规模，正进入快速发展阶段。

在供给侧改革和去产能大背景下，安全产业作为各省市产业结构调整和工业转型升级的热门方向之一，全国各地很多有条件的地区都在积极布局和建设安全产业园区（基地）。2017年，新疆、陕西等地纷纷制定安全产业发展的规划或研究，安全产业由东部向西部拓展的发展趋势凸显。其中，新疆是全国首个省级进行安全产业发展规划的地区，在促进新疆安全产业发展的同时，对全国安全产业发展将起到示范推动作用。

四、产融结合激发安全产业发展动力

金融业支持安全产业继续发力，探索打造市场化金融服务平台。2017年6月，国内首只地方性安全产业基金和首只行业性安全产业基金——汽车安全产业发展投资基金设立。2017年9月，民用爆破器材行业并购重组基金正式成立，该基金在政策的引导下，通过社会资本的介入，帮助民爆企业重组整合，以达到“十三五”行业规划中提出的“培育3至5家具有一定行业带动力与国际竞争力的民爆行业龙头企业，造就8至10家科技引领作用突出、一体化服务能力强的优势骨干企业”的目标。2017年11月，徐工消防安全装备生产制造基地、中安智慧建筑安全装备制造基地等5个安全产业基金投资项目总投资50亿元、国家安全生产监管监察大数据平台徐州基地项目等10个安全产业投资合作项目在徐州成功签约。此外，安全产业投资基金还将与2—3个省级单位建立合作关系，在3—5个重点行业建立安全产业子基金，大力推动安全产业的发展。

五、我国本土企业快速发展

我国本土企业迅速崛起，部分企业凭借先进的安全技术或安全服务理念，在其所在的安全产业细分领域中越发突出。在道路交通安全领域，目前北京泰远汽车自动防撞器制造有限公司、上海眼控科技股份有限公司等科研能力较强的企业，具有较高的行业知名度，部分技术跻身世界领先行列；在建筑安全领域，远大华美的装配式建筑模式和北京韬盛科技发展有限公司的建筑工程安全防护标准化成套技术作为行业翘楚，体现了我国本土建筑安全领域的发展趋势；在消防安全领域，威特龙消防安全集团股份公司作为国家火炬计划重点高新技术企业，成为消防安全领域的排头兵之一；在安全服务领域，新疆云盾安防科技有限公司凭借自身安全生产科技咨询服务优势和在新疆长期发展取得的社会资源，有实力成为新疆安全服务领域的龙头企业。

第二节　2017 年我国安全产业重点政策解析

一、《国务院办公厅关于印发安全生产“十三五”规划的通知》（国办发〔2017〕3 号）

2017 年初，为贯彻落实党中央、国务院关于加强安全生产工作的决策部署，国务院办公厅印发《安全生产“十三五”规划》（以下简称《规划》），对我国“十三五”期间安全生产工作进行阶段性战略布局。《规划》分析了面临的形势，明确了指导思想、基本原则和规划目标，确定了七项主要任务和八大重点工程，并制定三项措施以保障《规划》顺利实施。

（一）政策要点

“十三五”安全生产工作面临新挑战。目前，我国的安全管理手段、安全技术装备等的总体发展水平还不能满足经济社会发展的安全需求。而随着新材料、新工艺、新设备和新技术的广泛应用，新隐患、新问题也随之出现，安全问题治理难度和复杂性增加。城镇化快速发展带来城市安全问题，公共安全管理难度大。安全监管在体制机制建设、执法权威性、规范性等方面仍有待增强。

“十三五”期间要坚决遏制重特大事故。近年来安全生产事故数量和死亡人数持续下降，但“十二五”期间，重特大事故在高危领域仍时有发生，复合型事故增多，安全形势更趋严峻。因此，《规划》将“坚决遏制重特大事故”确定为七大主要任务之一，根据“十二五”期间的重特大事故高发领域情况划定了17个重点领域以重点管理其安全生产工作。

强调责任体系的构建、完善和问责。为解决我国安全生产工作责任体系中企业对安全生产主体责任意识不清、监管部门的监督管理职责落实困难、党委和政府的领导责任落实不到位等问题，《规划》确定的首要任务即“构建更加严密的责任体系”。

（二）政策解析

与“十二五”安全生产规划相比，《规划》呈现出几个特点。

一是几个不变。即“依法治理”的基本原则和对职业健康的一贯重视没有变。安全生产是关系人民群众生命财产安全的大事，法治观念淡薄是很多起安全生产事故的重要原因，《规划》将“依法治理”作为基本原则，以推动尽快实现法治思维、手段的全覆盖，安全生产法制体系将进一步完善并发挥更大的安全保障作用。《规划》在强调“强化企业主体责任”时的主要任务不仅要求企业的安全生产主体责任，还增加了职业健康作为补充，与安全生产主体责任一同构成企业负责人的全面责任。同时，《规划》要求“加强安全生产与职业健康法律法规衔接融合”，旨在推进职业健康法律法规体系的建立健全，逐步形成安全生产、职业健康两大相对独立又紧密相连的工作体系。

二是几个变化。首先，《规划》调整了重点工程的顺序，将“监管监察能力建设”列为“十三五”时期第一项重点工程。其次，更加重视安全投入对安全生产工作的保障作用，在保障措施中特意将“完善投入机制”列为安全生产工作的重要保障措施，以做好安全生产的强基固本工作。再次，提出了风险防控能力建设。作为源头治理的重要组成部分，安全生产事前预防工作越来越被重视，风险防控能力建设是预防工作不可缺少的重要一环。

三是几个亮点。首先，更加重视信息技术的预警监控能力。随着人工智能等信息技术的突飞猛进和向越来越多的行业渗透，信息技术将在未来安全生产工作中发挥更多的主动作用。《规划》提出将首先在矿山、道路交通、渔业船舶和民航运输等事故多发领域试水建设安全生产信息大数据平台。其次，明确要继续推进产业园区建设。安全产业园区是产业发展的载体和根本。《规划》要求继续开展安全产业示范园区创建，制定安全科技成果转化和产业化指导意见以及国家安全生产装备发展指导目录，加快淘汰不符合安全标准、安全性能低下、职业病危害严重、危及安全生产的工艺技术和装备，提升安全生产保障能力。再次，首提城市安全能力。“城市运行安全”首次出现并被列为事故多发重点领域。最后，首提“安全文明”。《规划》将安全舆论引导、专业人才培养、安全文化宣传等做好安全生产工作的软力量打包为“十三五”期间新重点——安全文明，大力推动其意识先行、主观能动的安全保障作用发挥。

二、《国务院安全生产委员会关于印发道路交通安全“十三五”规划的通知》（安委〔2017〕5号）

2017年8月8日，国务院安全生产委员会印发了《国务院安全生产委员会关于印发〈道路交通安全“十三五”规划〉的通知》（安委〔2017〕5号）。《道路交通安全“十三五”规划》回顾并分析了“十二五”期间道路交通安全工作和道路交通安全现状，分析了“十三五”期间道路交通安全工作将面临的形势和主要问题，明确了“十三五”时期我国道路交通安全工作的指导思想、规划目标、主要任务、重大工程，对切实提高我国道路交通安全水平具有重大意义。

（一）政策要点

明确提出“十三五”期间道路交通安全工作的七大主要任务。规划主要任务包括完善道路交通安全责任体系、提升交通参与者交通安全素质、提升车辆安全性、提升道路安全性、提升道路交通安全管理执法能力、提升道路交通应急管理与救援急救能力和提升道路交通安全科技支撑能力七大方面，每个方面的任务中又包含多项具体任务。

明确要求“十三五”期间建设实施六项重大工程。六项重大工程包括道路交通安全文化建设工程、重点车辆安全性提升工程、重点道路设施安全提升工程、道路交通安全主动防控体系构建工程、高速公路交通应急管理能力提升工程和道路交通安全科技应用与数据共享工程。建设实施重点工程旨在充分发挥其载体作用，推动各地区、各部门加大安全投入，在解决道路交通安全工作重点问题、难点问题上实现突破。

（二）政策解析

与《安全生产“十三五”规划》在目标、任务、重大工程等设置上紧密衔接。《道路交通安全“十三五”规划》是我国第二个道路交通安全专项五年规划，依据“十三五”期间的道路运输安全需求和公共安全需求，将主要任务分为道路运输安全生产领域、道路交通公共安全领域，其中道路运输安全生产领域的规划任务是对《安全生产“十三五”规划》中相关内容的细化和延伸。

提出了当前道路交通安全生产工作面临的主要问题。“十三五”期间我国将实现全面建成小康社会宏伟目标，机动车、驾驶人及道路交通流量等仍将处于高速增长期，道路交通安全生产工作依然面临严峻挑战。在道路交通安全管理体制机制、交通参与者、车辆安全性、道路安全性、道路交通安全管理执法、应急管理与救援急救、科技支撑等方面的不到位、不完善是我国当前道路交通安全生产工作面临的主要问题。

设置了“十三五”期间道路交通安全生产工作的具体目标。《道路交通安全“十三五”规划》设置的目标分为两个层次，一是总体目标，包括道路交通安全管理体制机制和法律法规体系更加健全、道路交通安全基础设施和车辆安全性明显改善、交通安全执法管理效能明显提升、以信息共享为基础的部门协作机制基本形成、交通参与者交通违法率明显减少、交通事故得到有效防控并呈现有规律的稳定状态且重特大道路交通事故稳中有降。二是量化目标，包括道路交通事故万车死亡率下降4%、营运车辆万车死亡率下降6%、较大以上道路交通事故起数下降8%以上。

三、《科技部国家安全监管总局关于发布安全生产先进适用技术与产品指导目录（第一批）的公告》（科学技术部公告 2017 年第 1 号）

（一）政策要点

《指导目录》涵盖了 5 个方面，共 27 项技术成果。5 个方面为煤矿安全、非煤矿山安全、危险化学品安全、职业病危害、综合及其他。27 项技术成果行业分布为：煤矿安全方面产品与技术 16 项，非煤矿山安全方面 2 项，危险化学品安全方面 5 项，职业病危害方面 2 项，综合及其他方面 2 项。

《指导目录》对“机械化换人、自动化减人”作了系统部署。这是今后一个时期内安全生产科技创新的中心工作，也是安全生产科技创新向远程遥控、智能化操作发展的强大动力。以机械化生产替换人工作业、以自动化控制减少人为操作，实现“无人则安，少人则安”，从本质上防范和遏制重特大事故。

（二）政策解析

《指导目录》适时出台。科技创新是国家重大发展战略，安全生产科技创新是遏制重特大事故的重要支撑，《指导目录》是贯彻落实科技创新战略的重要举措，是增强社会保障能力的必然要求，也为安全产业投资基金遴选项目提供依据。

《指导目录》出台具有重要意义。《指导目录》以高危行业和领域为重点，坚持需求牵引、问题导向，坚持企业主体、协同创新，注重发挥市场配置资源的决定性作用，充分利用现有的社会化、专业化和网络化的技术市场服务体系，引导和推动各参与方在诚实守信、平等自愿、合作共赢的基础上开展科技成果研发、转化和推广应用工作。

第三节　2017 年我国安全产业重点行业发展情况

一、道路交通安全产业

（一）发展情况

我国道路交通基础条件不断改善。交通运输部发布的《2016 年交通运输行业发展统计公报》（以下简称《公报》）显示，我国公路覆盖水平和公路保养能力再次提升，2016 年末全国公路总里程达 469.63 万公里，等级公路总里程及占比不断上升。全国汽车保有量和机动车驾驶人数量不断增长。据《公报》显示，截至 2017 年 6 月底，全国机动车驾驶人数量达 3.71 亿人，与上年底相比增加 1381 万人；机动车保有量达 3.04 亿辆，比上年底增加了 938 万辆。

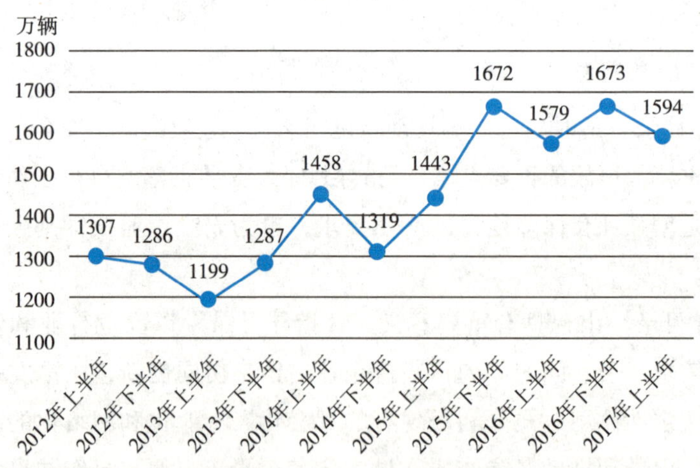

图 16－1　2012 年以来机动车新注册登记量半年变化情况

资料来源：交通运输部，2018 年 1 月。

国家对道路交通安全重视程度不断提高。2015 年，交通运输部、公安部、国家安全监管总局联合发布了《关于印发 2015 年“道路运输平安年”活动方案的通知》（交运发〔2015〕23 号），决定开展为期三年的“道路运输平安年”活动。2016 年、2017 年，三部委联合相继发布了《关于印发 2016 年

“道路运输平安年”活动方案的通知》（交运发〔2016〕46号）和《关于印发2017年“道路运输平安年”活动方案的通知》（交运发〔2017〕31号），将2015年开始的“道路运输平安年”工作逐渐变为常态化工作，为我国道路交通安全生产工作提供有力保障。随着我国道路交通安全保障能力的不断提高，道路交通安全形势逐年好转，但总体来讲依然严峻。国家安监总局、交通运输部于2017年12月19日联合发布的《道路交通运输安全发展报告（2017）》显示：2016年中国共接报道路交通事故864.3万起，直接财产损失12.1亿元，道路交通事故万车死亡率为2.14，同比上升2.9%。

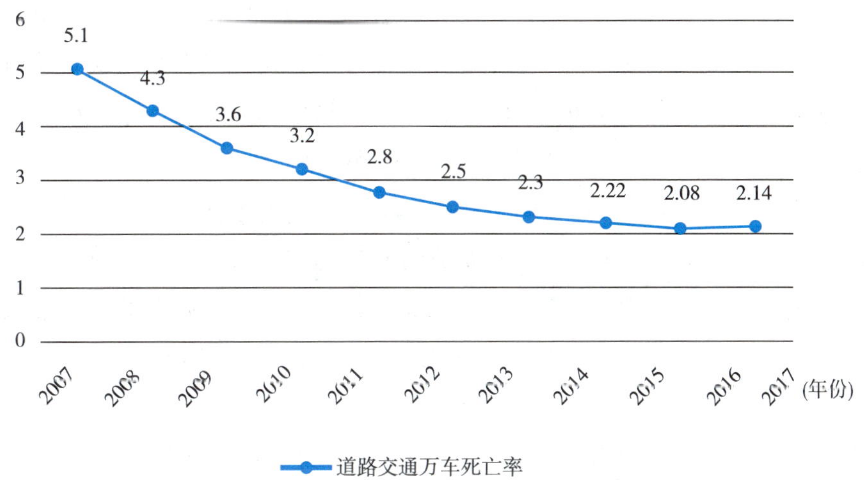

图16－2 2007—2017年全国道路交通万车死亡率

资料来源：交通运输部，2018年1月。

（二）发展特点

道路安全基础设施市场潜力巨大，汽车安全装备市场前景依然广阔。我国道路交通基础建设投资逐年上升，公路安全生命防护工程持续实施，道路交通安全基础设施的产品、技术及服务市场的发展空间逐渐从为建设提供保障为主向为养护提供服务为主进行转型。我国是当今世界最大的汽车市场，2016年我国汽车产量2811.88万辆、销量2802.82万辆，同比分别增长14.46%和13.65%，不断增长的各型汽车产销量为我国车辆安全技术装备及服务市场的持续发展提供了保障。

车联网市场受政策支持快速发展。在交通运输部、公安部及国家安全生产监督总局联合发布的《道路运输车辆动态监督管理办法》，以及工信部发布的《关于进一步做好新能源汽车推广应用安全监管工作的通知》（工信部装〔2016〕377号）政策支持下，车联网的普及推广不断加深，车联网市场百花齐放。对于车内乘员，车联网的安全保障作用不但能为车内乘客提供紧急帮助服务，便于车内乘员及时应对突发事件，还可凭借专业化的外部服务减少驾驶人对车辆工况的监控负担，通过联网和信息交流、主动监督的方式提高车辆本质安全水平。

电子稳定控制系统市场面临新机遇。2017年4月1日，我国交通运输行业标准《营运客车安全技术条件》（JT/T 1094—2016）正式实施，要求在国内营运客车上强制性加装ESC电子稳定控制系统，是我国在交通安全领域通过强制性标准推广主动安全技术的重大举措。10月16日至18日，在2017Stop the Crash（“零事故 零伤亡”）中国年暨全球汽车安全大会上，长城汽车（哈弗、WEY）、中国一汽（奔腾、红旗）、长安汽车（长安）、吉利汽车（吉利、领克）等9家自主汽车企业的12个品牌共同发表了安全承诺，自2018年起的新上市车型全系配备汽车ESC。自此，我国开始了商用车领域的ESC强制性安装与乘用车领域的主动安装，ESC市场机遇再次扩大。

无人驾驶技术前景利好。2017年各国无人驾驶在政策、投资、技术发展方面都有长足发展，我国相关项目也持续推进。2017年4月19日，百度发布了“Apollo”共享平台计划，将“向汽车行业及自动驾驶领域的合作伙伴提供一个开放、完整、安全的软件平台”，以发动群力提升我国自动驾驶行业整体发展速度，该平台于2018年1月9日正式升级为“阿波罗2.0”，自动驾驶生态系统功能更加丰富强大。

二、建筑安全产业

（一）发展情况

2017年，我国建筑业保持了平稳增长的态势，行业可持续发展能力显著增强，市场主体行为得到了进一步规范，法制建设、市场监管手段逐步完善，引导建筑市场健康、平稳发展。国家统计局发布的数据显示，我国建筑业2017年的总产值达213954亿元，同比增长10.5%。国家安监总局统计数据表明，2017 年 1—8 月全国建筑行业共发生安全生产事故 444 起、死亡 540 人；比上年同期事故起数增加 30 起、死亡人数增加 56 人，同比分别上升 7.25% 和 11.57%，安全生产形势严峻。

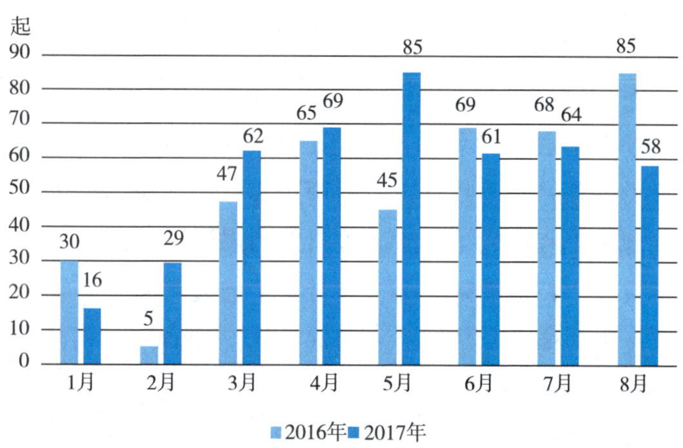

图 16－3　2016 年、2017 年 1—8 月我国建筑业事故数量对比

资料来源：国家安监总局，2018 年 1 月。

（二）发展特点

建筑安全主体意识薄弱。安全防护投入严重不足。安全生产资金落实不到位。建筑业的投资仅占 GDP 的 7.73‰，低于各行业平均水平，而投入到建筑安全生产领域的资金更少。从业人员综合业务素质不高，岗前培训及安全教育培训不系统，自我保护意识淡薄，缺乏急救能力。

产业高端化发展形势初显。首先，建筑安全产品和技术不断创新发展，安全防护标准不断升级，尤其是互联网和建筑行业的融合，更促进了重点产品和技术的智能化进程，数字化工地在部分城市已经开始启动，实行全方位综合管理，并与政府安全管理信息平台对接，实现建筑施工全面数字化监管。其次，企业的高新技术转型升级也在如火如荼地进行，部分行业领军企业意识到只有改变传统经营模式、更新换代老旧产品及技术才能在未来建筑市场的竞争中占据优势。

市场环境持续优化。2017 年，国务院办公厅印发了《关于促进建筑业持续健康发展的意见》（国办发〔2017〕19 号），提出了一系列意见和建议，为建筑产业的改革划定了方向，更助力建筑市场良性发展。同时，市场准入条件越来越完善，公共服务平台受益面越来越广，项目审批越来越公平。多种方式持续优化了建筑市场环境，为提升工程安全水平打下了坚实基础。

三、消防安全产业

（一）发展情况

随着我国经济建设的发展，各类化工和易燃易爆的灾害事故时有发生；随着城市建设的日新月异，高层建筑如雨后春笋拔地而起，高层建筑、人员密集的场所、地下工程、危化品泄漏等引发的爆炸火灾，建筑物垮塌、交通安全事故等等灾害，都给消防安全工作带来了极大挑战。据最新统计，2017年1—10月，全国共接报火灾有21.9万起，死亡1065人，伤残679人，经核准直接财产损失26.2亿元。

消防安全行业是保障人民生命财产安全，直接关系到国家经济发展的速度与质量的至关重要的行业。我国经济、城镇建设步伐加快，促使消防安全装备产业快速发展成型。我国消防安全产品生产企业的数量从全国不足100家发展至今已超过6000家，从事消防装备产品生产的企业无论是数量上还是规模上都发生了质的变化。利益驱动引发大量民营企业的积极加入，不仅促进了消防装备行业的发展，也为消防装备市场良性竞争带来勃勃生机。

国家对消防体系建设的资金投入持续加强，市场对消防安全装备产品的科技含量要求越来越高，需求也在不断扩大。以消防产品使用领域来划分消防安全装备市场，大致可分为民用建筑市场、行业应用市场和消防部队装备市场三大板块。2014年民用建筑消防市场规模粗略估算达到2800多亿元。按《建筑消防设计规范》中规定的工业消防投入占建筑安装投资额的平均3%计算，在行业应用方面的消防投资需求达到上千亿元。随着《城市消防站建设标准》的修订完善并得到严格执行，我国消防部队对各类消防车、个人防护装备等消防产品的采购力度加大。

（二）发展特点

新型消防技术装备迅速发展。新工艺的不断涌现，新材料的层出不穷，在高端领域不断投入应用，为消防安全行业的发展提供了前所未有的契机。火灾机理的研究、火灾智能探测技术和产品的创新，细水雾（Water Mist）灭火技术、“互联网＋消防”等高尖端消防安全领域被开发。针对高大空间、地下冻库、地下隧道、特殊场合等特殊应用领域的消防技术需求不断被挖掘，促进了消防传统技术向消防更深层次、更广领域发展。随着新能源汽车大量涌入市场，必将扩大电池箱专用自动灭火装置的市场需求量，智能消防装备问世指日可待。

行业内兼并重组加剧。我国的消防行业多以民营企业为主，近几年国内不少知名从事消防产品的企业被国外大企业兼并收购，或被国外资本参股或控股。我国自有消防企业若要生存并谋取更大发展，势必要在资本市场强强联合，通过并购整合行业内的既有资源，做强做大。

市场竞争日趋理性化。我国消防行业日渐形成“大行业、小公司”的局面，全国6000多家消防产品生产企业中排名前30强的消防产品企业所占的市场份额还不到10%。相比高端消防产品的低迷，低端消防产品市场却竞争激烈，中端消防产品市场竞争温和。随着竞争的不断深入，行业集中度将不断提高，很多企业已认识到今后市场竞争的热点将由价格战逐步转向消防产品创新及产品性能、产品质量以及产品售后服务的提高。同时，消防行业监管日趋规范，将有力推动安全市场竞争趋于规范有序。

四、矿山安全产业

（一）发展情况

采矿业是我国国民经济的主要支柱产业。2017年5月，科技部、国土资源部、水利部联合印发《“十三五”资源领域科技创新专项规划》指出，我国经济发展进入新常态，对主要矿产品仍有强大而稳定的需求。国家安监总局数据显示，截至2016年底，全国有近7910座煤矿和34736座非煤矿山。随着开采深度的增加，我国矿山开采面临高压、高冲击、高瓦斯等恶劣条件，矿山安全生产压力增大。我国矿山重特大事故时有发生，安全生产状况严峻。2016年，我国煤矿领域发生安全生产事故249起、死亡538人，非煤矿山领域发生安全生产事故324起、死亡410人。

矿山安全产业持续发展。矿山领域是安全产业重点涉及和发展的领域，机械化是矿山减员增效，提高安全生产的重要途径。我国矿山机械已初步具备产业化基础，未来有望成为矿山安全产品领域的突破点。在近几年工程机械行业整体情况不佳的形势下，矿山机械市场仍保持持续发展。据中国工程机械工业协会统计，2015 年我国矿山机械国内市场容量较上一年小幅增长，为 4161.75 亿元。在矿山安全服务领域，我国已初步形成矿山技术创新、投融资、安全咨询检测、安全评估评价、教育培训等组成的矿山安全服务体系，为矿山领域安全生产、防灾减灾和应急救援提供了有力的支撑。

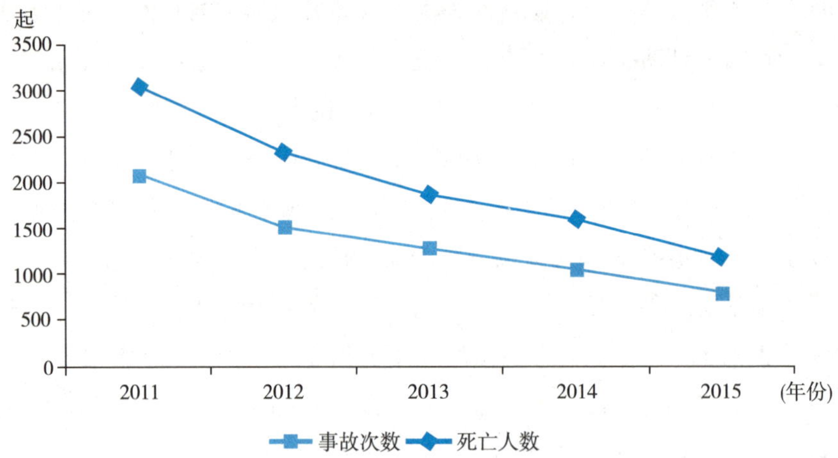

图 16－4　“十二五”期间我国矿山安全生产事故次数和死亡人数

资料来源：国家安监总局网站，2018 年 1 月。

（二）发展特点

矿山安全产业市场潜力巨大。我国经济发展进入新常态，矿山领域进入了化解落后产能、发展先进产能时期。据国家安监总局 2018 年 1 月统计，《金属非金属矿山禁止使用的设备及工艺目录》中 9 类、28 项禁止使用的设备及工艺平均淘汰率达 94.2%。2017 年，煤矿、非煤矿山安全生产“十三五”规划相继出台。规划提出，要实现煤矿采掘部署和生产系统优化，非煤矿山企业规模化、机械化、标准化水平明显提高，并要建设一批“机械化换人、自动化减人”示范工程和“五化”（规模化、机械化、标准化、信息化、科学化）示范矿山。2017 年还推出了包含 50 项内容的《煤矿安全生产先进适用技术装备推广目录（第三批）》，以及《矿用电梯安全技术要求安全标准征求意见稿》，为矿山安全产业发展提供了良好的政策基础和市场推动力。

矿山安全产业迎来国际化发展机遇。我国矿山安全企业具备参与国际分工合作的基础，中国工程机械工业年鉴统计数据显示，2015 年我国矿山机械已连续 8 年实现进出口贸易顺差，其中出口总额为 14.69 亿美元，进口总额为 3.19 亿美元。“一带一路”沿线国家是世界矿物原材料的主要供给基地，积极响应国家“一带一路”倡议，矿山安全企业将迎来更大范围、更高水平的发展空间。

科技创新助推信息技术与安全生产深度融合。2016 年 11 月，国土资源部发布了《全国矿产资源规划（2016—2020 年）》，明确提出未来 5 年要大力推进矿业领域科技创新，加快建设数字化、智能化、信息化、自动化矿山，采矿业的智慧化建设开始进入新阶段。2016 年底，国家安监总局组织编制了《全国安全生产信息化总体建设方案》等 8 项安全生产信息化技术文件，为矿山等重点行业企业建成全覆盖的安全生产数据采集系统提供指导。安全产业投融资服务体系的构建，为矿山安全新技术、新材料和新工艺的推广提供了支持，加快了先进安全生产技术装备的研发和应用。

五、城市公共安全产业

（一）发展情况

城市公共安全得到高度关注。2017 年初由国务院办公厅印发的《安全生产“十三五”规划》提出，要“统筹城市地上地下建设规划，落实安全保障条件”。2018 年新年伊始，中共中央办公厅、国务院办公厅印发了《关于推进城市安全发展的意见》（以下简称《意见》），凸显了城市公共安全的重要地位，对积极推广先进生产工艺和安全技术、强化城市运行安全保障、有效防范事故发生提出具体要求。

高端技术和服务方面存在短板制约产业水平提升。一是制造业核心技术与知识产权受国外企业战略遏制，一些主要零部件，如芯片、传感器等仍需要进口，成为我国城市公共安全产业升级的障碍；二是国内技术产品依然处于中低端层次，除了少数在视频监控领域取得不俗成绩的龙头企业外，大多数企业产品同质化严重，行业内竞争加剧；三是产品配套服务发展滞后，相关标准与资质管理落后，制约了全国统一市场和行业内知名品牌的形成。

（二）发展特点

产业发展机遇不断扩大。首先，城镇化建设步伐加快，带动公共安全需求持续增长。据统计，2017 年末，全国设市城市超过 650 个，城市化率达 58.52%，预计到 2020 年将超过 60%。城市公共安全面临严峻挑战，对产业发展提出重大战略需求。其次，全国各城市掀起建设平安城市的热潮，2017 年我国平安城市和雪亮工程共有 91 项过亿项目，已发布中标公告信息的过亿项目共 75 项，中标项目市场规模合计约 180.6 亿元，较上年同期中标项目亿元市场规模增长率为 89.6%。再次，智慧城市的兴起提升了城市公共安全管理的操作空间，为平安城市建设注入新的活力。

新技术融合引领城市公共安全产业智慧变革。新的信息通信技术，如云平台、大数据分析、LTE、物联网等深度融合对城市公共安全产业产生重大影响。这种影响不仅体现在产品和服务的更新，更带来整个产业和城市治理模式的变革，体现在城市公共安全在规划、设施建造、运营维护全过程的优化，以及城市对风险的感知能力和管理者的决策和应急反应能力的提高。

协作式城市公共安全新模式引导产业发展方向。城市公共安全涉及不同政府部门和行业，其运营向着综合应用体系转型，要求政府职能部门和行业管理部门、社区、企业、协会之间不断加强联合和沟通，这势必会对城市安全产业未来发展方向和理念产生深远影响。

六、应急救援产业

（一）发展情况

应急救援产业是安全产业中与突发事件距离最近、最有能力提供直接保障并直接减少事故人员伤亡和财产损失的产业。作为与公共安全接轨的重要组成部分，2017 年度应急救援产业总体发展态势良好，产业规模不断扩大。

国家对应急产业十分重视。2017 年 2 月 3 日，国务院办公厅印发了《安全生产“十三五”规划》（国办发〔2017〕3 号，以下简称《规划》），集中探讨了如何提高应急救援处置效能的问题，从法律法规建设和行业安全生产工作方面对应急救援产业的发展提出了详细要求。2017 年 7 月 10 日，工业和信息化部为深入实施制造强国战略，贯彻落实《国务院办公厅关于加快应急产业发展的意见》《国家突发事件应急体系建设“十三五”规划》等要求，发布了《应急产业培育与发展行动计划（2017—2019年）》（以下简称《计划》），为应急产业发展提出了总体思路、重点任务和保障措施。

（二）发展特点

应急救援产业发展面临机遇前景广阔。《计划》对发展应急装备和服务提出明确要求，并将应急装备与应急服务作为共同推广的命运共同体，提出要健全应急产品和服务推广应用机制，加快推进应急产品与服务的信息资源共享。此外，《计划》明确提出，要支持应急产业科技创新、产业融合集聚发展，完善示范基地支持措施等，为应急救援产业总体发展提供了良好机遇。

应急救援产业发展动力强劲。《计划》从内外两方面提出了促进我国应急救援产业快速发展的道路，各地整体政策部署和充足的资金投入为我国应急救援产业发展提供了强劲动力。首先，《计划》要求各级政府将重点任务纳入年度计划中，以由上至下、统筹规划的方式促进地区应急救援产业的高效率、有步骤地快速发展。同时，《计划》也要求加强应急产业整体的国际合作交流水平、推动与发达国家进行应急产业合作联动，并将应急产业相关内容纳入鼓励外商投资目录，支持地方发展国际应急产业合作基地。

应急救援产业龙头企业带头作用逐渐发挥。应急救援产业涵盖范围大，在应急救援装备的部分领域，如清华大学建立的辰安科技等以我国大学科研力量为基础建立的一些公司企业具有较强的自主研发能力。与此同时，我国应急救援产业劳动密集型企业规模普遍较小，仍存在地区发展不平衡、企业集中度较低、整体专业化水平有待提高等问题。

七、安全服务产业

（一）发展情况

安全服务是我国安全产业的重要组成部分，推动安全服务机构快速发展，是实现安全生产的有力保障。2016年发布的《中共中央　国务院关于推进安全生产领域改革发展的意见》明确指出，要“健全社会化服务体系，将安全生产专业技术服务纳入现代服务业发展规划”，同时强调“健全投融资服务体系”。2016年11月，国务院安全生产委员会专门出台《关于加快推进安全生产社会化服务体系建设的指导意见》(安委〔2016〕11号),重点要求提高安全检测检验、安全评价和职业健康技术服务能力,加快推进保险机构通过安全生产责任保险等方式参与事故防控机制。

我国的安全服务产业起步晚、发展快,符合政策背景和时代特征。近几年,我国从事安全生产中介服务的专业人员和中介组织有一定规模发展,30个省、自治区、直辖市都已具备拥有专业资质的安全服务中介机构,这些安全生产中介机构已经或者正在脱离具有行政管理职能的旧体制,逐步向完全的市场化、专业化方向转变。

(二)发展特点

安全服务市场前景良好。根据抽样调查和估算,我国从事安全产品生产的企业已超过4000家,其中服务类企业约占40%。安全产业的持续稳定发展为安全服务产业体系建立及完善提供了良好的支撑。同时,面对严峻的安全生产形势和政府监管力量的局限,安全服务机构通过提供安全生产中介服务参与安全生产治理,防止安全事故发生,保障生产工作的安全有序,已经成为当务之急。

政府职能转变与安全服务中介发展相辅相成。《行政许可法》第十三条规定行业组织或者中介机构能够自律管理的事项可以不设行政许可。独立于政府安全生产监管部门和委托单位的第三方机构来负责相关安全评价、认证、检测检验的工作有利于保证有关安全性评价、检测、检验、认证结果的客观性和公正性,促进相关职能部门的职能转变。

市场准入机制有待完善。我国的安全服务产业尚未形成一个完全自由竞争、平等有序的市场环境。有些地区存在行政命令与企业自主选择并存,政府行为与市场行为部分重叠的现象。由某些政府部门分离出来,或是从实行企业化管理的事业单位变身而来的安全服务机构与政府脱钩不彻底,无法保证独立性与公正性,同时约束了安全服务产业的市场化、专业化发展。

第四节 2017 年我国安全产业区域发展情况

一、东部地区

（一）整体发展情况

东部地区是我国经济发达、市场化程度较高的地区，地理区位条件为安全产业的发展创造了良好的外部环境。早在 2009 年，安全产业就已列入各省（市）产业结构调整和工业转型升级的热门方向之一，江苏省徐州市、广东省佛山市等有条件的地区正在积极布局和建设安全产业园区（基地）。2017 年，为深入贯彻落实《中共中央 国务院关于推进安全生产领域改革发展的意见》精神，科学谋划安全产业发展方向，发掘区域经济增长新动能，工信部、国家安监总局、江苏省人民政府决定建立推进安全产业发展的三方共建合作机制，在安全科技创新、标准建设、区域协作体系等展开合作。

（二）发展特点

市场敏锐性高。东部地区凭借优越的地理位置，安全产业市场需求旺盛，发展势头强劲。当地政府加强前瞻部署，强化创新能力，掌握发展主动权。中东部地区拥有广泛的安全产业市场潜在需求。为更好地预防和控制事故的发生、减轻事故灾难与自然灾害的危害，政府和企业的安全投入都将逐步增大，安全产业技术、产品和服务的需求将进一步扩大，具有广阔的市场空间，将成为新的经济增长点。

产业集群雏形初现。目前，我国东部地区安全产业的空间集聚效应日益突出，产业园区、基地建设已成为一种发展趋势。从安全产业示范园区（基地）发展轨迹和建设计划来看，均立足在自身区位、产业基础上发挥优势，产业特色逐渐鲜明。例如，山东省济宁市发挥工程机械产业集群在安全产业领域的应用优势。济宁高新区内以小松山推、山推股份、小松山东、山重建机、山推机械五大主机平台为代表的工程机械产业集群，集聚企业 300 多家，是国内公认的六大工程机械制造基地之一。

科技创新能力卓越。近年来，在相关政策的引导下，当地政府坚持“抓创新就是抓发展，谋创新就是谋未来”的理念，基于强烈的社会责任意识，依靠扎实的安全产业发展基础和良好的安全产业发展条件，支撑和促进安全科技产业加快发展。特别是华东地区拥有上海市、江苏省等地区，科研机构林立，大学城独具特色，人才资源丰富，安全产业企业自主创新能力也得到了较大提升。

（三）典型省份——江苏省

政府高度重视，发展迅猛。安全产业是实现社会和谐发展的产业，既有社会效益、又有经济效益。江苏省因地制宜，充分发挥协同创新的作用，抢占了安全科技产业的制高点。特别是徐州市积极培育和发展安全产业，创新思路，勇于探索，将徐州安全产业示范园区建设成为全国安全产业发展的一面旗帜，为带动江苏省乃至全国安全产业发展积累经验。

“互联网+安全”深入各重点领域。江苏省政府针对本省安全生产情况和特点，重点研发了矿山安全、道路交通、建筑施工、应急救援等重点多发易发领域的安全保障技术，推出了一批重点产品和项目。多次智能安全产品现场演示会的举办，对于相关安全产品的应用和推广起到了积极的促进作用。徐州安全科技产业园充分利用大数据技术，建立了信息化安全监管系统，此外，安全科技成果交易从传统的模式过渡到“互联网+安全科技成果+金融”的全新模式，初步实现了互联网化的战略升级。

创新投融资模式，缓解资金难题。2017年组建区域性、行业性安全产业发展投资基金，为产业发展提供融资服务，引导社会资本设立了国内首只地方性安全产业基金和首只行业性安全产业基金——汽车安全产业发展投资基金。此外，政府引导、企业运作、合作共赢的PPP模式，开全国之先河，助力安全科技产业不断进行价值创新。

“一带一路”带来新发展机遇。江苏省积极贯彻落实“一带一路”倡议，抢抓机遇，主动对接，积极作为。2017年11月，中国第七届安全产业协同创新推进会暨“一带一路”与“走出去”企业安全发展论坛在徐州胜利召开，美国、英国、乌克兰、土耳其派出了政府机构负责人、科研团队和企业代表参加，表现出了对徐州乃至我国的安全装备和技术的浓厚兴趣和合作意向。

二、中部地区

（一）整体发展情况

中部地区包括山西、安徽、江西、河南、湖北和湖南六省，安全产业具备一定的基础。其中，安徽、湖北安全产业发展较好，地方政府对安全产业有较好的认知和积极性，但发展速度较我国东部省份偏慢；山西、河南对安全产业需求大，具有一定的认识和接受度，但具体工作还没有开展；江西、湖南对安全产业认识尚不清晰，产业发展滞后。总体来讲，中部省份的产业结构决定了对安全产品、技术、装备需求较多，安全产业有较大发展空间。

（二）发展特点

安全产业集聚发展向好。2014 年，安徽省合肥高新区申报我国安全产业示范园区创建单位获批；2015 年，安徽省马鞍山市、湖北省襄阳市先后获中国安全产业协会授予的“全国安全产业发展示范城市”称号。这些安全产业集聚区的形成，极大带动了中部地区以信息技术为优势的安全产业、汽车安全装备、应急救援科技、互联网 + 安全产业等领域的快速发展，形成了以合肥、马鞍山、襄阳为中心的安全产业辐射区。

安全产业市场空间广阔。《促进中部地区崛起“十三五”规划》将中部地区定位为“全国重要制造业中心、全国新型城镇化重点区、全国农业发展核心区、全国生态文明建设示范区、全方位开放重要支撑区”，中部省份装备制造业（汽车制造等）、机械、冶金、电力、化工、电子信息、轻纺、建材、食品、医药等产业基础雄厚，该发展定位和产业结构对安全设备、技术和产品和安全服务的需求旺盛，安全产业市场空间广阔。

产业规模较小，市场培育不足。安全产业的社会认可度缺失严重制约了产业的发展。中部省区的合肥市和襄阳市安全产业发展相对较好，但安全产业产值仅约占全市地区生产总值的 4%—5%，均远落后于发达国家 8% 以上的占比。襄阳全市有处置救援类企业 9 家、消防处置类企业 9 家、应急服务类企业 6 家、预防防护类企业 5 家，与汽车产业、农产品加工业相比，规模较小，发展较为缓慢。

顶层政策较好，执行细则欠实。早在 2015 年，河南省就出台《关于加快应急产业发展的意见》，提出到2020年将河南省打造成全国重要的应急产业示范基地和应急物资生产能力储备基地，襄阳市也印发《国家安全发展示范城市建设规划（2015—2017年）》，明确了安全产业重点发展方向和发展本质安全型企业。但截至2017年，仍未有相关执行细则出台，产业发展的顶层政策难以落实。

（三）典型省份——安徽省

2017年，安徽全省安全生产形势总体平稳。截至2017年12月28日，事故起数、死亡人数同比分别下降31.2%、11.8%，较大事故起数、死亡人数同比分别下降3.5%、12.3%。未发生重大事故。全省安全监管执法力度持续加强，处罚力度加大。各地积极推进安全生产信息化平台应用，移动执法检查、企业档案管理、隐患排查治理等信息系统得到较好应用。

安徽省具备较好的安全产业基础。安徽省高新技术产业以电子信息、家用电器、食品医药、材料和新材料、轻工纺织、能源和新能源等产业为主导，其中，电子信息产业为安徽省第一大产业”。2017年，国内IT基础架构产品及方案的研究、开发、生产的领军企业新华三集团全资子公司——新华三信息安全公司在合肥高新区正式注册落户，将助力合肥市信息安全产业的发展和壮大。2020年合肥安全产业生态圈将实现销售收入100亿元。

产业发展政策环境较好。省级层面，2017年，安徽省印发《安徽省安全生产“十三五”规划》，明确提出“培育发展安全产业。市级层面，2009年，合肥市出台《公共安全产业发展规划（2009—2017年）》，提出“到2017年，实现产值1000亿元，力争达到1200亿元，培育若干个年销售收入超百亿元的公共安全企业，全面建成全国重要的公共安全产业基地”的发展目标。合肥高新区也推出一系列政策措施，以更实际的优惠政策对促进安全产业中公共安全领域发展这一目标抓好抓实。

产业发展以集聚发展为特色。合肥高新区和马鞍山市是安徽省的两个安全产业发展集聚中心。合肥高新区安全产业基础良好，产业链条较为完整。2015年12月，合肥国家高新技术产业开发区列为“国家安全产业示范园区”创建单位。马鞍山市于2015年被中国安全产业协会授予“中国安全产业示范城市”称号。2017年，《马鞍山市人民政府安全生产委员会关于印发安全生产“十三五”规划实施工作方案的通知》要求，“发展安全产业，推进矿山与化工安全装备、交通运输装备、灾害预警、安全避险与应急救援等智能装备的研发和制造”。

三、西部地区

（一）整体发展情况

我国西部地区包括西北五省份（陕西、甘肃、青海、新疆、宁夏），西南五省市（四川、云南、贵州、西藏、重庆），和内蒙古、广西等十二个省份。该地区地域广阔，约占全国人口的26.92%，自然资源十分丰富。

西部地区是重要的能源基地和战略性的资源接替基地，已探明矿产资源具有优势，煤炭和天然气储量占全国比重分别为39.4%和87.6%。随着西部大开发战略的推进，以及“一带一路”倡议的强化执行，西部地区的安全产业发展迎来了良好机遇，各地方政府对国家政策进行充分解读，在多项优惠政策的支持下加紧安全产业布局。

（二）发展特点

地方政府抢占先机大力发展安全产业。国家实施推进的西部大开发战略，以及“一带一路”倡议的提出，给西部地区改革开放和安全产业发展带来了历史性机遇。陕西省于2017年11月发布《中共陕西省委 陕西省人民政府关于推进安全生产领域改革发展的实施意见》，要求实施科技兴安，在重点领域强制推行安责险。重庆市于2017年12月发布《重庆市人民政府办公厅关于高危行业领域强制推行安全生产责任保险的实施意见》，促进安全生产支撑服务体系建设。新疆安全监管局委托赛迪研究院安全产业所撰写的《新疆维吾尔自治区安全产业发展可行性研究》是全国首个省级安全产业发展研究报告，对全国安全产业发展起到示范推动作用。

安全产业园各具特色。重庆市集聚了我国西部地区第一个集安全产品的研发、制造、交易、物流、培训、演练于一体的安全（应急）产业基地和全国首个以消防安全为主题的产业园，为带动创新成果转化和安全产业发展奠定了良好基础。新疆历来是古丝绸之路的重要通道，地理位置十分重要，在新疆建设国家公共安全应急产业基地不仅能有效满足当地对公共安全应急产业的迫切需要，更可以在国际救援以及保障新疆稳定发展中发挥极大的作用，强有力地推动西部经济发展。西安高新区借助科教资源集聚的优势推进科技成果转化，已成为我国科技创新能力最强、科技创新服务体系最完善的国家高新区之一。

（三）典型省份——陕西省

地处我国西部的陕西省，抓住“一带一路”建设机遇，结合自身优势，大力发展安全产业，视培育和发展安全产业为一项生命工程。据初步统计，安全产业直接相关的制造企业在全省达753家，创造价值利润260亿元。相伴而生的安全服务体系建立完善，安全认证咨询及其配套服务企业日趋完善壮大，成为陕西省安全产业新的增长点。

陕西省主要优势是能源矿开发，安全产业因地制宜，在西安、宝鸡、榆林、渭南和铜川多地发展，形成紧急避险、矿山通信系统以及相关的矿山安全产品和服务相对完整的产业链。此外，在高端消防装备、危化品仓储运输、交通运输的安全监控系统、交通监管卫星导航与卫星服务方面，陕西省也具备特色产品和先发优势。

陕西省政府重视安全产业发展。2017年11月3日，陕西省安委会印发《关于加强安全生产源头管控和安全准入工作的指导意见（试行）》，要求完善高危行业领域的安全准入制度，严格规范工艺技术设备材料的安全准入标准。有效提高安全产业技术装备的技术质量要求，对产业提升起到促进作用。11月26日发布《中共陕西省委、陕西省人民政府关于推进安全生产领域改革发展的实施意见》，提出到2020年健全安全生产责任体系，2030年实现安全生产治理体系现代化。

行业龙头效应凸显，有效带动企业技术创新。在矿山安全、消防安全、交通运输安全等领域紧紧围绕“安全技术及工程”国家重点学科，创建了多个国家级研发中心等高科技研发，形成了西安重装集团、中煤科工集团西安研究院、陕西银河公司、陕西省西安铁路信号有限责任公司等一批在全国具有较强影响力的龙头企业。同时，陕西省还充分发挥雄厚的军工企业行业先导、输送人才、高端技术开拓以及其对安全产业链上下游企业的发展辐射作用，带动业内中小企业发展。

第五节 2017 年我国安全产业重点企业发展情况

一、杭州海康威视数字技术股份有限公司

杭州海康威视数字技术股份有限公司（以下简称“海康威视”）是一家以视频为核心的物联网解决方案提供商，服务范围包括大数据、安防产品以及可视化管理平台，业务涉及全球领域。2016 年市值已达 1453 亿元，实现营业总收入 320.17 亿元，比上一年增长 26.69%，获得知名媒体 A&S《安全自动化》“全球安防 50 强 ”首位的佳绩后，并在 2017 年蝉联。

海康威视以研发创新为企业立足之本，研发投入连年占企业销售额 7%—8%，同时在国内设有五大研发中心。在人工智能与云计算发展的浪潮中，海康威视加速布局，基于云边融合的技术，以视频为核心来架构智能物联网，推出 AI CLOUD，持续探索智能安防领域的新需求，依靠技术创新成为安全产业的领头企业。

海康威视在创业的道路上不断飞跃，作为全球视频监控数字化、网络化、高清智能化的重要推动者和开创者，2017 年，在 ICDAR8 Robust Reading 竞赛的“互联网图像文字”“对焦自然场景文字”“随拍自然场景 文字”三项挑战的文字识别任务中，更是大幅超越国内外其他参赛团队获得冠军。

海康威视自 2007 年开始，投入巨大的精力和资金尝试经营自主品牌，通过 10 年的积累和沉淀，海康威视的自主品牌赢得了欧美等发达国家的认可。截至目前，海康威视陆续在全球 120 多个国家和地区注册商标，拥有海外自主品牌占有率 80% 之多。海外销售网络进一步完善，销售本土化和技术支持与服务本土化策略得到更好的贯彻实施，海外公司从 SMB 市场向项目市场纵深发展。

二、徐州工程机械集团有限公司

徐工集团是中国最大的工程机械开发、制造和出口企业，是全球矿业装

备行业的重要参与者，位居世界工程机械行业第7位，连续28年位居中国工程机械行业第1位，是中国工程机械行业产品品种与系列最齐全、规模最大、最具竞争力和影响力的大型企业集团，也是唯一跻身世界工程机械行业前10强的中国企业。2017年，徐工集团营业收入接近千亿元世界级目标，达到951亿元。2017年12月，习近平总书记深入徐工集团考察调研，充分肯定徐工的成功经验和业绩，并勉励徐工集团要着眼世界前沿，努力探索创新发展的好模式、好经验，勇当中国产业发展、制造业发展和实体经济发展排头兵，为国家“两个一百年”奋斗目标作出新的贡献。

技术创新是徐工在全球市场制胜的重要砝码。徐工各项主要指标多年保持中国工程机械行业第1位，在全球工业机械行业革新也产生重要影响。其中，百米级亚洲最高的高空消防车、12吨级中国最大的大型装载机、第四代智能路面施工设备、四千吨级履带式起重机等都是代表中国乃至全球先进水平的产品。目前，在技术创新上徐工集团拥有有效授权专利5669项，其中授权发明专利1088项，PCT国际专利申请60件，其中20件取得国外授权。

徐工集团注重开发海外市场，积极实施“走出去”战略，在北美和欧洲投资建立了全球研发中心，在巴西投资建设辐射南美的制造基地，在“一带一路”沿线国家和地区投资设立了合资公司，并于2018年初开始运营位于肯尼亚首都内罗毕的第一个直营区域备件中心。2017年徐工集团年出口额近10亿美元，同比涨幅近90%，出口总额和增幅均超越同行。

2017年，徐工集团按照“一二三三四四”战略指导思想体系，围绕转型升级主线，按照有质量、有规模、有效益、可持续的“三有一可”发展理念，全面提升企业资产质量。2017年底，徐工机械融资41.56亿元定增引进战略投资者项目获中国证监会审核通过，为公司新一轮增长提供动力支持。

三、威特龙消防安全集团股份有限公司

威特龙消防安全集团股份公司位于成都市高新技术开发区，是国家火炬计划重点高新技术企业和全军装备承制单位，“主动防护、本质安全”技术的引领者，面向全球客户提供各行业消防安全整体解决方案。

威特龙坚持技术创新和差异化发展，搭建及参与了“消防与应急救援国

家工程实验室”“省级企业技术中心”“四川省工业消防安全工程技术研究中心”等科研平台的建设，先后承担了“大型石油储罐主动安全防护系统”“天然气输气场站安全防护系统”“公共交通车辆消防安全防护系统”等国家能源安全、公共安全和文物安全领域的十余项重大科研项目，形成了油气防爆抑爆技术、大空间长距离惰性气体灭火技术和消防物联网平台等成套核心前沿技术体系。公司共获得国家专利248项，其中发明专利41项，国家科技进步二等奖1项、省部级科技进步奖9项，参与制修订国家、行业和地方标准27部，引领了消防行业“主动防护、本质安全”技术的发展。

威特龙主营业务为自动灭火系统、电气火灾监控系统、行业安全装备的研发制造、消防设备销售、消防工程总承包施工及消防技术服务，拥有国家住建部颁发的“消防设施工程设计与施工壹级”资质，旗下的21家分、子公司，形成了完善的营销服务网络，覆盖国内并辐射俄罗斯、印尼、印度、巴基斯坦、土耳其等20余个国家和地区。

四、山推工程机械集团股份有限公司

山推工程机械股份有限公司成立于1980年，是集研发、生产、销售工程机械系列主机产品及关键零部件于一体的国家大型一类骨干企业，在中国制造业500强中位居第347位，入围了全球建设机械制造商50强排行列38位。主要产品包括铲土运输机械、路面压实机械、建筑机械、工程起重机械等。国内已形成山推的七大产业基地，包括山推国际事业园，山推武汉、泰安、抚顺、济南、崇文、新疆等不同规模的产业园。

山推拥有国家级技术中心、山东省工程技术研究中心和博士后科研工作站等行业研发中心，利用创新平台的发展，保障了产品质量不断提升，研发水平也在国内同行业领先，并具有与全球先进机械制造商竞争的能力。根据中国工程机械行业协会统计数据显示，2017年中国工程机械行业国内销售各类型推土机4060台，同比增长26.7%，山推国内累计销售推土机近2900台，较同期有近50%的增长，市场占有率超过70%。

山推产品在全国各地机械、矿山等行业发挥作用，并销往海外150多个国家和地区。目前，山推形成了较为健全的销售维保体系，全国建有山推专营店26家，营销网点150个。山推已开始进军全球市场，发展71家海外代理商，形成生产销售的网络体系，并在2017年开展针对欧美地区机械标准的新产品开发和技术攻关。

五、中安安产控股有限公司

中安安产控股有限公司是经工信部、国家安监总局同意，由工信部赛迪研究院、国家安监总局安科院、国家商业网点中心、中国安全产业协会共同发起设立的一家国有控股公司。公司依托科技创新，实现信息化、产业化、市场化、金融化深度融合，提升改造智能安全产业；推出风险评估、研发生产、融资配送、培训实训等服务，是以安全与应急产业投资服务为主导，集研发、生产、投资、服务于一体的大型投资集团公司。中安控股集团于2017年制定了“24816生态发展战略”，即2个上市公司、4大集团、8大业务、16亿元净资产。2017年营业收入5.39亿元，同比增长6.52%。

中安安产控股有限公司专门致力于推进安全产业及公用事业发展，以资源、资本为管控核心，开发对接整合资源，设计规划吸纳资本，同时按照广义全面预算严格管理项下业务板块投资决策及法务合规程序。在相关部委及金融机构的产业政策支持下，中安安产控股有限公司根据产业发展规律和社会需求，依托市场化运作模式，本着对安全产业的深刻理解，联合国内各行业领先的大型央企、国企深入开展合作，共同推动安全产业发展。

六、万基泰科工集团

万基泰科工集团是一家以城市公共安全为核心，致力于为“平安中国、智慧城市”提供整体解决方案的集成商。集团以大数据、云计算和移动互联网技术为基础，整合城市公共安全技术和人才资源，在信息化顶层设计、城市公共安全大数据平台、城市安全大情报等领域提供从方案咨询、战略规划、产品研发、系统部署到工程实施的一体化解决方案和服务。

集团旗下有万基泰智能科技研究院、旭日大地科技发展（北京）有限公司、重庆市荣冠科技有限公司、万基泰科工集团西南科技有限公司、万基泰科工集团（四川）有限公司、万基泰智能科技研究院西南分院等子公司，并融合了金融、矿业、贸易等多领域业务于一体，多领域布局，在业内具有很高的知名度。

集团拥有智能科技研究院及多家国家高新技术企业，设有研究生实习基地及博士后工作室，与重点高校合作培养博士生。集团建有完善的产品测试中心和中试生产线，能够快速实现科研成果的推广转化。集团独立自主研发的城市安全保障智能卫士系统有效集成了地下、地面和低空安防感知手段，是目前城市公共安全感知融合立体防范理念的率先践行者。

七、中防通用电信技术有限公司

中防通用电信技术有限公司，是国内专业应用物联网技术提供“安全”“健康”运营服务的高新技术企业，是中国安全产业协会常务理事单位和物联网分会发起单位。经过 10 年的产业布局，集团已在安全物联网领域形成比较完整的产业链布局，主要面向全球提供领先的传感器产品、专业的安全产业物联网解决方案与内容服务。

2017 年，集团抓住河北省张家口市“双试点”城市（全国安全发展示范城市、全国标本兼职遏制重特大事故试点城市）的契机，与国家安监总局研究中心和张家口市安监局取得全面深入的战略合作，在安全风险电子地图、危险化学品运输监测、重大危险源监测等领域取得重大突破。

集团公司产业布局面向全球，国内除北京总部外，先后在国内多地建立子公司和办事处，国外在以色列建有研发中心，在美国、意大利、马来西亚、印度尼西亚分别设有办事处。以全球为视野，是集团未来发展的主流，也是迅速占领安全产业市场、实现技术升级改造的有效手段。

八、江苏八达重工机械股份有限公司

江苏八达重工机械股份有限公司，始建于 1986 年，是在天交所挂牌的科技研发型民营股份制公司，国家火炬计划重点高新技术企业、省创新型企业、省百家优秀科技成长型企业、省科技小巨人、省两化融合试点企业，是国内唯一研发、制造、销售双臂手大型救援机器人和“双动力”绿色环保特种工程机械的现代化企业。

公司科技创新实力雄厚，多次承担国家级、省级科研项目，建有江苏省企业院士工作站、国家级博士后科研工作站、省企业研究生工作站、省“机电混合动力”工程机械工程技术研究中心等科研平台，拥有较强的研究开发实力。公司拥有专利近50项，产业化实施率高达90%以上，在新沂市机械行业属龙头企业，经济效益和社会效益均良好。

公司研发的双臂手轮履复合式救援工程机器人先后参加了雅安地震救援、深圳滑坡事故救援、2017年福州全国公路交通军地联合应急演练，受到武警部队赞誉和嘉奖。中央电视台10频道分上下两集进行专门报道，美国国家地理频道组团来华拍摄专题片并在全球播放。

九、北京韬盛科技发展有限公司

北京韬盛科技发展有限公司（以下简称“韬盛科技”）是专注于智能化高端建筑装备与安全技术应用的、行业领先的国家高新技术企业和中关村高新技术企业，先后获得“北京市高新技术成果转化项目认定”“北京市企业技术中心”“北京市企业研究开发项目鉴定”“北京市专利试点单位”“中关村瞪羚企业”等80余项殊荣。韬盛科技2017年营业收入达到15156.28万元，同比增长42.69%。

韬盛科技始终专注于高层和超高层建筑模架装备技术的研究与应用，陆续开发了集成式升降操作平台、附着式升降脚手架、顶模挂架、集成式电动及液压爬升模板系统、铝合金模板系统等产品系列。截至目前，韬盛科技已获得发明、实用新型等各类专利近40项，参与国家标准及行业标准4项，相关企业技术标准已编入多项国家标准。

韬盛科技业务遍及全国及海外市场，是一家行业领先的现代化企业。通过11年不懈努力和不断创新，形成了以集成式电动爬升模板系统、带荷载报警爬升料台、附着式升降脚手架、集成式升降操作平台、顶模系统、铝合金模板系统等为主导的系列产品，为建筑施工本质安全保驾护航。

十、华洋通信科技股份有限公司

华洋通信科技股份有限公司是集科研开发、生产经营、工程安装于一体的矿山领域著名的高新技术企业，同时是江苏省高新技术企业、双软企业、重合同守信用企业、江苏省物联网示范企业、江苏省两化融合示范企业、江苏省科技型中小企业、江苏省物联网应用示范工程建设单位，拥有“江苏省煤矿安全生产综合监控工程技术研究中心”“江苏省软件企业技术中心”，是江苏省重点企业研发机构，拥有信息系统集成及服务二级资质。

公司是国内煤矿物联网、自动化、信息化领航企业，长期从事该领域的技术研发、推广与服务，智慧矿山示范工程建设，积极致力于物联网技术在感知矿山领域应用和技术推广，综合实力处于行业内前三名。目前，公司拥有一支由教授、博士、硕士组成的80多人的研究队伍，不断开发出具有独立自主知识产权的高新技术产品，承担了多项国家级、省部级科研项目，荣获省部级科技奖30余项、国家授权专利50余项，科技成果转化迅速，多次获得国家级各类科技奖项，为矿山行业的发展作出了突出贡献。

第六节　2018年我国安全产业发展环境分析

一、安全生产形势要求加快安全产业发展

2017年全国安全生产状况基本稳定。据国家安监总局统计，2017年全国发生各类生产安全事故5.03万起、死亡3.61万人，同比分别下降16.2%和12.1%。全国安全生产态势虽然有所好转，但形势依然严峻，与社会和人民的期盼仍然有所差距，这主要表现在部分行业领域的重特大事故仍旧多发、企业安全生产意识仍旧有待提高、非法违法生产经营导致的安全事故仍然较多等方面。

为进一步提高全行业安全生产能力、各领域安全生产意识，降低安全事故的发生，2017年国家出台并完善了一系列严格的安全生产政策法规，对安全生产提出了更高要求，主要包括：《安全生产“十三五”规划》（国办发〔2017〕3号）、《中华人民共和国职业病防治法》《安全生产责任保险实施办

法》《化工（危险化学品）企业保障生产安全十条规定》《烟花爆竹企业保障生产安全十条规定》和《油气罐区防火防爆十条规定》（安监总政法〔2017〕15号）等。这些政策的密集出台，彰显了国家对安全生产工作的高度重视，随之而来的是对安全生产工作要求的愈加严格。安全产业作为安全生产工作的强有力保障，发展空间不断扩大。

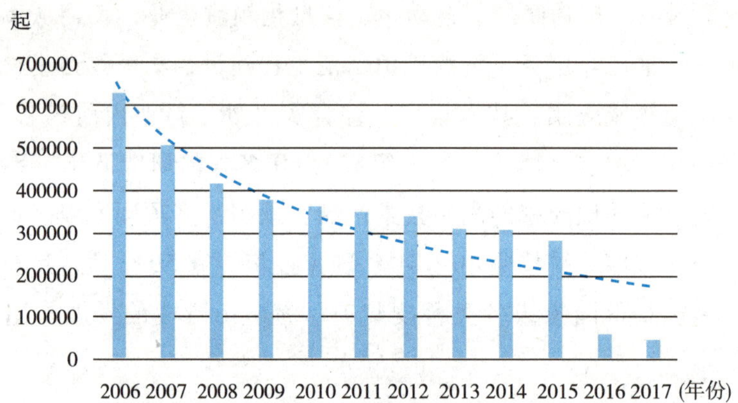

图16－5　2006—2017年全国各类安全生产事故次数

资料来源：国家安监总局，赛迪智库整理，2018年1月。

二、宏观层面：国家对安全产业愈加重视

（一）政策环境持续优化

党的十九大报告中提出“树立安全发展理念，弘扬生命至上、安全第一的思想”。为了促进安全产业的发展、提升各行业领域本质安全水平，国家出台了一系列政策规定，如：《应急产业培育与发展行动计划（2017—2019年）》（工信部运行〔2017〕153号）、《“十三五”公共安全科技创新专项规划》（国科发社〔2017〕102号）等。为了促进安全技术和产品高端化发展，2017年国家制定完善了一系列标准体系，其中《特种设备使用管理规则》《电梯维护保养规则》《场（厂）内专用机动车辆安全技术监察规程》3个特种设备安全技术规范，强化了特种设备的安全运行管理和技术的升级改造；《营运客车安全技术条件》（JT/T 1094—2016）从整车、主要总成、安全防护等方面，提出了全新的安全技术要求；《公共安全视频图像信息联网共享应用

标准体系（2017 版）》则是我国公共安全视频监控建设联网应用工作在标准化方面的顶层设计。2017 年 7 月，国务院印发的《新一代人工智能发展规划》（国发〔2017〕35 号）要求“利用人工智能提升公共安全保障能力，推动构建公共安全智能化监测预警与控制体系”。国家政策环境持续优化，安全产业迎来加速发展、集聚发展的良好契机。

（二）产业体系不断丰富

2017 年，围绕《中共中央　国务院关于推进安全生产领域改革发展的意见》（中发〔2016〕32 号）和中央国安委对“十三五”期间安全基础保障能力建设要求，安全产业的科技创新支撑体系、标准体系、投融资服务体系和产业链协作体系不断丰富，在交通、矿山、危化品、建筑等重点行业领域也实施了多项试点示范工程，促进安全产业快速发展。在科技创新支撑体系、标准体系、投融资服务体系、产业链协作体系等方面都取得了显著发展。

（三）保障措施逐步完善

2017 年，安全产业的发展得到了各部门的广泛关注和支持，工信部、国家安监总局、科技部等 20 多个相关部门加大了沟通协调，共同出台政策法规，加强整体设计和协调联动。2018 年 1 月 4 日，工业和信息化部、国家安全生产监督管理总局与江苏省人民政府签署了《关于推进安全产业加快发展的共建合作协议》，这是协调组织要素资源支撑安全产业快速发展、发掘区域经济增长新动能的重要举措。各地人才引进和培养政策措施逐步完善，同时，定期开展的国际交流合作活动也加快推进了安全产业“走出去”的步伐。

三、微观层面：建立安全产业投融资体系

2017 年，安全产业投资基金地方、行业子基金相继成立，包括总金额为 30 亿元的汽车安全产业投资基金、陕西省安全产业发展投资基金、民爆产业发展基金等，将为坚持政府引导、市场化运作、充分发挥资本主推作用、促进安全发展作出巨大贡献。同时，各类安全产业投资基金项目也逐步落地。徐州安全产业投资基金落地包括徐工消防安全装备生产制造基地项目等在内的 5 个项目，使用资金 7.9 亿元；合肥高新区设立了 2 亿元安全产业投资基金，用于发挥政府引导作用、开发专项金融产品；营口高新区成立了 2 家担

保公司、4 家小贷公司和两家银行分支机构，注册资本已达 4.1 亿元。围绕种子基金、创新发展基金等优势特点，完善支撑创新创业的金融服务功能，提高金融对安全产业企业更好更快发展的支撑作用。

第七节　2018 年我国安全产业发展趋势展望

一、总体展望

在党的十九大报告“提高保障和改善民生水平，加强和创新社会治理”部分明确要求，发展安全产业、发挥好工业安全生产对我国经济社会安全发展的支撑和保障作用。2017 年，在党中央、国务院的直接领导下，通过全国人民的共同努力，全国安全生产实现了事故总量下降、大部分行业领域和大部分地区安全状况好转的形势。但我国仍然处在安全事故的易发多发期，在进入新时代的大前提下，对安全生产工作的要求更高更严，安全生产形势依然严峻，安全生产基础依然薄弱，实现安全发展的目标任务压力巨大。在全党和全国人民认真落实党的十九大精神之际，继续保持全国安全生产形势持续稳定好转的态势，继续努力遏制重特大事故多发的趋势，保障“十三五”安全生产目标的实现，安全产业的发展需要面对新机遇与新挑战。

展望 2018 年，认真学习贯彻落实党的十九大“树立安全发展理念”的总要求，是指导安全产业发展的根本。在十三届全国人大一次会议上启动新一轮国务院机构改革，组建应急管理部充分体现大安全、大应急的理念，是新时代解决安全应急治理问题的重要决策。安全生产、防灾减灾、应急救援的保障要求虽各有不同，从整体安全和应急需要出发，提供先进的安全技术和服务将为安全产业在产业集聚发展、投融资体系健全、先进安全技术和产品推广应用、产业发展氛围和政策环境改善等方面提供更多机遇。预计 2018 年我国安全产业将能保持 25% 左右的增长率，产业规模有望突破 1.2 万亿元。

二、发展亮点

（一）政策环境进一步改善

以党的十九大精神为引领，在落实《中共中央　国务院关于推进安全生产领域改革发展的意见》等重要文件过程中，出台的《加快安全产业发展的指导意见》等文件将是继2012年《促进安全产业发展指导意见》后又一个推动安全产业发展的标志性文件，安全产业发展将会迎来崭新的发展环境。在制造强国、网络强国建设两个战略性任务的指引下，以互联网、大数据、人工智能与实体经济深度融合为依托，安全产业在发展质量和水平等方面将开启新的征程。

（二）安全产业集聚发展加力

2018年，《国家安全产业示范园区（基地）创建指南（试行）》，安全产业集聚发展的势头将进一步加强。在陕西、新疆等西部地区，安全产业集聚发展得到地方政府的高度重视，先后完成了促进安全产业发展的策划布局，由东部向西部拓展的安全产业发展态势，伴随我国“一带一路”建设，安全产业在全国范围内，将呈现出更广泛、更规范的发展局面。

（三）安全产业发展投融资体系建设进一步提速

健全完善投融资体系建设是安全产业发展的重要任务。从2015年11月工信部、国家安监总局、国开行、平安集团共同签署战略合作协议，到2016年10月徐州安全产业发展投资基金战略合作协议签署，筹建了总规模为50亿元的国内首只地方安全产业发展投资基金，2017年，汽车安全产业基金和民爆安全产业基金都已签约。2018年，伴随着国家支持安全产业投融资体系建设的工作深入开展，我国安全产业投融资建设将得到进一步发展。

（四）先进安全技术和产品推广应用试点示范向更大范围展开

工业和信息化部等部委将通过开展安全技术装备试点示范，在交通、建筑等安全生产重点领域，组织研究并实施先进安全产品试点应用方案，引导创新商业模式，扩大市场规模。更多的安全技术和产品在国家政策支持下，将为安全生产、防灾减灾、应急救援提供更多高效、实用的先进安全技术产品，解决高危行业和重点领域的安全难题，促进安全产业发展的同时为提升全社会本质安全水平作出更大贡献。

（五）安全产业宣传推广工作将掀起新高潮

2018 年将召开中国安全产业大会等标志性的重大活动，对安全生产、防灾减灾、应急救援领域先进技术、产品、装备和优质服务进行全面展示，展现示范园区创建取得的主要成绩，突出科技成果转化、示范推广应用和产融合作等方面取得的重大成效，系统总结、梳理安全产业国家公共安全专项实施三年来的成功经验，体现安全产业对提升各领域安全基础保障能力的重要作用，推进产研对接、产融对接、产需对接，促进安全产业创新发展和集聚发展。中国安全产业协会也将在务实推进发展，助力安全产业宣传推广方面发挥更大作用。

企 业 篇

第十七章　2017年我国中小企业取得的主要进展

第一节　2017年中国中小企业发展状况

一、我国小微企业信心高涨

中国银行国际金融研究所发布报告称，“三去一降一补”深入实施，我国企业盈利延续改善趋势。在此情况下，2017年我国经济增速保持在6.8%左右，实现高速增长。除此之外，很多国外机构对我国经济发展也做出类似预测，例如，花旗银行将我国2017年全年GDP增速预测值从6.6%调高至6.8%，渣打银行则预计我国有望实现2010年以来首次加速增长。

从小微企业运行指数看，2017年，经济日报—中国邮政储蓄银行从小微企业运行指数略有波动，但整体看来回升趋势较为明显。具体而言，2月小微企业运行指数以46的水平实现当年最低，之后经过不断回升于12月以46.7的水平实现当年最高，表明2017年小微企业运行状况有所改善。从各分项指标指数来看，呈现“六升一平一降”态势。其中市场指数为44.1，上升0.2个点；采购指数为46.0，上升0.1个点；绩效指数为46.6，上升0.3个点；扩张指数为45.9，上升0.2个点；信心指数为49.2，上升0.3个点；融资指数为49.1，同比持平；风险指数为52.6，上升0.3个点；成本指数为61.6，下降0.4个点。

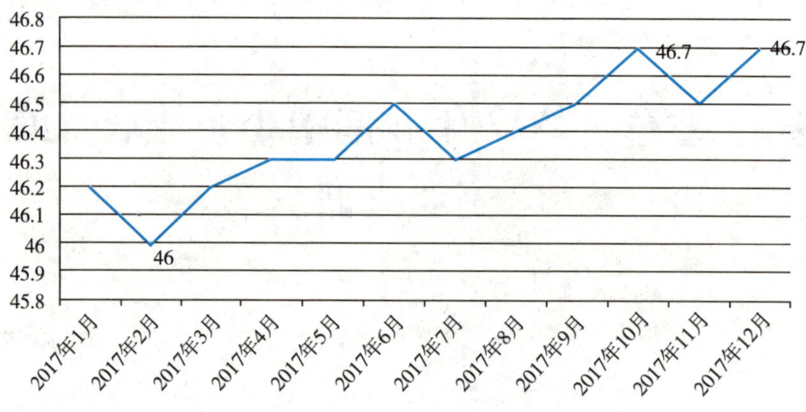

图 17－1　我国小微企业运行指数

资料来源：国家统计局、渣打银行、经济日报，2018 年 1 月。

二、区域发展差异较为明显

根据经济日报—中国邮政储蓄银行小微企业运行指数数据，2017 年我国六大区域小微企业运行指数差异较大。具体而言，中南、华东以及西南三大区域的小微企业运行指数总体呈现上扬趋势，而华北、西北以及东北三大区域的小微企业运行指数总体呈现下降趋势。中南地区小微企业运行指数介于 47. 5—50 之间，华东地区小微企业运行指数介于 46. 3—49. 1 之间，这两大区域的小微企业运行指数高于西北地区以及东北地区小微企业运行指数。

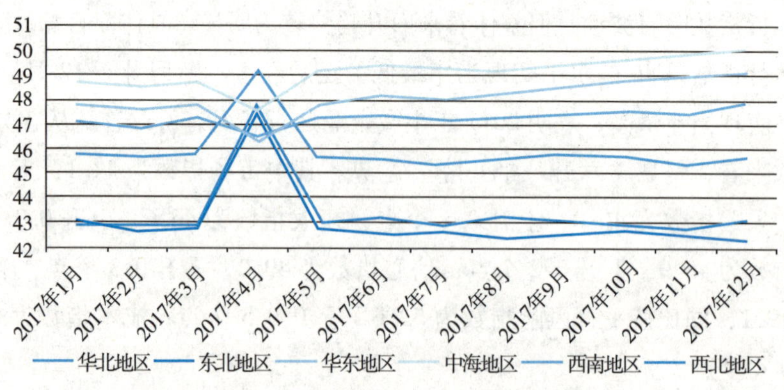

图 17－2　我国六大区域小微企业运行指数

资料来源：中国经济网，2018 年 1 月。

三、中小企业转型升级步伐加快

金融供给改善为中小企业转型升级扫清障碍。一方面，中小企业发展基金引导社会资金向初创期中小企业倾斜。截至2017年9月，国家中小企业发展基金总规模达195亿元。[①] 在国家中小企业发展基金带动下，地方中小企业发展基金随之落地，进一步拓宽中小企业融资渠道，激发全社会创业创新热情。除此之外，应收账款融资的推行使小微企业融资便利度和可获得性大幅提高。截至2017年11月1日，中国人民银行征信中心应收账款融资服务平台累计促成小微企业应收账款融资5.77万亿元。

信息化建设的提速将为中小企业转型升级增添动力。在各主要经济体将新一轮科技革命和产业变革作为提升创新能力、促进产业升级的背景下，2017年1月，工信部印发《关于进一步推进中小企业信息化的指导意见》（工信部企业〔2016〕445号），继续实施中小企业信息化推进工程，大力推动“互联网+”小微企业创业创新培育行动，推动企业成为技术创新主体。作为应用新技术的主力军，互联网和信息通信技术的应用，能够大幅提升中小企业两化融合能力，并以此为突破口助推其创新转型。

第二节　2017年中国中小企业发展存在的问题

一、中小企业复苏基础有待进一步夯实

2017年，我国中小企业复苏态势明显。大型企业PMI均高于荣枯线，处于扩张发展阶段。中型企业PMI虽然在个别月份处于收缩状态，但是除了10月以外，其余月份其PMI均高于上年同期水平。因此，如果从较长时间周期看，中型企业复苏态势仍然明显。小型企业PMI虽然仅在2季度高于荣枯线，

① 工信部中小企业局负责人在广州举行的第十四届中国中小企业高峰论坛上的讲话。

但全年12个月其PMI均高于上年同期水平，反映出小型企业仍存在明显的复苏态势。

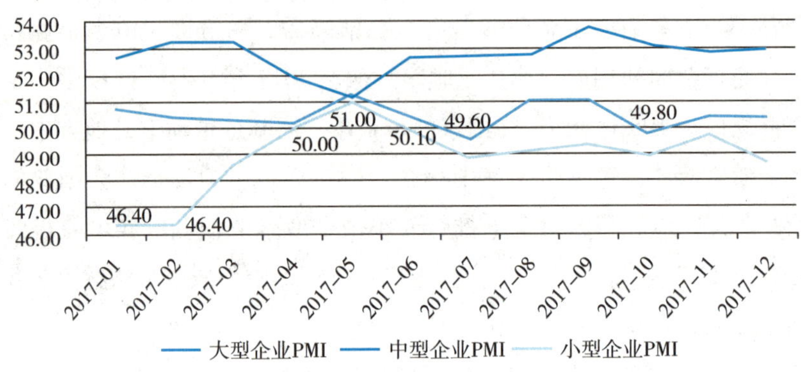

图17－3　2017年我国大、中、小企业制造业PMI

资料来源：Wind数据库，2018年1月。

虽然中小企业复苏趋势明显，但各种制约因素依然存在，中小企业自身在人才、资金、技术、信息等资源方面的劣势和短板决定了中小企业复苏基础尚不稳固，导致大中小企业PMI分化趋势依旧延续，小型企业PMI围绕荣枯线上下波动的趋势依然存在。

二、大中小企业融通发展环境有待进一步完善

加强大中小企业协作，实现融通发展，是推动实施制造强国战略的最佳路径，也是让市场在制造强国战略实施过程中对资源配置发挥决定性作用的重要举措。尽管大中小企业融通发展新模式不断涌现，取得积极进展，但仍然存在一些问题。首先，大企业从自身利益出发，更倾向与具有资金、技术等资源或渠道优势的其他大企业进行合作；其次，激励机制尚不健全，大企业带动中小企业融通发展的动力不足，一些国有大型企业担心被追责，“双创”平台等资源对内不对外，不向中小企业开放技术、市场等核心资源；此外，缺乏沟通机制，对于大企业来说，在哪些方面以及如何与中小企业开展合作，需加强沟通指导；另外，我国中小微企业主要依赖低价格、低技术、低收益、低附加值的传统发展路径，产业层次普遍不高，创新能力不够，缺少在细分领域“专精特新”的“隐形冠军”，与

大企业协作配套能力不足。

三、小微企业创业创新生态有待进一步优化

“双创”载体建设有待深入推进。一是基地建设重数量增长，入驻率不高。已建成的各类“双创”基地往往缺少项目支撑，入驻率低。即使在创业创新资源丰富的北京中关村地区，众创空间平均入驻率也仅有60%。二是基地运营模式单一，造血机制不足。我国“双创”基地普遍面临着运营模式单一和盈亏平衡压力大的问题。艾瑞数据显示，目前小企业创业基地、众创空间、孵化器、留创园等“双创”基地的主流服务仍然是场地租赁，占比为81.2%。

知识产权保护体系不健全制约了中小企业创新能力提升。一是中小企业知识产权保护意识较低。当前，大部分中小企业知识产权部门专业水平较低，缺乏工作经验，对技术人才创新的知识产权保护不到位。二是知识产权维权难度大。知识产权维权诉讼周期漫长，严重影响知识产权保护，即使诉讼成功也时过境迁，失去了诉讼的意义，严重打击了中小企业创新热情。三是中小企业知识产权保护服务低端化。专利申请代理机构数量不足，服务专业水平不高，使中小企业创新成果难以得到保护。

创新人才培养缺失制约了中小企业创新。一是技术创新人才匮乏。“招工难、留人难”这一中小企业普遍面临的问题使得中小企业中从事技术创新的人员明显不足，直接制约了中小企业自主创新的能力。二是技术型人才流动性大。由于享受到的公共服务水平较低，导致中小企业雇员尤其是技术型人才流动性较大。在养老医疗、社会保险、户籍制度、子女教育等公共服务方面的不均等，严重影响着中小企业技术人才队伍的稳定性，也直接影响了中小企业对技术人才的培养投入和研发创新投入。

四、中小企业转型升级短板依然突出

中小企业融资供需矛盾依然突出。2017年，我国中小企业内在融资需求整体呈上升趋势。四个季度，中、小型企业贷款需求指数均较2016年同期数据，说明中小企业融资需求旺盛，复苏势头开始逐步显现。与此同时，融资

供给依然存在一些“沉疴旧疾”，一方面中小企业融资门槛依然较高，多数企业仍然主要通过土地、房屋抵押获得银行贷款，应收账款质押融资、知识产权质押融资等动产融资比例较低，纯信用贷款的企业仅约10%；银行贷款不规范行为较为普遍，银行贷款手续繁、审批慢问题仍然存在，变相增加了中小企业的融资成本，导致中小企业贷款成本负担加重，占用了中小企业生产经营成本，直接制约了中小企业转型升级的步伐。

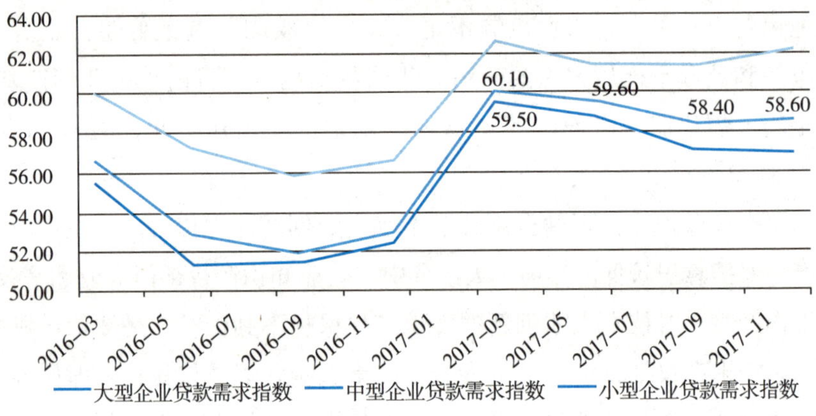

图17-4 2016—2017年我国大中小企业贷款需求指数（季度）

资料来源：Wind数据库，2018年1月。

“专精特新”中小企业政策体系尚不完善。中小企业走“专精特新”发展之路，是建设创新型国家的重要抓手。为了促进中小企业转型升级，增强自主创新能力，我国自2013年开始培育“专精特新”中小企业，一批“专精特新”中小企业在促进经济增长、推动创新、拉动就业等方面起到了示范引领作用。但是，目前缺乏对“专精特新”的统一认定标准，各省市均是自行制定认定标准，差异较大，不利于对“专精特新”中小企业进行全国性的统一管理；且扶持“专精特新”中小企业的政策体系尚不完善，国家层面的“专精特新”中小企业政策缺失，已出台的地方政策中，资金、补贴等差异较大，不利于创新型企业的培育，中小企业转型升级道路任重道远。

中小企业信息化水平尚处于萌芽阶段。信息化是促进中小企业转变经济增长方式、加速转型升级的重要发展方向。我国中小企业信息化应用水平整体处于普及发展阶段，对信息化建设重视程度不够，小微企业在信息化发展上投入严重不足，多数小微企业信息化投入在 10 万元以下；人才短缺是当前小微企业信息化建设中面临的最主要困难，将近一半的企业反映信息化人才缺乏制约了企业信息化发展进程；此外，政策环境严重不足，目前国家层面支持中小企业信息化的政策较为宏观，缺乏具体的指导和支持措施，尚未形成长效支持机制。

第十八章　2017年我国中小企业重点政策解析

第一节　《国务院办公厅关于加快推进“多证合一”改革的指导意见》

一、出台背景

自2014年商事制度改革实施以来，政府行政服务效率有效得到提升的同时，企业创设成本也相应有所下降，这在一定程度上激发了市场活力和社会创新力。经过3年多相关商事制度改革政策的不断实施，成效显著。注册过程的便利促使更多新企业创立。自2014年3月1日至2017年2月，全国累计新登记企业1374万户，是改革前8年新登记企业数的总和，平均每天新登记企业1.25万户，较改革前增长82.8%。李克强总理在国务院常务会议上对“多证合一”改革作出了重要指示，要求将更多涉企证照与营业执照整合，进行“多证合一、一照一码”试点。按照李克强总理的要求和国务院的部署，工商总局会同中央编办、国务院职能转变办、国家发展改革委、财政部、国务院法制办等部门在调研论证的基础上起草了《关于加快推进“多证合一”改革的指导意见》（以下简称《意见》），4月26日国务院常务会议审议并通过了《意见》。

二、具体措施

《意见》主要从全面落实“多证合一”、简化企业准入手续、完善工作流程、推进“互联网+政务服务”等几个方面提出具体措施，例如将信息采集、记载公示、管理备查类的一般经营项目涉企证照事项等进一步整合到营业执照上，实行“多证合一、一照一码”等，详见表8－1。

表18－1 具体措施整理表

针对的方面	具体措施
全面落实“多证合一”	将信息采集、记载公示、管理备查类的一般经营项目涉企证照事项，以及企业登记信息能够满足政府部门管理需要的涉企证照事项，进一步整合到营业执照上，被整合证照不再发放，实行“多证合一、一照一码”
	对于市场机制能够有效调节、企业能够自主管理的事项以及可以通过加强事中事后监管达到原设定涉企证照事项目的，要逐步取消或改为备案管理
	对于关系公共安全、经济安全、生态安全、生产安全、意识形态安全的涉企证照事项继续予以保留，要实行准入清单管理
	对于没有法律法规依据、非按法定程序设定的涉企证照事项一律取消
简化企业准入手续	坚持互联互通与数据共享相结合，大力推进信息共享，能向社会公开的尽量公开
	依托已有设施资源和政府统一数据共享交换平台，进一步完善省级信用信息共享平台、国家企业信用信息公示系统、部门间的数据接口，在更大范围、更深层次实现部门间企业基础信息和相关信用信息共享、业务协同
	加快制定政府数据资源共享目录体系和管理办法，建立区域内统一标准的市场主体信息库，构建统一高效、互联互通、安全可靠的政府数据资源体系
	通过信息共享获取的信息和前序流程已收取的材料，不得要求企业和群众重复提交；凡是能通过网络核验的信息，不得要求其他单位和申请人重复提交；凡是应由行政机关及相关机构调查核实的信息，由部门自行核实，实现相同信息“一次采集、一档管理”，避免让企业重复登记、重复提交材料
完善工作流程	全面实行“一套材料、一表登记、一窗受理”的工作模式，申请人办理企业注册登记时只需填写“一张表格”，向“一个窗口”提交“一套材料”
	登记部门直接核发加载统一社会信用代码的营业执照，相关信息在国家企业信用信息公示系统公示，并及时归集至全国信用信息共享平台
	已按照“五证合一”登记模式领取加载统一社会信用代码营业执照的企业，不需要重新申请办理“多证合一”登记，由登记机关将相关登记信息通过全国信用信息共享平台共享给被整合证照涉及的相关部门
	企业原证照有效期满、申请变更登记或者申请换发营业执照的，由登记机关换发加载统一社会信用代码的营业执照

续表

针对的方面	具体措施
推进“互联网+政务服务”	坚持优化政务服务与推进“互联网+”相结合，优化审批流程，提高审批效率，提升透明度和可预期性
	加快一体化网上政务服务平台建设，打造“互联网+”模式下方便快捷、公平普惠、优质高效的政务服务体系
	推进各类涉企证照事项线上并联审批，实现“一网通办、一窗核发”
	推进涉企证照事项标准化管理，实现服务事项标准化
加强事中事后监管	坚持便捷准入与严格监管相结合，以有效监管保障便捷准入，防止“劣币驱逐良币”，提高开办企业积极性
	精简事前审批，加强事中事后监管，探索市场监管新模式
	全面推行“双随机、一公开”监管，按照“谁审批、谁监管，谁主管、谁监管”的原则，强化主动监管、认真履职意识，明确监管责任
	建立以信用为核心的新型监管机制，依托全国信用信息共享平台不断完善政府部门之间信息共享与联合惩戒机制，充分发挥国家企业信用信息公示系统和“信用中国”网站的作用
推动“一照一码”营业执照广泛应用	坚持“多证合一”与推进“一照一码”营业执照应用相结合，打通改革成果落地的“最后一公里”
	各地“多证合一”改革情况不同，证照整合项目、形式不同，各地区、各部门要加快完善各自相关信息系统，互认“一照一码”营业执照的法律效力，推进“一照一码”营业执照在区域内、行业内的互认和应用
	对于被整合证照所涵盖的原有事项信息，不得再要求企业提供额外的证明文件，使“一照一码”营业执照成为企业唯一“身份证”

资料来源：赛迪智库整理，2018年1月。

三、政策解读

《意见》提出对涉企证照事项按照能整合的尽量整合、能简化的尽量简化、该减掉的尽量减掉的原则进行全面梳理、分类处理，明确提出要将信息采集、记载公示、管理备查类的一般经营项目涉企证照事项整合到营业执照上，最大程度上便利企业市场准入。同时《意见》对企业登记信息事项进行了明确规定，提出要将信息采集、记载公示、管理备查类的一般经营项目涉企证照事项整合到营业执照上，最大程度上便利企业市场准入。《意见》提出坚持互联互通与数据共享相结合，大力推进信息共享，打通“信息孤岛”。依托已有设施资源和政府统一数据共享交换平台，对省级信用信息共享平台、国家企业信用信息公示系统、部门间的数据接口，在最大范围内建立企业基础信息和相关信用信息的共享。

第二节 《关于开展支持中小企业参与“一带一路”建设专项行动的通知》

一、出台背景

2013 年 9 月和 10 月，习近平主席在出访中亚和东南亚国家期间，提出“丝绸之路经济带”和“21 世纪海上丝绸之路”的重大倡议，这一倡议受到国际社会广泛关注。近年来为推动“一带一路”建设，党中央、国务院根据全球形势变化和我国发展面临的新形势、新任务推出了相关政策措施。截至 2017 年 12 月，已有 80 个国家和国际组织与我国签署共建“一带一路”合作协议，从产能合作、对外投资、金融贸易、科技合作、海洋领域等多方面进行合作，中国企业对沿线国家投资累计超过 500 亿美元，创造了近 20 万个就业岗位。2017 年 5 月 14 日，习近平主席在“一带一路”国际合作高峰论坛上强调，“要深入开展产业合作，加强国际产能和装备制造合作，抓住新工业革命的发展新机遇，培育新业态，保持经济增长活力”。

二、具体措施

《通知》从参加国内外展览展销活动、建立经贸技术合作平台、鼓励中小企业运用电子商务开拓国际市场、促进中小企业开展双向投资等方面提出具体措施，例如创新中国国际中小企业博览会办展机制，重点邀请沿线国家共同主办，并设立“一带一路”展区等，详见表 18－2。

表 18－2　具体措施整理表

针对的方面	具体措施
鼓励中小企业参加国内外展览展销活动	创新中国国际中小企业博览会办展机制，推进国际化、市场化、专业化改革，重点邀请沿线国家共同主办，并设立“一带一路”展区
	支持各地中小企业主管部门与贸促会分支机构合作开展专门面向沿线国家中小企业的展览活动，帮助中小企业特别是“专精特新”中小企业展示产品和服务，为中小企业搭建展示、交易、合作、交流的平台
建立经贸技术合作平台	共同搭建“中小企业‘一带一路’合作服务平台”，为中小企业提供沿线国家经贸活动信息，支持各地中小企业主管部门、中小企业服务机构和贸促会分支机构联合开展企业洽谈、项目对接等活动
	鼓励中小企业服务机构和企业到沿线国家建立中小企业创业创新基地，开展技术合作、科研成果产业化等活动
	吸引沿线国家中小企业在华设立研发机构，促进原创技术在中国孵化落地
鼓励中小企业运用电子商务开拓国际市场	支持各地中小企业主管部门积极参与中国贸促会跨境电子商务示范园区和单品直供基地建设，鼓励并支持创新性的中小型跨境电商企业入驻发展
	大力推进中国贸促会“中国跨境电商企业海外推广计划”，针对中小企业在通关报检、仓储物流、市场开拓、品牌建设等方面的需求，引入第三方专业机构，提供定制化服务
促进中小企业开展双向投资	支持在有条件的地方建设我国与沿线国家中小企业合作区，进一步发挥合作区引进先进技术、管理经验和高素质人才的载体作用，在中小企业服务体系建设、技术改造、融资服务、小型微型企业创业创新基地建设、人才培训等方面提供指导和服务
	组织中小企业赴境外园区考察，引导企业入园发展，协助园区为入驻企业提供展览展示、商事法律、专项培训等服务，帮助中小企业提高抗风险能力
	通过以大带小合作出海，鼓励中小配套企业积极跟随大企业走向国际市场，参与产能合作和基础设施建设，构建全产业链战略联盟
	促进与沿线国家在新一代信息技术、生物、新能源、新材料等新兴产业领域深入合作
加强经贸信息、调研等服务	加大信息收集、整理、分析和发布力度，用好网站、微信公众号、报纸杂志等载体，提供沿线国家的政治环境、法律法规、政策准入、技术标准、供求信息、经贸项目、商品价格、文化习俗等信息
	注重收集并向沿线国家政府反映我中小企业合理诉求
	支持建立产学研用紧密结合的新型智库，重点面向中小企业，围绕沿线国家产业结构调整、产业发展规划、产业技术方向等开展咨询研究

续表

针对的方面	具体措施
加强经贸信息、调研等服务	实施“中小企业‘一带一路’同行计划”，聚合国际合作服务机构，加强信息共享，强化服务协同
	鼓励中小企业服务机构、商业和行业协会到沿线国家设立分支机构，发挥中国贸促会驻外代表处、境外中资企业商协会和企业作用，探索在条件成熟的沿线国家设立“中国中小企业中心”
强化商事综合服务	构建面向中小外贸企业的商事综合服务平台，提供商事认证、商事咨询、外贸单据制作、国际结算、出口退税等综合服务
	继续完善“中小企业外贸综合服务平台”功能，为广大中小企业提供贸易投资咨询、通关报检、融资担保、信用评级等一揽子外贸服务
完善涉外法律服务	建立健全中小企业风险预警机制，帮助中小企业有效规避和妥善应对国际贸易投资中潜在的政治经济安全和投资经营风险
	开通中小企业涉外法律咨询热线，及时解答企业涉外法律问题并提供解决方案
	建立健全中小企业涉外法律顾问制度，提供一体化综合法律服务
	组织经贸摩擦应对，帮助中小企业依法依规解决国际经贸争端，维护海外权益
	深入实施中小企业知识产权战略推进工程，提升中小企业知识产权创造、运用、保护和管理能力
	完善知识产权管理和专业化服务，降低中小企业知识产权申请、保护、维权成本，推动知识产权转化
开展专题培训	围绕中小企业关注的焦点问题，开展多层次专题培训
	深入实施中小企业领军人才培训计划，共同开展中小企业国际化经营管理领军人才培训
提高中国品牌海外影响力	开展“中国品牌海外推广计划”，引导企业增强品牌意识，提升品牌管理能力
	通过帮助中小企业有选择地赴海外参展，组织产品发布会等活动
引导企业规范境外经营行为	引导中小企业遵守所在国法律法规，尊重当地文化、宗教和习俗
	注重资源节约利用和生态环境保护，主动承担社会责任

资料来源：赛迪智库整理，2018 年 1 月。

三、政策解读

作为市场中最活跃的创新群体中小企业对国际市场的技术更新做出的反应是最迅速、最直接的。加强对中小企业“一带一路”建设有利于充分发挥市场在资源配置中的作用，实现供需两方面的双向互动。《工业和信息化部中国国际贸易促进委员会关于开展支持中小企业参与“一带一路”建设专项行动的通知》（以下简称《通知》）从助力中小企业赴沿线国家开展贸易投资、为中小企业提供优质服务、提升中小企业国际竞争力等方面提出重点工作内容。具体措施包括支持中小企业参加国内外展览展销活动、建立经贸技术合作平台、鼓励中小企业运用电子商务开拓国际市场、促进中小企业开展双向投资、加强经贸信息等服务、强化商事综合服务、完善涉外法律服务、开展专题培训、提高中国品牌海外影响力、引导企业规范境外经营行为。

第三节　《关于推动中小企业公共服务平台网络有效运营的指导意见》

一、出台背景

中小企业公共服务平台是中小企业公共服务体系的重要组成部分，积极发展完善中小企业公共服务体系有助于推动中小企业健康成长，将是扶持中小企业发展的重要保障之一。为确保中小企业公共服务平台规范化、标准化地运营，构建完善的公共服务平台服务规范对中小企业公共服务平台具有深远的意义。自2011年工业和信息化部印发《“十二五”中小企业成长规划》首次提出实施“十二五”中小企业公共服务平台网络建设工程以来，现在已经形成了覆盖全国30个省、自治区、直辖市和5个计划单列市，由统筹全省资源的枢纽服务平台贴近需求提供直接服务的“窗口”服务平台共同构成的中小企业公共服务平台网络。截至2016年12月底，平台网络共注册服务机构3.11万家，注册企业59.21万家，共有2483个服务机构为52.18万家企业提供了234.55万次服务。① 为了提升线上服务比例，提高服务水平与运营能力，明确中小企业公共服务平台网络的定位与职责，促进中小企业健康发展，工业和信息化部联合财政部印发了《关于推动中小企业公共服务平台网络有效运营的指导意见》。

二、具体措施

《指导意见》从强化平台网络骨干架构作用、加强平台网络服务资源深度合作、引导公益性服务和增值性服务有序发展、推广线上线下相结合的服务模式等方面提出具体措施，例如进一步扩大平台网络覆盖范围，延伸服务触角，增加服务节点等，详见表18－3。

表18－3 具体措施整理表

针对的方面	具体措施
扩大覆盖范围，强化平台网络骨干架构作用	进一步扩大平台网络覆盖范围，延伸服务触角，增加服务节点，拓展平台网络在区、县的纵向覆盖以及在各类重点产业聚集区、工业园区、创业创新基地等的横向覆盖
	以平台网络为核心集聚中小企业公共服务资源，鼓励中小企业公共服务平台、小微企业创业创新基地与平台网络对接，引导各领域资质好、能力强、信誉佳、规模大的优质服务机构在平台网络聚合
推动开放共享，加强平台网络服务资源深度合作	省级中小企业主管部门要组织引导平台网络建立服务资源、服务信息等共享机制，鼓励省平台之间、省平台和窗口平台、窗口平台相互之间签订服务合作协议，规范不同主体间资源共享与合作方式
	各级中小企业主管部门要将平台网络作为中小企业工作平台，协调行业主管部门、工商、税务、银行、金融机构等支持省平台和窗口平台开展服务，开放共享相关数据资源，推动平台网络与电信运营商、互联网企业的交流、对接，以及深度合作

① 《多措并举推动中小企业公共服务平台网络有效运营》，中国中小企业信息网，2017年8月3日。

续表

针对的方面	具体措施
探索长效机制，引导公益性服务和增值性服务有序发展	省级中小企业主管部门应根据本地区实际建立公益性服务清单，明确公益性服务支持范围、服务要求与服务标准，对符合清单要求的公益性服务，应以政府购买服务或补贴方式给予支持
	各级平台可结合本地实际积极探索，利用市场化方式集聚服务资源、对接企业需求，鼓励平台积极拓展有深度、有特色的个性化增值服务
创新服务方式，推广线上线下相结合的服务模式	支持平台网络应用云计算、大数据等新一代信息技术开发新的服务产品、新的服务模式，推动线下服务线上化
	鼓励利用线上服务拓展和带动线下服务，通过线上展示、线上服务超市等服务形式扩展线下服务内容，利用线上平台、微信、微博等渠道开展线上线下同步的服务活动
提高服务水平，提升个性化精准对接能力	鼓励省平台和窗口平台通过订单式服务、“一企一策”专家会诊、个性化定制服务、互动平台等方式助力服务机构开展特色化、精准化服务，提高服务对接效率
加强组织引导	充分发挥各省市现有平台网络部门联合推进机制的作用，加强组织协调，切实履行各相关部门、平台网络运营管理机构及其他单位的责任，定期组织召开工作协调会，商定工作目标与实施计划
	各级中小企业主管部门应建立平台网络运营管理督导机制，定期督查和指导平台网络落实扶持中小企业政策以及服务工作开展情况，及时向相关部门反馈问题并跟进解决方案
强化财政支持力度	各地应加强对平台网络运营完善和开展服务活动的支持，推动平台网络运营管理及公益性服务开展，并积极探索利用政府和社会资本合作（PPP）、政府购买服务等方式支持平台网络发展，鼓励通过创业创新电子服务券补贴、优秀服务机构奖励等方式引导社会服务机构为中小微企业提供优质服务
完善运营服务评价体系	省级中小企业主管部门要结合当地实际情况，制定平台网络运营管理意见和监督管理办法，明确平台网络运营主体和服务主体职责
	定期组织专家或第三方机构对平台网络服务情况进行评价，并依据评价结果对窗口平台和服务机构进行动态管理、有序进退、滚动发展

续表

针对的方面	具体措施
做好数据分析挖掘	继续做好服务数据的报送和分析工作
	利用大数据技术，对平台网络的服务运营情况进行跟踪、分析与挖掘
	积极配合政府部门开展中小企业生产、经营、服务、融资等方面的市场调研和问卷调查
加强人才队伍建设	省级中小企业主管部门要加强中小企业公共服务体系人才队伍建设，组织开展平台网络服务人员系列培训
	要组织开展中小企业公共服务体系平台网络交流活动，总结与推广省内中小企业公共服务平台网络、中小企业公共服务示范平台与中小企业创业创新基地的先进服务理念与典型做法经验

资料来源：赛迪智库整理，2018 年 1 月。

三、政策解读

《指导意见》明确了平台网络的定位和职责，强调中小企业公共服务平台网络应以中小企业需求为导向，以向中小企业提供公益性服务和增值性服务为主要内容，以线上线下相结合的平台为依托，广泛集聚和共享服务资源，提高服务能力，对接服务需求，是中小企业服务资源的重要供给者，是促进中小企业发展工作的重要载体和抓手。从平台网络运营环节对平台网络提出了五大重点任务，一是扩大覆盖范围，二是推动开放共享，三是探索长效机制，四是创新服务方式，五是提高服务水平。《指导意见》立足于平台网络长期可持续健康发展，强调发挥政策引导和财政支持作用，提高平台网络品牌与社会影响力，提出六个方面的保障措施，一是加强组织引导，二是强化财政支持力度，三是完善运营服务评价体系，四是做好数据分析挖掘，五是加强人才队伍建设，六是加强平台网络宣传。

第四节 《关于开展小微企业金融知识普及教育活动的通知》

一、出台背景

融资难融资贵一直是困扰小微企业发展的难题，受到党中央、国务院高度重视。2017 年 7 月的全国金融工作会议强调，要积极发展普惠金融，着力解决融资难、融资贵问题，大力支持小微企业融资环境改善。为推进多元化金融机构体系建设和多层次资本市场建设，近年来出台了一系列政策措施完善融资担保体系，小微企业融资环境得到相应的改善。面对种类丰富、不断创新的金融市场，很多小微企业并不是很了解，甚至对贷款、上市、股权融资的基本门槛和条件都不是很熟悉，导致其在融资过程中面临很多困难，付出了不少成本。为帮助小微企业增强融资能力和技巧，提升贷款能力，推进缓解融资难、融资贵，工业和信息化部部长苗圩在十二届全国人大五次会议记者会上强调，工业和信息化部将落实好国务院《推进普惠金融发展规划（2016—2020 年）》要求，有效发挥政府作用，加强公共服务的普惠性工作。

二、具体措施

《通知》从开发标准化与特色化相结合的教育培训教材和课程体系、加强宣传、广泛动员各方力量汇聚合力、建立体系化推进机制等方面提出具体措施，例如各地可在标准化“一书一纲”基础上，增加个性化、特色化培训内容等，详见表 18 –4。

表 18－4　具体措施整理表

针对的方面	具体措施
开发标准化与特色化相结合的教育培训教材和课程体系	工业和信息化部负责统一组织，统一开发“一书一纲”，包括汇编覆盖小微企业种子期、初创期、成长期三个阶段的关键金融基础知识教材，统一设计教育课程大纲，提供给各地参考使用
	各地可在标准化“一书一纲”基础上，因地制宜，增加个性化、特色化培训内容，创新形式，扩大范围，丰富实践，逐步构建多层次、模块化的适合小微企业特点的教育培训课程体系
	适时选择部分地区组织小微企业金融知识普及教育示范班，规范并引导此项工作
摸底调查，加强宣传，组织企业普遍参与	各地要加强舆论宣传，利用各类媒体多渠道、多层面、广角度地宣传小微企业金融知识普及教育活动，开展小微企业金融基础知识教育培训需求摸底调查工作
开放共享，广泛动员各方力量汇聚合力	各地要把开展小微企业金融知识普及教育活动作为落实工信部与建设银行、邮政储蓄银行等银行业金融机构中小企业金融服务战略合作协议落实的重要内容，充分发挥合作金融机构的金融资源优势
	建立动员社会各方面力量的工作协调机制，调动高等院校、职业院校、协会商会和其他社会中介服务机构发挥各自优势，对接资源，广泛参与教育活动
建立体系化推进机制，提高融资教育培训有效性和长效性	各地要将已经开展的融资培训活动纳入金融知识普及教育工作，将金融知识普及教育工作纳入地方小微企业综合培训体系和缓解小微企业融资难整体工作
	在开展金融知识普及教育活动的基础上，结合实际，建立受训小微企业信息库，梳理融资服务需求，并开展针对性的政策咨询、融资诊断、财务规划、信用评价、项目展示、融资对接、市值管理等服务
	探索搭建规范、开放、便捷、高效的融资供需对接平台，广泛引入银行、天使投资、创业投资、融资租赁、担保等各类金融机构和融资服务机构，拓宽小微企业资金供给渠道
创新服务方式，推广线上线下相结合的服务模式	各地要将金融知识普及教育作为促进缓解小微企业融资难融资贵的一项基础性任务，加强组织领导，落实工作责任，增强责任感、使命感和服务意识，改善公共服务
	改进工作作风，加强教育培训流程监督和效果考核评估，及时总结工作经验

资料来源：赛迪智库整理，2018 年 1 月。

三、政策解读

《通知》明确开展金普教育活动的基本原则和目标，即坚持中央引导、地方为主、公益导向；需求为本、形式多样、务求实效；搭建平台、市场运作、整合资源；主要目标为对有融资需求、金融基础知识教育培训需求的小微企业开展普遍性教育培训，小微企业金融基础知识得到普及。《通知》提出金普教育活动将根据小微企业成长规律，按照种子期、初创期、成长期三个阶段，分别介绍在不同阶段需要掌握的金融基础知识，内容力求全面、实用、通俗、易懂，并有针对性地提出了五大任务：一是开发标准化与特色化相结合的教育培训教材和课程体系；二是摸底调查，加强宣传，组织企业普遍参与；三是开放共享，广泛动员各方力量汇聚合力；四是建立体系化推进机制，提高融资教育培训有效性和长效性；五是加强组织领导，建立工作机制。本次金普教育活动的主要意义在于解决小微企业融资过程中信息部队称、交易成本高等问题，帮助企业了解金融知识，提升融资技能，提高融资主动性和可获得性。

第五节　《关于进一步激发民间有效投资活力促进经济持续健康发展的指导意见》

一、出台背景

党中央、国务院一直高度重视民间投资工作，近年来部署出台了一系列有针对性的政策措施并开展了专项督查。虽然民间投资呈现出向好态势，但当前制约民间投资积极性的因素仍然存在。国务院总理李克强在 2017 年 7 月 28 日主持召开的国务院常务会议中明确提出进一步激发民间有效投资活力措施，促进经济持续健康发展。为进一步激发民间有效投资活力，充分发挥投资对优化供给结构的关键性作用，促进经济持续健康发展，国务院办公厅于 2017 年 9 月 1 日印发了《关于进一步激发民间有效投资活力促进经济持续健康发展的指导意见》（国办发〔2017〕79 号），提出各地区、各部门要全面梳理已出台的鼓励民间投资政策措施，逐项检查落实情况。鼓励各地以改革的办法、创新的思维，实化、细化、深化各项具体措施，努力解决制约民间投资增长的深层次问题，进一步激发民间有效投资活力。

二、具体措施

《指导意见》从深入推进“放管服”改革、开展民间投资项目报建审批情况清理核查、支持民间投资创新发展、鼓励民间资本参与政府和社会资本合作（PPP）项目、增强民间投资动力等方面提出具体措施，例如充分发挥全国投资项目在线审批监管平台作用，实现项目网上申报、并联审批、信息公开、协同监管等，详见表 18 –5。

表 18 –5　具体措施整理表

针对的方面	具体措施
深入推进“放管服”改革，不断优化营商环境	各地区、各部门要深入贯彻落实国务院关于深化“放管服”改革的各项要求，确保取消下放国务院部门行政许可事项、取消中央指定地方实施行政审批事项、清理规范国务院部门行政审批中介服务事项等重点任务落实到位
	坚决落实清理规范投资项目报建审批事项有关要求，精简合并投资项目报建审批事项，不得擅自增加行政审批事项，不得擅自增加审批环节，切实防范权力复归和边减边增
	充分发挥全国投资项目在线审批监管平台作用，实现项目网上申报、并联审批、信息公开、协同监管，不断提高审批效率和服务质量
开展民间投资项目报建审批情况清理核查，提高审批服务水平	各地区、各部门要对民间投资项目报建审批情况开展一次全面细致的清理核查，逐项梳理已报审的民间投资项目，清查各类审批事项办理情况，明确办理时限
	能够办理的，要尽快办理；暂不具备办理条件的，要帮助民营企业尽快落实有关条件；依法依规确实不能办理的，要主动做好解释工作
	对无正当理由拖延不办的，要加大问责力度，通过约谈、通报、督办等方式督促限期整改，必要时对相关责任人给予处分
	要针对清理核查中发现的问题，进一步改进工作，提高效率，优化民间投资项目报建审批服务

续表

针对的方面	具体措施
推动产业转型升级，支持民间投资创新发展	鼓励民营企业进入轨道交通装备、“互联网+”、大数据和工业机器人等产业链长、带动效应显著的行业领域，在创建“中国制造2025”国家级示范区时积极吸引民营企业参与
	发挥财政性资金带动作用，通过投资补助、资本金注入、设立基金等多种方式，广泛吸纳各类社会资本，支持企业加大技术改造力度，加大对集成电路等关键领域和薄弱环节重点项目的投入
	支持“双创”示范基地、产业园区公共服务平台建设，提高为民营企业投资新兴产业服务的能力和水平
	推进创新技术市场交易，缩短科技成果转化周期，提高科技型企业投资回报水平
	鼓励民间资本开展多元化农业投资，支持农村新产业新业态发展，推动民间资本与农户建立股份合作等紧密利益联结机制，对带动农户较多的市场主体加大支持力度
鼓励民间资本参与政府和社会资本合作（PPP）项目，促进基础设施和公用事业建设	加大基础设施和公用事业领域开放力度，禁止排斥、限制或歧视民间资本的行为，为民营企业创造平等竞争机会，支持民间资本股权占比高的社会资本方参与PPP项目
	积极采取多种PPP运作方式，规范有序盘活存量资产，丰富民营企业投资机会，回收的资金主要用于补短板项目建设，形成新的优质资产，实现投资良性循环
	合理确定基础设施和公用事业价格和收费标准，完善PPP项目价格和收费适时调整机制，通过适当延长合作期限、积极创新运营模式、充分挖掘项目商业价值等，建立PPP项目合理回报机制，吸引民间资本参与
	努力提高民营企业融资能力，有效降低融资成本，推动PPP项目资产证券化，鼓励民间资本采取混合所有制、设立基金、组建联合体等多种方式，参与投资规模较大的PPP项目

续表

针对的方面	具体措施
降低企业经营成本，增强民间投资动力	落实和完善全面推开营改增试点政策，落实好研发费用税前加计扣除政策，加强涉企经营服务性收费和中介服务收费监管
	允许失业保险总费率为1.5%的地方将总费率阶段性降至1%，落实适当降低企业住房公积金缴存比例政策，推动各地出台或完善户口迁移政策和配套措施
	深化输配电价格改革，推进电力市场化交易等，实行工业用地弹性出让制度，用好用足标准厂房、科技孵化器用地支持政策，降低企业用能用地成本
	科学合理确定车辆通行费标准，规范铁路港口收费，开展物流领域收费专项检查，着力解决“乱收费、乱罚款”等问题
	督促银行业金融机构依法合规收费，降低贷款中间环节费用，严禁各种不规范收费和不合理的贷款附加条件
努力破解融资难题，为民间资本提供多样化融资服务	发挥各类金融机构优势，优化授信管理和服务流程，完善特许经营权、收费权等权利的确权、登记、抵押、流转等配套制度
	完善民营企业信用评级制度，客观评价民营企业实力，引导金融机构加大对民营企业的融资支持力度
	充分发挥各级政府网站与全国信用信息共享平台作用，鼓励地方推进“银税互动”、银行业金融机构和全国信用信息共享平台之间的合作等，化解银企信息不对称问题，促进中小企业融资
	发展政府支持的融资担保和再担保机构，鼓励各地设立信贷风险补偿基金、过桥转贷资金池等，加大对中小微企业、科技创新企业的支持
加强政务诚信建设，确保政府诚信履约	地方各级政府向民营企业作出政策承诺要严格依法依规，并严格兑现合法合规的政策承诺，不得违法违规承诺优惠条件
	要认真履行与民营企业签订的合法合规协议或合同，不得以政府换届、相关责任人更替等理由拒不执行，不得随意改变约定，不得出现“新官不理旧账”等情况
	开展政务失信专项治理，对地方政府拒不履行政府所作的合法合规承诺，特别是严重损害民营企业合法权益、破坏民间投资良好环境等行为，加大查处力度
	对造成政府严重失信违约行为的主要负责人和直接责任人要依法依规追究责任，惩戒到人

续表

针对的方面	具体措施
加强政策统筹协调，稳定市场预期和投资信心	加强部门间协调配合，科学审慎研判拟出台政策的预期效果和市场反应，统筹把握好政策出台时机和力度
	有关部门要在加强监管的同时，明确政策导向，提出符合法律法规和政策规定的具体要求，正确引导投资预期
	围绕经济运行态势和宏观政策取向，加大政策解读力度，主动解疑释惑，帮助民营企业准确理解政策意图
	建立健全政务舆情收集、研判、处置和回应机制，及时准确发布权威信息，切实做好民营企业关切事项的回应工作
	完善公平、开放、透明的市场规则，稳定市场预期、增强市场活力，帮助民营企业充分利用好国内大市场，加大对适应国内消费升级和产业转型需要项目的投资力度，支持劳动密集型产业向内陆沿边地区梯度转移
构建“亲”“清”新型政商关系，增强政府服务意识和能力	建立健全政府与民营企业常态化沟通机制，进一步发挥工商联和协会商会在企业与政府沟通中的桥梁纽带作用
	因地制宜明确政商交往“正面清单”和“负面清单”，着力破解“亲”而不“清”、“清”而不“亲”等问题
	坚决贯彻落实《中共中央国务院关于完善产权保护制度依法保护产权的意见》，尽快出台相关配套文件和实施方案，加强各种所有制经济产权保护，加大知识产权保护力度
	组织开展民营企业家专业化、精准化培训，提升民营企业经营管理水平
狠抓各项政策措施落地见效，增强民营企业获得感	各地区、各部门要全面梳理党中央、国务院已出台的鼓励民间投资政策措施，逐项检查各项政策措施在本地区、本领域落实情况，对尚未有效落实的政策措施，要认真分析原因，抓紧研究解决办法，确保政策尽快落地
	充分发挥中央和地方两个积极性，鼓励各地以改革的办法、创新的思维进一步实化、细化、深化鼓励民间投资的具体措施

资料来源：赛迪智库整理，2018 年 1 月。

三、政策解读

《指导意见》提出十方面的政策措施：一是深入推进“放管服”改革。确保取消下放国务院部门行政许可事项、取消中央指定地方实施行政审批事项、清理规范国务院部门行政审批中介服务事项等重点任务落实到位；二是开展民间投资项目报建审批情况清理核查；三是推动产业转型升级；四是鼓励民间资本参与政府和社会资本合作（PPP）项目；五是降低企业经营成本；六是努力破解融资难题；七是加强政务诚信建设；八是加强政策统筹协调；九是构建“亲”“清”新型政商关系，建立健全政府与民营企业常态化沟通机制；十是狠抓各项政策措施落地见效，增强民营企业获得感。《意见》要求，各地区、各部门要全面梳理已出台的鼓励民间投资政策措施，逐项检查落实情况。鼓励各地以改革的办法、创新的思维，实化、细化、深化各项具体措施，努力解决制约民间投资增长的深层次问题，进一步激发民间有效投资活力。

第十九章　2018年我国中小企业政策环境展望

2018年中小企业发展政策环境将继续优化，减税降负政策红利不断释放，中小企业成本负担有望进一步降低；纾解融资难、融资贵问题的政策措施日益丰富，中小企业融资环境将持续改善；对外合作继续深入推进，中小企业跨区域合作领域将进一步拓宽；“互联网+”主线突出，中小企业信息化转型有望加速；知识产权战略推进工程全面实施，中小企业享受的政策支持力度不断加大；创新创业继续深入推进，中小企业的市场活力将日益增强。

一、减税降费——企业负担下降

2017年，中央及地方各部门高度重视中小企业税费负担重问题，各类减税降费措施不断出台，并且取得了较为显著的成效。全国税务工作会议的统计数据显示，2017年共减税9100多亿元，与2016年相比减税额度增加3400多亿元，在支持创业创新领域减税规模超过5000亿元，其中，小微企业按照一定条件享受所得税减半征收、增值税豁免（月销售额不足3万元的小微企业）等优惠政策，降低税收负担1600多亿元，惠及纳税主体3600多万户。自“营改增”改革以来，企业实际税收负担不断降低，至2017年底减税额度已经累计接近两万亿元，减税政策红利不断显现。此外，各类行政事业性收费项目也在不断减少，财政部、国家发展改革委印发《关于清理规范一批行政事业性收费有关政策的通知（财税〔2017〕20号）》，将40余项中央行政事业性收费予以取消或停征，同时将商标注册收费降低50%，并要求各省级地区对本地区各类行政事业性收费进一步进行清理，通过目录清单公示来接受全社会的监督。随着各类减税降费政策的不断完善，中小企业的税费负担正在不断降低，这为中小企业创新转型升级路径、化解宏观经济下行压力创造了条件，更为提高经济发展质量、优化经济结构提供了时间和空间。

2018 年，进一步降低中小企业税费负担仍然是政策的主线。政府工作报告提出 2018 年要进一步降低企业税费负担，扩大享受所得税优惠（即“减半征收”）的小微企业范围，以增加市场活力为目标，全年再实现企业及个人减税 8000 亿元，通过清理和规范行政事业性收费，再减费 3000 亿元，从而推动实体经济增加转型新动能。为实现上述目标，税务总局印发《关于延续小微企业增值税政策的通知》，提出 2018 年 1 月 1 日—2020 年 12 月 31 日期间，继续对销售额 2 万—3 万元/月的增值税小规模纳税人免征增值税。此外，财政部为引导和鼓励金融机构加大小微企业信贷支持力度印发了《关于支持小微企业融资有关税收政策的通知》，提出 2018 年 1 月 1 日—2020 年 12 月 31 日，对金融机构对小微企业的借款合同免征印花税；对金融机构向农户、小微企业及个体工商户发放贷款取得的利息收入免征增值税的有效期延长到 2019 年 12 月 31 日。在中央及地方各级部门不断出台税费优惠政策的背景下，中小企业税费优惠政策体系不断丰富和完善，中小企业税费负担下降的政策红利将不断显现。

二、纾解融资难——融资环境改善

“融资难、融资贵”一直是困扰中小企业发展的重要难题，为落实国务院颁布的《推进普惠金融发展规划（2016—2020 年）》，进一步推动小微企业了解融资知识和相关金融产品，工信部印发《关于开展小微企业金融知识普及教育活动的通知》，以小微企业金融知识扫盲为重点，对有融资需求、金融知识培训需求的小微企业开展普及教育，推动小微企业提高对金融产品和相关服务的认知度。此外，央行、银监会及其他相关政府部门也都将纾解中小企业融资难题作为推动中小企业发展的工作重点。截至 2017 年 12 月 31 日，全国小微企业在银行业金融机的贷款余额达到 30 万亿元，占银行业金融机构贷款总额的 25%；小微企业贷款较 2016 年末增加 4 万亿元，实现同比增长 15% 以上，比各项贷款平均增速高 2. 7 个百分点；小微企业的贷款户数 1500 多万户，较上年同比增加 160 万户；小微企业的申贷获得率为 95. 3%，较上年提高 1. 67 个百分点，金融支持小微企业发展的“三个不低于”目标全面实现。总的来看，在多重政策的合力作用下，中小企业的融资环境正在不断改善。

2018年，新修订的《中华人民共和国中小企业促进法》于1月1日开始正式实施生效，新法尤为重视解决中小企业融资难题，将“融资促进”单独列示一章，从“宏观调控、普惠金融、融资方式”等不同方面系统提出政策举措，全面优化中小企业融资环境。在宏观调控方面，提出人民银行要综合运用货币政策工具引导金融机构加大对小微企业的金融支持，对小微企业实施定向政策优惠；在金融监管方面，提出银监会对金融机构的小微企业金融服务要制定差异化监管政策，提高小微企业不良贷款的容忍度，推动金融机构增加小微企业贷款规模；在普惠金融方面，提出构建普惠金融政策支持体系，引导中小银行、非存款类放贷机构以及互联网金融健康规范发展，引导银行业金融机构向城乡欠发达地区增加网点，下沉金融服务，国有大型商业银行应设立普惠金融机构，丰富小微企业金融服务；在融资方式方面，提出健全多层次资本市场体系，丰富股权融资渠道，发展债务融资市场，推动中小企业拓宽直接融资方式，完善担保融资制度，支持金融机构开展应收账款、知识产权等动产担保融资，尤其强调中小企业开展应收账款融资，其应收账款的付款方要及时确认债权债务关系，支持中小企业以应收账款质押融资的方式开展融资。总体来看，随着新修订的《中小企业促进法》正式颁布实施，中央及地方相关部门在推动落实新《促进法》的过程中，中小企业融资政策体系将进一步完善和优化，中小企业融资难问题有望得到全面缓解。

三、跨区域合作——领域不断拓宽

支持中小企业跨区域合作是推动中小企业利用国际国内两个市场，对接全球资源的重要途径，也是国家“一带一路”建设倡导的重要发展方向。通过引导中小企业跨区域合作，推动中小企业积极对接国际产业变化趋势，加速转型升级进程。截至2017年底，工业和信息化部认定了9家国家级中外中小企业合作示范区，地方不仅将合作区建设视为推动本地区中小企业“走出去”的平台，也将其视为海外项目“引进来”的重要渠道，并以合作区建设为基础，不断完善中小企业对外合作机制，促进中小企业对海外先进技术的引进、消化和吸收，推动中小企业加速转型升级进程。为进一步细化推动中小企业国际化发展的政策措施，2017 年 7 月，工信部印发《中小企业“一带一路”同行计划》，推动中外合作园区建设工作全面启动，扶持外向型中小企业在国内集聚发展，通过展览展销、团组考察、人才培训、招商引资、项目对接、服务体系建设等方式推动园区企业提高国际合作能力；8 月，工信部联合中国国际贸易促进委员会印发《关于开展支持中小企业参与“一带一路”建设专项行动的通知》，进一步推动我国中小企业与“一带一路”沿线各国积极开展经济技术合作以及贸易投资往来。中外中小企业合作区建设已经成为我国深入推进“一带一路”战略的重要抓手，对改善中小企业对外合作环境，引导中小企业充分利用国内外优质资源，促进中小企业转型升级具有重要意义。

2018 年，国际化仍然是推动中小企业发展的政策支持重点。《政府工作报告》提出 2018 年“坚持对外开放的基本国策。推动一批重大互联互通、经贸合作项目落地”。工信部中小企业局在年初公布的年度重点工作中明确提出，要进一步推动中小企业国际化发展，加强与主要的双边国家在政策、投资、科技等领域的合作与沟通，完善沟通磋商机制；加强中德双边中小企业管理人员培训，完善海外服务体系建设，推动有关部门在德国设立“中国中小企业中心”；积极对接全球创新资源，推动建立跨境创新合作平台，重点发挥中国银行“跨境撮合服务平台”的资源纽带作用，设立中德中小企业合作专项贷款，优化中小企业融资环境；加强中外中小企业合作区建设，发挥国家级合作区的示范引领作用，打造外向型的产业集群，丰富培训内容完善培训体系；通过中小企业国际博览会、APEC 中小企业技术交流暨展览会，打通双边及多边协调沟通对接机制；推进 APEC 中小企业信息化促进中心建设，探索完善可持续的发展模式。此外，中国国际贸易促进委员会也提出进一步组织开展中小企业参与“一带一路”建设专项行动，以国家“一带一路”建设为契机，推动中小企业国际化发展；浙江等众多地方省份也明确提出了本地推动中小企业国际化发展的政策举措，包括充分利用国家层面推动中小企业国际化发展的各类平台，推进与“一带一路”沿线国家官方机构建立长期沟通协商机制等。可以预期，随着中央及地方各级部门纷纷提出进一步推动中小企业国际化发展，推动跨区域合作的相关措施不断完善，中小企业国际化发展的政策环境将日益优化。

四、信息化发展——推动“互联网 +”

2017 年，国务院印发《关于深化“互联网 + 先进制造业”发展工业互联网的指导意见》，提出“加快中小企业工业互联网应用普及，提升中小企业数字化、网络化基础能力。促进大众创业万众创新和大中小企业融通发展，深入推进‘互联网 + ’，形成实体经济与网络相互促进、同步提升的良好格局”。在中央大力提倡“互联网 + ”发展的背景下，推动中小企业提高信息化水平已经成为各级政府部门的重要政策举措。对此，工信部出台了《关于进一步推进中小企业信息化的指导意见》，政策扶持重点放在以信息技术提升中小企业研发设计水平、改造生产制造方式、提升经营管理能力、优化市场营销等方面，提出发挥大型信息化服务商的资源优势，加强中小企业信息化服务体系建设，降低企业的应用成本，推动中小企业提升信息化水平，培育新兴业态，推动中小企业创新发展；同年 12 月，为更好地推动信息技术实力强的机构为中小企业提供信息化服务，工信部授予北京云基地、北京软件和信息服务易所、中国电子科技集团五十四所等明显具有信息技术优势的百余家机构为“国家中小企业公共服务示范平台”，鼓励和支持这些机构为中小企业提供信息及技术服务，帮助中小企业提升信息化水平加速转型升级进程。除中央层面外，地方政府也积极推动“中小企业 + 互联网”相关工作，如湖南经信委在 2017 年启动“中小企业 + 互联网”专项行动，推动中小企业提高两化融合水平；广西为助力中小微企创业，启动“互联网 + 创业节”，全面优化中小企业信息化发展环境。

2018 年，中央及地方各级政府部门进一步推动企业的信息化发展，扶持中小企业信息化发展的政策措施有望继续丰富。工信部中小企业局在年度工作要点中明确提出要进一步组织实施中小企业信息化推进工程，积极引导和支持中小企业参与“互联网 + 先进制造业”，推动中小企业提高信息化发展水平；主办中小企业信息化服务信息发布会和中小企业信息化发展论坛，发挥大型信息化服务商的技术和渠道优势，创新服务模式，完善中小企业信息化服务体系；支持中小企业信息化服务机构整合服务资源、搭建服务平台，开放资源入口，打造服务于特定行业和领域的专业化服务平台；大力推动中小企业上云，引导中小企业了解并探索使用云计算等新一代信息技术，推广以租代建的信息化服务模式，降低中小企业的信息化应用门槛。在中央部门的倡导下，各地中小企业主管部门积极落实推动信息化发展的相关工作部署，如深圳市出台“2018 年度深圳市民营及中小企业信息化建设项目资助补贴”政策，对中小企业信息化建设项目购置的软硬件及网络资源进行补贴，同时加大中小企业信息化应用服务示范平台项目的资金支持力度，扩大资助范围；江苏省经信委提出要开展“互联网 + 小微企业”行动，通过筛选一批工业互联网推动小微企业提升信息化水平的示范解决方案，树立典型加大推广，引导中小企业信息化发展。随着中央及地方推动中小企业信息化发展的政策措施不断出台，中小企业信息化服务体系将日趋完善，信息化的发展环境将更加优化，中小企业信息化转型有望实现加速发展。

五、知识产权——加大引导支持

2017 年，工业和信息化部联合国家知识产权局全面组织实施中小企业知识产权战略推进工程，在充分总结 2009 年开始实施的“中小企业知识产权战略推进工程”五年试点期 32 个试点城市取得经验的基础上，提出“以提升知识产权创造、运用、保护和管理能力为主线”，推动中小企业创新水平和创造能力提升。全面组织实施中小企业知识产权战略推进工程是践行国家创新驱动战略，贯彻《国务院关于新形势下加快知识产权强国建设的若干意见》《国务院关于扶持小型微型企业健康发展的意见》精神的重要政策措施。党的十九大报告中明确提出“深化科技体制改革，建立以企业为主体、市场为导向、产学研深度融合的技术创新体系，加强对中小企业创新的支持，促进科技成果转化”，党中央高度重视中小企业发展知识产权，推动中小企业提升知识产权水平已经成为我国践行创新驱动战略，推动企业创新发展的重要政策支点。

2018 年，习近平总书记在参加十三届全国人大一次会议审议时指出，要“加强对中小企业创新支持，培育更多具有自主知识产权和核心竞争力的创新型企业”；《政府工作报告》中也明确提出“强化知识产权保护，实行侵权惩罚性赔偿制度。要以保护产权、维护契约、统一市场、平等交换、公平竞争为基本导向，完善相关法律法规”。党中央、国务院都高度知识产权工作，推动中小企业发展知识产权是中央推动创新型国家建设的重要举措。工信部中小企业局在2018年度工作要点提出将会同知识产权局，在20个城市的多个集聚区进一步实施“中小企业知识产权战略推进工程”，引导中小企业提升和强化知识产权创造、保护和运用的能力。随着中央及地方政府各部门落实中央政策精神相继开展有关工作，中小企业知识产权领域相关政策措施将不断完善，中小企业的创新发展环境有望进一步得到优化。

六、创新创业——持续深入推进

2017年，为进一步增加中小企业创新创业发展活力，中央及地方各级政府持续出台优化中小企业创新创业环境的扶持政策。工信部开展国家小型微型企业创业创新示范基地遴选工作，经专家评审共筛选出103家国家示范基地，引领和示范各地创业创新工作；同时修改完善了《国家中小企业公共服务示范平台认定管理办法》，并遴选了188家国家中小企业公共服务示范平台，进一步完善中小企业服务体系。工商总局出台《关于做好“多证合一”改革工作的指导意见》，提出处理好“多证合一”改革与“并联审批”“证照联办”关系，进一步简政放权，用“减证”推动“简政放权”，同时推动“多证合一”应用场景便利化，以“一照一码”全国通用为目标，推动营业执照跨区域互认工作。商务部、海关总署、税务总局等五部门联合印发《关于促进外贸综合服务企业健康发展有关工作的通知》，明确商务部将加强横向和纵向合作与联动，推动各监管部门信息共享和联合监管；海关总署将继续完善企业信用管理办法，进一步修订和完善综合服务认证标准；税务总局将进一步完善企业出口退（免）谁管理办法，为生产企业申报出口退税提供便利；质检总局将加强企业信用分类管理及创新支持措施；外汇局进一步完善企业贸易外汇收支监管、核查及动态监测措施。此外，地方中小企业各级相关政府部门也纷纷出台政策扶持措施，进一步推动中小企业创新创业进程深入推进，大众创业万众创新的环境持续优化和改善。

2018年，中央及地方各级政府部门将继续推进创新创业政策的贯彻和落实，中小企业创新创业环境有望进一步优化。2018年3月5日，李克强总理在第十三届全国人民代表大会第一次会议上作的《政府工作报告》中提要

“促进大众创业、万众创新上水平”，推动“双创”示范基地建设，进一步鼓励高校科研院所及大型企业开放创新创业资源，推动产学研联动发展，努力构建中小企业企业融通发展的格局。工信部积极落实中央工作部署，已启动“2018国家小型微型企业创业创新示范基地”评比工作，旨在为中小企业创造更好的创业创新基础设施和服务。浙江省在2018年中小微企业工作重点中提出要精心策划举办“创客中国”创新创业大赛，筛选组织优质项目参加全国总决赛。可以预期，随着创新创业系列政策不断完善及相关工作的持续深入推进，“双创”的政策环境将进一步优化，中小企业市场活力和社会创造力有望竞相迸发。

第二十章　2018 年我国中小企业发展趋势展望

展望未来，预计 2018 年随着宏观经济筑底企稳，中小企业内外需有望逐步回升，在纾解融资难、融资贵系列政策的支持下，中小企业融资环境将日趋改善，随着“双创”持续深入推进，经济活力将进一步提升，中小企业的发展形势稳中向好。尽管如此，中小企业发展也面临较多问题：从企业内在看，存在内生动力不够、自身能力不足、信息化基础薄弱、转型手段缺失等短板；从外部环境看，存在成本高涨、融资难融资贵、公共服务薄弱、权益保障不足等制约。因此，还需继续推进体制机制改革，促进大中小企业有效对接，优化“双创”生态环境，补足中小企业发展短板，助力中小企业转型升级。

一、对 2018 年发展形势的基本判断

（一）宏观经济筑底企稳，中小企业内外需有望回升

2017 年我国四个季度 GDP 增长率分别为 6.9%、6.9%、6.8% 和 6.8%，全年 GDP 同比增长 6.9%，这是我国经济增速自 2010 年连续六年下滑后的企稳略升。国际货币基金组织 2017 年《世界与中国经济展望报告》预测，中国 2017 年和 2018 年经济增速分别为 6.8% 和 6.5%，增速仍然在世界主要经济体中名列前茅。在我国供给侧改革不断深入推进的背景下，宏观经济稳中向好态势已开始显现，这意味着，政府着力实施的稳增长促转型、创新驱动发展战略以及简政放权等系列改革措施已经取得了显著成效。

从工业生产来看，全国规模以上工业增加值 2017 年同比增长 6.6%，比 2016 年高 0.6 个百分点。其中，高端制造领域增长势头明显，计算机、通信和其他电子设备制造业增长超过 12%，汽车制造业增长接近 10%，铁路、船舶、航空航天和其他运输设备制造业增长超过 9%，电气机械和器材制造业增

速也接近10%，通用设备制造业增速超过8%，专用设备制造业增长速度超过10%，高端制造各领域增速明显高于工业增加值整体增速。

从服务业发展来看，我国第三产业的发展已经成为推动经济增长的主要动力，服务业增加值已经超过第二产业，这标志我国已经进入到一个以服务业和消费为主体的经济发展阶段，而且这个趋势当前正处于经济转型的发展初期。2017年社会消费品零售增长10.2%，远高于投资的增长水平（7.2%），而且大量新兴消费领域出现了百分之几十的增长率，尤其在信息消费、互联网方面领域增长势头迅猛，说明我国正在进入一个以消费为主的发展阶段。

从进出口发展来看，2017年我国出口同比增长7.9%，进口同比增长15.9%，进出口连续两年负增长的态势得到有效遏制。在国际经济复苏趋势不断增强的大背景下，外需复苏内需企稳，2018年进出口有望继续保持复苏的良好发展势头。从出口外汇储备增长看，2017年12月末外汇储备3.1万亿美元，实现连续11个月持续上升，实体经济企稳为人民币汇率提供了稳定支撑。

2018年，随着“三去一降一补”政策进一步实施和推进，供给侧改革红利将继续释放，困扰我国经济结构调整的深层次问题在供给侧改革的推动下将进一步缓解，宏观经济企稳向好势头有望得以继续保持。在经济基本稳定发展的背景下，外需复苏及内需消费升级将为中小企业产品和服务的升级提供坚实的发展基础，更为中小企业转型发展带来新的增长空间。

（二）融资环境有所改善，融资难题继续得到缓解

2017年，为进一步纾解中小企业融资难题，工信部按照国务院《推进普惠金融发展规划（2016—2020年）》工作部署，全面开展小微企业金融知识普及教育工作，帮助小微企业增加融资知识储备，提高小微企业融资的可获得性。银监会为引导互联网金融支持小微企业健康发展，对线上借贷信息中介机构业务进行引导和规范，推动网络借贷行业健康发展进而拓宽中小企业融资渠道。此外，地方各相关部门也都将纾解中小企业融资难作为工作重点，结合各地实际情况出台融资支持政策措施，对缓解中小企业融资难具有重要的促进作用。银监会的数据显示，2017年全国银行业金融机构小微企业贷款

余额占各项贷款总额的25%，达31万亿元，较2016年底增加4万亿元，同比增长15%，比各项贷款平均增速高出2.7个百分点，小微企业贷款户数达到1521万户，同比增加160万户，小微企业申贷获得率95%，同比增加1.7个百分点，“三个不低于”目标全部实现。

2018年，中小企业融资环境有望进一步改善。随着供给侧改革不断深入推进，实体经济形势日趋向好，互联网金融等新兴融资渠道正在发展成为传统融资渠道的有效补充。银监会开放民营银行牌照进一步推动了普惠金融发展，“三个不低于”政策有效保证了小微企业融资环境将持续获得改善，各地中小企业担保体系在政策的推动下正在不断壮大，中小企业能够获得的有效金融资源正在持续增加。伴随资本市场改革推动多层次资本体系建设，中小企业的融资渠道将更加丰富。综合来看，“融资难、融资贵”一直都是制约中小企业发展的重要难题，但随着实体经济发展环境不断优化，纾解中小企业融资难系列政策措施的效果正在显现，中小企业融资环境有望获得持续改善。

（三）创业创新继续推进，经济活力将进一步提升

2017年国务院在创业创新方面进一步出台了十余项指导性文件，重点在“大众创业、万众创新”示范基地、推广支持创新改革举措等方面继续丰富和完善政策措施，进而全面推动创新驱动发展战略的落实。以创业促创新、以创新带创业的发展格局初步形成，极大地激发了经济活力，使我国成为当前世界主要经济体中活力最强的经济体，创业创新也成为经济转型的重要新动能。为降低企业创业创新成本，财政部会同其他相关部门继续深入推进小微企业税费优惠减免措施，降低中小企业成本，同时为了鼓励企业加大研发投入，企业研发费用加计扣除等政策进一步得到细化和完善，以此推动企业继续提高创新投入。此外，中央及地方其他相关部门继续推动“多证合一”等制度改革，不断推动各部门之间加强信息共享，中小企业创业创新环境进一步优化，“双创”文化已经深入人心。

根据国家工商总局统计，2017年我国创业创新热情继续高涨，每天平均新设企业1.66万户，新设市场主体数量达到新高，成为推动经济转型的重要加速器。截至2017年底，全国实有市场主体达9815万户，其中企业3034万

户（占比31%），个体工商户6579万户（67%），农民专业合作社202万户（占比2%），平均每千人市场主体拥有量达71户，与2016年相比增加7.7户，平均每千人企业拥有量达21.9户，与2016年相比增加3.1户。世界银行公布的《2018年营商环境报告》显示，我国营商便利度在全球的排名2017年较2013年提高了18位，其中开办企业的便利度2017年较2016年提升了34位，尤其“优化注册流程”等商事制度改革措施已经得到世界银行的高度肯定。

展望2018，随着大众创业万众创新文化日益深入人心，中央及地方相关部门“双创”政策将继续丰富和完善，“双创”系列政策经过多年的积累其效果将越发明显。可以预期，在国家“双创”战略的大力推动下，企业的创业创新环境将日益优化，我国经济活力将进一步提升，中小企业有望迎来新一轮的创业创新高潮，转型升级进程有望加速。

（四）发展形势稳中向好，未来发展预期谨慎乐观

2017年中小企业发展形势稳中向好。中国中小企业协会的统计数据显示，2017年中小企业发展指数—宏观经济感受指数稳中有升，从一季度的106上升到四季度的106.2，中小企业发展指数—综合经营指数也从一季度的104稳步上升到四季度的104.5，说明中小企业发展形势整体相对稳定，并逐渐显现出改善向好的发展态势。从成本来看，中小企业发展指数—成本指数从一季度的101.3下降到四季度的101，虽然下降幅度不大，但也反映出各类“降成本”政策正在中小企业层面发挥作用，中小企业的成本负担正在逐渐降低，有利于企业经营效益的改善。

2018年，中小企业面临的国际环境将进一步得到改善，受益于发达国家市场回暖需求大增，中小企业出口有望出现大幅增长。统计显示，2018年2月，我国对外出口同比大幅增长44.5%（美元计价），主要原因是一般贸易出现大幅增长，中国对主要贸易伙伴出口都实现较大幅度增长，从国别的角度看，对欧贸易顺差增长超过90%。中小企业受益于整体出口形式回暖，外向型出口加工类中小企业将面临较好的外需环境。从国内环境来看，中小企业的宏观经济感受和综合经营水平都呈现出稳定向好的趋势，尤其伴随“降成本”等系列政策效果不断显现，中小企业成本负担也开始逐渐降低。总的

来看，中小企业的整体发展形势正处于稳中向好的阶段，未来有望实现稳定复苏。

二、中小企业转型升级面临的问题

随着我国经济发展进入新常态，社会发展进入新时代，国内外形势日趋复杂，市场竞争日趋激烈。中小企业只有转变原有发展模式，坚持创新发展，加快转型升级步伐，才能更好地适应现阶段国内外纷繁复杂的市场环境。因此，转型升级是中小企业未来发展的核心主线，但中小企业转型升级面临内外两个层面问题：

（一）企业内在层面：存在三大短板

一是理念认识不足，内生动力不够。第一，目前我国很多中小企业并没有意识到转型升级的重要性。多数企业只是将转型升级作为一种概念，并未上升到执行层面。第二，很多中小企业不想进行转型升级。企业转型升级、提质增效，需要在前期投入相当的人力、物力、财力，但这些投入产生的转型升级效果难以在短期呈现，也难以评估，这种不确定性使大多数中小企业不愿投入相应的资源进行转型升级。

二是自身能力不足，发展基础不牢。第一，大量中小企业存在着管理不规范，公司治理结构不健全等问题，缺乏转型升级有力的组织和管理保障。第二，由于受到自身条件所限，中小企业缺乏相应的人才和技术，创新能力不足，产品结构单一，产业低端化问题突出，缺乏转型升级的必要条件。

三是信息化基础薄弱，转型手段缺失。第一，信息化应用水平较低。目前，我国中小企业信息化应用主要集中在层次较低的经营管理和电子商务方面，占比分别为27%和25%，对于层级较高的研发设计和产品生产只占到7%和9%。第二，中小企业信息化投入不足，超过50%的中小企业年信息化投入在10万元以下。企业信息化建设是一项周期长、投资大的系统性工程，信息化系统的管理和维护也是一项长期任务，人才、资金等要素不足制约了中小企业信息化建设。

（二）外部环境方面：面临四大制约

一是成本压力高涨压缩企业生存空间。由于受到国际市场变化、经济发展方式转变以及要素市场波动等影响，我国中小企业生产成本不断上升。中小企业成本指数已由2014年的94.3升至2015年的100.08，再跃至2016年的101.48，2017年一直处于101附近。原材料价格上涨、工资社保成本上升、能源资源价格攀升，不断挤压中小企业利润空间，导致部分地区和行业中小企业生存空间不断受到挤压，缺乏自我积累能力，制约转型升级投入能力。

二是融资难融资贵制约中小企业发展。目前，融资问题依然是中小企业普遍反映的首要问题。以作为融资主渠道的银行信贷（占比70%）为例，截至2017年10月末，小微企业贷款余额达到30万亿元，仅占银行业金融机构贷款总额的25%，相对于庞大的企业基数而言仍显不足，大部分企业仍然反映存在融资难题。

三是公共服务体系薄弱制约转型发展。以信息化服务为例，数据显示，54.7%的中小企业未使用过政府提供的相关公共服务。再如，创新载体建设也存在滞后现象，包括基地建设重数量增长，入驻率不高；基地运营模式单一，造血机制不足等。艾瑞数据显示，目前小企业创业基地、众创空间、孵化器、留创园等“双创”基地的主流服务仍然是场地租赁，占比为81.2%。

四是权益保障不足损害公平市场地位。第一，很多行业对于中小企业存在各种准入壁垒。尤其是部分垄断行业，门槛较高，存在一些有形或者无形的限制，制约了中小企业发展，不利于我国中小企业转型升级，增强市场竞争力。第二，营造市场公平环境的法律制度体系尚不完善。例如，大企业利用优势市场地位侵害中小企业利益行为普遍。但在防止大企业损害中小企业合法权益方面，国内尚无专门立法，仅在《中小企业促进法》《民法通则》等中对履约、诚实守信等有原则性表述，对具体行为缺乏具体处罚措施。

三、应采取的对策建议

（一）继续推进体制机制改革，优化中小企业发展环境

继续大力推进体制机制改革，为我国中小企业创造良好的发展空间，释放企业创业创新活力。一是把全面深化改革作为工作的关键动力，通过深化实施“放管服”改革、转变政府职能，推动建立涉企行政事项清单制度，为企业提供良好的营商环境。二是坚持“多证合一”和行政审批制度改革相结

合，按照市场化改革方向，充分发挥市场在资源配置中的决定性作用，实行“多证合一、一照一码”，缩短企业从筹备开办到进入市场的时间。三是在更大范围推进“证照分离”改革试点工作。“证照分离”改革试点在上海市浦东新区首推以来，通过一系列改革措施，有效降低了企业制度性交易成本，取得显著成效。四是加快推进信息共享。各自贸试验区要提前完成接入国家数据共享交换平台的工作，尽快实现跨部门、跨层级、跨区域信息共享。

（二）加强大中小企业对接，构建融通发展新格局

一是完善大中小企业融通发展的顶层设计，建立大中小企业融通发展工作机制，加强对大中小企业融通发展的指导；二是优化发展环境，建立以负面清单、权力清单、责任清单为主体、兜底线、防风险的融通发展管理制度。三是完善激励机制，构建大中小企业融通发展的立体化政策体系，形成政策“组合拳”，鼓励龙头骨干企业将配套中小企业纳入共同的供应链管理、质量管理、标准管理、合作研发管理等，提升协同制造和协同创新能力；四是引导中小企业加强自身建设，建立从产品设计、生产制造到售后服务全过程的质量管理体系，全面提升质量水平，加大研发投入，提高创新能力，培育发展新动能，提升产业链企业协作配套能力。

（三）优化“双创”生态环境，促进中小企业转型升级

深入推进“双创”载体建设。一是坚持政府支持、市场化运作方向。依托具有产业链和创新链资源整合能力的市场化主体建设双创基地，紧紧围绕“双创资源聚合者”“双创服务集成提供者”“双创生态优化者”的角色定位，以基地、空间与入孵企业利益一体化为基础，提升基地服务的积极性和有效性。二是推动小企业创业基地等创业创新孵化行业建立行业协会或联盟，组织制定行业规范，维护市场公平竞争秩序，引导行业健康发展。

加强知识产权保护。一是大力实施中小企业知识产权推进工程，提升中小企业知识产权质量，加强中小企业知识产权保护。二是加强公平竞争和知识产权保护环境建设，为中小企业新技术、新产品、新商业模式等创新权益提供有效的法律保护。三是多元化投入方式，加大资金支持力度。建立以财政科技资金为先导，以让利、奖励等方式撬动和引导金融资本、创投资本和社会资本向科技成果转化领域集聚。

强化创新人才培养。一是开展业务培训和人才培养，提高服务人员的素质和水平。不断提高专业服务人员的比例，优化人才结构，完善激励机制，增强服务能力。二是加强技术与人才交流。组织实施国际中小企业科技博览会，鼓励和引导中小企业积极参与国际科技交流，鼓励和引导中小企业引进国际先进技术和优秀人才，全面提升创新能力，加快转型升级的进程。三是推动科技成果使用处置和收益管理深化改革，扩大股权和分红激励政策实施范围，完善科技成果转化、职务发明法律制度，使创新人才分享成果收益。

（四）重点突破，补足中小企业发展短板

培育"隐形冠军"既是引导我国经济"脱虚向实"的重要突破口，也是实现制造强国目标的有效路径。一是弘扬"工匠精神"，全面提升质量水平。引导中小企业实施精益化管理，建立从产品设计、生产制造到售后服务全过程的质量管理体系，提高产品质量和服务水平；二是推动实施品牌战略，提升品牌价值和海外影响力。将"中国制造"品牌建设列入"一带一路"建设布局中，开展"中国品牌海外推广计划"，重点培育一批知名品牌。为中小企业提供品牌设计咨询、品牌营销培训等，提升品牌管理能力，鼓励"抱团出海"主动参与国际竞争。三是推动传统制造业中小企业与大数据、云计算、物联网等领域的深度融合，利用新技术、新模式变革传统生产、管理、营销模式，培育质量和品牌竞争新优势，激发传统产业新动能。

提升中小企业信息化水平。引导和鼓励中小企业加大信息化投入力度，发挥各级专项资金的作用，对中小企业尝试信息化新应用、新模式给予适当费用补贴或奖励，降低中小企业采用信息化服务的直接成本；加强第三方服务机构服务队伍的建设，提升服务机构的服务质量和水平，依托专业化的第三方服务，推动中小企业信息化建设；推动各地中小企业公共服务平台网络整合信息化服务资源，保障平台网络互联互通，推进信息化服务资源共享，扩展服务功能，提高信息化服务的针对性和实效性；完善中小企业信息化相关政策体系，借鉴欧盟、新加坡等地区财政资金使用方式的成功经验，引导中小企业根据自身需求特点选择适合的信息化服务。

加大对中小企业的资金支持力度。一是加大现有政策执行力度，加强对困扰中小企业间接融资难题的长期追踪，如银行放贷流程繁琐等问题，建立

政策评估机制，完善中小企业间接融资环境；二是继续发挥中小企业发展基金的引导作用，探索有效的国家与地方中小企业发展基金的联动机制，加大对种子期、初创期成长型中小企业的支持力度；三是督促地方政府按照新修订的《中小企业促进法》要求，在财政预算中安排中小企业发展专项资金，加大对中小企业的资金支持力度；四是设立中小企业融资担保基金，加大对担保机构的支持力度，引导担保机构积极服务中小企业、承担风险分担的作用，助力中小企业降低融资难度，纾解融资难题。

产业篇

第二十一章　2017 年我国战略性新兴产业取得的主要进展

第一节　2017 年我国战略性新兴产业发展概况

一、产业规模持续扩大，新引擎作用愈加凸显

2017 年全年规模以上工业战略性新兴产业增加值比上年增长 11.0%；高技术制造业增加值增长 13.4%，占规模以上工业增加值的比重为 12.7%；装备制造业增加值增长 11.3%，占规模以上工业增加值的比重为 32.7%。[①] 在行业营收方面，2017 年 1—7 月我国战略性新兴产业的 27 个重点行业营收同比增长 13.8%，增速比 2016 年同期提高 2.3 个百分点，其中工业部分营业收入增速 13.8%，持续高于规模以上工业整体水平。2017 年全年规模以上服务业中，战略性新兴服务业营业收入 41235 亿元，比上年增长 17.3%；实现营业利润 7446 亿元，同比增长 30.2%。战略性新兴产业上市公司营业收入总额在上半年达到 1.69 万亿元，同比增长 19.8%。在景气指数方面，2017 年上半年战略性新兴产业行业景气指数为 155.2，企业家信心指数为 149.3，较 2016 年同期均大幅回升，企业景气高涨。[②] 2016 年中国数字经济规模总量达 22.58 万亿元，跃居全球第二，占 GDP 比重达 30.3%，以数字经济为代表的新经济

---

① 国家统计局：《中华人民共和国 2017 年国民经济和社会发展统计公报》，2018 年 2 月 28 日。

② 中国工程科技发展战略研究院：《2018 中国战略性新兴产业发展报告》，科学出版社 2017 年版。

蓬勃发展。[①] 数据显示，战略性新兴产业过去五年的年均增长逾15%，是国内生产总值增速的两倍多，战略性新兴产业拉动经济增长的新引擎作用愈加凸显。2015年战略性新兴产业增加值占国内生产总值的比重约为8%，而在2017年末，该比重约为10%。[②]

二、重点领域实现引领性突破，国际竞争力显著增强

我国在新一代信息技术、核电装备、轨道交通、航空航天、海工装备等领域持续突破，在部分领域具有较强的国际竞争力。在新一代信息技术领域，华为推出的全球首个端到端的3GPP 5G预商用系统在第四届互联网大会上荣获“世界互联网领先科技成果奖”，该系统在商用成熟度和产品性能等方面全面达到世界领先水平，为“5G时代”的到来打下坚实的技术基础。2017年6月，由国家并行计算机工程技术研究中心使用中国自主芯片“申威26010”研制的“神威·太湖之光”第三次出现在全球超算500强榜单（第四十九期）榜首的位置，实现三连冠。10月，京东方6代柔性OLED面板产线正式量产，打破了韩国企业在柔性OLED面板市场的垄断格局。在核电装备领域，2017年10月，“华龙一号”国内首台ZH－65型蒸汽发生器研制成功，并在性能上全面达到了国外三代核电蒸汽发生器的先进水平。11月，具有完全自主知识产权、综合技术指标全面达到当前国际先进水平的“华龙一号”首台半转速汽轮发电机成功通过厂内“型式试验”。在轨道交通装备领域，2017年9月，具有完全自主知识产权的动车组列车复兴号在京沪高铁率先实现350公里时速运营，这使我国成为世界上高铁商业运营速度最快的国家。在航空装备领域，2017年11月，我国拥有自主知识产权的新一代喷气式大型客机C919完成首次远距离转场飞行，截至2017年12月，C919已接到国内外订单780余架。按国际适航安全标准研制的第三架ARJ21新支线喷气客机投入商业运营，标志着中国支线喷气客机正向批产化稳步迈进。中国自主研制全球最大水陆两栖飞机AG600首飞成功，填补了我国在大型水陆两栖飞机领域的研制空白。在海工装备领域，“蛟龙号”世界首次完成超6000米深海仪器回收；全球最

① 新华社：《世界互联网大会蓝皮书首次发布中国数字经济规模居全球第二》，2017年12月4日。
② 新华网：《今年底战略性新兴产业增加值占GDP比重将达10%左右》，2017年7月5日。

大的海上钻井平台“蓝鲸 2 号”完成首航，最大作业水深 3658 米，最大钻井深度 15250 米，适用于全球 95% 的深海作业，世界上其他海洋石油装备都不能与之匹敌。在基因检测领域，我国首次成功运用完全自主研发的第三代基因测序仪进行无创产前检测（NIPT）检测，也是目前全球唯一利用单分子测序技术进行临床检测获得成功的案例。

三、创新载体建设成果显著，协同创新体系加速形成

一大批以企业为主体的技术中心、公共技术平台、行业产业联盟等创新载体密集出现，产学研用联合的协同创新体系加速形成。从产业交流平台建设来看，一些旨在推动政产学研用资交流互动的平台相继出现。2017 年 3 月，工信部指导下的产业研究和交流平台——新兴产业百人会成立。新兴产业百人会自成立以来已经举办了北斗产业发展（北京）、石墨烯材料的推广与应用（宁波）、人工智能发展趋势与产业化（成都）为主题的三场专题论坛，并于 2018 年 1 月在深圳举办了“2018 未来产业深圳峰会”，近百位专家、百家媒体和近千位嘉宾参与，在聚合新兴产业发展势能，宣传国家产业政策，搭建企业与金融机构合作等方面，取得了较大的社会影响，促进了政产学研用资的有效互动。[①] 从创新平台载体建设看，京津冀大数据产业协同创新平台启动，该平台将聚焦联合人才培养、人才引进、人才流动与共享、大数据人才创新试点示范等，为区域大数据产业提供人才与智力支撑。国家发展改革委在 2017 年度新审议确定的国家地方联合工程研究中心有 111 家。截至 2016 年 9 月，国家工程实验室 167 家，国家重点实验室约 350 家。其中，四川省自 2013 年以来，创新平台数量每年均以 2 倍以上的速度增加。截至 2017 年 10 月，四川全省国家工程实验室达 6 个，国家企业技术中心达 66 家，国家地方联合创新平台总数达 34 个，省级工程研究中心达 102 个。[②] 而在军民协同创新方面，截至 2017 年 9 月，陕西省全省军工单位与高校和地方企业建立了 26 个国家重点实验室，4 个国家级和 25 个省级工程中心，10 个国家级和 43 个

---

① 新华社：《“2018 未来产业深圳峰会”成功召开》，2018 年 1 月 16 日。

② 国家发改委高技术产业司：《四川省重大创新平台密集布局加速提升创新能力》，2017 年 10 月 18 日。

省级企业技术中心，24 个博士后工作站，20 个国家级和省级技能大师工作室。①

四、产业集聚特征明显，区域协作态势逐步显现

从区域布局看，我国战略性新兴产业已有长三角、珠三角、环渤海和中西部部分地区四大增长极。其中，长三角地区作为我国新兴产业发展的核心聚集区域，上海、无锡、杭州、宁波等城市在物联网、生物医药、石墨烯、海洋工程、云计算等领域拥有较强实力。环渤海地区在航空航天、新一代信息技术、节能环保等领域的发展较为迅速。珠三角地区在发展移动互联网、新能源汽车、节能环保等领域则具有特色优势。根据国家信息中心数据，2017 年上半年景气指数最高的 5 个省份中有 3 个中部省份，分别是安徽、江西和湖南。② 安徽省在人工智能和平板显示领域，江西省在中药制造和通用航空领域，湖南省在数字创意和智能装备领域，都已经形成了在全国具有比较优势的产业集聚发展区。贵州在大数据领域的优势已经成为城市的新名片，江西近年又大力打造虚拟现实 VR 产业基地，目标建立世界级的虚拟现实产业中心。此外，西南地区是我国重要的核电装备制造和硅材料基地，西北地区则集聚了大部分的太阳能光伏发电和风电项目。

表 21－1　我国新兴产业总体布局

区域	重点领域	重点城市
环渤海地区	新一代信息技术、航空航天、海工装备、节能环保	北京、天津、青岛、大连、济南、沈阳、石家庄
长三角地区	物联网、石墨烯、云计算、生物医药制造	上海、杭州、宁波、无锡、南京、常州
珠三角地区	移动互联、新能源汽车、节能环保	广州、深圳、东莞、中山、顺德、惠州、厦门

① 国防科工局：《陕西：军民协同创新体系建设取得实效》，《军民两用技术与产品》2017 年第 19 期。

② 中国工程科技发展战略研究院：《2018 中国战略性新兴产业发展报告》，科学出版社 2017 年版。

续表

区域	重点领域	重点城市
中西部地区	电子信息、光电子、硅基新材料、大数据、新能源（风能、光伏）	成都、重庆、南昌、合肥、武汉、西安、宝鸡

资料来源：赛迪智库整理，2018 年 1 月。

从区域协调性看，新兴产业的区域间协作分工逐步显现。例如，在新一代信息技术领域，珠江三角洲地区主要承担制造职能，形成了多级零部件供应企业。长江三角洲兼具制造和研发职能。在中西部地区，四川省集成电路、软件与信息服务业、北斗导航等领域实力领先。在新能源汽车领域，东北、环渤海、长三角、珠三角、中西部五大片区内都集中分布了整车生产企业，驱动电机、动力电池等核心零部件在空间布局上初步呈现出集聚态势。如在动力电池方面，天津市拥有力神、贝特瑞、比克等动力电池龙头企业，是电池生产的重要基地。上海依托上汽集团等整车企业，在锂离子电池、燃料电池等方面不断加大投入。在驱动电机领域，北京市针对电动汽车专门成立电机企业。

五、顶层设计持续完善，产业发展环境进一步优化

在顶层设计方面，自《关于加快培育和发展战略性新兴产业的决定》于 2010 年 10 月发布至今，仅国务院发布的涉及新兴产业领域的相关文件就超过 26 项（不含各部委），涉及新一代信息技术、节能环保、新能源汽车、生物、装备制造等领域。近年如大数据、人工智能等作为国际竞争焦点、对维护国家安全具有重大影响力的细分产业也上升到了国家战略。2017 年 7 月，国务院印发《新一代人工智能发展规划》，规划描绘了未来我国新一代人工智能发展分“三步走”的战略目标，并到 2030 年使中国人工智能理论、技术与应用总体达到世界领先水平，成为世界主要人工智能创新中心。此外，根据国家发展与改革委员会在 2017 年 1 月发布的《战略性新兴产业重点产品和服务指导目录（2016 版）》，当前我国战略性新兴产业涉及五大领域 8 个产业（相关服务业单独列出）、40 个重点方向下的 174 个子方向，近 4000 项细分产品和

服务。[①]

在地方政策方面，目前全国已有超过20个省份发布了“十三五”时期战略性新兴产业相关发展规划，将战略性新兴产业作为优先重点发展的产业，并持续优化产业发展环境。2017年8月，广东提出优化新兴产业管理模式、完善产业技术创新体系、推动创新成果转化应用、强化产业发展人才支撑、积极拓展新兴产业开放合作、完善投融资政策体系等六个方面共24项政策措施。2017年9月，浙江省出台的《浙江省培育发展战略性新兴产业行动计划（2017—2020年）》提出战略性新兴产业相关财政资金要用于推动产业发展的关键环节，将统筹安排创新强省专项资金，以对战略性新兴产业重大创业创新项目给予支持。同时提出简化各项优惠政策的办理流程，及时解决政策执行过程中出现的问题。[②] 安徽提出将加快组建运营总规模600亿元的安徽产业发展基金，拟加大对种中小企业支持力度。同时，严格考核评估，对重大新兴产业基地、重大新兴产业工程和重大新兴产业专项实行动态调整管理。湖北则安排财政出资400亿元，引导社会资本设立2000亿元左右的长江经济带产业基金，投向战略性新兴产业。

第二节　2017年我国战略性新兴产业发展中存在的问题

一、体制束缚犹在，地方及中小企业发展积极性受困

我国战略性新兴产业仍面临一系列体制机制障碍。一方面，现有地方政府政绩考核机制降低发展新兴产业的积极性。[③] 尽管中央屡次强调政绩考核不能“唯GDP论”，但“财政收入”“工业增速”“固定资产投资”等地区宏观

---

① 《战略性新兴产业重点产品和服务指导目录（2016版）》，国家发改委发〔2017〕1号，2017-10-25。

② 《浙江省培育发展战略性新兴产业行动计划（2017—2020年）》，浙政办发〔2017〕100号，2017-09-07。

③ 中国工程科技发展战略研究院：《2018中国战略性新兴产业发展报告》，科学出版社2017年版。

经济指标在地方政府考核指标中仍然占有很大比重。作为地方经济长期以来的发展思路，要素驱动增长方式依靠成熟产业项目拉动，风险小、周期短、可预期，通过短时间内的大规模要素投入、拉进大项目、引入大企业，便可给地区带来较大经济增量。而战略性新兴产业作为创新驱动的知识密集型产业，往往具有风险高、投入多、周期长等特点，从投入到获得大批经济增量时间较长，且面临较大风险。深圳、北京等战略性新兴产业策源地城市的发展经验表明，在转型初期地区生产总值占比会出现一定时期的下降。当面临短期与长期的利益权衡时，地方政府很难接受因转型升级发展战略性新兴产业带来的地区生产总值增速阶段性下降的风险，进而发展战略性新兴产业的积极性大为降低。另一方面，目前鼓励战略性新兴产业发展的配套机制不完善，大批科技型中小企业融资困难。国有资本受制度束缚，更偏好风险小、周期短、时效快，甚至产能过剩的新兴产业项目，民营企业获得政府给予的科研经费很有限。

二、供给创新有限，创新生态环境仍需健全

创新是战略性新兴产业发展的核心，但目前我国新兴产业发展的供给创新能力有限，创新生态环境尚未健全。主要体现在：一是在创新投入和创新竞争力上跟发达国家相比仍有不小差距，而且我国企业核心技术的自主创新能力依然不强。根据经济合作与发展组织（OECD）的数据，在研发强度（研发投入占 GDP 比重）方面，我国研发强度虽然高于欧盟整体水平，但是仍远低于日本、德国和美国。在创新综合竞争力方面，根据世界知识产权组织发布的《2017 年全球创新指数》，中国创新排名从 2013 年的第 35 位升至第 22 位，是唯一进入前 25 名的中等收入国家。但同作为制造业大国，我国创新指数排名仍远低于美国、英国、德国、韩国、日本、法国、以色列等国家。此外，我国战略性新兴企业在核心和前沿技术的自主研发能力、创新能力依然较弱，科研成果转化率不高，具有核心技术支撑及知识产权的成果缺乏。例如我国在石墨烯领域专利数和论文数分别占全球总量的 40.4% 和 44%，但是能够商业化的成果偏少。重科研轻应用，致使科研与应用严重脱节，对市场的变化和需求敏感度不高，不擅预测、把握不透。而国外则重应用和下游，

技术焦点已经从制备环节转到了应用环节。二是有效供给不足加剧供需结构性失衡。供给需要适应需求，供需双方信息不对称使得供给侧无法满足需求侧的变化，导致中高端供给无法实现（如海外抢购事件时有发生）、低端需求供给过剩，引发供需结构性失衡。三是创新生态环境尚未健全。一方面，市场在创新资源配置方面的作用尚不够强；另一方面，我国新兴产业“双创”发展还面临缺乏融资渠道、社会认可和安全稳妥的社会保障等问题。

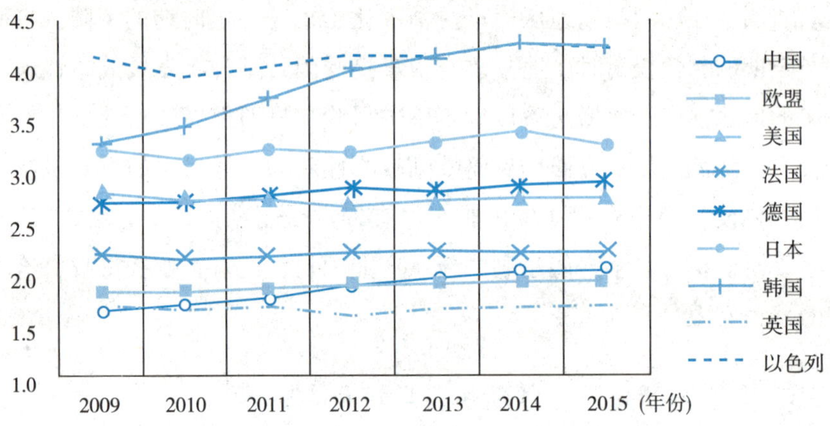

图 21－1　2009—2015 年部分国家和地区研发强度

资料来源：OECD 数据库，2018 年 1 月。

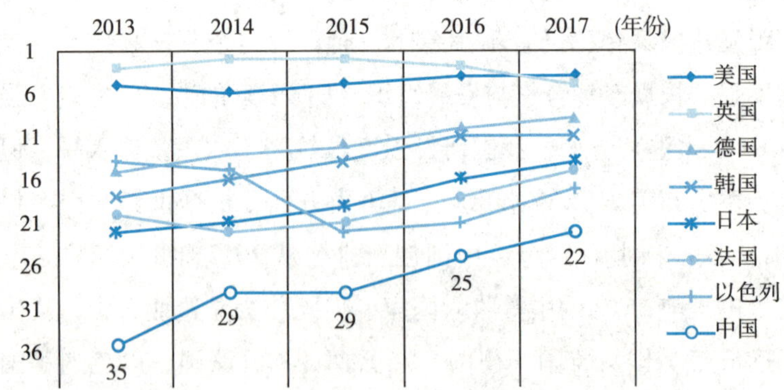

图 21－2　世界主要制造业大国创新指数排名

资料来源：世界知识产权组织，2018 年 1 月。

三、应用推广力度不足，市场制度建设滞后

我国新兴产业面临创新产品供需对接不到位，消费者对新产品接受度不高的问题。例如，目前我国已有相当部分企业的创新产品性能已达到国内、国际领先水平，但新产品、新应用的应用示范欠缺，推广难度大且成本高，市场接受度不高，国内用户不愿意承担使用国内产品的风险。如我国北斗系统景观取得颠覆性突破，但目前的市场占有率仍然较低。目前 GPS 已经形成成熟的市场应用模式，占据了中国卫星导航应用市场九成多的份额。而北斗卫星导航试验系统虽已在渔业、测绘、交通运输等领域得到应用，但在民用领域应用所占的比重仍然较低。此外，我国新兴产业市场制度建设滞后，市场环境跟不上新兴产业领域发展形势。一方面，由于新兴领域发展变化快，新兴产业往往面临制度规范滞后等问题，一些新技术概念被过度炒作和消费，造成大众误区，严重影响产业健康发展。例如，为解决城市交通拥堵出现的立体快巴（巴铁）创意，媒体做了过度解读和引导，在社会上引起不小的争议，严重打击了创新者和投资者的积极性，进而导致发展受挫。新能源汽车、网联汽车等在未来的发展中也可能面临类似情况。而在另一方面，一些新兴行业的相关标准偏低甚至缺乏标准，低端同质化产品竞争严重，同时损害优质创新产品的市场。

四、教育体系滞后，高层次综合型人才难满需要

发展壮大战略性新兴产业的首要资源是人才，但当前我国战略性新兴产业人才供需结构不合理，缺乏产业所需人才储备，特别是高精尖人才。人才问题突出表现在：一是教育培养体系滞后产业发展。当前高等教育培养的人才往往与传统产业相关，而短期内发展前景不明朗的产业缺乏优质的师资和生源。二是高端人才的需求总量缺口较大，人才的供需结构性矛盾较为突出。战略性新兴产业的快速发展需要大量高技术人才作为支撑，而传统产业特别是供给侧改革中产能过剩产业非高技能工人供给过剩，但多领域、跨学科具有领头作用的高素质人才严重缺乏，因此结构性供需矛盾难以在短期内缓解。部分高技术新兴产业行业表现得尤为突出，如目前

人才短缺问题已经是制约我国人工智能发展的最大短板。三是地域差距带来人才资源分布不均衡。京津冀、长三角、珠三角地区人才较集中，为该地区战略性新兴产业发展提供了相对足够的人才支持，而东北、西部等区域人才资源更为短缺。

第二十二章　2018年我国战略性新兴产业发展需要关注的问题

第一节　打造新动能助力工业经济

当前，以知识、技术、信息、数据等新生产要素为核心的新动能正在形成，并日益成为工业增长的新引擎。2016年，我国工业战略性新兴产业增加值增长10.5%，高技术制造业增加值增长10.8%，分别比工业增加值增速高出4.5和4.8个百分点，成为工业经济发展的新增长点。各地在培育壮大新动能方面有许多成功做法，对我国经济实现提速换挡至关重要，值得总结推广。

一、地方发展新动能的经验

以“创”增活力，释放“双创”巨大潜能。各地加大对企业主体的支持力度，完善“双创”服务体系，充分释放创业创新热情。在鼓励企业自主创新方面，湖南大力实施企业技术创新“311”工程，每年组织30项重大关键共性技术研发攻关、开发100项重点产品、推进100项重点专利成果产业化。截至2016年底，累计实现研发投入近20亿元，多项重大装备技术水平超过或接近国外同类产品。在建设“双创”平台方面，深圳依托信息产业优势，推动创新、创业、创投、创客“四创联动”，打造集专业孵化、投融资、种子交易市场于一体的创业广场，成功孵化大疆无人机等知名企业。

以“新”谋转型，积极发展“四新”经济。各地摆脱旧的路径依赖，主动适应新常态，将经济发展思路由资源依赖向集成创新转变。一是突破新技术。湖南中车株机公司研发的DK－2型机车制动系统，打破了国外对我国在制动领域的垄断，增强了国产电力机车的安全可靠性。二是发展新产业。安徽大力发展战略性新兴产业，建设以合肥的新型显示、新能源汽车等产业为代表的14个战略性新兴产业基地，使其成为“调转促”切入点和突破口。三是培育新业态。湖南实施“互联网＋”三年行动计划，围绕装备制造等七大行业，开展互联网融合创新示范试点。夯实互联网基础，建设国家超级计算机长沙中心，共享云计算、大数据服务。四是探索新模式。贵州聚焦大数据产业积极探索数据资源共享开放、数据中心整合利用、大数据创新应用、大数据产业聚集发展、大数据制度创新等新模式。

以“拓”扩需求，拓宽制造业发展空间。各地积极落实国家区域战略，推动要素流动和产业转移，加快区域经济一体化进程步伐。天津设立京津冀产业结构调整引导基金，基金总规模达100亿元，首期10亿元，对接国家发改委牵头设立的京津冀协同发展基金和京津冀产业结构调整基金，服务京津冀先进制造业发展。安徽注重园区承接，探索实践省级产业园、南北合作共建园等新型园区建设模式，按照“产业地图”引进位于产业链关键环节、行业排名前列的龙头企业。四川深化国际产能合作，依托成都国家自主创新示范区，推进中韩创新创业园、中德创新产业合作平台建设，以先进制造业和现代服务业为重点，深化产业国际合作。

以“人”强动力，加大专业人才引培。各地注重人才在培育新动能中的关键作用，引进培育各类人才，加快形成高素质人才队伍。一是引进管理人才。宁波深入实施“3315”“泛3315”海内外高端人才引进计划，全力引进高端创新人才。围绕智能经济等新经济领域培养新一代企业家，连续实施宁波“创二代”提升计划。二是激励技术人才。重庆建立健全人才引进、认定和奖励的市场化机制，对引进的高层次人才按用人单位实际年薪一定比例给予一次性奖励，激发广大科技人员创新热情。三是培育技能人才。湖北通过省委组织部、省人社厅联合开展“楚天名匠”评选工作，省总工会、省人社厅、湖北日报、湖北广播电视台联合发起“荆楚工匠”选树活动等方式，大力培育职业工匠人才。

以“改”促调整，加快新旧动能接续转换。各地以供给侧结构性改革为抓手，盘活资源，精准供给，全面调整供需错配。湖南着力推动企业存量资源与新需求对接，对资金、土地等各类资源进行优化，鼓励工业企业盘活闲置厂房，挖掘存量价值，推动产业升级。广东把处置“僵尸企业”作为化解产能过剩的“牛鼻子”，通过建立“僵尸企业”数据库，实现精准识别与分类处置，不断提高供给体系质量和效率。深圳将管理方式从重事前审批向重视事中事后监管、从管主体向管行为、从强调政府监管向政府监管与社会监督并重三个方向转变。下大力度打造“审批最简、管制最少、服务最优”的城市，最大程度鼓励新动能发展。

二、几点启示

加快完善培育新动能的制度环境。坚持市场主导、政府引导的原则，建立健全公平竞争的市场环境。建议各相关部门加快完善多层次资本市场，鼓励企业主体加大创新投入，给予更大的优惠。加强知识产权市场建设，加快完善适应新业态新商业模式的知识产权保护办法，保障创新者的经济权益。健全人才激励机制，充分激发人才在新动能培育中的作用。

引导地方因地制宜实现差异化发展。目前部分省市在培育新动能的过程中，存在一定的盲目跟风现象，与本地实际情况结合不够紧密，已经出现了重复建设的苗头。建议充分结合地方的资源禀赋，鼓励和引导各地加快构建具有自身特色和优势的新型制造业体系。同时，引导地方在规划编制中聚焦自身的优势领域或者产业链的优势环节，集中力量，实现重点突破。

鼓励试点示范地区和企业先行先试。在探索新路径新模式的过程中，地方政府进行了很多有益的尝试。建议继续深入推进智能制造、产融结合、消费品工业“三品”战略等部分领域的试点示范工作，鼓励地区和企业侧重关注新技术、新产业、新业态、新模式等内容，推动新动能的发展。鼓励试点的地区、企业大胆搞创新，探索新常态下制造业转型升级的新模式。同时做好试点实施的跟踪评估和经验总结，梳理一批可在全国推广的切实可行的政策举措。

总结可复制可推广的经验模式。在培育新动能的过程中，一大批优秀的地区、企业和项目脱颖而出，成为行业标杆和榜样。建议把这些典型案例汇编成册，联合宣传部门，发挥报纸、广播、电视和新媒体的力量，对这些成功典范进行多渠道宣传报道，通过经验推广达到点上开花面上结果的效果。

第二节　推动制造业和互联网深度融合

随着制造强国、网络强国战略的深入推进，互联网基础设施不断完善，云计算和大数据等新一代信息技术正在逐步成熟。制造业和互联网的融合不断加深。我部在促进两化融合、激发“双创”、培育新模式新业态等方面已初显成效，同时也暴露出配套政策相对滞后、部分地区存在盲目跟风现象等问题。现将有关情况报告如下：

一、推动制造业和互联网深度融合的成效

（一）两化深度融合水平不断提高

一是智能制造工程取得积极进展。发布了《智能制造工程实施指南（2016—2020年）》，开展了226个智能制造标准化实验验证和新模式应用项目，总投资343亿元；遴选了109个智能制造试点示范项目，初步摸底，试点示范项目生产效率平均提升30%以上，运营成本平均降低超过20%。二是行业、企业信息化步入集成应用新阶段。积极推动“互联网+制造业”，目前大中型企业数字化设计普及率提高23.5%，重大产品和成套装备智能化水平明显提升，主要行业关键工艺流程数控化率超过70%。两化融合管理体系贯标试点企业在协同研发、精益管理、风险管控、供应链协同、市场快速响应等方面的竞争优势显著提升。三是工业互联网建设步伐加快。成立工业互联网产业联盟和工作推进组，发布我国首个工业互联网战略文件《工业互联网体系架构（版本1.0）》，支持10家企业开展工业互联网创新应用示范，支持中国信通院、潍柴、中国电信等单位开展工业互联网标准验证和新模式应用试点。

（二）制造业能力取得明显进展

一是企业创新主体地位得到提升。工信部联合财政部认定了425家“国家技术创新示范企业”，其中一批企业研发经费投入强度已超过10%的指标要

求，在组织实施的科技重大专项中，企业牵头，联合科研院所、学校承担的课题数占70%以上。二是一批重大标志性项目取得阶段性成效。工信部联合发改委推动《实施制造业升级改造重大工程包（2016—2018年）》，2016年第一、二批专项建设基金支持智能化改造、基础能力提升、高端装备创新等11个领域342个项目，总投资超过8000亿元，一批关键技术取得突破。如无模铸造成形机获得18项国际专利，并在800个企业推广应用。三是制造业创新中心建设开展了有益探索。出台《关于完善制造业创新体系，推进制造业创新中心建设的指导意见》，推动实施制造业创新中心工程。首家创新中心——国家动力电池创新中心已经正式挂牌成立，国家增材制造创新中心建设方案也已通过论证。支持地方打造区域制造业创新平台，目前已培育建设了19家省级制造业创新中心。四是标准品牌建设取得新进展。党的十八大以来，累计发布了1.1万余项行业标准，推动云计算安全框架等97项提案成为国际标准。培育了60家知识产权运用标杆企业，确定了172个质量标杆，在75个产业集聚区开展了区域品牌试点建设。

（三）新业态新模式培育成效显著

一是服务型制造和生产性服务业有序推进。会同国家发展改革委、中国工程院共同印发《发展服务型制造专项行动指南》。开展“服务型制造万里行”系列活动。启动服务型制造示范遴选活动。履行部内生产性服务业牵头司局职责，做好统筹协调，推进生产性服务业向专业化和价值链高端延伸。二是工业设计支持力度加大。以国家级工业设计中心创建为抓手，全面推动工业设计发展。支持河南等地利用产业转移对接平台，加快工业设计中心和制造业企业的融合对接。三是工业领域电子商务发展取得初步成效。初步建立覆盖全国、各省市、各行业的工业电子商务统计监测分析体系，监测企业数量突破700家。推动工信部电子一所联合阿里巴巴等30家单位发起成立工业电子商务创新发展联盟。

二、面临的问题

（一）制造业企业缺乏变革勇气，体制机制改革力度仍待加强

在实地调研过程中，发现一些制造企业或对互联网创新理解不够，缺乏

自我变革的勇气，难以开放共享。或对互联网思维认识盲目，对两化融合的概念模糊不清。需要通过加大改革力度，创新方式，变革组织方式来激发实施动能。此外，虽然当前制定出台的规划、行动方案和政策不少，但针对性和实用性不够。如各级政府为引导制造业发展，设立了各类产业发展基金。但这些产业基金按市场化基金模式运行，为追求收益和防范风险，对投资项目设立了过高门槛，操作过程烦琐，决策周期也过长，总体运作不够理想，没有发挥政府资金引导作用。

（二）地区、行业之间信息化水平参差不齐，配套政策落地相对滞后

在推进制造业和互联网深度融合的过程中，由于不同地区、行业、制造业企业之间信息化水平差距明显，虽然有海尔、九江石化、潍柴动力等企业涌现，但实际上大部分地区和行业仍处于以初级或局部应用为主的阶段，很难形成通用的创新推广路径。在政策的制定过程中，虽然规划、方案出台的比较密集，但后续的配套资金、扶持政策相对滞后，政策“最后一公里”的问题没有解决。特别是一些资金扶持、税收减免、融资支持政策，中小民营企业普遍反映享受不到。有一些政策在具体的执行落实层面和企业需求脱节。

（三）新兴产业存在盲目跟风的苗头，存在高端产业低端化的隐患

在推进智能制造、发展新兴产业过程中，部分省市忽视本地实际情况，存在盲目跟风现象。由于缺乏专项规划的布局指导，部分产业已经出现了一些重复建设的苗头，比如很多地方都形成了发展机器人产业的热潮，短短几年间全国已建成或在建的机器人产业园就超过 40 个，还有大量机器人产业园在筹备中。同时，很多地区没有核心技术和关键零部件生产能力，盲目发展新兴产业，仅停留在组装、仿制阶段，出现高端产业低端化现象。

三、相关建议

（一）加强统筹协调力度

推进制造业与互联网深度融合是一个长期和复杂的过程，需要调动各方面资源力量广泛参与、共同努力。一是抓好部门统筹。积极推动各相关部门按照任务分工，抓紧制定出台针对性、操作性强的配套政策措施，比如金融

政策、土地政策等。进一步加强各部委之间的重大项目库对接，共同推动落实重大项目。二是加强上下联动。将智能制造工程等重大工程、项目和政策进行年度分解，明确工作重点，引导地方发展方向。加快构建重大产业工程布局工作机制，统筹协调地方规划、工程的落实进展。通过签署新一轮部省战略合作协议，进一步发挥地方工作的积极性和主动性，推动部省合作取得成效。三是推进区域协同。配合落实东部率先发展，中部崛起、西部大开发及东北振兴四大板块和“一带一路”、京津冀协同发展和长江经济带发展三大战略的工作部署，尊重产业集聚自身规律，发挥其带动扩散作用，打造特色产业区域，培育一批带动区域协同发展的经济增长极。

（二）聚焦重大工程

重大工程是推进落实《中国制造 2025》的重要抓手，也是推进制造业与互联网深度融合的重要途径。在制造业创新中心建设工程方面，要加快推进机器人、电子信息、新材料等领域创新中心建设，指导和推动省级创新中心的建设工作。在工业强基工程方面，要继续组织实施“一揽子”重点突破行动，着力实施“一条龙”应用计划，完善产业技术基础体系，加强产业技术基础公共服务平台建设，促进整机（系统）和基础技术互动发展。在智能制造工程方面，要加快培育离散型智能制造、流程型智能制造、网络协同制造、大规模个性化定制和远程运维服务等新模式，突破增材制造装备、智能传感和控制装备等关键技术装备。在绿色制造工程方面，要推进绿色制造体系建设，继续组织开展绿色制造系统集成，加快推动传统制造业绿色化改造示范，实施生产过程清洁化、水资源利用高效化和基础制造工艺绿色化改造。在高端装备创新工程方面，要围绕重点领域，研发一批关键系统和核心部件，实现一批关键装备自主可控，突破航空发动机及燃气轮机、高档数控机床、先进农机装备和高端医疗器械、深远海海洋工程装备等重大装备。

（三）抓好试点示范

开展试点示范是一种较好的工作机制，降低风险的同时，也有利于探索新路径新模式。一是继续抓好各项试点示范工作。继续深入推进《中国制造 2025》试点示范城市创建，以及智能制造、产融结合、消费品工业“三品”战略等部分领域的试点示范工作，鼓励试点的地区、企业大胆搞创新，探索新常态下制造业转型升级的新模式、同时做好试点实施的跟踪评估和经验总结，梳理和复制推广一批可在全国推广的切实可行的政策举措。二是通过试点示范促进各地差异化发展。工信部按照“给予比较优势、促进错位发展、推动部省合作”的原则，抓紧研究制定《中国制造2025分省市产业指南》。在推进试点示范工作的过程中，将把相关政策、项目、资金与分省市指南挂钩，力求形成因地制宜、特色突出、区域联动、错位竞争的发展新格局。

（四）注重宣传推广

进一步营造有利于制造业发展的社会环境。一是组织开展深入学习和讨论。会同中央组织部、国家行政学院等单位，举办干部培训班等，围绕《中国制造2025》和“互联网+”开展深入学习。发挥制造强国战略咨询委的作用，开展各种论坛、研讨会为培育壮大实体经济发展动能出谋划策。二是加强经验总结和宣传报道。在落实“中国制造2025”“互联网+”的过程中，一大批优秀的地区、企业和项目脱颖而出，成为行业的标杆和榜样，要把这些典型案例汇编成册，联合中宣部，发挥新华社、电视台和新媒体的力量，对这些经验和典范进行多种渠道的宣传报道。

第三节　推动北斗卫星导航产业高端发展

作为全球范围的时空基准基础设施，卫星导航系统已成为一个国家综合实力的重要标志。联合国卫星导航委员会认定的全球四大导航系统供应商分别是美国的GPS、俄罗斯的GLONASS、欧盟的GALILEO和我国的北斗卫星导航系统。自2012年北斗卫星导航系统正式提供民用区域性服务以来，北斗产业发展如火如荼，北斗民用领域示范和推广、政策性支持文件都极大推进了北斗行业的应用。但是，我们必须保持清醒认识，目前北斗民用领域的市场推广效果并不理想，必须防止产业发展陷入“同质低端竞争”的困境。

一、北斗产业从军用领域向行业示范应用、民用领域延伸发展

（一）北斗逐步从军用市场向行业示范、民用市场拓展

北斗在军用领域的应用最为成熟，大部分北斗产业上市公司业务主要集中在军用市场，军队及公安部门的订单是此类企业业绩增长的主要驱动力。行业示范应用主要集中于国家政策扶持的公共领域，比如，交通运输、精准农业、电力、航海、测绘等领域。随着各地北斗示范工程的实施，该应用领域处于快速增长阶段。北斗在民用领域目前仍处于开拓阶段，民用市场规模仍然较小，主要集中于车载导航终端、LBS 服务等领域，上市公司包括四维图新、合众思壮、北斗星通等。

（二）民用领域北斗技术逐步走向成熟

随着北斗高精度位置技术的不断完善，以及“北斗 +”与其他技术的融合发展，民用领域北斗技术逐步走向成熟。一方面，随着高精度位置服务基础设施的完善，当前全国高精度地基增强系统一张网试运行，可分别提供厘米级高实时定位和亚米级高动态实时定位，事后静态定位可达到毫米级，这将进一步推动物联网、人工智能、大数据、智能汽车、高精度地图等应用领域的发展。另一方面，随着芯片小型化、低功耗、低成本、射频基带一体化等技术的发展，以及卫星导航 IP 核与移动通信等领域的广泛集成，目前已涌现出了北斗魔盒、北斗时空表、北斗约车、北斗放牛、北斗菜、货车帮等新产品，华为、小米手机也采用了北斗 IP 核，北斗正在逐步走向大众应用，服务大众生活。

（三）北斗相关政策逐步深化到实际应用层面

北斗相关政策也由支持传统的军用逐渐向行业示范应用、民用方面推进。从区域示范看，长三角、珠三角、京、陕、湘、贵、鄂、苏等 18 个区域示范正在全力实施。比如，北京已将北斗导航技术作为车辆管理的技术标准，《“中国制造 2025”北京行动纲要》中也将北斗导航产品纳入高精尖产品。从行业示范看，交通运输、海上运输、气象、渔业、公共安全、民政减灾救灾、林业等 11 个行业已开展北斗项目示范。比如，在交通公路运输行业示范工程

的带动下，全国已经有超过300万辆营运车辆安装北斗兼容终端并接入全国平台，形成了全球最大的营运车辆动态监管系统，建立了包含测试、审查、数据接入、管理、考核等一整套营运车辆动态监控管理体系，加强了道路营运车辆监控效率，提高了道路运输安全水平。

二、北斗产业的发展困境在于市场推广应用难

（一）北斗民用领域的系统顶层管控缺失

在北斗民用领域，目前我国还没有国家层面的归口管理部门，处于国家发改委、科技部、工业和信息化部、交通部、农业部、环保部等多头管理状态。我国北斗民用领域顶层架构和设计不清晰，不仅对北斗民用产业的整体规划、发展战略的制定有着不利影响，也造成了北斗民用领域的行业标准化建设严重滞后，致使北斗系统关键器件的生产和采购无法集中，设备维护不便、相互不兼容，进而阻碍了北斗系统的规模化应用推广。目前北斗应用局限于孤立的运营服务子平台，面向大众应用的综合运营服务平台尚未建立，不能有效满足大众及行业用户的多样化应用需求。

（二）关键芯片技术研发存在瓶颈

北斗芯片是北斗产业的核心，产业链的上游是导航定位芯片，包括射频芯片、基带芯片、数据处理芯片等。目前我国卫星导航芯片市场95%的份额被美国占据，核心技术的知识产权也被美国占有，国内大部分企业研发此类多模导航芯片还处于起步阶段。从我国芯片企业数量看，目前国内做北斗芯片的企业有上百家，有10余家北斗芯片企业进入国家专项。一些原来做软件、终端、平台等相关产业的企业，借助国家和地方政府的政策、资金支持，也转向北斗芯片领域。但专利技术多集中在硬件部分及信号处理方面，在核心的定位算法和终端设备方面，主要还是由国外企业主导。因此，一定要防止北斗芯片低水平竞争致使产业环境恶化的现象发生。

（三）产品应用未形成差异化竞争优势

随着穿戴设备、智能制造及其他智能硬件的兴起，“北斗＋”大众应用蓬勃发展。但北斗民用产品大都集中在车载终端、船载终端、养老、校园卡等

领域，同质化现象突出。在应用领域，专业应用领域市场容量趋于饱和，大众应用市场还需挖掘。大部分北斗企业都是跟随和仿照 GPS 应用，缺乏市场开拓和产品创新。我国已经启动的应用示范项目多属于专业应用领域，市场容量有限，难以承载大量的北斗企业。例如，传统的测量市场已经趋于饱和，地理信息装备销售每年保持 4 万—5 万台。亟须在位置服务、公众出行、智能交通、物流监控、综合调度、应急救援等细分领域，深度挖掘用户需求，开发新的应用服务与盈利模式。

（四）存在规模误区和发展误区

北斗产业发展目前还存在一些误区。一是规模误区。一些地方政府给予北斗产业园区“输血式”的支持政策，导致了盲目拼规模、跟风建设等问题。但实际上，北斗产业本身规模不会太大，其关键在于不同领域的推广应用，体现的是对于其他行业的服务价值，不能盲目跟风简单设定规模目标。二是发展误区。有不少地区和部门认为，北斗民用领域发展应以企业为主导，但从美国 GPS 发展经验看，政府战略有着不可替代的引领作用。美国把推动 GPS 民用上升到了国家战略层面，由高到低出台一系列政策措施，极大地促进了 GPS 系统在世界范围的应用。美国在《美国法典》中加入了“卫星定位系统”“建立全国差分全球定位系统”“推广美国 GPS 标准”等章节，以总统令的形式发布了《天基空间定位、导航和授时（PNT）政策》，并颁布了《国家空间政策》等，这对 GPS 的全球化发展起到了至关重要的作用。

第四节　破解人工智能监管的难点

近年来，人工智能发展迅猛，国外有 Google、Intel、微软、苹果、特斯拉，我国有百度、腾讯、阿里巴巴等，这些企业纷纷通过自主研发、收购兼并等途径进入人工智能领域。新一代人工智能产品具有高度的自主性、自学习及适应能力等特征，给政府监管带来了新的挑战，传统监管模式已无法很好地适应其发展需求，监管难点主要体现在产品应用的后果与风险预判难、事后责任归属确定难、事前安全风险源管控难等方面。比如，自动驾驶汽车的事故判定与归责等。在多国人工智能产品监管做法研究基础上，总结出以下几点经验：一是将人工智能安全监管提升至战略高度；二是采取渐进创新方式确保监管规则连续性；三是为人工智能产品施加“人工道德”约束；四是引入自我终结机制防范系统性失控风险。对我国加强人工智能监管有以下五点建议：对人工智能持包容态度，采取渐进式监管创新；建立安全标准与规范，明确安全责任体系；根据学习与适应能力，实现监管边界动态化；限制自主决策度，提升人们对智能产品的信任水平。

一、人工智能产品监管的主要难点

（一）产品应用后果预判难

随着计算能力的不断攀升，人工智能可以计算大量的可能性，其选择空间往往大于人类，它们能够轻易地去尝试那些人类以前从未考虑的解决方案。换言之，尽管人们设计了某人工智能产品，但受限于自身的认知能力，研发者无法预见其所研发的智能产品作出的决策以及产生的效果。如果其效果与人们利益保持一致，便不会引发人们的担忧。然而，基于深度学习技术的新一代人工智能产品大都具备自学习能力和自适应能力，如果放任自流，难以保证其行为结果与大众期望利益始终一致。Google公司曾研发出一款智能数码相册软件，该智能产品在经过有监督的学习后，会把那些黑色皮肤人群识别为大猩猩，这表明人工智能产品存在的“种族歧视”问题。

（二）事后确定责任归属难

人工智能产品一旦出现安全问题，划分责任归属可能会异常复杂，主要有以下原因：一是由于人工智能系统通常借助虚拟社区（如Github开源平台）进行协同研发，开发过程中可能会用到许多其他人开发的组件，数量众多的潜在责任人给权责划分带来了困难。二是大多数人工智能产品的内部运作并不透明，多数企业尚未公开其智能产品的源代码、训练数据及测试信息等，从而增加了监管部门确定责任归属的难度。例如，训练人工智能模型时需要招募大量的人员（通常采用众包模式）来对数据集进行标注，然而这些群体往往具有根深蒂固的偏见，从而导致人工智能产品携带了某特定群体的偏见。三是许多人工智能产品在设计之初，便包含了诸多不受控机制（如后天自学习、自适应能力），一旦出现事故，大量法律灰色地带给企业推诿责任带来了便利。2016 年 5 月，特斯拉 S 型电动轿车在开启 Autopilot 辅助驾驶模式下发生撞车事故，这起事故判责存在严重分歧，特斯拉公司、用户、传感器生产商 Mobileye 公司各执一词。

（三）安全风险源管控难

新一代人工智能的高度自主化特征可能造成人类难以预见的风险，加上人工智能产品研发过程较为分散和隐蔽，增加了事前监管措施（比如，风险点监测和预警）的难度。一是人工智能研发所需的物理设备较少，一些研发人员可以租用弹性计算服务来训练人工智能产品，由于不具备物理可见性，监管部门发现危险源的困难程度大大增加。二是研发主体极为分散。由于开源技术的日积月累，普通大众借助个人电脑或智能手机就能完成具有特定功能的人工智能产品开发，这意味着潜在危险源极为分散。

二、各国对人工智能产品监管的做法与经验

（一）将人工智能安全监管提升至战略高度

2016 年美国发布的《美国国家人工智能研发战略计划》中第四项战略即为“确保人工智能系统的安全”。它提出通过采取一系列措施，比如增强人工智能的可解释性和透明度，构建信任体系，增强可验证与可确认性，以保护人工智能系统免受攻击，从而实现长期的人工智能安全和优化。2016 年 10 月，英国科学和技术委员会发布了关于人工智能和机器人技术的报告，呼吁政府应介入对人工智能的监管，通过建立监管体系来保障人工智能技术更好地融入社会经济，并产生符合人们预期的效果。英国政府试图在监管过程中引入人工智能技术，以增强监管的适用性，从检验和确认、决策系统的透明化、偏见最小化、隐私与知情权、归责制度与责任承担等方面，加强对人工智能安全性的管控。

（二）采取渐进创新方式确保监管规则连续性

美国政府在自动驾驶领域采取渐进式监管创新，在许可颁布、自动驾驶汽车设计、驾驶系统等方面都制定了过渡性监管规则。例如，2014 年 10 月，

美国加州车辆管理局将29张自动驾驶汽车公共道路测试许可证分别颁给了谷歌、戴姆勒、大众三家公司，获得许可的条件之一就是人要能够随时接管汽车。2015年12月，加州车辆管理局要求所有自动驾驶汽车的驾驶座上必须始终乘坐一名拥有驾照的人士，并要求汽车在设计方面必须具备方向盘、油门踏板、制动踏板等操控装置，以便车主在自动驾驶汽车系统操控失误时能够随时接管汽车。2016年3月，美国高速公路安全管理局（NHTSA）称Google自动驾驶汽车符合联邦法律，并且规定司机可以是自动驾驶系统，而不是人类。

（三）为人工智能产品施加"人工道德"约束

目前，Google、微软等公司已在其内部设置了人工智能伦理委员会。太空探索技术公司（SpaceX）首席执行官埃隆·马斯克也于2015年底成立了人工智能非营利组织OpenAI，试图通过开源开放预防人工智能可能带来的灾难性影响，推动人工智能发挥积极作用。2016年6月，Google和OpenAI联合发布了五条人工智能定律，目的是为人工智能提供一个有效的行为约束，以使其不会在有意或无意中做出危害人类的事情。2017年2月，马斯克、霍金等人连同数百名研究人员、科技领袖和科学家联名表示，支持人工智能应该在生产力、道德和安全领域遵守的23条基本原则，从而确保人工智能为人类利益服务。

（四）引入自我终结机制防范系统性失控风险

人工智能最大的威胁是当前人类尚难以理解其决策行为，存在未来失控的风险，而一旦失控则后果严重。正如衰老机制是内嵌于所有生命体中的必然，人工智能应该也存在自我毁灭机制，其否定该机制等同于否定其自身存在。2016年，Google公司提出要给人工智能系统安装"切断开关"的想法，相当于在其内部强制加入某种自我终结机制，一旦常规监管手段失效，还能够触发其自我终结机制，从而使其始终处于人们监管范围之内，能够防范系统性失控风险。

三、对我国加强人工智能监管的对策建议

（一）对人工智能持包容态度，采取渐进式监管创新

人工智能在对经济社会产生巨大促进作用的同时，其存在的潜在风险不容小觑。在迎接人工智能时代到来时，采取渐进方式进行监管创新，以确保监管规则的连续性。对于自动驾驶汽车，采取包容的监管态度，在试点示范中逐步探索规范相关领域产品、服务及安全标准，倡导企业自律和社会监督。例如，英国政府提议将将汽车强制险的适用范围扩大到自动驾驶模式，在驾驶者将汽车控制权完全交给自动驾驶系统时能为其安全提供保障。

（二）强制披露智能产品安全信息，建立安全责任体系

为了保障人工智能产品效果与设定的目标一致性，确保人工智能产品的安全可控，监管部门对人工智能研发者应进行认证审批，强制要求其公布或提供与人工智能产品相关的安全信息，比如源代码、训练数据集、第三方测试结果等。在安全责任体系方面，可以从人工智能系统的开发者、生产者、销售者、使用者等角度，进行责任体系的设计。例如，经过合法审批的开发者、生产者等将承担有限责任，而未经过审批的开发者将承担无限责任。用户在使用人工智能产品时，应遵守用户使用准则，如存在不当使用，用户也将承担一定责任。

（三）根据学习与适应能力特征，实现监管边界动态化

由于人工智能产品通常都具备自主学习和适应能力，现有监管方法难以适用于不断进化的人工智能系统，监管部门应当根据人工智能系统源代码，以及人工智能在测试环境的表现，从学习力、适应力等角度，对人工智能系统进行定期界定，判断其进化速度和所达到的程度，进而实现人工智能的监管边界动态化，使人工智能处于可控、安全的发展范围之内。

（四）掌握关键决策权，提升人们对智能产品的信任水平

为了提高人们对人工智能产品的信任度，限制其自主度和智能水平是有必要的，至少要让人们在心理上认为其拥有对人工智能产品的主导控制能力。一些传统装备（如高铁、飞机）虽然在速度上已经实现超越，但人们并不认

为它是不安全的，因为人们对这些装备的自主决策度受到人们的限制，人们在关键决策上仍占据绝对地位。建议根据不同领域特点，定向发挥人工智能的某项特定优势或技能。比如，让数据分析处理等能力成为人们辅助决策的工具，但最终的关键决策权仍需掌握在人们手中。这也是当前阶段提升人们对人工智能产品信任度的关键。

第五节 发展众包研发助力产业升级

很多企业采取将研发任务交给大众完成的众包研发模式，该模式可促进企业有效利用外部创新资源，缩减创新投入和风险。应着力构建众包研发应用场景的关键点，聚焦竞赛、社区生产、知识管理及碎片整合四大场景，完善知识产权许可制度及信任机制，强化众包平台的创新供需对接功能，搭建激励体系，推动众包模式更好助力产业升级。

一、众包研发的典型应用场景

（一）众包竞赛场景：挖掘跨领域创新潜力

众包竞赛场景为企业利用互联网发布任务需求，明确竞赛的截止日期、奖金池、奖励方式等，大众自由决定是否参赛。该场景有利于突破原有的知识体系和框架，产生跨领域颠覆式创新。Merck 制药公司曾在 Kaggle 众包平台发起预测药物活性挑战赛，奖金达 40000 美元，全球 238 个团参赛队根据 15 种药物数据预测其生物活性，提出 2500 多个解决方案，经评选，多伦多大学的 5 人研发团队最终胜出，该团队采用机器学习算法，突破了药企一直沿用的不同种类化合物的穷举测试方法。ImageNet 则是每年举办大规模视觉识别挑战赛，Alex 等应用深度卷积神经网络将机器图像识别的错误率由 26% 降至 15.4% 。在众包竞赛的推动下，近年来更为有效的深度学习构架相继被提出，2016 年 ImageNet 大赛冠军解决方案的图像识别能力已超越人类。

（二）社区生产场景：大众生成内容和消费

社区生产场景为大众生成内容并消费产品，以 Threadless 众包服装生产为例，参与者在平台下载T恤设计模板和设计软件，并将设计方案提交给平台，由平台组织大众对设计方案的潜在购买意愿进行投票，排名前五的方案将交付制造厂商生产并在每件T恤上标明设计者名字，设计者还可获得2000美元现金和500美元奖品。如果该版式T恤因畅销再次交付生产，设计者还能获得每轮500美元的现金奖励。加拿大采矿公司Goldcorp曾举办“虚拟探矿挑战赛”，该公司利用真实矿区数据在互联网上构建虚拟矿区平台并公开勘探过程，大众可在平台上下载软件和数据库进行虚拟探矿，最终1400位参赛者标示出110多个勘测目标，其中有50%的目标从未被发现，探明的黄金储量超过800万盎司。

（三）知识管理场景：降低公共管理成本

知识管理场景为公共管理部门借助大众智慧创新公共管理，进而提升公共服务水平。为鼓励公众参与专利审查，美国专利商标局与纽约法学院于2007年联合推出“公众专利评审”平台，在获得专利申请人同意后，专利申请文档被上传至平台，在公众评议期间由公众组成的审查小组进行审查。为挖掘公共数据价值，美国华盛顿哥伦比亚特区曾举办“民主应用程序大赛”，在向参赛者公开城市公共数据后获得超过47款应用程序。本次挑战赛预算仅5万美元，如果委托企业开发，成本将达到220万美元。2014年，北京市在政务数据开放的基础上，举办了一次政务数据资源网应用创意大赛，103支参赛队伍提出86个创意方案，涉及公益、健康管理、公用交通及招生就业等多个领域。

（四）碎片整合场景：汇聚大众闲置精力

碎片整合场景将问题分解变换形式后，利用大众碎片化的闲置精力予以解决。一是将问题嵌入人们的日常活动。reCAPTCHA平台将验证码图片替换成待识别字符，在用户需要输入验证码时分别显示两个词，一个是系统已知答案的，另一个是需要借用人类识别能力去辨识的，只有用户把系统已知答案的字符输入正确，平台才会记录另一个字符的辨识结果。reCAPTCHA利用这种模式在几个月内便完成《纽约时报》百年存档古籍的数字化工作。Google也采用这种模式解读那些难以通过机器辨识的地图街道名及号码。二是将问题变换成一个大众易于上手的小游戏，参与者在零碎时间玩游戏的同时也为科学探索贡献力量。Foldit 把探寻 RNA 三维形状实验设计成一个面向大众的游戏，参与者在玩游戏时也在远程执行真实的实验，验证 RNA 分子折叠理论的相关预测。

二、构建众包研发应用场景的关键点

（一）多样性构成大众智慧的核心

众包研发的优势在于能够将大范围知识领域的寻优问题转化成多个局部知识领域的寻优问题。大众具有异质性和多样化优势，在解决跨领域问题时，其表现通常要优于专家，Lakhani 的研究表明，InnoCentive 众包平台上用户的自身专业与问题所属专业的距离越远，提出解决方案的可能性就越大。要将大众智慧发挥出来，必须满足以下条件：待求解问题涉及领域广泛，企业内部难以用单一思路解决，需要借助“外脑”力量；参与者具备解决问题的能力；平台客观公正地将个体贡献进行加总或排序。

（二）模块化有效匹配大众闲置精力

为高效解决复杂问题，需要将其转化为任务，并模块化分解转化，再与大众闲置精力相匹配。以软件众包平台 TopCoder 运作为例：在项目发起环节，由平台根据项目特点分解任务；在设计环节，成员根据自身能力申请任务，平台再组织大众成立评估委员会评估各成员的设计方案，并选出各部分较优秀的备选方案；在审核和测试环节，平台发起大众对该程序进行检验测试。反复上述过程多次后，才将成果交付客户。

（三）多层次激励以维持大众新鲜感

成功的众包项目依赖于活跃和忠诚的虚拟社区，必须迎合大众的参与动机，充分调动大众参与的积极性。有的参与者想获得金钱奖励，有的想证明自己的技能水平，有的想成为舆论焦点，有的想找到自身与前沿技术间的差距，因此仅采用低层次的物质激励是不够的，需满足马斯洛需求层次理论的五类层次。国内一些众包平台业务数量虽不断攀升，但以低端任务为主，难以满足高端人才的自我实现需求。

（四）平台化汇聚大众创新资源

众包研发作为一种跨越专业界限、跨越社会分工界限的创新协作平台，依赖不同领域的专业或非专业人士的交流，具有社区功能、竞赛功能及组织合作功能。社区功能某个机构或个人可在平台上发起竞赛，增强众包研发活动的靶向性，提高创新效率。平台上的某一用户也可向其他用户发起邀约，迅速组建创新团队。

三、几点建议

（一）探索开放式的知识产权许可制度

在开放式众包知识产权许可制度下，大众智慧创造出来的成果专利由大众共享，他人可以对成果进行改进，也可以利用该成果进行商业开发，仅需尊重原著作权。例如 BSD 开源协议允许使用者修改和重新发布作品，也允许其从事商业开发、销售，但需包含原许可协议声明。

（二）强化平台的创新供需对接功能

众包研发平台的目标是吸引大众广泛参与，从而帮助任务发布者实现收益最大化，故应从需求和供给两个维度发挥创新供需对接功能，最大程度减少“群体性失效”和供需错配。任务发布者往往要面对大量的解决方案供给者，提高创新供需匹配效率及评审质量，有利于发布者在海量解决方案中筛选出优秀方案。

（三）构建客观公正的众包激励体系

与传统的一对一合作不同，在众包模式下，问题会被多个参与者同时解决，产生多种解决方案。因此，必须建立客观公正的评价机制，对参与者提供的方案进行准确评估，并将所有符合标准的方案都提交给发布者，确保每一有效方案提供者均可获得事先约定的奖励，杜绝发布者的不合理支付。

（四）完善信任机制以防范安全风险

完善众包平台自治规则，对侵权行为及时发现并予以惩罚，建立由众包平台、第三方信用服务企业、政府等多方参与的联合信任机制。加强平台与平台、政府与平台的信用数据共享，加大对失信行为的联合惩罚力度，降低供需双方的信任成本。同时，打破平台界限，实现第三方信用服务企业的跨平台收集信任数据。

第二十三章　2018 年我国战略性新兴产业发展趋势展望

第一节　2018 年战略性新兴产业总体形势判断

一、新兴产业仍将是拉动全球经济增长的新动能

近年来，人工智能、增材制造、智能机器人、物联网、云计算、大数据等新兴技术不断取得突破，并加速与经济社会各领域深度融合，新业态新模式不断涌现，拉动经济增长的潜能正在不断释放。如与中国 BAT 比较的美国三大科技巨头——苹果、亚马逊和谷歌对美国 GDP 的贡献率达到 2.4%，苹果 1 家公司的利润超过位居 2017 年《财富》美国 500 强第一和第二的沃尔玛和伯克希尔－哈撒韦公司的总和，成为《财富》美国 500 强利润最高的公司。同时，新兴产业在推动传统产业升级方面也展现出勃勃生机，正创造出新的经济增长点，如我国红领集团的“互联网工业”新模式创造了更大的利润空间，近几年公司互联网定制业务收入和净利润翻倍增长，“红领模式”将进一步向制鞋、汽车、家居、假发等领域渗透。

二、新兴产业有望继续受到科技巨头青睐

新兴产业领域投资快速增长，科技巨头在引领资金投向方面发挥了重要作用。以人工智能为例，谷歌、Facebook 和微软每年仅对人工智能专业人才的投入就达到数百万美元；英伟达加大 AI 芯片投入，谷歌、微软、百度、Facebook 等积极布局 AI 开源开发平台，IBM、谷歌、华为、苹果、阿里巴巴和

腾讯等则持续加大 AI 在行业应用的投入。此外，科技巨头还通过并购途径加大 AI 领域投资。据 CB Insights 统计，2017 年第一季度，全球有 34 家 AI 初创企业被收购，并购企业数是 2016 年的 2 倍多，如 Facebook 收购 Ozlo，谷歌收购 Kaggle、Halli Labs、AIMatter，微软收购 Maluuba，苹果收购 Realface、Lattice，亚马逊收购 Harvest. ai 等。为保持领先优势，科技巨头对新兴产业的投资兴趣仍将有增无减。

三、新兴产业的支撑引领作用将更加凸显

经济新常态下，战略性新兴产业成为我国实现经济稳定增长的重要力量。据国家统计局数据，2017 年前三季度，我国战略性新兴产业增加值同比增长 11. 3%，高于全部规模以上工业 4. 6 个百分点；新材料、高端装备制造业利润实现较快增长，同比分别增长 29. 9% 和 28. 1%，高于全部规模以上工业利润 6. 1 和 5. 3 个百分点；民用无人机、工业机器人和城市轨道交通产量实现高速增长，同比分别增长 102. 8%、69. 4% 和 45. 5%。战略性新兴产业对地区经济发展同样发挥着重要作用，如：北京战略性新兴产业增加值同比增长 14. 4%，对工业增长的贡献率高达 52. 1%；安徽省战略性新兴产业产值同比增长 21. 9%，占全部工业产值的比重达到 24. 8%。

四、我国新兴产业的国际地位将进一步提高

一是部分领域技术水平继续领先世界。我国在载人航天、载人深潜、超级计算、高铁、可燃冰、页岩气、移动通信等领域，突破了一批关键核心技术，进入世界先进行列。比如，“墨子号”成为世界第一颗空间量子科学试验卫星、“中国天眼”成为世界最大单口径和最敏感的射电望远镜、全球日均稳定产气超过一万方和连续产气超一周的可燃冰开采技术在我国率先实现、时速达 350 公里的“复兴号”创造了全球商业运营速度最高纪录等，我国将在更多地领域取得新的突破。二是以“新四大发明”为代表的创新产品和商业模式将继续引领世界。中国高铁装备已经遍及 100 多个国家和地区，并实现了由产品、设备“走出去”向技术、标准和运营维护全产业链输出转变；阿里巴巴首个海外 eWTP 试验区马来西亚数字自由贸易区全面启用运营；摩拜

单车已在5个国家超过150个城市投放600多万辆共享单车；支付宝已覆盖70多个国家和地区数十万商家，微信也已在19个国家和地区落地，中国产品和中国模式将更多地走向世界。

第二节　节能环保产业

一、节能环保产业地位达到前所未有的高度

党的十九大将节能环保产业提到了前所未有的高度，报告对新时期推进绿色发展作出新要求，明确提出要壮大节能环保产业、清洁生产产业、清洁能源产业。当前，我国生态文明建设日趋完善，“气十条”“水十条”等宏观、微观目标相继出台，法律法规、行业标准、检测网络建设、垂直监管、排污许可等制度安排陆续发布。特别是强化执行方面，中央环保督察、专项督察、全面普查等先后实施，有望进一步改善当前的环境治理业态。国家层面，《国家环境保护标准“十三五”发展规划》《中华人民共和国环境保护税法实施条例》《中华人民共和国水污染防治法》《中华人民共和国土壤污染防治法（草案）》《生活垃圾分类制度实施方案》等数十个重磅政策发布，地方层面《四川省环境保护条例》《海南省水污染防治条例》《贵阳大气污染防治办法》《上海市建筑垃圾处理管理规定》《浙江省污染地块开发利用监督管理暂行办法（征求意见稿）》等相关政策也开始密集落地。2018年，环保政策驱动效应将进一步发挥作用，推动环保企业从被动接受监管到主动担负环境治理社会责任。政策红利将推动未来我国环保行业景气状态一直持续。

二、环保类型PPP项目规模将持续扩大

近年来，随着政府对PPP模式的高度重视与重点支持，我国环保行业PPP项目不断高涨。统计数据显示，截至2017年9月末，生态建设和环境保护行业的PPP项目数为481个，投资额达到5899亿元，占比分别达到7.1%和5.84%。生态建设和环境保护的落地率为36.8%，高于整体落地率1.6个

百分点。2017 年 7 月，财政部联合多部委发布《关于政府参与的污水、垃圾处理项目全面实施 PPP 模式的通知》，提出对政府参与的污水、垃圾处理项目全面实施 PPP 模式。环保类型 PPP 项目主要涵盖市政工程中的污水处理、垃圾处理项目及生态建设和环境保护项目，预计未来项目规模将持续扩大，落地率持续走高，将驱动节能环保产业快速发展。

三、环保市场企业并购重组步伐进一步加快

目前，环保行业并购的主要目的在于从核心业务领域，拓展产业链上下游，迈进到综合解决服务商，同时，通过并购等模式实现异地扩张，在特定区域或全国范围拓展核心业务，此外还在于非环保企业通过跨界并购进军环保领域等。[①] 企业并购涉及污水处理、垃圾焚烧、危废处理、大气治理等多个环保细分领域。环保龙头企业对部分增长良好的中小规模企业的并购活动呈先出加速的发展势头，预计未来节能环保行业龙头企业将继续做大，并且龙头企业之间将不断出现“强强联合”的现象。在并购浪潮中，中小型环保企业必须不断转变发展战略，积极寻求战略合作，抱团发展，不断做强自己。总体来看，2018 年环保行业并购重组仍将持续。

第三节　新一代信息技术产业

新一代信息技术产业正成为新一轮科技创新浪潮的重要动力，在全球经济低速增长的情况下，以云计算、大数据、物联网等为代表的新一代信息技术产业成为全球竞争的战略制高点。各主要经济体纷纷将宽带信息网络作为引领可持续发展的重大基础设施，优先布局新一代信息技术产业，力图争夺发展主导权，抢先确立国际竞争优势。

① 中国高新技术产业导报：《“红海”与“蓝海”并存 环保企业并购加速》（李慧敏），2017－06－19，见 http：//paper. chinahightech. com/html/2017－06/19/content_ 25624. htm。

一、信息技术相互渗透导致产品界限日趋模糊

计算机、软件、通信设备、消费电子、互联网等领域信息技术相互渗透的趋势愈加明显，催生出了技术融合、终端融合、网络融合、制造与内容融合等丰富多样的新产品、新服务，多层次多领域交叉使得产品品类更加丰富，产品界限更加模糊。

二、信息技术应用创新链条延伸助推跨界创新

互联网技术应用创新前沿不断向应用下压，跨界创新想象力无限。Web/HTML5、大数据、云计算、服务器、智能终端、SDN 等互联网技术正经历从软件向硬件和网络延伸、从上层应用向基础设施延伸的应用创新趋势，跨界创新成为新一代信息技术产业的最新趋势，出现了人工智能、无人驾驶汽车、新能源、智能腕表、谷歌眼镜等跨界创新产品，更多与人们日常生活生产密切联系的应用创新正不断涌现。

三、信息技术通过融合创新驱动产业转型升级

新一代信息技术引领新产业革命，融合创新推动产业转型升级。在全球经济大变革大调整的背景下，信息通信技术与传统工业技术及生物、能源、材料、空间技术的加速交叉渗透，催生了生产力的重大飞跃和生产关系的深刻变革，以绿色、智能和可持续发展为特征的下一次工业浪潮即将来临，以智能制造、工业云、大数据、3D 打印、物联网、智能电网为代表的新一代信息技术将为产业转型升级带来新的驱动力。

四、信息与制造技术融合助力生产力高端跨越

信息技术与制造技术融合正催生工业生产力的重大飞跃。物联网应用持续推动服务型制造的快速发展，云计算平台推动生产性服务业的创新发展，智能机器将加速推动制造工具的升级与智能，释放劳动力；在制造流程上，将加速推动制造流程再造，生产制造将从线性流程化走向网络化、集成化流

程；在制造模式上，将改变传统制造企业的纵向集成，实现智能联网式生产，推动智能新模式的不断丰富和完善。

第四节　生物产业

一、智能医疗时代的加速到来

2017 年 7 月，国务院印发《新一代人工智能发展规划》，引起了产业强烈的反响，这个规划不仅揭示了人工智能时代的到来，更为产业的发展方向、发展路径提供了广阔的视角以及可以落地的指引。人工智能大健康可以从两个维度来看，一个是以患者为中心的全健康管理流程，从未病时的健康管理、疾病风险预测、疾病的诊断、治疗以及治疗后的康复/慢病管理的全健康流程；另一个角度是能为这个流程赋能的关键技术，具体来看就是新药研发、精准医疗和医疗机器人。从 2016 年迄今人工智能医疗领域的融资超过 40 笔，不少企业的估值以十亿元、数十亿元计，可见在如此多资本的推动下，智能医疗能够有着更多的资源支持、不断的迭代演化升级产品做到更好、更可落地的水平。随着人工智能、移动互联网、物联网、大数据、可穿戴式设备、增强现实/虚拟现实等创新技术的发展，在国家人工智能规划的引导下，健康全流程管理的各个环节将会越来越智能化，支撑全流程管理的新药研发、精准医疗等将会越来越个性化、个体化，再伴随以医疗机器人的发展，相信未来大量的基础性服务将能由人工智能来提供。

二、基因编辑技术的临床转化成为重中之重

以 CRISPR－Cas9 为代表的基因编辑技术从发现到应用，至今已经走过 5 年多的时间，2018 年初，首个 CRISPR 产品将于 2018 年进行 β－地中海贫血 I/II 期临床试验，将 CRISPR 平台的突破性科学成果转化为临床治疗，这将开辟生命医学研究的一个新时代。首先是以基因编辑技术为代表的基因治疗，使很多罕见遗传病有望被治愈，如血友病、杜氏肌营养不良（DMD）症、地

中海贫血症、亨廷顿舞蹈症等。其次，基因编辑改造的T细胞在肿瘤免疫治疗上有望实现规模化制备，通用CAR－T有可能成为未来的白血病治疗的标准方案之一。再次，基因编辑技术与干细胞结合有望促进再生医学领域的应用，特别是中国科学家通过基因编辑技术，首次人工改造出遗传增强的“超级”干细胞。除CRISPR－Cas9外，基因编辑系统的分类与功能进一步完善。在原有CRISPR/Cas9系统基础上，又有一些新的或改进的基因编辑技术出现，以提高其编辑效率，降低脱靶效应，使用更安全。但必须清醒地认识到，如何规范基因编辑技术的合理应用，促进基因编辑技术的临床转化是值得探讨的重要问题。

第五节　高端装备制造产业

一、智能化高端装备进入攻坚阶段

随着我国进入产业转型升级的关键时期，发展高端装备制造业的重要性日益凸显。与发达国家相比，我国智能化高端装备的技术水平仍有较大差距。但是随着互联网、大数据、人工智能的不断发展，在智能化高端装备领域有着更多机遇，我国将下大力气开展技术攻坚，争取实现“弯道超车”。为实现这一目标，一系列扶持政策也在加速制定。2017年，国务院印发《新一代人工智能发展规划》，提出要加快推进产业智能化升级，推动人工智能与各行业融合创新，围绕制造强国重大需求，推进智能制造关键技术装备、核心支撑软件、工业互联网等系统集成应用。除了中央在陆续推出相关措施外，地方政府也在积极推进高端装备的智能化升级。如广东省日前出台了《降低制造业企业成本支持实体经济发展的若干政策措施》，其中提出支持培育高端智能装备等“万亿级”新兴支柱产业。党的十九大报告也提出，要“推动互联网、大数据、人工智能和实体经济深度融合”。高端装备产业是实体经济振兴的关键着力点，通过与互联网、大数据、人工智能的紧密结合，实现高端装备的智能化、信息化、网络化和自动化，将成为未来我国的发展趋势。

二、"一带一路"为我国高端装备"走出去"带来新机遇

随着"一带一路"建设的不断推进，沿线国家基建投资需求强烈，从而带动了配套设备的市场。目前，工程机械等高端装备受益于"一带一路"，企业的海外拓展均取得可喜成果。例如，三一重工 2016 年国际销售收入高达 92.86 亿元，其中七成收益来自"一带一路"沿线国家。据金融行业预计，未来十年，"一带一路"沿线重点国家基础设施建设至少需要 8000 亿美元，将为重型机械为代表的高端装备提供更为广阔的空间。此外，由于"一带一路"沿线国家对轨道交通建设的需求、互联互通铁路网建设需求及贸易量增加带来的车辆需求，未来我国与沿线国家在轨道交通装备领域的贸易量将进一步提高。

三、高端装备核心部件自主创新"补短板"成为关注热点

党的十九大报告指出，"我国社会主要矛盾已经转化为人民日益增长的美好生活需要和不平衡不充分的发展之间的矛盾"。在高端装备领域，这个问题尤为突出。主要表现为自主创新能力依然较弱，关键共性技术缺失，高端装备核心零部件"卡脖子"问题依然存在。比如，虽然"复兴号"高铁国产化率很高，但是也还是有部分核心技术没有解决，而且工厂车间的生产母机、装备仍然需要进口。为解决这一问题，工信部正在大力实施工业强基工程，在工程机械高压油泵等领域开展"一揽子"突破行动；组织基础材料、零部件企业与整机企业开展"一条龙"应用计划，力求实现核心零部件的研发与重大装备"一视同仁"。

第六节　新能源产业

一、"美丽中国"深入人心，政策叠加带来发展动力

一直以来，我国都面临巨大的能源需求压力，未来这一趋势也很难彻底

转变。为此，发展新能源、缓解能源压力是我国长期面临的课题。党的十九大报告指出，“推进能源生产和消费革命，构建清洁低碳、安全高效的能源体系”。《能源发展“十三五”规划》明确提出，“十三五”时期，非化石能源的消费比重提高到15%以上，煤炭消费比重降低到58%以下。《可再生能源发展“十三五”规划》提出，“到2020年，全部可再生能源年利用量7.3亿吨标准煤。其中，商品化可再生能源利用量5.8亿吨标准煤”。此外，《太阳能发展“十三五”规划》《风电发展“十三五”规划》《地热能开发利用“十三五”规划》等国家文件都对相应的细分领域做出了明确安排，构建了较为完善的政策体系。可以预见，可再生能源在推动能源结构调整方面的作用将不断增强，可再生能源技术装备水平也将随之显著提升，为相关领域行业带来较大发展空间。

二、高质量发展纵深推进，清洁能源消纳加快进程

2018年能源工作会议提出，要聚焦绿色发展，着力解决清洁能源消纳问题，着力推进能源结构调整战略工程，统筹推进煤炭清洁高效利用，大力推进能源清洁发展水平。清洁能源发展的重点工作，已经从过去的大规模加速发展，转变为提高发展质量、解决消纳问题。近年来，我国非化石能源发展领跑全球，可再生能源发电新增装机规模占全球增量40%左右，水电、风电、太阳能发电装机和核电在建规模稳居世界第一。然而，清洁能源消纳利用不足的问题成为非化石能源发电亟待突破的瓶颈。目前，国家针对清洁能源消纳提出了多项举措，明确加快推动海上风电和分布式风电发展，有序推进光伏发电项目建设，大力推动分布式能源发展。随着可再生能源开发利用机制的逐步完善、电网关键平台作用的充分发挥、电源结构与布局的加快优化、可再生能源电力本地消纳的强度增加以及市场机制与政策的逐步完善，未来弃水弃风弃光问题都基本解决。

三、新能源转换效率不断提升，应用成本持续降低

展望2018年，储能产业将在系统性发展政策《关于促进储能技术与产业发展的指导意见》的引领下实现多种储能技术路线加速推进、健康有序发展，

推动动力电池成本更低、寿命更长、使用更安全；太阳能光伏产业领域主要围绕电池原材料、组建转换效率、生产设备等方面实现新的技术创新和突破，光伏电池将以 P 型单晶 PERC 电池为主要趋势率先实现产业化发展；风电产业领域除了超低风速机组和智慧风能技术外，智能化运维将是风电行业大势所趋，人工智能、大数据和云计算等数字化技术直击产业痛点，破解行业顽疾，引领着风电智能化运维方向，降低全生命周期度电成本。未来三代核电技术将在各国技术基础上实现成本和安全性的优化，我国 CAP1000 和 CAP1400 HPR1000（“华龙一号”）是未来研究的主要方向。

第七节　新材料产业

新材料产业在新一轮科技革命和产业变革中扮演着重要角色，它是重要的战略性新兴产业，也是新能源、高端装备、节能环保等产业的基础，目前，随着新兴产业快速发展以及传统产业转型对新材料带来了强劲的需求，新材料产业发展呈现市场需求旺盛、技术高端发展、资本运作盛行、快速创新等趋势。

一、技术发展智能化、智能化、集成化和绿色化

新时期新材料产业将更加强调高性能、低成本、智能化、绿色化的制造技术。反映在具体品种上，金属材料向短流程、高效率、节能降耗、高性能化、多功能化方向发展；无机非金属材料以高性能结构陶瓷为例，在保持原有耐高温、高强度的前提下向强韧化、易成形加工方向发展；有机高分子材料向材料的微观设计、多层次结构调控、集成化、智能化、多功能化方向发展；先进复合材料以高性能、低成本制造技术为发展重点，向材料设计—制造—评价一体化、功能化、智能化的方向发展。

二、技术战略聚焦重点支撑、前沿技术和核心关键技术

从战略性新兴产业技术层面，努力培育半导体照明、新型显示、高性能

电池、稀土功能材料、高性能纤维及复合材料、军民两用材料等高成长、高带动战略性新兴产业生长点。从前沿技术和核心关键技术层面，积极部署材料设计计制备加工与服役评价技术、低维材料与纳米器件技术、先进超导与高效能源材料技术、材料合金化与复合技术、智能化与仿生材料技术等前沿技术，稀缺材料替代与高效利用、生物医用新材料及表面改性、高性能光电子材料与器件集成、先进晶体与全固态激光材料、国家重大重点工程用关键材料等核心关键技术。在重点产业支撑计划层面上来看，重点布局钢铁材料、有色金属、轻工材料、绿色建材、石油化工、纺织材料六大领域，促进传统产业转型升级，并保障航空航天、能源资源、交通运输、重大装备等国家重大工程建设。

三、全球市场产业增长点集中五大领域

以信息技术为核心的电子信息材料，涉及面广、与下游应用结合紧密的化工新材料，围绕能源开发和高效利用的新能源材料业是全球市场的主导增长点。信息材料向超高集成电路、超低线宽、器件微型化、多功能化、模块集成化发展，光通信、光传感、光电显示、光存储等领域成为发展重点方向。化工新材料向高性能化、多功能化、精细化、工艺无害化、装置大型化发展，特种工程塑料、氟硅材料、新型催化材料等专用性、功能性产品是化工新材料领域中发展最快、研究最活跃的领域。新能源材料市场热点集中在绿色二次电池、氢能、燃料电池、太阳能电池和核能关键材料等。围绕医疗卫生发展起来的生物医学材料和围绕环境可持续发展的生态环境材料是当今全球市场的新兴增长点。生物医学材料主要热点包括介入性治疗材料与器械、组织修复材料与器械等与人的生命健康紧密相关，与生物系统直接相结合的替换型、功能增强型材料。生态环境材料主要热点包括环境友好材料、绿色建筑材料、生态工程材料等具有良好的使用性能，资源、能源消耗少，环境污染小，再生循环利用率高的新材料。

四、国内市场来市场增长空间不断加大

随着城镇化加速，我国用于节能建筑、现代交通、环保、能源等基础设

施投资带动节能环保材料、新型交通运输材料、新能源材料等数万亿的商机。产业结构调整、制造业升级，特别是战略性新兴产业发展，都需要通过各种高性能结构新材料和功能材料，提高“中国制造”水平和的附加值。在国民收入持续上升的情况下，消费升级对各种消费品和服务的功能化和安全性要求大幅提升，医疗卫生消费、日常消费品等都要求更加安全、卫生的新材料。而低碳背景下资源环境约束加强，更加注重环境保护与资源利用效率的提高，各种环保节能材料、新能源材料、环境友好材料的需求必然将拉动产业增长。

第八节　新能源汽车产业

一、产业发展将继续平稳增速

“双积分”政策从 2018 年 4 月实施，2019 年进入正式考核。这是新能源汽车发展的重大利好政策措施。同时，新能源汽车补贴标准已经确定处于退坡过程，2019—2020 年中央和地方补贴标准下降 20%，采取经核查后拨付的方式发放补贴资金。受到财政补贴退坡政策的影响，新能源汽车的产销速度将逐步放缓。预计 2018 年，新能源汽车生产量将可突破 120 万辆，增速将保持在 50% 左右。

二、资本跨界投入加大并走向分化

随着产业发展政策的进一步完善，产业发展环境的逐步优化，技术发展趋势的进一步明朗，以及产业秩序的治理整顿，新能源汽车产业的前景逐步向好。今后，传统汽车企业向新能源汽车转型发展的态势将更为显著，各类社会资本也更将新能源汽车作为投资重点。但跨界造车仍然存在很大的不确定性，一部分只有造车概念和噱头、没有实质竞争实力的互联网造车合作项目可能折载新能源汽车领域。

三、更多传统车企布局新能源领域

“双积分”政策等国家导向政策，使一些国产传统汽车生产企业转向新能源汽车生产。如长安汽车、北京汽车相继宣布将于2025年正式停售传统燃油车，转型发展新能源汽车。随着荷兰、德国、法国和英国等多个国家公布禁售燃油车时间表，大众、奔驰、宝马、丰田等已经开始告别内燃机，我国也启动了研究制订停止生产销售传统汽车时间表的工作。传统车企处于战略发展考虑，将会逐步调整发展重心，投资布局新能源汽车。

四、动力电池行业或将继续整合

近年来，车载动力电池的产能投放增速大于行业需求增速，将有可能会发生阶段性产能过剩的情况。今后，同行业的竞争仍将十分激烈，一大批缺乏技术创新能力的中小动力电池生产企业将失去竞争优势。2017年底，天能动力发布公告称，累计购入超威动力股份超过5%，动力电池行业市场份额加速集中，整车龙头企业与电池龙头企业绑定的现象也将更加普遍。

五、地方政策的需求引导作用将增强

目前，包括一线城市在内，我国已有多个城市实行汽车限行限购政策，这些城市的新能源汽车上牌无须摇号，申请后直接配置，新能源汽车的购买偏好明显提高。随着城市空气污染、交通拥堵的治理，将有越来越多城市实施传统燃油汽车限购政策，消费者对于新能源汽车的购买需求将进入一个较快的增长阶段。

第九节　数字创意产业

在2018年，数字创意产业将迎来一波发展的高潮，两位数高速增长有望持续，但同时也会有越来越多的市场主体由于不再适应市场需求和技术发展被淘汰，行业内竞争将愈演愈烈，跨行业竞争则成为资本巨头布局和对决的

主要方式。

一、分组织结构看，产品随着竞争愈加成熟，企业集中度提升，市场危机并存

从产品角度讲，层出不穷的创意和创新将刷新人们对创意产品产生速度的认知，快速出现的产品虽然避免不了重复和模仿，但大多会有自身的长处，而这种融合发展和竞争加剧的共同后果，就是新型的产品逐渐吸收各家之长，选择正确的发展方向，最终成为比较成熟的日常产品，包括智能可穿戴设备中的 VR、AR 设备、智能手环等都将更加实用日常，或被淘汰出市场。从企业角度，2018 年则是充满机会但危险重重的一年，由于国内外大资本在数字创意产业的大笔投入，普通厂商若缺乏一技之长很容易早早出局，目前以外形创意为卖点或所属领域技术门槛、资本门槛较低的企业应该早做打算。从市场上来说，2018 年可能是另一轮资本的狂欢，也有可能是泡沫的破碎，目前过于依靠投资的数字创意产业存在真实的发展动力，但是也存在着较大的风险；市场应保持定力，对数字创意产业的恶性膨胀保持警惕，同时加入减压和容错机制，最大程度地保障具有核心竞争力的企业和整个行业生态不受影响。

二、分行业看，VR/AR 应用范围扩大，游戏产业两极分化，文创作品质量提升

从单个行业看，一是 VR、AR 的发展提速，实用化逐步加强，与传统工农服务行业融合更加紧密。VR 和 AR 技术将进一步融入制造业中，类似中航工业的 AR 辅助设计，VR 生产流程监管等。VR 技术在医疗教育等服务业的作用值得期待，随着三地手术的试点成功，VR 辅助手术可能会一定程度的铺开；而远程授课等也有了有益的尝试。VR 和 AR 用于游戏、电影等娱乐领域已经比较成熟，需要解决的问题大多集中在成本和画质。VR 和 AR 在军事领域的应用将更为广泛，从训练模拟到战场感知，从机器作战单位操纵到扩展装备视角，都将进入实用阶段。二是游戏产业的繁荣依然将持续，体验方式更为多样。随着国内游戏市场不断挖潜，庞大的游戏人口形成了巨量的需求，

以至于我国将逐渐成为游戏产业的主要市场。在这种形势下，游戏的载体、题材、体验方式将更加多样，国内快速淘汰的机制也使我国游戏产业在严重两极分化，资本“豪门”将收获更优质的游戏创造团队和大量现金流，中小游戏企业则面临越来越严重的生存压力。三是数字文化创意产业拥有较好发展前景，新业态新增长点层出不穷，随着网络空间监管和净化，数字文化创意产业将更加以内容取胜，更具有文化底蕴和思想内涵的产品具有越来越强的竞争力，简单的重复和低俗已经越来越被受众排斥。

世界主要经济体篇

第二十四章　2017 年世界工业发展综述

2017 年，全球经济逐步回暖，全球工业发展保持稳步增长，复苏动能增强。全球需求强劲，消费品、原材料、装备制造等重点行业发展态势良好，增速较上年有很大提升。全球外商直接投资和并购交易额大幅下滑，全球贸易增速加快。受全球经济回暖、融资环境良好和外需增长等因素影响，主要发达国家工业增速显著提振，新兴经济体制造业保持稳步增长，最不发达经济体工业增长加快，出口增速大幅提升，吸引外资能力增强。随着互联网、大数据、云计算、物联网、人工智能等新一代信息技术的快速发展，全球步入数字化时代，制造业互联网化进程加速，不断催生出新业态、新商业模式和新经济成分，推动制造业生产方式不断向数字化、网络化和智能化转型。

第一节　总体现状

一、全球制造业保持稳步增长

2017 年，世界经济延续复苏态势持续向好。据国际货币基金组织（IMF）预测，2017 年全球经济增长约 3.6%，为近 10 年来最快经济增长速度。受全球经济增速回升和贸易投资拉动等因素影响，2017 年全球工业发展步入稳步增长阶段。全球制造业 PMI 值一直处于 50 的景气荣枯分界线以上，连续 12 个月实现温和扩张，全年 PMI 平均值为 53，该值显著高于上年，扩张幅度明显增大。其中，2017 年 12 月，全球制造业 PMI 指数由 11 月的 54.1 升至 54.5，为全年最高水平，显示全球制造业复苏势头强劲。联合国工业发展组织发布的《2017 年第三季度全球制造业增长报告》显示，2017 年前三个季度，全球制造业产值同比分别增长3.7%、4.2%、4.5%，平均增速达到过去六年来同时期新高。但受“逆全球化”风潮、贸易保护主义抬头及全球地缘政治等因素影响，未来全球工业增长仍将面临着一系列不稳定性不确定性。

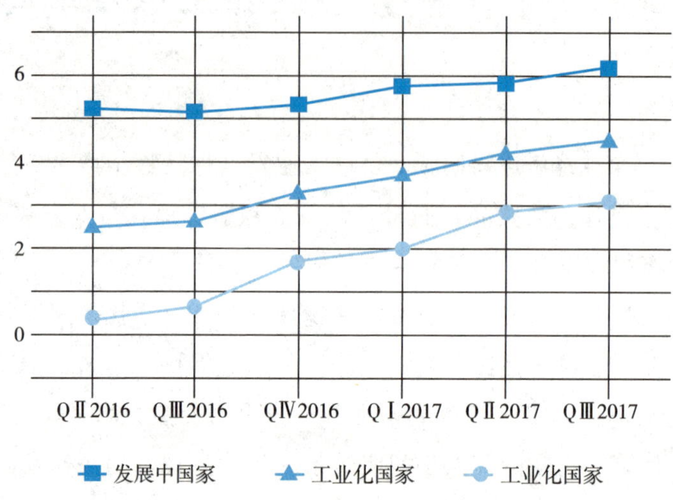

图24－1　全球制造业产值季度同比增速

资料来源：联合国工发组织，2018年2月。

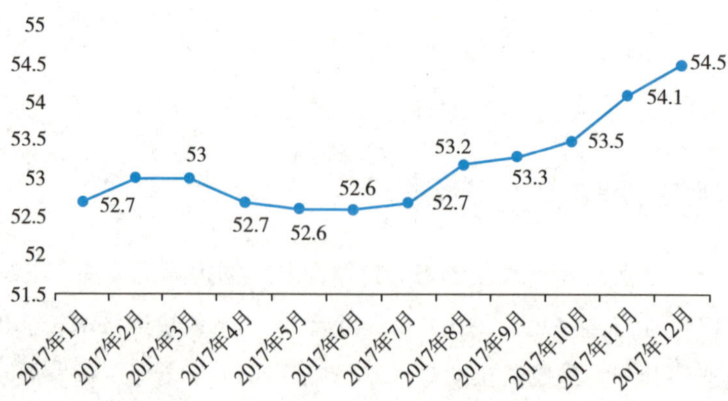

图24－2　2017年1—12月全球制造业PMI值

资料来源：摩根大通，2018年2月。

二、发达经济体制造业增速显著提振

2017 年，全球主要发达经济体工业复苏势头强劲。美国加快促进制造业回归，大幅降低企业税负，制造业实现了快速增长。美国供应管理协会（ISM）公布的数据显示，2017 年美国 PMI 均值高达 57.54，显示出美国制造业保持较快增长趋势，其中，12 月份美国制造业 PMI 值从 11 月份的 58.2 升至 59.3，创一年来最高；在良好的融资环境和内需推动双重驱动背景下，欧元区制造业整体表现强劲，欧洲制造业保持稳步扩张态势。12 月欧元区制造业 PMI 为 60.6，较上月高出 0.5，其中，产出分项指数从上月的 61 上升到 62.2，新订单分项指数从 61.4 上升到 61.5，创 2000 年 4 月以来最高。在政策刺激及需求回暖的作用下，日本制造业实现增长。2017 年，日本制造业 PMI 均值为 52.85，比上年上升 2.87 个点，制造业整体处于扩展态势。2017 年三季度日本大型制造业企业信心指数为 9.4，环比上升 12.3 个点，创 2007 年 9 月以来的最高水平。

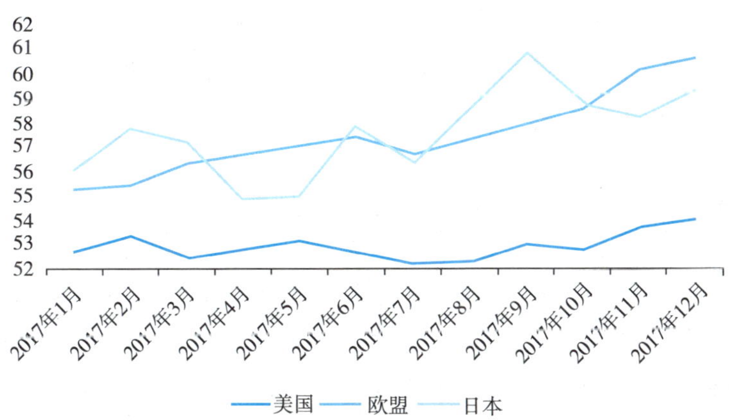

图 24－3　2017 年 1—12 月主要发达经济体制造业 PMI 值

资料来源：Wind 数据库，2018 年 2 月。

三、新兴经济体制造业增速整体有所提升

2017 年，新兴经济体制造业整体呈稳步增长态势。金砖国家中，除南非制造业有一定下滑外，其他国家的制造业均呈现稳步扩张态势。其中，在宽

松货币政策和经济刺激计划推动下，俄罗斯和印度制造业扩张强劲，全年制造业 PMI 均值分别为 51.99 和 51.37，制造业增长保持较高的增长态势；虽然印度尼西亚和墨西哥等新兴经济体的制造业增速有所放缓，但全年平均指数水平仍保持在 50 以上，表明这些国家制造业仍保持温和增长。2017 年中国规模以上工业增加值同比仅增长 6.4%，2015 年该数值为 6.0%，达到近年最好水平。

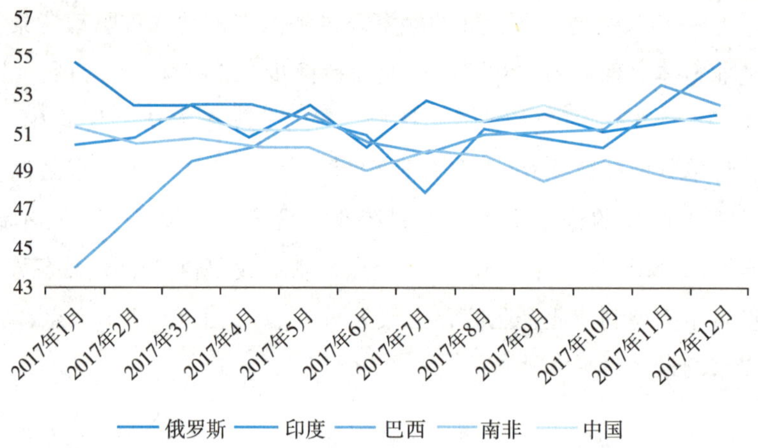

图 24－4　2017 年 1—12 月主要新兴经济体制造业 PMI 值

资料来源：Wind 数据库，2018 年 2 月。

四、制造业智能化转型加速

随着互联网技术的快速发展，互联网和制造业融合日益加深，人工智能逐步进入人们视野，并加速向产业链各环节渗透。据前瞻产业研究院发布的《人工智能行业市场前瞻与投资分析报告》预计，2018 年全球人工智能市场规模将达到 2697.3 亿元，复合增长率达到 17.0%。在研发设计领域，美国欧特克公司推出的 Fusion360 和 Netfabb3D 打印软件，基本实现了机器进行系统自主研发设计功能；在生产制造领域，日本 NEC 公司推出的机器视觉检测系统，具备了机器检测识别功能；在市场营销领域，美国亚马逊商城可以直接向用户推荐个性化服务；在产品服务领域，日本小松机械实现了机器进行现场智能作业。人工智能技术向制造领域广泛渗透从，极大地提高了制造企业效率，推动制造业智能化转型。

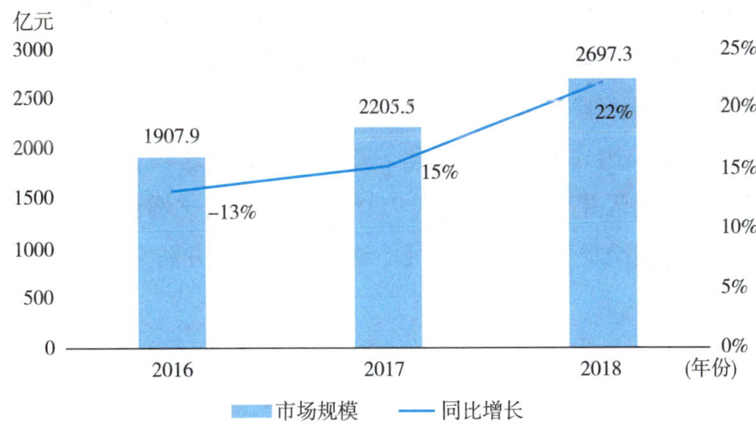

图 24－5　全球人工智能市场规模预测

资料来源：前瞻产业研究院，2018 年 2 月。

五、新技术新产业发展迅猛

随着新能源、新材料等领域科学技术不断取得新突破及消费需求升级，企业越来越关注消费者多样化、个性化需求，新技术、新产品、新业态不断涌现，成为促进全球制造业增长的新动能。5G、虚拟技术、云技术、机器学习、物联网等正在逐渐从概念变为现实，促进制造业生产方式发生变革，以消费者为中心的新兴产业不断涌现。在新能源汽车领域，2017 年的全球电动汽车销量达到 122.3 万辆，较 2012 年的 12.2 万辆实现了巨大提升；在 3D 打印领域，2017 年上半年全球 3D 打印机出货 18 万台，同比增长 38%；在工业机器人领域，根据国际机器人联合会 IFR 预测，2017 年全球工业机器人预估出货量为 346800 台，市场增长超过 35%；在可穿戴设备领域，IDC 预测，2017 年全球可穿戴终端市场的出货量整体增长 10%，达到 1.154 亿部。

六、全球跨国并购交易增速下滑较大

受欧美等国家不断强化对外国直接投资监管政策和法律等因素影响，全球跨境并购交易额和交易数量整体下滑幅度较大。联合国贸发组织（UNCTAD）统计数据显示，2017 年全球跨境并购交易额约为 6660 亿美元，下滑速度为 23%。其中，发达国家跨境并购下滑 30%，约 5530 亿美元。发展中国家跨境并购活动依然活跃，2017 年全球并购交易额达到 1000 亿美元，同比上升了 44%。分行业看，自然资源领域的跨境并购活动低迷，制造业跨境并购逐步放缓。据汤森路透数据显示，美国仍是并购浪潮中最活跃的地区，2017 年并购交易额达到 14000 亿美元，并购交易数量超过了 12400 宗，创下历史新高。亚太地区并购交易额达到 9116 亿美元，同比增长 11%。2017 年，中国企业达成跨境交易额 1405 亿美元，继续保持跨境并购大国的地位。

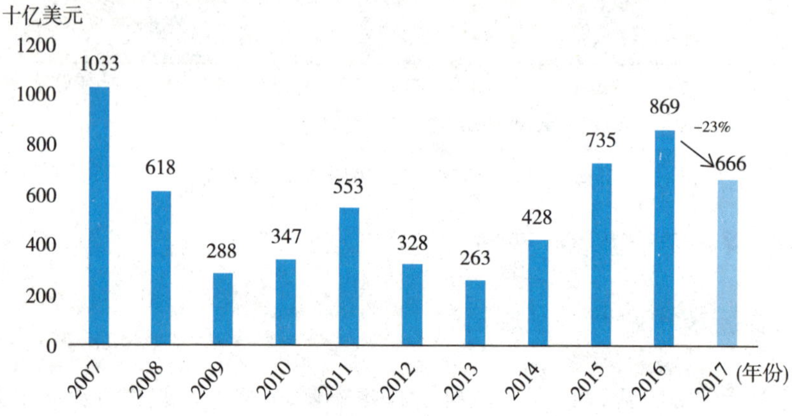

图 24 - 6　2007—2017 年全球跨境并购交易额情况

资料来源：UNCTAD，2018 年 2 月。

七、全球外国直接投资大幅下滑

2017 年，全球外国直接投资呈现大幅下滑态势。全球外国直接投资（FDI）同比下滑 16%，从 2016 年的 1. 81 万亿美元降至 1. 52 万亿美元。据 UNCTAD 发布的《全球投资趋势监测报告》显示，2017 年流入发达经济体的外国直接投资大幅下滑，降幅为 27%，约为 8670 亿美元，是全球外国直接投资下滑的主要原因。其中，美国依然是最大的 FDI 流入国，流入美国的外国直接投资约为 3110 亿美元；流入欧洲地区的外国直接投资额约为 3970 亿美元，同比下降 27%；流入北美的外国直接投资额约为 3300 亿美元，同比下降 33%。与此同时，流入发展中经济体外国直接投资额约为 6530 亿美元，同比增长 2%。其中，流入亚洲地区的外国直接投资额为 4590 亿美元，同比增长 2%；流入拉美和加勒比地区的外国直接投资总额约为 1430 亿美元，同比增长 3%；流入非洲的外国直接投资额约为 490 亿美元，同比下降了 1%。

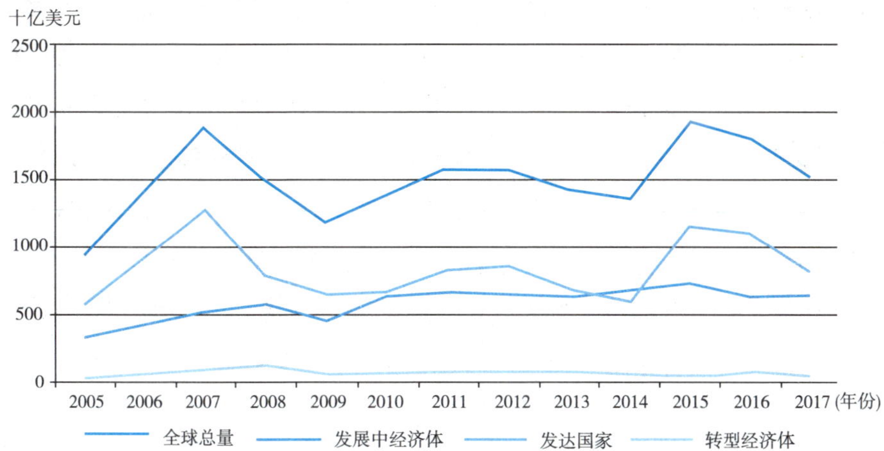

图 24－7　2005—2017 年全球和集团经济体外国直接投资流入量

注：不包括加勒比地区的离岸金融中心。

资料来源：UNCTAD《全球投资趋势监测报告》，2018 年 2 月。

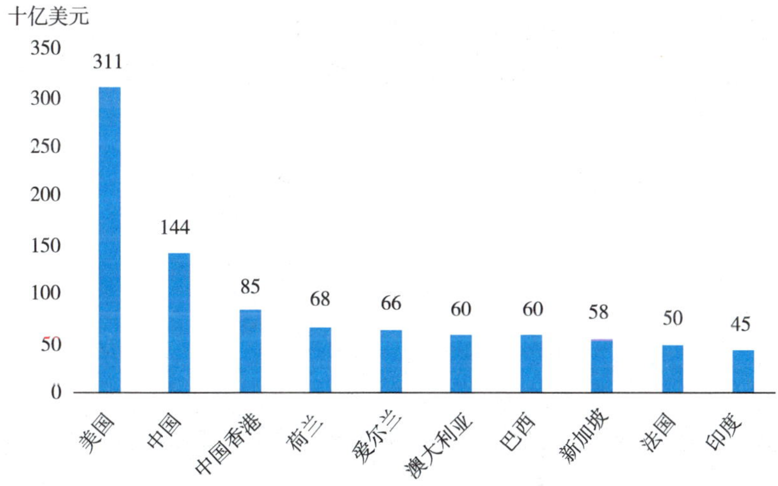

图 24－8　2017 年全球前十大外商直接投资经济体

资料来源：联合国贸易和发展会议：《全球投资趋势监测报告》，2018 年 2 月。

八、全球贸易增速大幅提升

2017 年，全球贸易告别低迷态势步入加速增长。2018 年 2 月，荷兰经济政策研究局公布数据显示，2017 年全球商品进出口总量同比增长 4.5%，国际是金融危机以来最快增速。主要国家贸易形势普遍向好，复苏势头强劲。根据 WTO 数据，2017 年前三季度，美国出口增速高于 6%，而前两年该值标都为负增长，2015 达到 -7.3%。2017 年前三季度欧盟进出口增速均在 7% 以上，2016 年欧盟的进出口增速接近零，其中德国、法国和意大利进口增长凸显。日本和韩国进出口增长对本国经济带动性很强，2017 年前三季度韩国出口同比增长 18.5%，创历年同期新高。金砖国家中的俄罗斯和巴西进出口贸易额大幅提升，有效推动了经济回暖向好。在“一带一路”建设下，我国进口增速显著高于全球平均水平，与沿线国家、美国、欧盟和日本等地区的贸易额大幅提升。2017 年 1—11 月，中国对美日欧等国家和地区的进出口均实现了较快增长，其中，中欧贸易总额 3.78 万亿元，同比增长 16.2%；中美贸易总额为 3.58 万亿元，同比增长 16.5%；中日贸易总额 1.86 万亿元，同比增长 13.8%；中国与东盟贸易总额为 3.15 万亿元，增长 18.4%。反映全球贸易活跃程度的波罗的海干散货指数，2017 年下半年以来（BDI）增长显著，2017 年 9 月 22 日越过 1500 点，2017 年 12 月 12 日达到 1743 点，创近 4 年来新高，显示出全球贸易回升势头强劲。

第二节　主要问题和面临形势

一、多国加息预期可能产生新的债务危机

随着全球经济形势不断向好，全球性量化宽松货币政策基本结束，以美国缩表升息为标志，世界经济缓慢进入一轮升息减债去杠杆的周期。为提振经济、化解次贷，美国在国际金融危机期间相继实施了四轮量化宽松政策，通过购买国债、机构债等方式，增加基础货币供给、降低利率、扩大美联储资产负债表规模。日本、欧洲及其他经济体也相继跟进，向国际市场投放海量流动性。量化宽松政策虽然短期内对经济增长有刺激作用，但长期执行不具有持续性。2017 年以来，美联储升息步伐提速，并正式提出缩减资产负债表（“缩表”）计划，受此影响，全球各经济体的货币政策也先后开始转向，

回归正常化的趋势越发明显。欧元区和日本的量宽政策在经济增速提升的形势下显现出转向迹象。欧洲缩减并退出量宽政策的前景已经显现，日本立场出现了松动迹象。巴西、墨西哥等新兴经济体，加拿大、英国、韩国等国先后决定加息。主要发达经济体货币政策收紧预期走强正使全球流动性出现持续收紧，在带动跨境资本向发达经济体回流的同时，对全球高企的资产价格形成了威胁。一旦美国资产泡沫破裂，刚刚有所复苏的世界经济，可能再次陷入低迷之中。此外，货币政策收缩对那些外债水平较高、经济增长乏力、外汇储备不足的国家而言，可能会酝酿出新的债务危机，冲击有关国家和周边区域经济复苏，对全球工业生产带来不利影响。

二、结构性矛盾突出仍然制约世界工业产能提升

近年来，虽然各国采取积极手段化解低端产能过剩问题，但是由于结构性的原因，全球煤炭、石油、钢铁、铝、水泥、玻璃等仍然存在着不同程度的产能过剩问题，部分产能产品仍在持续增长。随着各国加速推动结构调整，以光伏、锂电池等为代表的新兴产业也面临着潜在的过剩危机。目前，全球能源总体过剩 8%—14%，钢铁过剩 18%—24%，铁矿石过剩 12%—18%，电解铝过剩 15%—20%。新兴产业虽然取得了快速增长，但是由于产业规模有限，在短期内还不足以替代传统产业在全球工业中的主导地位。特别是一些国家为选举的需要而存在进一步补贴或扶持低端产能的现象，导致全球市场扭曲进一步加重，导致了资源要素的浪费，不利于全球先进制造能力的提升。

三、新一轮工业革命重塑全球制造业竞争格局

随着物联网、人工智能、云计算、大数据等新一代信息技术加速与实体经济深度融合，推动新技术新业态新模式不断涌现，智能社会即将到来，工业的数字化转型步伐正在加快。为应对新一轮工业革命带来的挑战，主要国家纷纷出台加快工业转型的战略计划。美国、德国等发达国家试图凭借技术优势，进一步抢占先机制造业的竞争制高点。而中国、印度等国家也加快了制造业转型升级步伐。随着全球工业生产模式从规模化批量生产向定制化服

务转变，制造企业将寻求更加高效、智能、可持续化的生产经营模式。这些变化的广度和深度将重塑全球制造业竞争格局，推动全球工业生产体系的彻底重构。而新兴经济体和发达经济体的竞争将日趋激烈。

四、全球大宗商品价格渐趋稳定有利于扩大生产

全球大宗产品价格最主要的代表是原油价格，原油价格变动基本反映了全球大宗产品价格走势。从2016年底以来，国际油价渐趋稳定，逐步呈现在50—60美元/桶附近波动，振幅大幅收窄，预计未来一个时期，全球原油价格仍将以该价格为基准，宽幅度上下波动，但整体呈现大致均衡、不会暴涨暴跌的趋势。这一方面与美国页岩气革命密切相关，另一方面也取决于OPEC国家积极限产稳定价格。全球大宗商品价格的稳定避免大幅波动对全球金融市场的影响，有利于以一些新兴经济体经济的复苏，进而恢复和扩大工业生产能力。

五、“逆全球化”阻碍全球贸易复苏进程

近年来，面对经济困境，发达国家采取了各种形式的贸易保护主义，人才、商品、资本自由流动壁垒越发明显。特别是美国总统特朗普上台以来，坚持“美国优先”原则，退出TPP协定，加大对发展中国家的贸易救济调查，导致全球贸易壁垒不断增多。据世贸组织统计，2016年10月中旬至2017年5月中旬，世贸成员共计发起174起贸易救济调查，月均数量与近5年持平，远超同期终止的贸易救济措施数量的71起。以美国为例，2017年除“双反”调查之外，还发起多起针对中国的“201调查”“232调查”“301调查”等，部分工业品面临较大的出口压力。“逆全球化”不仅影响各国经济的深入发展与合作，也导致全球贸易增长受到了越来越大的阻力，在全球贸易形势好转的背景下，对全球经济复苏和工业生产产生了明显的负面冲击。

第二十五章　2017年主要发达经济体工业发展动态

2017年，发达经济体经济复苏势头平稳，经济增速明显提高。美国经济延续持续复苏态势，经济持续扩张，传统工业增长局面实现反转，新兴工业投资增加风投活跃，制造业创新投资力度持续加大，就业大幅改善；欧盟国家经济保持复苏态势，各经济体整体呈现较强增长，工业发展水平处在回升阶段，创新实力居全球领先位置；日本经济在出口强劲增长的带动下经济持续向好，工业生产数据保持波动态势，投资支出持续上升。

第一节　美国

一、发展概况

美国是当今世界上规模最大的工业化国家，工业门类齐全，体系完整，既包括钢铁、汽车、化工、石油、飞机、机械、造船、电力、采矿、冶金、制药、食品等传统工业部门，也包括微电子、计算机、宇航、新能源、新材料等新兴工业部门，其中电子电器、光电、宇航、清洁能源、生物制药等居世界领先水平。

美国2018年2月ISM PMI为60.8，预期58.6，创2004年5月以来新高。该指数连续第17个月走高，显示出美国制造业的持续扩张，前值为59.1。美国总体经济表现实现连续106个月增长。

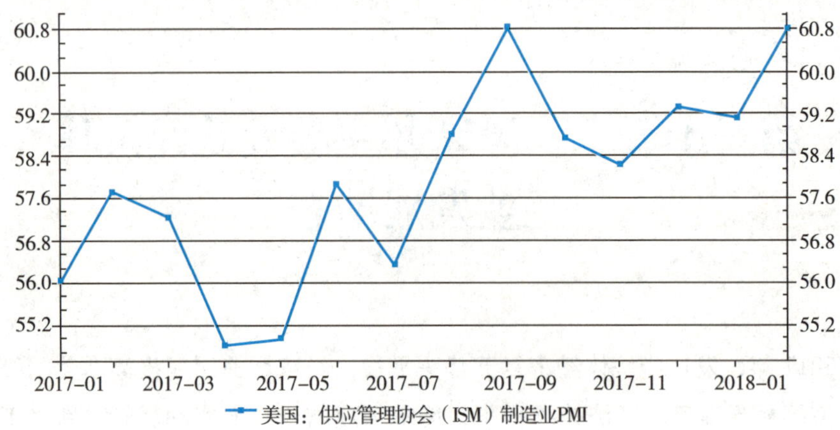

图 25－1　2017 年 1 月—2018 年 2 月美国 ISM 制造业 PMI 值

资料来源：Wind 数据库，2018 年 1 月。

（一）传统工业增长局面实现反转

2017 年，美国传统工业部门的增长形势同往年相比呈现反转态势，以往产量下滑的行业如钢铁、煤炭、原油行业产量出现显著增长，而汽车行业销量则结束 7 年的连续增长。2017 年，美国钢产量 0.82 亿吨，进口量、出口量分别为 0.36 亿、0.10 亿吨。与 2016 年相比，2017 年美国主要钢铁产品的产量都有了显著增长。

（二）新兴工业投资增加风投活跃

2017 年，美国新兴工业部门投资出现增长，风投十分活跃。2017 年，全球绝大部分的清洁能源采购行为发生在美国，总量达 2.8GW，且较美国在 2016 年同期的水平上升了 19%。在签署的所有清洁能源购电协议中，最引人注目的当属苹果公司与内华达能源公司签署的总量达 200MW 的协议，用于购买 Techren 光伏项目的发电量，这是迄今为止美国企业与电厂之间签署的规模最大的购电协议。

（三）制造业创新投资力度持续加大

制造业为美国提供了接近 17% 的就业机会，对美国的经济振兴具有举足轻重的作用。根据最新的数据，制药业占所有制造业研发投入的三分之一，在 2014 年的投入为 749 亿美元，航空航天、化工、计算机、电子，以及汽车和零部件也都在研发投入中占重要地位。在此背景下，以高端制造业技术创新和清洁能源技术投资为代表的领域成为推动美国制造业复兴的关键，而以国家制造业创新网络（NNMI）为代表公私合作成为制造业复兴的驱动力。2017 年，美国制造业创新体系建设持续发展，“制造美国”项目下 14 个创新中心覆盖了当前先进制造业的多个热点领域，其运作取得初步成功。

（四）贸易逆差达到 9 年最高水平

出口在美国经济复苏中具有关键的作用。2017 年，美国商品和服务贸易进口额为 28953 亿美元，出口额为 23293 亿美元，全年贸易逆差 5660 亿美元，创 2008 年以来新高。其中，对中国和爱尔兰的贸易逆差均为历史新高。美国贸易逆差增加主要是国内需求旺盛导致进口增加，美国企业从海外购置设备扩大生产也是原因之一。大量美国公司在海外组装商品再进口至美国，这是导致美国商品贸易失衡的重要原因。其中，2017 年美国对华贸易出口增加 148 亿美元至 1304 亿美元，主要是原油和民用飞机引擎及部件；对华进口增加 430 亿美元至 5056 亿美元，主要是手机、家庭用品和电脑等。2017 年美国对华贸易逆差为 3752 亿美元。

（五）就业大幅改善但问题仍存

2017 年，美国的就业状况大幅改善。美国劳工部（DOL）发布的数据显示，美国 2017 年 12 月非农部门新增就业岗位 14.8 万个，失业率连续三个月维持在 4.1%，新增就业岗位主要来自医疗、建筑和制造等行业。其中，医疗行业 12 月新增 3.1 万个就业岗位，建筑行业新增 3 万个就业岗位。2017 年全年一共新增 206 万个就业岗位。其中，制造业、采矿业和伐木业的表现优于其他行业，三个行业成功扭转了 2016 年的颓势。不过，工资仍处于较低水平，12 月平均时薪较上年同期增长 2.5%，与上年 11 月持平，但是低于 2007—2009 年经济衰退前逾 3% 的涨幅。随着税改法案获得通过，美国经济有望在 2018 年延续增长势头，这将进一步促进工资增长以及就业岗位数量增加。

二、产业布局

美国工业的分布大体上分为三大地区。在东北部，所属 14 个州的面积仅占国土面积的 8%，却集中了 50% 的制造业、80% 的钢产量和 90% 的汽车产量。在西部，航空、造船、电子和导弹等工业部门工业产值占全国工业产值的10%。在南部，石油、化工、造船和军工等工业部门工业产值占全国工业产值的20%。

美国工业的分布呈现出由东向西向南发展的趋势。西起密西西比河，东至大西洋沿岸，南起俄亥俄河和波托马克河，北至密歇根湖、伊利湖和安大略湖岸以南，以及新英格兰南部的东西狭长地带被称为美国的制造业带，是美国工业发展最早的地区。二战后，在西部太平洋沿岸的加州，一些与军事有关的新兴工业部门，如造船、飞机、导弹、电子、汽车装配等得到巨大发展。南部得克萨斯等州的产油区，逐步发展成为重要的石油化工中心。20世纪70年代以来，经济和人口出现南移现象。被称为阳光地带的南部和西部工业发展较快，其速度大大超过东北部地区。近年来，越来越多的传统制造业开始向成本更低的美国南部地区集聚，美国南部地区制造业呈现快速发展势头。

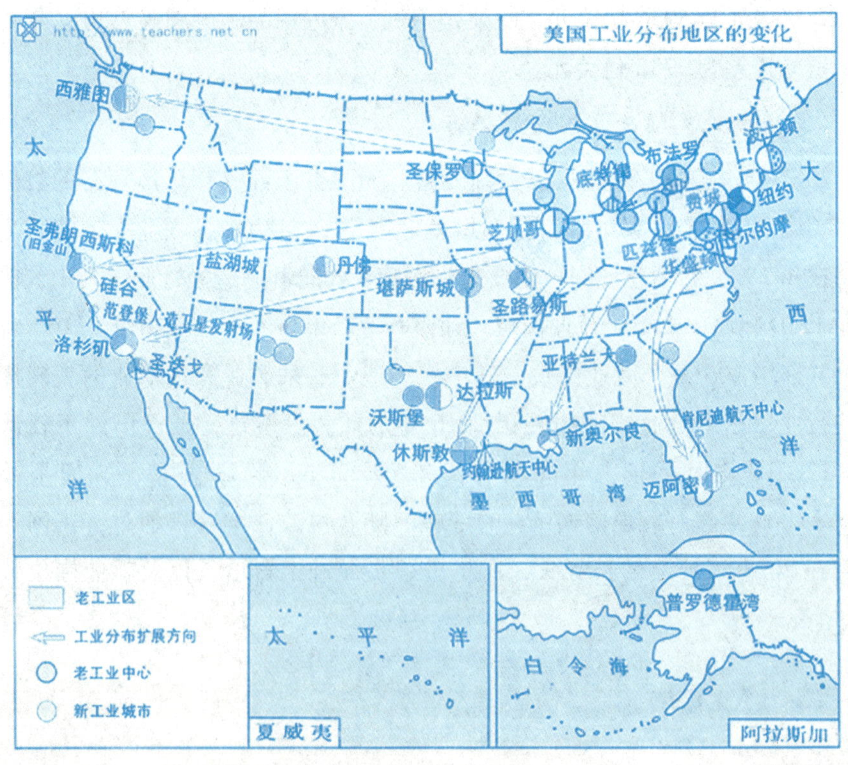

图25－2　美国工业分布地区的变化

资料来源：赛迪智库整理，2017年3月。

三、政策动向

2008年国际金融危机之后，为促进美国经济复苏，美国政府把重点放在重振制造业上，推出了一系列政策措施。2017年9月，美国国会众议院通过了《自动驾驶法案》，以“提高安全、增加老人和残障人员的流动性，以及确保美国在自动驾驶技术领域的前沿地位”为立法目的，是美国联邦层面第一个为确保自动驾驶安全、创新、发展、测试和运行的立法。2017年12月，美国总统特朗普正式签署涉及1.5万亿美元的《减税与促进就业法案》，此乃美国最近逾30年来最大规模减税行动。税改案将公司税率从35%大幅降至21%，企业海外回流利润的所得税率从35%下降到15.5%—8%，并全面下调了个人所得税税率。

表25－1　2009—2017年美国重振制造业的重要政策

时间	标题	主要内容	对制造业重要影响
2017.12	减税与促进就业法案	将公司税率从35%大幅降至21%，企业海外回流利润的所得税率从35%下降到15.5%—8%	企业通常会选择税率更低的地区开办，而美国21%的税率使其具备较强的竞争力，再加上海外汇回利润税率下降，有助于改善美国的制造业
2017.9	自动驾驶法案	核心条款包含：(1)联邦和州政府的职责划分，明确美国国家公路交通安全管理局（NHTSA）负责规范自动驾驶汽车的设计、建造和性能，州政府则负责汽车的登记、牌照颁发、事故责任和保险等事项；(2)授权NHTSA根据特殊情况批准2.5万辆自动驾驶汽车在道路上测试，并在三年内将该数量逐步提高到10万辆；(3)授权NHTSA获取自动驾驶汽车安全数据以更新和发展有关安全标准，要求汽车制造商制定消费者隐私保护计划，明确告知消费者将如何收集、使用和分享乘客的数据	以“提高安全、增加老人和残障人员的流动性，以及确保美国在自动驾驶技术领域的前沿地位”为立法目的，是美国联邦层面第一个为确保自动驾驶安全、创新、发展、测试和运行的立法

续表

时间	标题	主要内容	对制造业重要影响
2016.10	美国国家人工智能研发战略规划	规定了一个高水平框架，该框架可用于确定人工智能所需要的科学和技术并追踪研发投入的进度并最大化投入的影响。确定了联邦资金资助的人工智能研发的优先顺序，该顺序考虑了对于人工智能对社会和全世界的长期转型的影响的人工智能近期的能力	推动人工智能发展并释放企业和工人的创造潜力，确保美国在人工智能的创造和使用中的领导地位
2015.10	美国创新战略（2015版）	包括三大创新要素和三大战略举措。三大创新要素是投资创新生态环境基础要素、推动私营部门创新、打造创新者国家，三大战略举措是创造高质量就业岗位和持续经济增长、推动国家优先领域突破、建设创新型政府	重点聚焦先进制造、精准医疗、脑计划、先进汽车、智慧城市、清洁能 源和节能技术、教育技术、太空探索、计算机新领域等九大战略领域
2014.11	美国振兴美国制造业和创新法案	实施制造业创新网络计划，在全国范围内建立制造业创新中心	加快美国制造业的技术创新及商业应用的步伐
2014.10	美国振兴美国先进制造业2.0版	为美国的先进制造业发展总结了三大支柱：加快创新、保证人才输送管道及改善商业环境	保证美国先进制造业良好的发展势头
2014.4	美国学徒计划	资助社区学院和雇主合作，设立适应未来工作需要的培训项目。投入学徒培训扩大计划	培训包括高级制造业、信息技术和医疗等行业所需的高级技术工人
2013.3	美国机器人路线图	强调机器人技术在美国制造业和卫生保健领域的重要作用	提出了未来5—15年制造业机器人所要解决的关键能力
2012.3	美国制造业创新网络计划	计划建设一个包含15个制造创新中心的全国性网络，专注于3D打印和基因图谱等新兴技术	利用高科技全面提升美国制造业，将美国转变成全球的高科技中心
2012.2	美国先进制造业国家战略计划	围绕中小企业、劳动力、伙伴关系、联邦投资以及研发投资等提出五大目标和具体建议	促进美国先进制造业的发展

续表

时间	标题	主要内容	对制造业重要影响
2011. 11	美国制造业复兴计划	从投资、贸易、劳动力和创新等方面提出了促进美国制造业复兴的四大目标及相应的对策措施	确定美国保持制造业全球竞争力的路径
2011. 6	美国先进制造业伙伴关系计划	创造高品质制造业工作机会以及对新兴技术进行投资	提高美国制造业全球竞争力
2011. 2	美国创新战略（2011 版）	新的创新战略提出了五个新的行动计划	在美国重点优先领域实现突破
2010. 8	美国制造业促进法案	大规模投资清洁能源、道路交通、改善宽带服务，削减企业部分关税	破解制造业发展难题
2009. 11	美国“再工业化”战略	促进制造业增长，让美国回归实体经济	推动美国制造业回归
2009. 9	美国创新战略（2009 版）	注重国家创新基础架构建设，鼓励有效创业的竞争市场，推动国家重点项目取得突破	充分发挥创新潜力，促进新就业、新企业和新产业

资料来源：赛迪智库整理，2018 年 3 月。

四、发展趋势

（一）经济增速加快贸易摩擦加剧

根据国际货币基金组织（IMF）2018 年 1 月的预测，相比 2017 年 10 月，IMF 将美国 2018 年和 2019 年的增速预估值分别大幅上调 0. 4% 和 0. 6% 至 2. 7% 和 2. 5%，其中，美国税改政策实施成为最重要的助推器。预计美国的税收政策变化将刺激经济活动，短期影响主要来自公司所得税降低带来的投资增长。预计在 2020 年之前，税收政策变化对美国经济增长的影响都将是积极的，到 2020 年累计影响达到 1. 2%。但是，美国经济增长也存在风险。最为突出的是国际贸易摩擦常态化、高频化的趋势可能加剧，对全球贸易的影响不容小觑。特朗普的贸易保护主义倾向较浓，上任以来退出“跨太平洋伙伴关系协定”（TPP），启动重谈北美自贸协定（NAFTA），试图利用美国的强势地位，借助双边谈判为美国在全球贸易中争夺更大利益。

（二）工业互联网将加快发展

国家金融危机以来，美国提出了“再工业化”（Reindustrialization）的战略。由于软件和互联网经济发达，美国侧重于借助网络和数据的力量提升整个工业的价值创造能力。这一次的工业革命以智能机器为主要工具，融合了互联网技术、移动互联网技术、大数据、智能分析技术。2012 年 2 月，通用电气（GE）提出了“工业互联网”（Industrial Internet）的概念，并在医疗和航空等领域迅速推出 9 个工业互联网项目。2014 年 3 月，思科、IBM、英特尔、AT&T 等企业参与进来，同通用电气一同组建了工业互联网联盟（IIC）。IIC 由对象管理组织（OMG）管理，其中参考架构、测试床、应用案例是 IIC 关键工作的抓手。根据咨询机构 IoTAnalytics 的统计，全球工业互联网平台数量超过 150 个，预计 2021 年工业互联网平台市场规模将达到 16.44 亿美元。根据埃森哲和 GE 的评估，2030 年工业互联网全球产值将达 15 万亿美元，到 2050 年则将达到 50 万亿至 80 万亿美元（目前全球工业总产值为 32 万亿美元）。预计 2018 年，IIC 将在全球开展更多的工业互联网落地项目。

（三）汽车业迎来生态大变革

汽车业是美国制造业的重要支柱。在电动汽车领域，美国通过《美国复兴和再投资法案》《美国清洁能源与安全法案》、新的燃油经济性标准（CAFE）以及调整各类电动汽车的税收优惠等措施，引导美国汽车工业将重心转向插电式混合动力汽车和纯电动汽车（BEV）。截至 2017 年底，美国电动汽车（含插电混动）共有 166070 辆，约占美国当年汽车市场份额的 1%。但是，由于 2017 年底的税改法案使得 7500 美元的电动汽车联邦税费减免会在接下来的 1 年半时间里逐步取消，预计会对美国市场上电动汽车的销量带来不利影响。在无人驾驶汽车领域，美国加州车辆管理局（DMV）表示，2018 年 4 月起，远程监控的无人驾驶汽车将可以在加州道路上进行测试。在此之前所上路的无人驾驶汽车，都需要安全员坐在方向盘后面时刻监测车辆状态。但是从 4 月开始，真正的无人车将会开始上路，安全员可以远程对车辆进行监控。预计 2018 年美国无人驾驶汽车将迎来大发展。

（四）传统能源出口力度加大

美国总统特朗普上台后一直大力支持传统能源的发展。美国正加快成为全球能源体系中的重要战略棋手，加大能源出口力度也是特朗普政府“能源主导权”政策的体现。美国的出口受到天然气和石油产量激增的推动，比如水力压裂，将水、沙子和化学物质输送到地下，以压裂页岩，并允许碳氢化合物流动。随着天然气出口的扩大，美国将超越其传统的北美市场，原油出口量增加，汽油等精炼产品的出口仍保持强劲增长。美国能源信息署（EIA）预计，美国原油产量将持续增长至2042年，而天然气产量将继续上升至2050年。被称为液化天然气（LNG）的天然气运输预计将主导美国的出口流。EIA预计，到2050年美国仍将是煤炭净出口国。预计到2050年，美国的能源消耗仅增长0.4%，而预期的经济增长率为2%。按此预测，2022年将是1953年以来美国能源出口首次超过进口的一年。

第二节　欧　　盟

一、发展概况

欧盟是世界上最具影响的区域一体化组织，它集政治实体和经济实体于一身。欧盟工业占国民经济比重较大，主要工业部门包括钢铁、机械、化工、汽车、船舶、飞机、电子等。2017年，欧盟经济继续保持稳步增长，为近十年以来经济增长最佳时期，整体经济增长水平超越美国，欧洲债务危机对欧盟经济造成的打击正逐步减弱。与此同时，英国“脱欧”公投后带来的不稳定预期对英国经济造成了不利影响。

（一）现状特点

1. 经济保持良好增长势头

欧盟近年逐渐摆脱欧债危机阴影，经济保持连续增长，2017年经济增长率进一步提升，已成为近十年来经济增长最好时期，特别是保加利亚、波兰、罗马尼亚、拉脱维亚、匈牙利、比利时、捷克等国的增速较快，其中罗马尼亚和保加利亚全年各季度增速实现了超过10%的高速增长。2017年法国经历了总统大选，2018年初，德国总理默克尔成功连任，欧盟成员国政策有更大的延续性。与此同时，英国“脱欧”程序的启动、难民危机等政治因素仍然是欧盟经济发展面临的诸多不确定因素，能否处理好这些问题成为决定欧洲经济未来稳定发展的关键。

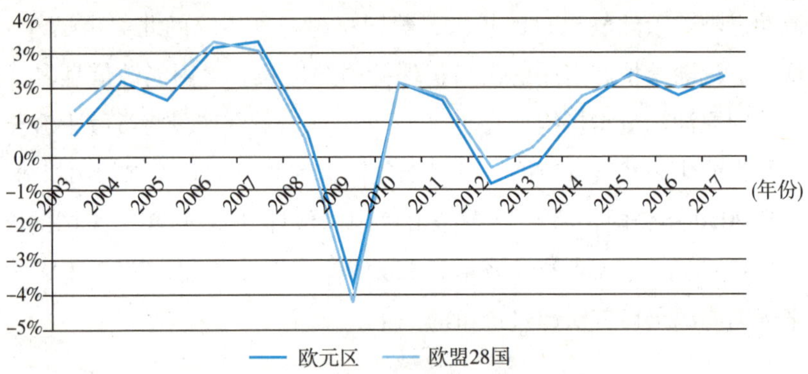

图25-3 欧盟28国、欧元区19国的GDP增长

资料来源：欧盟统计局，2018年3月。

欧盟统计局数据显示，2017年全年欧元区19国和欧盟28国GDP增长率达到2.5%；2016年，该增长率分别为1.8%和1.9%。该增长率已经达到欧盟近十年来最高，超过2017年美国2.3%的增长率。特别是在2017年第四季度，欧盟成员国中的多个国家实现了超过了5%的增长率，整体经济形势表现了强劲的增长。2017年，欧盟全年保持了较低的通货膨胀率，其中，2017年7月欧盟通货膨胀指数为1.5%，成员国中爱尔兰、塞浦路斯通货膨胀指数为负值，芬兰、保加利亚通胀率小于1%。2017年5月，法国总统马克龙上任后积极推动欧盟改革，希望为欧盟经济一体化注入新的活力，他提出“设立欧元区财长”和“欧元区财政联盟”等改革举措，如果这些举措得到德国等欧盟成员国的支持，将有助于欧元区经济发展和欧洲金融财政政策的协调一致。

从欧盟成员国来看，2017年第三到第四季度，欧盟成员国中的大部分国家国内生产总值都实现快速增长，各国经济表现出明显的上升趋势，与2016年同期相比，欧盟各成员国中GDP实现增长的数量增多，增速大多处在5%到7%之间。2017年第三季度，罗马尼亚、保加利亚增速最快，达到约19%

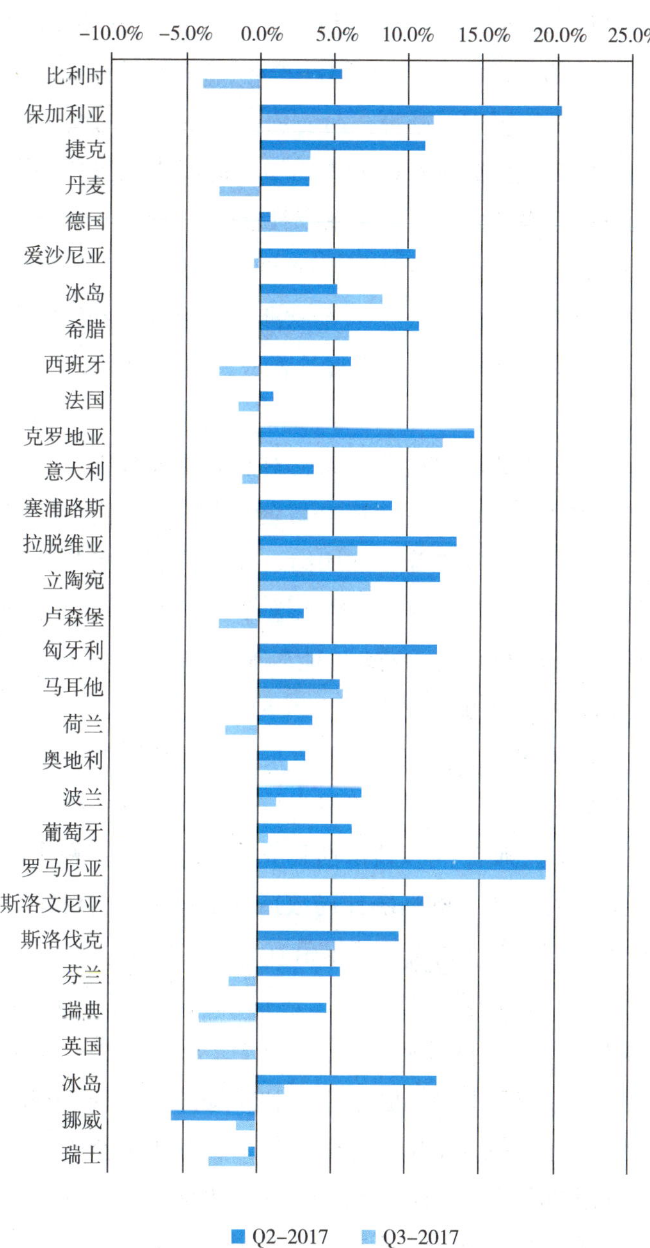

图 25－4　2017 年第 2 和第 3 季度欧洲 31 国 GDP 增速对比

（包括欧盟 28 成员国与挪威、冰岛、瑞士）

资料来源：欧盟统计局，2018 年 3 月。

和12%，立陶宛、斯洛伐克、希腊和拉脱维亚均超过5%，德国增速为3.3%，法国有小幅下降。罗马尼亚2017全年GDP增速接近7%，连续三年成为欧盟经济增速最快国家。欧洲央行宽松的货币政策为欧元区经济增长发挥了重要作用，但未来仅靠货币政策推动增长的模式无法长期实行，欧盟经济还需要找到可持续性的增长动力。欧洲社会在过去一年中经历了英国“脱欧”、意大利宪法公投和法德大选等众多事件，对于欧元区经济增长造成了很大的考验，但是2017年数据来看，目前欧洲经济仍保持着稳定增长，欧盟各国失业率进一步下降。欧盟经济事务官员表示，对2018年欧盟经济保持增长较有信心。

欧洲经济专家认为英国“脱欧”将会对欧盟经济造成一定影响，但英国经济将受到更加重大的影响，经济成本高企，投资和消费市场缩减，经济增长必然会遭受冲击。欧盟须作为更加团结、统一的市场应对全球经济和贸易等政策的变化，以此来实现经济长期稳定增长。法国总统提出的欧委会改革，将有利于欧盟在数字基础设施、安全、能源等共同政策上达成一致。

2. 工业发展水平稳步提升

欧盟工业在经历多年“去工业化”发展后，近年来随着传统工业在新技术的推动下转型提升，工业发展已然成为拉动经济的重要部门。欧盟各国重新重视工业发展，试图使工业和技术创新成为经济社会发展的新动力，继续保持欧洲在全球的竞争力。欧洲统计局数据显示，从产出角度看，欧盟最大的经济部门仍是工业，工业占总价值增值（GVA）的19.3%，其次是公共管理、防务、教育、健康等（19.1%），批发零售、交通、旅店和食品（18.9%），以及房地产（11.2%），专业科技服务（10.9%）。欧盟在最新的工业政策战略中提出将工业增加值占GDP比重提升至20%。在就业方面，工业行业就业比重多年来持续下降，但近两年工业行业重新成为创造就业的重要部门，波兰工业部门2016年创造了35万个就业岗位。在欧盟最新出台的欧盟工业政策战略的推动下，工业在未来有望迎来更大提高。根据Markit公布的数据显示，进入2017年以来，欧元区制造业扩张更加明显，特别是在2017年末制造业PMI达到60.6的历史新高水平，1月到12月平均值为57.4，高于2016年的52.5。

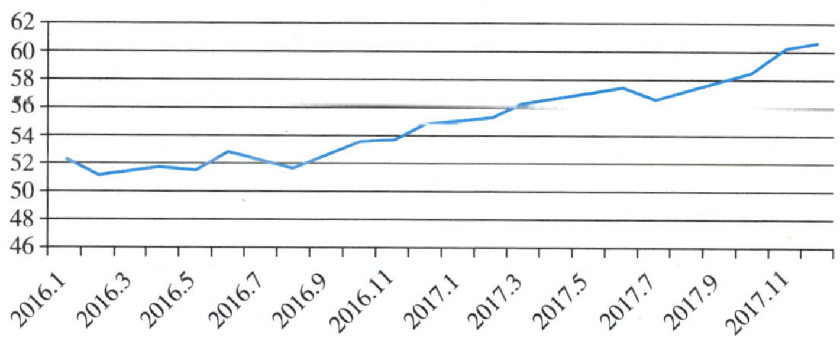

图 25－5　欧元区制造业 PMI 指数（2016 年 1 月到 2017 年 12 月）

资料来源：Markit，2018 年 3 月。

分国家看，德国、捷克、爱尔兰等国制造业景气程度均处在较高水平，其中德国制造业 PMI 屡创新高，西班牙、法国等国制造业也好于预期。与此同时，2017 年全年欧盟制造业产能利用率水平也高于上年同期，平均产能利用率达到 82.75% 的水平。

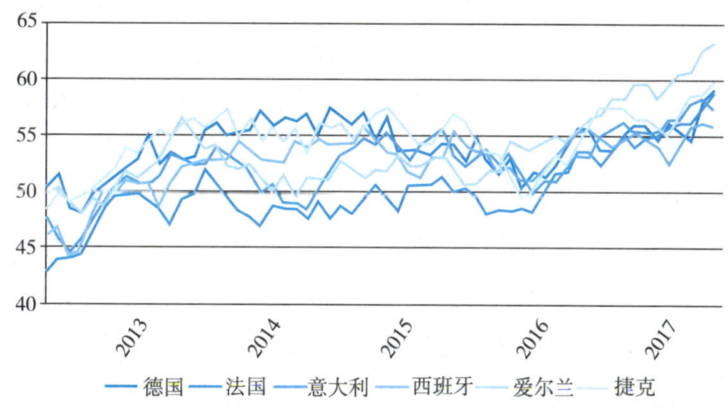

图 25－6　2013—2017 年欧元区主要国家制造业 PMI

资料来源：Markit，2018 年 3 月。

3. 创新实力继续保持全球领先

国际金融危机对欧盟经济造成了一定冲击，但是未能撼动其世界第一大经济体的地位。欧盟占据着全球产业分工上游，德国、英国、法国、荷兰等核心国家在技术、人才、管理、品牌等方面优势突出。《2017—2018 年全球竞争力报告》中显示，欧盟核心成员国的国际竞争力依旧十分强大，瑞士、荷兰、德国、瑞典、英国和芬兰 6 个欧盟国家依旧位列 2017 年全球国家竞争力排名前 10 位，其中瑞士更是连续 9 年成为全球最具竞争力国家。

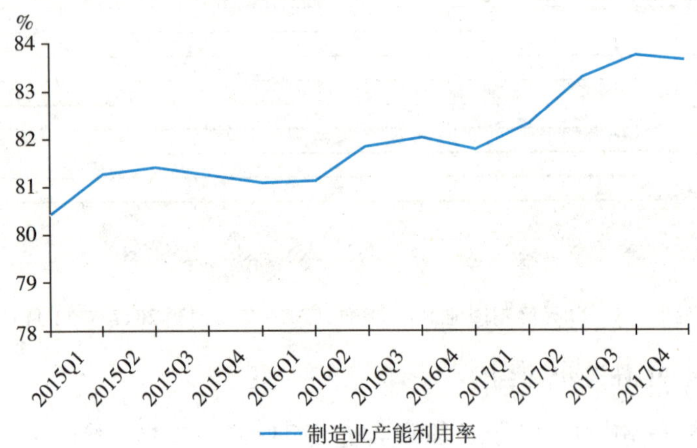

图 25－7　2015—2017 年欧盟制造业产能利用率

资料来源：欧盟统计局，2018 年 3 月。

在欧委会发布的“2017 全球企业研发投入排行榜”中，德国大众汽车仍位于首位，研发投入高达 137 亿欧元，谷歌母公司 Alphabet、微软、韩国三星电子、美国英特尔以及中国华为分别位于第 2—6 位。排名前百名的企业中欧盟成员国占比较大，其中德国 13 家，荷兰 4 家，法国和瑞士各 3 家，在总调查的 2500 家企业中欧盟企业占 567 家，仅次于美国 821 家。此外，欧盟委员会还发布了《2017 年欧洲创新指数记分牌》。该报告对欧盟整体及各成员国 10 个创新维度的 27 项创新指标进行了评估并计算出分数，报告指出，得益于人力资本和创新环境的改善，欧盟内部的创新绩效不断增强。瑞士、瑞典、芬兰和丹麦仍然处在创新排名的第一梯队。此次报告中，还对欧盟以外的竞争对手进行了分析，包括澳大利亚、中国、金砖 5 国、日本、韩国和美加两国进行了对比分析。报告指出，中国创新指数增速最快，增长率高于欧盟 7 倍，中国在企业创新研发方面优势明显，但在整体教育水平和商业研究等方面仍然较弱。

2017 年 12 月，欧盟统计局发布了 2016 年度研发支出统计数据。2016 年，欧盟 28 个成员国研发支出总计超过 3000 亿欧元，研发强度（研发支出占当年 GDP 的比重）为 2.03%，与 2015 年持平。2016 年欧盟产业部门仍然是其研发支出的主要部门，占研发总量的 65%，其次是高等教育（23%）、政府部门（11.2%）和私营非营利机构（1%）。其中，除塞浦路斯、立陶宛、拉脱维亚这三个国家的高等教育研发支出占比最大以外，其余国家都是产业部门领先。

4. 中资企业并购青睐欧洲市场

欧盟是全球优质企业的聚集地。研究显示，从 2000 年到 2016 年，中国对欧洲的直接投资高达 1013 亿元，而中国企业最青睐的投资目的国是德国、英国、法国、意大利和葡萄牙。随着欧盟经济的不断复苏，欧盟企业正在进一步恢复活力，企业未来的发展前景将更为改善，因此国际资本大幅涌入欧洲。

其中，投资增速最快的领域包括物流交通、基础设施建设、机械制造、装备制造、能源、消费商品等领域。2016 年，这些领域资本流增速与 2013—2015 年期间相比同比增长 15% 以上。2016 年，中国资本在欧洲的对外直接投资主要在法国、德国和英国。

5. 就业情况进一步改善

欧盟就业率数据连续三年得到改善，强大的就业创造能力也为欧盟经济复苏带来了动力。2017 年，欧盟统计局数据显示，欧元区和欧盟 28 国失业率分别为 9.1% 和 7.6% 。欧盟委员会预计欧元区 2018 年的失业率将降至 9% 以下。目前，欧盟失业率仍高于国际金融危机之前水平，与此同时，欧盟青年工作者失业率水平要高于平均水平。

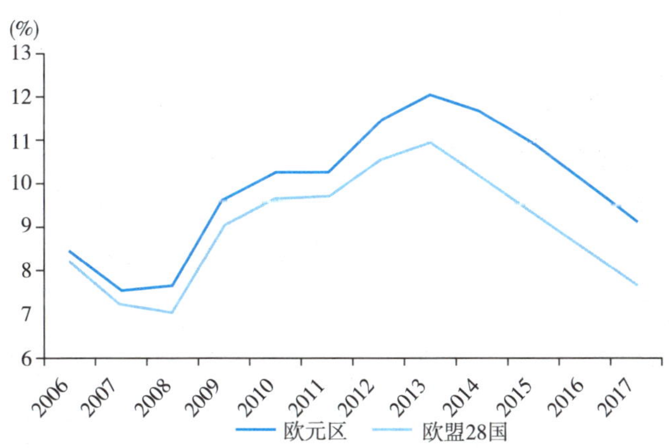

图 25－8 欧盟 28 国历年失业率（2006—2017）

资料来源：欧盟统计局，2018 年 3 月。

虽然失业率增加的形势得到一定逆转，但和全球其他地区相比，欧盟失业率的总体水平依旧较高，2017 年美国失业率约为 4.1%，俄罗斯为 5.2%、日本为 2.8%。捷克、德国、马耳他、匈牙利和波兰等多个国家失业率低于 5%，而西班牙、塞浦路斯、芬兰和拉脱维亚仍处于高于 8% 的水平，其中西班牙失业率高达 17.2%。此外，欧盟内部各国就业形势的差距逐渐缩小，几乎所有欧盟国家的失业率都比上年有所下降。

（二）政策动向

自 1990 年提出的“开放与竞争环境下的工业政策”之后，欧盟出台了大量的工业发展政策和工业发展战略。欧盟在世界工业中的领导地位得益于其工业政策和战略，一方面，这些策略为欧盟各国创造良好工业发展环境，极大地促进了创新、人才流动、行业标准制定等，另一方面，在激烈的国际经济竞争中，降低了各成员国独自建设工业体系的难度和风险，有效提升了整个区域的协同发展能力。近些年，欧盟各国加强了对工业尤其是制造业的重视程度，进一步制定了一系列促进工业发展的政策和战略。2016 年，欧盟出台了数字化欧洲工业计划，欧盟针对智能制造、工业互联网等新兴概念梳理了欧盟各成员国的政策计划，提出要加强数字市场的建设。2017 年，欧盟委员会出台了“欧委会工业政策战略”，该战略是近年来欧盟针对工业领域出台的新的战略举措。

（三）发展趋势

1. 工业生产增速将有所放缓

2017 年，欧盟工业数据显示出明显的复苏之势，工业生产指数、产能指数、制造业 PMI 等多项指标均呈现出大幅扩张，不断突破历史最高纪录。从 2018 年最新欧盟工业生产指数来看有所下滑，但工业生产增长的趋势仍然不变，只是增速不会一直保持高速增长，而是会有所放缓。欧元集团主席和欧盟委员会主席均预测表示，欧洲经济正处在上升阶段，经济增长更具韧性，对于风险的抵抗能力不断增强。欧盟为延续经济增长，短期内应该会继续执行宽松的货币政策，但同时也开始进行经济的结构性改革。英国“脱欧”公投显示出欧盟内部分歧的声音越来越高，未来各国将会致力于留在欧盟内部，促进欧盟经济体的协调统一，同时将英国退出带来的影响和损失降到最低。2018 年初，欧盟制造业 PMI 和欧元区整体工业仍处在扩张区域，但扩张程度有所收缩。在欧盟新工业政策战略等相关政策的推动下，欧盟工业和就业水平将不断朝有利方面发展。欧盟同时也会关注美国在工业产品贸易政策方面的保护主义措施，尽量利用规则来争取对自身有利的关税豁免待遇。

2. 数字化智能制造将成为欧盟工业主导

欧盟委员会在最新提出的工业政策战略中，提到了加强网络安全和个人数据自由，数字化将成为推动欧盟经济发展的重要概念，欧委会也已宣布要在2018年起早人工智能相关的法案。由此可见欧盟重视数字化和智能化方面的发展，也愿意通过出台相关政策措施来引导科技和产业朝着健康有序的方向发展。2017年，欧洲委员会曾出台新一轮支出方案，方案中规定将在今后3年内出资300亿欧元，寻求并支持应对社会挑战与创新的新方案，为欧盟经济增长和社会发展注入动能。欧盟明确在汽车产业中要加快对车联网和自动驾驶技术的部署，从而确保汽车等欧盟国家的优势产业能够保持竞争力。公共交通自动化对于欧盟发展意义重大，也是工业与信息技术相互合作的重要领域。欧盟要保持各国在新技术的测试及应用中相互协调，共同研究安全性、数据隐私、责任等伴随着工业智能化和数字化而来的相关问题。

3. 绿色工业成为欧盟经济发展特色

欧盟历来重视工业的节能降耗，在绿色工业领域积累了许多的实践经验。2017年，欧盟国家电力行业的绿色发展增长快速。其中风能、电能和太阳能的发电量增加了12%，欧盟约1/3的电能来自绿色能源。此外，在食品、家电等领域，欧盟执行着严格的环保标准，为欧洲整个的环境保护起到了有益的作用。欧盟各国鼓励企业在绿色工业方面的投资与创新，并已经培育出一大批该工业领域的领军企业。欧洲汽车制造商在推动电动汽车发展上也不遗余力，计划建立超快速电动汽车充电网络。包括宝马、大众、福特和戴姆勒在内的汽车制造商联盟计划在欧洲建立约400个充电站，实现电动汽车充电在几分钟内完成。新型350千瓦充电器将比特斯拉现有充电设备强大三倍，从而打破特斯拉在电动汽车领域的垄断地位。

二、重点国别

（一）德国

德国德国是全球工业化历史最长、工业化水平最高的国家之一，工业在国民经济中的地位十分重要。总体来看，产业结构层次高、创新能力强、产品品质高和外向型是德国工业的核心特点。制造业是德国工业的核心，德国制造业则代表着全球制造业的最高水平，以机械制造业为例，德国机械制造业的31个部门有17个占据全球领先地位。近些年，工业增加值占经济总量的比重保持在20%左右，高于法国、英国10%左右的水平，德国制造业向全球市场提供的产品技术先进、质量过硬，已形成了巨大的出口规模。2017年，德国经济继续保持稳步增长，经济增速为2.2%，创下近六年来最高经济增速。联邦统计局数据显示，德国投资支出、私人消费、公共支出分别增长3.5%、2%和1.4%。进出口方面分别增长5.2%和4.7%。具体而言，2017年德国工业发展情况具有以下几个特征。

1. 工业生产保持稳定增长

德国工业联合会发布的预测显示，2017年，德国制造业生产预计增长3%。德国工业此前已经保持连续5年的增长，2017年将继续保持稳定增长的势头。2017年，德国制造业PMI全年都处在较高的水平，其中，9—12月指数均超过60，处于明显扩张区域。工业生产指数也保持了很高的水平。从行业来看，德国机械行业、制药行业和汽车行业都保持了快速增长。

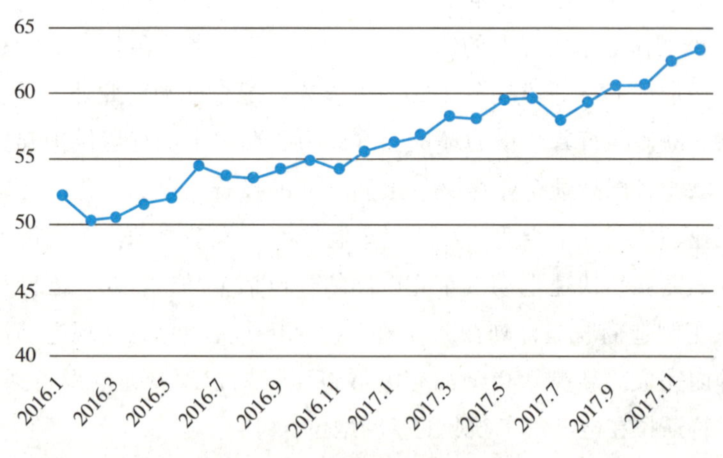

图25-9 德国制造业PMI

资料来源：Markit，2018年1月。

2. 德国积极推动工业物联网发展

在德国"工业4.0"战略引领下，众多德国工业企业纷纷尝试采用传感器和工业物联网软件来提高生产效率。德国慕尼黑的埃森哲创新中心是目前欧洲唯一的工业物联网实验室机构，对于工业物联网的实践与应用有着重要的推动作用。2017 年，德国邮政同中国华为公司达成了基于物联网的创新合作项目，新技术的研发和应用将在未来提高德国邮政的自动化能力。此外，多家德国工业企业建立针对工业物联网的策略联盟，力图在“工业 4.0”下实现更加优质高效的解决方案。

3. 就业情况为历史最好水平

德国政府历来重视国内就业水平，同时也鼓励有利于创造就业的行业和企业在德国发展。2012 年，尽管德国经济增速下降，但就业人数却逆势达到创纪录的 4160 万，平均失业人数均在 290 万以下，比 2011 年减少近 8 万，就业形势为 1990 年德国重新统一以来最好状态。2012 年以后，欧盟经济形势有所好转，2013 年和 2014 年，德国就业人数实现稳步增长，达 4178 和 4260 万人，同比增长分别达到 0.6% 和 0.9%。2015 年，德国就业形势进一步趋好，德国失业人数降低到 1992 年以来的最低值，平均登记失业人数为 279.5 万，比 2014 年减少 1.04 万人。

德国联邦劳工局统计数据显示，2017 年德国全年失业率为近四年新低，企业对劳动力的需求旺盛，失业率为 5.7%，失业人口比 2016 年减少 15.8 万，总失业人口为 253.3 万，这一数据已经是 1990 年东西德统一以来的最好数据。

4. 科技创新实力持续增强

经济合作与发展组织（OECD）和德国欧洲研究中心（ZEW）最新研究报告显示，德国的整体创新实力正在继续增强，目前德国创新水平已处国际领先地位，在新产品和工艺改进方面，德国已经做出了较大投入，然而创新活跃的企业数量却在下降。报告显示，数字经济和社会、可持续经济和能源、创新型职业领域、健康生活、智能交通以及公民安全已成为研发潜力巨大的领域。2017 年，德国通过多项举措支持创新型企业发展。其中，德国联邦经济部通过“投资—针对风险资本的补助”项目，帮助私人投资者投资于年轻的创新企业。该项目中，由德国联邦经济与出口控制局（BAFA）认证具有创新能力以及补助资格的初创企业，将会被列入德国联邦经济部该项目网站的新数据库内。此外，德国复兴信贷银行还将成立子公司为德国技术创新企业投入共计20亿欧元的支持。

德国采取的是社会市场经济模式，也称为政府引导型市场经济。其主要特点是，自由竞争与政府控制并存、经济杠杆与政府引导并用、经济增长与社会福利并重。德国国家宏观调控政策对其工业的成功有着重要影响。下面是近年来比较重要的德国政府出台的工业相关政策措施。2017年，德国出台多项工业领域相关政策，包括自动驾驶法案、千兆网络计划等在内，支持德国工业朝着自动化、数字化方向发展。

表25－2　近年来德国工业相关政策措施

时间	标题	主要内容
2017.10	航空航天2030战略	德国经济部和德国航空航天中心最近发布了德国航空航天2030战略（DLR 2030）。该战略将通过10个新的横向项目和1个新的横向领域—数字化来实施
2017.7	自动驾驶汽车法案	德国政府出台了历史上首部自动驾驶汽车法案。该法案允许自动驾驶汽车上路测试，还为此设立了诸多准入规定
2017.3	汉诺威宣言	宣言主要内容为，在物联网（IoT）和人工智能（AI）等尖端技术上，日德两国将共同推进制定国际标准规格和进行研究开发
2017.3	国家千兆网络计划	德国联邦交通与数字基础设施部（BMVI）公布了一项战略计划，将于2025年投资1000亿欧元（约合1067亿美元）用于部署高性能国家宽带网络
2016.10	数字化教育战略2030	德国政府推出了数字型知识社会的教育战略，作为全面促进德国数字化教育的行动框架，内容涉及5个重点行动领域
2016.5	电动汽车补贴计划	德国内阁通过了一项总额为10亿欧元（约合11.3亿美元）的补贴计划，为购买新电动汽车和建设全国范围的充电网络提供补贴
2016.3	数字化战略2025	德国经济能源部发布《数字化战略2025》，总结了《数字化行动议程（2014—2017）》框架下实施的一系列重要计划与措施
2015.4	新的德国“工业4.0”平台	在之前三大行业协会组建的“工业4.0”平台的基础上，将在更为广泛的包括政治及社会领域在内的基础之上建立一个新平台，并且在研究主题和组织结构上都将有新的定位

续表

时间	标题	主要内容
2013.4	德国“工业4.0”	主要分为两大主题，一是“智能工厂”，重点研究智能化生产系统及过程，以及网络化分布式生产设施的实现；二是“智能生产”，主要涉及整个企业的生产物流管理、人机互动以及3D技术在工业生产过程中的应用等
2012.7	生物精炼路线图	加强生物技术研发创新，推进传统化学工业的转型
2011.8	第六能源研究计划	第六能源研究计划被命名为“环保、可靠和经济的能源供应研究”，重点资助那些对加快德国能源供应结构调整步伐十分重要的战略优先领域，包括可再生能源、能源效率、能源储存系统、电网技术以及可再生能源在能源供应中的整合
2010.8	国家可再生能源行动计划	目标涵盖温室气体排放、可再生能源、能源效率等方面，其行动计划和措施要点则包括可再生能源开发、能效提升、核电和化石燃料电力处置、电网设施扩充、建筑物能源方式和效率、运输机车能源挑战、能源技术研发、国际合作总计七方面内容

资料来源：赛迪智库整理，2018年3月。

（二）法国

法国的主要工业部门有汽车制造、电器、造船、机械制造、矿业、冶金、纺织、军工、化工、动力、日常消费品、食品等。近些年，新兴核能、石油化工、海洋开发、航空航天等新兴工业部门开始快速发展，但传统工业部门仍然在工业体系中占主导地位，以钢铁、汽车和建筑为三大支柱。法国的核电设备能力、石油和石油加工技术、航空航天、钢铁、纺织等产业的竞争力都位于世界前六位。近年来，随着第三产业的发展，工业在国民经济中的比重总体呈现下降趋势。

国际金融危机对法国经济造成了严重影响。2012年法国的国民经济总产值衰退明显，与2011年相比倒退了1.7%，失业率达到10.3%。自2014年开始，法国经济开始好转，2015年，法国经济进入全面复苏的一年，经济增长率不断攀升。法国全国统计和经济研究所数据显示，2016年法国经济增长为1.1%。2017年，法国经济增长率为1.9%，为2011年以来最高水平，经济增长开创了良好局面。

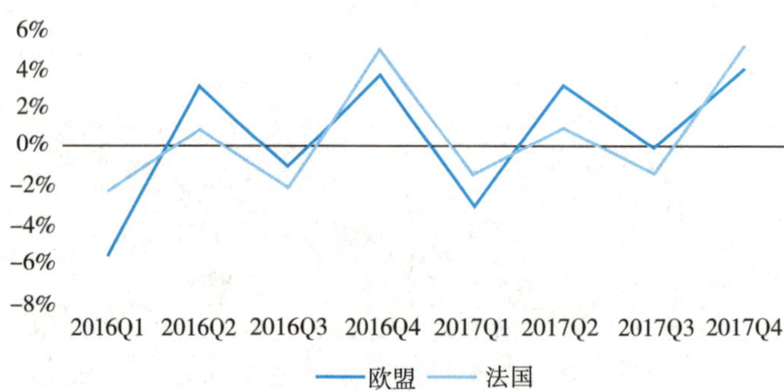

图 25－10　欧盟和法国经济增长率

资料来源：欧盟统计局，2018 年 3 月。

1. 制造业呈现快速扩张的趋势

自 2008 年三季度起，法国制造业产能利用率一直低于其历史平均水平。进入 2015 年以后，法国制造业逐步恢复，并开始稳定回升。2016 年 1 月，法国制造业 PMI 为 50，随后在 2016 年末回升至全年最高点 53. 5。2017 年，法国制造业 PMI 扩张明显，全年平均值为 55. 1，第四季度更加达到 58. 8 的高位。工业生产指数全面超越 2016 年，并且稳定在新的高度。制造业产能利用率也同样在第四季度升至 85. 1，并且有继续攀升的势头。

2. 国内失业率持续下降

法国国家统计及经济研究所数据显示，2017 年法国失业率继续保持下降趋势，降至 9. 4%。法国国内私营企业创造就业的能力不断增强，2017 年共创造出 25 万多个就业岗位，法国本土失业登记人数下降了 1. 57 万人。此外，由于此前法国劳工部出台了“求职者工作能力”投资计划，也为法国国内就业情况的好转起到了一定的作用。

3. 法国企业活力不断增强

2017 年法国的各项工业数据显示，法国企业活力正在不断增强，由此带来的新技术的研发和应用已经成为法国经济增长的动力之一。法国电信监管机构表示将于 2018 年推出 5G 服务，目前正在进行相关技术的测试。法国空客公司不断扩展全球战略，2017 年曾宣布在中国设立创新中心，该中心将致力于研究航空业的发展变化，进一步加强空客的外延创新生态系统。法国汽车制造商也正在着手无人驾驶巴士等新技术的测试，计划于 2018 年底正式向海外销售无人驾驶技术产品。此外，法国的移动通信企业积极投入到人工智能技术市场中。法国各行业企业纷纷显示出巨大的活力，对新技术的到来保持拥抱的态度，并且力图在未来的竞争中保有自身的一席之地，这对于未来法国的工业发展和经济增长都具有很好的推动作用。

法国非常重视工业发展，在国家层面出台了多项综合发展战略，针对新能源汽车、风电、光伏发电、潮汐能发电以及生态工业等重点行业颁布了多项政策措施。

表 25－3　近年来法国主要工业政策一览表

时间	标题	主要内容
2017.6	支持初创企业发展举措	法国新任总统马克龙在 VIVA TECH 展览会中宣布了三项针对初创企业发展的措施：一是重申对法国税收制度进行改革的决心，为创业者减负；二是宣布启动新的“科技签证”，为创业者、初创企业雇员和投资人 3 类外国科创人才进入法国工作和生活提供便利的行政手续；三是与德国和意大利协作，推动设立 100 亿欧元的欧洲创业投资基金，为创新企业提供资金支持
2016.11	数字技术行动计划	法国宣布两项旨在推进国内数字技术的新行动计划，分别是增材制造和物联网（IoT）领域
2016.11	法国高速宽带计划	法国计划在高速宽带计划框架内，在 2022 年前铺设覆盖全部 100 个省级行政区的新一代高速宽带，为所有企业和个人提供不低于 30 兆比特每秒的高速宽带服务
2015.4	“未来工业”计划	“未来工业”计划是“新工业法国”第二阶段核心，通过数字技术改造实现工业生产的转型升级，和以工业生产工具的现代化帮助企业转变经营模式、组织模式、研发模式和商业模式，从而带动经济增长模式的变革，建立更具竞争力的法国工业
2013.9	新工业法国	重振计划涵盖了多个重要工业领域，总体可以归为能源转型、医疗健康、数码技术、交通运输四大类。共包括 34 个具体项目
2012.10	电动汽车补贴政策	将购买一辆电动汽车可享受 7000 欧元（约合 9036 美元）环保津贴的政策延长至 2013 年，同时把优惠对象扩大至企业和公共机构用车

续表

时间	标题	主要内容
2012.1	“生态技术目标”行动计划	“生态技术目标”行动计划共提出了87项措施，这些措施旨在增强绿色工业的竞争力，该行动计划将从2012年开始实施
2010	光伏系统补贴政策	政策补贴分为两类：普通集成系统和高审美度集成系统，分别给予不同程度的补贴，在某些特定地区，政策补贴额将会大大增加
2009	电动汽车和可充电混合动力汽车发展计划	显示了法国政府发展低碳汽车的决心

资料来源：赛迪智库整理，2018年3月。

（三）英国

英国是欧盟内第三大经济体，全球第六大经济体。英国工业化历史悠久，基础雄厚，工业体系发育完善。目前，英国的主要工业行业包括：机械、电子、电子仪器、汽车、航空航天、采矿、冶金、化工、轻纺、造纸、印刷、出版、建筑材料、食品、饮料、烟草等。其中，生物制药、航空航天和国防是近些年来英国最具创新力和竞争力的行业，也是英国政府在工业研发投资方面的重点领域。英国发达的工业体系依仗国内丰富的能源，英国是欧盟成员国中能源最丰富的国家。英国重视能源的开发和利用，近年来英国政府强调提高能源利用率和，并且不断推动可再生能源的发展，建设低碳经济的作为英国的重要目标之一。

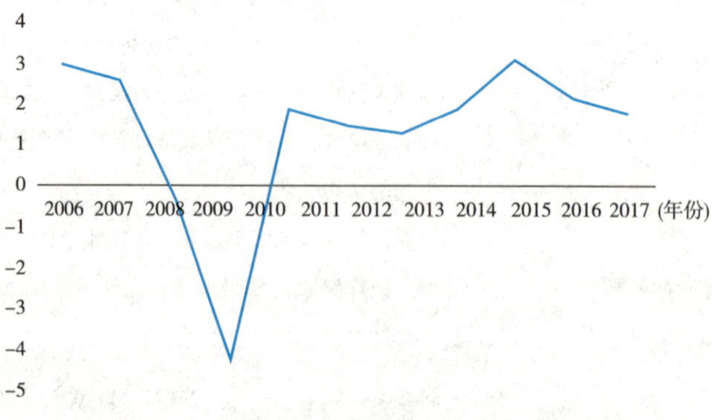

图25-11　英国GDP增长率（2006—2017）

资料来源：欧盟统计局，2018年3月。

2017 年，英国经济增速为 2.0%，未能赶超欧盟，2017 年英国工业发展主要特征如下：

1. 工业生产整体表现平稳

2017 年，英国工业发展整体表现平稳，在工业生产指数统计方面，2017 年比上一年表现略有回升，整体数据变化不大。在制造业 PMI 方面，英国整体扩张明显，全年指数平均为 55.9，所有月份均处于 50 的荣枯线上方。英国目前主要在数字基础设施方面不断加大投资，同时对新兴产业给予支持，未来英国工业生产有望持续维持平稳增长。

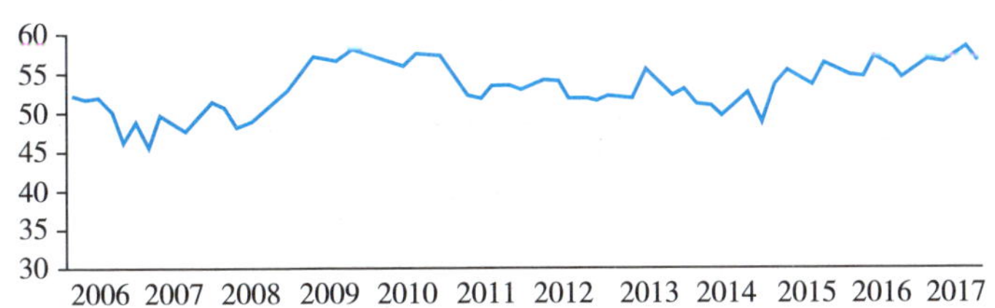

图 25－12　2006—2017 年英国制造业 PMI

资料来源：Markit，2018 年 3 月。

2. “脱欧”影响持续发酵，增加经济发展不确定性

2017 年，英国的经济数据显示其保持平稳向好，但与欧盟整体发展相比，仍然有所落后。英国财政大臣对 2018 年英国经济预期做出小幅上调，表现出乐观态度。但由于英国“脱欧”程序还在进行当中，许多政策尚未完全落地，影响尚未完全暴露，因此英国经济和工业发展预期仍然不容乐观。但英国目前仍有着较低的失业率，而且经济增长动力依然强劲，特蕾莎 · 梅政府对于英国未来脱离欧盟发展保持巨大信心。

3. 政府大力支持工业领域新技术研发

英国政府近日宣布为多个无人驾驶和低碳汽车技术研发项目提供高额资助，总额为 1.09 亿英镑（约合 1.36 亿美元）。共有 24 个与车联网和自动驾驶技术相关的研发项目以及 14 个与低碳汽车技术相关的项目获得了这一轮的资助。英国政府还公布了产业战略白皮书等政策，将人工智能及大数据、健康、交通和清洁能源作为英国大力发展的产业。通过产学研合作，增强产业研发能力。

2017 年，英国继续推动国内数字化发展，在数字基础设施和产业发展上

出台多项举措推动英国在人工智能大数据以及清洁能源等领域取得优势。英国主要通过设立投资基金和资助资金项目的方式来实现这一目标。

表 25－4　近年来英国推动工业发展的主要政策

时间	标题	主要内容
2017	确定首批全光网项目	英国政府确定首批将建设全光网的 6 个试验项目，届时有望提供速率高达 1Gbps 的光纤服务。首批试验项目总共将收到 1000 万英镑（约合 8616.9 万元人民币）的投资，用于测试通过全光网方式连接企业和公共部门楼宇的创新型手段
2017	产业战略白皮书	英国商业、能源与产业战略部宣布，政府将设立产业战略挑战基金（ISCF），将人工智能和大数据、清洁能源、健康以及未来交通系统这 4 个领域列为英国有优势并应该大力发展的产业，在未来 4 年投入 10 亿英镑用于支持前沿领域发展，以创造更多就业岗位和提升生活品质。支持领域包括：健康医药、机器人和人工智能、清洁能源电池和储能技术、无人驾驶汽车、制造和未来材料、卫星和空间技术
2017	启动数字基础设施投资基金	英国政府正式启动了一笔 4 亿英镑的数字基础设施投资基金（DIIF），以刺激全光纤宽带网络领域的投资。该基金将由私营部门合作伙伴在商业化基础上进行管理并投资，刺激私营资本投资于数字基础设施领域，吸引更多供应商加入并扩展市场
2017	资助能源创新计划	英国商业、能源与产业战略部近日宣布投入 2800 万英镑资助新一轮的能源创新项目，涉及智慧能源系统、工业能效和海上风能领域
2016	数字经济法案	建设世界一流的数字基础设施、支持新兴数字产业、简化政府利用数据提供公共服务的方式和加强对公民数字世界的保护等
2014	工业战略：政府与工业之间的伙伴关系	增强英国制造业的竞争性，促使其可持续发展，并减少未来的不确定性
2013.10	未来制造业：一个新时代给英国带来的机遇与挑战	在通信、传感器、发光材料、生物技术、绿色技术、大数据、物联网、机器人、增材制造、移动网络等多个技术领域开展布局，形成智能制造布局
2012.11	2012 能源法案	支持低碳式发电，计划到 2020 年将总发电规模提高两倍

续表

时间	标题	主要内容
2011.12	先进制造业产业链倡议	支持汽车、飞机、可再生能源和低碳技术等领域，政府计划投资1.25亿英镑，打造先进制造业产业链，从而带动制造业竞争力的恢复
2011.8	绿色经济转型计划	以政府投资为主导，大力促进商用技术的研发推广

资料来源：赛迪智库整理，2018年3月。

第二节　日　本

一、发展概况

2017年，日本作为世界第三大经济体，有着雄厚的经济实力和技术能力。在汽车工业、机械制造、电子设备等诸多领域都在全球具备强有力的竞争能力。近年来，随着日本老龄化、少子化问题日益严重，使得日本国内劳动力人数下降，间接影响日本经济情况，进而影响制造业在国内的发展。为促进日本进出口贸易和经济发展，在2018年3月，日本与加拿大、秘鲁、马来西亚、澳大利亚等11个国家签署“全面与进步跨太平洋伙伴关系协定”（CPTPP），此协定旨在促进成员国之间的贸易往来，增强日本经济实力与地位，同时与“逆全球化”势力对抗。

2017年在全球经济上行的大环境下，日本GDP连续七个季度持续上涨，在第四季度结束时，GDP年度增长率为1.6%，是日本经济持续向好的体现。这得益于日本国内失业率下降、全球经济整体向好、外需能力增强等多方面因素。因日元疲软，2017年日本旅游业的消费额达到4.4万亿日元（约400亿美元），成为重要的消费支出来源。

2017年，日本大型企业在国内投资额约有17.8390万亿日元，比2016年增长11.2%。对外投资金额与2016年相比也有所上升，截至9月底，日本海外直接投资额达到174.157万亿日元。日本制造企业为满足日益增长的市场需求，纷纷扩大海外投资，抢占市场份额。同时，一些内需型企业也走上了对外投资的道路。

日本产能指数在2017年有较大浮动，从年初的93.1升至9月的106.2，并在后四个月基本保持在这一水平不变。本年度政府出台的制造业政策，以吸引产业回流为主，并起到一定效果。

2017年，日本制造业采购经理指数均在50以上，在第四节结束时，PMI数值为2014年2月以来最高值，实现第五个月连续产出增长，指数实现连续16个月保持在50的荣枯线以上。2017年日本制造业PMI呈现大幅波动状态，在下半年整体呈现增长状态。7月PMI处于全年最低水平，为52.1，同比增长2.8。日本2017年制造业PMI上升，得益于消费者、企业支出数额的增加。因海外需求的刺激，日本企业的出口订单上涨，企业产出保持增长轨道。此外，2017年原材料价格上行，企业投入价格大幅上升，产出价格指数也连续增加，这对制造业PMI上升也是利好消息。

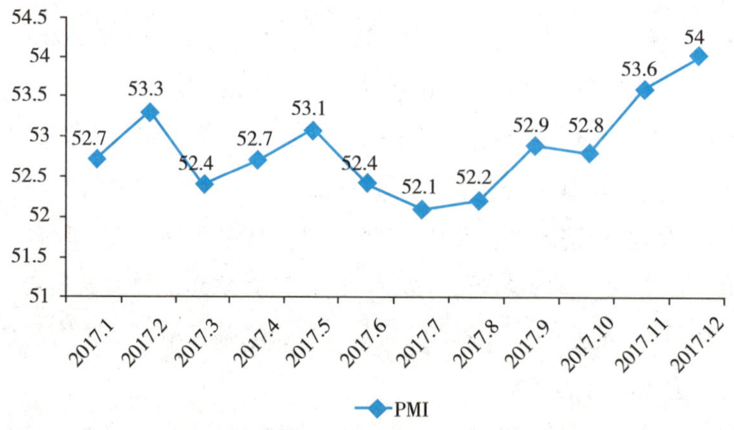

图25-13　2017年1—12月日本制造业PMI

资料来源：汇丰银行，2018年3月。

二、产业布局

日本的工业结构已超越重工业时代，以附加值高、消耗资源少的技术密集型产业为主导。随着IT技术的世界性变革，日本产业结构逐渐向技术信息化和产业服务化方向发展。汽车、电子、机械、化工等产业是日本的传统强势产业，一直在全球范围内处在重要地位。但近年来，受国内经济衰退、经营目标失误以及创新缓慢等原因影响，日本制造业相继减产，传统行业竞争力优势有所下降、发展相对缓慢。尽管如此，日本的汽车、航天、机器人、电子信息、新材料等行业领域仍在全球产业分工体系中居于重要地位。

从地理分布来看，日本的工业主要集中于太平洋带状工业区，包括该地区沿岸的东京湾、骏河湾、伊势湾、大阪湾和濑户内海等海域狭长地带。该地带占全国总面积的20%，集中了全国60%的人口和9个百万人口以上的大城市，产生全国70%的工业产值，其中钢铁工业产值和化学工业产值的80%左右来自该工业带。在战后日本经济起飞过程中，形成了9个主要中小工业区，即北海道、八户、常磐、鹿岛、东海、关东内陆、北陆、大分和有明海沿岸工业区。沿海地区分布成为日本工业区分布的一个明显特点。在全国大小14个工业区中，除关东地区属于内陆工业区外，其余13个都处沿海地区，在这13个工业区中，除北海道、北陆和有明海沿岸工业区外，其余10个都在太平洋一侧，形成了沿太平洋的带状工业地带。这种工业布局与日本的地理条件、区位优势、自然禀赋情况以及对外贸易在日本经济中的地位有关。太平洋沿岸工业带为日本节省了大量能源和资源物流成本，经济效益十分明显。

三、政策动向

2017年以来，随着日本经济的持续增长，其制造业也在逐渐回暖。日本政府为进一步刺激制造业复苏，发布了《日本制造白皮书2017》、维持货币宽松政策、签署“全面与进步跨太平洋伙伴关系协定”。从经济、贸易、技术方面推动日本制造业领域发展，保持其工业技术在全球领先的地位。

表25－5　近年来日本主要扶持工业发展的政策措施

时间	标题	主要内容	对制造业重要影响
2018.3	全面与进步跨太平洋伙伴关系协定	协定覆盖11国的市场准入、电子商务、服务贸易等方面内容	刺激国家经济
2017.11	维持货币宽松政策	实现2%通胀目标依然遥远，央行认为有必要把短期利率控制在负0.1%、长期利率控制在0%左右	通过货币政策，进一步刺激国内经济，促进制造业复苏

续表

时间	标题	主要内容	对制造业重要影响
2017.6	日本制造白皮书2017	日本制造业技术的现状和促进措施	日本制造业回归
2017.3	支援优秀年轻IT人才提供开发资金	针对在IT领域拥有独创技术的个人扩大创业支援	围绕AI（人工智能）及IoT（物联网）、机器人等领域支持鼓励创业
2017.3	人工智能发展路线图	分三阶段推进利用人工智能大幅提高制造业、物流、医疗和护理行业效率	实现人工智能（AI）的产业化
2016.4	EV·PHV路线图	到2020年，使日本国内纯电动汽车和插电式混合动力车的保有量达到100万辆	推动纯电动汽车和插电式混合动力车的发展
2016.4	“新产业结构蓝图”中期方案	利用物联网、大数据以及机器人技术在金融、医疗、教育、能源、物流和制造业等广泛领域创造出新的服务与业务	力图解决因人口下降引起的经济增长乏力等问题
2016.2	2016日本经济财政白皮书	从就业改善、个人消费、薪酬福利等方面分析日本经济发展	薪酬增长、劳动时间削减等改善未提高个人消费，不利于产业经济复苏
2015.6	2015年日本制造业白皮书	报告介绍了日本制造业的现状、问题及未来的发展方向，并提出了振兴日本制造业应采取的措施	日本制造业在积极发挥IT作用
2015.5	网络安全新战略	制定了新的《网络安全战略》，提出了“信息自由流通”“对使用者的开放性”等5项原则	对制造业中应用物联网等IT技术提高网络安全规则
2015.1	机器人新战略	该战略制定了5年计划，旨在确保日本机器人领域的世界领先地位	发展先进制造业重点领域
2014.12	新版量化宽松政策	进一步扩大正在实施的量化和质化宽松政策	为制造业复苏提供货币政策刺激
2014.11	290亿美元经济刺激计划	刺激计划将于2014年12月27日定案，主要是向地方政府提供资金，将作为家庭购买燃料等其他商品的补贴费用	重振日本地方经济
2014.4	日本上调消费税	从2014年4月1日起将消费税率从目前的5%提高至8%	影响企业投资积极性

续表

时间	标题	主要内容	对制造业重要影响
2013.4	日本新经济增长战略2013	日本政府提出了新经济增长战略，将医疗和健康产业作为未来日本新经济增长战略的重心	从医疗产业促进日本经济的发展
2013.1	日本央行实施量化宽松政策	发表“关于摆脱通货紧缩、实现经济可持续增长”的共同声明，力争实现物价上涨2%的目标，取代此前1%的通胀率目标，维持基准利率在0—0.1%区间不变	提供货币政策刺激制造业复苏
2012.7	日本再生战略	提出今后将重点投资节能环保、健康医疗和农林渔业三个领域，	提高日本制造业全球竞争力
2010.6	新经济增长战略	指出要着重拓展有望带来额外增长的六大领域：环境及能源、医疗及护理、旅游、科学技术、促进就业及人才培养	确定日本保持制造业全球竞争力的领域

资料来源：赛迪智库整理，2018年3月。

四、发展趋势

（一）工业生产连续增长存在困难

2017年，日本工业生产整体呈现增长态势，但仍存在较大波动。工业生产相关数据与2016年相比，整体情况有所改善，在9—12月生产指数趋于平稳，但并未有大幅度增长。随着全球经济整体回暖，日本进出口量大幅增加，出口额实现两年顺差，达到29910亿日元。2017年全球原油价格上涨，日本进口额增加，使顺差额较2016年减少25.1%。若原油价格进一步上涨，将对日本工业生产产生一定影响。

（二）经济情况将影响日本工业发展

2017年，日本经济整体处于复苏阶段，而牵引力源于外部需求的复苏。随着全球经济整体向好，特别是美国、欧洲国家经济的强劲复苏，带动日本工业产品出口，特别是对美国出口汽车和对韩国出口半导体等制造设备势头良好。但在2018年，外部需求将逐渐放缓并趋于稳固，使日本经济增长缺少一大助推力，这将直接影响日本工业生产和出口。但在2018年上半年，工业生产仍能保持上升水平，但下半年可能出现持平或回落。

（三）企业对外投资意愿增加

2017年，日本经济上行，企业盈利能力上升，在全球工业产品需求旺盛的大环境下，日本企业对外投资金额与2016年相比有所上升。化工和材料公司在2017年工厂和设备投资额达到1.18万亿日元，比上年增长20%。目前工业行业整体大环境呈上升趋势，生产企业为满足增长需求，不断提升生产能力，加大设备投资。企业在国内增加设备投资的同时，也在扩大海外投资，如三井化学在美国、印度、墨西哥扩大聚丙烯复合物的生产能力；三菱化学在沙特阿拉伯建立甲基丙烯酸甲酯（MMA）工厂等。虽然近年来，日本企业为防止贸易政策改变，放缓了投资速度，但为占据市场份额，仍会进行对外投资。

（四）新能源汽车成为日本汽车企业发展重点

随着世界各国对环保意识逐渐加强，减少温室气体排放是政府重要任务。为满足市场需求，近年来新能源汽车是各国汽车企业研究热点。日本汽车企业也在新能源汽车领域投入大量研究成本。目前，铃木、斯巴鲁、马自达、日野等7家日本汽车企业加入了丰田公司主导的电动汽车研发公司，企业间共享研究成果、发挥各自强项、降低研究成本，较短时间内研发一套适用于各种车型的基础技术，计划在2020年实现批量生产。同时，日本对新能源汽车的配套设施也加以建设，计划在2021年，全国增加80座加氢站建设，满足氢燃料电池车使用。除电动汽车外，氢燃料电池车、清洁能源车、智能网联汽车都是日本汽车企业重点研究类型，未来将会占有较大市场份额。

（五）多方因素为日本工业发展造成阻碍

日本属于早期实现全球化国家，制造业发展受多方因素影响。在国内，日益严峻的老龄化、少子化问题，使企业在劳动力方面出现短缺，企业想在短时间内找到合适人员较困难，这将直接影响企业未来发展。在国际市场中，因日本经济与世界经济紧密相关，当全球经济波动时，会影响日本经济及制造业发展。2017年世界经济整体向好，增速比预期要快，全球经济全面进入危机后的深度调整阶段。近年来，贸易保护和“逆全球化”现象严峻，同时多方势力在推动全球宏观经济政策协调。若 2018 年出现“逆全球化”风潮、主体货币政策对世界经济出现负面冲击，都将严重影响日本经济和国际贸易，进而制约制造业发展。

第二十六章　2017年主要新兴经济体工业发展动态

2017年，新兴经济体的增速依然领先于全球经济总体增速，超过发达经济体增速的2倍。巴西工业停止负增长，工业出现复苏迹象，贸易顺差出现历史新高。印度制造业增长动力不足，传统产业有所增长，制造业吸引外资能力增强。俄罗斯制造业全面回暖，工业数字化转型加速，轻工业快速发展，对外贸易快速扩张。南非制造业重返下滑，贸易顺差有所提升，汽车行业略有回暖。墨西哥汽车产业产量再创新高，吸引外资增加，通胀率稳步下降。韩国制造业呈现逆势上行，电子信息制造业市场业绩创新高。中国台湾地区经济发展回温明显，半导体产业显现疲软的增长趋势，但整体经济的发展动力依然不足，产业结构转型依旧是阻碍台湾地区社会经济发展的一大顽疾。

第一节　巴　　西

一、发展概况

巴西位于南美洲东部，幅员辽阔，是拉美第一大国，世界第五大国。巴西拥有拉丁美洲最为完善的产业体系，经济实力居拉美首位。自2011年以来，巴西经济增长明显放缓，2015年和2016年，受国际大宗商品价格大跌、通货膨胀率居高不下、失业率高企及国内消费萎靡等因素影响，巴西出现严重的经济衰退。2017年，巴西国内生产总值出现了小幅度上涨。巴西地理统计局（IBGE）公布的数据显示，2017年巴西国内生产总值为6.6万亿雷亚尔（约合2.03万亿美元），比2016年上涨1%；人均国内生产总值31587雷亚尔

（约合9749美元），比2016年上涨0.2%。总体而言，巴西的经济水平恢复到了2011年的水平。

（一）工业停止负增长

从巴西地理统计局（IBGE）公布的增长数据上可以看出，虽然2017年巴西经济有一定复苏，但其贡献并不来自工业领域，而主要得益于农牧产业的发展。数据显示，2017年巴西农牧业的增速为13%，服务业增长0.3%，工业则为零增长。在此之前，2014年、2015年和2016年，巴西工业总产值下降幅度分别为3%和8.3%和6.6%。2017年，巴西工业停止了负增长，在通胀率降低、基准利率下调等利好因素的影响下，巴西工业未来可能迎来新的发展阶段。

（二）社会就业问题依旧显著

与出现了复苏迹象的经济不同，巴西的就业情况相比过去几年并没有得到显著的改善。受经济衰退等因素影响，在过去几年中，巴西的失业率都处于较高水平。巴西劳动和就业部的数据显示，2015年和2016年是巴西2012年以来就业情况最糟的两年，这两年正规就业岗位数分别同比减少153.50万个和132.66万个，失业率分别为8.5%和11.5%。2017年，巴西的就业形势没有得到显著改善，正规就业岗位减少20832个，但缩减数量有大幅度的减少。巴西央行的一份研究报告认为，巴西未来很有可能陷入"无就业增长"的困境，即经济虽然在增长，但失业率却一直居高不下。但巴西劳工部代部长赫尔顿·与村认为："2015年和2016年是巴西就业和失业登记局有就业统计以来最糟糕的表现，但是在2017年，政府采取了一系列措施，积极的影响已得以呈现。"

（三）工业出现复苏迹象

伴随经济的整体复苏，巴西工业逐渐走出谷底，开始步入正常的增长轨道。2017年，工业停止了负增长，2018年1月出现了一定的增长。巴西地理统计局（IBGE）最新公布的数据显示，2018年1月，巴西工业生产总值同比上涨了5.7%，创造了2013年以来同期增长幅度的新高，并实现了同比数据9个月连续增长。

从工业行业内部看，2018年1月，受调查的26个巴西工业行业中，有20

个出现了同比增长。其中，汽车行业同比增幅较高，为27.4%，一定程度上有效地带动了机械、冶金、橡胶等行业的发展。医药化工产业和制药业同比增幅为15.2%，家具制造业同比增幅为12.4%，木制品行业同比增幅为12.8%，纸浆和纸制品制造业同比增幅为11.1%，纺织品行业同比增幅为9.1%。在主要经济类别中，耐用消费品、资本货物、中间产品、半耐用和非耐用消费品的同比增幅分别为20%、18.3%、4.2%和3%。巴西经济部门相关分析人士称，2018年巴西工业总产值增幅将达3.9%。

（四）贸易顺差出现历史新高

巴西工业、外贸和服务部公布的数据显示，2017年，巴西的对外贸易顺差额达到670亿美元，创造了1989年以来的最高纪录。近几年，巴西国际贸易水平不断提升，2017年，巴西进口总额和出口总额和分别为1507.4亿美元和2177.4亿美元，分别较2016年增长了10.5%和18.5%。同时，贸易顺差不断创造历史新高，2016年巴西对外贸易顺差为476.9亿美元，是当时的历史最高水平，2017年对外贸易顺差比2016年增长了40.5%，又创历史新高。从国别上看，巴西产品出口增长主要集中于中国、阿根廷、美国和墨西哥，其中中国占比接近一半，进口商品主要来自来中国、阿根廷、德国和韩国。

二、产业布局

巴西经济主要的支撑来自于基础矿产品、大宗农产品原料、禽畜肉产品以及少量原油的出口。第二次世界大战之后，巴西吸引外资的水平有所增加，外资的进入，改变了轻工业占主体地位的格局，重工业快速发展，工业结构向多元化发展。巴西的工业生产主要集中在东南沿海地区，这里是早入被殖民者占领的区域，工业发展起步较早，基础较好，现在依旧是工业发展的核心地区。其中，里约热内卢和圣保罗是巴西城市和工业的集聚区，这些地区气候怡人、地形条件较好、对外交通便利，所以向来是巴西人口密度最大的地区，二战后更是发展迅速，成为巴西的重工业的核心地带，这里的粗钢产量占全国生产总量的93.5%。米纳斯吉纳斯州优越的自然和资源条件，为圣保罗的工业发提供了保障，这里水资源丰富，并且拥有大量的铁、锰、镍等诸多矿产资源，同时盛产咖啡、棉花、甘蔗等作物。近些年，在近海地区的库巴唐，围绕原有的大型炼油厂和钢铁企业，还形成了一些新的工业区。

三、政策动向

为有效抑制通胀，实现高就业率，促进工业发展，近些年，巴西政府出台了一系列政策措施，确保经济恢复增长。

自 2014 年 12 月起，巴西政府通过基础设施投资计划、提高燃油税、进口税、个人贷款税和化妆品税等措施来刺激工业发展。

2015 年，巴西政府正式宣布实施新一轮改善交通基础设施投资计划。为不断推动巴西对外贸易的发展，刺激并创造更多就业机会，巴西发展、工业和外贸部正式宣布启动国家出口计划，旨在鼓励小微企业及中型企业出口更加多样化，生产更高技术含量的产品，提高企业的出口量等。巴西政府还推出了以光伏为焦点的分布式发电的国家级激励计划，这项名为 ProGD 的激励计划涵盖了税收激励和设立信用额度等一系列措施。政府还计划为分布式清洁能源电站设计补贴项目。另外，发展银行 BNDES 也在为学校和医院的光伏电站项目以特别费率进行融资。

2016 年，巴西沿用了 2014 年和 2015 年的工业刺激政策。落实对中小企业的激励政策，进一步促进就业，并加强了光伏产业的布局。

2017 年 2 月，巴西政府与欧盟签署了 600 万美元的投资合作协议，用于未来三年在不同领域开展投资合作。其中，航空和海上运输、科技、公共创新、人权和农业为优先领域。

2017 年 7 月，巴西政府启动了近 20 年来最大的企业私有化计划，要通过并购或出让控股权等方式，将 50 多个由国家控股的公司私有化，其中包括巴西电力公司，它是拉美地区最大的电力企业。

四、发展趋势

（一）工业发展举步维艰

虽然 2017 年巴西工业停止了负增长，工业发展出现一定转机，但未来可能依旧举步维艰。最主要的原因是，多年来巴西制造业产业结构水平较低，以基于本地资源开展的初级产品加工品为主，如果不下大力气开展产业结构调整，未来很难形成工业发展的新动力。另外，前几年巴西央行不断加息，增加了企业尤其是中小企业的融资成本，降低了社会投资的意愿。

（二）贸易顺差扩大态势不减

2017 年，巴西贸易顺差的扩大，一方面来自出口额的增加，一方面是由于国内需求乏力降低了进口。伴随全球市场回暖，2017 年，全球大宗商品的价格有所提高，巴西出口产品也多为大宗商品，所以出口额大幅度提升，铁矿石、石油、原糖、大豆等大宗商品的出口占量占到了巴西出口总量的 60% 以上。虽然出口有所增加，但是巴西经济乏力造成的需求减少，让巴西的进口贸易规模增长缓慢。未来，在巴西国内经济提振之前，贸易顺差可能进一步加大。

五、企业动态

2017 年，在美国《财富》杂志的世界 500 强排行榜中，巴西的上榜企业有 7 家，分别为巴西石油股份（第 75）、伊塔乌联合银行控股公司（第 113）、巴西银行（第 151）、巴西布拉德斯科银行（第 154）、巴西 JBS 公司（第 191）、巴西淡水河谷公司（第 370）和 Ultrapar 控股公司（第 487）。其中三家为制造业企业。巴西石油股份是全球十大石化企业之一，2017 年，巴西石油股份的营业额达到 811 亿美元，在 2017 年底，巴西石油股份曾出售了 30 个资产项目，大大增加企业流动资产，提高企业的运行率。巴西淡水河谷公司是世界第一大铁矿石生产和出口商，2017 年，铁矿石总产量创下 293.63 亿美元的历史新高，比 2016 年增长了 14.7%。巴西 JBS 公司目前是世界上最大的蛋白质制造商之一，2017 年，其销售额达 488.25 亿美元，比 2016 年下跌 0.1%。

第二节 印　度

一、发展概况

印度地处亚洲南部，是南亚地区最大的国家。在过去的几年，印度经济快速发展，其经济增速在2016年一度超越中国，位居世界第一。但是，2018年，印度经济却有负众望，出现了大幅度的增速下滑，由2017年的7.6%跌到6.5%。多重原因导致了印度经济增速的下降，主要包括：一些长期存在的结构性问题，如征地、劳工、行政许可等都没有取得突破性的进展，一定程度上制约了印度经济的持续发展；印度出口量下降；国际原油价格趋于稳定；印度的公司债务不断上涨；印度农业遭受打击；突然宣布废除旧版大额纸币以后印度的经济复苏不充分。

（一）制造业增长动力不足

近些年，印度经济高端服务业发展过于兴旺，但制造业的衰退却十分明显。2016年，印度制造业发展相对较快，但制造业GDP占印度GDP的比重仅有18%，创造了全国12%的就业。2027年，印度制造业进一步下滑，可能导致30%—40%的从业人员失业。

印度制造业的发展面临多方面的压力。莫迪的废钞令和税制改革，直接导致投资者忧虑并丧失投资兴趣，对印度制造业发展造成了一定伤害，税制改革原本想将地方的税收统一到中央，却加剧了各地方政府向企业额外收费，导致企业不堪重负，企业家的投资热情受到严重打压；印度产业工人数量紧缺、工人的技术水平也较为有限，企业的管理成本也很高，即使企业能够获得大额订单，也难以及时完成任务，制约了产业规模的扩大；基础设施建设能力不足和基础设施落后也直接制约着印度制造业的发展，例如经常断电让企业无法维持正常的生产，交通设施落后让商品无法及时输出。此外，印度一些主导产业还受到激烈的国际竞争和贸易打击，例如，2017年，美国对印度药品仿制产业的打击。

（二）传统产业有所增长

延续过去几年的发展形势，2017 年，印度传统制造业发展较为可观。

钢铁行业，在全球去产能的大背景下，印度的钢铁业近几年都出现了逆势增长。2017 年，印度粗钢产量超过了 1 亿吨，达到其历史最高水平，位居世界第三，并与位居第二的日本产量十分接近。印度钢铁管理局和 Tata 钢铁在其中作出的贡献最大，其中，印度钢铁管理局旗下的多个钢厂共生产粗钢的总量为 1100 万吨，在印度钢铁企业中排名第一，其中 Bhilai 钢厂的粗钢产量最高。Tata 钢铁排名第二，粗钢产量 940 为万吨。

汽车行业，2017 年，印度汽车生生产量达到 380 万辆，几乎与韩国的汽车生产量相当，成为全球第六大汽车制造国。同时，也是全球第四大汽车销售国，印度汽车制造业发展的潜力巨大。汽车制造商协会（SIAM）数据显示，2017 年，印度汽车销量达 401.9 万辆，比 2016 年增长了 9.53%，在全球汽车销量排名前 11 的国家中增幅最高。但是相对超 13 亿人口的巨大市场国，印度的千人汽车保有量还不足 30 辆，未来汽车行业仍有较大的发展空间。在印度政府的鼓励和促进下，未来印度电动车产业会成为汽车行业的新亮点。

（三）制造业吸引外资能力增强

近几年，印度政府大力改善外商投资环境，放宽了外资投资的限制，大大简化了外资投资的流程，大量跨国公司纷纷向印度抛出橄榄枝，印度制造业对外资的吸引力不断增强。印度财政部长贾特里（Arun Jaitley）表示，在过去 3 年中，通过政府的大力改革，已经有 91% 到 95% 的外商投资项目可以在不经过政府审批的情况下，就进入印度市场销售。2016 年，印度就超过了中国，成为全球最具吸引力的外资投资地区。2017 年 4 月至 9 月，印度的外商直接投资总额为 337.5 亿美元，服务业、通信业、电脑软件和汽车制造业是最具外资吸引力的几个行业。2017 年，苹果、三星、高通、波音等公司都在印度开展了新一轮投资，特斯拉、上汽集团等企业也开始了在印度的布局。

二、产业布局

印度的工业布局雏形从英殖民地时期开始形成，在近代印度独立之初，全国工业都高度集中分布在沿海的少数几个大城市中，孟买、加尔各答和阿默达巴德三个地区的工业生产总值就能占到全国的70%以上。经过多年发展，工业布局过于集中的状况有了一定的转变，形成了五个核心工业地带：以加尔各答为中心的工业地带，是印度发展历程最长的工业地带之一，纺织服装和机械制造是其主导产业，其纺织服装业产值和机械制造业产值占全国的比重分别达到40%和30%；以孟买、浦那为中心的工业地带，以棉纺织工业为主导产业，棉纺织工业总产值占全国总量的30%左右，近些年，机械、化工、炼油等产业发展迅速；以阿默达巴德为中心的工业地带，以纺织、钢铁、机械制造为主导产业，工业规模大致为加尔各答地区的二分之一；以马德拉斯、班加罗尔为中心的工业地带，产业结构层次相对较高，以电力、飞机制造、造船、炼油等为主导产业，轻重工业并举推进，近五年发展十分迅速，在五个工业地带中增长最快，工业总规模已经接近于加尔各答地区；以那格浦尔为中心的工业地区，该地区是从20世纪50年代发展起来的重工业地区，有印度的“鲁尔区”之称，产业可持续发展面临较为严峻的转型问题。

三、政策动向

莫迪自2014年月上台后，推出大量改革措施，在制造业领域，最核心的是启动了“印度制造”升级版2.0，力图进一步促进印度制造业加速发展。近两年，影响印度制造业发展的主要政策包括以下几条。

2016年6月，印度政府出台《2016年印度全面改革外资直接投资规定改革法案》，在原来的基础上，进一步放宽了外资进入印度的投资限制，尤其是一些关键领域，例如国防、药品、民用航空等。

2017年7月，印度GST委员会公布了《2017年商品和消费税（GST）税率指南》，对1121种商品的征税框架做出了调整，其中绝大多数商品的税率都低于18%。0税率的商品主要是农产品、宗教用品和邮票、司法文件、书籍、报纸、手镯、手推车等和印度居民生活息息相关的商品，其余多数商品的税率分别为5%、12%和18%，热水器、洗碗机、吸尘器、自动售货机等较为高端的商品税率为28%。

2017年9月，印度宣布了国家级的新能源汽车产业发展的促进计划，印度能源部部长Piyush Goyal在印度建筑业协会会上表示：“我们将用尽全力引进电动汽车，我们会将电动汽车变得和洗衣液一样容易够得。到了2030年，没有一辆内燃汽车会被允许在这个国家里销售。”Goyal还认为，印度政府可以在2—3年时间内帮助印度的电动汽车产业走上正轨。

四、发展趋势

（一）制造业前景广阔

制造业是印度经济发展的短板，虽然短期印度落后的基础设施建设和工人素质问题难以得到有效解决，但印度巨大的消费市场、较低的生产成本，和莫迪政府“印度制造”系列新政，都对增强印度制造业对投资的吸引力，提升制造业的发展能力起到很好的促进作用。过去几年，全球主要的汽车、电子设备制造商都完成了在印度的布局，未来印度制造业将有很大的增长空间。

（二）电子信息产业进一步壮大

近几年，印度电子信息制造领域的发展正在吸引全球目光。《数字印度》计划要求“建造光纤网络并使印度能在电子产品制造上自给自足以及在印度农村推广宽带”等，有效带动了电子信息产业的发展。据德勤印度经济公司的研究报告，近几年印度电子硬件产品需求激增，预计到2020年达到4000亿美元。以手机制造为例，从2014年到2016年，印度手机年产量增长6倍多；2016年和2017年，印度新增手机生产工厂35家，累计创造了37000个就业岗位。印度官方预计，到2020年，印度手机的年生产量将突破5亿台，手机行业的产值将高达3万亿卢比。

（三）新能源产业势头强劲

印度的新能源产业具有先天优势条件，近些年，新能源产业，尤其是光伏产业发生了井喷式的增长。印度是全球光照资源最好的国家之一，2017年1月到9月，印度公共事业太阳能装机总量达到了16.3兆瓦，上网电价则不断降低，达到了0.03美元/千瓦时，成为印度最便宜的能源种类。印度“国家自定贡献目标”（Intended Nationally Determined Contribution，INDC）指出：“印度将大力推动清洁能源的长期发展，并致力于在2030年前，将该国非化石燃料资源在发电组合中的比例提高至40%。”所以，未来，印度新能源产业将保持强劲的增长势头。

五、企业动态

2017年印度企业表现非常活跃，跨国企业经营绩效不断提升。2017年《财富》世界500强企业中，有8家印度企业，比2016年多1家。分别为印度石油公司（第161）、信实工业公司（215）、印度国家银行（第217）、印度塔塔汽车公司（第226）、印度国家石油公司（第230）、Rajesh Exports公司（第295）、巴拉特石油公司（第360）、印度斯坦石油公司（第384）。

2017年，印度石油公司营业收入535.6亿美元，比上年降低2.1%；信实工业公司营业收入469.3亿美元，比上年上涨8.0%；印度国家银行营业收入445.3亿美元，比上年上涨6.8%；印度塔塔汽车公司营业收入403.3亿美元，比上年降低4.2%；印度国家石油公司营业收入364.9亿美元，比上年降低12.6%；巴拉特石油公司营业收入303.2亿美元，比上年上涨4.2%；印度斯坦石油公司营业收入281.2亿美元，比上年下降2.3%

第三节　俄罗斯

一、发展概况

俄罗斯是世界上国土面积最大的国家，国土横跨亚洲大陆的北部和欧洲大陆东部。俄罗斯曾经是世界经济的霸主之一，能源产业和采矿业等重工业发展的基础十分雄厚。近年来，俄罗斯产业结构出现一定转变，轻工业和通信信息等新兴行业发展迅速，产业结构呈现多元化趋势。受国际金融危机、能源价格不断走低等因素的影响，从2013年下半年开始，俄罗斯经济一路下滑，陷入零增长和负增长的困境，陷入严重的衰退之中。但是，从2016开始，俄罗斯经济下滑的趋势开始减缓，GDP开始缓慢提高，2017年则实现了1.5%的增长，俄罗斯经济全面走出衰退局面。

（一）制造业全面回暖

2014 年到 2015 年，俄罗斯制造业经历了痛苦的衰退期，但是从 2016 年开始，制造业发展出现转机，并在 2017 年全面回暖，并实现了 1% 的增长。从行业上看，除了有色金属冶炼行业外，其他制造业行业都出现了一定增长，其中，交通车辆制造和机械制造是增幅最大的两个行业。俄罗斯政府出台的资金扶持是对促进制造业增长起到了重要作用。

2017 年，俄罗斯交通制造业增幅高达 30%，主要产品包括：火车头、火车车厢、客运车辆和货运车辆。其中，2017 年前 11 个月，汽车行业产量同比增长率为 21%，产值同比增长 12%。这种增长不仅和成品汽车生产的增加有关，还和汽车零部件生产领域相关。俄罗斯的汽车零部件已经在阿尔及利亚等国开拓了市场，未来将打入亚洲、中东和北非市场。

2017 年，俄罗斯机床、重型机械和动力工程领域的增长率分别达到 10% 和 15%。世界和俄罗斯机床制造业在过去 10 年里，都发生了深刻变化。俄罗斯的复杂形状零部件的制造速度，加工质量都得到了快速的提高，机床国产化的步伐不断加快。2017 年，俄罗斯企业对国产机床的需求量达到了 30%。

（二）工业数字化转型加速

2017 年，俄罗斯政府发布了《数字经济发展规划》，重点加强智慧工厂、组织数字生产和电子商务等领域的发展，同时。俄罗斯工业和贸易部还专门为此成立了数字工业司。《数字经济发展规划》借鉴了德国、美国、中国制定的智能制造发展规划的国际经验，提出了自己的发展路线图，值得关注的是，俄罗斯的发展计划高度重视网络安全这一问题。2017 年，俄罗斯的数字经济已经取得了一定发展成就，增材制造和建筑打印机领域的增长尤为显著。2017 年，俄罗斯共生产了 24 台建筑打印机，和 2600 台其他类型的 3D 打印机。2017 年 7 月，俄罗斯还在雅罗斯拉夫尔市建造了一栋面积为 300 平方米的 3D 打印建筑。

（三）轻工业快速发展

俄罗斯的轻重工业失衡问题虽然较为严重，但是经过多年的努力，俄罗斯的轻工业有了长足发展。轻工业制品以服装和鞋类产品生产和建筑绝缘材料为主。2017 年，俄罗斯轻工业产值比 2016 年增长了 7%，并具有良好的增长态势。俄罗斯政府为促进轻工业领域的发展，采取了很多行动，2017 年，俄罗斯政府出台了关于推动轻工业行业发展的倡议，工业发展基金为轻工业的发展提供了 30 亿卢布资金，用于优惠贷款、贷款租赁贴息等方面。

（四）对外贸易快速扩张

俄罗斯海关的统计数据显示，2017 年，俄罗斯对外贸易进出口总额达到 5840 亿美元，比上年上涨了 25%。其中，出口总额和进口总额分别为 3570 亿美元和 2270 亿美元，同比增幅分别为 25% 和 24%。从对象上看，在全球众多贸易组织中，欧盟、亚太经合组织和独联体是俄罗斯最重要的贸易合作伙伴，俄罗斯进口的商品分别有 42%、31% 和 12% 来自这三个地区；从国家看，中国依旧是俄罗斯最大的贸易伙伴国，贸易额为 870 亿美元，其次是德国（500 亿美元）、荷兰（395 亿美元）、意大利（239 亿美元）和美国（232 亿美元）。

二、产业布局

俄罗斯的工业布局与其矿产资源的空间分布紧密相连，最早建立的工业门类都是资源型的重化工行业。到现在，俄罗斯的工业布局和工业体系建设依旧紧密依赖资源，尤其是能源的分布和开发。目前，俄罗斯的工业生产主要分布在其处于欧洲的国土部分，多数分布在内陆的矿区，最主要的工业集聚区包括：西伯利亚工业区、圣彼得堡工业区、莫斯科工业区和乌拉尔工业区。其中，西伯利亚工业区以发展石油产业、机械制造、森林工业和军事工业为主；圣彼得堡工业区以发展石油化工产业、造纸、船舶制造、航空航天等为主；莫斯科工业区以发展汽车制造业、飞机制造业、钢铁、电子等为主；乌拉尔工业区则以发展石油化工产业、钢铁和机械制造为主。

三、政策动向

2017 年，俄罗斯政府继续延续了其 2016 年在支持中小企业发展、实施进口替代和刺激汽车产业发展等措施，并在下半年出现了以下方面的政策新动向。

2017 年 7 月，俄罗斯总理梅德韦杰夫批准了在《奥伦堡州新特罗伊茨克市建立新特罗伊茨克跨越式社会经济发展区的法案》。该法案指出，建立跨越式发展区将提高奥伦堡州新特罗伊茨克地区的经济多样化，降低经济发展对乌拉尔钢铁公司的依赖性，提高整个地区的投资吸引力。新特罗伊茨克跨越式社会经济发展区将创造2300多个岗位，吸引超过80亿卢布的投资。

2018年7月，俄罗斯总理梅德韦杰夫批准了《数字经济》纲要。梅德韦杰夫称，俄罗斯下一步会优先把医疗卫生、智慧城市和国家管理等方面的内容加入纲要。俄罗斯国家战略倡议署、俄罗斯电信公司、俄储银行、俄罗斯国家原子能集团和斯科尔科沃基金等机构将共同形成非营利性组织，主要负责《数字经济》纲要的落实工作。

2017年12月，为更好地落实“发展工业并提高其竞争力”国家计划，俄罗斯总理梅德韦杰夫签署命令，明确了俄罗斯向本土轻工业企业提供补贴并帮助其偿还贷款的规则。2018年至2020年，俄罗斯将从国家财政预算中拨款16.56亿卢布补贴轻工企业，主要是用于偿还这些企业在2013年至2017年期间为了扩大生产规模所借的贷款利息。

四、发展趋势

（一）工业经济增长有限

虽然2017年俄罗斯工业出现了增长，但增长幅度不大，在内部因素和外部环境短期不会发生变化的情况下，未来发展的道路依然荆棘丛生。首先，俄罗斯经济结构存在很大的结构性问题，工业过度倚重能源、轻重工业失衡这些问题不得到解决，未来工业发展的潜力依旧非常有限。其次，美欧对俄的大量经济制裁措施、国际石油价格暴跌等因素导致俄罗斯能源产业的外需不振，能源产业发展受到限制。再次，俄罗斯卢布快速贬值，导致生产成本上升、产品价格上涨，工业制成品竞争力下降，国内的投资环境不断恶化。面对这些问题，俄罗斯政府出台的经济刺激措施治标不治本，未来工业发展局面不容乐观。

（二）高新技术产业前景光明

高新技术产业在俄罗斯国民经济体系中占有重要地位。2017年，俄罗斯高新技术产业产值占全国GDP的比重达到20%，高新技术产品出口额占总出口总额的比重为15%，政府对民用科技的资金支持同比增长20%。俄罗斯大约有1500万高新技术产业从业者，占全部就业人数的1/3左右。2018年，俄罗斯政府将继续加强对高新技术产业的支持力度，继续加大对民用科技的资金投入。无论从发展基础还是政府的态度看，俄罗斯的高新技术产业在未来都有较好的发展前景。

（三）非能源领域引来发展新阶段

在国际油价持续走低和受到西方的经济制裁的情况下，俄罗斯能源经济近几年进入了低谷时期，但是一些非能源领域的工业产业反而获得了更好的发展机会和扩大出口的机遇。2017年，俄罗斯汽车工业、化学工业、医药制造和机械制造等行业对经济增长起到了显著的拉动作用。俄罗斯制造业企业使用本土生产的机械设备的比例也大大提高。汽车工业发展表现异常良好，2017年的1月到11个月，俄罗斯汽车生产同比增加了12%，出口范围扩大到古巴、阿尔及利亚等地区。近年，俄罗斯的国防、飞机制造、核电等优势技术产业还加强了和中国的全面合作。2017年底，俄罗斯和中国签署了《中俄高科技中心框架协议》，两国将在莫斯科附近的斯科尔科沃创新中心共建新的高科技产业合作基地。俄罗斯政府正在努力降低其经济体系发展对能源产业的依赖度，从现有发展状况看，未来，俄罗斯非能源领域的工业行业将得到长足发展。

五、企业动态

2017年，《财富》杂志公布的世界500强企业中有4家俄罗斯企业，比2016年减少了1家。分别为俄罗斯天然气工业股份公司（第63）、卢克石油公司（第102）、俄罗斯石油公司（第158）和俄罗斯联邦储蓄银行（第232）。其中，俄罗斯天然气工业股份公司营业收入913.8亿美元，盈利142.2亿美元；卢克石油公司营业收入709.0亿美元，盈利30.9亿美元；俄罗斯石油公司营业收入565.5亿美元，盈利27.5亿美元；俄罗斯联邦储蓄银行营业收入421.6亿美元，盈利80.8亿美元。

第四节　南　　非

一、发展概况

南非是中等收入发展中国家，是非洲最大的经济体，也是世界五大矿产资源国之一。南非在非洲经济中的地位举足轻重，其国内生产总值占整个非洲的1/5左右。2013年到2015年，受全球经济低迷，欧洲对南非商品的需求量大幅下降，同时，黄金、铁矿石和煤炭等南非主要出口商品的国际价格走低，加之南非国内电力短缺和企业家投资信心不足等因素影响，南非经济持续低迷，增长乏力。2016年起，南非经济出现略微回暖，2017年则保持了回暖态势。南非统计局数据显示，2017年南非GDP增长率为0.6%，农业、制造业、矿业对经济增长都作出了贡献力。2017年第四季度，南非的矿业和制造业都出现了5个季度以来的最佳表现。

（一）制造业重返下滑

2013年到2015年，南非制造业持续下滑，虽然2016年出现了略微的回暖，但好景不长，2017年南非制造业又陷入下滑局面，工业生产总值下跌了0.3%。2017年前8个月，南非制造业产值不断下跌，8月的同比降幅高达10.1%。6月到8月，南非10大工业部门中有8个都产生了明显的萎缩。制造业在南非的发展水平还没有恢复到2008年国际金融危机以前水平。

（二）贸易顺差有所提升

2017年，虽然国外市场需求不足、主权信用状况和消费者财务状况恶化等国内外因素对南非对外贸易形成的不利局面依旧存在，但是兰特开始升值、南非经济也出现一定起色，所以对外贸易有所扩大，贸易顺差则改变了减小的发展轨迹，转而有所扩大。南非税务总署的数据显示，2017年，南非全年贸易顺差达到了805.5亿兰特，而2016年这一数值仅为10.5亿兰特，顺差有非常显著的提升 。

（三）失业率居高不下

失业率高是长期以来困扰南非的一大问题，增加社会就业人数一直是南非政府经济政策的核心目标。虽然2017年南非的经济发展出现了一定好转，但并不足以解决严重的就业问题。2017年，南非的失业率依旧高达27.7%，出现了13年以来的新高，政府公布的失业人数高达590万，广义失业人数则会更多，可能高达900万。加上居高不下的出生率，未来南非就业市场的前景并不光明。南非总统计师帕里·勒霍拉对此忧心忡忡："这个数字比我们国家发展计划中建议的目标数字高出了13.1%。"

（四）汽车行业略有回暖

汽车工业是南非最大的支柱产业之一，其产出大约占南非制造业产出的30%。大众、宝马、丰田等品牌在南非都建有自己的工厂。2015年和2016年，南非的汽车制造和销售状况出现了下滑。但2017年恢复了上涨，本地市场新车销售量为55.8万量，比去年增长了1.8%，南非汽车行业协会称："2017年汽车市场的回暖令人鼓舞，尤其是在南非经济增长缓慢，消费者支付能力有限，消费和商业信心低迷的背景下。"

二、产业布局

长期以来，南非的工业都非常集中地分布在全国几个最大的城市和周边地区，中小城市和乡村地带基本没有上规模的工业发展。南非工业的主要聚集区包括：比列陀利亚—维特瓦特斯兰德—弗里尼欣三角地区、德班—派思城地区、伊丽莎白港—儿滕哈格地区和开普半岛。这些地区的土地面积虽然只占南非土地面积的3%，却集中了全国73%的工厂，生产着全国80%的工业产品，拥有全国76%的产业工人。这些工业地带或因为丰富的矿产资源兴起，或依靠临近海洋的便利运输条件，加上本地较为廉价的劳动力兴起。

威瓦斯兰工业区、开普敦工业区和德班工业区是南非最大的三个工业区。其中，威瓦斯兰工业区是南非最大的工业区，它西起兰德芳坦，东至斯普令，工业成品量占全国的40%左右，主要发展机械制造（矿用机械设备为主）、服装加工、钻石工业及日用品生产等行业；开普敦工业区依港口而建，充分利用港口输入原料的便利，主要发展纺织、服装加工、汽车装配业和炼油等行业，工业产品量约占全国的 15.5%；德班工业区工业产品量约占全国的 15%，主要发展传播制造、化学工业和炼油等产业。

三、政策动向

近几年，促进经济增长和增加就业是南非政府开展经济政策调整的主要方向。这一年，南非政府主要延续了 2016 年在扩大基础设施建设领域投资、中小企业减税等方面的政策措施，主要包括："黑人实业家计划""促进就业战略"和"中小企业扶持基金"，鲜有新增的政策措施。

四、发展趋势

（一）制造业发展持续放缓

南非的制造业发展面临来自很多方面的压力，从国内来看，近几年南非多次出现工人罢工、国内电力短缺严重、失业率持续处于高位、基础设施建设落后、国内市场需求疲软，从国际看，国际能源和资源价格大幅下跌等。加之南非政府过去几年一度实施了"去工业化"的发展战略。即使 2018 年，南非政府会为提振制造业发展实施一些新的激励政策，例如可能继续为企业提供基金支持等，但基于如上原因，南非制造业很难在短期内实现快速发展。

（二）出口增长可能有限

出口贸易在南非的经济社会发展中具有举足轻重的作用。欧盟从前一直是南非最大的制成品出口市场，南非对欧洲的出口量约占南非总出口量的四分之一。但是，近几年，欧盟国家经济发展乏力，英国退出了欧盟，南非对欧盟的出口贸易增长困难。此外，东南非共同市场是南非出口商品的又一主要市场，但是这一市场的需求能力有限，对南非产品需求的增长也较为乏力。所以，未来南非出口贸易面临着较为困难的处境。

（三）绿色经济发展加速

南非政府正在努力推动绿色经济的发展，过去几年，南非政府陆续出台了一些产业和企业向绿色转型的措施，例如对环境保护和绿色经济企业提供税收等方面的优惠政策、鼓励民营企业绿色经济领域投资、鼓励可再生能源领域投资等。过去三年，南非政府推出相关政策主要包括："可再生能源保护价格""可再生能源财政补贴计划""可再生能源市场转化工程""可再生能源凭证交易"以及"南非风能工程"等，同时，南非政府正计划建立以可再生能源组件生产和系统制造为主的新能源产业制体系，用于供应国内需求和出口。在这些政策的激励下，南非的绿色经济将得到快速发展，清洁能源生产发展潜力巨大。

五、企业动态

南非制造业在国际上的竞争力较弱，近 10 年都没有企业入选全球 500 强企业。

2017 年，南非经济略有回暖，但制造业领域表现不佳，本土制造业企业发展依旧困难，但是外国企业在南非却取得了较好的发展成果，其中，中国企业的表现异常突出。

根据南非—中国经贸协会发布的《2017—2018 年度中国企业在南非发展的报告》，中国和南非的经济贸易合作不断深入，呈现出全方位、宽领域、多层次快速发展的良好态势。中国已连续 8 年成为南非最大的贸易伙伴，南非同时是中国在非洲最大的贸易伙伴和最重要的投资目的地。2017 年，在南非投资的中国企业超过了 350 家，其中，大中型企业数量超过了 150 家。2017 年，中国国电龙源电力集团股份有限公司、中国电信、中国海外基础设施开发投资公司、海信、华融能源等中国企业都在南非开展了新的投资和产业布局，创造了大量的经济价值和就业机会。

第五节　韩　　国

一、发展概况

韩国位于朝鲜半岛南部，是亚洲第四大经济体。作为亚洲新兴的发达国家之一，制造业是韩国经济持续增长的重要支柱，其中，汽车、半导体、造船、石油化学、钢铁等产业长期位居世界前列，产品品牌享誉全球。2017 年，韩国经济增速在逆境中增长，韩前三季度前十大公司利润总额、外贸出口、GDP 较 2016 年分别增长 95%、18% 和 3.6%，GDP 增速为近 5 年来最高。在受内、外多重因素影响的境遇下，韩国国内生产、消费、投资势头一改 2016 年颓势，逆流而上，韩国央行于 12 月 25 日初步估计 2017 年韩国国内生产总值同比增长 3.1%，是韩国自 2014 年以来的最高增速。在世界经济向好的正面推动下，自 2016 年 6 月起长达一年的 PMI 持续降低形势得到了改善，韩国央行公布 2017 年 8 月的 PMI 首次突破 50 的枯荣线，12 月达到最高值 51.2。面对盘根错节的国内、外经济形势，韩政府陆续出台“以国民收入增长带动经济增长”等系列政策，提高产业发展，促进国民经济不断增长。

（一）制造业呈现逆势上行

从 2017 年韩国经济数据来看，韩国经济整体呈复苏态势。韩国国内、外受“萨德”事件、特朗普贸易保护主义和推行“逆全球化”潮流的单边主义政策等因素影响，在世界经济回暖的形势下，国内制造业逆势上行，克服诸多不利因素影响。2017 年以来，韩国制造业增长动力下半年高于上半年，总体态势呈上升趋势，韩国制造业 PMI 于 2017 年 11 月达到峰值 51.2，自 2017 年 1 月缓慢上行，至 8 月首破 50.0 枯荣线，随后波动上行，到年底达到高点。2017 年 4 月和 11 月，韩国制造业企业景气调查指数（BSI）均为 83，同比上涨 12 和上涨 11 个基点，环比上涨 4 个和 1 个基点，为 2017 年的最高水平，一扫 2016 年制造业景气的持续低迷。具体来看，2017 年 12 月，韩国大企业 BSI 指数为 87，中小企业为 71，同比分别上涨 7 个基点和上涨 9 个基点，环比均下降 1 个基点；制造业产品销售价格 BSI 指数为 96，同比和环比均下降 1 个基点，但整体由于制造业回暖，所以生产、销售、效益、新收订单、原材料购买价格等指数均有所回暖，整体表现良好。总体而言，2017 年韩国制造业在国内、外因素的逆势影响下，发展较佳。

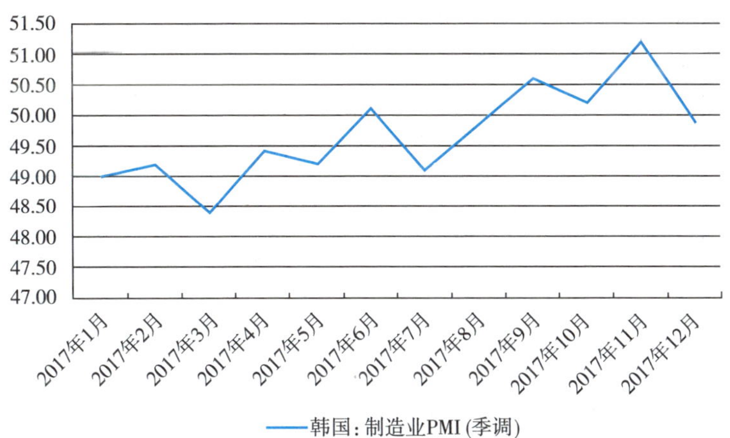

图 26－1　2017 年 1—12 月韩国制造业 PMI 值

资料来源：根据新闻整理，2018 年 3 月。

（二）出口总额抗压上行

2017 年全年，在受“美国优先”、美联储加息、“萨德”事件等多个因素影响的背景下，韩国出口面临更大压力。但由于全球经济回暖复苏，加之发达国家经济增速提高。相比较出口总额的增长，出口货物量的增长率远低于出口额增长，2017 年韩国的出口总额为 5739 亿美元，较 2016 年增长 17.7%，创历史最高纪录，实现贸易收支顺差 958 亿美元，由此可见韩国的出口总额增长是由于货物价格增长，加之国内、国外的货币、税收政策调整共同影响所致。根据韩国央行公布的数据，韩国 1—12 月出口物价指数年率呈先升后降趋势，10 月为全年峰值，月率为 10.9%，12 月为全年低估，呈负增长，月率为－1.2%。根据韩国国际贸易协会数据，2017 年 1—12 月出口额平均值和出口总额都较 2016 年有大幅提升，整体呈上升趋势，2017 年 9 月为全年峰值，出口额达 551.15 亿美元，同比增幅达 34.90%，1 月为全年低谷，但同比增幅仍达 11.00%。

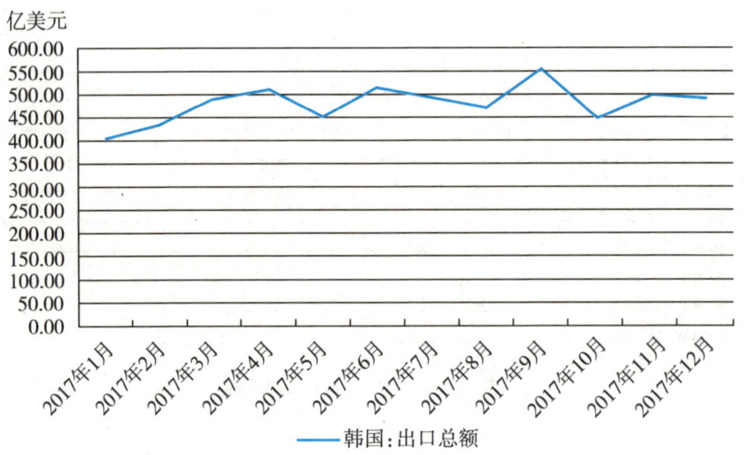

图 26－2　2017 年 1—12 月韩国出口总额

资料来源：韩国国际贸易协会，2018 年 2 月。

（三）汽车产业发展由盛转衰

全球经济回暖复苏，但伴随“萨德”事件、在美国市场竞争力降低等因素影响，现代、起亚、韩国通用、雷诺三星、双龙五大整车厂商 2017 年总销量约为 819.6 万辆，同比减少 6.9%，韩国国内销量约为 155 万辆，较 2016 年减少 2.4%，出口约为 664.6 万辆，较 2016 年减少 7.9%。现代汽车全球总销量约 450 万辆，较 2016 年减少 6.5%；起亚、双龙和韩国通用分别减少 7.8%、7.8%和 12.2%，仅雷诺三星全年增长 7.6%。受新款雅尊（GRANDEUR）、Kona、G70 等新车型发售畅销的影响，现代汽车本土销量较 2016 年增长 4.6%，销售 68.89 万辆左右，双龙较 2016 年增长 3%；起亚、雷诺三星和韩国通用较 2016 年分别下降 2.5%、9.5%和 26.6%。韩国汽车产业受中国市场销量不振、“萨德”事件等因素影响，现代和起亚汽车出口量较 2016 年分别减少 8.2%和 9%，分别销售 381.59 万辆和 222.46 万辆，韩国通用和双龙较 2016 年分别减少 5.9%和 29.2%，仅雷诺三星增长 20.5%。

（四）电子信息制造业市场业绩创新高

2017 年，韩国超过中国台湾跃居半导体产业世界第 1 位，市场销售额增长 132.6%，达 178.9 亿美元，半导体出口 996.8 亿美元。三星电子和 SK 海力士在韩国的领导地位不容撼动，有 20000 多家企业支撑半导体产业的发展。

2017 年，三星丝毫没有因“爆炸门”和“萨德”事件的影响，2017 年三星电子总资产首破 300 万亿韩元，达 301.75 万亿韩元；营业收入为 239.58 万亿韩元，全年营业利润为 53.65 万亿韩元，从三星的业绩报告来看，各项财务指标保持不同程度增长，业务也从消费类家电、移动通信业务的“前台”，转向了“设备解决方案”的“幕后”，半导体业务营业利润增长 120%，超过英特尔位居世界第一，芯片业务的收入猛增，利润占全年营收的 31%；SK 海力士 2017 年三季度销售额同比增长 91%，首超 100 万亿韩元；营业利润增长 400%，达 45.16 亿美元。

二、产业布局

从韩国经济发展角度来看，首尔、釜山已成为两大支柱，由于 1950 年以来韩国城市发展规划中将基础消费品作为刺激经济繁荣的重点手段，强势促进了这两大支柱的崛起。直到 1960 年后，韩国又重新将轻纺产业作为出口重点战略对象，形成以首尔和釜山两大区域的轻纺产业为主心骨的情形。20 世纪 70 年代后，首尔、大邱、仁川、釜山等中大型城市的工业产值占比高达六成以上。1970 年后，从浦项到光阳产生了一条沿海的、东西走向的经济地带，该地段主要发展钢材、石油、船舶、机械等一系列重型化工产业，该地段的优势在于经济基础扎实、工业资源丰富、交通区位条件优越、避开地缘政治纷争频繁且复杂的东南沿海地区等。相比之下，韩国的西部沿海地段及东部太白山区的经济发展状况显然不如前者。1980 年之后，韩国开始强势推进技术密集型产业的蓬勃发展。20 世纪 80 年代期间，韩国电器和电子产品的产值，分别递增近两成和近三成。韩国将本国的电子信息科技类企业主要布局在科研水平和研发力量强大的城市附近，韩国三星集团在利川建设半导体研发工厂，在龙仁建设集成电路工厂，上述城市均环绕首尔呈放射状分布。

韩国重化工产业是其经济规划中的重点建设对象。其地域布局具有两个显著偏好。第一，偏好沿海地区。这是由于韩国本土矿产资源短缺，重化工产业的原材料极度依赖进口，因此沿海港口地区成为重化工企业、工厂建厂的偏好区域。典型的例子有，京仁地区的仁川位于东南沿海区域，束草位于东部沿海区域，三陆等地的电力、水泥、冶炼等产业的布局。第二，产业公用园区。这是一种给若干个重工业企业安排在同一场所，并共享公用设施的产业园区。韩国从1970年后逐渐收紧城市扩张的政策，推进使经济、商业、人群主要围绕中心城市发展的布局。收紧政策主要包括在重点城区增加固定居民人数和个人固定资产投资，刺激工厂、企业离开中心城市城区，向外迁移，让它们享受外迁鼓励政策。

三、政策动向

为应对国内“萨德”等事件和世界形势的影响，实现经济逆流而上，2017年韩国政府出台一系列举措，包括在韩中、韩美经济合作关系，与多国的双边货币互换协议，汽车、通信、新能源产业领域改革，政府出台的财政、企业和税收政策，以及“国政运营五年规划”发展规划等多个方面的政策、协议，拟定了“新政府规制改革促进方向”，开展了一系列政府组织架构和职能的改革，调整政府职能，增加就业，扩大出口，提升工业领域竞争力，提振国内经济。

2017年1月，韩国副总理强调将与美国尽快建立更密切的经济合作关系，持续地与海外投资者和外国记者以及美政府政策制定部门等进行接触。另外，韩国与马来西亚签署了双边货币互换协议。

2017年2月，首先，韩除马来西亚外与澳大利亚签署了双边货币互换协议，进一步夯实国内的金融安全网，除上述协议外，韩近期还将与阿联酋、印尼协商延长双边货币互换协议期限；其次，韩国产业通商资源部表示，将于年内开发和制订关于减少前方冲撞系统等5种自动驾驶汽车的韩国产业标准（KS），以及针对国际标准，发布4种相关标准，并正在开发关于前方紧急刹车警告系统的1种国际标准；最后，韩政府设P2P理财上限规定，规避金融风险。

2017年3月，韩国产业通商资源部长官周亨焕访问南美共同市场议长国阿根廷，签署了正式开始协商韩—南美共同市场贸易协定的共同声明，本次协商将重新确立自由贸易的重要性。韩国银行还于3月与印度尼西亚中央银行确定延长两国货币互换协议三年。此外，韩国经济副总理兼企划财政部长官为解决日趋严重的青年就业问题，讨论通过了扩大青年就业的补充方案。

2017 年 5 月，文在寅总统接任后，宣布新政府将实施积极的、扩张性财政政策，提振经济复苏，将最大限度减少国家负债增长，并努力降低迅速攀升的家庭债务；新政府颁布了新的企业政策，采用“保护中小企业、改革财阀企业”的主张，发挥中小企业在创造就业方面的积极作用；除此之外，文在寅总统任内还将实行对富人征税措施，以拓展财源，用于实现竞选承诺目标，此举主要针对富人，集中在继承和赠予税，以及资产所得税两方面。

2016 年 6 月，执政共同民主党金正宇等 10 名国会议员共同发起将现行的超过 5 亿韩元适用 40% 税率，修改为超过 3 亿韩元适用 42% 的税率所得税法的修订提案。在通信产业，韩国国政企划咨询委员会 22 日与执政党共同民主党联合发布了“移动通信费用减免方案”，达到每年最多减免 4.6 万亿韩元通信费用的效果。

2017 年 7 月，一方面，在经济领域，韩国新任经济副总理金东兖近期在视察京畿道地区中小企业时表示，2017 年将通过税制改革对中小企业和中坚企业用工给予优惠补贴，以扩大就业；韩国环境部发布行政预告放宽电动车补贴规定，将修订“电动汽车普及对象评审规定”，废除购买电动车补贴需满足电池慢速充电最低 10 个小时的限制。另一方面，在政治领域，韩国总统文在寅十柏林与中国国家主席习近平会晤，希望夯实韩中战略伙伴关系。韩国总统文在寅向国民公开发表了包含未来五年施政方向和工作计划的“国政运营五年规划”，总体部署“国民做主的政府”“共同富裕的经济”“普济民生的国家”“均衡发展的地区”“和平繁荣的半岛”五大目标，分三步落实百大施政课题。

2017 年 8 月，韩国银行将加大对中小企业的政策性优惠贷款支援，重点从“支持创业”转为“支持新增长动力和就业”。文在寅政府实施提高基本养老金、提供“儿童补贴”等多项惠民政策。

2017 年 9 月，韩新政府审议并通过了“新政府规制改革促进方向”等内容，意在出台系列工业领域制度，积极应对第四次产业革命。韩国新政府希望提升与东盟的关系，强化其间在经济领域的合作关系。

四、发展趋势

（一）工业生产将实现小幅上升

韩国是世界第八大工业国，但受全球经济发展疲软、国际大宗商品价格呈下降态势、美元升值、韩国国内政治环境不稳定等因素的影响，韩国近年来内需不振，就业形势逐渐缩紧，工业、制造业持续萎靡。除了2014年，2012年以来韩国的经济增长率数值几乎均在3%以下波动。2016年12月底，韩国政府将此前预测的2017年韩国经济增速3.2%下调至2.6%。由于韩国半导体工业受到国际主要市场青睐的影响，韩国出口额2017全年与2016年相比上涨15.8%，高达5739美元，在此背景下，韩国工业增长潜力大幅上涨。

（二）汽车行业由盛转衰

2005年以来，韩国一直稳居全球第五大汽车生产国的地位。2014年，日元贬值导致韩币升值，影响韩国汽车出口贸易，但由于新款车型上市，市场反应良好等内需因素的推动下，韩国汽车销量总小幅增长。2015年，现代汽车推出多功能运动车（SUV）车型，销量随之增长，根据市场反应来看，在整体销量中所占比重将逐步提高。2016年，韩国现代在品牌500强排名上升至第84名，但受世界经济不景气、主要消费市场汽车需求不振等影响，其销量、利润不涨反降。2017年是韩国汽车产业由盛转衰的一年，截至2017年12月，韩国汽车市场销量为13.2万辆，同比减少24.6%。其中现代起亚在中国、美国两大主要市场出现了较大的销量下滑，主要是由于错失了SUV和皮卡的增长趋势，以及“萨德”事件对中国市场的影响，全球销量同比下降了40%，但在韩国本土销售量有所增长。

（三）出口打破负增长呈上行趋势

近两年，韩国主要产业竞争力不足，由于受发达国家经济发展疲软、主要出口对象——中国面临经济增速放缓、贸易额下降等情况的影响，韩国进出口贸易增速暂缓，进口市场急剧萎缩，进出口贸易随之失衡，出口贸易。2016年韩国出口不景气，全年贸易额降至万亿美元以下，韩国经济最大驱动力出现危机。韩统计厅数据显示，20世纪70年代韩国出口年均增长率高达近四成，而 2016 年出口增长率同比降低了 5.9%。单月出口额从 2015 年 1 月至 2016 年 7 月连续 19 个月均为负增长，甚至延长了韩国出口负增长纪录。直到 2017 年韩国全年贸易额重新突破万亿美元，出口额排名第六，这主要得益于韩国半导体产品受到主要市场的认可，据韩海关统计，韩国 2017 全年出口额达 5737.2 美元，增长率 15.8%。

五、企业动态

在韩国企业面临较为波动的经济局势下，作为以制造业为根基的韩国，众多大型企业依旧保持世界 500 强前列的位置，这些品牌企业在世界范围内仍有巨大影响力，但总体排名不如 2016 年综合表现。2017 年，根据《财富》公布的世界 500 强企业最新榜单内容，韩国企业入围的数量与 2016 年持平，均为 15 家。其中，三星电子（SAMSUNG ELECTRONICS）排名第 15 名，较前一年下降 2 位；现代汽车排名第 78 名，较前一年上升 6 位；LG 电子（LG ELECTRONICS）超越浦项制铁（POSCO）排名榜单第 201 名，后者仅居第 208 名，LG 电子虽后来居上，但两者均较 2016 年排名下降较大，分别比前一年下降 21 位和 35 位。2017 年，受世界经济总体向好，发达国家经济回暖复苏影响，韩国整体经济表现优异，多项指标均超 2016 年情况。韩国制造业企业经营进入缓慢发展期，支柱企业经济增速不容乐观，从全年指标看，整体产业生产同比增长 2.4%，呈现缓慢增长态势，但失业率居高问题仍未得到解决。韩国统计厅数据，2017 年 1—12 月，制造业平均开工率仅为 70.4%，降至 2016 年 8 月以后的最低水平。另据韩国统计厅数据显示，2017 年韩国就业人口为 2655.2 万人，同比增加 31.7 万人，但青年就业形势仍不乐观，失业率高达 9.9%，创开始统计以来的新高。2017 年全年整体失业率为 3.7%，与 2016 年持平。

第六节　墨西哥

一、发展概况

墨西哥是拉美经济大国，北美自由贸易区成员，世界最开放的经济体之一。工业是墨西哥国民经济中最重要的部门之一，工矿业门类齐全，拥有完整且多样化的工业体系，主要包括轻工业和重工业两大部门。其中制造业占主导地位，石油产量居世界第四位，建筑、化工、纺织、服装等产业持续发展。

墨西哥作为拉美地区制造业的代表，工业发展水平较高，受北美自由贸易协定的影响，贸易壁垒消除，墨西哥制造业在北美以及南美地区面临着良好机遇。然而近年来，墨西哥制造业非但没有迎来飞速发展，反而呈现萎靡之势。对美国经济的高度依赖，让墨西哥制造业在对外贸易中的比重达到70%，然而对于国内经济和就业率影响却十分有限。

（一）经济增长总体放缓

据统计，墨西哥2017年国内生产总值从2.3%下降至1.7%，主要原因基于9月墨西哥地震带来的不利影响以及石油产值萎缩。墨西哥政府将继续深入结构改革，配合审慎的财政和货币政策，调控宏观经济。尤其应当注意公共安全形势和政府权力的全面监管，以确保国民经济的健康发展。

（二）汽车产业产量再创新高

墨西哥国家汽车工业协会（AMIA）数据显示，2017年上半年，韩国起亚汽车在墨西哥新莱昂州投资10亿美元建厂，共生产92213辆汽车，出口64885辆。虽特朗普竞选时一再威胁要对墨西哥汽车征收高额关税，但墨西哥汽车生产和出口都保持了强劲增长。特朗普上台后对墨西哥汽车征收高额关税的可能性仍然存在，且特朗普强迫汽车制造商更多地在美国生产。

（三）钢铁行业陷入贸易逆差

据拉美钢协统计，2017年1—11月，拉美地区粗钢总产量6394.7万吨，钢结构产量4860万吨，钢结构消费总量6070万吨。除巴西和阿根廷保持钢铁贸易顺差外，包括墨西哥、哥伦比亚、智利和秘鲁在内的多国均陷入贸易逆差，其中墨西哥粗钢产量1870万吨，贸易逆差530万吨。

（四）吸引外资增加

据墨西哥财政部门统计，2017年墨西哥共吸收外商直接投资296.95亿美元，同比增长11.1%。自培尼亚政府执政以来，已获得1714.71亿美元的外商直接投资，较上届政府增加50.7%。2018年2—3月，美加墨三国将在墨西哥城举行第七轮北美自贸谈判，部分投资者仍在观望北美自贸协定重谈的结果。

（五）通胀率稳步下降

根据国际货币基金组织关于拉美和加勒比情况的研究，2017年随着石油价格放开带来的不利影响逐渐消散，国内通胀率呈现稳步下降趋势。但“北美自贸协定”重谈带来的不确定因素和墨西哥总统选举结果将届时对墨经济发展产生重要影响。

二、产业布局

20世纪80年代以来的贸易自由化促进了墨西哥产业布局改变，工业开始向靠近美国市场的北部州转移，北部和西北部的墨—美边境地区成为墨西哥新的制造业中心，并以此为中心向周边地区辐射。墨西哥中部和南部地区出现了非工业化和第三产业化的趋势。中部地区服务业增长迅速，成为全国服务业最发达的地区，外国跨国公司拥有的金融服务业、民航和商业机构主要集中在墨西哥城及周围城市。由于经济的开放和宏观经济政策的调整，中部地区的传统工业部门面临国外进口产品的激烈竞争，处境困难。除了纺织业和电子产品、汽车业仍然具有一定竞争力外，中部地区的其他传统产业都逐渐萎缩。南部地区主要从事农业、农产品的加工以及石油化工。近年来，随着中部和北部劳动力价格的上涨，北部、中部的一些劳动密集型产业开始向南部地区转移，但目前内部地区经济仍然以农业为主。

分行业看，墨西哥纺织行业主要集中在墨西哥州及周围地区，墨西哥州占31.5%；墨西哥联邦区占17.5%；普埃布拉州占11.7%；依达尔戈州占

7.0%；哈利科州占4.5%；阿瓜斯卡连特斯州占3.5%；其他州占24.3%。瓜达拉哈拉是美国在墨西哥电子产品的生产基地。墨西哥汽车生产企业主要在以下各州进行生产，包括阿瓜斯卡连特斯、下加利福尼亚、奇瓦瓦、联邦区、哈利斯科、墨西哥州、新莱昂、普埃布拉、克雷塔罗、圣路易斯波托西、索诺拉、瓜纳华托等。通用、奔驰和尼桑汽车公司在阿瓜斯卡利埃特州、瓜纳华多州建有汽车厂。

三、政策动向

2017年11月，墨西哥经济部在墨西哥工业年会中，提出了墨西哥工业政策的五大核心内容，其中强调了制造业创新、加强对外贸易和优化经商环境等促进工业发展的重心和要点。具体内容如下：一是以创新为基础的促进政策，是21世纪制造业和生产链形成的关键要素；二是加强外贸和投资政策，填补价值链空隙；三是推动形成创业文化、扶持中小微企业发展，将中小微企业融入全球生产链；四是优化营商环境，简化公司手续，行政审批网络化；五是致力于完善服务企业和消费者的高效市场职能。

2017年6月，墨西哥央行国际储备减少2.61亿美元，余额1742.46亿美元。该决策主要受墨西哥政府从央行购买2.45亿美元以及国际债券估价变化的影响。截至年底，墨西哥商业银行贷款额度达40.5亿比索，同比增长5%。其中企业贷款增加8%，住房贷款增加1.6%，消费贷款增加1.4%。与此同时，墨西哥总统宣布包括墨在内的太平洋联盟已向新加坡、澳大利亚、新西兰和加拿大开启自由贸易谈判的大门，有力推动外资流入、旅游业发展和确保就业岗位增加。

第七节　中国台湾地区

一、发展概况

最近几年，台湾地区经济陷入低迷状态，产业转型面临着诸多困境，其主要原因是台湾地区以外向型经济为主，而近年来外部需求又不足。但是2017年，外部需求增加带动台湾地区经济受回暖趋势明显，主要产业景气好转向上，企业经营利润增加，经济增长加快。同时，台湾地区内部投资乏力，消费继续低迷，经济增长后劲不足，经济复苏的基础依然比较脆弱。台湾当局采取了一些积极举措来推动产业转型，加快经济改革，但进展不顺利、争议较多，缺乏稳定增长的长期动力，工业生产面临着新一轮调整，主要有以下特点：

（一）经济呈现明显回温增长态势

2017年，受全球经济复苏以及市场需求增长的影响，台湾地区经济发展回温明显。根据台湾地区经济部门的统计数据，2017年全年四季度经济增长速度分别为2.66%、2.13%、3.11%以及3.3%，预计全年经济增长速度将高达2.8%，不仅仅完成预期保障“2%”的经济增长速度，更是创下台湾地区2015年以来最高经济增长率。但是台湾经济发展的动能却存在不足，根据2017年12月亚洲开发银行《亚洲经济成长预测报告》，台湾仍将是“亚洲四小龙”经济增长速度最慢的，预计香港地区经济增长率将达到3.7%、韩国将达到3.1%、新加坡将达到3.2%，只有台湾地区的经济增长率明显低于3%。而放眼整个东亚地区，台湾地区经济增长更不显眼，东盟主要经济体国家2017年第三季度经济平均增长率为5%，中国大陆高达6.7%，整个亚洲的平均增速为5.5%，是台湾第三季度经济增长率的1.77倍。甚至，台湾经济增长率低于全球经济增长速度，根据IMF预测，2017年全球经济增长率为3.2%—3.7%，台湾经济出现“未老先衰”的发展态势。

（二）大陆对台湾外贸起主要拉动作用

2017年，台湾对外贸易态势整体发展迅速。根据台湾“关税总局”统计，2017年台湾货物进出口额为5513.3亿美元，较2016年增长13.2%，贸易顺差为328.5亿美元，较2016年增长21.3%。台湾地区的出口市场主要是中国大陆、中国香港、美国以及日本，占台湾出口总额的比重分别为27.7%、12.5%、12.1%和6.2%，较2016年分别增长20.3%、7.1%、10.6%和8.2%；2017年台湾自中国大陆、日本、美国和韩国的进口额分别为501.4亿美元、420.3亿美元、302.8亿美元和169.3亿美元，占台湾进口贸易总额的

19.3%、16.2%、11.7%和6.5%，较2016年的增幅分别为13.9%、3.4%、5.8%和15.5%。由此可以看出，中国大陆是台湾地区最主要的进口来源地和贸易伙伴。2017年台湾地区与中国香港和中国大陆的贸易顺差分别为350.6亿美元和307.2亿美元，其中与中国大陆的贸易顺差较2016年增长32.5%。与此同时，台湾的贸易逆差主要是来自日本，2017年贸易逆差额为240.3亿美元，与2016年基本持平。另外，在台对外投资方面，2017年1—9月，中国大陆批准台商投资项目2651个，实际使用台湾投资金额约14.1亿美元；如果包含通过开曼群岛等自由港的第三地转投资，中国大陆实际使用台湾投资金额将高达38.3亿美元，较2016年增长37%。目前，台湾是中国大陆第二大外资来源地区，而中国大陆是台湾最大的投资目的地。

（三）半导体产业显现疲软的增长趋势

半导体行业是台湾地区最大的支柱型产业，但是全球需求下滑和市场竞争日趋激烈的大环境使台湾地区半导体产业的发展面临新困境。2016年全球半导体产业受全球经济疲软的影响，增速放缓；但是随着市场对终端电子产品的需求上升，物联网、自动化等新兴科技的进一步发展，台湾地区半导体产业迅速发展并取得了较为长足的发展，2017年1—11月，台湾集成电路出口总额高达709亿美元，增长率增幅创下近6年以来的峰值，年增率达11.1%，然而2017年全球半导体产业首次突破4000亿美元，高达4111亿美元，较2016年增长20%，预计美国仍将占据全球半导体产业第一的位置，产业市值高达2164亿美元；相比之下台湾地区半导体产业发展疲软，2017年台湾半导体产业市值为805亿美元，较2016年仅增长0.5%，占全球半导体产业的比重也由2016年的18.1%下降至16.3%；同时，韩国半导体产业以868亿美元超过中国台湾成为全球第二大半导体经济体，同时韩国三星集团半导体营业收入首次超越英特尔成为全球半导体产业的龙头企业；预计在2020年左右，中国大陆半导体产业也将超过台湾地区。另外，2017年全球半导体资本支出为823亿美元，较2016年增长22%，其中晶圆代工投入高居榜首，为236亿美元；而在企业方面，三星集团晶圆代工投入为175亿美元，英特尔为120亿美元，台积电为100亿美元。

二、产业布局

经历了多年的发展过后，台湾地区已经形成了以电子信息产业为支柱、部门比较齐全的工业体系，工业地域分布格局主要分为北、中、南三大地区，各区域根据自身资源和发展特点重点发展不同产业。北部地区是台湾地区最重要的工业区域之一，工业发展规模最大且产业门类最齐全，产业囊括了纺织、食品、造纸、机械、电子、化工、金属制品、半导体等。20 世纪 80 年代以后，中部工业开始快速发展，目前台湾中部地区企业数量较多的行业主要集中在金属制造业、机械设备制造业和塑胶制品制造业。南部工业历史发展以传统产业为主，随着高科技产业不断发展，台湾地区南部工业整体向着高科技产业方向发展。台湾地区南部地区过去是台湾地区的重化工业中心，主要产业囊括石油冶炼、化工、钢铁、制造、纺织等。20 世纪 70 年代，台湾地区工业建设中的炼铁、石化及造船都集中在高雄县市，目前高雄已成为台湾地区最大的石化工业中心。目前，台湾地区南部产业结构已朝高科技化转型，科技产业与传统产业的比重日趋平衡，并且极具发展潜力。

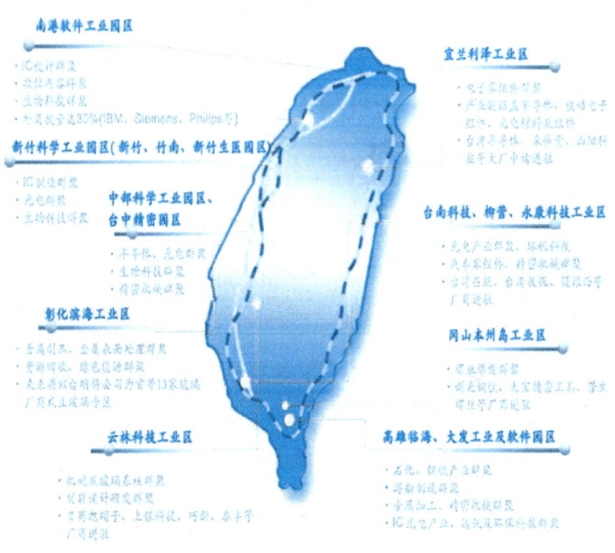

图 26－3　台湾重点工业园区分布情况

资料来源：赛迪智库整理，2016 年 1 月。

三、政策动向

2016 年初，面对经济下行的严峻态势，台湾地区制定并采取了一系列政策提振经济发展，促进台湾产业转型升级。同时，世界经济形势复苏，全球产业链、价值链迎来新一轮的调整升级周期，发达国家开始将国内产业发展重新聚焦在制造业上，纷纷制定“再工业化”战略、制造智能化转型等，希图在新的全球制造业版图重塑中拔得头筹，如德国“工业 4.0”战略、美国实施“先进制造业”战略、英国实施“英国工业 2050 战略”“现代工业战略”、法国实施“新工业法国”战略等。为顺应全球工业发展的潮流，台湾地区提出了“生产力 4.0”，希望通过产业科技优势大力发展智慧工厂，实现数字化生产的多样性发展。2017 年以来，智能制造、绿色制造成为两岸开展工业合作的核心领域，而软硬件整合、重视大数据与物联网增值应用以及与大陆地区的合作，提升了台湾在全球供应链生产的关键地位。

2017 年台湾不仅完成了“国发会”2016 年制定经济增长“保证经济增长在 2%”的目标，而且实现了经济的 2.8% 增长，是台湾地区近几年以来的最高值。这在一定程度上缓和了台湾地区经济发展的恶化程度，但是由于台湾当局制定的大多经济政策空有其表，其所提出的创新也多流于形式，很难从根本上改变台湾地区经济发展面临的内外结构性问题，经济发展前景仍难乐观。

四、发展趋势

（一）经济复苏的基础仍然比较脆弱

经济问题依然是台湾地区发展陷入困局的主要因素。虽然 2017 年台湾地区经济实现了较高速增长，但是其经济发展的结构性问题以及经济创新政策的无法落地导致台湾经济仍将持续缓慢发展的困境。2017 年台湾地区民间投资预计增长 2.63%，仍低于 2016 年 2.95% 的增长率；同时民间消费仅仅增长 1.96%，2016 年的民间消费为 2.24%。由此可以看出，2017 年台湾经济增速远高于 2016 年经济增长，但是投资与消费仍将继续陷入缓慢增长的态势，充分说明台湾经济增长缺乏持久的动力，经济复苏的基础还比较脆弱。同时，台湾经济发展机构高度依赖对外贸易，对台湾经济增长贡献率高达 85%，导致台湾经济发展的关键在外部环境，而不是内生环境，发展的不稳定性、不确定性增长。另外，在对外贸易中，台湾地区一直所依赖是半导体、电子信息和光电产业等传统优势产业，占台湾地区贸易出口75%左右，但是在“再工业化”浪潮中，欧美等发达国家的挤压将使台湾地区传统优势产业面临的压力与时俱增。

（二）工业生产回暖趋势明显

2017年，台湾地区经济发展的内外部环境一定程度的改善，增强了经济发展回暖，经济呈现较高速度的增长。据台湾经济部门的数据，台湾地区2017年工业生产指数为109.63，较2016年增长2.90%；制造业生产指数为111.42，较2016年增长3.74%，均创下台湾地区的历史新高。2017年8月，台湾地区工业生产指数到达峰值，为115.86，2月是谷底，为96.05，主要是电力和燃气供应同比下降了13.56%。2018年1月，台湾工业生产指数高达115.98，较2017年1月增长10.86%，实现台湾地区工业生产指数连续10个月正增长。其中，2018年1月台湾制造业生产指数为117.45，增长率为10.84%，实现台湾地区制造业生产指数连续21个月正增长。这主要得益于电力和燃气供应产业增长14.92%、建筑工程产业增长9.34%。电子零组件业、制造业、矿业、产能机械设备业、建筑工程业为台湾地区工业生产的发展以及整体经济的发展提供了动力。

（三）半导体产业将被大陆超越

2017年，台湾地区半导体产业面临严峻的挑战形势，韩国半导体产业产值达到868亿美元，首次超越台湾成为全球第二大半导体生产地。ICinsights统计数据显示，2017年全球前十大半导体供应商中已经没有了台湾企业，唯一一家台湾企业——台湾联发科已经跌出前10排名。半导体产业是台湾地区最具竞争力、最大的高科技产业群，一直领先中国大陆，不仅体现在晶圆代工，而且产业市值方面也遥遥领先。根据台湾工业研究院产经中心（IEK）报告中数据显示，2017年台湾IC制造产值为1.37万亿元，占全球产业市值的一半以上，IC设计产值为6171亿元，占世界的比重20%以上，IC制造代工是台湾地区最大、最有优势的半导体产业。在晶圆制造方面，2016年台积电营业收入为294.9亿美元，全球市场的占有率高达59%，只台积电一家企业晶圆制造产品的全球占有率就达到60%左右。然而近几年以来大陆积极扶持半导体产业发展，半导体产业得到了长足发展，主要依靠从台湾地区、韩国进口半导体的局面得到大大改善。大陆半导体产业市值以及在全球的占有率上与台湾地区的差距在不断缩小，预计到2020年大陆的半导体产业市值将超越台湾。

第二十七章　2017 年重点行业发展情况

在全球经济回暖的大背景下，全球需求强劲，消费品、原材料、装备制造等重点行业发展态势良好，增速较上年有很大提升。分行业看，全球原材料行业生产平稳增长，主要产品价格稳中有升。装备制造业发展强劲，以自动化、机器人和数字产品为代表的中高端制造业发展迅猛，三季度增速高达 6%。消费品工业整体增长疲软，整体呈现分化态势。全球电子信息产业宏观环境延续企稳回暖态势，除美国电子市场出货量略有衰退外，其他各国与 2016 年相比均呈现不同程度增势。

第一节　原材料工业

2017 年全球经济摆脱了低迷状态，原油价格稳定上涨。一年来，全球化学品产量增速提高，同比增长 2.7%，较 2016 增速增加 0.5 个百分点。全球炼油能力增长缓慢，仅亚太炼油能力有所增长，中东、北美、南美和西欧均有所下降。

分区域来看，2017 年美国化学品产量仍增长 0.8%。欧洲化工理事会统计欧盟化学品产量在 2017 年增长 3%。德国化学工业协会的数据显示，德国化学品产量增长了 2.5%。2017 年，国际油价稳中有增，大庆、布伦特、WTI 原油价格分别由年初的 50.04 美元/桶、54.67 美元/桶和 52.38 美元/桶上涨到年底的 57.29 美元/桶、64.06 美元/桶和 57.95 美元/桶。受原油价格上涨及供需关系影响，主要化工产品价格震荡上行，部分产品波动较大。

从重点行业发展来看，在钢铁行业，2017 年 1—11 月，全球粗钢产量略有下降，纳入统计的 66 个国家粗钢产量为 15.4 亿吨，同比增长 4.2%，扣除中国后，全球粗钢产量 7.7 亿吨，同比增长 5.1%。在有色金属领域，2017

年，全球铜市场供应短缺21.3万吨，全球矿山铜产量2019.0万吨，同比减少1.3%，全球原铝市场供应短缺141.4万吨，较上年缺口增大64.4万吨，2017年，全球铅市场供应短缺43.4万吨。在建材行业，2017年全球建材市场迎来一定范围的复苏，中国仍是世界水泥产量第一大国，2017年水泥产总产量为23.2亿吨。

第二节　装备制造业

随着技术的进步和行业智能化趋势加快，世界制造业发展趋势强劲。2017年全球制造业增速明显，三季度增速达到4.5%，为过去5年的最高值。从细分领域看，以自动化、机器人和数字产品为代表的中高端制造业发展迅猛，三季度增速高达6%。机器人领域，根据国际机器人联合会（IFR）预计，2017年，全球工业机器人销量较2016年增加15%—17%左右，国内工业机器人增速达30%；增材制造领域，2017年全球增材制造产值有望达到80亿美元。根据国际数据公司（IDC）最新报告，全球3D打印技术相关支出在2018年预计将达到120亿美元，比2017年支出增长19.9%；全球新能源汽车产业蓬勃发展，各大车企均已把新能源列入企业发展的既定战略。2017年12月，全球新能源汽车市场销量创下历史新高，交付量超过17万辆，同比涨幅达到67%，纵观全球新能源汽车市场发展，中国市场遥遥领先。2017年，中国新能源汽车产业规模持续扩大。全年新能源汽车产量79.4万辆，销量77.7万辆，连续三年居世界首位。在船舶领域，2017年1—11月，全球新船成交量为6216万DWT、2079万修正总吨（CGT），合计533.5亿美元，比上年同期分别上升115%、78%、54%。

第三节　消费品工业

2017年，受益于内需稳步增长，美国经济复苏加快，制造业亦快速增长，而欧盟受益于石油价格降低和货币贬值引起的出口增加，制造业亦出现恢复增长态势。2017 年 3 季度，整体制造业仅同比增长 2.4%，低于上年同期 0.3 个百分点。在此背景下，消费品工业整体增长疲软。

与整体制造业相比，消费品行业增长呈现分化态势。2017 年 3 季度，消费品各子行业中，仅食品与饮料、纺织、木材加工（不含家具）、基本药物产品和医疗器械增速高于整体制造业，增速分别为 3.3%、3.1%、2.9%、3.4%和 4.6%。烟草、服装、皮革与鞋帽、造纸、印刷与出版、橡胶与塑料、家具与其他制造业增速均低于整体制造业，特别是烟草、印刷与出版两个行业，增速为负，分别同比下降 8.0%和 1.0%。

相比于 1、2 季度，3 季度消费品行业增速变化趋势亦整体呈现分化态势。与 1 季度相比，3 季度除食品与饮料、皮革与鞋帽、医疗器械增速上升，分别增加 0.9、0.2 和 0.7 个百分点，其他行业增速均逐步下滑，特别是烟草、纺织印刷与出版，分别同比下降 4.6、1.8、1.6 个百分点。

与上年相比，2017 年 3 季度除纺织、皮革与鞋帽、木材加工（不含家具）、医疗器械五个行业增速分别高于上年同期 0.5、1.2、0.7、0.5 和 1.4 个百分点外，其他行业增速均低于上年同期。

表 27－1　2016—2017 年前 3 季度全球主要消费品行业产出同比增速

行业	2016Q1	2016Q2	2016Q3	2016Q4	2017Q1	2017Q2	2017Q3
食品和饮料	2.4%	3.0%	3.6%	3.1%	2.4%	2.3%	3.3%
烟草	1.0%	3.5%	-1.5%	8.9%	-3.4%	-2.6%	-8.0%
纺织	2.9%	3.0%	2.6%	2.8%	4.9%	3.8%	3.1%
服装	2.7%	3.0%	3.6%	1.8%	2.1%	1.9%	0.8%
皮革与鞋帽	1.4%	1.0%	0.3%	0.9%	1.3%	1.4%	1.5%
木材加工（不含家具）	1.9%	1.6%	2.2%	2.9%	3.7%	3.5%	2.9%
造纸	0.1%	1.2%	1.7%	1.5%	1.8%	0.7%	1.0%
印刷与出版	-0.5%	-0.8%	-0.6%	0.6%	-0.1%	-1.0%	
橡胶与塑料	2.8%	2.9%	3.4%	2.8%	2.6%	2.0	1.7%
基本药物产品	5.7%	4.4%	5.0%	4.5%	4.8%	4.3%	3.4%
医疗器械	3.4%	4.5	3.2%	0.9%	3.9%	3.0%	4.6%
家具及其他制造业	4.6%	4.5%	5.4%	3.9%	3.9%	1.9%	1.6%
整个制造业	2.8%	2.5%	2.7%	1.9%	2.1%	2.2%	2.4%

资料来源：UNIDO，2018 年 1 月。

第四节　电子信息产业

2017 年，受全球经济回暖复苏等利好因素影响，全球电子信息产业宏观环境延续企稳回暖态势。除美国电子市场出货量略有衰退外，其他各国与 2016 年相比均呈现不同程度增势。美国市场计算机及电子产品出货量月均值 26990.82 亿美元，略低于 2016 年的 27003.25 亿美元，但产值方面仍占据电子信息市场规模的主导地位；西欧市场整体保持增长，但英国“脱欧”带来的不确定性犹存，据德国电子技术和电子工业中央协会估算，2017 年德国电子行业生产增长为 1.5%，法国电气和电子设备机械制造指数均保持在 103 左右，相较 2016 年有略有提升；韩国电子元件、无线电、电视机和通信器材制造业指数均值 121.9，远超过 2016 年均值 118.48；印度计算机、电子和光学产品的制造 WPI 均值 109.63，超过 2016 年均值 108.36；日本电子产业月均产值 982819.20 百万日元，超过 2016 年均值 935445.17 百万日元。韩国、印度等新兴国家在电子信息领域具备较强实力或较快增速，在全球电子信息产业格局中的地位不断上升。

表 27 – 2　2017 年全球 PC 厂商单位出货量估算值

（单位：千台）

企业	2017 年出货量	2017 年市场占有率（%）	2017 年出货量	2017 年市场占有率（%）	2016—2017 年增长率（%）
惠普	55162	21.0	52734	19.5	4.6
联想	54714	20.8	55951	20.7	–2.2
戴尔	39871	15.2	39421	14.6	1.1
苹果	19299	7.4	18546	6.9	4.1
华硕	17967	6.8	20496	7.6	–12.3
宏基	17088	6.5	18274	6.8	–6.5
其他	58435	22.3	64683	23.9	–9.7
总计	262537	100	270106	100	–2.8

资料来源：Gartner，2018 年 1 月。

注：以上数据包含台式机、笔记本电脑与顶级 ultramobile 机型，但不包括 Chromebook 和 iPad。所有数值均根据初步研究结果所推算出，最终估计值可能有所变动。本统计数据依据销售至渠道的出货量而得出。部分数值因四舍五入并未计入总数。

从各细分领域情况来看，在计算机领域，2017 年全球个人计算机销售量超过 2. 625 亿台，较 2016 年的 2. 7 亿台下滑 2. 8%，全球销量降中趋稳，集中度维持高位；在智能手机领域，2017 全球智能手机出货量增长 5%—9%，排名前十的厂商贡献了全球四分之三出货量。据 Counterpoin 数据，2017 年 3 季度苹果在智能机行业的利润份额降到了 60%，而中国品牌智能机利润率占比达到 12%，并首次在利润额上突破 15 亿美元；在家用视听领域，2017 年 3 季度全球液晶电视出货量 5499 万台，季增 16%，年增 4%；而下半年强劲销量仍难根本上扭转全年销量降势，预计全年电视出货量约 2. 1 亿台，降幅 4. 2% 左右；在集成电路领域，2017 年全球半导体市场增幅为 9. 4%，全球半导体销售额涨幅 22. 2%，其中存储器市场增势迅猛，营收成长 64%；在 LED 产业，2017 年第 3 季度全球智能手机 OLED 显示屏的市场规模达 47 亿美元，较上年同期的 36 亿美元增长 30%，AMOLED 电视面板出货量从 2017 年开始将以 42% 的复合年增长率保持增长，到 2023 年出货量将超过 1000 万片。

第二十八章　2018 年世界工业发展趋势展望

第一节　世界工业增长明显加速，制造业扩张动能有所增强

受全球经济复苏和需求带动影响，全球工业生产正处于国际金融危机以来的最好水平，制造业面临的形势明显好转。摩根大通全球制造业采购人经理指数（PMI）连续上涨，已经创近两年新高，预示着制造业扩张动力的持续增强。在各国日益重视制造业，纷纷采取有力举措加快推动产业转型升级的背景下，世界工业生产有望持续好转。但是，世界工业生产仍面临着金融市场波动、贸易保护主义加剧、地缘政治风险以及结构性矛盾等问题，不确定性依然较多，向好的基础尚不牢固，很难实现持续高速增长。预计在 2018 年世界工业仍将维持稳中向好态势，全球制造业 PMI 将保持 50 以上，制造业扩张动能有所增强。

第二节　主要经济体工业生产普遍好转，分化态势有所缓解

美国工业生产将稳步提升。在美国减税效应的带动下，企业成本负担将有所降低，美国制造业投资将明显增长，工业产能将进一步提升。美国供应管理协会（ISM）数据显示，美国 12 月份 ISM 制造业 PMI 为 59.7，环比上升 1.5 个点。其中，新订单指数为 69.4，环比上升 5.4 个点；产出指数为 65.8，环比上升 1.9 个点。美国制造业虽然呈现良好增长态势，但是长期增长态势

取决于特朗普政府的政策效果。由于通胀持续走低、财政政策效应仍不确定、自身经济结构失衡等因素仍存在，美国工业生产实现强劲复苏仍面临诸多困难，预计 2018 年美国工业生产有望稳步扩大，但增速不会大幅提升。

日本工业生产将小幅增长。受出口形势好转的影响，日本工业生产新订单增长加快，工业生产明显改善。据 Markit 数据，日本 12 月制造业 PMI 初值报 54. 2，较前值高出 0. 6，创 2014 年 2 月以来 46 个月最高。2017 年 12 月，日本政府通过了规模达 2 万亿日元的新一轮经济刺激方案，加大对于积极加薪、投资和创新的企业的减税力度。预计在新一轮刺激政策的作用下，2018 年日本工业生产将小幅增长。

欧盟工业生产将加速增长。虽然欧盟各国受到了英国“脱欧”和大选的冲击，但是欧盟主要国家的工业生产表现呈现良好态势。Markit 数据显示，受工业产出、新订单和就业人数增长的推动，欧元区 2017 年 12 月的 PMI 终值为 60. 6，为 1997 年中以来的最高值。其中，欧盟两大火车头德国和法国工业生产表现较好，制造业 PMI 均创新高，奥地利、荷兰和爱尔兰工业生产强劲，西班牙和希腊相关数据恢复到了国际金融危机前的水平。随着各国进一步加大对机器设备的投入力度，工业生产将持续复苏，预计 2018 年欧盟工业生产将加速增长。

金砖国家制造业呈现复苏态势。过去的一年，在印度央行废除大钞及开征商品服务税等影响下，印度制造业发展出现了一定的波动，严重挫伤了产出和需求。12 月制造业采购经理指数（PMI）达到 54. 7 点，创下 5 年高点。反映印度制造业虽然央行废除大钞及开征商品服务税（GST）等经改挑战后，终于重返成长轨道。中国工业运行呈现稳中向好态势，2017 年规模以上工业增加值为 6. 6%，增速明显加快，在改革开放持续深入和新一届政府深化供给侧结构性改革的作用下，工业增加值增速有望保持稳定增长。俄罗斯 12 月制造业采购经理指数（PMI）连升两个月，创 5 个月新高，由 11 月的 51. 5 续升至 52，且连续第 17 个月处于扩张水平，预计 2018 年俄罗斯工业生产将处于扩张态势。受大宗商品价格波动的影响，巴西工业生产一度十分艰难。但由于国内外消费者对于产品数量以及多样化的需求在不断增长，巴西 2017 年第四季度的工业部门采购经理指数平均值为 52. 3，是 2013 年以来该指数在巴西达到的最高值。随着企业投资和市场需求的增长，预计 2018 年巴西工业生产将持续复苏。

东盟国家工业加速扩张。凭借较低的劳动力成本、灵活的制造能力和日益扩大的市场，以印尼、泰国、马来西亚为代表的东盟国家成为新的产业承接地，东盟国家的制造业正在加速崛起。2017 年 11 月，东盟各国制造业采购经理人指数 PMI 平均值为 50.8，菲律宾、马来西亚的制造业扩张动能较强。随着“一带一路”建设的持续推进，中国与东盟国家的产业合作日益深入，有利于东盟国家制造业的持续扩张，预计 2018 年东盟工业生产将保持快速增长。

第三节　智能化转型推动全球先进制造业加快发展

随着德国的“工业 4.0”、美国的“先进制造业伙伴计划”和“中国制造2025”的不断推进，人工智能、大数据、物联网加快与制造业融合发展，极大地提升了工业设备、生产过程、产品和用户数据的感知、传输、交互和智能分析的能力，全球制造业加速智能化转型，新技术新业态新模式蓬勃兴起。特别是各国政府和工业企业加快部署工业互联网，积极抢占数字化时代全球制造业竞争新优势。以 GE 的 Predix 和西门子的 Mindsphere 为代表的工业互联网平台通过对工业设备、网络设备的管控及工业数据的感知、集成和分析，为工业企业提供数字化、智能化解决方案。随着个性化定制、服务型制造、网络化协同等生产领域的模式日渐丰富。预计 2018 年，制造业数字化转型趋势不断加快，主要国家先进制造业发展速度有所加快。

第四节　全球直接投资将略有增长，“一带一路”沿线国家成为新的投资热土

根据联合国贸发会议（UNCTAD）发布的最新全球投资趋势监测报告，2017 年全球外国直接投资（FDI）下降了 16%，从 2016 年的 1.81 万亿美元下降至约 1.52 万亿美元。这与全球 GDP 及贸易增长显著改善形成了鲜明对

比。发达国家 FDI 流量下降 27% 是全球 FDI 减少的主要原因。美国仍是最大的 FDI 流入国，吸引外资估计达 3110 亿美元。中国是全球第二大外资流入国。2017 年流入新兴经济体的 FDI 保持稳定，估计达 6530 亿美元，同比增长 2% 。发展中亚洲国家以及拉丁美洲和加勒比地区的外资流入略有上升，非洲保持平稳。在“一带一路”倡议的推动下，亚洲新兴经济体成为全球吸引外资增长最快的地区。2017 年中国企业对“一带一路”沿线的 59 个国家新增投资合计 143. 6 亿美元。随着全球主要经济体经济逐步回升，重点行业利润前景好转，跨国企业的投资信心明显增强。预计 2018 年全球外国直接投资仍保持小幅度增长，“一带一路”沿线国家吸引 FDI 增长将持续加快。

第五节　多边贸易体制面临冲击，全球贸易不确定性增加

近年来，受经济增长乏力影响，全球贸易持续低迷。但是 2017 年受主要经济体经济回升的带动，全球贸易形势明显好转，出现了近几年前所未有的拐点。据 WTO 数据，2017 年世界贸易增速有望达到 3. 6% ，而预计 2018 年的全球贸易增长可能放缓至 3. 2% 左右。随着发达国家需求上升和大宗商品价格趋于稳定，2018 年全球贸易有望维持低速增长态势。与此同时，全球多边贸易体系面临着更多冲击，新一轮全球贸易格局重塑有望加速。自美国在退出 TPP 谈判的同时，不断采取贸易保护主义措施，对 WTO 现有多边贸易框架产生了明显冲击。发达国家为了获取更大利益和附加值，对依靠其制定的技术标准和知识产权保护等贸易摩擦手段更加依赖，相对灵活的区域贸易协定将占据未来贸易秩序发展的主导地位。预计，更高标准的区域贸易协定将成为发达经济体应对新兴经济体贸易竞争力增强的重要选择。随着美国贸易保护主义趋向越发明显，全球贸易形势更加复杂，贸易摩擦和争端可能进一步加剧，贸易格局在新的一年有望加速重构。

第六节　跨国并购重组加速，全球制造业梯队转移日益明显

随着发达国家经济的持续复苏，跨国企业不断加快战略调整步伐，全球企业并购正以创历史新高的速度加速推进。根据 PitchBook 的数据，2017 年，北美和欧洲并购交易总额达到 2.93 万亿美元，连续第四年超过 2.9 万亿美元，而欧洲地区的跨国并购活动成为重要趋势。随着新兴经济体竞争实力的增强，企业对外投资规模也不断提升。特别是中国企业对外并购活动日益增多，一大批老牌跨国企业被并购重组。预计 2018 年，随着新兴经济体企业竞争实力的增强，一批高成长型企业特别是 IT 企业的跨国并购活动将持续活跃。但是受到欧美国家日益严格的安全审查和隐形壁垒，企业跨国并购的风险在不断增加。另外，面对发达国家大力振兴先进制造业和新兴经济体消费升级需求，一些跨国企业正在加快调整全球生产能力布局，推动高端制造业向发达国家回流，低端制造业向东南亚和非洲等地区分流，全球工业生产正在呈现梯次转移的态势。

思想，还是思想
才使我们与众不同

编 辑 部：工业和信息化赛迪研究院
通讯地址：北京市海淀区万寿路27号院8号楼12层
邮政编码：100846
联 系 人：王 乐
联系电话：010-68200552 13701083941
传　　真：010-68209616
网　　址：www.ccidwise.com
电子邮件：wangle@ccidgroup.com

咨询翘楚在这里汇聚

信息化研究中心
电子信息产业研究所
软件产业研究所
网络空间研究所
无线电管理研究所
互联网研究所
集成电路研究所

工业化研究中心
工业经济研究所
工业科技研究所
装备工业研究所
消费品工业研究所
原材料工业研究所
工业节能与环保研究所

规划研究所
产业政策研究所
军民结合研究所
中小企业研究所
政策法规研究所
世界工业研究所
安全产业研究所

编 辑 部：工业和信息化赛迪研究院
通讯地址：北京市海淀区万寿路27号院8号楼12层
邮政编码：100846
联 系 人：王 乐
联系电话：010-68200552 13701083941
传　　真：010-68209616
网　　址：www.ccidwise.com
电子邮件：wangle@ccidgroup.com